全新司法体制改革与司法职业技能培训丛书

全新司法体制改革与司法职业技能培训丛书

法官助理和书记员
职业技能教育培训指南

THE GUIDE FOR JUDGE ASSISTANTS AND CLERKS
PROFESSIONAL SKILLS EDUCATION AND TRAINING

杨凯 著

图书在版编目(CIP)数据

法官助理和书记员职业技能教育培训指南/杨凯著.—北京：北京大学出版社，2016.9

（全新司法体制改革与司法职业技能培训丛书）

ISBN 978-7-301-27244-2

Ⅰ.①法… Ⅱ.①杨… Ⅲ.①法律工作者—职业教育—中国—指南 ②法律工作者—职业培训—中国—指南 Ⅳ.①D926.17-62

中国版本图书馆 CIP 数据核字(2016)第 148421 号

书　　　名	法官助理和书记员职业技能教育培训指南
	FAGUAN ZHULI HE SHUJIYUAN ZHIYE JINENG JIAOYU PEIXUN ZHINAN
著作责任者	杨　凯　著
责任编辑	陈　康　田　鹤
标准书号	ISBN 978-7-301-27244-2
出版发行	北京大学出版社
地　　　址	北京市海淀区成府路 205 号　100871
网　　　址	http://www.pup.cn　http://www.yandayuanzhao.com
电子信箱	yandayuanzhao@163.com
新浪微博	@北京大学出版社　@北大出版社燕大元照法律图书
电　　　话	邮购部 62752015　发行部 62750672　编辑部 62117788
印　刷　者	北京大学印刷厂
经　销　者	新华书店
	730 毫米×980 毫米　16 开本　29.75 印张　566 千字
	2016 年 9 月第 1 版　2017 年 8 月第 3 次印刷
定　　　价	68.00 元

未经许可，不得以任何方式复制或抄袭本书之部分或全部内容。

版权所有，侵权必究

举报电话：010-62752024　电子信箱：fd@pup.pku.edu.cn

图书如有印装质量问题，请与出版部联系，电话：010-62756370

探寻司法职业技能培训与法学教育融合共进的创新路径

——"全新司法体制改革与司法职业技能培训丛书"序

张新宝*

自接到杨凯法官为其《全新司法体制改革与司法职业技能培训丛书》写总序言的邀请后，我就一直在回想近二十多年来，自己曾经多次在国家法官学院和全国各地高中级法院培训法官授课的情景。在思考和比较法官的司法职业技能培训教育与传统法学教育的异同；同时，也在思考司法职业技能培训教育的本质属性究竟是什么？法律职业的司法职业技能培训教育与法学通识教育之间究竟应该怎样相互融合？我认为，司法职业技能培训教育应当同属于现代法学教育的一部分，现代法学教育应当重视和适度融合司法职业技能培训教育的内容，当今的法学教育改革需要探寻一条将司法职业技能培训教育融入法学通识教育的创新路径。随着十八届四中全会提出的司法体制改革进程的不断深化，随着国家治理体系和治理能力现代化进程的不断加快，法学教育同样也面临着一场深刻的变革。法学通识教育对教学内容的实证与实用的要求越来越高，国内一流法学院都与公检法司等实务部门签订了各类合作共建协议，共建国家级法学实践教学基地、卓越法律人才培养基地、本科生和研究生实习基地等法学实践教学平台。法律诊所、案例教学、模拟法庭、双师同堂、双导师制、实习与实践教学等多种源于司法实践和司法职业技能培训教育的全新法学教学方法已经逐渐走进了法学通识教育的课堂。教育部、中央政法委等六部委于2013年启动的"双千计划"也是为了促进司法实践与法学

---

* 中国人民大学法学院教授、博士生导师，教育部长江学者奖励计划特聘教授，《中国法学》总编辑，中国法学会法学期刊研究会会长，华中师范大学法学院名誉院长。

教育的深度融合。在深化司法体制改革的社会发展进程中,司法职业技能培训融入法学通识教育已经成为一种趋势。

传统的法学通识教育主要集中于法学本科教育和非法学专业的法律硕士教育,主要是培养法科学生掌握从理论法学到部门法学各科的通用知识,建立起对宪法和法律的忠诚,形成法律思维和法治方法的自觉性。法学专业研究生教育则是在此基础上的提高以及法学具体学科的深化。与法学院传统的学理教育不同,司法职业技能培训教育的侧重点在于"技能"方面:即如何将学到的法学理论知识与司法实践相结合以解决日常工作中的实际问题。它是关于技术的培训、关于能力的培训、关于操作方法和流程的培训。司法职业技能培训原本广泛应用于招录法科学生到法律职业工作岗位以后的入职培训、岗位培训、晋级晋职培训、职业进修培训。然而,司法体制改革和法学教育改革的交互影响和双重变革,使得我们必须重新考量司法职业技能培训与法学通识教育共同的本质属性,并在法学教育改革进程中积极探寻将司法职业技能培训融入法学通识教育的创新路径与方法。法学是文科中的"工科",特别强调培养学生的思维能力和动手能力,强调综合培养学生的司法实践经验和司法职业技能,强调全面培养"学以致用"的实际应用能力和娴熟操作流程的实操能力。传统的学理教育模式需要与现代司法职业技能培训相融合才能真正满足现代法学通识教育的现实需要。

司法职业技能培训教育对国家法治建设的意义非常重大。改革开放以来,我国的司法职业技能培训与法治建设同步发展,经历了夜校阶段、高级法官委托培训阶段、少量学理教育阶段以及初任法官(预备法官)培训、新任院长上岗培训、新颁布的法律法规培训、刑事民事(含知识产权)和执行业务等专门培训等。整体来看,这些培训项目与内容大体适应了司法人员知识更新和技能提升的要求。但是随着我国法学教育事业的发展和成熟,特别是司法人员学历学位的普遍提高,司法职业技能教育培训无论是课程设置还是内容调整和方法改进,都面临着重大的机遇与严峻的挑战。特别是在统筹谋划全面依法治国和全面深化司法体制改革的大背景下,司法职业技能教育培训工作已经成为国家法治建设的重要组成部分,是实现国家治理体系和治理能力现代化的重要方法和路径。只有司法人员的整体素质和能力提高了,才可能胜任司法职业,裁判出来的每一个具体案件才能让人民群众真正感受到公平正义。因此,我以为,正在深入进行的司法体制改革将会给传统的法学教育和法学研究带来一场深刻而巨大的变革。现代法学教育和法学研究应当将关注视野和研究重点积极拓展到现代司法职业技能教育培训的相关领域中来,现代法学教育不能仅仅只是局限于传统的学理教育和通识教育,而应当密切关注司法实践的最新发展和司法体制改革带来的巨大变革。司法职业技能培训教育可能会发展成为未来法学教育中创建"双一流"法学专业和法学学科建设的重要内容,甚至可能会逐渐发展成为未来高等院校法学院新型法学教育的主业之一,法学教育改革的重点需要积极探寻司法职业技能培训与法学教育相结合的融合创新之路。

新一轮司法体制改革成功的关键在于司法职业队伍的专业化、规范化、职业化建设。而建设一支专业化、规范化、职业化的司法职业队伍必须要有正规化、专门化、常态化的高水平司法职业技能培训教育体系作为支撑。现代司法职业对于专业化、规范化、职业化的要求越来越高,新一轮司法体制改革力推的法官、检察官员额制改革就是为了真正改变过去司法职业非专业化、非规范化、非职业化的诸多弊端,让司法职业更加符合法治社会建设的现实需要。司法职业是一门需要终身学习的特殊职业,是一门长期需要职业技能教育培训的特殊职业,专业化的职业技能培训就是现代司法职业的显著职业特征。新形势下的司法职业队伍建设亟待系统建构一整套正规化、专门化和经常化的司法职业技能培训教育体系。现代法官、检察官、律师等法律职业无论入职起始的学历学位有多高,都不足以应对日益复杂的司法案件和纷繁复杂的社会矛盾,都需要在司法实践中不断通过职业技能培训教育来总结、借鉴、学习、培训、思考,才能较好地适应日新月异的司法职业工作需要。对于现代司法职业而言,职业化建设的基础就是学习能力的持续培养和职业技能的持续锻造。由此,我们的司法职业技能培训教育也需要借鉴现代法学教育的规律和方法,不断通过融合创新逐步,发展成为契合教育培训规律的正规化、专门化、经常化的司法职业技能培训教育体系。

长期以来,司法职业技能培训由于培训内容变化快,因而难以形成较高水平的体系化培训教材,这与司法职业技能培训的特殊性有直接关联。司法职业技能培训教育比较注重授课教师的选择、培训内容的改进和受众的评价,而普遍忽略了体系化培训教材的研发,这一点值得向法学通识教育体系学习和借鉴。我认为,培训教育与学理教育同样都属于法学教育,二者的本质属性和教育规律在法理层面应当是相同的,只是侧重点有所不同。司法职业技能培训教育的内容虽然变化很快,但实际上还是有规律可循的,完全可以针对现代司法职业技能培训教育的现实需求和特殊规律,自主研发高水平的司法职业技能培训教材,高水平的系列培训教材是保证司法职业技能培训获得成功的基础性条件,高水平体系化的培训教材将会引领司法职业培训教育发展的方向。

十八届四中全会报告和中央全面深化改革领导小组批准的司法体制改革方案明确提出司法人员分类管理,最高人民法院第四个《人民法院五年改革纲要》进一步明确了法官、法官助理、书记员、司法警察的改革路径与方法,司法责任制的改革也对不同类型司法职业技能提出明确责任要求。在司法体制改革不断深化的新形势下,对于司法职业队伍的系统化、专业化、正规化的职业技能培训将会成为职业化建设的新常态,而常态化的现代司法职业技能培训教育迫切需要根据新的司法体制改革的最新变化要求,结合司法体制改革、司法权运行机制改革和司法职业队伍建设的新需求研发高水平的系列培训教材。《全新司法体制改革与司法职业技能培训丛书》就是契合新一轮司法体制改革新精神的创新作品,该丛书结合十八届四中全会推进人民法院司法体制改革之后的巨大变革,整体研究员额制法官、法官助理、书记员、司法警察等司法职业最新的职业技能变化规律和现实需求,进而根据司法审判规律和改革实践的需要,系统论述员额制法官、法官助理、书记员、司法警察的全新职业技能要求和培训方法的全新司法职业技能培训教材。

系列培训教材的作者杨凯法官有长期在基层法庭、基层法院和中级法院一线审判岗位执法办案的司法实践经验,经历过书记员、助理审判员、审判员、副庭长、审判委员会委员等不同的司法职业角色,经历过民商事、行政、执行、立案、信访等不同的审判工作岗位,作为第一批参与司法体制改革试点法院的法官,又直接经历了员额制改革和司法责任制改革,对司法改革后的司法职业技能培训需求有较为深刻的体验和感知;同时,杨凯法官不仅长期担任国家法官学院、多家高级法院和中级法院的法官培训兼职教师,而且,长期担任武汉大学法学院、中南财经政法大学法学院、华中科技大学法学院等高校法学院的兼职教授,因为参与"双千计划",还在华中师范大学法学院挂职担任过两年多时间的法学院副院长和特聘教授,对于高校法学教育有一定程度的认知了解和教学实践经验,其在华中师范大学法学院挂职期间着力推行案例实践教学和体验式模拟法庭教学方法,有力地推动了华中师范大学法学硕士、法律硕士教学水平的整体提升。作为一名既有长期司法实践经验且善于总结经验的法官,又兼备较高理论研究和授课水平的实务型教授,在编写司法职业技能培训教材方面具有独特的双重优势,能够较好地兼收并蓄和找到最新的司法职业技能培训教育需求点,同时,也能够较好地在融合司法职业技能培训教育和法学通识教育优势的基础上有所创新。

由于新一轮司法体制改革正处在试点改革和不断深化的整体推进过程之中,关于司法体制改革后的员额制法官和法官助理、书记员、司法警察等审判辅助职业的新的职业规范和职业技能教育培训目前还没有专门且系统的研究,北京大学出版社能够及时邀请杨凯法官主持组织编写《全新司法体制改革与司法职业技能培训丛书》,是一个颇具前瞻性和建设性的出版选题决策。本套教材的主要内容主要针对司法体制改革以后法院系统的入额法官、法官助理、书记员、司法警察等司法职业共同体从业者的工作指南和职业技能培训。丛书从全新的改革视角探寻法官职业技能培训和法官助理、书记员、司法警察等司法辅助职业培训的方法与路径,针对司法体制改革以后司法职业技能培训的热点、难点和痛点问题来研究培训内容和方法,注重融合法学教育的体系化和学理化的优势,及时更新和强化司法职业技能培训的主体内容、操作流程,力争建构体系化、专门化、经常化的司法职业技能培训教材的全新体系模式。本系列教材同时还可以广泛用于高等院校法学院法律硕士和法学硕士研究生、本科生、专科生、博士研究生用作法学实践课程教学的辅助教材。本人曾作为最高人民法院"全国审判业务专家"评选委员会的高校评委参与过评选杨凯法官作为第三届全国审判业务专家的专业评审,也因为在华中师范大学担任法学院名誉院长的机缘而作为同事进一步领略了他在法学研究与实践教学方面的风采。这套培训教材较好地融合了司法职业技能与法学教育的优势,具有一定的创新性,专业化程度高、系统完整、论述的职业技能教育培训理论与方法均具有较强的可操作性和实用价值。本人有幸先睹为快,深觉这是一套好书,值得推荐给法学和法律界的同行们和同学们。

2016 年 8 月 1 日

为司法的专业化、职业化而奋斗!
——《法官助理和书记员职业技能教育培训指南》序

张卫平*

摆在我文案上的一摞厚厚的样稿,是武汉市中级人民法院杨凯法官的一部即将出版的新书——《法官助理和书记员职业技能教育培训指南》。此书有五百余页,一部凝聚作者心血、内容厚重的著作。我感叹的是,作为一名一线法官能有这样的研究成果实属不易,它充分体现了作者对我国司法体制改革的担当与责任、热情与激情。

党的十八届三中全会《关于全面深化改革若干重大问题的决定》提出的:"建设法治中国,必须坚持依法治国、依法执政、依法行政共同推进,坚持法治国家、法治政府、法治社会一体建设。深化司法体制改革,加快建设公正高效权威的社会主义司法制度,维护人民权益,让人民群众在每一个司法案件中都感受到公平正义。"为了进一步落实三中全会决定的要求,党的十八届四中全会《关于全面推进依法治国若干重大问题的决定》进一步明确提出:"推进法治专门队伍正规化、专业化、职业化,提高职业素养和专业水平。"这一政策性主张十分明确地表明,党在司法体制的建构方面已经较前些年有所转向,使得曾经有所偏离的司法体制改革又开始回归到了应有的轨道。现代化社会的发展方向就是社会治理、国家治理的正规化、专业化、职业化。司法作为国家治理的重要方面也同样要求应当越来越正规化、专业化和职业化。毫无疑问,司法人员的专业化和职业化就是司法正规化的具体要求,也是现代司法的标志,是我国社会治理、国家治理现代化的必然要求。在某种意义上,专业化和职业化就是一种进步的表征。我们现在面临着纠纷数量激增、纠纷类

---

* 清华大学法学院教授、博士生导师,清华大学学术委员会委员,中国法学会常务理事,中国法学会学术委员会委员,中国民事诉讼法学研究会会长,中国检察学研究会副会长。

型多样、纠纷内容复杂的现实,可以说我们国家在成为经济大国的同时,也已经成为诉讼大国。如何高效地利用裁判机关的有限的司法人力资源,保证审理和裁判的高效和公正是司法体制必须要解决的问题,解决这一问题的方法之一就是法院人员的专业化和职业化,以及其他有力措施,例如,司法人员的身份保障、更充足的司法人力资源。法院司法人员的专业化和职业化的举措之一就是建立现代法官助理和书记员制度。专业化、职业化的建构意味对司法规律的尊重,意味着对客观规律的探求。因此,专业化、职业化才成为我国新一轮司法体制改革必须解决的核心问题之一。可以说,这一问题是否得到真正解决决定了这一轮司法改革的成败。因而这一问题也成为学界和司法实务界特别关注和努力探究的问题。

  杨凯法官的《法官助理和书记员职业技能教育培训指南》一书是这种努力的结果。我刚看到本书时,还认为只是一本关于法官助理和书记员职业技能培训的教材。细读方知本书实际上包括了对我国法官助理和书记员职业制度改革的探索。作者将法官助理和书记员这两种不同类型的审判辅助职业相结合,将法官助理和书记员职业制度改革与法官员额制改革相结合,将法官助理和书记员职业化建设与法律职业制度改革相结合,在充分论证研究审判辅助职业作为对推进法官员额制改革和法官职业化建设的必要前提条件的基础上,对审判辅助职业的职业化建设、制度改革和职业技能进行体系化研究,探索在原有书记员职业制度基础上进行现代法官助理和书记员审判辅助职业制度的法学基础理论建构。法官助理作为一种现代法律职业是由美国联邦最高法院格雷大法官最先在美国司法体制中倡导并实际推行的,并在美国司法系统运行体系中取得了较好的实际效果。中西方文明的法理基础和内核都是人类共同的法治文明,现代法官助理和书记员审判辅助职业制度和职业技能虽然是西方司法制度建设的文明成果,但西方的司法制度文明同样可以为我们今天的司法改革所借鉴,只是我们的法官助理和书记员职业制度改革需要深深根植于中国社会的文化土壤才能生根发芽,需要通过较长时间的生长和适应,才能融入和逐渐发展成为中国法律文化和中国司法制度的一部分。因此,要实现中国司法改革的司法体制现代化,需要突破现行的司法体制和三大诉讼的诉讼模式选择所蕴含的二元法律文化结构,探索现行司法体制机制和诉讼模式选择架构与程式中的法律文化结构的自洽与协调,实现司法体制建构内涵的法律文化创新与整合。

  作者指出,人民法院司法审判权的行使主体不仅仅是职业法官,还有一个重要的主体就是法官助理和书记员等审判辅助人员。职业法官的司法水平有赖法官助理和书记员审判辅助职业的辅助和事务性、程序性工作的支撑,需要法官助理和书记员的默契配合。职业法官的司法过程一刻也离不开法官助理和书记员等审判辅助职业的精心辅助与默契配合。法官助理和书记员辅助职业法官妥善审理裁判各类案件和处理司法审判事务的审判辅助职业技能是一门重要的司法职业技能,法官助理和书记员审判辅助职业技能的提升也是职业法官司法审判职业技能和审判艺术的整体提升。在现代中国特色社会主义司法制度和诉讼模式架构之中,法官职业与法官助理和书记员审判辅助职业之间实际上是一种互为表里、互为条件、互相协作、互相补充、互相配合、互相帮助的相辅相成的司法审判职业构架关系。实行法官员额制改革以后,法官助理和书记员的审判辅助职业功能因为法官职业化建设改革的发展变化而凸显得尤为重要。法官助理和书记员审判辅助职业的职业化建设与法官职业的职业化建设一样,具有同等重要的地位、功能和作用,两者都是新时期加强法治工作队伍专业化、规范化、职业化建设和法治职业共同体建构的法治队伍职业化建设的重要环节,值得我们在全面推进法官员额制改革的大背景之下展开深入的思考和进行体系化研究。

这些卓见集中反映出杨凯作为一名长期在审判一线,又坚持实证研究的学者型法官的理性思考,我们的司法改革需要以这些拥有长期实践经验的法官们的真切认识为基础。他们的认识充分反映了群众的智慧。

传统意义上的法官职业培养模式,实际上就是干部管理体制内的司法公务员培养模式,这种模式实际上是与我们司法体制架构和诉讼模式选择相一致的。长期以来,我们不仅没有从学者、律师中遴选招录职业法官的传统,而且,也欠缺从司法体制外部培养和招录职业法官的法官职业制度培育的制度基础。虽然新一轮司法体制改革推进过程中已经出台了从学者、律师选任法官的相关规定,但现阶段及今后较长一段时期内,我们还不能彻底改变过去从法官助理和书记员队伍中择优培养职业法官的法律职业传统培育模式,因为,这种传统的职业法官培养模式是与我们的诉讼模式选择相一致的。推进司法体制改革还是需要考量变革与现行诉讼模式选择的适应性和一致性。从学者、律师中招录职业法官目前还只能是一种象征性的有益补充和宣示性的法律职业制度多元化的制度安排。法官助理和书记员职业制度建设和职业化建设改革设计在当前实际上仍然还是法官员额制改革的职业制度建构基础,法官职业和法官助理、书记员审判辅助职业共同的职业化素质要求和职业技能教育培训是法官员额制改革能够得到社会公众普遍认同的制度性基础。经历四个《人民法院五年改革纲要》指导下的将近二十年的司法改革探索实践,中国司法体制中的职业化建设跟法官与法官助理、书记员分序列管理模式之间是否有正相关性,直到新一轮司法体制改革全面推进法官员额制改革时才逐步得到明确。过去的司法改革实际效果对此没有提供普遍的或比较明显的实证支持,直到法官员额制改革推进到新组建的审判团队需要大量的法官助理和书记员审判辅助职业提供高效率和高效能的辅助职业配合时,法官助理和书记员审判辅助职业改革和职业化建设才得到社会各界应有的重视。在缺乏必备配套的法官助理和书记员审判辅助职业制度改革的背景下全面推进法官员额制改革所带来的诸多现实问题,也值得我们在司法改革的进程中深入探究和审慎思考。

作为这一轮司法改革的核心之一是法官负责制,而作为法官负责制的一个重要举措就是打造有助于高效审理的审判团队。审判团队的内部结构是以主审法官为核心,以法官助理和书记员为辅助。这种新型的审判团队虽然具有提高审判效率的功效,但却进一步强化了集中,弱化了司法权行使的内部制约。作为传统笔录制作主体的书记员作为审判团队的一员与团队形成更为紧密的利益团体,也就完全丧失其独立地位,难以使其笔录成为具有法定证明效力的法律文书,即使法律上予以规定,其正当性也会受到质疑。如果从笔录制作主体的相对性独立地位角度考虑,这种打造审判团队,强化司法权绝对集中化的改革路径就需要慎重考虑了。

在当前全面推进司法体制改革的过程中,作为司法体制改革重要环节的司法人事体制改革也应当充分考虑与诉讼制度改革的契合,通盘考虑,整体布局,在有利于提高诉讼或审判效率的同时,更要顾及充分实现诉讼公正的问题。从目前的改革来看,还尚未注意或考虑到将书记员制度改造、提升为更符合诉讼运行规律,更有利于实现诉讼公正的书记官制度。如果能够从细化司法权运行内部制约规制,提升司法公信力的角度充分认识书记员制度的改革,引进书记官制度,使其成为相对独立的内部制约的主体,将有助于兼顾审判效率和审判公正的提升。

在司法协助方面①,书记官作为司法协助人员,将协助法官实施审判管理、指挥诉讼的活动。法官在诉讼中也需要与书记官磋商如何更好地推进或处理诉讼程序和诉讼事项。在立案阶段,可以协助法官从事立案登记工作;在整个诉讼过程中成为法官与当事人、诉讼参与人、证人等其他协助司法人员、单位、团体的沟通和联

---

① 为了明确区分书记官在具体诉讼活动中与法官的不同关系,笔者使用了"司法协助"的概念,以便与"司法辅助"的概念加以区别。书记官对法官的司法协助,是指按照法官的指示,从事协助性的事务,例如,收集资料,与当事人、诉讼参与人等进行沟通和联系,帮助整理证据资料和案件争点等;书记官的司法辅助,是指书记官独立地从事次要的、不属于审判程序裁判事项的其他司法事务。目的主要是为了减轻法官的司法负担。德国司法制度中的司法辅助官就是这种含义上的官员。虽然称之为司法辅助,但其司法辅助活动的实施是独立于法官的,并非在法官的指示下实施。但在德国,司法辅助官依然不是德国基本法和法院组织法意义上的法官。司法辅助官不能作为审判程序的裁判者。正是在这个意义上,与日本从事司法辅助的书记官有相同之处。日本书记官制度变化当中的所谓书记官负担司法辅助职能,也是指德国法中司法辅助的含义。也就是说,日本的书记官也具有一定的司法权,或者书记官在次要程度上分享了传统法官非裁判权中的司法权部分。关于德国司法辅助官制度,详见 Rosenberg/Schwab/Gottwald, Zivilprozessrecht, 17. Aufl., Verlag C. H. Beck Muenchen 2010, §25 Rn. 1。中文资料可参见李大雪所译该书第 16 版,中国法制出版社 2007 年版,第 156—159 页;日文资料见,《德国司法辅助官法》中村英郎教授日文译本及报告:《德国司法辅助官制度》,(《全国书记官协会会报》,第 34 期,1971 年 4 月)两者均收录于中村英郎:《诉讼及司法制度研究》(民事诉讼论集第二卷),成文堂 1979 年版,第 175—239 页。

系人、传达法官的指示以及当事人的反馈意见①;在调解活动中协助法官进行调解;在具体的各个诉讼环节从事推动诉讼进行的辅助工作,如督促当事人举证、进行证据交换、证据整理、帮助法官进行案件争点整理、送达各种法律文书、协调庭内诉讼活动、协助法官开展庭外证据调查以及其他相关事项调查活动。

在日本,书记官也可以直接从事某些司法辅助工作,部分分享司法权,从事部分相对次要的司法活动。例如,独立进行调解、决定诉讼保全、发出支付令、决定是否公示送达、决定诉讼费用负担、受法官委托进行证据调查等。在日本,这些原本属于法官的职权也已经转移给了书记官。书记官也就不再是单纯的公证官。② 这些权限也已经通过日本《民事诉讼法》的修订予以确认。③ 与此不同,在德国,日本书记官所从事的司法辅助工作专由司法辅助官担当,书记官具有司法辅助的职能。

另一方面,也是最重要的一面,是书记官的笔录工作尤其是庭审笔录工作。在理论和制度上,书记官都是独立的公证机关(公证官),笔录行为是一种证明庭审诉讼行为和过程的公证行为。④ 在日本的书记官制度的发展历史上,人们最初并没有在意书记官司法的辅助性即司法辅助权限,主要职能是通过制作笔录为司法活动提供公证证明。随着司法运作的复杂化和审判负担加重,书记官的司法辅助职能才得以被认可。⑤ 当然,这一变化有日本的特殊语境,在德国,书记官就不具有司法辅助权限。我国今后的书记官是否也应当赋予部分辅助性司法权,还需要认真研判后作出决策。有一点应当强调,书记官的第一要务依然是笔录活动,司法协助或司法辅助应当是次要职能。

在法院司法人事构成方面,笔者倾向于由法官、司法辅助官、书记官和执行官四大系列构成。法官负担的减轻以及审判效率的提高可以通过设置司法辅助官和法官助理加以解决。司法辅助官专门从事司法辅助工作,书记官不从事司法辅助工作,以免混淆书记官与法官、司法辅助官的职能界限,但书记官可以从事司法协助工作。如果像日本那样,书记官也从事司法辅助工作分享司法权,有可能将权限问题复杂化,不易处理法官与书记官两个系列的关系。司法辅助官、书记官、执行官均为单独系列,与法官系列没有对接关系。因为司法人事体制改革的问题不是本文的主题,故不在此展开。

---

① 在日本,除了庭审之外,法官几乎不与当事人、诉讼参与人直接接触和联系,所有联系沟通都由书记官来完成。关于日本民事诉讼中书记官对法官事务的协助(非司法辅助)情形,详见王亚新:《对抗与判定——日本民事诉讼的基本结构》,清华大学出版社2002年版,第3—29页。
② 参见(日)西野喜一:《书记官权限的扩大》,载《法学家》1996年第10期,总第1048期。
③ 参见(日)上北武男:《新民事诉讼中裁判所书记官的作用》,载《同志社法学》第49卷第4号。
④ 参见(日)新堂幸司、福永有利编集:《诉·辩论的准备》(《注释民事诉讼法(5)》),有斐阁1998年版,第341页。
⑤ 参见(日)石井浩:《新民事诉讼法中的裁判所书记官》,竹下守夫、今井功编:《讲座民事诉讼法(1)》,有斐阁1998年版,第69页;

针对我国的现实情形,笔者认为,我国一旦建立了书记官制度,书记官也不应该是审判团队的成员。实际上,也不需要通过打造所谓审判团队来提高审判效率。只要主审法官依法承担相应的审判责任,书记官依法承担书记官相应的笔录责任和协助责任,注意两者工作的协调,审判就是有效率的。未来主审法官、司法辅助官、法官助理与书记官的协调属于审判管理中的事项,需要法院从审判工作的效率性和公正性角度整体予以考量。书记官是专门从事诉讼和执行活动笔录以及从事司法协助的司法人员,虽不同于法官系列,但其任职资格、薪酬、升迁、惩戒、罢免、监督等身份保障措施和程序都应有相应的制度要求。① 有了这些制度就能够保障和保证书记官履行独立的笔录职责以及其他司法协助职责。这些制度的建构也应当是司法制度改革的重点之一。

从我国的司法体制改革实践来看,由于顶层设计的极端困难和地方经验的复杂多元,司法体制改革的具体措施和实施也因此面临着诸多困难和阻力。我们必须真正以改革开放的姿态和认识真诚地对待司法体制改革,否则,我们的司法体制改革的诸多措施就可能蜕变为一场政治秀。这是我们必须认真思考和对待的。改革只有真正走向专业和职业,我们才能避免政治"走秀"。我希望学界同仁和实务界的人士能够像杨凯法官那样扎实地研究、思考司法体制改革的问题,并将其具体化为具有可操作性的规范,实实在在地推动司法体制的各项改革。让我们共同为司法的专业化和职业化而奋斗!

2016 年 7 月 15 日于清华倦勤斋书屋

---

① 参见(日)兼子一、竹下守夫:《裁判法》(第四版),有斐阁 2003 年版,第 276 页。

目　录

第一章　绪论　001
第一节　问题的缘起　001
第二节　审判辅助职业技能教育培训研究的背景与意义　008
第三节　审判辅助职业教育培训研究的指导思想、思路和方法　014
第四节　审判辅助职业教育培训研究的主要创新点　022

第二章　法官助理和书记员审判辅助职业概述　025
第一节　现代审判辅助职业人员的角色定位　026
第二节　审判辅助职业的历史渊源　028
第三节　审判辅助职业的分类　033
第四节　审判辅助职业不可替代的功能与作用　039

第三章　法官助理职业概况与比较　046
第一节　法官助理职业制度概况　047
第二节　两大法系法官助理职业制度与职业技能概况比较分析　051

第四章　法官助理制度改革与技能发展的理论与实践　062
第一节　法官助理制度改革的理论探索与实践简介　062
第二节　武汉市江汉区人民法院推行法官助理职业改革实践经验检视　066

第五章　书记员职业历史沿革和本土资源　076
第一节　清末和民国时期书记员职业　076
第二节　新中国时期书记员职业　078
第三节　中国现代书记员职业　085

第六章 域外书记员职业比较分析 … 092

第一节 英国法院书记员职业制度和职业技能要求 … 092
第二节 美国法院书记员职业制度和职业技能要求 … 094
第三节 德国法院书记员职业制度和职业技能要求 … 097
第四节 法国法院书记员职业制度和职业技能要求 … 099
第五节 日本法院书记员职业制度和职业技能要求 … 100
第六节 其他国家法院书记员职业制度与职业技能要求 … 103
第七节 我国台湾地区法院书记员职业制度与职业技能要求 … 104
第八节 域外书记员职业制度与职业技能的简要比较分析 … 105

第七章 书记员职业制度改革的理论与实践 … 106

第一节 书记员职业制度改革时代背景 … 106
第二节 书记员制度的改革实践 … 107
第三节 书记员职业制度设计与职业技能水平的现实困境 … 116
第四节 书记员职业制度改革实践的理论探索 … 121

第八章 法官助理和书记员职业司法理念 … 125

第一节 法官助理和书记员职业司法理念概述 … 126
第二节 法官助理和书记员职业司法理念的建构与培养 … 129

第九章 法官助理和书记员职业素质修养和技能要求 … 137

第一节 素质修养概述 … 138
第二节 法官助理和书记员职业素质修养 … 140
第三节 法官助理和书记员职业技能要求 … 142

第十章 法官助理和书记员职业政治素质与修养 … 149

第一节 政治素质与修养概述 … 150
第二节 法官助理和书记员职业政治素质修养 … 153

第十一章 法官助理和书记员职业业务素质与人文科技素质修养 … 158

第一节 法官助理和书记员职业业务素质修养 … 158
第二节 法官助理和书记员职业人文科技素质修养 … 164

第十二章　法官助理和书记员职业语言素质与思维素质　168

第一节　法官助理和书记员职业语言素质修养　168
第二节　法官助理和书记员职业思维素质修养　171

第十三章　法官助理和书记员职业身体素质与心理素质修养　178

第一节　法官助理和书记员职业身体素质修养　178
第二节　法官助理和书记员职业心理素质修养　181

第十四章　社会性别平等意识与法官助理和书记员审判辅助职业　188

第一节　现代社会性别平等意识与审判辅助职业　188
第二节　现代审判辅助职业中的社会性别问题　192
第三节　现代社会性别平等意识的实际应用　196

第十五章　法官助理和书记员立案咨询接待工作技能　202

第一节　立案咨询接待工作技能的构成分析与作用　203
第二节　法官助理和书记员立案咨询接待工作技能培养　205
第三节　法官助理和书记员立案咨询接待工作技能　206

第十六章　法官助理和书记员立案登记工作技能　213

第一节　民商事案件立案登记技能　213
第二节　行政案件立案登记工作技能　220
第三节　刑事案件立案登记工作技能　225
第四节　执行案件立案登记工作技能　226

第十七章　法官助理和书记员审前准备程序工作技能　228

第一节　审前准备程序的含义与特征　229
第二节　审前准备程序的价值目标与功能　231

第十八章　法官助理和书记员送达与保全工作技能　236

第一节　送达技能　236
第二节　财产保全、证据保全和先予执行技能　243

第十九章　法官助理和书记员审前证据准备工作技能　245

第一节　诉讼证据指导与释明权行使技能　246

第二节　证据的调查收集技能	249
第三节　举证、证据交换与证据固定技能	251
第四节　整理争点、审前会议、庭前和解与庭前调解技能	254

第二十章　法官助理和书记员庭审辅助工作技能　261

第一节　民商事和行政案件庭审辅助技能	262
第二节　刑事案件庭审辅助技能	266
第三节　庭审记录工作技能	270

第二十一章　法官助理和书记员制作各类审判笔录工作技能　275

第一节　审判笔录概述	275
第二节　审判笔录的制作要求	282
第三节　审判笔录制作的文字书写与计算机录入技能	284
第四节　各类审判笔录制作的技巧与方法	288

第二十二章　法官助理和书记员综合调研工作技能　293

第一节　审判信息收集与沟通技能	293
第二节　审判工作调查研究与司法写作技能	298
第三节　司法写作职业技能	301

第二十三章　法官助理和书记员辅助制作各类裁判文书工作技能　311

第一节　案件审理报告动态制作的技巧和方法	312
第二节　裁判文书制作中的修饰、校对与整理技能	320

第二十四章　法官助理和书记员立卷和归档工作技能　326

第一节　人民法院立卷归档工作概述	326
第二节　立卷归档工作的具体要求	328
第三节　立卷归档的程序和方法	332
第四节　电子信息技术立卷归档的程序与方法	343
第五节　诉讼案卷归档的程序和步骤	345

附录	348
主要参考文献	445
后记	455

第一章 绪 论

第一节 问题的缘起

近两年以来,由党中央直接领导的新一轮司法改革主要是司法体制的改革。而新一轮司法体制改革,主要是指党的《十八大报告》提出的:"进一步深化司法体制改革,坚持和完善中国特色社会主义司法制度,确保审判机关、检察机关依法独立公正行使审判权、检察权。"新的司法体制改革总体目标[①],以及党的《十八届三中全会决定》提出的:"建设法治中国,必须坚持依法治国、依法执政、依法行政共同推进,坚持法治国家、法治政府、法治社会一体建设。深化司法体制改革,加快建设公正高效权威的社会主义司法制度,维护人民权益,让人民群众在每一个司法案件中都感受到公平正义。"[②]新的司法体制改革具体目标确定之后,由中共中央政法委、中央组织部负责领导、组织和协调新一轮的司法体制改革。新一轮司法改革主要是体制性的改革。党的《十八届四中全会决定》进一步明确提出:"推进法治专门队伍正规化、专业化、职业化,提高职业素养和专业水平。"[③]新一轮司法体制改革目标更进一步明确了加强法治工作队伍的职业化建设的改革要求。

[①] 2012年11月8日中国共产党第十八次全国代表大会:《坚定不移沿着中国特色社会主义道路前进,为全面建成小康社会而奋斗》(简称《十八大报告》),载《十八大报告辅导读本》(本书编写组),人民出版社2012年第1版,第28页。

[②] 2013年11月12日中国共产党第十八届中央委员会第三次全体会议:《关于全面深化改革若干重大问题的决定》(简称《十八届三中全会决定》),载石国亮主编:《全面深化改革若干重大问题党员干部学习读本》,研究出版社2013年第1版,第142—143页。

[③] 2014年10月23日中国共产党第十八届中央委员会第四次全体会议:《关于全面推进依法治国若干重大问题的决定》(简称《十八届四中全会决定》),参见习近平:《关于〈中共中央关于全面推进依法治国若干重大问题的决定〉的说明》,载《中共中央关于全面推进依法治国若干重大问题的决定》,人民出版社2014年第1版,第30—33页、第48页。

中央政法委、中央组织部第一批确定的改革试点省份包括7个：上海市、海南省、青海省、贵州省、吉林省、广东省和湖北省。中央深化改革领导小组会议首先通过了上海市提交的司法改革试点工作方案，随后又陆续通过了其他6个第一批试点省份提交的改革试点工作方案。员额制改革包括法官和检察官两种职业，目前，根据中央政法委的统一部署，已经在第一批改革试点省份的法院、检察院广布试点推进，并在部分试点省份全面推进。第二批和第三批改革试点省份也全部确定，并都处于依法积极稳妥的改革试点推进过程之中。本书囿于个人专业知识和司法体制改革实践经验的领域所限，重点研究新一轮司法体制改革中人民法院全面推进法官员额制改革背景下，与之相配套的法官助理和书记员审判辅助职业的职业制度建构和职业化建设改革的相关问题。以法官（检察官）员额制、司法人员分类管理制度、司法责任制和省以下地方法院和检察院人财物统一管理为主打的新一轮司法体制改革已经在第一批试点法院（检察院）取得阶段性进展，并在部分试点法院（检察院）开始全面推行。其中，尤以促进司法职业化制度建设为目的的法官（检察官）员额制改革在全社会引起高度关注，改革试点工作在司法系统内部也引起较大的震动。近两年以来，在微信、微博、互联网等各类新媒体上广泛流传着"法官、检察官辞职潮"的文章和消息报道，吐槽和唱衰法官员额制改革的各种报道在自媒体的坊间巷陌被反复爆炒。法官员额制改革到底动了谁的奶酪？法官员额制改革究竟立足于怎样的司法职业制度基础才能顺利推进？法官员额制改革必须同步改革或提前建构设计的法官助理和书记员审判辅助职业的配套基础是什么？法官员额制的改革以及法官助理和书记员审判辅助职业制度改革的步伐，当如何朝着法治职业化建设和法治职业共同体建构的方向和时代需要迈进？我们需要运用法理学、法哲学、法社会学思维来思考法官员额制改革和审判辅助职业制度改革的正确路径。

"如果根本就不知道道路会导向何方，我们就不可能智慧地选择路径。"[1]时至今日，回顾法官员额制改革在全国法院系统的分批次改革试点和部分全面推行过程中存在的诸多困难和问题时，我们发现有一个必须同步推进的基础性配套问题没有能引起足够的重视，这就是与法官员额制改革密切相关的法官助理和书记员审判辅助职业制度建构和职业化建设的同步配套改革问题。因此，在第一批7个改革试点省份，法官员额制改革正在全面力推，第二批和第三批改革试点省份正在竞相试点推进的进程中，有必要及时根据试点法院的改革探索实践经验和推进改革的现实需要，重点研究推进法官员额制改革必须同步解决好的法官助理和书记员审判辅助职业制度配套改革问题。

---

[1] 〔美〕本杰明·卡多佐：《司法过程的性质》，苏力译，商务印书馆1998年版，第63页。

在之前的历次司法改革中,关于法官助理和书记员的职业制度和职业化建设的改革内容或多或少都会有所涉及,但审判辅助职业制度的基础性功能和重要职能作用始终没有得到应有的重视。历次涉及法官助理和书记员审判辅助职业的改革内容大体上均可归类于司法人员分类管理或法官职业化建设之中,历次的改革也都或多或少会取得一定的进展或成效,但仍然没有就法官助理和书记员审判辅助职业的职业化建设改革设计专门的职业制度改革方案。直到党的十八届三中全会通过的《十八届四中全会决定》提出:"推进法治专门队伍正规化、专业化、职业化,提高职业素养和专业水平。"①在推进这一司法体制改革目标的探索实践过程中,作为推进法官员额制改革必须前置性设计和同步推进的基础性配套审判辅助职业制度改革和职业化建设才逐渐引起改革试点法院的充分重视。

法官职业的合作特征不仅体现在合议庭、审委会法官之间的配合,同时,也体现在法官与法官助理、书记员、司法警察等审判辅助职业之间的密切配合。特别是实行法官员额制改革以后,法官助理和书记员的审判辅助职业功能因为法官职业化改革的发展变化而凸显得尤为重要。法官与法官助理和书记员审判辅助职业之间的工作配合模式,无论是过去"师傅带徒弟"的职业主辅模式,还是职业配合模式,以及现代司法审判权运行机制中的司法职业辅助模式,都体现了法官助理和书记员审判辅助职业不可替代的审判辅助职业功能和协助配合作用。在现代中国特色社会主义司法制度和诉讼模式架构之中,法官职业与法官助理、书记员审判辅助职业之间实际上是一种互为基础、互相补充、互相协助和配合的相辅相成的司法审判职业的职业共同体构架关系,法官助理和书记员审判辅助人员同样也是法官队伍的重要组成部分,在司法审判工作中具有不可替代的职业功能和作用,同属于法治职业共同体。

以湖北省法院系统首批参与法官员额制改革试点的武汉市中级人民法院、武汉市汉阳区人民法院和武汉市青山区人民法院为例,法官员额制改革方案初步完成之后,新组建的审判团队在新的审判权运行机制磨合过程中所遭遇到的诸多棘手困难和问题之一,就是目前的书记员、法官助理等审判辅助人员明显配备不足和配合不力,目前配备在岗的法官助理基本上只能干书记员的工作,功能作用也基本上和书记员一样,法官助理和书记员还不能符合理想中的法官员额制改革的需要,现有的法官助理和书记员审判辅助职业基本上还是沿袭原来的做法,有的新组建审判团队的员额制法官不得不像过去一样自己帮助法官助理和书记员干事务性、

---

① 2014年10月23日中国共产党第十八届中央委员会第四次全体会议:《中共中央关于全面推进依法治国若干重大问题的决定》(简称《十八届四中全会决定》);习近平:《关于〈中共中央关于全面推进依法治国若干重大问题的决定〉的说明》,载《中共中央关于全面推进依法治国若干重大问题的决定》,人民出版社2014年第1版,第30—33页、第48页。

程序性工作。司法改革后的新审判团队运作模式，如果没有合格的法官助理和书记员审判辅助职业人员的密切配合，与司法改革以前的审判权运行模式相比，审判质量和效率并没有明显提高。法官员额制改革后新组建的审判团队运作模式特别强调合理配置审判人力资源，原来素质较高的法官助理和书记员参与审判团队后能及时适应新的工作要求，能及时发挥审判团队的整体合力，形成高效率、高质量的强强合作办案能力，切实解决中基层法院"案多人少"的现实难题。然而，法官助理和书记员等审判辅助职业人员配备不足、人员变动频繁和流失严重、审判辅助职业技能不高的现状，仍然在一定范围内存在，并成为影响审判工作质量和效率的主要原因，使得新组建的审判团队难以发挥预期的办案效果。试点法院不得不重新采取各种配套措施和补救办法弥补改革配套方案设计的不足，及时调整法官助理和书记员审判辅助职业的人员配备，采取各种培训方法提高在岗的法官助理和书记员的审判辅助职业技能，以求能够及时适应法官员额制改革后新组建的审判团队的现实审判工作需要。由此可见，法官助理和书记员审判辅助职业的职业化建设与法官职业的职业化建设一样，具有同等重要的地位和作用，两者都是新时期加强法治工作队伍建设和法治职业共同体建构的法治职业化建设的重要环节，值得在全面推进法官和检察官员额制改革的大背景之下展开深入思考和进行体系化研究。

在反映我国古代司法制度和程序制度的各类文艺作品和影视剧中，我们除了看到包公、海瑞等明察秋毫、执法如山的"清官"之外，还可以看见其身边伫立的"师爷"和"刀笔吏"们，现代职业化分工的职业术语将前者称之为法官职业，将后者谓之为法官助理和书记员等审判辅助职业。由此可见，法官审理裁判案件需要法官助理和书记员等审判辅助人员的配合古已有之。无论是中国历朝历代的"衙门"，还是当今世界各国的法院，都需要招募一些既有文笔功夫又精明能干的法官助理和书记员等审判辅助人员辅助法官审理裁判案件。这样的职业制度安排，既有利于减轻审判法官的负担，亦有利于提高法官审理裁判案件的审判质量与效率。根据"有官必有吏"的历史传统，法官助理和书记员等审判辅助职业应当是伴随着古代司法制度的产生而产生的。早在我国古代西周时期就已经有了专门以文字形式记载审判案件过程和裁判结果的法官助理和书记员等审判辅助职业，自有"衙门"起，即有"刀笔吏"这一审判辅助职业。回溯我国历朝历代法官助理和书记员审判辅助职业的历史沿革，这一行古老的审判辅助职业从古到今都充满了神秘的色彩和独特的专业技能特征。

由于我国古代的国家治理和社会治理统治模式长期实行行政与司法合一的制度模式，行政官员同时兼任司法官员，两者职业角色定位融为一体，行政管理职权与司法审判职权合二为一，虽然我国古代因为"耻讼"和"厌讼"情结而使司法案件数量较少,但由于地方行政与司法长官的职能合一使司法任务同样繁重,从而催生了我国古代司法体制中的"刑名幕吏""刑名幕友"职业。① 我国古代的"刑名幕吏"职业制度实际上可以视为当今中国特色现代法官助理和书记员审判辅助职业制度建构的历史渊源,中国特色的法官助理和书记员审判辅助职业流传至今实际上已经有几千年的历史传承。由于古代的行政与司法合一的体制中设计配备了比较完善的"刑名幕吏"审判辅助职业人员和职业制度,让行政与司法合一的官员可以将审判辅助性的大量程序工作和事务工作安排"刑名幕吏"等审判辅助人员去办理,通过司法审判辅助职业制度设置,确保地方行政与司法合一体制中的司法审判权能够正确运行,行政与司法合一的长官有了"刑名幕吏"专门审判辅助职业人员的协助、配合和帮助,能够将主要精力集中于司法审判权运行的重要环节,减轻日常司法审判工作中的事务性和程序性工作压力,而让熟悉律法、程序和司法审判专业技术的"刑名幕吏"辅助司法审判实务,较好地弥补了行政与司法合一体制的不足,使得"刑名幕吏""幕友"审判辅助职业在古代就比较兴盛。在古老的中华法系构造和古代司法体制构造之中,法官助理和书记员审判辅助职业实际上早已经形成相对完善的职业制度和职业技能,只是到了近现代由于法律的移植等缘由,使这一古老的审判辅助职业更多的是借鉴域外的司法制度和经验,而与传统渐呈分离之势。然而,司法传统的制度合理性在现代司法体制和制度运行架构中仍然具有不可替代的职业制度功能和价值,在现代司法体制和司法审判权运行机制的实践之中,总是能够或多或少看到传统审判辅助职业的影子。

在 20 世纪 90 年代初提出和推行司法改革之前,我国司法审判体制中的职业法官队伍都是实行统一的干部编制管理,同属于政法干部队伍,没有太明显的职业区分,虽有院长、副院长、庭长、副庭长、审判员、助理审判员和书记员的审判职务划分,但职业身份混同较为明显,法官与书记员之间实际上没有太大的职业区分,法官助理这一审判辅助职业的功能主要是由书记员队伍中的优秀者负责,由于案件数量相对较少,还用不上法官助理这个审判辅助职业类型和职业功能。传统意义上的法官主要来源是书记员队伍中的佼佼者,书记员职业实际上就是职业法官的培养梯队,由于职业法官没有员额限制,也没有职业法官准入的统一标准,在理论上和实际上,从事书记员职务的人员只要干到一定的时候,都有可能晋升到法官职务、领导职务或转行到其他合适岗位。助理审判员实际上履行的也是法官职务,而

---

① "刑名幕友",即指精通刑名的幕友。虽然历朝历代对"刑名幕友"的称谓不尽相同,但职业特征的内涵和职业技能的内容大体相同,所从事的司法类职业也都是类似于当今法院的法官助理和书记员审判辅助职业。"幕友"也称为"师爷",是受官员聘请帮助其处理行政和司法事务的私人助手。"幕友"职业在清代发展极为兴盛。在清代,从督抚到司、道、府、州、县各级主官无不有幕友,幕友分为:刑名、钱谷、书记、挂号、征比等五种。

不是现在的法官助理。当时的书记员职务内涵实际上涵盖了现在的法官助理和书记员职业内容。当时的司法职业界限不明和职业混同的状态,与当时人民法院的案件数量和社会经济总体发展水平的需要基本上是相匹配的。

司法改革提出实行司法人员分类管理制度,既是社会和时代不断发展的现实需要,也是司法职业制度专业化改革的实际需要。《十八届四中全会决定》提出推进法治队伍专业化、规范化、职业化的司法改革目标,实际上就是现代社会经济不断发展变化,需要进行司法体制改革的新时代新需求的现实表述。司法职业的专业化、正规化和职业化是社会发展到工业化、现代化阶段的自然状态和必然选择,正如社会学家涂尔干所言:"社会发展的等级越高,它的专业化水平就越高……但这并不是说,专业化发展得越快就越好,而是说它必须根据需要的发展而发展。"① 法官助理和书记员审判辅助职业序列与法官职业序列的逐渐分立都开始于 20 世纪 90 年代的司法专业化和法官职业化建设改革进程,法官助理这一新兴审判辅助职业的产生是社会变迁和时代发展进步不断推进司法职业专业化改革和法官职业化建设的必然产物。

中国当代的社会基础和时代特质虽然较为多元化,信息社会和"互联网+"的概念是潮流但不是我们的社会发展主流,我们的社会发展主流还是在由农耕社会迈向工业化,由传统的计划经济体制真正迈向市场经济。因此,党中央深化改革实现国家治理体系和治理能力现代化的改革总方向,全面建设有中国特色社会主义小康社会的中国梦,坚持有中国特色社会主义司法体制改革和现代化建设的道路自信、理论自信和制度自信,在主导司法体制改革方向时必然会与政治话语、社会经济发展实际和社会现实相结合。西方司法文明发展进步的先进经验、司法智慧和后现代主义法学思潮可以借鉴,但更为重要的是立足中国社会经济发展的现实需求。中国特色司法体制改革的总体方向不可能偏离工业社会或现代化目标所具有的专业化、标准化/规范化、程序化这一基本特质,因为刚刚步入工业化时代的中国与位于后工业时代的西方国家的司法制度的发展,必然和已然在非专业化与过度专业化之间的平衡点上相遇。但是,我们还没有向去正式化、去专业化方向倒退的资本。在当代中国司法体制所承担的多重担当之中,我们需要从法理学的层面厘清司法职能与政治任务、职业责任与社会责任,才能使司法体制改革的发展目标不至于受到政治任务的干预和影响,才能保证司法体制改革的发展方向始终不至于背离基本的司法规律。

在过去的传统司法体制架构之中,书记员职业一直是一个流动性较强的动态职业制度设计和设置,书记员是一个相对稳定的动态的流转型阶段性的审判辅助

---

① 〔法〕埃米尔·涂尔干:《社会分工论》,渠东译,生活·读书·新知三联书店 2000 年版,第 356—359 页。

职业,没有书记员会将其确定为终身职业,都是将其视为一种过渡性的阶段性的准法官职业培育的过程,所有的书记员都是作为法官的学徒和后备资源而存在的,由书记员晋升为法官的传统体制和机制的制度设计,基本上还是比较符合中国司法体制对于诉讼程序模式的架构选择的。由于我国人民法院的法官职业制度历来采用的是中央政法编制的统一管理模式,这种司法公务员体制干部管理模式的职业制度,比较适合从干部身份、思想素养、职业技能长期同质化培育的书记员后备队伍中选任职业法官。传统意义上的法官职业培养模式实际上就是干部管理体制内的司法公务员培养模式,这种模式也是与传统的诉讼程序模式选择相一致的。我们不仅没有从律师、学者中招录职业法官的传统,而且,也欠缺从体制外部培养和招录职业法官的法官职业制度培育基础。

法官(检察官)在体制内,而律师在体制外,学者则是事业编制管理体系,打通法官(检察官)与律师、学者之间的职业通道很容易,但是,要让律师和学者成为法官(检察官)职业的主要来源和后备基础则很难,要让招录的优秀律师、学者进入司法公务员体制管理模式中的法官(检察官)队伍后能够很好很快地适应新的体制内工作管理模式更难。因为,实际上我们现在还暂时不具备这样的法官职业制度建构基础,必须对法官队伍职业化制度建构和诉讼程序模式制度的架构作长期的制度设计安排,经过长期的法官队伍职业化制度建设之后,才有可能逐渐形成从律师、学者中选任法官(检察官)的司法职业培育模式。现阶段及今后较长时期内,还不能彻底改变从法官助理和书记员审判辅助职业队伍中择优培养职业法官的法官职业培育模式。从律师、学者中招录职业法官目前还只能是一种象征性的有益补充和宣示性的职业制度多元化的制度设计。由此可见,法官助理和书记员审判辅助职业制度建设和职业化建设改革设计在当前实际上仍然还是法官员额制改革的职业制度建构基础。

从这个意义上讲,本书所确定的研究对象,就是将法官助理和书记员审判辅助职业制度改革置入新一轮司法体制改革中的法官员额制改革的大背景之中,将法官助理和书记员审判辅助职业制度改革和职业化建设改革作为法官队伍整体职业化研究的一个重要部分进行专门研究。本书确定法官助理和书记员审判辅助职业制度改革和职业化建设改革这一研究对象,正是基于中国法官职业化之路的改革和建设中,法官助理和书记员职业化是推行法官员额制改革的必要前提条件和前置性职业制度架构基础。虽然法官助理和书记员的司法职业地位和职业架构在整个法治职业构架体系中只是处于基础性和辅助性的配角职业,在新一轮司法体制改革中也并没有成为加强法治工作队伍建设的重头戏,但法官助理和书记员职业化建设这一研究主题,实际上仍然是整体司法体制改革体系中具有方向性和前瞻性指导意义的现实问题。因为,这个研究问题的缘起,来源于对司法规律的遵循,来源于对诉讼程序模式构架的深层次思考，来源于对司法体制改革方法论的法理学思考，同样，也来源于法官员额制改革推进过程中的改革探索实践经验的总结。

第二节　审判辅助职业技能教育 培训研究的背景与意义

最高人民法院1999年出台的第一个《人民法院五年改革纲要（1999—2003）》虽然没有直接提出进行法院人员分类管理制度改革，但纲要中提出的一些改革试点举措实际上就是人员分类管理制度改革的内容。纲要明确提出要对法官配备法官助理和取消助理审判员工作进行改革试点，摸索经验。① 所以，从《一五改革纲要》出台开始，关于法官助理和书记员审判辅助职业制度的改革实际上就已经启动。但是，无论是法官助理职业，还是书记员职业和法警职业，在历次的司法改革中所涉及法官助理和书记员审判辅助职业制度推行的各种体制改革和机制改革均不顺利。就法官助理职业制度改革而言，关于法官助理职业制度的各种改革试点均因职业特征不明显和"不服水土"而推行比较困难。近18年以来，很多中基层法院在法官助理职业制度的司法改革实践中，普遍感到无法明确区分法官助理在法官和书记员之间的职业责任，在现行的法官职业与书记员职业之间，较难重新创设一个全新的法官助理职业。而且，法官助理的身份和编制无法突破现行的司法公务员传统管理模式，《中华人民共和国人民法院组织法》《中华人民共和国法官法》均没有相应的制度规定，法官助理制度改革试点向上与助理审判员制度的运行存在一定的冲突，向下与书记员制度的运行存在一定的冲突，改革试点在两种运行相对成熟和规范的职业制度挤压之下举步维艰。从严格意义上讲，法官助理职业制度改革在现行的司法体制运行架构中并没有真正展开，法官助理职业还没有形成一个比较清晰的审判辅助职业概念，也没有真正形成法律职业共同体和社会公众对法官助理审判辅助职业的职业认同。就书记员职业制度改革而言，同样也是争议较大，连续四个人民法院《五年改革纲要》所推行的法院人员分类管理制度改革，在书记员职业制度改革的领域进行过较多的改革试点和改革实践，比如：推行书记员单独职务序列管理制度改革、聘任制和聘用制书记员单独职务序列制度改革、招录审判法庭专门速录员补充替代机制的制度改革、书记员工作的整体外包改

---

① 最高人民法院迄今为止已经印发了四个人民法院"五年改革纲要"，于1999年首次印发的第一个《人民法院五年改革纲要（1999—2003）》没有注明"第一个"标识，后面的三个《五年改革纲要》均有标识，为便于表述，以下统一简称《一五改革纲要》《二五改革纲要》《三五改革纲要》和《四五改革纲要》。

革,等等。然而,各类改革举措饱受诟病的居多,对改革成效负面评价的居多,现实工作中最突出的问题就是书记员职业队伍人员流失严重、队伍不稳定、职责不明确、流动性过大过快、职业技能不称职等现实状况令人焦虑。第一批司法体制改革试点法院在推行法官员额制改革的整体推进过程中普遍遇到书记员职业流失过快的现实问题,过去的书记员职业队伍更加难以适应新一轮司法改革后组建新的审判团队的高强度审判辅助工作需要,新招录的书记员由于现行司法体制中书记员辅助职业的较低待遇和公务员身份条件将来无法解决的限制,能够安心于聘用制书记员职业并以此为终生职业的并不多。法官助理和书记员职业的现实困境成为全面推进法官员额制改革的一个"瓶颈",一方面,推行法官员额制改革要求减少现有法官人数,另一方面,各类案件逐年增多和实行立案登记制改革累加的案件审理工作量,加大形成新的"案多人少"困局。新组建的审判团队中不仅需要有高素质的员额制法官职业群体,更需要有高效率和高效能的法官助理和书记员审判辅助职业群体,才能适应司法体制改革后的审判工作的现实需要。

推行法官员额制改革之前,人民法院司法审判体制中长期形成和维系的职业法官培育机制和培养模式是体制内的渐进式晋升模式,也就是从书记员队伍中逐步选任优秀者担任助理审判员,然后再任命为审判员的阶梯式科层级经验型培养模式。书记员、助理审判员、审判员的逐级培育职业法官的培养模式常常被法学界和社会公众比喻"护士晋升为医生"。不过,司法改革之前书记员作为审判辅助人员的职责相对还是比较清晰明确的,招致批评的主要是法官职业培养模式中的人的流动性来源,以及对于书记员职业职责的专注性、积极性、效率性的负面影响。在新一轮司改前,历次的司法改革均没有把书记员、法官助理等审判辅助职业作为改革的前置性和基础性重要内容,更加没有关于与法官职业配套的审判辅助职业的职业化改革设计。"让有专业知识的法律家来操作程序,通过职业化来保证程序的长期有效性。"[1]职业化实际上是审判辅助职业改革的制度设计法理基础。"共同法律职业素质的形成是法官职业认同的前提。"[2]法官职业和法官助理、书记员职业共同的职业化素质要求是法官员额制改革能够得到社会公众认同的制度性基础。"每个人都生活在一个社会共同体之中,每个人在展开自己的行动之时,也要考虑他人或者共同体的利益。因此,个人利益的实现同时也要考虑在共同体之中的其他人的利益和共同体的利益。"[3]然而,遗憾的是,这些司法职业化的程序制度

---

[1] 李龙主编:《良法论》,武汉大学出版社2001年版,第303页。
[2] 汪习根主编:《发展、人权与法治研究——发展困境与社会管理创新》,武汉大学出版社2012年版,第231页。
[3] 徐亚文、廖奕、占红沣主编:《西方法理学新论——解释的视角》,武汉大学出版社2010年版,第37页。

设计改革理念一直没有能够成为司法改革的方法论。法律职业素质也没有成为法官职业和审判辅助职业的职业认同基础性标准。法律职业共同体中的利益价值和职业共同体的功利原理也没有能够成为审判辅助职业化建设的制度改革指引。经历了四个《五年改革纲要》指导下的将近20年的司法改革,中国人民法院的司法职业化跟法官与书记员分序列管理模式之间是否具有正相关性,直到启动新一轮司法改革并全面推进法官员额制改革时才逐步得到明确。过去的司法改革实际效果对此没有提供普遍的或比较明显的实证支持,直到法官员额制改革推进到新组建的审判团队需要法官助理和书记员审判辅助职业提供高效率的审判辅助职业配合时,法官助理和书记员审判辅助职业的制度改革和职业化建设才得到相应的重视。在缺乏必备配套法官助理和书记员审判辅助职业改革的背景下,仓促推进法官员额制改革所带来的诸多现实问题,值得我们进一步深入研究和审慎思考。

司法改革必须遵循基本的司法规律,"改革是由问题倒逼而产生,又在不断解决问题中而深化"。[①] 而关于法官助理和书记员职业化建设所依据的司法运行规律,是以我国司法诉讼模式的选择为背景的。第一,就诉讼模式设置和审判权运行机制设计而言,中国特色司法体制和诉讼模式既不是英美法系的集中审理诉讼模式,也不是大陆法系的传统诉讼模式,我们采用的是分阶段性审理诉讼模式,没有明确的由程序法规制的审前程序,诉讼程序运行缺乏安定性和稳定性的制度安排,在审前准备程序中应当处理的诉讼请求变更和固定、证据开示和交换等诉讼行为均没有明确的截止时间点。现行的诉讼模式制度安排在立案、审前准备、一审、二审、再审等诉讼程序阶段均可以调解,在执行阶段可以和解,调解和和解贯穿诉讼程序的全过程并能随时影响实体处理结果,审前准备阶段和实质审理阶段始终处于交叉状态。在这样的诉讼模式制度框架中,法官职业与法官助理、书记员审判辅助职业之间的职业特征和职业功能并没有实质意义上的区分,在并不需要审前准备程序的快审速裁、小额诉讼、简易程序等简单类型案件审理过程中,法官助理和法官之间的职业功能差异不大,有些简易程序案件的审判事务甚至由书记员都可以完全胜任。换言之,作为法官的学徒和后备资源而存在的传统书记员和替代其专业性角色的法官助理当下所承担的审判辅助职责,与他们未来作为法官所承担的职责之间并无实质意义上的差异,职业化建设的角色差异还需要作进一步的提炼和细分。

"在劳动分工得以发展的当代社会里,分工具有整合社会机体,维护社会统一

---

① 习近平:《在布鲁日欧洲学院的演讲》(2014年4月1日),载《人民日报》2014年4月2日第1版。参见人民日报评论部编著:《"四个全面"学习读本》,人民出版社2015年版,第160页。

的功能。分工即使不是社会团结的唯一根源,至少也是主要根源。"①因此,除非真正实现案件的繁简分流、审理程序分类,将员额制法官的职业角色定位于裁判者,将法官助理和书记员等审判辅助职业的职业角色定位为法官审理裁判案件做充分的程序准备工作,否则将改革后的员额制法官与法官助理和书记员审判辅助人员分列管理既无必要也无可能,即使在人事管理上形式上实现了分类,也会违背司法运行规律,出现现实司法程序运行过程中的人、职分离现象,割裂而非整合司法机体,降低而非提高司法效率,这显然与司法体制改革的初衷是背道而驰的,也不符合社会分工的功能原理。

在审判体制内通过法官助理和书记员审判辅助职业的长期同质化培养来作为法官职业的储备基础,实际上是大陆法系职业法官培养制度模式与传统的中华法系审判辅助职业制度模式的体制性结合。我国的职业法官既不像美国从律师、学者中选任,也不像大陆法系从通过司法考试的优秀者中经过专业职业技能培训择优选任,而是将法学院毕业生安排在实际的审判工作岗位上,经过实际工作和实践的培养、磨练和检验,再择优进行选任。我国的法学教育承袭的都是法学家的培养模式,没有完全按照像医学院体系中医生和护士那样分专业分别培养。国家法官学院虽然开设有专门的书记员、司法警察等专科、本科序列的专业学科,但这些专业和学科在国民教育系列和高等教育体系中基本上是不被认同和重视的。从长期沿袭的传统的职业法官培养模式来看,司法改革中的司法人员分类管理如果通过制度安排直接隔断从书记员队伍中渐进式培养职业法官的渠道,实际上是直接改变司法审判职业技能培养的渠道。改变这一传统的制度安排是否有新的制度功能替代?目前似乎还没有新的良好制度安排可以取代。从传统的书记员审判辅助职业队伍中择优培养职业法官的制度改革,如果直接隔断法官和书记员之间的流动通道,实际上也就是通过制度安排完全割断了法律人由学徒成长为职业法官从而实现其职业梦想的希望。有较高学历培养基础的书记员即使获得司法体制改革许诺的单独序列的职级晋升,也不会如改革设计者所设想的那样安心于书记员审判辅助职业,并将其视为终身职业。当然,如果新一轮司法体制改革设计如果清晰明确地把书记员工作职责设计安排为只从事庭审记录和装订卷宗等简单的程序性事务,重新安排设计由新的法官助理代替过去主要是由书记员担任的较为复杂的重要的司法审判辅助事务,就是司法体制改革对于审判辅助职业的职业化制度建构新的改革方向。

关于法官助理审判辅助职业的职业化建设和审判辅助职业制度模式设计的改革设想,早在2004年最高人民法院推行法官助理改革试点工作中就已经进行了探

---

① 〔法〕埃米尔·涂尔干:《社会分工论》,渠东译,生活·读书·新知三联书店2000年版,第358页。

索,可惜的是法官助理制度改革在全国18个试点法院并没有取得实质意义上的职业化建设改革成功经验。法官助理制度改革在其成为普遍实践之前即遭遇逆司法职业化改革而受到冷落。纵观过去在全国法院系统普遍开展的法官助理和书记员改革探索实践,实际上还是一种书记员审判辅助职业的传统角色与新兴的法官助理职业的全新审判辅助职业角色的职业混同和交叉。由此可见,除非先行完成职业法官遴选制度的基础性或替代性遴选机制,并以此为前提对法官助理和书记员的职责进行明确定位,否则,法官助理和书记员单独序列管理和晋升机制无论在促进法官职业化还是书记员职业化方面,恐怕都难以实现司法体制改革的初衷,甚至可能造成制度断裂和功能紊乱。

基于对上述司法体制改革现实的考虑,本书结合新一轮司法体制改革中整体全面推进法官员额制改革这一时代背景的现实需要,将研究的重点放在法官助理和书记员审判辅助职业的职业化建设问题上,分阶段、分事项深入研究法官助理和书记员审判辅助职业在司法的各个环节所应承担的职责,及应当具备的司法伦理、职业素质和审判辅助职业技能。本书立足于法官员额制改革对于法官助理和书记员审判辅助职业的审判体制性需求和职业化建设的路径与方法,试图为司法改革和司法实务操作提供有益的借鉴和参考,也为中国特色法治职业共同体建构理论研究和法官职业化制度建设提出符合司法规律的对策意见,以期激起学术界、实务界对审判辅助职业的改革和职业化建设给予更多的共同关注和研究,推动更深层次和更有力度的法官助理和书记员审判辅助职业化建设制度改革,推进法官助理和书记员职业技能培训教育得到更进一步的发展。

审判辅助职业中的法官助理和书记员既是职业法官审理裁判案件的法定助手,同时,也是司法审判程序的监督者和记录者。现代法院审判辅助职业主要有法官助理、书记员、司法技术人员、司法行政人员、司法警察等,他们的审判辅助工作的质量和效率,对于人民法院整体司法审判工作的质量和效率会产生重要的影响,是衡量人民法院司法审判工作质量与效率的重要内容之一,也是评价法院审判工作的一个重要标准。因此,审判辅助职业的特殊职业制度及其职业技能的重塑对于顺利推进法官员额制改革和树立人民法院的司法公正形象具有十分重要的理论和现实意义。法官司法审判技能与法官助理、书记员审判辅助职业技能具有天然的紧密联系。人民法院司法审判权的行使主体不仅仅是审判组织中的职业法官,还有一个重要的主体就是法官助理和书记员审判辅助职业。职业法官的司法水平有赖于法官助理和书记员的辅助性专业工作的配合,有赖于法官助理和书记员基础性、程序性和事务性工作的辅助,有赖于法官助理和书记员的默契协助,有赖于法官助理和书记员辅助法官办案的辅助职业技能和辅助办案经验的帮衬配合。审判辅助职业的职业技能也是一门重要的司法职业技能,法官助理和书记员审判辅助职业技能的提升也就是职业法官审判技能和审判艺术的整体提升。

审判辅助职业化建设制度改革的推行与法学教育的现实状况是密切相关的。目前,除了国家法官学院和少数省法官学院开设有成人高等教育序列的书记员和法警专业之外,中国国民教育序列高等院校的法学教育中还没有系统开设教学法官助理和书记员审判辅助职业技能的专业课程。全国各级人民法院的司法审判职业技能培训既没有专门培训法官助理和书记员审判辅助职业技能的传统,也没有设置专业的审判辅助职业技能培训课程。然而,新一轮司法体制改革和当前人民法院的司法审判工作最迫切需要体系化研究,并进行系统设置的培训教育内容之一,就是法官助理和书记员审判辅助职业的专业素质和职业技能培训。二本院校和三本院校的法学院系、警官职业学院和司法职业学院所开设的法学本科专科教育需要重点关注这一特殊审判辅助职业领域的实践和发展,从而拓展法学实践教育的实用学科和差异化学科品牌建设,拓展新的实证与应用法学研究和法学教育的新领域,提高不同层次层级办学条件的高等院校法学院法学专业毕业生的就业率和社会认同率,提升应用法学与实证法学学术研究的实践价值。

本书研究背景立足于《十八届四中全会决定》在全国司法系统全面推行的司法人员分类管理改革和法官员额制改革,立足于人民法院推进法官员额制改革的改革探索实践和司法审判权运行机制配套改革探索实践的经验总结,立足于实证与应用法学基础理论的学术研究成果在司法体制改革推进过程中的动态研究和实际运用,立足于源于实践的思考研究中寻觅司法制度的改革创新。试图通过运用实证研究方法和研究思路对法官助理和书记员审判辅助职业制度、职业技能进行专题研究和归纳总结,力求通过实证法学研究解决法官助理和书记员审判辅助职业在职业化制度改革中存在的种种现实问题;同时,探索在司法改革实践中建构一门新兴的学科——司法审判辅助职业制度学和职业技能培训教育学,并进一步将法理学、司法制度的研究领域向司法实证应用方向作学理拓展。

本书力求契合当代中国法院和法官职业群体的学术研究风格和特点,法院和法官职业群体的学术研究与高等院校学者的学术研究既有明显的差异,又有一定的相同之处,但总的说来正朝着逐步交流、融合及趋同的方向发展。中国法院和法官的学术体系是一种与法院体制相一致的以法院为主体的有组织的有建制的学术体系,更多体现了一种实证与应用法学学术研究的鲜明特色,更加关注的是社会现实问题以及如何运用法律方法解决社会现实问题。在当今社会转型时期,社会矛盾凸显,利益纷争层出不穷,成为中国现代国家治理和社会治理中的突出问题,有许多现实问题都需要通过学理和学术研究得以妥善解决。因此,加强对司法体制改革中的现实问题进行深入研究,成为法学界和法律界的共同职责任务。当前对于人民法院法官助理和书记员等审判辅助职业的职业制度建构、职业化建设、从业人员各项素质和职业技能的法学理论体系化学术研究还是没有引起足够重视的法学理论研究空白。衷心希望通过本书研究,不仅能够从法理学、法哲学、法社会学和方法论的视角为新一轮司法体制改革顺利推进提供学理参考,对全国法院系统法官助理和书记员审判辅助职业的职业化建设和制度改革起到良好的促进作用,对法官助理和书记员审判辅助职业群体的职业素质和职业技能培训教育起到良好的促进作用;而且,能够通过体系化的法学理论研究重塑古老的有中国特色的审判辅助职业,并建构一门新兴的学科,发挥法理学、司法法学应有的学术张力和推动力。

第三节 审判辅助职业教育培训研究的指导思想、思路和方法

一、研究指导思想

对于司法体制改革中所涉及的法官助理和书记员审判辅助职业制度改革和职业化建设改革这一实际问题开展实证与应用法学学理研究,首要的研究任务就是从法学学科和法学理论专业的学理研究视角确立开展法学理论研究的正确指导思想。

(一) 本书指导思想

本书以马克思主义法学理论和法学基础理论为基本的研究理论基础,以马克思列宁主义、毛泽东思想、邓小平理论、科学发展观、社会主义核心价值观和社会主义法治建设理论为基本的学理研究指导思想,以党的《十八大报告》《十八届三中全会决定》《十八届四中全会决定》《十八届五中全会决定》和根据中央批准的《关于司法体制改革试点若干问题的框架意见》等系列新一轮司法改革政策文件为基本的学理研究政策依据。在整体的审判辅助职业体系化的学理研究过程中,立足于有中国特色社会主义司法制度理论和司法改革理论的最新研究成果,立足于中国法律文化传统和中国社会现实发展实际情况,立足于人民法院全面推进司法体制改革的实践经验总结,确保坚持党的领导和坚持中国特色社会主义方向,坚持遵循司法运行规律和从中国国情出发相结合,围绕确保依法独立公正行使审判权检察权、健全司法权力运行机制、完善人权司法保障制度三个方面的重点任务,按照可复制、可推广的改革要求,合理借鉴英美法系和大陆法系司法制度体系中的先进制度经验,重点研究如何推进中国特色社会主义司法体制改革中的法官助理和书记员审判辅助职业制度改革创新。

(二) 本书理论建构基础

研究新一轮司法体制改革中的法官助理和书记员审判辅助职业化建设与改革,需要以人本法律观指导思想为理论建构基础。"马克思提出一个基本原则:法律应该适应社会,而不是社会适应法律。就是说,社会是法律的基础,而社会是由人组成的,人的物质生活条件,实际上决定了法的内容和发展。"①"人本法律观是马克思主义法学中国化的重要成果,是科学发展观在法学界和法律界的具体体现,是社会主义法治理念中关于执法为民的生动反映;也是对中国古代和西方法学思想中人本主义的合理借鉴的过程和升华。"②推进司法体制改革的一个最为重要的因素和内容,就是研究如何发挥好人的主观能动性。"法治不能湮没人文精神,人始终应是世界的主体,人永远需求公平、自由、正义、效率等价值。"③司法体制改革说到底还是司法体制中人的改革,法官员额制改革、法官助理和书记员审判辅助职业制度改革所涉及的人的层面和内容非常之多,改革的成功与否重点是人的因素。以马克思主义法学理论和人本法律观为指导,要求我们注重马克思主义理论作为中国国家治理指导思想的中国化,遵循基本的司法运行规律,尊重法律职业从业人员的权利保障和职业保障,尊重司法体制改革中的"以人为本"的人本价值观,在现行政治体制和法律制度框架内充分运用马克思主义理论和法学基础理论进行学理研究。

(三) 以良法论指导思想为基本价值观

关于良法的明确概念是古希腊思想家亚里士多德最早提出来的,他说:"法治应当包括两重意义:已成立的法律获得普遍的服从,而大家所服从的法律的本身应该是制定得良好的法律。"④沈宗灵教授认为:"法的价值可以有不同的含义。第一,它指的是法促进哪些价值;第二,指法本身有哪些价值;第三,在不同类价值之间或同类价值之间发生矛盾时,法根据什么标准来对它进行评价。从这一意义上讲,法的价值即指它的评价准则。"⑤郭道晖教授认为:"法律至上最根本的就是良法至上。"⑥司法体制改革更多涉及对法的价值判断问题,需要我们以良法论作为全面推进司法改革的指导思想,对于法律和政策进行价值判断,需要我们在研究中充分运用法理学、法哲学和法社会学的最新理论研究成果和实证研究方法,及时正确解读党中央和地方党委关于新一轮司法体制改革的系列政策文件精神、配套政

---

① 李龙:《李龙文集》(第2卷),武汉大学出版社2011年版,第189—190页。
② 同上书,第20页。
③ 陈金钊:《法理学》,北京大学出版社2003年版,第275页。
④ 〔古希腊〕亚里士多德:《政治学》,商务印书馆1965年版,第148页。
⑤ 沈宗灵:《法理学》(第2版),高等教育出版社2004年版,第52页。
⑥ 郭道晖:《法的时代挑战》,湖南人民出版社2003年版,第550页。

策制度。新一轮司法体制改革属于政治体制改革范畴,本轮改革的政治和政策导向较为明显,需要我们从法的价值判断视角认真分析中央政法工作会议和全国高级法院院长会议精神对新一轮司法体制改革的政策指引导向,并以此不断改进研究法官助理和书记员审判辅助职业制度改革的基本价值观,丰富良法论的基础性法理指导思想,通过对法律和政策的法理解读和研究指引司法体制改革朝着正确的法治道路推进。

(四) 基本制度建构基础

研究新一轮司法体制改革中的法官助理和书记员审判辅助职业化建设与改革,需要以法治精神和社会主义法治理念和社会主义核心价值观为基本制度建构基础。张文显教授认为:"法治精神是一个融善治、民主、共和、人权、自由、公正、理性等精神要素为一体的科学命题。"[①]司法体制改革的基本方法论就是要更多地遵循法治精神,改变原来不符合法治精神的弊端,法治精神是司法体制改革中制度重新建构的理念基础。李龙教授认为:"社会主义法治理念是马克思主义法学中国化的最新成果。"[②]在中国现代社会正在进行着的司法体制改革迫切需要的理论指导思想,就是把马克思主义法学的基本理论与中国的社会实践相结合,亦即马克思主义法学理论的中国化。法官员额制改革、法官职业化建设改革以及本书的研究对象法官助理和书记员审判辅助职业化建设改革,其研究重点在于能够把世界先进的司法制度理论研究成果与中国的司法体制和司法实践紧密结合起来,重在解决中国的现实问题。吕世伦教授认为:"法作为一种基本的制度性的社会上层建筑之一,它的正、反、合三维结构,就是真、善、美。"[③]我们的司法体制改革需要以社会主义核心价值观为指导思想,才能真正体现符合司法运行规律的制度创新,体现制度建构中的法治精神,体现司法体制改革中的人性真善美的光辉。

(五) 以实践理性指导思想为改革方法论的检验标准

"英美法官对法学(而不是法治)的一个最大的贡献就是将法官审判这个先前人认为几乎无太多话可说的领域内产生的知识,变成了在某种程度上可以交流、对话一次可供分享的知识,即所谓实践理性,尽管新的不可或难以言说的个人性知识还将从人们的个人生活中不断产生。只要人类在延续,这类知识的领域就永远不会荒芜。"[④]新一轮司法体制改革的主要方法论之一还是注重顶层设计与地方经验的结合,司法改革更多的是需要实践理性知识作为理论建构的支撑。"当代中国仍

---

① 张文显:《法哲学通论》,辽宁人民出版社2009年版,第406页。
② 李龙:《中国特色社会主义法治理论体系纲要》,武汉大学出版社2012年版,第61页。
③ 吕世伦:《法理念探索》,法律出版社2002年版,第537页。
④ 苏力:《制度是如何形成的》,北京大学出版社2007年版,第164页。

然处在第二次大变局的过程之中。同样,中国法治思想及其实践的突破,也可以说还在行进之路上。"①司法改革的实践性特质和对实践理性的现实需求,需要我们认真分析新一轮司法体制改革中存在的诸多现实困难和难题,认真分析人民法院法官助理和书记员审判辅助职业化建设改革所面临的种种困难,认真总结司法改革试点法院的改革成功经验、改革试错教训等关于实践理性的理论思考,我们才能在实践理性的指引下进一步找到顺利推进法官助理和书记员审判辅助职业化建设改革的正确进路与方法。"在人类关于对象世界的法理中,解释的起点是经验,但解释的终点不得不是价值。"②从某种意义上讲,改革就是一种实践理性的经验总结,需要我们把实践理性与理论建构很好地结合起来。"现实主义,要在今天和这个时代真的很现实,就必须在比目前更为重大的程度上扎根于科学的理论和经验的理解。"③作为法官员额制改革的基础性配套改革措施,法官助理和书记员审判辅助职业的制度改革必须是在不断总结改革实践理性经验的基础上逐渐形成科学的理论体系,这也是本书将实践理性作为研究指导思想的缘由。

二、研究基本思路

本书的研究总体思路是对法官助理和书记员对审判辅助职业的职业制度和职业化建设改革进行法学理论的体系化研究和对策性研究。

(一) 历史比较和寻找司法体制本土资源制度的研究进路

系统全面研究法官助理和书记员审判辅助职业的历史沿革,注重从本土资源中寻找制度改革发展的历史渊源。正确认识和认知一种职业和制度,需要从历史沿革的纵向视角来考察研究。法官助理和书记员审判辅助职业制度应当是伴随着古代司法审判制度的产生而产生的。我国古代社会审判官多依赖其"属吏""幕友"进行司法审判活动,司法官进行具体司法审判活动时几乎均有"幕吏"辅佐。"幕吏"相当于从事书记员职业的人员。古代社会审判官与其幕吏相互依附、密切协作、共同践行司法活动。历朝历代的官府衙门均设置有专门的吏员职位,到了清代光绪年间及民国时期,才将这一专门的职务改称为"书记官"。我国历史上的"属吏""幕友""主簿""典簿"或"录事"等,实际上就是古今一贯的法官助理和书记员审判辅助职业。历朝历代以来,这些吏员——古代书记员的录用,均有严格的选任制度,均需经过职业技能考试合格才能录用。这表明法官助理和书记员的职

---

① 王人博、程燎原:《法治论》(第3版),广西师范大学出版社2014年版,第452页。
② 谢晖:《法律意义的追问——诠释学视野中的法哲学》,商务印书馆2003年版,第255页。
③ 〔美〕理查德·波斯纳:《波斯纳法官司法反思录》,苏力译,北京大学出版社2014年版,第401页。

业特征就是职业技能的规范性要求。从古到今,法官助理和书记员审判辅助职业的职业技能要求主要是具备辅助司法官办案的职业技能。法官助理和书记员审判辅助职业需要具有一定的文化知识、法律知识和专门的文字书写、记录等职业技能才能胜任。本书首先从法制史学和法治本土资源发掘的研究视角对我国法官助理和书记员审判辅助职业制度建构的历史沿革、历史文化传统与职业本土资源展开纵向学理研究。

(二) 对两大法系不同司法体制审判辅助职业制度的利弊进行比较的研究进路

本书通过对域外两大法系司法系统中的法官助理和书记员审判辅助职业制度构架进行系统全面的比较研究。通过比较借鉴,可以发现其职业制度建构中的有益成分,对我国的法官助理和书记员审判辅助职业制度改革和职业技能的培训教育有较大的参考价值。同中国古代的书记员职业制度一样,世界各国和各地区的司法审判机关,同样也都设立了法官助理和书记员审判辅助职业制度及审判辅助职业严格的考试录用标准。以英国、美国为代表的英美法系司法体制和以德国、法国为代表的大陆法系司法体制中的法院均设有法官助理和书记官职务,法官助理和书记官专门负责掌管编案、记录、文牍、统计和送达等辅助性司法审判工作,协助法官审判案件。原苏联及东欧各国的法院不仅一般都设有书记员职位,而且还根据所从事的工作内容不同分为法院书记官和审判庭书记员。这些国家和地区的书记员职业,都有一定的考试选拔录用标准。通过对域外两大法系司法体制中审判辅助职业的横向比较研究,对中国的法官助理和书记员审判辅助职业制度改革方向进行深入研究。

(三) 结合司法改革实践对法官助理和书记员审判辅助职业的角色定位进行实证研究的进路

通过对司法改革实践经验进行系统全面的总结研究探寻审判辅助职业的功能和价值。古今中外的司法审判机关,都因为司法审判案件的实际需要而设置有专门的审判辅助职业制度,并按照一定的审判辅助职业技能标准选任合格的人员担任审判辅助人员职务。审判辅助人员参与司法审判活动,是司法审判合法性的制度表现,审判辅助职业和工作历来都是司法审判机关审判活动的重要组成部分,具有专业性、辅助性、职业性的职业特征。法治队伍职业化建设在人民法院主要是指员额制法官和审判辅助职业的职业化建设。在当代中国特色社会主义司法审判制度中,法官助理和书记员的工作内容是法官依法正确履行法定审判职责公正审理裁判案件的法定程序事务辅助,法官助理和书记员审判辅助职业是员额制法官依法履行法定审判职责,从事审判工作法定的、必须的、必要的办案助手。审判辅助职业工作的质量和效率,直接影响着人民法院审判工作的公正与效率。新一轮司法体制改革法官队伍职业化建设本身就涵盖了审判辅助职业的内容,法官助理和书记员等审判辅助职业的从业人员素质和技能应当作为当前法官队伍职业化建设中的一项重要内容。法官助理和书记员等审判辅助职业的职业制度,同样也属于法官队伍职业化建设中的重要内容之一,法官助理和书记员等审判辅助职业从业人员的素质和职业技能,当然也属于法官职业技能培训的重要内容之一。本书首先从审判辅助职业的整体功能的视角概述法官助理和书记员等审判辅助职业的基本含义、分类,从职业的功能视角论述法官助理和书记员审判辅助职业不可替代的功能作用。

(四)结合新一轮司法体制改革全面推行法官员额制改革的背景研究法官助理和书记员职业化建设的进路

系统全面分析论证审判辅助职业的职业化建设与改革的制度价值。实行法官助理制度的真正目的在于减少法官的数量,使职业法官少而精,成为同时代的法律职业精英,最大限度地节省司法成本和人力资源。推行法官助理制度,是加强法官队伍建设与法院专业需要相结合的一项重要举措。推行法官助理职业制度、改革书记员职业管理体制的目的,在于理顺现行法官审判职能中的主次关系紊乱、法官与书记员工作职责混杂的状况,将法官从程序性事务性的繁杂工作中解放出来,把从法官职能中剥离出来的辅助性、程序性工作交法官助理承担,将庭审记录、装订卷宗等事务性工作交由书记员承担,而由法官专司审判职能,使法官的主要精力完全用于案件的审理裁判,从而大幅度提高审判工作的质量与效率。法官助理和书记员工作的质量与效率,直接影响审判工作的质量与效率。同时,系统论证法官助理和书记员审判辅助职业技能的基本内涵。

(五)系统全面研究法官助理和书记员审判辅助职业素质和技能的研究进路

法官的职业化建设对法官职业的素质修养和职业技能要求较高,与之相匹配的是,法官助理和书记员的素质修养和职业技能同样也与法官职业化改革相适应。希望法律职业者个个具备理想型法官的素质是不切实际的。法官的职责是定纷止争,在人们心目中,法官代表社会的良知和正义,法官的职业化建设就是要全面实现提高职业法官的素质和职业技能的目的。法官的职业化与法官的助手的职业化建设,在素质和职业技能的培养上具有相同的目标和要求。无论多么美好的政治和法律制度,最终还是需要高素质的人来实施与推行,才能实现其制度功能和价值。作为一种司法辅助性的职业,法官助手的职业素质和基本的职业技能要求是这一职业的至关重要的基础和根基。其实,每种职业同样也是依其从业者所秉承的素质与修养。法律职业的职业技能在本质上是法律职业者的综合素质与修养在司法权运行过程中的表现和运用。法官助理和书记员审判辅助职业是法律职业中不可或缺的部分,其司法辅助性工作贯穿整个审判工作的全过程,包括立案、庭前准备、开庭审理记录、调查取证、合评庭评议、宣判、执行、送达、结案及卷宗装订归档等辅助性工作,工作量大而且较为繁杂,既有事务性的工作,也有技术性的工作,其工作质量、效率和水平的高低,直接影响整个审判工作的公正与效率。法官助理和书记员审判辅助职业的职业化建设,关键在于提高审判辅助人员的各项综合素质的修养和加强职业技能的培训。从某种意义上讲,素质修养是职业技能的核心,职业技能是从业者综合能力与素质修养的集中表现。全面加强法官助理和书记员职业素养和职业技能,是当前加强法官职业化建设的必由之路,必筑之基,必修之课。

上述研究思路以如下路径实现,如图:

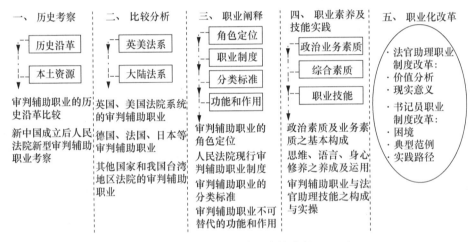

图1-1 研究思路及实施路径

三、研究主要方法

(一)历史分析的研究方法

通过收集国内外关于法官助理和书记员审判辅助职业的研究路径、研究成果,对这些历史文献进行综合辩证研究,对中国古代历史上所有关于法官助理和书记员审判辅助职业的理论研究成果进行系统性研究,厘清法官助理和书记员审判辅助职业的历史文化传承,从历史发展过程探寻法官助理和书记员审判辅助职业化建设改革的法学理论建构脉络。

(二)比较分析的研究方法

通过考察历史上和现今法治相对成熟的国家和地区的法官助理和书记员审判辅助职业理论与实践,对不同法系国家的法官助理和书记员审判辅助职业制度与我国司法体制中的的审判辅助职业进行比较研究,通过对中国传统法律文化、西方法理学以及马克思主义法学理论就审判辅助职业的比较、梳理,系统总结审判辅助职业制度的最新成果,立足于中国现代社会转型的现实情况,充分吸收国外实现审判辅助职业制度的有效做法,为中国特色社会主义法治职业共同体建构、法治队伍专业化规范化职业化建设和审判辅助职业制度建构提供借鉴和参考。

(三)实证调查的研究方法

通过实证调查研究方法运用司法统计调查分析方法全面调查了解目前新一轮司法体制改革推进中普遍反映法官助理和书记员审判辅助职业改革存在困难和问题的诸多原因,对我国目前法官助理和书记员职业化建设和制度改革进行冷思考和再定位,通过研究确立法官助理和书记员审判辅助职业改革的正确路径与方法。

(四)价值分析的研究方法

在实证分析的基础上,从应然与实然相结合的角度,根据实体正义、程序正义和效率、法治秩序等基本价值和要求,进行深入的理性思考和法学理论建构研究,重点研究古今中外法官助理和书记员审判辅助职业的职业化建设、相关制度、职业技能的主要职业内涵、一般属性和本质属性及社会转型时期审判辅助职业的特殊功能和价值。

(五)理论与实际相结合的研究方法

结合当前人民法院正在积极推进的司法体制改革,着重从法律、社会两个标准来分析和研究现代法官助理和书记员审判辅助职业的发展规律。分析研究现代法官助理和书记员审判辅助职业的现实表现,以法理意义上的法官助理和书记员审判辅助职业的价值和功能作为基点,结合新一轮司法体制改革探索实践经验,从现实和法律的层面来研究司法法官助理和书记员审判辅助职业的职业化建设改革的现实困境与发展方向,在法理学研究的基础上建构法官助理和书记员审判辅助职业的职业化建设改革路径。

(六)专题研讨和参加论坛的研究方法

通过参加法学界和司法实务领域组织的与本书研究内容相关的调研座谈会、专题研讨会、主题论坛等专题调研活动,全面了解当前学术界和实务界对新一轮司法体制改革中法官助理和书记员审判辅助职业制度改革最前沿的理论研究成果,了解司法审判一线对法官助理和书记员审判辅助职业制度改革的意见反馈,以增强本书调研的理论性、针对性和应用性。

第四节　审判辅助职业教育培训研究的主要创新点

在新一轮司法体制改革中,相比较而言,社会公众的关注点和兴趣主要集中在法官员额制改革上,对于法官助理和书记员制度改革则相对关注较少,甚至认为可以忽略不计。然而,法官助理和书记员审判辅助职业实际上与法官职业一样重要,都是司法体制中法律职业制度架构中的重要组成部分,缺失法官助理和书记员审判辅助职业的基础性制度设置,法官员额制改革和法官职业化建设就不可能得到顺利推行。因此,法官助理和书记员审判辅助职业改革实际上是新一轮司法体制改革体系中具有基础性、方向性和前瞻性的现实问题。为研究好这一现实问题,本书在研究过程中力求在研究对象、研究观点、研究理论和研究方法上有所创新。具体而言,本书研究的创新点主要包括如下内容:

一、研究对象创新

第一,本书将法官助理和书记员两种不同类型的审判辅助职业紧密结合在一起作为研究对象进行综合性研究。法官助理和书记员虽然在类型有所区分,但实际上是无法完全分开的审判辅助职业,现在的法官助理职业制度的改革需要在原有书记员职业制度的基础上进行制度改革和职业制度建构,两者之间需要结合起来进行研究。

第二,本书将法官助理和书记员职业制度改革与法官员额制改革、法官职业化建设紧密结合在一起作为研究对象进行研究,将审判辅助职业制度改革研究对象置于新一轮司法体制改革中法官员额制改革的大背景之中开展研究,对审判辅助职业这一研究对象注重开展体系化的制度改革研究。对法官助理和书记员职业化建设和改革这一研究对象,着重研究其对推行法官员额制改革和法官职业化建设的必要前提条件和前置性职业制度架构基础。

第三,本书将法官助理和书记员职业化建设与职业制度改革紧密结合在一起作为研究对象进行研究,对于审判辅助职业的职业化建设和制度改革所涉及的内容进行体系化研究。

二、研究观点创新

第一,我国历朝历代的司法审判程序制度中都设置有较为专业的"属吏"和"幕吏"等审判辅助职业,古代的审判辅助职业完全可以视为现代法官助理和书记员审判辅助职业的历史渊源,正确了解和认知我国古代司法体系中审判辅助职业制度构架的本土资源有益经验,有助于我们更好地推进新一轮司法体制改革。

第二,纵观两大法系法治发达国家的法院体系司法制度改革实践经验,都毫无例外地在积极推行法官助理审判辅助职业制度改革,现代法官助理制度已经发展成为确保法官职业化建设的一项重要功能性制度,我们正在全面推行的法官员额制改革和法官职业化建设,需要借鉴两大法系法官助理职业合理的制度内核和改革的成功经验。

第三,法官助理和书记员审判辅助职业在现行诉讼模式和司法体制中具有不可替代的功能和作用,审判辅助职业工作的质量和效率直接影响着人民法院审判工作的公正与效率,法官助理和书记员审判辅助职业的职业制度改革应当作为当前法官队伍职业化建设中的一项重要内容同步推进。

第四,法官助理制度改革在一定程度上决定着我国法官职业化建设的进程。推行法官助理和书记员审判辅助职业制度改革是法官员额制改革的制度基础。

第五,审判辅助职业的司法伦理、业务素质、综合素质和职业技能是审判辅助职业改革和职业化建设的核心内容,审判辅助职业改革研究在司法改革实践中能够合理建构起一门新兴的实践型审判辅助职业学科。

三、研究理论创新

第一,本书将马克思主义法学理论、法学基础理论与新一轮司法体制改革实践经验总结的实践理性相结合进行理论研究,力求形成可以指导司法改革实践的司法改革方法论。

第二,本书综合运用法理学、法哲学、法社会学、法经济学、法制史学、比较法学、人力资源管理学、管理学、教育学、心理学、语言学的相关学理理论开展体系化理论研究,力求建构法官助理和书记员审判辅助职业的职业化建设和职业制度改革的法学理论框架。

第三,本书注重将法学基础理论与司法体制改革的系列政策相结合开展理论研究,力求通过政策研究和实践经验总结完善法官助理和书记员审判辅助职业制度建构和职业技能培训教育的法学理论框架。

四、研究方法创新

第一,综合运用历史分析和比较分析研究方法比较系统地开展体系化研究,力求对法官助理和书记员审判辅助职业的职业化建设、职业制度改革、职业技能培训的理论研究做到全面、客观。

第二,综合运用价值分析和实证调查研究的方法开展有针对性的问题研究,力求对我国目前法官助理和书记员职业化建设和制度改革进行冷思考和再定位,通过研究确立法官助理和书记员审判辅助职业改革的正确路径与方法。

第三,综合运用理论与实际相结合的研究方法,从法律与社会两个标准研究现代法官助理和书记员审判辅助职业的发展规律,在法理学研究的基础上提出法官助理和书记员审判辅助职业的职业化建设、职业制度改革和职业技能培训教育的对策与建议。

第二章　法官助理和书记员审判辅助职业概述

　　古今中外的司法审判机关,都因为审理裁判案件的实际需要而设置有专门的审判辅助职业制度,并按照一定的审判辅助职业技能标准选任合格的人员担任司法辅助人员职务。司法辅助人员参与审判活动,是司法审判合法性的制度表现,审判辅助职业和工作历来都是司法审判机关审判活动的重要组成部分,具有专业性、职业性、辅助性的职业特征。"职业化意味着一个拥有和运用独特的知识、技能、方法、思维模式和语言文字等等同质化的群体,专门以从事某类工作为业,通过向社会提供特定的产品来参与社会资源和利益的分配。"①现代法官队伍建设,主要是指法官的职业化建设,"职业化,意指专门从事某类工作为业的人们,形成独特的知识、技能、方法、地位以及专门思维模式的趋势。法官职业化,即指法官以行使国家审判权为专门职业,并具备独特的职业意识、职业技能、职业道德、职业地位和职业保障"。② 在我国当代司法审判制度中,书记员和正在推行改革的法官助理的工作内容是法官履行法定审判职责公正裁判案件的必要辅助,法官助理和书记员等司法审判辅助职业是法官依法履行法定职责,从事审判工作法定的、必须的且必要的助手。"法院自身建设涉及诸多方面,……法官整体素质的提高是其中最为重要的一个方面。'制而用之存乎法,推而行之存乎人'。加快法院的改革与发展,更好地坚持司法为民,关键在于建设一支高素质、职业化的法官队伍。"③审判辅助职业工作的质量和效率,直接影响着人民法院审判工作的公正与效率。当今法官的职业

---

① 傅郁林:《法官职业化:一个社会分工的视角》,载《法官职业化建设指导与研究》2004 年第 2 辑,第 19 页。
② 李佩佑:《加快法官职业化建设,走职业化精英化法官之路》(代序言一),载蔡则民等:《法官职业化建设的探索与实践》,人民法院出版社 2004 年版,序言部分。
③ 李源潮:《坚持司法为民,服务"两个率先"——〈法院改革与发展〉系列丛书总序》,载蔡则民等:《法官职业化建设的探索与实践》,人民法院出版社 2004 年版,序言部分。

化建设本身就涵盖了审判辅助职业的内容,法官助理和书记员等审判辅助职业的从业人员素质和技能应当作为当前法官队伍建设中的一项重要内容。法官助理和书记员等审判辅助职业的职业制度,同样也属于法官队伍建设中的重要内容之一,法官助理和书记员等审判辅助职业从业人员的素质和职业技能,当然也属于法官职业技能培训的重要内容之一。本章首先从整体上概述法官助理和书记员等审判辅助职业的基本含义、分类,以及不可替代的功能和作用等内容。

第一节 现代审判辅助职业人员的角色定位

审判辅助职业人员的角色定位应当是相对法官的审判工作而言的。所谓审判辅助职业人员,就是指辅助、协助和配合职业法官从事各项审判工作的助手和帮手,是职业法官审判工作的配角和辅助人员。审判辅助职业总体上包括书记员、法官助理、法警、司法鉴定人员、司法行政管理人员等多类型的司法辅助人员,法官助理和书记员是审判辅助职业最主要的类型和表现形式。按照从事的司法辅助事务性质,审判辅助职业可以分为业务性辅助人员和事务性辅助人员两种类型。

对于法律职业来讲,存在对法官职业和书记员、法官助理等审判辅助职业的职业化认识问题。每当我们看到职业法官身披法袍、手执法槌端坐在审判台上,裁判人间是非曲直、维护社会正义的时候,我们往往被法官的秉公执法、刚直不阿、睿智博学的儒雅风度和气势所倾倒。这表明当今的法官职业和法官的职业化形象已经开始深入人心,人们已经在心理上认同法官的职业形象。但是,社会公众对法官助理、书记员、法警等司法辅助岗位的职业化问题却缺乏足够的认识和了解。其实,法官与书记员、法官助理等审判辅助职业的工作是相辅相成、缺一不可的,离开了书记员、法官助理、法警等助手的辅助配合与通力协作,法官无法顺利完成审判工作。

按照现代社会分工的理论,没有哪一个行业是能够单凭某一主体的力量独立完成所有工作的,将职业工作的全部内容和内部事务按照工作性质的不同由不同的人分工承担,符合社会化大生产分工的基本原理。现代所有的职业除了按照行业分工以外,其职业内部还会有一定的职责分工,例如,医院的医疗职业有医生、护士、化验员之分,学校的教师职业有专业教师和行政辅助人员之分,军队的军人职务有武职和文职之分,餐厅、酒店的服务行业的职业有管理人员、厨师和服务员之分。法院的法律职业同样也有职业法官和司法辅助人员之分。在审判领域中,为了使法院的审判职能能够及时、准确、公正地得到行使,必须在法院内部进行审判事务与审判辅助事务的区分。从事审判决定性事务工作的当然是职业法官,而从事审判辅助性事务工作的就是审判辅助职业。

世界各个不同法系国家的司法机关都毫无例外地设置有法官助理、书记员、法警等专门职业化的审判辅助职业。无论是大陆法系还是英美法系国家的审判机关,都设置有齐备的审判辅助职业制度及审判辅助职业,世界各国司法机关关于法官的助手的职业制度设计以及对职业素质和技能的要求,均侧重于司法辅助的性质与要求。英、美、德、法等发达国家的法院均设有法官助理、法庭秘书、庭审记录员、书记员或书记官等职务,这些法官的助手们,专门负责辅助法官办理送达、审前准备、庭前证据交换、拟写法律文书以及掌管编案、记录、文牍、司法统计和起草相关公文等辅助性事务性的司法业务工作,协助法官完成案件审判工作任务。原苏联及东欧各国的法院也都专门设置有法官的助手这一司法辅助制度和职业,其助手职业的表现形式主要是书记员职业。

在我国法院,审判辅助职业主要是指人民法院内部通过选任或任命产生的具有执法主体资格,专门负责在法院的案件审理工作过程中辅助职业法官履行审判职责、协助法官进行审判活动,以及从事法律文书送达、审前准备程序、调查(调解)和庭审记录、司法统计数据及相关信息收集、法律文书书写、诉讼案卷整理装订等各项辅助工作的法律专业辅助人员。法官助理和书记员实际上就是审判辅助职业类型的通识性称谓,只是由于这一审判辅助职业处于辅助地位,而没有得到社会公众的足够认知和理解。我国人民法院目前的审判辅助职业主要包括法官助理、书记员、法警、法医、司法行政管理人员等。我们国家司法审判系统的审判辅助职业中的法官助理、书记员、法警等司法辅助人员不是法官个人的助手,而是人民法院审判组织中负责辅助独任法官、合议庭、审判委员会等审判组织完成审判工作的辅助人员。自新中国建立以来,各级人民法院的审判辅助职业主要是以书记员这一审判辅助职业形式出现的。各地各级人民法院一直都是按照录用国家公务员"德才兼备"的标准来选任审判辅助职业人员——书记员。根据《中华人民共和国人民法院组织法》(以下简称《人民法院组织法》)第39条的规定:"各级人民法院设书记员,担任审判庭的记录工作并办理有关审判的其他事项。"按照《人民法院组织法》的规定,书记员是各级人民法院法定的专职工作人员,是辅助职业法官完成司法审判任务的得力助手,是人民法院法官职业队伍的重要组成部分,是人民法院司法职业的重要内容之一。近几年来,虽然我国《人民法院组织法》和《中华人民共和国法官法》(以下简称《法官法》)均没有关于设置法官助理的相关规定,但最高人民法院在1999年第一个《人民法院五年改革纲要》,2005年《人民法院第二个五年改革纲要》,2009年的《人民法院第三个五年改革纲要》以及2015年出台的《人民法院第四个五年改革纲要》中,均明确提出了进行法官助理改革试点和全面推行法官助理制度改革的内容。根据历年最高人民法院在全国各地各级法院试点推行法官助理制度的改革成果和经验,法官助理目前也逐渐开始成为我国司法审判机关新的审判辅助职业表现形式之一。特别是最高人民法院制定的《人民法院第四个五年改革纲要》提出全面深化人民法院改革的总体思路是:紧紧围绕让人民群众在每一个司法案件中感受到公平正义的目标,始终坚持司法为民、公正司法工作主线,着力解决影响司法公正、制约司法能力的深层次问题,确保人民法院依法独立公正行使审判权,不断提高司法公信力,促进国家治理体系和治理能力现代化,到2018年初步建成具有中国特色的社会主义审判权力运行体系,使之成为中国特色社会主义法治体系的重要组成部分,为实现"两个一百年"奋斗目标、实现中华民族伟大复兴的中国梦提供强有力的司法保障。《纲要》提出:"建立中国特色社会主义审判权力运行体系,必须坚持以审判为中心、以法官为重心,全面推进法院人员的正规化、专业化、职业化建设,努力提升职业素养和专业水平。到2017年底,初步建立分类科学、分工明确、结构合理和符合司法职业特点的法院人员管理制度。"这是法官助理和书记员制度改革的总体方向和发展趋势。本轮司法体制改革中的一项重要内容就要全面推动法院人员分类管理制度改革。建立符合职业特点的法官单独职务序列。健全法官助理、书记员、执行员等审判辅助人员管理制度。科学确定法官与审判辅助人员的数量比例,建立审判辅助人员的正常增补机制,切实减轻法官事务性工作负担。拓宽审判辅助人员的来源渠道,探索以购买社会化服务的方式,优化审判辅助人员结构。法院队伍的职业建设作为改革的基础性措施再次被提出。法律、政策要靠人来实现,所以审判辅助职业人事制度改革在本期五年改革规划中,体现出了其压倒性的重要地位:法官助理和书记员的招录体制亟待规范和改进,法官助理和书记员的政治素质和业务素质的提高,法官助理和书记员的职业道德水平的保证,审判辅助职业保障,法官助理和书记员的退休年龄、书记员、法官助理与法官员额的配置比例等都成为四五改革纲要中的重要内容。

第二节 审判辅助职业的历史渊源

"法官"在我国作为司法官员和法律职业的称谓,最早出现在战国时期法学著作《商君书·定分》里。[①] 而关于审判辅助职业的最早的文字表述则难以考证。依据"有官必有吏"的历史传统,审判辅助职业与制度应当是伴随着古代司法制度的

---

① 参见赵小锁:《中国法官制度构架——法官职业化建设若干问题》,人民法院出版社2003年版,第1页。

产生而产生的,我国古代社会司法官多依赖其"属吏""幕吏"辅助进行司法审判活动,古代社会的司法官进行具体司法审判活动时几乎均有"属吏""幕吏"的辅佐,古代的"属吏""幕吏",即可视为对审判辅助职业的最早的称谓和表述。通过"属吏""幕吏"这一特殊审判辅助职业的历史渊源,我们可以深入认识和认知法官助理和书记员审判辅助职业的职业化发展历程,正确了解和认知审判辅助职业的制度构架和职业技能要求。

一、审判辅助职业的产生

"职业是人类社会分工的产物。社会分工的结果是人们不得不终身地或长期地从事某一种具有专门业务和特定职责的社会劳动,作为自己获得生活资料、求得生存和发展的依靠。"①"一般说来,职业就是受过专门教育和训练的、长期从事具有专门业务和特定职责的行业的角色群体。其从业者主要是按照职业传统训练的,需要经过规范的教育过程,只有那些拥有这种训练的人,才有资格从事这一职业。"②法律职业也是社会分工的产物,"所谓法律职业,是指受过专门法律教育和训练的、拥有专业化的法律知识和技能、长期从事法律专门工作的角色群体。这种群体包括许多具体的职业角色"。③法官助理和书记员这一司法审判辅助职业,也应当属于法律职业的范畴。由于我国现存的古代典籍中罕有关于法官助理和书记员辅助职业及其制度的历史记载,因此很难确定法官助理和书记员审判辅助职业和制度最早产生于哪个朝代的哪个衙门。

我国古代衙门里对于从事文案等事务的人员一般都称之为"胥吏"④,指衙门里的小吏,包括三类人员:一是专门负责经办和记录各类文书的人员;二是经办各种具体事务或技术性工作的人员;三是经办杂务厮役的人员。其中专门负责经办和记录各种文书的人员类似现代意义上的法官助理和书记员。"胥吏"一词相当于古代审判辅助职业的称谓。唐律中,吏即已包括司法辅助职务,如"尚书都事""门下录事""中书主书"等,他们的职责均为办理相关文书,大体上都可以归到法官助理和书记员行当里去。我国历史上保存较为完整的最早的司法裁判文书产生于西周晚期。这份判决书记载了当时一位叫伯扬父的法官对一个叫牧牛的人所作

---

① 马建华:《法官职业化研究》,人民法院出版社2004年版,第1页。
② 同上书,第1—2页。
③ 同上书,第2页。
④ "胥"字有七种字义,其中一种含义为"有才智之称",后指官府中书办之类的小吏。如"胥徒""胥吏"。《周礼·天官·冢宰》记载:"胥十有二人,徒百有二十人。"贾公彦疏:"胥,有才智,为什长;徒,给使役;故一胥十徒也。"旧泛指在官府中供役使的人。《旧唐书·奚陟传》记载:"中书省故事姑息胥徒,以常在宰相左右也,陟皆以公道处之。"

出的判决。从这份判决书的内容和形式推断,西周时期(即公元前11世纪到公元前256年)就已经存在以文字形式记载审判案件过程和裁判结果的司法辅助专职人员。也就是说,至少在西周晚期就已经有专司记录等文书事务的"法官助理和书记员"这一专门审判辅助职业的存在。

二、历史上的法官助理和书记员审判辅助职业

我国古代的"刑名幕吏"制度,实际上就是法官助理和书记员这一审判辅助职业制度的历史起源。由于我国古代实行的是行政与司法合一的制度,地方行政长官同时兼任审判长官,在处理地方行政事务的同时,也行使司法审判职能。虽然我国古代因为厌讼情结而使得审理案件数量较少,但由于地方行政与审判长官的职能合一,使司法任务同样繁重,而催生了古代的"刑名幕吏"制度。历朝历代的幕吏们精通法律知识,却不是国家官吏,没有品佚俸禄,用所掌握的专业知识服务于审判官吏,靠接受所服务的官吏的佣金生活。正是因为设置了较为完备的幕吏辅助职业和制度,使得审判长官可以将辅助性的审判事务交由审判辅助人员完成,从而保证了我国古代社会审判长官司法审判职权的顺利行使。虽然出现"幕吏"专权导致官权日虚的现象,但审判长官与"幕吏"协作、分工,司法审判辅助职业和制度有利于减轻审判长官负担,有谙熟庞杂刑名法例的"幕吏"辅佐审判,亦有利于提高审判质量与效率,使得审判辅助职业古而有之。我国古代司法长官与"幕吏"共同司法的体制,与今天正在构建的法官与法官助理等审判辅助人员协作完成审判任务的司法体制具有一定的共通之处。我国古代盛行数千年的"幕吏"制度,对现代法官助理和书记员职业这一现代审判辅助职业体制的构建,具有一定的借鉴意义和价值。

"幕吏制度在中国颇有渊源:西周,审判官司寇属下设有司刑、司刺、掌囚等属吏"[1],这可能是我国历史上有文字记载的最早的法官助理和书记员审判辅助职业。秦朝设郡县,县审判长官的属吏称为"狱掾",就是秦朝的法官助理和书记员职业,其职责为协助审判官审理各类案件。"隋朝高祖之世,以刀笔吏类多小人,年久常奸,势使然也,于是立法:州县佐吏,三年而代。"[2]宋朝地方知州、知县下达最后判决前,由录事参军和司理参军率勘事司、推司负责"推鞫",即调查事实,由司法参军率法司负责"检断",即在犯罪事实清楚的情况下检索出合适的定罪法规,可见,"胥吏"在当时的司法审判中扮演着重要角色。

宋朝对于"文职工作人员"的分类比较细致,在官之下,从事文书工作者称之

---

[1] 王存河:《治道变革与法精神转型》,法律出版社2005年版,第146页。
[2] 同上。

为"吏",从事具体事务者则称之为"公人",表明文书工作在宋朝已经列入"官吏"和"公人"的管理序列(可类比今天的公务员、"干部"管理体系),而且已经形成了较为完善的职业管理制度。史书记载,宋朝对中央各机构的役官、置吏都有较为明确的规定,相当于今天的法官助理和书记员职业管理制度。例如,《宋史》卷一六一《职官》所记尚书都省"社设官九:尚书令、左右仆射、左右丞…置吏六十有四:都事三人,主事六人,令史十有四人,书令史三十有五人,守当官六人"。如此详细的规定表明,宋朝已经形成了较为完备的文职人员的管理制度,专门负责文书工作的"法官助理和书记员",已经成为一种专门的职业而被纳入官吏的设置体系。以南宋时期的司法制度为例,负责司法事务的职业主要是"判官与推官",也称之为"幕职官"①,"幕职官"中有签书判官公事(简称签判)、判官、推官及书记②,其中的"书记"就是典型的审判辅助职业表现形式,只不过各个朝代和时期的称呼、称谓不同而已。

由历朝历代的"胥吏""吏"和"公人"所构成的审判辅助职业和制度,随着朝代的更迭而更加细化和专业化。特别是发展到清朝,"法官助理和书记员"的地位已经有了很大的改变,已由过去的"胥吏"改称为"书吏",而且不具有官府衙门官员的身份,领取的也不是朝廷的俸禄,而是衙门主管给予的"工食粮",相当于现代法院的聘用制合同工和临时工作人员。其"国家公务员"的身份已经转变成官府衙门"雇员"的身份。清朝书吏与现今法院法官助理和书记员审判辅助职业在职责方面存在一定共性,但其职责范围内的文牍办理及为审判长官引律比附、依例断案提供刑名法例的意见,已远超越现今法官助理和书记员职业的职责范畴。清代审判长官私人聘请的宾客顾问称为"幕友"或"师爷",不属于国家官吏,但他们以自己的专业知识服务于审判长官,起"代官出治""佐治"的作用;"刑名幕友"通过拟律即对案件的定罪量刑提出意见并批签案牍,即代主官在民刑案件和其他司法审判公文上批写判词、批语、扎饬,而在司法审判中发生影响。"书吏"在州县官府和六部都有,均为当地人,一般较固定,而且不受官员去留升迁、贬谪的影响。"书吏"在官府的地位和作用体现在对衙门事务性工作的把握与掌控,官府衙门的相当程序性事务,诸如接收诉状、登记挂号、安排堂审、录写堂供、缮写文稿、整理人事档案等,"书吏"的职责范围与近现代法院法官助理和书记员的职责范围基本一致。到了清代光绪年间及民国时期,"书吏"职业经过改制后称为"书记官",从"书吏"到"书记官"的演变,标志着传统的"胥吏""书吏"已经演化为近代司法体制中的审判辅助职业制度。

纵观我国历代封建王朝的官府衙门关于审判辅助职业的制度设置和职业技能

---

① 刘馨珺:《明镜高悬——南宋县衙的狱讼》,北京大学出版社2007年版,第22页。
② 同上书,第22—23页。

要求,可以发现每个朝代的司法制度和司法职业中均设有专门的司法辅助吏员职位,由司法辅助吏员负责"掌录供、编案、文牍"及其他一切事务,这些文员均经专门的职业技能考试合格录用,其职务称之为"主簿""典簿""录事"或"幕职官"等。自古以来,历朝历代的审判辅助职业从业者都需要通过十分严格的职业技能考试,才能被录用担任法官助理和书记员职业。古今一贯的审判辅助职业,都有较为严格的职业技能考试的选任制度表明,只有具备一定的文化知识、法律知识和专门的文字记录职业技能,才能胜任司法辅助职务。在古代唐朝的科举考试之后,吏部设有专门的"身、言、书、判"等形式的选拔考试,仕子科举考试通过以后,仅仅只是取得出身,并不授予官职,必须在通过吏部"身、言、书、判"等形式的选拔考试之后,才能授予从九品之官。《通典·选举三》记载:"(唐朝吏部)其择人有四事,一曰'身'(取其体貌丰美);二曰'言'(取其言辞辩正);三曰'书'(取其楷法遒美);四曰'判'(取其文理优长)。"凡经吏部考试合格者,注授适当的官缺,再经门下省审核确认。① 虽然"身、言、书、判"并非特指职业法官的职位考试,但其中的"言""书"和"判",实际上也同样包含了对法官助理和书记员等审判辅助职业技能多方面要求的内容。

在历史上,民间还有将审判辅助职业这一行当戏称为"师爷""刀笔吏"或"刀笔"等称谓。② "古代刀笔皆为书写工具,所以刀笔合称,后世则不然。世人目笔为刀,乃言笔之锋利,至以'刀笔吏'呼讼师幕吏,是视执笔如操刀,能够伤人肌肤,取人性命的。"故古时民间也常常以"刀笔"或"刀笔吏"来形象地称谓法官的助手这一特殊审判辅助职业。历朝历代以来的衙门和当今世界各国的法院,实际上都是欢迎那些既有文笔功夫又精明能干的"刀笔吏"充当司法官员的助手,以辅助审理裁判案件。自有衙门,即有"刀笔吏"这一审判辅助职业,司法制度和法官职业的历史与古称"胥吏""师爷""刀笔吏"的审判辅助职业的历史,共同分享着司法制度和法律职业的亘古沿袭和悠久传承。

我国古代地方行政与审判长官的职能合一,使司法审判任务繁重。由于设置了较为完备的幕吏辅助职业制度,使得审判长官可以将辅助性的司法审判事务交由司法审判辅助人员协助完成,审判长官与幕吏协作、分工,司法审判辅助职业和制度确有利于减轻审判长官负担,有谙熟庞杂刑名法例的幕吏辅佐审判,亦有利于提高审判质量与效率,从而保证了我国古代社会审判长官司法审判职权的顺利行使。古代审判长官与"幕吏"共同完成司法审判任务的体制,与今天我们希望构建的法官与法官助理、书记员等司法辅助人员协作完成司法审判工作任务的体制,具有一定的共通之处,盛行数千年的"幕吏"制度,对于我国人民法院现代书记员职

---

① 参见郭成伟:《中华法系精神》,中国政法大学出版社2001年版,第160页。
② 参见梁治平:《法意与人情》,中国法制出版社2004年版,第263—268页。

业制度改革及法官助理体制的构建,具有一定的借鉴意义。

第三节 审判辅助职业的分类

职业分类一般都是根据不同的职业特点和特征而对某种职业进行的分类,审判辅助职业的分类,就是根据审判辅助职业的各种不同职业特征而进行的分类。各国法院根据审判辅助职业人员所从事的审判辅助职业工作性质的不同特点,作如下不同标准的划分:

一、根据审判辅助性事务职责和内容不同进行的分类

根据审判辅助职业所从事的司法审判辅助性事务职责和内容的不同,可以分为法官助理和书记员(书记官)两大类。

1. 法官助理

法官助理,顾名思义是协助法官从事审判辅助事务和工作的审判辅助职业。因此其工作与法官、书记员的职能,既有明显的区别、又有密切的联系。[1] 法官助理主要辅助法官完成审判事务和审判辅助性事务,包括审判程序性事务和与实体处理有关的事务。[2] 法官助理的工作职责和内容主要以审判事务为主,包括代理法官调查取证、行使调解权和主持审前证据交换等等。其工作性质更为贴近法官的审判事务,是法官审判工作程序性及其他事务的辅助。

2. 书记员(书记官)

书记员(书记官)的称谓来源于记录工作的工作特点,因此,书记员(书记官)主要是指在司法审判活动中专门担任庭审记录以及其他记录工作的人员。"记录工作就是对审判庭审理案件活动的全过程进行笔录"[3],完成审判工作的记录任务是书记员(书记官)的主要职业特征,"制作好笔录是书记员基本的工作职责"。[4] 笔录是审判工作特有的法律文书,是指法院在审理各类案件过程中,按照法定程序以文字的形式如实记载和反映审判活动过程的法律文书。书记员(书记官)的工作任务主要就是制作各类笔录,包括调查笔录、庭审笔录、调解笔录、勘验笔录、合议庭讨论案件笔录、审判委员会讨论案件笔录、宣判笔录、执行笔录、搜查笔录、查

---

[1] 柳福华等:《法官职业化的运作与展望》,人民法院出版社2005年版,第361页。
[2] 同上书,第453页。
[3] 郝明金等:《怎样做好书记官工作》,人民法院出版社2006年版,第6页。
[4] 同上注。

封扣押财产笔录等多种类型的笔录。书记员(书记官)主要的工作性质就是做好审判工作的笔录。

二、根据是否对审判事务和辅助事务细致区分进行的分类

"从两大法系的经验来看,审判事务与辅助事务的区分主要可分为混合模式和分离模式。所谓混合模式,是指对审判事务与辅助事务不作细致区分的分工模式。所谓分离模式,是指对审判事务、辅助事务的各项内容进行细致分工的分工模式。进入现代社会以后,各主要发达国家基本上都采取了分离模式。"[①]根据混合模式和分离模式的不同特点,可以将审判辅助职业分为混合模式辅助职业和分离模式辅助职业两大类。

(一)混合模式辅助职业

混合模式的辅助职业一般存在于司法任务较轻的时代,大多表现为传统的师徒式的审判辅助职业运作形式。例如,欧洲中世纪时期的审判辅助职业和我国古代的审判辅助职业均属于混合模式。混合模式的主要特点是对审判事务和审判辅助事务不作细致的分工,审判事务和大部分审判辅助事务都是集中由法官完成,法官与审判辅助职业人员之间是一种师徒式的关系,二者之间对于审判事务和审判辅助事务的分工并不细致。审判辅助职业一般是从事记录、整理案卷和其他少量的辅助性审判辅助事务,并在辅助过程中学习审判经验,更多体现的是一种师傅带徒弟的师徒模式。我国传统的审判辅助职业一直都是沿袭这种师徒式的运作模式,这种"传统师徒式审判运作模式更多地体现了混合模式的特征"。[②] 这种传统的审判辅助职业模式,仅仅适用于司法审判任务较轻的社会需要,随着社会和市场经济的迅猛发展,在各种社会利益矛盾纠纷大量涌向法院,以致引发"诉讼爆炸"的时代,法院受理案件数量持续上升,案件审理难度不断增大,社会公众对司法公正与效率的要求越来越高,过去传统的师徒式审判辅助职业混合模式,已逐渐不能适应和满足时代变迁与社会发展的现实需要了。因此,随着现代社会司法职业化的发展,混合模式的审判辅助职业模式必将被分离模式的审判辅助职业所替代。

(二)分离模式辅助职业

分离模式的审判辅助职业是特指现代社会司法职业中对于审判事务和辅助事务的各项内容进行细致分工,由法官专门负责对诉讼证据进行审查判断和决定法律适用,而由法官助理和书记员辅助完成司法审判的辅助事务的模式。在过去的

---

① 蔡则民等:《法官职业化建设的探索与实践》,人民法院出版社2004年版,第275页。
② 同上注。

司法运作模式中,传统的师徒式模式是培养法官的主要渠道,师徒式的辅助形式是与当时的社会需要相适应的。随着社会经济的发展,社会纠纷的解决主要依靠司法审判的渠道,法院受理案件的数量持续上升,法官承办案件的数量不断增加,审判中的事务性工作日益繁重,社会对于审判辅助职业的素质要求以及审判辅助工作效率和质量的要求也越来越高,过去传统的师徒式模式已经不能适应新的时代要求,西方发达国家纷纷开始采用分离模式审判辅助职业应对时代发展的需要。分离模式的审判辅助职业,是基于对审判事务和辅助事务的细致区分,审判辅助职业主要从事审判辅助性事务,法官与审判辅助职业的工作内容之间有较为明确和严格的分工。改变了过去传统的师徒模式对审判事务和辅助事务不作细致区分的做法,法官与助手的工作内容相分离,各负其责、各司其职,分工明确、具体。

三、根据审判辅助性事务的不同阶段进行的分类

根据审判辅助职业在审判过程中承担的司法审判辅助性事务的不同阶段,可以分为审判程序事务辅助职业和司法文书辅助职业两大类。

(一) 审判程序事务辅助职业

审判工作的程序性很强,所有的审判活动均具有一个共同的特点,就是严格的程序性规范要求,审判工作的程序性事务很多也很繁杂,完全由法官承担会影响审判工作效率,一般都是由司法辅助人员协助完成。从立案审查到审前准备到庭审审判再到执行的过程,都有大量的程序性事务工作,比如,送达、调查取证、庭前证据交换、排期开庭、接待来电来访当事人、解答当事人提出的问题、协助办理鉴定评估保全、案卷材料的立卷整理装订归档、文书的收发登记、司法统计,等等。这些程序性工作,基本上是由审判辅助职业人员负责完成,专门负责辅助法官完成上述司法审判程序性事务的工作人员的业务称为审判程序辅助职业。

(二) 司法文书辅助职业

除了程序性事务以外,法官审判工作中最需要辅助的就是协助草拟各类法律文书。法律文书的类型很多,草拟、制作、修改的过程繁琐复杂,在审判工作中如果有助手协助草拟各类法律文书,将会大大提高法律文书的制作效率和水平。法律文书主要包括各类裁定书、判决书、调解书、审理报告,以及各类公文和司法统计报表等类型,专门辅助法官制作各类法律文书的工作人员所从事的上述业务称为司法文书辅助职业。

四、根据辅助对象不同进行的分类

根据审判辅助职业所辅助的对象是法官个人还是审判组织,可以将审判辅助

职业分为法官个人的辅助职业和审判组织的辅助职业两大类。

(一) 法官个人的辅助职业

司法辅助人员有专门辅助法官个人工作的,也有辅助审判组织的。例如,美国的法官助理就属于法官自己聘请的个人助手,一般都是由法官个人来选择和聘请,由法官自己支付助手的报酬或工资,法官助理仅仅只对法官个人负责,所从事的工作也仅仅负责协助法官个人完成审判工作事务。类似美国的这种法官助理称为法官个人的助手,其辅助对象是法官个人。这种法官助手的类型一般存在于英美法系国家,尤其以美国法院辅助职业制度中的法官助理最为典型,这与美国司法制度中的法官独立性较强及法官有造法功能有关。

(二) 审判组织的辅助职业

相对于法官个人的助手而言,以审判组织(合议庭)为辅助对象的称为审判组织的助手。这类助手主要以法院的审判组织(主要是合议庭)为辅助对象。助手的工作是对法院或审判组织(合议庭)负责,而不是对法官个人负责,助手的工资也是由法院统一支付。审判组织的助手更多的是强调法官助手辅助工作的法定性和职务性,是一种依职权的辅助工作性质。此类法官助手的选拔和录用均由法院决定,法官助手对审判组织(合议庭)的全体法官开展辅助工作,对审判组织(合议庭)的整体审判工作予以协助配合,体现的是对审判组织的辅助。

五、根据身份和任用形式的不同进行的分类

根据司法辅助人员身份的确定方式及其录用、任用形式的不同,可以将审判辅助职业分为聘用的审判辅助职业和任命的审判辅助职业两大类。

(一) 聘用的审判辅助职业

类似于美国法院法官个人聘请的法官助理,是典型的聘用的助手类型。这类审判辅助职业主要是指法官以聘请或聘用的方式寻找的司法辅助人员,助手的身份是聘用人员,而非法院正式任命。聘用的审判辅助职业一般存在于英美法系国家,主要是以美国司法制度中的法官助手较为典型。由于英美法系司法制度是法官独立审判,法官还具有造法的功能,因此,法官独立行使审判权需要有素质较高的司法辅助人员予以协助。鉴于法官的独立性和职业化特点,多以聘用或聘请的方式录用高学历、高素质、高技能的法律人才担任审判辅助职业。聘用的司法辅助人员的身份一般不列入法院机构正式公务人员的范畴,也没有法院任命的正式确定性的法定身份,一般不经法定形式正式任命并向社会公示,而是法官或法院认可聘请即具有司法辅助人员资格。

（二）任命的审判辅助职业

相对于聘请的法官助手而言，经过法院正式录用和任命的法官助手称为任命的助手。任命的法官助手一般存在于大陆法系国家，法官助手的身份较为固定，一般均具有法院正式公务人员身份。大陆法系的法官助手大多数是经过正规的考试录用途径获得国家公务员身份，并经任命从事审判辅助职业，具有法定的身份和法定的职责。新中国成立后的法院书记员制度，就是典型的任命类型的法官助手。任命的审判辅助职业由于身份属于国家公务员序列，其职级待遇均由国家负责落实解决，因此，其工作也必然对国家公权力的承担机构——法院负责，具体就是对法院审判组织负责。任命的审判辅助职业是法院审判组织法官共同的助手，而非法官个人的助手，任命的程序和形式，决定了审判辅助职业工作性质的法定性和职业化。

六、根据两大法系审判辅助职业特点进行的分类

根据世界上目前两大主要法系审判辅助职业的不同表现形式和职业技能特点，可以将审判辅助职业分为英美法系国家的审判辅助职业和大陆法系国家的审判辅助职业两大类。

（一）英美法系国家的审判辅助职业

由于英美法系国家的法律渊源主要是以判例法为主，法官个体的独立性较强，法官的判例具有立法功能，因此，其审判辅助职业制度设置和技能要求也与之相适应。具体表现为对审判辅助职业的分类较为细化，有法官助理、秘书、书记员、庭审速录员、资料员、法庭管理员等具体分工；法官助理一般由法官自行选用，其辅助工作一般只对法官负责；对法官助理的法学知识、素质和职业技能要求较高；而对其他辅助人员的知识、素质和技能要求则相对较低，能够适应工作要求即可。英美法系国家之间由于各国实际情况和法律文化传统不同，各自的审判辅助职业特征和技能要求也有一些不同，但总体上的审判辅助职业特点和职业技能要求基本上较为接近。

（二）大陆法系国家的审判辅助职业

大陆法系国家的法律渊源因为主要以成文法为主，更为强调法院和法院审判组织的独立性，其审判辅助职业和职业技能要求是应对成文法国家司法制度需要的类型。大陆法系国家的审判辅助职业更为强调职业的稳定性和法定性，身份一般都是国家公务员的固定形式，职业技能也有统一的培训标准和要求，例如，德国、法国的法官助手均是国家司法公务员身份，按照国家公务员的统一标准进行分类

管理；日本的审判辅助职业制度也属于大陆法系审判辅助职业类型。大陆法系审判辅助职业虽然也是单独序列的专业管理模式，但职业体系中的细化分工没有英美法系明晰，一般较为笼统。对法官助理的学历和职业技能要求也没有英美法系的要求高，且审判辅助职业的身份一般都属于国家公务员性质。

七、根据是否设置晋升法官的渠道进行的分类

根据审判辅助职业是否设置可以晋升为法官的通道或是否具有职业终身性限制，我们可以将审判辅助职业分为可晋升的审判辅助职业和终身审判辅助职业的助手两大类。

（一）可晋升的审判辅助职业

对于可以晋升为法官的司法辅助人员就属于可晋升的审判辅助职业类型。新中国成立后，人民法院的书记员职业制度就是典型的可晋升的审判辅助职业类型，我国人民法院的书记员职业制度，不仅是司法辅助人员的职业制度，也是在司法实践中逐步培养法官的重要渠道和途径。职业法官的来源主要是书记员队伍，所以，想当法官必须从书记员开始干起。法院对书记员队伍中表现优秀者的法律知识、学历学位、行政级别、综合素质、审判技能等诸项内容进行考核评后，从中选任合格、合适的人选任命为助理审判员，经过一段时间独立办案的磨炼后，再根据考核考评情况报请权力机关任命为审判员。法官和书记员同属于国家公务员序列，书记员队伍成为选任法官的后备队，书记员可以经过晋升途径成为法官，除特殊情况外，法官一般均在司法辅助人员中产生。由于审判辅助职业是培养法官的渠道，法官职业与法官辅助职业的制度设置和职业技能之间的区别不大，甚至有许多混同，沿袭的仍然是传统的师傅带徒弟的审判技能培训方法。此类型审判辅助职业的流动性、临时性、过渡性特征明显，缺乏明确的职业稳定性和归属性，职业技能倾向于法官职业技能的要求，而淡化了辅助职业技能专业性要求。

（二）终身审判辅助职业

根据职业制度设计是否有终身性要求，我们把终身从事审判辅助职业的从业人员称为终身从事审判辅助职业的助手。终身从事审判辅助职业多为国外现代法治国家的审判辅助职业明显特征，是现代社会法官职业化建设的必然产物。法官和法官助手的身份将有明显的区别，职业法官的培养渠道确定有专门的培养途径和方法，不再是传统的师傅带徒弟的模式，法官助理、书记员、速录员等司法辅助人员队伍成为终身性的职业，审判辅助职业与法官职业之间没有流动通道，司法辅助人员必须终身从事审判辅助职业。这种终身审判辅助职业类型的主要特点是职业特征明显，具有明确的职业稳定性和归属性，具有明确的职业技能要求，具有明显

的辅助性。

八、根据学历学位和职业技能不同要求进行的分类

根据对审判辅助职业从业者的学历学位、综合素质和职业技能的不同要求,可以将审判辅助职业分为高级审判辅助职业和一般审判辅助职业两大类。

(一) 高级审判辅助职业

高级审判辅助职业是指具有较高的法学专业学历学位和较高素质,具有较高审判辅助职业技能,能够协助法官完成一定的审判业务工作的司法辅助人员。比如,我国人民法院正在推行改革的法官助理职务就属于高级助手。高级助手主要辅助和协助法官完成审判工作任务,如协助法官调查取证或主持庭前调解,帮助法官收集相关法学学术研究前沿课题、成果和案例,辅助法官起草法律文书,有时甚至根据法官的授权代行一定的审判权力。由于高级助手所从事的辅助工作具有较高的知识和技能含量,因此,对其学历学位、素质和职业技能要求较高。例如,美国法官的高级助手一般都是由法学院的法学博士(J.D)或法律硕士(J.M)担任。

(二) 一般审判辅助职业

所谓一般审判辅助职业,是指具有基本学历和必备的基本职业素质要求,具备一般职业技能要求的司法辅助人员。一般助手主要负责各种笔录的记录和整理装订卷宗等审判工作日常事务性的辅助工作事务。我国人民法院的书记员和速录员就属于一般助手。由于一般助手多半从事的是日常事务性工作,其知识和职业技能的要求并不需要很高,具有大学、专科和中专学历,甚至是高中学历,经过电子计算机文字录入记录、速记、档案管理、文秘等专项职业技能培训后,即可适应工作需要。

第四节 审判辅助职业不可替代的功能与作用

法官与审判辅助职业之间的配合,无论是过去"师傅带徒弟"的主辅职业模式,还是配合职业模式,以及现代司法审判制度中的辅助职业模式,都体现了审判辅助职业的不可替代的辅助功能和协助配合作用。法官职业与审判辅助职业之间,实际上是一种互为基础、互相补充、互相配合的相辅相成关系,审判辅助职业同样也是法官职业队伍的重要组成部分,在司法审判工作中具有不可替代的职业功能和作用。

一、审判辅助职业的功能和作用具有法定不可替代性

在反映我国古代司法的各类文学作品和戏剧表演中,我们除了看到"包公""海瑞"等明察秋毫的青天大"法官"之外,总是可以同时看见"法官"们身边的"师爷"和"刀笔吏"等"审判辅助职业"从业人员,由此可见法官审案需要审判辅助职业人员的配合古已有之。鉴于司法审判工作的特殊规律和特点,法官的司法审判工作需要相应的文书或文秘等辅助人员的辅助配合,故历朝历代的司法审判机关均设置有相应的审判辅助职业的规定和习惯,且均是以法定的形式确定由职业法官和审判辅助职业共同配合完成司法审判任务。这里所讲的"法定",包括封建社会的皇权授权的"法定"和现代社会法律立法授权的"法定",只不过古代奴隶制和封建制社会的"法定"表现为皇权或王权的授权而已。到了近代和现代社会,审判辅助职业的司法审判辅助性工作一般都有相应的法律法规的法定的授权性规定,司法审判工作任务,依据法定的职责由职业法官和审判辅助职业人员共同完成,审判辅助职业人员不仅是法官审判案件的助手,同时也是司法程序的监督者和记录者。

审判辅助职业法定的工作职责决定了法官助理和书记员的工作地位的法定性,也决定了审判辅助职业功能和作用不可替代的法定性。审判辅助职业的职务和职责均由法律规定,审判辅助职业人员辅助、配合、协助法官完成各项司法审判工作任务是法定的职责,因此,审判辅助职业具有法定的地位和功能作用。

当代各国法院审判辅助职业的职务工作行为,均具有法律规定的授权,法官助理和书记员的审判辅助职业功能和作用具有不可替代的法定性。我国人民法院审判辅助职业的工作职责和功能作用同样也具有法定性。依照我国《人民法院组织法》《中华人民共和国民事诉讼法》(以下简称《民事诉讼法》)、《中华人民共和国刑事诉讼法》(以下简称《刑事诉讼法》)《中华人民共和国行政诉讼法》(以下简称《行政诉讼法》)和《人民法院书记员管理办法(试行)》等相关规定,审判辅助职业人员在各级人民法院的整体审判过程中履行法定司法辅助职责任务,是各级人民法院法定的审判辅助工作人员,由各级人民法院任免,未经办理任命手续的司法辅助人员,不得担任审判庭法官的法官助理和书记员。在司法审判工作中,司法辅助人员主要承担着协助法官送达和办理司法文书、管理诉讼档案和文书档案、处理办案杂务、负责各种审判活动记录等多项司法审判辅助性的事务工作。从审判辅助职业人员工作的职责范围来看,仅有职业法官,不能完成和实现审判工作任务,还必须有审判辅助职业人员的辅助、配合和协助才能全面完成审判工作任务。审判辅助职业在人民法院的整体审判活动中发挥着不可替代的司法审判辅助职能和作用,是人民法院审判队伍的重要组成部分,对于人民法院审判工作的质量和效率具

有十分重要的意义和作用。

二、审判辅助职业的功能和作用的程序不可替代性

审判辅助职业的司法审判辅助性工作是人民法院司法审判程序不可分割的一部分,是人民法院司法审判程序的重要环节之一。人民法院司法审判工作程序是由法官和法官助理、书记员共同配合完成的,审判辅助职业不仅是独任法官、合议庭、审判委员会的得力助手,而且是司法审判程序的得力助手。人民法院独任法官、合议庭、审判委员会等审判组织的审判工作,离不开法官助理和书记员的辅助,法官助理和书记员的辅助性工作是审判工作程序中的必要环节。法定的诉讼程序严格规定了法官和书记员、法官助理各自不同的工作职责范围,程序辅助性以及与审判程序的不可分割性,是审判辅助职业工作职能最重要的法律属性。离开了审判辅助职业的程序性辅助,法官就不能独立、高效地完成司法审判工作任务。

在司法审判程序中,法官和审判辅助职业人员的工作职责范围都有相应的程序性规定,两者相互配合才能完成司法审判的程序性工作要求。职业法官在司法审判工作中的主要职责是:主持案件的庭审,做好证明案件事实的各项诉讼证据的查证、质证和认证,负责法律的理解、解释、适用和案件裁判意见的形成,承担各种司法裁判文书的起草、修改和签发,对法官的助手实施工作业务指导和工作审查。而审判辅助职业人员的工作职责一般包括:在主审法官、合议庭的指导下完成一切庭前准备工作,包括送达、调查、鉴定、勘验、通知开庭等辅助性事务工作;主持召开庭前会议,进行证据交换与收集;负责庭审的记录及其他调查、调解、咨询接待、执行工作的记录;负责查阅收集涉案相关法律资料和典型案例以及提出案件处理的参考意见;主持审前调解并制作调解书;保管案卷及整理、装订卷宗;起草或写作相关司法审判工作公文材料和完成司法统计工作;协助法官写作相关裁判文书及负责对裁判文书的修饰、校对、整理与印制工作;完成法官交代的其他辅助性事务;等等。在每一起案件的审理程序中,法官助理和书记员们在主审法官、合议庭的指导下参与案件调查,接收各种诉讼材料和证据,协助主审法官、合议庭做好开庭前的各项准备工作;与主审法官、合议庭成员一道接待当事人,做好调查取证笔录、庭审记录和合议庭评议记录;收集、保管案件审理的全部诉讼证据材料和各种相关诉讼文件资料;填制、印制、校对、发送各种法律文书;案件审结后,装订整理诉讼案件的卷宗并经审判员审核归档。法官审理和判决案件的每一阶段性程序里都有法官助理和书记员们辅助工作的深刻印记。法官的审判工作和法官助手的辅助工作,在司法审判程序中是相辅相成、密切配合、相得益彰的,虽然职业性质不同,但均规制于同一个司法程序,为实现共同的工作目的。二者缺一不可。

三、审判辅助职业的功能和作用具有主体不可替代性

审判辅助职业人员是人民法院不可或缺的专职司法审判辅助工作人员,是人民法院职业法官队伍的重要组成部分,也是法律职业共同体的组成部分之一。在法院法官队伍中,书记员占总人数的三分之一,约占全部办案人员的一半左右,承担了大量的具体工作。① 审判辅助职业人员作为专门从事司法审判辅助工作的主体,其审判辅助职业的功能和作用具有不可替代性,任何司法审判机关都不可能以其他的主体替代审判辅助职业人员。

我国人民法院法官队伍管理体制过去沿用的是公务员序列管理体制,法官和书记员均属公务员序列,同属于法院干部管理体制的范畴。自新中国成立以来,我国法院法官的选拔和晋升一直遵行从书记员到助理审判员再到审判员的逐级选拔晋升模式。担任审判员之前,一般必须经历书记员、助理审判员的培养锻炼过程和任职阶段。在这一模式之下,担任书记员的阶段实际上成为法官上岗培训和实习的锻炼阶段。法官助理和书记员们在审判实践中跟着审判员们边干边学,经过几年或十几年法官的助手工作的历练和磨炼,再提任为助理审判员,直至审判员。一般来讲,进入法院即被直接任命为助理审判员或审判员的情形很少。由于长期以来法院一直沿用这种传统的法官晋级和培养模式,人民法院的审判辅助职业,实际上是职业法官的后备人才储备库。因此,书记员、法官助理与法官在身份上同属公务员序列,同属于"法院干部"的职业范畴,不同的仅仅只是职业法官审判职称的"一纸任命"。一般而言,在传统的司法职业制度建构中,书记员基本上都会成为职业法官,任命是迟早的事。书记员能否合法、规范、按质按量地完成任务,对人民法院的全盘工作影响巨大。② 各地各级人民法院历来对新录用的人员,无论学历学位有多高,职业技能和工作能力有多强,首先要求从审判辅助职业即法官助理和书记员职业工作岗位开始干起,事实上,审判辅助职业至今仍然还是培养职业法官的通道,是通向职业法官的必由之路。

随着司法体制改革的推进,审判辅助职业人员的功能和作用虽然已经逐步在发生变化,但司法审判辅助职业仍然属于法官职业队伍的范畴,仍然属于现代法律职业不可或缺的一部分,其职业功能和职业作用仍然具有主体上的不可替代性。即便是司法体制改革使今后的职业法官和法官的助手职业之间没有职业晋升的通道,但职业法官的司法审判工作必须由法官助理和书记员们辅助的客观现实,短时间内是不会改变的。审判辅助职业是伴随着法官职业的产生而产生的,只要有法

---

① 参见李国光:《怎样做好书记员工作》,人民法院出版社1992年版,第2页。
② 同上注。

官职业,就必然会有审判辅助职业存在,二者相辅相成、相伴而存,因此,审判辅助职业的辅助功能和作用具有主体不可替代性。

四、审判辅助职业的功能和作用具有职业技能不可替代性

不同的职业具有不同的职业专长和特殊要求,不同的职业依靠不同的职业专长生存。审判辅助职业人员虽然从业人员从事的是辅助性质的配角职业,但同样也有专门的职业技能要求,这种辅助职业的职业技能要求,同样也具有不可替代性。就好比最简单的记录笔录的职业技能,专业的书记员的记录和速记的技能、技巧就非一日之功,需要长期的学习、磨炼和揣摩才能达到技艺娴熟的境界。

审判辅助职业的司法审判辅助工作本身的质量和效率,对于人民法院的整体司法审判工作的质量和效率会产生重要影响,同属于衡量人民法院司法审判工作质量与效率的重要内容之一。法官职业审判技能性、理论性和程序性要求都很高,职业的专门化要求分离工作中的次要环节,使职业法官能专注于裁判,而不必整日操心事实与法律外围的问题,这就要求具备一定的法律专业知识和专门司法程序经验的法官助理和书记员给予必要的配合、辅助和协助。由于审判辅助职业人员的工作与法官审判具有极其紧密的联系,审判辅助职业人员的工作可以说是法院审判工作的一个非常重要的侧面。从某种意义上讲,审判辅助职业人员的司法辅助工作本身的质量和效率,就是法院审判工作质量与效率的记录和反映,是评价法院审判工作的一个重要的评判标准,对树立人民法院的司法公正形象具有十分重要的现实意义。

在司法体制改革进程中,各地各级人民法院无一例外地将审判辅助职业制度列为司法体制改革的重要内容之一,且都将审判辅助职业队伍建设看作是法官队伍建设的重要组成部分之一。从某种层面上说,职业法官与审判辅助职业人员之间密切配合、协作的关系,决定了二者的职业技能和素质要求有许多的共通之处,甚至还有重合部分,对审判辅助职业的工作性质和职业技能要求的不可替代性的正确认识,可以加深我们对审判辅助职业制度设计与职业技能要求的理解。

五、审判辅助职业的功能和作用在法官队伍建设中的不可替代性

"四五"司改的主要内容就是法官的职业化、专业化,建立规范的司法职业制度。法官的职业化建设是法院人员分类管理制度改革的核心内容。"法官职业化是现代世界各国司法制度发展的基本趋势。"[①]"法官职业化是法官体制和法院体

---

① 马建华:《法官职业化研究》,人民法院出版社2004年版,第1页。

制改革的方向,是构建现代法院制度的必要条件。这是一项十分庞大的系统工程。"①"中国法官职业化是一项庞大的系统工程,也是中国法官制度的核心问题。"②"法官职业化,是指我国为了追求司法公正和提高诉讼效率这两个目标的实现,为了最大限度地满足我国民众对公平、公正和正义的需求,根据我国的实际情况,使我国法官制度科学化的过程,是实现我国理想状态下的法官制度的过程。"③法官职业化建设的内涵,实际上同时包括审判辅助职业人员职业化建设的内容,审判辅助职业的职业化建设同属于现代法官职业化建设的重要组成部分,法官的职业化、精英化,实际上是建立在审判辅助职业人员职业化建设的基础之上的。

"由于种种原因,我国法官队伍数量庞大,但缺乏职业传统和职业气质,其职业特点也处于模糊状态,从而导致不仅在法律意识、法律专业知识上难以形成共同语言,而且在职业伦理和职业操守的养成方面也存在诸多问题。"④"法官的职业化意味着法官的精英化。"⑤而法官的精英化恰恰是建立在审判辅助职业的职业化基础之上的,审判辅助职业的普通化和职业化是职业法官精英化的基础和前提,法官的职业化建设,只有在法官职业化和审判辅助职业职业化建设共同发展的基础上才能展开。"就深层次而言,法官角色的科学定位,解决法官的职业化问题,更加凸显了司法改革对人的因素的关注,是我国法院改革思路的一大飞跃。"⑥在法官职业化建设这个庞大的系统工程之中,包括实行法官员额制度、改革法官遴选制度、实行法官助理制度和实行书记员单独序列管理制度等多个互相紧密联系的子系统。在各项子系统中,法官助理和书记员等审判辅助职业的职业化建设内容,不仅属于法官职业化建设的核心内容,也是推进法官职业化建设的一个突破口和关键点,在法官职业化建设的背景下,审判辅助职业的职业化建设与职业法官制度改革处于同等重要的地位。

纵观世界实行法治国家的法律职业制度,不难发现无论是大陆法系国家还是英美法系国家,法官的身边都有法官助理、秘书、书记员、报告员等一批司法辅助人员协助其完成司法审判工作任务,以便于职业法官能集中精力专司审判工作。就法官的司法审判辅助职业的工作职责而言,美国、英国、德国、法国的法官的助手虽

---

① 公丕祥:《法官职业化建设是一项长期的战略任务》(代序言二),载蔡则民等主编:《法官职业化建设的探索与实践》,人民法院出版社2004年版,序言部分。
② 赵小锁:《中国法官制度构架——法官职业化建设若干问题》,人民法院出版社2003年版,第44页。
③ 同上书,第45页。
④ 公丕祥:《法官职业化建设是一项长期的战略任务》(代序言二),载蔡则民等主编:《法官职业化建设的探索与实践》,人民法院出版社2004年版,序言部分。
⑤ 柳福华:《法官职业的运作与展望》,人民法院出版社2005年版,第16页。
⑥ 公丕祥:《法官职业化建设是一项长期的战略任务》(代序言二),载蔡则民等主编:《法官职业化建设的探索与实践》,人民法院出版社2004年版,序言部分。

然承担的司法辅助工作的具体内容不尽相同,但其基本职责无不出于在法官指导下辅助完成判决以外的有关法律性工作任务。虽然不同国家法官的助手基于司法制度设置和法律文化传统的差异,工作内容会有差异,但主要的司法辅助工作职责均是协助法官做好司法审判工作。法官职业化建设系统工程是建立在各个子系统的全面协调发展的基础之上的,就我国人民法院现代司法改革而言,当前的主要目标是:在建立和实现法官、执行员、法官助理、书记员、司法警察、司法行政人员的分类管理方面再深入推进一步,逐步完善有利于各项工作协调发展、各类人员各尽其能的管理制度,实现队伍管理科学化、规范化。

审判辅助职业的职业化建设属于法官职业化建设的重要内容,精英化的职业型法官群体的形成,有赖于审判辅助职业职业化的构建,缺乏法官助理和书记员这一审判辅助职业群体的基础性职业辅助,精英型职业法官群体难以形成,职业法官"主角"无法凸显精英型的职业特色,法官职业化建设也将成为一句空话。"法官队伍职业化建设,不只是简单地加强培训,提高法官业务素质问题,而是从中国政治、经济、文化等背景即国情出发,为中国法官队伍选择一条最佳发展途径,用先进制度改造法官队伍结构和提升整体素质。"[①]"从社会分工发展的视角来看,法官职业化过程是:法律职业从社会其他职业中独立出来;审判从法律共同体其他职能中分离出来;职业法官从其他司法辅助人员的职能相分离,这是一个社会进步的过程。"[②]审判辅助职业的职业化建设是推动法官职业化建设的重要内容之一,审判辅助职业的功能与作用,在人民法院法官队伍建设和法官职业化建设中具有不可替代的基础性作用和意义。

[①] 祝铭山:《法官职业化与现代司法理念》,载《法官职业化建设指导与研究》2003年第2辑,第5页。

[②] 傅郁林:《法官职业化:一个社会分工的视角》,载《法官职业化建设指导与研究》2004年第2辑,第19页。

第三章 法官助理职业概况与比较

最高人民法院在《人民法院第二个五年改革纲要》中,把法官助理制度作为一项重要的改革内容,明确提出要在总结试点经验的基础上,逐步在全国法院推行法官助理制度。[①] 这项制度的推行和实施,奏响了法官职业化建设的前奏曲。最高人民法院在《人民法院第四个五年改革纲要》中明确提出:推动法院人员分类管理制度改革,建立符合职业特点的法官单独职务序列,健全法官助理、书记员、执行员等审判辅助人员管理制度。科学确定法官与辅助人员的数量比例,建立审判辅助人员的正常增补机制,切实减轻法官事务性工作负担,拓宽审判辅助人员的来源渠道,探索以购买社会化服务的方式,优化审判辅助人员结构。实行法官助理制度的真正目的在于减少法官的数量,使职业法官少而精,成为同时代的法律职业精英,最大限度地节省司法成本和人力资源。推行法官助理制度,是加强法官队伍建设与法院专业需要相结合的一项重要举措。建立法官助理职业制度、深化书记员职业管理体制改革,是推进法官职业化建设的重要步骤与内容。推行法官助理职业制度、改革书记员职业管理体制的目的,在于理顺现行法官审判职能中的主次关系紊乱、法官与书记员工作职责混杂的状况,将法官从程序性事务性的繁杂工作中解放出来,把从法官职能中剥离出来的辅助性、程序性工作交由法官助理承担,将庭审记录、装订卷宗等事务性工作交由书记员承担,由法官专司审判职能,使法官的主要精力完全用于案件的审理裁判,从而大幅度提高审判工作的质量与效率。将审判职能中的主要职能和辅助职能进行合理、科学的划分,有助于审判职能的高效行使,也有助于推进法官职业化的进程。法官、法官助理、书记员三者共同构成履

---

① 参见最高人民法院法院《人民法院第二个五年改革纲要(2004—2008)》第 34 条:"推进人民法院工作人员的分类管理,制定法官、法官助理、书记员、司法警察、司法行政人员、司法技术人员等分类管理办法,加强法官队伍职业化建设和其他各类人员的专业化建设。建立符合审判工作规律和法官职业特点的法官职业序列。在总结试点经验的基础上,逐步建立法官助理制度。"载《中华人民共和国最高人民法院公报》2005 年第 12 期,第 11 页。

行法官审判职能的主体,法官是履行审判职能的主导,法官助理和书记员是法官履行审判职责、公正裁判案件的辅助,是法官从事审判工作必须且必要的助手。因此,法官助理制度和书记员管理体制,都属于法官职业管理体制中的重要内容,法官助理和书记员的职业技能属于法官职业技能的范畴,法官助理和书记员工作的质量与效率,直接影响审判工作的质量与效率。本章主要介绍法官助理职业制度和职业技能的基本内涵。

第一节 法官助理职业制度概况

法官助理的定位,首先是职业法官的助理,而不是职业法官。其次,法官助理亦不是普通的司法行政人员,而是受法官委托可以执行辅助性、程序性、事务性审判职能,可以主持调解的专业司法辅助人员。再次,法官助理不同于法院自行任命的助理审判员。按照现行法律规定,助理审判员是法官,而法官助理仅仅是法官执行审判职务的辅助工作人员,对案件没有独立的决定权和裁判权。法官助理与法官(包括审判员与助理审判员)之间是辅助与指挥的关系,二者具有不同的职能范围,工作方式也有明显区别,在职业技能的总体要求上,虽然大体相近但在很多细节上又有不同的侧重:从审判职能的实现形式上看,法官助理是法官的助手,具有辅助性;从审判机制的管理上看,法院助理是联系法官和书记员的纽带,具有承上启下的作用,具有独立性。目前,《法官法》和《人民法院组织法》暂时还没有设置法官助理制度的相关规定,在《人民法院组织法》的修改调研和征求意见过程中,将法官助理制度的设置作为立法修改的一项重要内容。《人民法院四五改革纲要》也提出了要健全法官助理制度。因此,在法官职业技能的范畴中,应当将法官助理的职业技能要求纳入其中。

一、法官助理职业与制度的含义

按照法官助理的字面意义来理解,法官助理就是法官的助手,是法院内部通过选任产生,在案件审理过程中专门辅助职业法官履行审判职责、协助法官进行审判活动的法律专业人员,法官助理职业就是法官的助手。法官助理制度是各级法院内部建立起来的具体调整法官助理的选任、职责分工、管理、考评、奖惩等工作的一系列规范的集合。设计法官助理制度的出发点在于:一方面改变目前"审—书"职能不分和法官队伍过于庞大的不良现状;另一方面纯化法官工作,使法官专司审判职能,专心致志、优质高效地审理和裁判案件。法官助理的主要工作职责是办理日常审判活动中的常规事务,辅助法官优质、高效完成审判任务——负责法官审理案件全过程的一般程序性、事务性、联络性工作,为法官的审判工作提供全面、细化的帮助,包括负责案件的庭前调解、制作调解书、案件开庭排期、送达、接待、证据交换、采取诉讼保全和证据保全措施、归纳案件争议焦点等庭前程序性和事务性的准备工作,为法官开庭审理案件做好庭前准备工作,促进法官庭审效率的提高,使法官通过庭审能顺利而高效地查明案情。此外,法官助理还负责在庭审后,在法官的指导下草拟一些简单的法律文书。受主审法官的委托,法官助理也可以行使一些裁判权,如签发支付令和有关程序性的裁定及管辖异议的裁定,等等,对于双方当事人在庭审中有意愿和解或撤诉的,可以主持调解或处理撤诉的程序性问题,使法官能够集中精力坐堂审案——主持庭审、居中裁判,公正地行使裁判权。

二、设置法官助理职业制度的理论与现实意义

评价一门职业和一项制度的功能或作用,应当从这一职业和这项制度设置的目的、宗旨、效用及其职责范围考量。

首先,设置法官助理制度的直接目的,是为了推进法官队伍的职业化进程,其宗旨在于最大限度地促进和保障司法公正与效率。因此,法官助理制度的首要功能在于实现法官职业化。我国拥有一支庞大的法官队伍[①],但规模并不等于效益。客观评价现有的法官队伍,可以说,大约只有2/3的法官可以称为优秀和称职。在称职和优秀的法官之中也还有一部分因为法院工作的需要而没有从事专职审判业务,而是在综合职能部门从事综合性工作。[②] 一方面,时代和社会的发展需要法官走职业化、精英化、专业化的道路,要求严格控制法官数量的增长幅度,强调高理论素质和专业技能,在这一要求下,职业法官群体应当是小规模、高品质;另一方面,随着社会的发展,案件的数量不断上升,各种新型复杂疑难案件不断诉诸法院,案件审理的难度在不断增加,法官牵扯的事务太多,办案效率难以保证,人力仍显匮乏。这种"求少"与"求多"的两难困境,需要一种妥当的制度来突破。根据各地各级法官审判工作的特殊情况与规律,推行法官助理制度,在少量增加法官的基础上,大幅度增加法官助理等司法辅助人员,是突破目前这种两难困境的最佳选择。美国等许多法治发达国家的司法改革,在应对这种两难困境时,都毫无例外地选择了推行法官助理制度。推行法官助理制度,可以将法官从大量繁杂、琐碎的具体事务中解脱出来,集中精力行使审判权,确保实体和程序的公正;可以避免法官与当

---

① 据2015年的统计数据,具备法官资格被任命为审判员和助理审判员的总人数为19.88万人。
② 所谓综合性工作,是指法院从事办公室(研究室)公文写作、政治部政工、人事、机关党办党务、司法行政处后勤管理等综合性事务性的工作。

事人的单方面接触,确保中立、超然地行使审判权①;可以促进法官的职业化进程,使真正优秀的人才被选拔出来专司审判职能,而一般人员则从事辅助性的事务工作,人尽其才,才尽其用,科学合理配置司法人力资源,促进司法质量和效率。

其次,推行法官助理制度,可以为精英型职业法官的选任提供充足而坚实的人才储备。法官助理群体的形成,有利于培养法官职业的后备队伍,同时也有利于对后备人才集中进行法官职业技能的培训、教育与实践。正如霍姆斯法官所言:"法律的生命不是逻辑,而是经验。"②法官职业是一种经验型的职业,需要不间断的培训教育和司法审判实践经验的积累。法官助理制度的设置,实际上既是法学院法学教育的延续,也是法官职业技能培训教育的新领域。这种教育与培训,具有一个最大的优势:司法审判的实践性。法官助理们在日常工作中辅助法官完成审判工作任务,通过与法官的紧密配合与协作,参与处理审判中的程序性和事务性的工作,参与庭审准备工作和拟写法律文书等工作,能够观察、体验、感悟、总结审判工作的经验,同时也能够在事务性的工作中逐步养成法律思维的习惯,潜移默化地掌握法官裁判的方法与技巧,领略法官裁判的艺术与风格。客观地说,法官助理制度的设立,实际上是为法官职业技能的培养教育提供了一个最佳的实践岗位和场所,使勤奋、敬业、敏锐、多思的法官助理可以在平凡的工作中脱颖而出,最终走向审判岗位。

再次,从设置法官助理制度的职责和效用来分析,这项制度的设立,有助于优化配置司法人力资源,最大限度地发挥法律职业人各自的优势,从而更好地提高审判工作的质量和效率。法官助理制度实际上是对审判职能和一般事务的科学分工,其优势在于改变了以往审判职能混淆不清的状况,对职业法官、法官助理、书记员三者的职责进行了科学而明确的划分,使司法人力资源得到优化配置,使三者以其特有的职业技能在各自的领域里充分发挥,从而节约司法资源。

由于法官助理承担了审判过程中的日常事务性工作,法官就能够将主要的精力和时间用于提高庭审驾驭能力、法律适用能力和裁判文书写作能力上面,从而提高法官裁判案件的效率和质量。过去法院基本上实行的是审判员与书记员相配合的"审书配合"模式,有"一审一书""两审一书""三审一书"或书记员统一集中管理的制度模式,这种"审书配合"的旧模式,很容易造成审判员与书记员之间的权责不明确、分工不科学状况;由于审判员与书记员之间的中间环节缺乏,"审书"矛盾较为突出。比如,由于人员配置紧张,基层法院和法庭常常出现一人开庭、一人调查的"独审独记"现象,或者是书记员违法办案等违反程序法的现象。法官助理

---

① 参见蔡则民等:《法官职业化建设探索与实践》,人民法院出版社2004年版,第6页。
② 〔美〕本杰明·N.卡多佐:《演讲录:法律与文学》,董炯、彭冰译,中国法制出版社2005年版,第75页。

制度针对旧的"审书配合"模式的弊端,采取"审书分离"的方法,在法官与书记员之间既充当屏障又充当桥梁,使法官、法官助理、书记员在相对独立又互相对应的环境下工作,既可致力于自身领域的技术提升,同时也可以增进工作伙伴的工作效益。

复次,设置法官助理制度,有利于审前准备程序的完善。从目前审前准备程序改革与完善的视角来看,法官助理制度就是专门根据审前准备程序的职能要求而设计的。在法官的指导下,由法官助理完成庭审前的程序性准备工作,能够对受理的案件进行合理的繁简分流;能够更好地实施回避制度,更好地执行法官职业道德与行为规范的要求;能够通过庭前调解,更好地化解大量的民间纠纷。在繁简分流过程中,法官助理承担了一些相对简单,但又相当琐碎的事务性工作,使法官能够将工作重点真正转移到重大案件的审理和裁判上来。案件的繁简分流,可以使司法人力资源得到最佳的运用。简单案件直接由法官助理在庭审前处理结案,复杂案件则由法官助理负责进行庭审前的准备工作,择期安排审前会议和证据交换,将诉讼请求、争议焦点、案件证据一一确定并梳理清晰,然后安排进入庭审程序,由法官主持庭审。在这一程式下,法官在案件审理前不能接触当事人,可以有效地克服两个弊端:一是先入为主,对案件产生偏颇的认识,从而影响案件的公正裁判;二是腐败,避免主审法官在庭前与当事人进行正面接触。两者之间形成有效的隔离带,可以促进法院的廉政建设。① 过去不少法官在审理承办案件时,要包揽案件审判全过程的所有事务,这既不利于法官保持中立地位,也影响法官集中精力审理裁判案件。确立法官助理制度以后,法官助理的地位介于法官和书记员之间,其本身不具有审判权,只负责协助法官履行审判职责,因而法官助理进行"权力寻租"的情况也会比较少见。

最后,设置法官助理制度,有利于司法审判公开原则的落实,促进司法透明。司法公开和司法透明是现代各国秉承的司法理念和原则。随着党的十八大和十八届三中、四中、五中全会确定的法治方向,随着依法治国写入宪法成为治国方略,以及我国正在推行的司法体制改革,内外产生的力量不断推动各项改革向民主和法治方向纵深发展,对人民法院司法公开和司法透明的要求越来越高,全面落实审判公开原则,增加司法透明度和司法信息公开,已经成为人民法院司法改革的重要内容之一。法官助理制度施行后,改变了过去审判组织成员间的隶属关系模式,法官、法官助理和书记员具有各自独立的职责,法官与法官助理、书记员之间不再是统属关系,而是辅助、协作和监督关系。法官助理和书记员作为审判工作的辅助人员,能够在审判程序方面对法官进行有效的监督和制约。由法官助理负责审前程

---

① 参见乔金茹:《完善我国民事审前程序的几点建议》,载《法律适用》2006 年第 1-2 期,第 191 页。

序和庭前调解,能够更加扩大司法的透明度,使司法审判的程序和相关信息的公开程度最大化。法官助理制度明确了法官助理的职责分工,法官、法官助理和书记员都各自在自己的职责范围内履行职能,将彻底改变过去旧的"审书制度"下的依附关系模式。这种相对独立、相互协作、职能分工、职责分明的制度约束,将使整个审判程序更加公开和公正。因此,法官助理制度的建立,为司法公开和司法透明提供了更深层次的制度保障。

第二节 两大法系法官助理职业制度与职业技能概况比较分析

现代意义上的法官助理制度,最早产生于1882年的美国。① 从20世纪30年代开始,雇用刚从法学院毕业的优秀毕业生担任一年或两年助手,已经成为美国联邦法院的一种普遍做法,这是现代法官助理制度的萌芽。随着案件数量的增多,为了提高审判效率、辅助审判,美国上诉法院于20世纪70年代末期开始正式聘用法官助理,法官助理制度逐渐成形,并迅速发展。纵观世界法治发达国家,无论是英美法系国家还是大陆法系国家的职业法官,均是采用聘请法官助理的方式辅助法官完成审判工作任务,法官助理制度已经成为确保法官职业化的一项重要功能性制度。美国、英国、德国、法国、日本等国的法官助理制度,均可以作为我国设置法官助理制度之有益借鉴,其关于法官助理的职业技能要求,亦可作为我国的借鉴。

一、英美法系国家法院法官助理职业制度和职业技能

(一)美国法院法官助理职业制度及职业技能要求

在英美法系国家中,美国的法官助理制度是比较完备的。由于美国法官的地位崇高、待遇丰厚,法律从业者把获得法官职位视为毕生的追求,许多优秀律师都把最终成为一名法官作为达到律师生涯顶峰的标志。由于法官职业成为法律职业者的终极追求,为了保障法官职业的精英化和专业化以及法官地位的尊崇,法官必须走职业化的道路,要求法官数量少、质量精。美国法官的职位数量相当少,美国

---

① 1882年,联邦最高法院大法官霍勒斯·格雷在联邦法院历史上首次雇用了法官助理。格雷大法官认为,让一名年轻睿智的律师作为自己的辩手和编辑,将会提高自身的法律推理和写作的质量。格雷大法官将其助理视为"启发者和批评者",让他们就各种不同意见的法律依据进行辩论,从而增强法律文书的说服力。霍勒斯·格雷大法官对其助理的评价很高,并且由其本人支付助理的工资。很快,联邦最高法院的其他大法官也纷纷仿效格雷法官雇用法官助理。

联邦最高法院(相当于我国的最高人民法院)只有9名法官,联邦上诉法院(相当于我国的中级法院)也只有10名法官。为了使法官能专心审判,美国各级法院均设立了法官助理制度。早在1886年,美国国会就规定联邦最高法院法官必须有法官助理。1930年,美国国会制定法律规定,联邦巡回上诉法院法官也必须有法官助理。1936年,美国国会又制定了法律规定,联邦地方法院法官必须有法官助理。1979年,美国国会再次制定法律规定,联邦地方法院法官必须有法官助理。1984年,美国国会继续制定法律规定,联邦破产法院法官必须有法官助理。法官助理制度已经成为美国法院的一项重要制度。依照美国法律,联邦最高法院首席大法官可以有5名法官助理,其他大法官可以有4名法官助理和2名秘书;联邦上诉法院法官可以有3名法官助理和2名秘书;联邦地方法院法官可以有2名法官助理和1名秘书;州各级法院法官也都可以有自己的法官助理和秘书。除法官助理之外,各级法院法官还可以根据需要聘请法庭助理和法律顾问。

担任美国的法官助理的基本条件是必须获得职业法学博士学位(J.D)。按照惯例,一般都是由各级法院的法官根据自己的需要,挑选各法学院的J.D毕业生担任法官助理。法官助理不是法院永久雇用的工作人员,只是法官个人录用的助手,法官助理的任期一般为1—2年。在美国,法官助理也被喻为"不穿法袍的法官",法官助理既不做庭审记录工作,也不做具体的行政事务工作,庭审记录由专门的法庭记录员完成,行政事务由专门雇用的秘书完成。法官助理的职责主要是在法官指导下,协助录用他的法官完成判决以外的相关法律性任务。① 法官助理的日常工作主要包括:

(1) 协助法官查阅卷宗,根据起诉状和答辩状(或者是上诉状和上诉答辩状)中所提出的诉讼请求和答辩反驳意见,归纳出双方的争执焦点,给法官提供一份案件基本情况和审理要点的阅卷备忘录。

(2) 美国是判例法国家,在审判案件中有"遵循先例"的原则,即在案情相同情况下必须遵照以前的判例的原则。因此,美国的法官助理需要根据案情查找所有相关的判例和法律,并将先例判决和相关法律结合案情写一份诉讼要点摘录。这份案情诉讼要点摘录,将在庭审前连同案件的全部材料一并交给法官。

(3) 为法官正确解释和适用法律提供理论界有关法律问题的最新学术研究成果和最前沿的学术研究动态。美国法官的判决并不是简单的就事论事,而是要针

---

① 美国的法官把与法官助理的关系形容为除恋爱、婚姻、家庭以外最紧密的关系。美国的法官助理和中国的助理法官完全是两回事,前者是助手,后者是法官。美国的书记员也不同于中国,他们只做记录,不参与办案,如果哪方要查看他们的记录,必须付钱。法官助理则被称为不穿法袍的法官,他们帮法官起草裁决、判决书,查证双方律师引用的司法条文、判例是否正确。法官助理必须称职、有灵性,深思熟虑,主动积极地减轻法官的负担。

对案件事实,以及双方当事人提出的法律问题,作出法理上的论证,即提出法官支持一种观点或者反对一种观点的法理依据。由于法官整日忙于具体案件的审判,对法学理论研究的动态缺乏及时的了解,因此,需要法官助理起到与学术界联系的桥梁作用。法官得到由法官助理根据案情及时提供的最新的学术研究成果和研究动态,便于在判决中将法理阐述得更为详尽和透彻。

(4)法官助理参与庭审。在开庭时,法庭上一般没有法官助理的位置,如有复杂疑难案件需要法官助理参加庭审的,一般是坐在法官所坐的法台左下方一个不显眼的座位上,听取各方当事人的辩论意见,法官助理参与庭审的目的在于进一步补充和完善其庭审前所撰写的诉讼要点摘录,与法官共同讨论案件所涉及的法律问题,并按照法官的要求撰写法律意见书。

(5)为法官草拟法律意见书,负责法律文书的编辑、修饰、校对与整理。由于美国的法官助理是协助特定的法官工作,因此,法官助理的工作职责取决于录用他们的法官的指示,每一位法官在司法职业生涯中都会形成各自的审判风格和习惯,作为法官的助理,应当适应和配合法官的风格和习惯。

在美国从事法官助理,实际上是获得了一个接受法官职业技能培训与实践的好机会。优秀的法学院毕业生,都将进入法院担任法官助理作为毕业后就业的第一志愿,法官助理工作实际上已经成为法学教育的延伸。美国法学院没有法学本科教育,进入法学院学习之前,一般要先取得学士学位,考入法学院要经过3年学习才能够取得法学专业学位,法学院毕业生毕业后能够进入法院担任法官助理,可以获得法官职业技能的培训与实习机会。法官助理通过参与法官审理裁判案件的全过程,能够获得在法学院无法获得的审判经验。由于美国的法官在任职前都是执业多年的律师或执教多年的法学教授,辅助这样的法官办案,可以学到很多职业技能,因此,从事法官助理工作的过程,实际上就是一个接受法官职业技能培训的再教育过程。担任法官助理一、二年之后再成为执业律师或者进入法学院执教,就会在职业技能和实践经验方面优于其他人。美国法院对法官、法官助理、秘书、法庭记录员根据职能进行科学分工的制度,充分体现了一种重视人才和讲求效率的审判管理原则。美国法官助理制度的设置,充分考虑了司法审判的不同阶段对审判人力资源的现实需要,进行科学的分工协作,既节省了司法人力资源,又提高了工作效率,使法官助理成为真正意义上的法官的助手。

美国之所以能够产生法官助理制度,是因为以下原因:法官的职业化和精英化需要法官助理制度。法官是社会纠纷的裁判者,是捍卫社会公正的最后一道防线,职业法官不仅要有深厚的法学理论素养、丰富的社会生活经验和高超的司法职业技能,同时还要有高尚的道德品质和非凡的人格魅力。精英型的要求决定了只有少数的法律职业者才能成为精英型职业法官,职业法官的数量只能保持一个相对较小的规模。美国法官的数量始终控制在一个相当有限的数量范围之内,其法官选任与晋升有着非常严格的程序和条件,而且法官的员额也是固定的,只有当原任法官退休或离职才能重新选任和增补法官。法官职业的精英化要求美国的法官数量始终控制在一个有限的范围内,而美国法院的受案数量一直呈增长的趋势,特别是20世纪80年代以来,受案数量急剧增长,人们惊叹诉讼爆炸给司法审判带来的艰难。如何让数量有限的精英型法官审理数量越来越多的案件,是美国司法界面临的难题,美国法院解决这一难题的方法就是法官助理制度。在法官助理制度下,司法事务划分为两大类:一类是主持庭审和适用法律裁判案件;另一类是诉讼程序辅助性事务。前者由法官负责完成,后者则由司法助理人员负责完成。对诉讼程序辅助性事务,也根据难易程度予以划分,分别由法官助理、秘书、法庭记录员完成。

美国法院对司法事务的分工管理,确立了职业法官在司法中的核心地位,从司法职业技能的角度提高了精英型职业法官群体的地位,它从司法职业技能的角度对司法审判事务进行了科学合理的分工管理,从司法职业技能角度构建了法官精英化的职业基础。美国的法官助理制度虽然是契合其当事人主义诉讼模式的司法事务科学分工管理制度,但这项制度对审判质量与效率的促进机制,特别是其根据司法职业技能需求的不同层次进行科学分工的管理模式,值得我们学习与借鉴。

虽然美国法官助理制度为实现其司法目标作出了巨大的贡献,但也同样面临着制度发展的困境与难题。美国法官助理的预备人选是法学院职业法学博士(J.D)毕业生,具有较高的素质和能力,法官可以较为放心地将许多重要工作交给法官助理完成,实践中,法官助理与法官之间的职责划分逐渐模糊。另一方面,由于美国法官年龄偏大,法官助理对于辅助工作甚至法官的裁判工作包揽过多,使得法官逐渐变得过分依赖法官助理,这已经成为美国法官助理制度的主要弊端之一。我国在设置法官助理制度之时,应当以此为戒。

客观地说,我国法官助理不可能具备美国法学院职业法学博士(J.D)毕业生的水平和能力。法官过于依赖法官助理的现象,也不利于法官自身职业技能的提高。美国法官助理是由法官个人负责录用的,其仅对法官个人负责,法官助理实际上是法官个人的助手,完全按照法官的指示开展工作,只有辅助和协作的责任,而没有监督的义务,这是一种以当事人主义诉讼模式、律师强制代理制度、法官独立审判为基础而构建的制度,不存在法官助理对审判组织(合议庭、审判委员会)的责任,这与我国实行的法院独立行使审判权制度、职权主义相对为主导的诉讼模式等司法基础是有区别的。因此,我们在设计法官助理制度时,应当充分考量我国具体的诉讼模式、宪政发展状况、司法传统、司法体制等基础性要素,不能盲目照搬美国的法官助理制度。

(二) 英国法官助理职业制度及职业技能要求

英国法官的产生比较复杂,不同级别的法官按照不同的条件,由不同的主体任命。① 英国的法官(治安法官除外)全部系从有经验的律师或法官(低级法官)中选任。② 担任上诉法院常任法官贵族院议员必须具有 15 年以上出庭律师经验,或已任两个以上高级法官职位;担任上诉法院法官必须具有 15 年以上出庭律师经验,或已任 1 年以上高等法院法官职位;担任地方法官(不含不领薪水的治安法官),必须具有不少于 7 年的出庭律师经验。③ 人们认为,由于律师有着长期的法律工作经验,专业素质较高并且独立执法意识较强,容易胜任法官的职务。④ 为保持法官职业的稳定和独立,英国高级法院的法官实行终身制,非经弹劾,不得被免职、撤职或令其提前退休。⑤ 同时,英国实行法官高薪制,以此提高法官的社会地位。⑥ 法官的工资由统一的基金支出,无须每年经议会讨论。法院的预算、法官的工资,由大法官提出经人事部门同意即可,法官的工资只能增加,不能降低。⑦ 在英国,法官是法律的发现者和创造者,是一个精英化、贵族化的职业群体。正因为法官职业的精英化,法官的数量也是一个固定的少数,大量的司法辅助性事务需要由法官助理来完成。

英国法官助理的基本职责是在法官的指导下,协助法官完成判决以外的有关法律性辅助任务。英国的法官助理制度同样是为了契合法官职业精英化而设置的一项制度。但在提供法院辅助人员的条件方面与美国相距甚远。在英国,只有肩负行政级别最高的司法长官才配备个人秘书,上诉法庭的法官没有秘书,组成大不列颠最高法院的 10 名上议院法官,总共只可配备两名秘书,不论是上议院法官还是上诉法庭法官,都没有任何法律助理。⑧ 所以,英国法院法官的人均结案数量明显低于美国,这就是法官助理制度设置不同,对司法审判效率产生影响的一个例证。

---

① 参见王宏林:《国际一流法律人才培养论纲》,商务印书馆 2003 年版,第 84 页。
② 同上书,第 85 页。
③ 同上书,第 84 页。
④ 参见郭成伟:《外国法系精神》,中国政法大学出版社 2001 年版,第 96 页。
⑤ 同上书,第 98 页。
⑥ 2014 年,英格兰及威尔士高级法院法官的年工资高达 24.4655 万英镑,最高法院大法官的年工资为 21.847 万英镑,其他法官工资与高等法院法官、五座法院法官的工资一样为 21.1015 万英镑。参见徐奕斐:《英国法官注重经验 薪酬丰厚》,载《法制日报》2015 年 2 月 10 日第 10 版。
⑦ 同上注。
⑧ 参见毕玉谦主编:《司法审判动态与研究》,法律出版社 2004 年版,第 44 页。

二、大陆法系国家和地区法院法官助理制度和职业技能

(一) 德国法院法官助理制度及职业技能要求

德国的法院体系很复杂,这主要归因于法院体系组成的两个原则,即专业化原则和权力分散原则。① 同其他一些大陆法和普通法国家相比,德国的法院在处理案件方面专业化程度更高。德国在联邦宪法法院之下还建立了 5 个不同的法院体系,每个法院体系都有自己的专业管辖领域,包括:普通法院、行政法院、劳动法院、社会法院和财税法院。② 法院体系的构建尚且如此专业化,职业法官的审判业务就更是如此;且专业化程度越高,越要求有法官助理制度的配合。与德国法官的职业化相适应,法官助理制度同样也要求与法官职业化相适应。在德国,承担法官助理职责的是各级法院的司法公务员,如柏林三级法院有司法公务员 700 名;慕尼黑高级法院有司法公务员 285 名;联邦最高法院有司法公务员 73 名。③ 在德国法院体系中,司法公务员的主要职责是协助法官做好判决以外的与审理案件有关的辅助性工作,也即是法官专司案件的审理与判决,由司法公务员负责审理案件的辅助性工作。

德国的法官人数约占法院总人数的 25%,司法警察为法院编制约占 5%④,70% 均为司法公务员,如此大的法官助理比例,可见法官助理制度在德国法院体系中的重要地位。如此完备的法官助理制度和人力资源配置,确保了德国法官的职业化和精英化。在德国,取得司法人员资格非常困难,首先要经过 5 年的法律专业学历教育;毕业之后到法院、检察机关、司法行政部门、公证处、律师事务所实习 2—3 年;实习期满后,还必须经联邦司法部主持的为期 3 个月的考试,合格后颁发司法人员资格证。获得司法人员资格并非就能担任法官,德国法院法官的员额编制是法定的,只有当法官职位有缺额,才能从具有司法资格的人员中招录法官,招录方法是举行工作考试。第 1 次考试只能有 40% 的人过关;然后通过第二次考试,再从这 40% 的人员中挑选 10%。只有在司法人员资格考试和法官缺额考试这两次考试中成绩最优秀的,才有可能成为预备法官,预备法官经过 6 个月的预备期后,才能经法官考评委员会提请司法部任命为法官。如此苛刻的选任条件和标准,使得德国法官在任命之前就已经具备了一定的司法技能,具备了成为精英型法官的

---

① 参见郭兵:《美、德司法制度比较》,载中国(海南)法学实务研究所编:《专家谈司法改革》,南海出版公司 2001 年版,第 242—243 页。
② 同上书,第 243 页。
③ 参见蔡泽民等:《法官职业化建设的探索与实践》,人民法院出版社 2004 年版,第 276 页。
④ 参见郭兵:《美、德司法制度比较》,载中国(海南)法学实务研究所编:《专家谈司法改革》,南海出版公司 2001 年版,第 247 页。

基础。

正是因为法官职业的精英化,德国法官只负责案件的审理和判决,其他事务性工作均由司法公务员完成。德国法官除了庭审之外,甚至可以不坐班而直接在家里处理审判事务,而由司法公务员承担大量的事务性工作。德国法官助理的分工和分类较法国简单,包括司法公务员(即法官助理)、书记员、执行官。德国上诉法院的法官不配备法律助理,而联邦普通司法管辖区最高法院的每个分庭可以配备1名法律助理和1名行政官员(法庭书记员)。① 德国联邦最高法院的法官助理被称为助理法官。以德国慕尼黑高级法院为例,该院的法官数量为214名,而作为法律助手的司法公务员有285名,其他还有人数众多的书记官、执行官和秘书。② 德国的司法公务员制度与我国法院过去的公务员制度有一些相似之处,我国的法官助理制度改革,可以借鉴其司法公务员制度的合理成分。

(二) 法国法院法官助理制度及职业技能要求

作为大陆法系国家,法国也有较为完备的法官助理制度。法国推行法官精英化政策,法官具有较高的社会、政治、经济地位。法学院毕业生要想担任法官,必须首先通过激烈的国家法官学院入学考试竞争,然后在国家法官学院参加为期31个月的司法职业技能培训,取得合格的学业成绩后,才有可能被任命为法官。法国非常注重通过国家法官学院的司法考试优化法官结构,对报名参加考试的考生除在资格条件上有严格的限制之外,还严格按照社会对法院司法工作的实际需要和前一年法官退休、离职的缺岗职数控制录取的额度,每年录取的额度均控制在150—200名左右。如此严格的录取额度控制,使法国法官的数量始终保持在7 000人以下,确保了法国法官职业的精英化。少数的精英型法官再配以大量的司法助理人员行使审判职能,成为法国法官助理制度的特点。

在法国法官助理制度下,司法助理人员在司法审判工作中起着不可替代的重要作用。法国司法助理人员的分工比美国更为细致,司法辅助人员根据其所承担的职责和任务的不同,分为书记员、送达执行官、司法鉴定人、社会工作者和顾问律师。

书记官单独序列管理,自成体系,并为终身任职。书记官的工作职责主要是协助法官准备各种文件资料并管理办公室,领导法院内设各行政部门,并负责这些行政部门的正常运转。在审判过程中负责记录审判活动,协助法官熟悉案情,安排诉讼的所有程序,保管案卷档案并抄送判决副本。

送达执行官的主要职责是负责将各种司法文书送达案件各方当事人,在法庭

---

① 参见毕玉谦主编:《司法审判动态与研究》,法律出版社2004年版,第44页。
② 同上注。

判决生效后负责执行法庭的判决,并且有强制执行的权力。相当于我国法院书记员和执行员的合并职能。

社会工作者主要是指"司法保护青少年组织"与"缓刑监督和刑满释放人协助委员会"机构的工作人员。这些社会工作者帮助法官了解当事人情况、违法犯罪人尤其是青少年违法犯罪人员的有关情况,并开展相应的调查活动,借助社会力量协助法官正确审判少年犯罪和减刑案件,使法官的审判活动更加符合情理与法理,更加符合社会的需要。

司法鉴定人即专门为法官提供多项专门技术分析及结论报告的专业人员。司法鉴定人由主审法官选定,其鉴定行为受民事上的监督法官和刑事上的预审法官监督。

顾问律师即专门在行政法院或最高法院工作的律师。顾问律师是当事人在最高审判机关的代理人,但他们不属于自由职业,而是由政府任命的有正式职务的律师。最高审判机关基本都是法律审,对案件事实一般都不会重审,顾问律师的主要职责即是对法律适用问题或程序问题提出书面的法律意见。

法国法官助理制度具有以下优点:其一,通过对法官和司法助理人员进行分类管理来促进法官的职业化,确保法官的精英化。对法官按照职业法官的序列来管理,而对法官助理人员则实行单独序列的人事管理办法,既有效地保障了职业法官在司法审判过程中的核心地位,又大幅提高了司法审判的效率。其二,它对司法事务的职责分工更加细致,司法助理人员辅助性职能的再划分,更加有利于提高助理人员的工作效率。其三,法国法官职位的确定具有严格的计划性,编制员额由法律确定,从根本上避免了人事管理上的人为干扰,杜绝了法院录用的随意性,也增强了法官独立于其他工作人员的地位特殊性。这与我国部分法院编制人员与实有人员差距很大、法官与其他工作人员混合管理的体制有较大的差异。① 其四,法国的法官培养目标是追求能力的实用性,法官制度要求培养出来的均是实用型人才。② 对于法官助理人员,也根据分工不同而有不同的职业技能要求,以适应不同的工作需要。法国法官助理制度的这些特点,均值得我国借鉴。

(三) 日本法院法官助理制度和职业技能要求

日本法院体制单一,共分四级法院。最高法院有 20 名法官,8 个高等法院共有 280 名法官,50 个地方法院和分院有 910 名法官,50 个家庭法院和分院共有 200 名法官,438 个初审法院共有约 810 名法官。③ 以 1987 年至 1989 年的法院审结案件

---

① 参见何家弘、胡锦光:《法律人才与司法改革——中日法学家的对话》,中国检察出版社 2003 年版,第 216 页。
② 同上注。
③ 参见毕玉谦主编:《司法审判动态与研究》,法律出版社 2004 年版,第 35 页。

数的统计数为据,日本四级法院平均每年共审结44—55.6万件案件,人均结案1517—1917件。① 日本四级法院的法官总数共计2 800人左右,如此少的法官人数,要应对如此庞大的案件审判任务,必须要有法官助理制度来辅助。日本的法官辅助人员包括法院书记员、执行员和调查官、法警、法院技术人员和最高法院各种培训中心的教员等,四级法院共有司法辅助人员21800人。如此庞大的法官助理队伍,表明日本的法官助理制度较为完备。在日本,由特定机构统一调配司法辅助人员协助法官工作,司法辅助人员并不与法官形成固定的组合。在日本,法院书记官参加法院事务的部分管理,并以自己的名义行使部分司法权,此外,书记官还负责进行相关的调查工作。

在日本,取得法官职位也是一件非常艰难的事情。由于法官职业化和精英化的程度很高,法官在担任司法职务之前就已经具备了相应的职业技能,主要是庭审和裁判技术。由于法官员额的限制,法官人数很少,大量的审判辅助性工作由司法辅助人员来完成。

日本的司法培训模式主要是针对法官司法职业技能的提高而设立。选择从事法律职业的法学院毕业生,均需要在任职前到司法研修所接受实践性的司法技能培训。日本的司法研修所每年招收法律学员700名,训练期共两年。入所之后,首先在所内进行4个月的初始训练,然后是16个月的实务研修,其中在地区法院8个月,在地区检察厅和地区律师协会分别为4个月。实务研修之后,回到研修所,再进行4个月的任期训练。最后,参加由最高法院安排的严格的结业考试(包括笔试和口试两部分),合格者,就可以从事法律事务了。② 日本的司法考试是一道难以跳过的龙门,平均每年只有3%的考生能够顺利通过。但这项注重司法职业技能考核的严格测试制度,却成功地造就了一个素质精良、极受信赖的法律家阶层。

日本法院的法官助理制度,其实也是其法官职业化、精英化制度的重要组成部分,日本四级法院2 800名法官的审判职业技能与21 800名司法辅助人员的辅助职业技能,共同构成了司法职业技能的内涵。日本法官制度中最值得我国学习借鉴的就是以司法研修所为主体的司法职业培训模式。日本司法研修所为期两年的职业技能培训,以案例与判例探讨为依托,让学员学会如何分析、推理、论证案件事实,如何正确解释、适用法律及撰写法律文书,并通过职业技能的训练一步一步地学习和领悟裁判的方法和艺术,最终完成"学院派"向"实践派"的转型。我国的法官和法官助理的职业技能培训,完全可以借鉴日本司法研修所的培训教学模式,通过专业的职业技能培训教育,造就我国的精英型法官和实用型法官助理队伍。

---

① 参见毕玉谦主编:《司法审判动态与研究》,法律出版社2004年版,第40页。
② 参见贺卫方:《司法的理念与制度》,中国政法大学出版社1998年版,第221页。

(四) 我国台湾地区法院法官助理制度和职业技能要求

我国台湾地区的法官助理制度也基本上属于大陆法系的模式,职业技能的要求也类似大陆法系国家。法官助理制度由其"法院组织法"规定。依其第12、34、52条之规定,各级法院于必要时得置法官助理,依聘用人员聘用条例聘用各种专业人员充任之,承法官之命办理诉讼案件程序之审查、法律问题之分析、资料之收集等事务。由于法官助理是依照"法院组织法"设置的,因此,法官助理应当属于司法人员的范畴。

台湾地区司法人员的范围包括法官、检察官、公设辩护人、公证人、观护人、法医师、书记官、通译、佐理员、检验员、执达员、法警、录事、庭务员及依法律所定,法院及检察署应设置其他人员。法官助理的工作应当属于法院设置之其他人员,所以归类于司法人员的范畴。按照"法院组织法"的规定,台湾地区各级法院均可以根据需要设置法官助理,均采用聘用制。法官助理的主要职责是根据法官的指示办理诉讼案件的程序审查、进行涉案相关法律问题的法律分析和相关资料的收集与整理。台湾地区法院对于法官助理的职业技能培训教育与职业法官的职业技能培训教育同样重视,规定法官助理要参加司法院(司法人员研习所)及各法院自行办理的各种专业司法职业技能培训。

三、两大法系法官助理职业制度与职业技能的比较分析

从两大法系法官助理制度与职业技能要求的比较分析可以看出,我国对他国或地区好的经验可以借鉴,但不能采取简单的"拿来主义",因为,首先,诉讼模式存在本质差别。英美等国属于当事人主义诉讼模式,有律师强制代理制度,诉讼当事人承担的责任远远大于法院,例如在美国,送达司法文书是由当事人自己完成的。而我国从本质上讲仍属于职权主义,加上我国还没有实行律师强制代理制,大多数当事人没有聘请律师(尤其是在简易程序当中),法院要承担大于当事人的诉讼责任。这样,我国法院审判工作的工作量要远远大于美英等国。其次,我国司法辅助人员的素质不同于美英等国。国外法官助理是法学院法学博士(J.D)毕业生,因此,必然具有较高的素质,法官可以比较放心地将一些重要工作交给法官助理去做,彼此之间不需要太过明显的职责划分。而我国法官助理的整体素质暂时还达不到美英发达国家。因此,国外的司法职业和职务分工对我国只有借鉴意义。最后,美英等国的现行法官助理制度也并非尽善尽美,随着社会的发展和法院受案数量的持续上升,西方各国现有的法官助理制度也纷纷出现了一些问题。在这种情况下,国外的法官助理制度对我们的借鉴意义只存在于法官职业化、正规化、专业化以及实行司法事务的分工管理等客观方面,而对法官助理的职业技能要求,法官

与法官助理之间的分工协调等问题,只能根据我国的国情和具体的司法状况来解决。为此,最高人民法院在没有任何改革经验的情况下,确立了"自上而下确定思路,自下而上积累经验,再自上而下推广经验"的方略,希望通过地方法院的改革探索,最终摸索出一套行之有效的、具有中国特色的法官助理制度。随着四五司法体制改革确定的法官员额制的全面推行,法官助理制度改革将会成为司法改革的重点内容。

第四章 法官助理制度改革与技能发展的理论与实践

最高人民法院曾在18家法院开展法官助理职业制度改革，除18家试点法院外，全国各地各级法院近几年来试行法官助理职业制度改革，取得了较为丰富的实践经验。例如，湖北省武汉市江汉区人民法院曾经推行"二助一审判机制"的法官办公室改革，突出了法官专职负责"审"和"判"职能，即由法官助理和书记员负责做好庭审前后的各项辅助性事务准备工作，法官则专门负责案件的开庭审理和法律适用问题。

第一节 法官助理制度改革的理论探索与实践简介

改革的动因来源于社会现实和实践的需要，我国法官助理制度的推行，同样也来源于审判工作的实际需要，是审判工作的发展和社会现实对司法制度的需要，催生了法官助理制度的改革。

一、推行法官助理职业制度改革的理论现实意义

推行法官助理制度，不仅是加强法官职业化建设的需要，而且是实现审判职能和职业科学分工的需要，还是实现程序正义的需要。法官助理制度不仅确保了审判的科学分工，也确立了法官在司法工作中的核心地位，从而提高了法官群体的职业地位，为法官职业化、正规化、专业化的实现和审判工作的科学管理制度的建立，奠定了坚实的基础。

首先，推行法官助理制度改革是加强法官职业化建设的需要。法院人员的分

类管理是法官职业化建设的突破口,法官助理制度的设置是实现法院人员分类管理的关键一步。法官助理制度实行的成败,在一定程度上决定着我国法官职业化进程。加强法官职业化建设,是随着我国司法改革向纵深发展所必然选择的道路。推行法官助理制度是法官职业化建设的核心内容,是加强法官职业化建设的一个突破口和关键点。当前,我国的法官队伍因人员众多、职业素质和职业技能参差不齐,还不能满足法官职业化的现实要求,因此,需要推行法官助理制度,通过增加司法审判辅助人员,辅助法官完成日益增加的审判任务。

其次,推行法官助理制度改革是实现审判职能和职业科学分工的需要。在全国法院全面推行法官助理制度改革的主要目的,是对裁判工作与审判辅助性工作进行科学合理的分工。一方面,法官与法官助理分别专门从事不同性质的审判工作,分工配合,不会出现两种不同性质的工作互相干扰的情况,有助于案件的繁简分流、提高审判工作效率;另一方面,为法官配备专门的助手后,使法官能够从繁重的辅助性事务中解脱出来,专心致志地研究法律适用问题和裁判案件,可以极大地提高审判工作效率。

最后,推行法官助理制度改革是实现程序正义的需要。推行法官助理制度,强化庭前准备阶段的独立价值,在审判庭内部将审判工作环节化,法官助理组织庭前准备、法官负责庭审裁判的分阶段工作模式,能够有效改变审判职责不清的现状,从而克服过去程序违法的诸多现象,促使审判程序更加公正。法官助理制度还具有减少和杜绝法官与当事人庭前私下接触的功能,有利于法官居中裁判,防止先入为主,有利于法官的廉洁自律,维护司法权威和司法公正。

二、当前各地各级法院推行法官助理职业制度改革存在的不足

当前,各地各级法院推行法官助理制度的改革试点工作,在取得一定改革经验的同时,也存在一些不足之处:

(1) 对推行法官助理制度改革的宣传不够,法院内外对法官助理制度均存在认识上的偏差,导致法官助理改革试点工作流于形式。推行法官助理制度改革的目的,是通过合理划分审判工作职责,理顺法官与其他各类审判辅助人员的关系,保证法官专司案件的审理工作,逐步实现司法资源的合理配置,提高审判质量和效率。部分法院对法官助理制度的推行持等待观望的态度。由于长期实行科层级管理模式,法院内外普遍存在"法官就要高人一等,法官助理、书记员等人员要低人一等"的等级观念。

(2) 法院人事管理体制的配套措施与本轮司法体制改革的对应性还有一定的距离,导致法官助理待遇不明确而难以全面推行。法院的财政和编制管理权主要集中在地方党委和政府,各地均是根据本地区的人口数量及财政状况等情况确定

法院人员编制的,在缺编情况下,地方党委同意补几个名额就补几个,没有财政编制就不能进人,法院聘用人员的工资待遇没有财政支持。法院采用法官助理聘用制虽然是一个好办法,但要在全国法院系统推行则很难。一方面有的法院经费紧张,地方财政不扶持,对聘用法官助理的工资待遇不能很好地解决,导致这部分人员不能安心工作,致使法官助理队伍不稳定,影响了工作效率。另一方面,现在有的地方党委在清理各部门的聘用人员,并要求一律辞退,而党委又不同意给编制进人,造成法院人员严重缺乏,直接影响审判事业的发展。

(3) 法官助理来源渠道不畅,导致法官助理的素质参差不齐,制度推行不力。有的法院将不能适应工作需要的审判员和助理审判员一律转为法官助理,这样做不仅缺乏法律依据,而且容易造成人事矛盾。因为审判员、助理审判员是法官,依法享有法律赋予的审判权,而且有一定的审判实践经验,将其改任法官助理,将会严重影响他们的工作积极性,当法官要求他们协助配合工作时,他们就会摆资历,助而不理,致使绝大部分审判辅助工作还是由法官自己完成,法官助理制度的推行,不仅没有提高审判效率,相反增加了法官的工作难度,影响了审判效率和质量。

(4) 法官与法官助理的人员配置比例失衡。目前,大多数法院的实际情况是法官多,法官助理少,仍然无法真正体现法官的正规化、专业化、职业化。一名法官助理要同时辅助多名法官,工作量大,造成法官助理工作无法妥善协调安排。有的法官助理还要兼任审判业务庭内勤,除了及时完成法官交办的各项工作,还要完成司法统计、卷宗装订和归档以及庭务管理等日常事务。

(5) 缺乏法官助理工作质量效率的绩效考评考核机制。法官助理从事审判辅助事务性工作较为繁杂、琐碎和零乱,难以量化,造成绩效考评考核难以形成公平、合理的参照标准。大多数法院对法官助理的工作不论多少、好坏,均取同等评价标准。实行法官员额制改革之后,特别是实行人、财、物省级统管之后,全面推行法官助理制度就是最佳的改革时机。

三、法官助理职业制度改革的实践简介

追溯人民法院法官助理制度改革的历程,可以发现法官助理制度是国外司法实践的产物:法官数量有限,而案件又不断增多,为了提高审判效率、辅助法官审判,法官助理职业制度在英美法系和大陆法系各国逐渐产生,并根据各国不同的情况和法系特点而发展,在各国有不同的表现形式,法官助理职业制度均由法律予以明确规定。我国目前尚没有相关法律规定这项制度,法官助理职业制度尚处于探索试验阶段。1999年最高人民法院颁布的《人民法院五年改革纲要》中明确提出,人民法院可以对法官配备法官助理和取消助理审判员工作进行试点和摸索经验。此后,各地法院普遍根据自身的审判特点,探索推行法官助理制度,形成了"百花齐

放、百家争鸣"的局面。2005年最高人民法院颁布的《人民法院第二个五年改革纲要》进一步明确提出,要制定法官助理的专门管理办法,并在总结试点经验的基础上,逐步建立法官助理制度。对我国法官助理制度的构建,在各地各级法院探索实践的基础上,学术界和实务界都掀起了研究和探讨的热潮。最高人民法院政治部在全国选定了18个法院进行法官助理制度的试点改革,积累了许多改革试点的经验。北京市房山区人民法院于2000年2月率先实行"三二一审判机制"改革,即在审判长、独任审判员选任制的基础上,建立以审判长为中心,由3名审判员、2名法官助理和1名书记员组成的审判组。其中,3名法官负责主持庭审、居中评断、依法裁判,并对案件的审判质量承担全部责任;两名法官助理负责处理案件审理过程中的程序性事务,包括完成送达、调查取证、接待当事人和律师、采取保全措施、组织庭前证据交换、排期开庭等事务,两名法官助理就其工作向整个"三二一"审判组负责;1名书记员专门负责3名法官的庭审记录。继北京市房山区人民法院的"三二一审判机制"改革之后,北京市各基层法院和全国各地许多法院均开始试行法官助理制度,如北京市崇文区人民法院试行了"一一一审判机制",即审判管理模式下采取1名法官、1名法官助理、1名书记员组成一组,人员相对固定,以法官为中心,法官助理和书记员辅助法官开展审判工作,法官助理、书记员均以法官的审判工作为主导,服从法官的指导和安排,书记员在不影响法官的指挥和安排的前提下,服从法官助理的指挥和安排。此外,北京市海淀区人民法院实行"一四二审判机制",即1名法官、4名法官助理和2名书记员组成的审判模式;北京市宣武区人民法院试行"一二一审判机制",即1名法官、2名法官助理、1名书记员组成的审判模式;武汉市江汉区人民法院推行"法官办公室"的审判模式,即法官与法官助理共同组成审判单元模式,实行"二助一"的审判机制,由两名法官助理辅助1名法官开展审判工作;山东省寿光市人民法院实行"大立案"机制,即由立案庭承担法官助理的职责,负责庭前准备工作,并进行合议庭、开庭时间、开庭地点、跟案书记员的排定;深圳市罗湖区人民法院试行为每个合议庭配备一名法官助理的审判模式;江苏省常州市中级人民法院试行"三二一审判机制";江西省铅山县人民法院试行"二一一审判机制";浙江省奉化县溪口人民法庭实行"三二一审判机制";等等。无论是最高人民法院确定的18个法官助理制度改革试点法院,还是自行探索法官助理制度改革的法院,经过试行法官助理制度之后,审判工作的效率和质量均有大幅提高,由此证明了法官助理制度在我国法院推行,具有一定的可行性和潜在的生命力。最高人民法院颁布的《人民法院第三个五年改革纲要》和新近颁布的《人民法院第四个五年改革纲要》都明确提出推进法官助理制度改革。在全国各地各级高中基层法院都在试行法官助理制度的改革。

第二节　武汉市江汉区人民法院推行法官助理职业改革实践经验检视

通过对全国各地各级法院试行法官助理制度的成功做法和经验进行总结分析,北京市房山区人民法院的"三二一审判机制"和武汉市江汉区人民法院的"法官办公室"的成功经验,最具典型性和代表性,基本上代表了各地各级法院推行法官助理制度改革方向。改革的成功经验,正在司法审判实践中发挥着越来越重要的作用。由于北京市房山区人民法院的"三二一审判机制"已经有非常多的专著予以专门介绍分析,本章节不再赘述,只着重介绍武汉市江汉区人民法院曾全力推行过的"法官办公室"的改革试点实践经验。

一、武汉市江汉区人民法院"法官办公室"改革试点简介

所谓法官办公室,是法官与法官助理共同组成的审判工作单元,它是一种审判单元模式。[1] 武汉市江汉区人民法院实行的法官办公室的法官助理制度,具有审判辅助职业特色。

自2002年10月开始,武汉市江汉区人民法院分别在民事审判庭、刑事审判庭各确定了2名法官助理与1名法官组成的"二助一"的审判单元模式,率先建立以法官名字命名的"吕瑛法官办公室"及"曾望喜法官办公室",开展审判工作。法官办公室是武汉市江汉区人民法院为了贯彻落实最高人民法院《人民法院五年改革纲要》和《关于加强法官队伍职业化建设若干意见》的精神,逐步改变审判工作的行政管理模式,实现人民法院审判工作公正与效率的主题,推进法官职业化建设而实行的一种新型审判机制。实行法官办公室改革的核心,是确立法官的中心地位,增设法官助理。

武汉市江汉区人民法院推行的法官办公室即"二助一"审判机制改革方式,实际上是融合了北京市房山区人民法院的"三二一审判机制"与山东省寿光市人民法院的"大立案"机制这两种改革模式,充分吸收了两个模式的优势,取长补短,结合该院改革的实际情况,采取的是在统一立案的基础上配备法官助理的一种模式。[2] 这一模式的突出特点,是将设置法官助理与确立法官的中心地位紧密结合。

---

[1] 参见康均心:《法院改革研究》,中国政法大学出版社2004年版,第336页。
[2] 同上书,第338页。

二、武汉市江汉区人民法院设立"法官办公室"的背景①

武汉市江汉区人民法院是武汉市的一个城区基层法院。江汉区人民法院和其他基层法院一样，在审判工作中面临如下三种现实矛盾：

（1）法院受理案件数量不断上升，案件类型日趋复杂，对审判岗位的法官素质提出了更高的要求。而传统的审判机制造成法官既要从事开庭审判等工作，又要从事大量事务性和程序性的工作，导致法官无暇注重审判职业技能的提高，在一定程度上影响了审判工作的质量和效率。近几年来，以江汉区人民法院为例，该院每年的案件收、结案数均保持在 6 000 件以上，仅以该院 2004 年民商审判为例，每一名法官年结案数均在 200 件以上。法官在每个工作日都要开一次庭，写一份法律文书，审结一件案件，同时，还要负责办理诉讼保全、送达、调查取证等大量事务性工作。如此繁重的审判任务和烦琐的事务性工作，导致法官无暇集中精力对每一起案件进行仔细斟酌研究，案件裁判"粗制滥造"的现象时常可见。

（2）以往"1 名审判员与 1 名书记员"的配置模式，无法应对新形势下审判工作任务的发展需要。旧的"审—书"结合模式，形成审判员、书记员间的师徒关系，责任划分不明确，无法减轻审判法官的办案压力及有效保证案件质量；书记员亦不能严格履行书记员的职责；审判员、书记员二者之间的矛盾多、协调少、工作效率低下，出了问题不易确定责任主体，错案责任追究制度基本上难以落实。

（3）现行的审判考核评价机制不利于调动审判人员的积极性。目前法院仍然按照"书记员—助理审判员—审判员"的模式任命法官，只有审判事务性工作经历的书记员可以被任命为具有案件裁量权的助理审判员，助理审判员与审判员享有同等的审判权，中间没有审判经验的积累过程，而且只能上不能下，是客观上造成法官队伍人数众多、水平参差不齐、整体素质低下的重要原因之一。

这些现实存在的问题和矛盾，迫切需要通过改革加以解决。江汉区人民法院坚持在深入开展调查研究的基础上探索进行审判机制改革。一方面组织专门力量全面分析、研究旧的审判机制存在的种种弊端，明确改革的方向；另一方面，积极向法官助理制度改革取得成效的先进典型法院学习，先后到审判机制改革走在全国前列的北京市房山区、海淀区、丰台区法院和厦门市集美区、思明区法院学习考察，借鉴其成功的经验和做法。在反复调查研究和借鉴学习北京市房山区等地法院改革试点先进经验的基础上，立足江汉区人民法院的现实需要，于 2002 年 10 月，开始施行"法官办公室"这一新的审判管理模式。

---

① 以下内容和统计数据，均来源于武汉市江汉区人民法院办公室提供的相关"法官办公室"改革试点综合材料，在此，向该院办公室和"法官办公室"的法官、法官助理及书记员同志们表示诚挚的谢意。

三、全面推行"法官办公室"改革的基本思路

江汉区人民法院建立新型审判机制改革的基本思路是：将审理裁判工作与审判事务性工作相分离，围绕法官审理裁判工作这一审判工作中心，合理配置审判辅助人员，全面强化法官的职责，形成以法官为中心，各类辅助人员分工合作、各司其职的专业化审判单元工作机制，努力提高法官的职业技能，培养精英型法官。

确认法官是行使审判权的真正主体和确立法官在审判工作中的核心地位。改革的思路是要将法官的职责定位为专司各类案件的开庭审理和裁判，对审判单元中的法官助理和书记员负有审判业务指导和督促的义务，并对审判单元所承办的所有案件的裁判质量负责。适用简易程序审理的案件，由法官办公室的法官独任审判，并承担责任。适用普通程序的案件，由法官办公室的法官担任审判长，与其他法官组成合议庭进行审理，合议庭成员按合议制的要求参与庭审、评议并承担相应责任。

确立法官助理职位，并将法官助理定位为专门从事审判事务性工作，协助法官完成案件审理和裁判的审判辅助人员。法官助理的工作与法官的裁判工作极为密切，属于形成最终裁判结果的基础性业务工作。担任法官助理必须具有较高的程序性事务处理能力与技巧，必须具有相当的法律专业知识，才能确保完成其大量审判事务性工作任务的职责要求。

法官助理的具体职责是：在收到法官分配的案件时接受法官的具体指导，负责主持办理庭前准备工作，为法官收集资料，提出建议，讨论案情及起草判决书等。

江汉区人民法院设置的法官助理，是从事审判辅助事务的人员，也是完全意义上的辅助人员。这种职能和职责上的定位体现在五个方面：

（1）明确了法官助理不是法官，而是与法官相对应协助法官完成审判任务，具有法律专业知识的法院工作人员。

（2）法官助理对案件没有裁判权，不是某一法官的助理，而是法院审判工作的助理。

（3）法官助理对法院负责，在法官的具体指导下开展工作，负责完成与审判业务相关的辅助性工作及法官交办的工作，不参与合议庭的组成及案件的评议。

（4）法官助理在审判机制运行模式中，处于承上启下的地位，对上接受法官领导，对法官负责，且有权参与对法官的工作考核、评议，对下可具体对书记员进行工作指导，督促书记员完成工作。

（5）法官员额确定后，法官助理是将来成为法官的一个必不可少的过渡性工作岗位，将法官助理作为将来拟任法官人员的一个必要的见习和过渡阶段。

根据法官助理的职能与职责定位，江汉区人民法院确定法官助理的选任范围

是:已被选任或任命为助理审判员或审判员的人员(法官员额确定后,不在员额范围内),或者已通过国家统一司法考试取得法官资格尚未任命为法官的优秀书记员,承担从法官职能中剥离出来专门负责审判业务性辅助工作,且与法官相对应、协助法官完成审判任务、具有法律专业知识的法院工作人员。

江汉区人民法院根据上述改革思路和对法官助理的职能职责定位,对法官办公室的首批法官助理采取了非常谨慎而严格的选任方式,所选任的法官助理均具有法律本科学历,并已被任命为助理审判员,具有一定的办案实际经验和审判业务能力,具有良好的政治思想素质和职业道德修养,身体健康,可以承担较为繁重的审判辅助性事务工作。

四、"法官办公室"的职责权限划分与监督考核

1. 法官的工作职责和审判权限

(1)试点法官负责本法官办公室的审判工作,法官与法官助理、书记员系工作上的隶属关系,法官指派法官助理、书记员完成本职工作,承担对法官助理、书记员的管理和考核责任。

(2)试点法官审理案件,对院长和审判委员会负责;相关行政事务和审判流程的管理权由审判庭行使。

(3)试点法官对所办案件具有独立裁判权,主持本法官办公室的案件庭审、裁判,负责法律文书的签发和法律规定应由法官完成的其他工作。除刑事案件拟对刑事被告人宣告无罪须经审判委员会讨论决定,以及民事法律明确规定应由院长签发的法律文书仍按原规定办理以外,由试点法官独立行使审判权,并对所承办的案件负责。

(4)为确保法律文书的准确性,法官助理制作的裁判文书交法官审阅签发后,由法官助理将裁判文书原本先交书记员校对(签名),再交合议庭组成人员审核(签名),最后由法官审核同意付印,并交书记员印制、盖章。

(5)法官决定法官助理的回避事项。

(6)民事案件除法律规定必须适用普通程序的,一律适用简易程序;适用简易程序的案件转普通程序的手续,按有关规定办理。

(7)刑事案件采取强制措施的,由法官决定并按规定办理审批手续,在审判庭备案。

(8)法官助理、书记员对工作责任心不强,有质量差错和违纪问题的,法官有权提请院长撤换。

2. 法官助理的工作职责和权限

法官助理辅助法官开展审判工作,对法官工作负责;法官助理有权参加对法官

的工作考核、评议。法官助理受法官指派主持法庭调解和庭前证据交换,在法律文书的叙述部分注明"某法官助理受法官指派主持调解(证据交换),并经法官认可和签署制作法律文书"等内容,但不担任合议庭组成人员。

(1) 民事审判庭法官助理的主要职责和权限:

① 告知诉讼当事人审判组织人员情况。

② 代表法官主持庭前调解及办理撤诉。

③ 接受当事人在举证期限内的补充证据;整理当事人诉辩意见和举证情况,提出诉讼争执要点;归纳、摘录证据。

④ 审查当事人关于调查取证以及管辖权异议的申请,组织当事人进行证据交换和管辖权异议听证等事宜,并拟定意见报法官审核决定。

⑤ 办理诉讼财产保全、委托代理、鉴定、评估、审计等事宜,接待当事人及其他诉讼参加人的来访、阅卷。

⑥ 根据法官的意见草拟案件裁判文书,安排开庭宣判。

⑦ 负责当事人调解书的送达。

⑧ 办理案件信息输入和上诉案件的移送等案件管理有关事务。

⑨ 完成法官交办的其他与审判业务相关的辅助性工作。

(2) 刑事审判庭法官助理的主要职责和权限:

① 告知诉讼当事人审判组织人员情况。

② 代表法官主持庭前刑事附带民事诉讼的调解。

③ 办理决定和解除强制措施手续。

④ 联系被告人家属(监护人)、办理承担法律援助的律师担任辩护人、聘请翻译及追缴罚金等事宜。

⑤ 接待辩护人、当事人及其家属的来访和律师阅卷事宜。

⑥ 根据法官的意见,草拟裁判文书,安排定期宣判。

⑦ 办理案件信息输入和抗诉、上诉案件的移送等案件管理有关事务。

⑧ 办理被判处管制、缓刑罪犯的执行通知书送达及相关手续。

⑨ 完成法官交办的其他与审判业务相关的辅助性工作。

3. 书记员的工作职责

书记员的工作对法官负责,接受法官、法官助理的工作领导。

(1) 负责庭审、调查、合议庭合议的记录。

(2) 负责法律文书、开庭通知书的送达。

(3) 下达提押票及传票。

(4) 负责文书的印制和盖章。

(5) 办理诉讼费及案款缴退费等事务。

(6) 下达刑事案件被告人家属接见通知书和执行通知书。
(7) 整理装订卷宗并经法官审核后归档。
(8) 法律规定应由书记员完成的其他工作。

4. 试点法官办公室的目标考核

法官办公室的工作目标考核由法院政治处负责。刑事审判庭法官办公室月结案数不低于 27 件,民事审判庭法官办公室月结案数不低于 45 件。案件的当庭宣判(处置)率不得低于 70%。审理案件必须做到事实清楚、证据充分、适用法律正确、处理结果恰当、法律文书规范、审判程序合法,确保无超审限案件。

5. 试点法官办公室的检查监督

法官办公室的法官拥有较大的审判权,如权力不受制约必将产生腐败。因此,江汉区人民法院制定了完善的检查监督和惩戒机制。试点法官办公室的日常监督工作由法院监察室具体负责,对法官和法官助理实行举报追究制,监察室有权随时调阅案卷,发现问题及时向院长报告,由院长根据情况召开审判委员会讨论决定处理意见。定期组织对试点法官办公室进行考评,并向全院公布考评结果。凡发现一次违纪行为、出现一起人为案件差错,或出现一起经审判委员会认定属于法官违反法律规定而发回重审、重大改判案件的,即取消试点法官、法官助理的资格。同时强化法官办公室的内部监督,法官与法官助理之间相互有监督之责,对内部监督失职的,追究相应的责任。

五、"法官办公室"改革试点的理论现实意义

1. 增设法官助理职业,提高审判质量和审判效率

武汉市江汉区人民法院"法官办公室"试点运行半年时间,"曾望喜法官办公室"共审结各类刑事案件 172 件,比同期刑庭的 3 名审判员结案 146 件高出 26 件;所审结案件上诉 15 件,上诉率为 8%,同期刑庭的 3 名审判员审结案件上诉 28 件,上诉率为 19%;法官办公室平均结案时间为 17 天,同期刑庭 3 名审判员平均结案时间为 21 天。"吕瑛法官办公室"共审结各类民事案件 211 件,结案率为 84%;平均结案时间为 27 天,同期民庭 3 名审判员平均结案时间为 31 天;法官办公室所审结案件上诉 26 件,上诉率为 12.3%,同期民庭的 3 名审判员审结案件上诉 36 件,上诉率为 15.9%。

最为突出的成效是当庭宣判率明显提高,使案件审判过程、案件结果全部公诸于众,较好实现了以公开审判确保司法公正的目的。其中"曾旺喜法官办公室"当庭宣判率达 63%,"吕瑛法官办公室"当庭处置率达 72%,"吕瑛法官办公室"有 40% 的案件以调解或撤诉方式结案,降低了法院和当事人的诉讼成本,同时也提高了审判质量和审判效率。

武汉市江汉区人民法院的法官办公室改革强化了法官的责任意识和质量意识,通过法官的选任,从众多具有审判职称的审判人员中选出少量政治素质较强、理论功底较深、审判经验丰富的审判员担任法官,既改变了法官大众化、普通化的形象,又增强了法官的荣誉感和使命感,使法官更加珍爱法官职业。同时,法官对案件审判具有完全的裁判权,改变了过去"审者不判、判者不审"的状况,强化了法官的责任意识和对案件质量高度负责的意识。在过去传统审判运行机制中,熟人、同事、朋友的关系案,法官可以通过合议庭、庭务会和审判委员会讨论的方式隐蔽"关系"痕迹,把自己违法裁判的风险责任转嫁给合议庭和审委会,而合议庭和审委会一般不会也不能被追究责任,导致对有些关系案和人情案,既不能追究主审法官的责任,也不能追究合议庭、审委会的责任。而法官办公室实行法官负责制,所有案件都由法官直接裁判,法律文书由法官自己签发;相应的,所有的差错和责任也都由法官自己承担。因此,每一件案件的裁判都是对法官业务能力和廉政修养的检验,法官必须非常审慎、严格地依法裁判,不敢稍有懈怠。

法官办公室还彻底改变了过去业务审判庭的行政化管理模式,法官不需请示汇报就可以自行签发法律文书,减少了中间环节,从审判管理的层面而言,促进了审判效率的提高。

从"吕瑛法官办公室"2002 年 10 月至 12 月 3 个月的平均结案时间与同期民庭审判员的平均结案时间相比较:10 月:32.60 天/34.60 天;11 月:19.52 天/30.75 天;12 月:34.70 天/40.50 天。从这三组数字的比较来看,法官办公室的结案时间比同期民庭审判员的结案时间大大缩短,这足以说明改革试点对提高审判工作效率的意义。从根本上说,两个法官办公室审判工作质量和效率的提高,并非因为试点法官和法官助理有超凡的能力,而是得益于这种新的审判机制赋予法官发挥主观能动性、依法独立审判的空间。

2. 实现了审判资源的优化配置和审判工作机制的专业化

法官办公室试点在强化法官职责的基础上,实行法官负责制,确立了法官的审判主体地位和程序中心地位,保证了法官在整个案件审理程序中的控制权和对审判资源的支配权。同时,通过明确法官助理职责,形成了以法官为中心,法官助理分工负责的审判工作新模式,达到了改革试点目标所提出的合理配置审判资源的目的。在传统的"审—书"组合模式中,从案件送达、调查取证、安排开庭日期等庭前准备工作,到开庭审理、判决形成,再到审判和送达裁判文书,最后到案卷归档,审判员和书记员都参与其中,造成重复劳动和审判人力资源的浪费。法官办公室的"二助一"审判模式,在审判组织的运行结构上采用"法官 + 法官助理 + 书记员"的配合设计,明确划分了三者之间的职责权限,使审判工作中的三个主体在明确各自职责的基础上,能专司自己熟悉的部分工作,研究提高工作效率的途径,通过充分发挥自身的积极性和主动性,推动了技术进步。具体而言,法官承担裁判责任,将专心于事实判断与法律适用的技能研习;法官助理承担庭前准备工作,对审判事务性工作进行全盘考虑和集中办理,潜心工作的结果是提高完成事务性工作的成效;书记员专司庭审记录和职责范围内的工作,在确保记录文件的准确性、客观性等方面可以倾入更多的精力。

通过比较分析前述"法官办公室"办案效率的统计数据,可以看到审判资源优化配置的实际效果。法官办公室内法官与法官助理职责分工的职业化和专业化,为实现审判工作每一环节规范化及审判人力资源管理的专业化奠定了基础,使审判人力资源的专业化管理和职业技能的专业化分工成为可能。同时也在审判组织运行机制内部构建了法官、法官助理、书记员之间相互协调配合与相互监督制约的新机制。

3. 改革完善了庭前准备程序

法官办公室通过法官助理组织当事人交换证据,然后对证据资料进行整理,固定争点,实现举证程序的有序化、确定化和完整化,为强化庭审功能、提高庭审效率、实现庭审目的奠定了基础。庭前准备程序由法官助理主持进行,这是法官助理学习司法职业技能的一个重要途径。庭前准备阶段工作内容复杂,程序性很强,包括:审查管辖权异议申请,对诉讼证据进行初步审查,归纳、摘录证据要点,主持证据交换、听证,主持庭前调解,整理诉讼各方当事人的诉辩意见和举证情况,提炼诉讼争议的焦点和庭审要点,办理财产保全、证据保全、委托代理、鉴定、评估、审计等事宜,接待当事人及其他诉讼参加人的来访和阅卷,等等。诉讼程序法和相关司法解释对这些工作均有明确的程序性要求,正确完成庭前准备工作对于案件的正确审理有着非常重要的作用和意义。法官助理必须具备一定的法律知识、司法职业技能和审判工作经验才能够胜任。法官办公室改革旨在最大限度地将案件作庭前分解,以减少开庭的过程、时间和次数,提高庭审的效率,并以制度的力量推动法官助理充分发挥其职能作用,积极协助法官实现案件开庭"一堂清"(即一次庭审就审理核实全案事实与证据)。江汉区人民法院法官办公室较高的当庭宣判率,进一步证明了分解庭前准备工作职能的积极意义。

4. 促进了法官职业化建设和法官队伍职业技能的提高[①]

法官办公室改革使法官的主要时间和精力都专注于庭审和裁判,容易发现庭审与裁判中出现的问题,使法官有进行理论学习、技能培训和总结审判经验的积极要求和主观愿望,这是法官不断提高司法审判的职业技能和综合素质的内力因素;案件审理的个人负责制度,又促使法官经常反思裁判的合法性、合理性与科学性,

---

① 此处"法官队伍"泛指法官、法官助理和书记员等从事审判工作的全体法律职业人员。

这是法官将司法审判上升到艺术层次的制度外因。两相结合形成培养和造就一批"品牌法官"和"精英法官"的强大合力。

5. 有利于加强法官队伍的廉政建设和职业道德修养

江汉区人民法院实行法官办公室改革试点后，通过法官助理的设置，形成了法官与当事人之间的隔离带。在这一制度下，法官助理承担接待、调查收集证据等工作，法官承担开庭审案的工作；没有审判权的法官助理有与当事人庭下接触的机会，有审判权的法官没有与当事人庭下接触的机会。法官只能在庭审时才能公开接触当事人及其他诉讼参加人，当庭举证、质证和认证，当庭辩论，当庭调解，当庭宣判，避免先入为主，减少主观臆断。同时由于切断了法官庭前单方面会见当事人的途径，从而在一定程度上促使法官保持中立地位，居中裁判，减少因法官直接接触当事人而有可能造成的对法官司法的合理怀疑和其他不良影响，提高了各方当事人对司法的信任感，增强了司法权威。

法官办公室对法官当庭宣判率的量化要求，既减少了非法干扰，又确保了司法廉洁。新的审判模式赋予法官极大的审判权，法官审判工作只对院长和审判委员会负责，从思想观念上改变了过去以行政方式管理审判的思维模式，遵循了审判工作的特殊性质和规律，缩短了办案时间，法官开庭审理裁判案件，当庭宣判，一槌定音，避免了其他行政机关、社会团体和个人对法官依法独立审判的干扰。在江汉区人民法院法官办公室的6个月改革试点过程中，为当事人说情、打招呼和吃请送礼的情况明显比过去减少。很多案件，当事人还没有思想准备时，法官已经当庭宣判了。法官裁判的公正性和廉洁性得到了体现。

6. 促进了审判观念和审判方式的革新

从我国法院系统目前的审判状况分析，经过人大任命的审判员和法院自行任命的助理审判员都可以从事案件的审判，由于基层人民法院审判人员的匮乏，那些通过司法考试取得司法资格的人员，一般马上被任命为助理审判员，开始办案。对于刚刚接触审判业务的人员来说，一般也是摸索着边学边办案，难免会因为审判业务水平不高造成诉讼拖延及质量低下。法官助理制度的设置，正好弥补了这一缺陷，使审判经验丰富和司法技能娴熟的审判人员担任法官职务，而让新手[①]担任法官助理从事审判辅助性工作，在这个过程中逐渐熟悉审判工作，积累审判经验，锤炼司法职业技能，成为法官的储备人才。

法官办公室改革不仅是审判体制上的改革，法院人事制度的改革，更是观念的更新。在明确法官职责的同时，对于法官助理的职责职能、职业荣誉感、主观能动

---

① 泛指已经通过司法资格考试的人员，已经被任命为助理审判员的人员，尚未取得司法资格但具备法学本科学历和一定司法职业技能和经验的人员，长期从事书记员工作的优秀书记员等具有公务员身份的适合选任作为法官助理的人员。

性、工作积极性、团结协作及奉献精神都是一个重新塑造的革新过程。法官助理制度的设置成为推动审判方式的改革深入发展的重要环节,法官助理的承上启下职能作用的发挥,促进了院、庭长开庭审判制度的建立,使院长、庭长从过去以行政管理为主的单一角色,逐步变革到兼具行政与司法双重责任的复合角色,将过去以行政管理为重点的工作方式改革为以审判管理为重点的工作方式,工作重点进一步向判断事实、认定证据和法律适用等审判事务上倾斜。使院长、庭长有更多的机会亲历审判实践,既能积极发挥对新型、复杂疑难案件的指导作用,又能为正确决策与科学管理提供必要的感性认识,同时也促使院长、庭长和法官更新审判观念,培育法治理念,推动审判方式改革的进一步深入发展。从武汉市江汉区人民法院在过去全力推行过的法官办公室改革实践中,其中的重点是法官助理的职业制度改革。经过这么多年的改革实践,不断试错和校正方向。目前,武汉市江汉区人民法院实行法官员额制改革之后,较为顺利地契合了审判团队运作模式。武汉市江汉区人民法院的成功经验就在于该院长期坚持并全面推行的法官助理制度改革。经过十几年的改革探索实践,法官助理制度终于迎来了司法制度改革的春天。

第五章 书记员职业历史沿革和本土资源

"有官必有吏"的传统表明,书记员职业与制度应当是伴随着古代司法审判制度的产生而产生的。我国古代社会审判官多依赖其属吏、幕友进行司法审判活动,司法官进行具体司法审判活动时几乎均有"幕吏"辅佐。"幕吏"相当于从事书记员职业的人员。古代社会审判官与其幕吏相互依赖、密切协作、共同践行司法活动。历代的审判职业设计和制度设置,对于书记员制度改革和建立法官助理制度具有一定的借鉴意义。书记员职业这一审判辅助职业古已有之,具有悠久的历史渊源。历朝历代的官府衙门均设置有专门的吏员职位。吏员职位在官府衙门里掌录供、编案、文牍及其他一切司法事务,其职务称为"主簿""典簿"或"录事"等,到了清代光绪年间及民国时期,才将这一专门的职务改称为"书记官",这实际上就是古今一贯的书记员职业。历朝历代以来,这些"吏员——古代书记员"的录用,均有严格的选任制度,均需经过职业技能考试合格才能录用。这表明书记员的职业特征就是职业技能的规范性要求。从古到今,书记员的职业要求主要是具备辅助法官办案的职业技能。书记员职业需要具有一定的文化知识、法律知识和专门的文字书写、记录等职业技能才能胜任。正确认识和认知一种职业和制度,需要从历史沿革的纵向视角来考量,本章主要从整体上对我国书记员职业制度和职业技能的历史沿革进行论述。其中,古代书记员的历史沿革可参见本书第二章第二节,此处不再赘述。

第一节 清末和民国时期书记员职业

清朝光绪年间直到民国时期,"书吏"职业经过改制称为"书记官",从"书吏"到"书记官"的演变,标志着传统的"胥吏""书吏"及其制度已经演化为近代司法体制中的书记员职业和书记员制度。

自 1911 年辛亥革命推翻清朝封建君主统治之后,新成立的中华民国借鉴西方和日本的司法制度,建立了较为完整的司法制度,书记员职业改称谓为"书记官"职业,其中对"书记官"职业和制度的规定非常明确具体。书记官职业细化分成书记官、书记官长、主任书记员、书记生、录事等,并且明确规定了相应的职责范围:① 办理诉讼卷宗的点收整理、编订及人犯羁押登记等事项;② 办理诉讼案件的编号、登记及分配事项;③ 办理裁判参考资料的整理编号等事项;④ 制作各种笔录及期日传唤通知与提押票制作等事项;⑤ 办理案件诉讼进行中各种文稿的撰写等事项;⑥ 办理整理编订保管案卷及附随之证物保管等事项;⑦ 办理关于裁判或其他法律文书类正本之制作与其结果公告等事项;⑧ 办理案件文书交付送达等事项;⑨ 办理已结案件卷宗之发送或归档等事项;⑩ 办理各项报表制作或提供统计资料等事项;⑪ 办理其他依法应由书记官办理的事项或长官交办的事项。① 1932 年民国政府公布的《法院组织法》经前后九次修改,至今仍在施行②,该法规定了法院、高级法院和最高法院书记官职位的设置、职责范围、权利义务和任用资格等内容。例如,该法第 22 条规定:"地方法院设书记处,置书记官长一人,荐任第九职等或简任第十职等,承院长之命处理行政事务;书记官,委任第三职等至第五职或荐任第六职等至第八职等,分掌记录、文书、研究考核、总务、资料及诉讼辅导等事务,并得视业务需要分科办事,各科科长由荐任书记官兼任,不另列等。直辖市地方法院书记官长荐任第九职等或简任第十职等。书记处各科并得视业务需要分股办事,各股股长由书记官兼任,不另列举。第一项荐任书记员额,不得逾同一法院书记官总额的二分之一。"第 38 条规定:"高等法院设书记处,置书记官长一人,荐任第九职等或简任第十职等至第十一职等,承院长之命处理行政事务;书记官,委任第三职等至第五职等或荐任第七职等至第九职等,分掌记录、文书、研究考核、总务、资料及诉讼辅导事务,并视业务需要分科办事,各科于必要时,得再分股,均不另列等。各科科长由荐任书记官兼任;股长由委任或荐任书记官兼任;均不另列等。前项荐任书记官员额,不得逾同一法院书记官员额二分之一。"第 52 条规定:"最高法院设书记厅,置书记官长一人,简任第十一职等至第十三职等,承院长之命处理行政事务;书记官,委任第三职等至第五职等或荐任第七职等至第九职等,分掌记录、文书、研究考核、总务、资料及诉讼辅导等事务,并视业务需要分科办事,各科于必要时,得再分股。各科科长由荐任书记官兼任;股长由委任或荐任书记官兼任,均不另列等。前项荐任书记官员额,不得逾书记官总额二分之一。"③将书记员职业的

---

① 周宜锋:《法院组织法精选》,(台北)连山图书出版事业有限公司 1999 年版,第 154—158 页。
② 同上注。
③ 同上书,第 159—166 页。

称谓由原来的"书吏"改称为"书记官",说明书记员职业在北洋军阀时期和民国时期随现代司法制度的建立而有了较为明显的职业特征,书记官职业内部也存在较为明确的具体分工和配合,围绕书记员职业逐渐形成、发展了一种专门的司法职业制度,并且由法律(法院组织法)来规定相关的制度内容。

第二节　新中国时期书记员职业

我国人民法院的书记员职业和制度,是伴随着我国法制建设的发展历程而逐渐形成、规范发展与完善的,概括起来可以分为四个阶段:

（一）新中国成立前革命根据地法院的书记员职业制度与职业技能

新中国建立前革命根据地和解放区人民法院的审判管理运行机制中设置了专门的书记员职务,当时也称为"书记官"。我国解放战争时期,很多革命根据地法院组织中都有书记员管理体制的规定。1941年《晋冀鲁豫边区高等法院组织条例》就作出过类似的规定。1942年11月1日公布的《盐阜地区高等法院组织条例》第5条规定:"法院设秘书室,置秘书一名,书记官若干人。"抗战时期的《陕甘宁边区高等法院组织条例》也规定了法院设"书记官"制度。① 1943年3月公布的《陕甘宁边区司法处组织条例草案》规定了"各县设司法处,处长由县长兼任,另设审判员和书记员"。② 新民主主义革命时期,书记官职业和相关制度规定虽然较为零散,但毕竟是作为一种制度设置而存在于当时革命战争年代的人民司法制度当中。"书记员"和"书记官"虽然只有一字之差,但这一字之间差别甚大,"官"就意味着有一定的职权,表明书记官虽然是辅助法官从事事务性的工作,但也并非全部是事务性工作,其职责范围也体现了一定的职权性质,并在司法审判工作中有一定的职权效力。新民主主义革命时期法院的书记官职业与制度的实践经验,为新中国建立后书记员职业与制度奠定了职业定位与制度建构的实践经验基础。

（二）新中国成立后的人民法院的书记员职业制度与职业技能

早在1948年10月23日,华北人民政府就通令规定,将各行署原有的司法机关一律冠地区名称改称人民法院;1949年10月1日新中国成立以后,法院均改称人民法院。随着党和国家着手建立新的人民司法制度,人民法院的书记员职业和制

---

① 1939年《陕甘宁边区高等法院组织条例》第五章专门规定了书记室(第18—21条),对书记员的职责、序列进行规定,如"书记室在书记长指挥监督下,执行之职务如下……"

② 王盼、程政举:《审判独立与司法公正》,中国人民公安大学出版社2002年版,第30页。

度在新民主主义革命时期人民司法实践经验的基础上逐步建立、发展和完善起来。1949年2月,中共中央颁布《关于废除国民党的六法全书与确立解放区司法原则的指示》,标志着原国民党在大陆的法律制度被废除。人民司法原则的确立,为新中国的司法制度的建立奠定了基础。1949年公布的《中央人民政府最高人民法院试行组织条例》第7条规定:"各庭设主任书记员一人,书记员若干人。"1951年9月,中央人民政府公布的《中华人民共和国人民法院暂行组织条例》对书记员职业和制度也作了相应的规定。1954年第一届全国人民代表大会通过的《中华人民共和国人民法院组织法》第39条规定:"各级人民法院设书记员,担任审判庭的记录工作并办理有关审判的其他事项。"这标志着新中国人民法院书记员职业和制度的正式确立和建构设置,从法律上确立了书记员的地位和工作性质,在此之后的刑事诉讼法、民事诉讼法立法和相关司法解释对人民法院书记员的职务、职责范围、权利义务、待遇等作了较为详尽的具体规定。

经过新中国成立后几十年的司法实践,人民法院的书记员职业和制度逐步完善。全国各级人民法院在书记员管理制度的建构和实施方面大体相同,基本上都推行了分散管理模式。所谓分散管理模式就是将书记员职位分别设置在各级人民法院的刑庭、民庭、行政庭、执行庭、立案庭等各业务审判庭和基层人民法庭,由业务审判庭各自进行管理。书记员所从事的事务性工作一般仅与各业务审判庭的专业审判任务发生联系。从内部人员的安排来看,书记员是各审判庭的书记员,其工作的职责范围也相对稳定。比如,刑事审判庭的书记员专门负责刑事案件的记录,民事审判庭的书记员专门负责民事案件的记录,书记员与审判员一般采取"一对一"的工作配合协作方式,由各个审判庭集体和本庭的审判员个人协同管理书记员。书记员也不是终身职业,而是一个向助理审判员、审判员逐级晋升的过渡阶段,终身担任书记员职务的虽然也有,但很少见。书记员与法官同属公务员管理序列,1995年《法官法》颁布后,法官有了单独的职务序列管理办法,而书记员则一直没有单独的职务序列,也没有等级划分,而是一律适用公务员的管理办法。2003年10月中共中央组织部、人事部、最高人民法院联合颁布《人民法院书记员管理办法(试行)》,书记员才有了专门的管理办法。由于《人民法院组织法》对于书记员工作的职责范围规定得较为原则,因此,书记员工作具体的职责范围和工作任务弹性较大。除了刑事、民事、行政诉讼法有一些具体的零散规定之外,各地各级人民法院更多的是根据工作需要和经验习惯来设定书记员的工作职责范围,一般包括:接受诉讼材料、立案登记、开庭前的各项准备工作、庭审记录、评议记录和其他记录、宣判与送达、协助执行、法律文书校对印制、案卷的立卷归档等工作职责。除此之外,书记员还承担了审判业务庭庭务管理的内勤事务性工作,如填写制作相关的司法统计报表或数据、为审判员草拟或代拟法律文书、代为收取诉讼费和执行费、起草相应的信息、简报等公文材料、撰写与审判业务相关的论文和调研材料,等等。基层人民法院各业务审判庭和人民法庭一般都是由书记员担任"内勤",协助庭长、副庭长完成审判庭的庭务管理事项;有的中级人民法院在各业务审判庭还专门设立了"内勤调研组",负责开展司法统计工作和信息调研工作。全国各地法院一直沿用相关审判业务庭兼管书记员的办法,实行"审书合一、职责混同"的管理模式,法院内部形成了书记员、助理审判员和审判员、庭长、院长的多层级行政管理模式。法律规定的原则性和零散性为人民法院书记员工作职责范围的拓展创造了制度空间。经过长期的实践,书记员工作的职责范围形成了习惯的框架,并逐渐发展成为新中国人民法院独具特色的书记员职业制度。

由于立法上的不完备,特别是对书记员的管理缺乏具体的法律规定,我国人民法院书记员制度在设置与构建上还具有显著的习惯性与经验性特点。① 1995 年颁布的《法官法》,明确了法官的管理制度,但却没有将书记员管理制度一并纳入其中,书记员的管理制度仍然是一个相对的立法空白点,书记员和审判人员的管理还是混杂在一起,没有形成规范管理的法律意义上的制度及运行模式。这种建立在习惯与经验上的人民法院书记员制度逐渐发展。在人民法院过去的实践中,一直是按照选拔干部"德才兼备"的标准,根据人民法院实际工作的需要选派了大批人员到各级人民法院担任书记员工作,特别突出政治和业务两个方面的指标。早在1960 年 6 月,最高人民法院在旅大市召开全国法院书记员工作和档案工作会议,全面总结了新中国成立以来书记员工作的情况,交流了经验。会议指出:"书记员工作是一项政治性很强的工作,是为政治服务,为阶级斗争服务的重要工作,要求各级法院充分重视。"②强调书记员工作的政治性是 20 世纪 60 年代书记员选任的首要特征,把政治性作为一种职业的特性要求,是与当时人民法院的中心工作紧密相连的。这次会议还强调:"立卷归档是书记员工作的一项重要内容,诉讼卷宗是国家的档案,是审判工作的记录,是重要的历史资料,诉讼卷宗的形成,主要是书记员的工作,诉讼卷宗的质量好坏,在极大程度上决定于书记员工作的好坏。"③虽然是从立卷归档的角度强调书记员工作的业务性要求,但也可以反映出,除了政治性要求之外,对书记员的职业技能性要求也是必不可少的。

1961 年 5 月,最高人民法院发出的《关于改进审判文书质量问题的通知》载明:"在要求审判员提高裁判文书制作质量的同时,指出一些人民法院存在审判笔

---

① 新中国成立后,人民法院的书记员管理体制存在以下特点:人民法院书记员与审判人员同属国家行政干部序列,一直沿用由书记员到助理审判员再到审判员的晋升模式。书记员,助理审判员以及审判员在管理体制上是混乱的,一般情形下,要成为审判员,必须先从书记员做起,因而大批本科生、硕士生甚至博士生当书记员也就不足为奇了。
② 李国光:《怎样做好书记员工作》,人民法院出版社 1992 年版,第 4 页。
③ 同上注。

录书写潦草,卷宗材料不系统不完整,难以全面反映案件的审理过程等缺点。这些问题的出现,有的是受书记员文化程度的限制,有的与书记员工作水平有关,有的则是不负责任,马马虎虎造成的。要求各级法院应使书记员懂得,这些缺点绝不是无关紧要的小事,不是技巧问题,而是关系到办案质量的大事情,是检验一个书记员对待国家的审判工作有没有责任心的问题。"①这一诞生于20世纪60年代初的指导性意见表明,最高司法机关已经认识到书记员的文化程度、职业技能和职业道德水平是关系到人民法院办案质量的大事情,并且从书记员作为国家司法机关的"干部",对国家审判工作保有责任心的高度强调了书记员的工作重要性,特别是对于书记员从事审判辅助性工作的职业技能提出了较高的要求。由于立法上的缺失,书记员职业和制度在当时更多的是依赖最高人民法院的政策性、经验性指导意见、地方各级人民法院的经验交流、经验总结发展的。在最高人民法院和地方各级人民法院的共同努力下,书记员队伍的整体政治素质、业务素质和学历水平都得到一定程度的提高,基本适应了当时的审判工作需要。

但是,到十一届三中全会中共中央提出以经济建设为中心,进行改革开放的方针以后,经济体制的巨大变革深刻地影响到人民生活的方方面面,社会政治层面包括司法体制也受到强烈震动,书记员职业和制度与旧的职权主义审判方式一样呈现出落后于社会变迁和时代发展的一面。20世纪90年代初以来,随着审判方式改革、司法体制改革和司法制度改革的不断深入,书记员职业和制度存在的制度与方法上的缺陷愈加明显地表现出来。

(三) 20世纪90年代审判方式改革以来的书记员职业制度与职业技能

自中共中央十一届三中全会召开以来,党的中心工作转移到经济建设这一中心任务上来,人民法院的审判工作重心也随之有了调整。各地各级人民法院为适应改革开放和社会转型时期的形势需要,纷纷开展审判方式改革,法院的队伍建设是改革的重头戏,书记员的队伍建设无疑成为审判方式改革的一项重要内容。一些沿海地区法院自1997年开始对书记员管理体制进行了大胆的改革实践,有的法院率先设立书记官处,推行书记官单独职务序列的分类管理制度;有的法院探索将书记员在全院范围内集中管理,由立案庭设立书记员管理办公室统一管理全院书记员,改变了过去由审判业务庭分散管理的旧模式,充分发挥集中管理、合理分配审判人力资源的优势;有的法院则探索实行将书记员在审判业务庭内进行集中管理的方法,改变了过去"审书结合、一对一"的"师徒"管理模式;有的法院则引入速录员专门负责庭审记录。随着各地各级法院书记员管理体制的改革探索和实践经验的汇集与总结,人民法院书记员职业和制度的发展方向渐渐明晰,即要建立书记

---

① 李国光:《怎样做好书记员工作》,人民法院出版社1992年版,第4页。

员职业单独管理序列,将书记员的一部分职责范围分化为法官助理职业,建立书记员制度与法官助理制度并存的人民法院审判辅助职业机制。

在深入开展调查研究和充分总结各地各级法院书记员工作制度改革试点实践经验的基础上,最高人民法院在1999年提出的第一个《人民法院五年改革纲要》第37条明确提出:书记员改革的方向,是建立人民法院书记员单独序列的管理体制。在这一改革方向的指导下,各地各级法院围绕如何探索和建立一套符合审判管理特点的书记员管理新机制,展开了一系列改革试验。其主要做法是单独成立书记员管理机构,或在立案庭内设立书记员管理室,并将原来分散在各业务庭的书记员集中起来,由专门机构或立案庭进行统一管理、调度、考核和培训。① 有的法院是在审判业务庭内将书记员集中管理;有的是成立法官办公室配备书记员;有的是实行合议庭负责管理。

山东省寿光市人民法院推行的"大立案"机制,就是书记员集中管理的一个典型范例。在"大立案"机制下,各审判业务庭均不设有书记员,而是由立案庭统一集中管理;由立案庭负责立案审查、庭前准备和辅助与审判有关的所有程序性事务。② 但是,这种"大立案"的书记员集中管理模式并未取得很好的效果。许多法院在推行集中管理模式一段时间之后,发现了不少矛盾和问题,例如,集中管理后的书记员工作效率反而不如原来分散管理时高。上海一中院和武汉中院在试行书记员集中管理制度模式一段时间之后,不得不改为由各审判业务庭兼管书记员的分散管理模式。实践证明,集中管理模式并不利于法官与书记员在审判过程中进行协调和配合。在这种情况下,引入法官助理制度被提上改革的议程。法官助理制度既结合了法官职业化改革中产生的新经验,又突破了书记员制度改革的"瓶颈"。

2003年10月,最高人民法院公布了《人民法院书记员管理办法(试行)》,这是我国第一部专门规定书记员工作管理体制的制度性规范。这一改革措施的出台,标志着人民法院现代化书记员管理制度已经确立起来。2005年10月26日,最高人民法院公布的《人民法院第二个五年改革纲要》第34条明确提出:"要推进人民法院工作人员的分类管理,制定法官、法官助理、书记员等分类管理办法,加强法官队伍职业化建设和其他各类人员的专业化建设……在总结试点经验的基础上,逐步建立法官助理制度。"这表明,书记员职业和制度的改革方向已经与法官助理制度建设紧密地联系起来。

书记员管理体制改革的核心是实行书记员单独序列,并将书记员定位为以庭

---

① 参见康均心:《法院改革研究》,中国政法大学出版社2004年版,第372页。
② 参见毕玉谦主编:《司法审判动态与研究》(第1卷第1辑),法律出版社2001年版,第95—102页。

审记录和装订整理卷宗为主的审判事务性辅助人员;对新招收的书记员实行聘用制公务员管理模式。这一改革突破了新中国成立以来一直沿用至今的由书记员到助理审判员再到审判员的逐级晋升模式,书记员阶段不再是法官上岗培训的预备阶段,也不再是晋升法官的必经阶段。这一改革举措,解决了人民法院人员管理的十大难题:一是解决了书记员晋升助理审判员、审判员这一职业职称运行程式造成的书记员岗位的临时性、过渡性的矛盾,从根本上解决了书记员队伍人心不稳、轻视提升书记员职业技能重要性的问题。二是改变了所有录用人员必须从书记员干起的论资排辈、逐级晋升模式,一定程度上解决了审判人力资源和人才浪费的难题。三是改变了书记员录用的资格标准,拓宽了录用渠道,解决了因书记员不断向审判员晋升所造成的法官与书记员比例失调,多名审判员只有1名书记员配合办案的难题。四是解决了书记员为了晋级而"挤进"法官队伍所造成的法官队伍人数增多、水平不增的难题。五是解决了现代信息技术难以在书记员工作中推广应用的难题。新聘用制招录的书记员年轻,接受新事物快,通过培训,更容易掌握现代信息技术和计算机操作技术,使先进的庭审记录技术能够迅速、广泛地应用于司法实践。六是解决了旧的书记员管理体制"出口不畅"的难题,实行"老人老办法,新人新规定"。① 七是解决了书记员工作的评价标准,改变了过去书记员与法官职责混同,绩效考核考评的评价标准亦混同的状况,有利于激励书记员重视提高专业能力。八是解决了过去书记员编制和职级晋升的难题,过去书记员与法官一样同属公务员、"国家干部"编制,编制和职级晋升的矛盾较为突出。改用聘用制的单独序列管理办法,既完善了书记员编制的专用性,也使书记员在单独序列管理内完成职级晋升,从而彻底与法官序列相分离。九是解决了改革试点中招录的速录员的职业身份和"归宿"难题。在改革试点中,有些法院聘用了一批速录员专门负责庭审记录工作,但这批人员的身份、福利待遇和最终的"归宿"都处于一种"临时"状态。聘用制书记员管理模式,为这批速录员并入书记员职业序列提供了"出路"。十是解决了建立法官助理制度缺乏职业空间的难题。书记员管理体制改革是人民法院人员分类管理的重要改革步骤,是人民法院人事制度改革的突破口和加速器。把书记员的职责范围定位在庭审记录上,可以将书记员原有的其他职责范围分化成法官助理的职责范围,为建立法官助理制度提供制度建构和运行的空间。

书记员实行聘用制和单独序列管理,是多年来各级人民法院反复探索总结出来的书记员职业改革思路,《人民法院书记员管理办法(试行)》的出台,既与书记员职业作为技术性、辅助性岗位的特点相适应,也与法官助理制度的建构相契合,同时也符合国家机关干部人事工作分类管理的要求。这一专门管理办法,使我国

---

① 特指过去公务员身份和序列沿用旧的管理办法;新招收的书记员则采用聘用制公务员和单独序列的管理模式,突出合同聘用制管理。

人民法院的书记员制度真正成为了一项完整的职业化管理制度。

(四) 近十余年以来的书记员职业发展与职业技能

2006年10月31日第十届全国人大常委会第二十四次会议通过修改的《人民法院组织法》第39条规定:"各级人民法院设书记员,担任审判庭的记录工作并办理有关审判的其他事项。"对书记员的职业职责范围作了制度性规定。2003年10月20日中共中央组织部、人事部、最高人民法院颁布了《人民法院书记员管理办法(试行)》,比较详细地明确了书记员职业的职业准入标准、工作职责、权利义务等,这个管理办法第5条明确提出人民法院新招收的书记员实行聘任制和合同管理。这项规定就为书记员职业的制度设计和职业技能设定了制度性基础。过去公务员序列的人事管理模式被聘任制和合同管理模式所替代,顺应了现代司法体制中对书记员职业的制度性需要。在这项规定的指引下,各地各级人民法院根据实际需要开展了各具特色的书记员制度改革试点和实践,书记员的职业技能培训教育也因此有了比较全面的拓展。聘用制的用人模式也成为各地各级人民法院招录书记员的主要方式。武汉中院自2007年开始招录聘用制书记员,由地方政府支付聘用制书记员专项经费。经过近十年的探索实践,目前聘用制书记员的用人模式已经成为市区两级法院书记员的立体模式,较好地解决了书记员职业在制度安排上的不足。然而,各地聘用制书记员的改革实践也有不足之处,虽然解决了"招得到、招得来"的问题,但又出现了"招得到,用不好"和"招得来,留不住"的问题。聘用制书记员队伍不稳定,留不住人,流动性过大的现状是全国各地各级人民法院试用聘用制书记员聘用制度普遍存在的现实问题。仍以武汉中院为例,2008年第一批招录的聘用制书记员40人均非常优秀,属于职业技能较好的书记员样本,但目前仅有10余人留在书记员岗位工作,流动率和流失率均超过了50%,后续新招录的聘用制书记员也都存在留不住的问题,最短的仅工作几个月就辞职,流动性非常大,流失率始终超过50%,只有靠不停地招录新人再来补充。流动性过大过快在一定程度上影响了审判工作。在书记员职业化建设的改革实践中,江苏省高级人民法院近年来的书记员管理体制改革在许前飞大法官的主导下取得关键性突破。许前飞大法官调任江苏省高院院长后在深入中基层法院广泛调研,特别是汲取江阴市法院审判权运行机制改革成功经验的基础上,力主在江苏全省实行全员"定位定员定责"的书记员管理模式,初步实现了书记员"招得到,用得好"和"招得来,留得住"的改革目标。江苏省高级人民法院与江苏省人力资源和社会保障厅于2015年11月2日联合下发《江苏省法院系统书记员岗位等级培训考核办法(试行)》《书记员岗位等级标准(江苏地区法院试行)》,首次将江苏省各级法院书记员正式纳入职业化管理,这标志着书记员职业制度改革正向着职业化、规范化和专业化的方向发展。这一改革试点的成功也为书记员职业化建设提供了一个非常好的实践性模版,也用实践的效果证明了书记员职业制度必须走职业化建设的道路。

第三节 中国现代书记员职业

在我国当代司法审判制度中,审判辅助职业的主要表现形式也是书记员,书记员的工作是人民法院法官履行法定审判职责公正裁判案件的必要辅助,是法官依法履行法定职责从事审判工作法定的必须且必要的助手,书记员工作的质量和效率,直接影响着人民法院审判工作的公正与效率。书记员职业制度属于法官职业化建设中的重要内容之一,书记员的素质修养和职业技能,当然也属于法官职业技能培训的重要内容之一。

一、书记员职业的概念与含义

在汉语中,"书"字的含义有 7 种:① 书籍;装订成册的著作。如藏书、著书。② 书写、记载。如振笔疾书、大书特书。③ 字体。如楷书、草书。亦指书法。如书画并佳。④ 信函。如手书、家书。亦泛指文书、文件。如保证书、申请书、自愿书。⑤ 载籍的通称。如《四库全书》《丛书集成》。⑥《尚书》的简称。⑦ 某些曲艺的通称。如说书、书场。①

"记"字也有 7 种含义:① 思念、不忘。② 记录、记载。③ 记载事物的书籍或文章。④ 信,古时的一种公文。如奏记、笺记。⑤ 印章。如图记、戳记。⑥ 标志、记号。⑦ 通"其",作助语。

"书记"一词在汉语中有 4 种含义②:① 某些政党和团体的各级组织的负责人。② 犹书籍。《后汉书·仲长统传》:"少好学,播涉书记。"③ 犹书牍。曹丕《典论论文》:"琳、瑀之章志书记,今之隽也。"④ 旧时在官府主管文书工作的人员。《新唐书·高适传》:"河西节度便哥舒翰表为左骁卫兵曹参军,掌书记。"杜甫有《寄高三十五书记》诗。后世泛指在机关团体中担任抄写工作的人员。③

根据汉语中"书""记"和"书记"字、词的含义,我们可以把书记员的"书"理解为书写、记载;把"记"字理解为记录、记载;把"书记"一词的含义理解为在机关团体中担任抄写等文书工作的人员。

根据前述对汉语中对"书""记""书记"字、词含义的理解,可以这样定义:书记

---

① 参见《辞海(词语分册)》(上),上海辞书出版社 1977 年版,第 94 页。
② 同上书,第 369 页。
③ 同上注。

员职业,是指在现代司法审判机关专门从事书写和记录等文字工作的人员所从事的审判辅助职业。从狭义上说,法律职业主要包括律师、法官、检察官三种具体的职业。从广义上讲,法律职业泛指一切受过法律专业训练、从事法律工作的人员,包括法学教师、法律研究人员、司法辅助人员所从事的职业。书记员即属于司法辅助人员的一种。《人民法院组织法》第39条规定:"各级人民法院设书记员,担任审判庭的记录工作并办理有关审判的其他事项。"这体现了三层含义:书记员是法院人事组织体系中不可缺少的一部分;书记员的本职工作是担任审判庭的记录工作;书记员还可以办理有关审判的其他工作。按照《人民法院组织法》和《人民法院书记员管理办法(试行)》的相关规定,书记员(书记官)是指各级人民法院担任审判庭的记录工作及有关审判的其他事务性工作和文书管理工作的人员。书记员制度则是专门规定各级人民法院书记员的工作地位、职责范围、任命程序、福利待遇、奖惩等制度规定的总和。其中,书记员工作的职责范围和书记员在人民法院审判工作中的法律地位及权利义务是书记员制度的两大层面。

二、书记员职业在人民法院审判工作中的法律地位

在日常审判工作中,书记员主要承担着协助法官办理司法文书、管理诉讼档案、文书档案、处理办案杂务、负责审判记录等多项辅助性的事务工作。从书记员工作的职责范围来看,书记员在人民法院的整体审判活动中发挥着十分重要的职能作用,是人民法院审判队伍的重要组成部分,对提升人民法院审判工作的质量和效率具有十分重要的意义。

1. 书记员职业是法官职业化建设的重要组成部分

法官职业化建设的内涵包括法官助理和书记员职业的内容。法官的职业化和精英化是建立在书记员职业和法官助理职业建设的基础之上的。法官是"合唱"的职业,不仅是法官之间的配合,还包括法官与书记员之间的配合,法官职业与书记员职业是相辅相成、互为基础的。

2. 书记员工作职责范围的法定性决定了书记员工作地位的法定性

依照《人民法院组织法》《民事诉讼法》《刑事诉讼法》《行政诉讼法》《人民法院书记员管理办法(试行)》的相关规定,书记员在各级人民法院的整体审判过程中履行法定职责,是各级人民法院法定的审判工作人员,由各级人民法院任免,未经办理任命手续的人员,不得担任审判庭的书记员。书记员的职务和职责均由法律规定,因此,书记员具有法定的法律职业地位。聘任制书记员同样也需要办理正式的任命手续,取得法律规定的合法身份,才能依法履职。

3. 书记员工作是法院审判工作不可分割的一部分,是审判工作的重要环节

人民法院审判工作是由法官和书记员共同配合完成的,书记员是法官的得力

助手。每一起案件的审理,书记员都是在主审法官的指导下参与案件调查,接收各种诉讼材料和证据,协助法官做好开庭前的各项准备工作;与主审法官一道接待当事人,做好调查取证笔录、庭审记录和合议庭评议记录;收集、保管案件审理的全部诉讼证据材料和各种相关诉讼文件资料;填制、印制、校对、发送各种法律文书;案件审结后,装订整理诉讼案件的卷宗并经审判员审核归档。法官审理和判决的每一阶段,都有书记员工作的深刻印记,法官的工作和书记员的工作是相辅相成、密切配合的,虽然性质不同,但均服务于一个程序,实现同一个目的,缺一不可。法官的审判工作离不开书记员,书记员的工作是审判工作中的必要环节。辅助性以及与审判工作的不可分割性是书记员工作职能最重要的法律属性。离开了书记员的辅助,法官不能独立、高效地完成审判任务。

4. 书记员是人民法院不可或缺的专职司法人员,是人民法院法官队伍的重要组成部分

现行的法官队伍管理体制,仍然沿用公务员序列管理体制,法官仍属公务员序列,属于法院干部管理体制的范畴。但聘任制书记员管理模式的植入,使书记员成为法院法定的司法辅助人员。新中国成立以来,我国法院法官的晋升遵行从书记员到助理审判员再到审判员的模式;担任法官之前,一般必须经历书记员、助理审判员的培养阶段。在这一模式之下,书记员阶段实际上成为法官上岗培训和实习的锻炼阶段,体现的是一种"师傅带徒弟"的传统培养方式。书记员在审判实践中跟着审判员们边干边学,经过几年或十几年书记员工作的历练和磨炼,再提任为助理审判员,直至审判员。进入法院即被直接任命为助理审判员或审判员的情形很少。由于长期以来法院一直沿用这种传统的法官晋级和培养模式,人民法院的书记员职业群体实际上是职业法官的后备人才储备库。因此,书记员与法官在身份上同属公务员序列,同属"法院干部"的职业范畴,不同的仅仅只是审判职称的"一纸任命"。一般而言,在传统的制度建构中,大部分书记员最终基本上都会成为职业法官,任命是迟早的事。在法院干部队伍中,书记员平均占总人数的1/3,约占全部办案人员的一半左右,承担了大量的具体工作。书记员能否合法、规范、按质按量地完成任务,对人民法院的全盘工作影响巨大。① 法院历来对新录用的人员,无论学历有多高,能力多强,首先要求从书记员工作岗位干起,书记员工作是通向法官职业的必经之路。司法体制改革提出的人员分类管理和法官员额制,实际上是规范书记员作为司法辅助人员的职业定位,让书记员职业更加符合司法规律和司法辅助的功能特征。

---

① 参见李国光:《怎样做好书记员工作》,人民法院出版社1992年版,第2页。

5. 书记员工作本身的质量和效率对人民法院的整体审判工作产生重要的影响,是人民法院司法审判工作质量与效率的重要内容之一

法官审判技能性、理论性和程序性要求都很高,职业的专门化要求分离工作中的次要环节,使法官能专注于裁判,而不必整日操心事实与法律外围的问题,这就要求具备一定法律专业知识和专门司法程序经验的书记员给予必要的配合、辅助和协助。由于书记员的工作与法官审判具有极其紧密的联系。可以说,书记员工作是法院审判工作的一个非常重要的侧面,书记员工作本身的质量和效率也就是法院审判工作质量与效率的反映,是评价法院审判工作的一个重要的评判标准,对树立人民法院的司法公正形象具有十分重要的现实意义。因此,最高人民法院在四个五年改革纲要中无一例外地将书记员制度列为司法改革的重要内容之一,且都将书记员队伍建设看做是法官队伍建设的重要组成部分。从某种层面上说,法官与书记员之间密切配合、协作的关系决定了二者的职业技能和素质要求有许多的共通之处,甚至还有重合,对彼此工作性质与职能的认识,将加深我们对书记员职业制度设计与职业技能要求的理解。

三、书记员职业工作职责的法律依据

书记员工作是审判工作的重要组成部分,是一项专业性很强的司法审判辅助工作,书记员的参与也是审判活动合法性的体现。按照《人民法院组织法》的规定,书记员工作的主要工作任务是记录工作和其他审判辅助工作。[①] 除了《人民法院组织法》,现行程序法和最高人民法院的相关司法解释对书记员职责也多有涉及。

1. 我国《民事诉讼法》关于书记员职责范围的确定性规定内容[②]

第42条 合议庭评议案件,实行少数服从多数的原则。评议应当制作笔录,由合议庭成员签名。评议中的不同意见,必须如实记入笔录。

第44条 审判人员有下列情形之一的,应当自行回避,当事人有权用口头或者书面方式申请他们回避:

(一)是本案当事人或者当事人、诉讼代理人近亲属的;

(二)与本案有利害关系的;

(三)与本案当事人、诉讼代理人有其他关系,可能影响对案件公正审理的。

审判人员接受当事人、诉讼代理人请客送礼,或者违反规定会见当事人、诉讼

---

① 参见康均心:《法院改革研究》,中国政法大学出版社2003年版,第362页。
② 相关条文和司法解释的规定,参见2012年8月31日第十一届全国人民代表大会常务委员会第二十八次会议《关于修改〈中华人民共和国民事诉讼法〉的决定》和2014年12月18日由最高人民法院审判委员会第1636次会议通过并公布的最高人民法院《关于适用〈中华人民共和国民事诉讼法〉若干问题的解释》。

代理人的,当事人有权要求他们回避。

审判人员有前款规定的行为的,应当依法追究法律责任。

前三款规定,适用于书记员、翻译人员、鉴定人、勘验人。

第92条第2款　公告送达,应当在案卷中记明原因和经过。

第97条第2款　调解书由审判人员、书记员署名,加盖人民法院印章,送达双方当事人。

第98条第2款　对不需要制作调解书的协议,应当记入笔录,由双方当事人、审判人员、书记员签名或者盖章后,即具有法律效力。

第137条　开庭审理前,书记员应当查明当事人和其他诉讼参与人是否到庭,宣布法庭纪律。

开庭审理时,由审判长核对当事人,宣布案由,宣布审判人员、书记员名单,告知当事人有关的诉讼权利义务,询问当事人是否提出回避申请。

第147条　书记员应当将法庭审理的全部活动记入笔录,由审判人员和书记员签名。

法庭笔录应当当庭宣读,也可以告知当事人和其他诉讼参与人当庭或者在五日内阅读。当事人和其他诉讼参与人认为对自己的陈述记录有遗漏或者差错的,有权申请补正。如果不予补正,应当将申请记录在案。

法庭笔录由当事人和其他诉讼参与人签名或者盖章。拒绝签名盖章的,记明情况附卷。

第152条第2款　判决书由审判人员、书记员署名,加盖人民法院印章。

第154条第2款　裁定书应当写明裁定结果和作出该裁定的理由。裁定书由审判人员、书记员署名,加盖人民法院印章。口头裁定的,记入笔录。

第172条　第二审人民法院审理上诉案件,可以进行调解。调解达成协议,应当制作调解书,由审判人员、书记员署名,加盖人民法院印章……

第228条第2款　采取强制执行措施时,执行员应当出示证件。执行完毕后,应当将执行情况制作笔录,由在场的有关人员签名或者盖章。

第250条第2款　执行员应当将强制执行情况记入笔录,由在场人签名或者盖章。

2.《刑事诉讼法》关于书记员职责范围的确定性规定内容①

第31条　本章关于回避的规定适用于书记员、翻译人员和鉴定人。

第179条　合议庭进行评议的时候,如果意见分歧,应当按多数人的意见作出

---

① 相关法律条文和司法解释参见2012年3月14日第十一届全国人民代表大会第五次会议通过的《中华人民共和国刑事诉讼法》(第二次修正)和2012年11月5日由最高人民法院审判委员会通过并公布的最高人民法院《关于适用〈中华人民共和国刑事诉讼法〉若干问题的解释》。

决定,但是少数人的意见应当写入笔录。评议笔录由合议庭的组成人员签名。

第182条　人民法院决定开庭审判后,应当确定合议庭的组成人员,将人民检察院的起诉书副本至迟到开庭十日以前送达被告人及其辩护人。

在开庭以前,审判人员可以召集公诉人、当事人和辩护人、诉讼代理人,对回避、出庭证人名单、非法证据排除等与审判相关的问题,了解情况,听取意见。

人民法院确定开庭日期后,应当将开庭的时间、地点通知人民检察院,传唤当事人,通知辩护人、诉讼代理人、证人、鉴定人和翻译人员,传票和通知书至迟在开庭三日以前送达。公开审判的案件,应当在开庭三日以前先期公布案由、被告人姓名、开庭时间和地点。

上述活动情形应当写入笔录,由审判人员和书记员签名。

第185条　开庭的时候,审判长查明当事人是否到庭,宣布案由;宣布合议庭的组成人员、书记员、公诉人、辩护人、诉讼代理人、鉴定人和翻译人员的名单;告知当事人有权对合议庭组成人员、书记员、公诉人、鉴定人和翻译人员申请回避;告知被告人享有辩护权利。

第201条　法庭审判的全部活动,应当由书记员写成笔录,经审判长审阅后,由审判长和书记员签名。

法庭笔录中的证人证言部分,应当当庭宣读或者交给证人阅读。证人在承认没有错误后,应当签名或者盖章。

法庭笔录应当交给当事人阅读或者向他宣读。当事人认为记载有遗漏或者差错的,可以请求补充或者改正。当事人承认没有错误后,应当签名或者盖章。

第252条第6款　执行死刑后,在场书记员应当写成笔录。交付执行的人民法院应当将执行死刑情况报告最高人民法院。

3.《行政诉讼法》关于书记员职责范围的确定性规定内容①

第50条第2款　书写起诉状确有困难的,可以口头起诉,由人民法院记入笔录,出具注明日期的书面凭证,并告知对方当事人。

第55条　当事人认为审判人员与本案有利害关系或者有其他关系可能影响公正审判,有权申请审判人员回避。

审判人员认为自己与本案有利害关系或者有其他关系,应当申请回避。

前两款规定,适用于书记员、翻译人员、鉴定人、勘验人。

根据上述《民事诉讼法》《刑事诉讼法》《行政诉讼法》的确定性规定,以及最高人民法院公布的《人民法院书记员管理办法(试行)》,结合人民法院长期以来的习

---

① 相关法律条文参见2014年11月1日颁布的全国人民代表大会常务委员会《关于修改〈中华人民共和国行政诉讼法〉的决定》和2015年4月20日由最高人民法院审判委员会第1648次会议通过并公布的最高人民法院《关于适用〈中华人民共和国行政诉讼法〉若干问题的解释》。

惯性做法及经验,我们可以将书记员职责范围的内容归纳为以下六个方面:

(1) 协助审判员办理庭前准备中的事务性工作,包括案件的收入、登记、立卷;接收当事人的诉讼材料;送达起诉状、答辩状副本和应诉通知书等诉讼文书;辅助主审法官对诉讼材料进行整理、审查,确定是否完整、齐全;确定排期开庭日期、张贴开庭公告、告知合议庭组成人员名单;明确告知当事人诉讼权利与义务;在开庭审理前阅读案卷材料,熟悉案情,与主审法官沟通,以熟悉案件的主要争执焦点及审理思路。

(2) 在庭审时查明当事人、证人、其他诉讼参与人等诉讼参加人的出庭情况;宣读法庭纪律;宣布当事人及其诉讼代理人入庭;请审判人员入庭;当庭向审判长报告开庭前的准备工作已经就绪。

(3) 制作各种审判活动的审判笔录,包括调查笔录、庭审笔录等;开庭审理的全部活动均要制作成庭审笔录,由审判长审阅后签名,并经当事人及其诉讼代理人、证人阅读无误后签名或盖章;对于合议庭评议的内容,要如实、详尽记录,全面反映合议庭的评议过程;承担裁判文书的最后文字审核工作,包括修饰、校对、整理、印制、审核盖章等。

(4) 负责案卷材料的整理、装订和立卷归档。

(5) 协助执行,并制作执行笔录。

(6) 完成审判员交办的其他辅助事务性工作。

由此可见,书记员在人民法院审判工作中的职责既有法定,也有约定俗成。书记员工作虽然是辅助性的,但不可或缺。随着司法程序意识的不断深化,书记员工作的辅助性功能将更加突出。

长期以来,我国人民法院的书记员管理制度反映了一种分散型的管理模式。曾一度没有专门以书记员管理制度为调整对象的法律,只是在《民事诉讼法》《刑事诉讼法》《行政诉讼法》及其相关的司法解释中有零散的规定。所以,过去的书记员制度实际上是建立在《民事诉讼法》《刑事诉讼法》《行政诉讼法》的相关法律规定基础之上,同时也是建立在人民法院审判实践经验和习惯的基础之上,直到最高人民法院颁布《人民法院书记员管理办法(试行)》,书记员管理制度才走上统一、规范、科学化发展的道路。

第六章 域外书记员职业比较分析

同中国古代的书记员职业制度一样,世界各国和各地区的审判机关,同样也都设立了书记员职业制度及书记员职业严格的考试录用标准,英、美、德、法等发达国家的法院均设有书记官职务,书记官专门负责掌管编案、记录、文牍、统计和送达等辅助性司法工作,协助法官审判案件;原苏联及东欧各国的法院不仅一般都设有书记员职位,而且还根据所从事的工作内容不同分为法院书记官和审判庭书记员;这些国家和地区的书记员职业,都有一定的考试选拔录用标准。本章从横向比较的视角,对英国、美国、德国、法国、日本、澳大利亚、瑞典和挪威、泰国、原苏联和我国台湾地区法院的书记员职业制度和职业技能进行比较分析,通过比较借鉴,可以发现其中的有益成分,对我国的书记员职业制度改革和职业技能发展有一定的借鉴参考价值。

第一节 英国法院书记员职业制度和职业技能要求[①]

英国法院的书记员的职责范围因法院级别不同而有差异。在英国上诉法院,日常分类工作由专门设置的上诉办公室负责。上诉办公室由一名总书记官负责。上诉法院的总书记官的主要职责是负责处理法院的行政事务性工作,类似美国的法院书记官。英国的地方法院和低级初审法庭都配备一名法院书记官,一般由具有职业律师职称的人担任。低级法院书记官的主要任务是向治安审判官提供法律顾问服务,协助治安审判官完成执法工作和相关职责,同时必须保证现有的法院职员能够妥善处理法院的行政工作。在工作比较繁忙的法院,法院书记官的责任及

---

① 参见最高人民法院司法改革小组编、韩苏琳编译:《英美德法四国司法制度概况》,人民法院出版社2002年版,第349—379页。

其工作量都很大,要求法院书记官有较为高超的司法职业技能和行政管理能力。因此,接受任命的法院书记官必须有若干年在低级初审法庭工作的经历。在英国法院,低级法院书记官根据其所在的初审法庭的大小而收入不一,但总体而言,这一职位的收入较高,年薪可以达到4.2万美元。低级初审法院书记官除提供法律顾问服务外,主要还从事司法行政管理工作和综合性的服务工作。法院书记官传统的工作职能集中在行政管理上,但一年比一年更复杂。英国法院负责审判庭的工作人员称为法庭书记官,他们在审判庭工作,负责保管审理案件与出庭证物的正式记录;负责审查所有向法院提交的文件,为法院起草命令,对独任庭法官审理的诉讼申请准备摘要。从事法庭记录的法庭书记官不列入法官序列,属于大法官办公厅的公务雇员。英国的法庭书记官除担任记录、编案等工作以外,还有一定的审判职权。例如,英国治安法院的书记官有权在审判庭上就法律问题向治安法官作出相关的法律提示。虽然书记官不得干预审理和参加案件的评议,但是,其作出的提示相当于一种审判业务指导,职业技术含量很高。英国伦敦各个郡法院的书记官,除负责保管、收发文件、审查诉状、安排开庭日期及受法官之命进行必要的调查等事项之外,在征得当事人同意的前提下,可以主持审理不超过200英镑赔偿要求的小额诉讼案件。可见,英国法庭书记官除了记录、办理事务性工作、提供相关业务指导外,对小额案件还有一定的审判权。因此,英国法庭书记官的职业技能要求并不低于英国的法官助理和书记官。此外,英国法院的法庭传达员从事的辅助性送达和事务性工作,相当于我国法院书记员所从事的部分工作。

在英国法院体系中,书记官管理有其独特的制度特色。低级初审法庭委员会由低级初审法官组成,他们由同一地区的法官同仁选举产生。经内政部长同意,低级初审法庭委员会负责任命低级法院书记官,低级法院书记官是低级初审法庭的总管及其总书记官。低级法院总书记官的头衔也被称为"低级法院总管",这一职位要求具有法律资格。低级法院书记官由低级初审法官委员会雇用,并有责任向该委员会汇报工作。低级法院总书记官或地方法院书记官与其委员会之间的合同期限和展期任命,均由地方决定,无须大法官批准决定,但他们最初的任命必须经过大法官批准。

英国非职业法官行使审判权的时候,通常由法院书记官担任法律顾问,负责向非职业法官提供法律意见和解释法律。对书记官的法律知识和司法素养要求较高。

英国法院的书记官制度与美国法院的书记官制度相比有一定的差异。英国法院的书记官属于政府的公务雇员,在定级、工资增长、提升、处分和解雇等诸方面均接受公务管理人员管理,属于行政管理的序列,司法部门完全依靠行政管理部门提供辅助工作人员,以协助其履行司法职能。与美国司法辅助人员(包括法官助理、书记官、秘书等)的来源与管理相比较,英国法院的这种司法辅助人员行政化序列管理模式对司法独立性有一定的影响。美国的法官很早就意识到法院辅助人员和设施的提供与法院完成其作为政府司法部门任务之间的紧密联系。事实上,法院受制于政府的根本原因是政府控制和掌握了人事权和财政支配权,如果法院人事安排、人员编制设置、工资核定、级别晋升、装备配置均由政府支配管理,司法的独立性就会经常性受到行政干预的威胁。美国法院为了避免行政对司法的干预,很早就在各州级法院建立了权力分立和固有权力的原则,为法院负责挑选及监督法官和法院的辅助人员提供了依据,保证了这个过程不受政府其他两个机构的控制。这项原则甚至被一些法院延伸到允许他们决定法院雇员的人数及工资等级。[①] 由此可见,美国法院在法官助理和书记官等人事安排问题上享有一定的自主决策和管理的权力,而英国法院奉行的行政管理模式,很少为法官配备助理和秘书。这可能也是美国法院法官办案数量明显高于英国法官的原因之一。

美国和英国作为英美法系的代表国家,对书记员作为法官司法活动的辅助人员的重要职能作用都有较为深刻的认识,都在各自的司法体制之中把书记员的选任和管理作为合理配置司法审判人力资源的重要内容,都将提高司法辅助人员的辅助作用与提高司法审判机制的运行效率和促进司法公正紧密结合起来,并根据各自的司法经验和习惯以及现实需要,建立了相应的书记员职业制度,都对书记员职业提出了较为专业和严格的技能要求,这些对我国的书记员制度改革与职业技能的发展,都有较大的借鉴参考作用。

第二节　美国法院书记员职业制度和职业技能要求[②]

(一) 美国法院书记官和联邦地区法院行政总管

美国法院称书记员为"书记官"。联邦地区法院的书记官由法院的联邦地区法官任命并服从其领导。除少数没有法院行政总管的联邦地区法院之外,法院书记官担任法院的常务总管,负责实施法院政策并受联邦地区法院首席法官的直接管辖。法院书记官的责任包括:

[①] 参见最高人民法院司法改革小组编、韩苏琳编译:《英美德法四国司法制度概况》,人民法院出版社2002年版,第349—379页。

[②] 参见最高人民法院司法改革小组编、韩苏琳编译:《美英德法四国司法制度概况》,人民法院出版社2002年版,第183—192页。

(1) 招募、雇用、评估、培训及管理法院书记员办公室的人员；

(2) 建立和保持一套资料管理系统，以妥善保管法院的官方记录；

(3) 建立和保持一套保证法院监管的金钱及证券的妥善征集、估算及支付的系统；

(4) 编制反映未来人员需求以及其他实质性开销的财务预算；

(5) 收集和分析反映法院工作成果的统计数据；

(6) 管理陪审团的挑选过程，包括负责对陪审员的利用率进行不断评估；

(7) 负责法院各部门与政府其他部门的联络；

(8) 编制和分发有关法院工作的报告、简报及其他官方消息；

(9) 协调法院设施的建设以及对其定期检查的有关事宜。

美国最大的四个联邦地区法院（纽约州东区，纽约州南区，佐治亚北区及佛罗里达南区）均设有"联邦地区法院行政总管"，如密歇根州东区设有"法院行政总管"。在这些法院里，法院行政总管承担通常由法院书记官负责的全面工作，法院书记官则主要负责管理和控制案件向法院的呈交过程。

从美国联邦地区法院的法院书记官和行政总管的工作职责范围来看，书记官相当于我国各级人民法院从事综合工作的各类人员，其职能基本上涵盖了人事政工、档案管理、财务后勤、司法行政装备、司法统计、法制宣传、办公室等综合工作的全部内容。在美国联邦地区法院，由法院书记官和行政总管负责完成法院各项综合工作。我国法院则是将法院的综合职能视为法院的主要管理职能，并设置庞大的综合机构专门从事综合工作，如政治部、办公室、监察室、宣传处、司法行政装备处，等等。在这些部门工作的人员，既有审判员，也有书记员，还有一般干部。很多综合部门工作的审判员，虽然有法官资格，却都长期不从事审判业务工作。

（二）法庭助理及备审案件（记录）员

美国法院法庭助理的责任与义务各不相同。法庭助理有时也被称为"法律记录助理"或"案件管理员"，是法院书记官办公室的雇员。法庭助理通常被分配给指定的法官工作，有的还在法官办公室设有办公桌。几乎所有的法庭助理都负责法庭的记录工作，且协助法官安排诉讼方要求的审判或听审的日程。法庭助理必须让法官了解所有登载在案件日程表上的事宜。法庭助理还负责与律师联络，并确定其出席听审会的日期。除此之外，法庭助理的职责还包括：

(1) 带领陪审员、证人与翻译宣誓；

(2) 负责保管审判的物证；

(3) 描述所有法庭上或是法官办公室中采取的有关行动，并将其记录在法院书记官办公室的固定档案之中；

(4) 负责法官办公室与法院书记官办公室之间的联络；

(5) 在空余时间内根据需要承担法院书记员办公室的一般性工作。

备审案件记录员(有时也被称为"案件系统秘书")在法院书记官办公室工作,负责管理法官手下每个备审案件的官方记录。备审案件记录员还负责诉讼摘录的登记,记录每一案件向法院递交的所有文件。任何人要审阅诉讼摘录,都需要通过备审案件记录员进行。在多数法院,诉讼摘录都已电脑化。除了根据法院书记官的命令可以调出以外,只有法官才有权将案件记录从法院书记官办公室调出。有些备审案件记录员还负责整理与审判或申请听审的案件相关的记录,备审案件记录员应随时了解案件记录在何处存档。

法庭助理的职责范围相当于我国各级法院书记员的职责范围,而备审案件记录员的职责范围则相当于我国各级法院的立案庭、档案室和各业务审判庭内勤的职责范围,以及各业务审判庭书记员跟案保管卷案材料的综合职责范围。

(三) 美国联邦上诉法院书记官办公室和美国联邦巡回法院行政总管

美国联邦上诉法院都设有一名法院书记官,法院书记官的职责包括档案管理、诉讼费的收取、司法统计、安排辅助人员、向法官分发案件资料、安排审判工作日程、协助律师办理有关上诉程序事宜,等等,与联邦地区法院书记官的职责范围基本一样,工作内容也相当于我国各级人民法院的综合部门的工作内容,涉及档案室、办公室、研究室、司法行政处以及立案庭。法院书记官经法官批准可以任命其助理和秘书协助其完成综合工作。相比之下,我国法院对综合工作的职责划分过于细化和庞杂,且将综合工作置于与审判工作同样重要的位置。

美国联邦巡回上诉法院均设置一名法院行政总管,负责法院的一整套行政工作,包括人事系统与财政预算,调查法院工作情况并起草调查报告,负责对外联络,协助处理对法官的投诉,等等。法院行政总管的这些工作职责,同样类似于我国法院综合部门的工作职责。

(四) 法庭书记员

美国联邦地区法院均设置国家的法庭书记员,是专门负责记录法庭诉讼程序的人员,相当于我国各地法院改革试点中招聘的速录员,专门负责以速记或其他机械方式逐字记录所有法院诉讼程序;抄录刑事案中与定罪有关的提审、诉辩交易及诉讼程序,或将这些程序的录音存档。有些法官常常以电子录音记录代替法庭书记员人工记录,法庭书记员通常要用特殊的按音速记的录音设备记录并存档,所有按音速记的原文均需录制副本,以供需要上诉的当事人使用。

法庭书记员的人数均由联邦司法委员会批准,标准的比例是一名在职法官配一名法庭记录员。联邦司法委员会的政策是,法庭书记员为法院工作(集体安排),而不是为某个法官工作,虽然这种方式的具体执行因各个法院的法官人数不同而有差异。事实上,在部分法院中,法庭书记员主要为某一法官的法庭工作,但是,法庭书记员的工作是按照法院书记员的整体计划而设置的,这与我国法院长期沿用的由庭室统一管理书记员和改革试点由立案庭集中管理书记员的运行模式类似。

美国的法庭书记员的工作还有一大特色,就是其公开性和服务性。法庭书记员虽然是联邦法院的雇员,受法院的管理,但如果他们为诉讼方抄录法庭记录,则可以按法院和联邦司法委员会规定的收费标准收取私人费用。这说明,美国法院的法庭庭审记录工作是一种公开的,服务性程度很高的技能型职业。一般而言,在美国法院的审理过程中,法庭记录通常只有在庭审结束且上诉状上交以后才抄录出来。但是,因为美国诉讼最显著的特征之一是以庭审为中心,庭审的过程是法官心证形成和案件裁判结果形成的过程,诉讼各方都十分重视庭审过程,可能事先要求准备当天的法庭记录。法庭书记员一般会安排增加书记员协助记录工作,以满足诉讼方对法庭记录的这种关注和需求。各个书记员可以在有限的时间段内记录与抄录几小时的审判过程。法庭书记员提供此项服务需要按标准收取额外费用,收费标准一般不得超过联邦司法委员会确定的最高收费标准,并且要接受法官的管理。此外,由于法庭书记员私人有一定的记录收入,因此在法庭记录工作中必须提供和使用自己的记录设备和文具,而且在通信中不能使用政府的邮费。法庭书记员的庭审记录工作是独立于法院审判组织的技术性和服务性的专业记录工作,其记录的内容为法官审判和诉讼各方决定诉讼策略提供原始资料。法庭书记员完成记录工作后,必须将每一份记录的复印件存档;记录是公开的,可以供任何人在法院书记官办公室的办公时间浏览,不收取费用。书记官记录的真实性和记录的职业技能水平接受法官审查和社会公众审视。由此可见,美国法院法庭书记员庭审记录的职责与我国法院现在正在开展的书记员单独序列管理改革的职责定位基本相同,关于职业技能方面的要求也大体一致。

第二节 德国法院书记员职业制度和职业技能要求

德国是较为典型的大陆法系国家[①],受罗马法律系统的影响较大,属于中欧法系。德国法律系统因三个方面的历史经验而形成其显著特征:全面和迅速地吸收

---

① 其实"大陆法系国家"一词并不是很恰当的名称,但不幸的是已被广为使用。"大陆法系国家"的一个基本特征是沿袭民法传统,通常以五套法典作为其法律系统的核心。这五套法典一般包括罗马法定义的民法、刑事法、民事诉讼程序法、刑事诉讼程序法以及商法。"大陆法系国家"也被译为"民法法系国家",但"大陆法系国家"一词的传播范围更为广泛。参见最高人民法院司法改革小组编、韩苏琳编译:《美英德法四国司法制度概况》,人民法院出版社2002年版,第380—381页。

中世纪罗马法律原则;19世纪的法律编纂;近期由第二次世界大战之后重建德国所带来的变化。① 德国式的法律系统包括德国、奥地利、瑞士的法律系统,而且对土耳其、希腊、日本、巴西以及我国台湾地区的法律也有很大影响。②

　　与英美法系国家相比较,以德国为代表的大陆法系国家在书记员制度设置与管理以及对书记员职业技能的要求上呈现出完全不同的特色。表现为:一是书记员职业、职责、职能的法定性。德国专门制定了一部《司法公务员法》,对司法公务员的职能、条件、待遇等均作出了非常明确具体的规定。德国法院的书记员被列入司法公务员序列,均依《司法公务员法》管理。二是书记员职业录用标准统一明确,具有规范性。按照《司法公务员法》的规定,书记员任职要经过非常严格的职业培训,而且这种职业培训长达数年之久。因此,书记员上岗任职之前就已经具备了较强的司法辅助工作的职业技能。三是书记员职业具有稳定性。与美国法院书记员频繁的流动性不同,德国书记员录用任职后经过两年试用期,期满经考核合格后就成为终身司法公务员,终身享受公务员福利待遇,书记员职业相当稳定。四是书记员职业的福利待遇较为优厚,具有福利性特征。德国法院的司法公务员在公务员序列中属于次高级和中高级,福利待遇较为优厚,这也是德国法院书记员队伍相对稳定的一个重要原因。五是书记员的工作具有独立性特征。与英美法系国家法院书记员工作的依附性不同,德国法院书记员的工作具有明显的独立性。从书记员工作模式上看,德国法院的书记员依据《司法公务员法》进行管理,由上级法院统一录用,书记员的工作对整个法院负责而不是对法官个人负责。六是书记员职业具有较强的司法技能要求,具有技能性特征。由于德国法院设置较为复杂,专业化程度很高,而书记员又是统一根据《司法公务员法》选拔录用和管理的,书记员职业的主要职责就是辅助法官完成司法工作,因此对书记员的职业技能要求整齐划一,具有一定的司法职业技能也是书记员职业的显著特征。七是书记员职业来源具有多样性。与美国法院书记员来源定向于法学院优秀毕业生不同,德国书记员是司法公务员序列,福利待遇优厚,在公务员序列中属于次高级和中高级,职业稳定,具有一定的就业吸引力,除了高等院校的毕业生之外,其他公务员序列和其他行业的从业人员只要是符合录用标准的,也可以加入司法公务员行业。八是书记员职业具有一定的专业性特征,书记员的所有辅助性的事务工作都是司法过程的重要辅佐,具有程序性、专业性的职业特征,从业人员具有一定的专业职业荣誉感和公务人员的社会责任感。

---

　　① 参见最高人民法院司法改革小组编、韩苏琳编译:《英美德法四国司法制度概况》,人民法院出版社2002年版,第380页。
　　② 同上书,第381页。

第四节　法国法院书记员职业制度和职业技能要求

在法国和其他奉行大陆法传统的国家,法院不是一个与政府其他部门平起平坐的政府部门。法院负责进行宪法审查的原则在法国从未像在美国建国初期那样落地生根。法国人对法院在保护个人权利方面应该起到的作用有所争议,他们对法院审查立法或行政命令是否违宪的权利提出了更多的质疑。① 与美国典型的三权分立相比,法国独立的司法体制具有某些独特之处②,这也是法国作为大陆法系国家与英美法系国家司法体制上的差异。法国宪法上的司法权和通常所讲的司法权有所不同。法国的司法职能不但分属于司法和行政两个系统的法院,而且又将涉及宪法和政治事务的管辖权授予专业司法系统以外的特殊机构。宪法只提到一种置于共和国总统保证之下的"司法机关"、由总统负责主持的代表机构,即最高司法会议。③ 现代法国法院组织的基本特征大致有三:首先是存在两个法院系统,即普通法院系统和行政法院系统;其次是在普通法院系统中,法国初级法院具有职能专门化和多样化的特征;再次是为了避免和解决由于实行双轨制司法体制引起的管辖权纠纷,法国专门设立了以司法部长为主席,由最高法院和最高行政法院人数相等的法官参加的权限争议法庭,负责裁决行政法院与普通法院之间可能发生的管辖权争议。④ 法国法院的独有特色,决定了法国书记员制度的独有特色。在法国,书记员也被称作"书记官",与德国一样,法国法院的书记官属于国家公务员序列,无论是普通法院系统的书记官,还是行政法院系统的书记官,均属于国家公务员。法国法院书记官的工作保持独立性。书记官属于法院的办事人员,在工作上对法院负责,而不是隶属或依附于某个法官。诉讼中,由一名书记官做庭前准备工作、庭审记录等辅助性工作。法国书记官职业属于国家公务员,有较高的福利待遇保障,对社会成员具有一定的吸引力。书记官职业也与德国一样具有稳定性、来源多样性和福利性的特征。由于法国法院分化成普通法院和行政法院两大系统,两者审判职能不同,对书记官的职业技能要求也有差异。

---

① 参见最高人民法院司法改革小组编、韩苏琳编译:《英美德法四国司法制度概况》,人民法院出版社2002年版,第381页。
② 参见方立新:《西方五国司法通论》,人民法院出版社2000年版,第203页。
③ 同上注。
④ 参见同上书,第204—206页。

第五节　日本法院书记员职业制度和职业技能要求

日本法院的书记员也被称为"书记官"。日本《法院法》①第 60 条专门规定了关于法院书记官的内容："各个法院均设置法院书记官。法院书记官负责法院有关案件的记录、司法文书的制作及其保管,并掌握其他法律规定的事务。法院书记官将掌握前款规定的事务外,对法院有关的案件,接受法官的命令,辅助法官进行法令和判例的调查以及必要事项的调查。法院书记官在履行职务中必须服从法官的命令。法院书记官在接受法官命令,记录法官开庭笔录和制作其他司法文书或者变更司法文书记录时,认为法官的要求不正当,可以将自己的意见书写后添加至文书上。"根据该法规定,日本每一个法院均设置了相应的书记官职位。在日本法院的审判程序中,由于审判程序中附属烦琐的程序事务是不需要十分深厚的专业知识来完成,因此,都是由书记官来完成开庭前的准备程序和开庭记录等附属性质的事务性工作,而法官只管审判和判决。日本法院书记官所从事的程序性事务工作虽然是辅助性的程序事务,其目的和作用在于辅助法官审理裁判案件,都是与司法审判密切相关的事务,因此具有司法专业性质,是司法审判的一部分,而不是司法行政事务。

日本法院设置书记官职务的目的是保证法官在审理案件的时候,能够将主要的精力和时间专注于案件的审理和裁判,而尽量将烦琐的程序性事务交由书记官完成,从而保证法官公正、迅速地审理裁判每一件案件,提高司法效率。日本书记官管理属于裁判所内部的司法行政事务,书记官要受到所属的裁判所或简易裁判所的监督。裁判所书记官履行的是辅助型的法律职业,在履行职务过程中要服从裁判官的指示。但书记官在实际履行职务时,是以自己的名义进行的,不是裁判官的下属或辅助人员。书记官与裁判官在职务上有明确的分工。在裁判所书记官中设置相应的管理职位,在最高裁判所的大法庭设置"大法庭首席书记官",在小法庭设置"小法庭书记官""诉讼首席书记官";在高等裁判所及地方裁判所设置"民事首席书记官""刑事首席书记官",等等。设置这些职务的目的主要在于管理和监督其他书记官的工作。书记官在履行职务的时候必须听从法官的指挥,在开庭审理的时候由法官主宰法庭的一切,任何人都必须听从法官的指挥。② 日本法院

---

① 日本《法院法》于 1947 年 4 月 16 日以 59 号法律公布,同年 5 月 3 日施行,后经过 13 次修改沿用至今。参见冷罗生:《日本现代审判制度》附录二:"日本审判制度相关的法律、法规",中国政法大学出版社 2003 年版,第 361—384 页。

② 参见冷罗生:《日本现代审判制度》,中国政法大学出版社 2003 年版,第 286 页。

除了设置法院书记官之外,还设置了法院速记官和法院助理速记官两种职位。《日本法院法》第60条之二规定:"各法院设置法院速记官。法院速记官负责法院有关事件的速记和掌管与速记相关的事务。法院速记官在履行职务中必须服从法官的命令。"①第60条之三规定:"各法院设置法院助理速记官。法院助理速记官必须服从上司的命令,辅助法院速记官开展工作。"②日本法院书记官、法院速记官和助理速记官在审判程序中都要服从法官的命令,听从法官的指挥。《日本法院法》在第60条中专门规定了书记官在审判程序中拥有自己独立的权限,即在记录和制作司法文书或者变更司法文书及记录时,认为法官的要求不正当,可以将自己的意见书写后添加至文书上。这一条规定是日本法院书记官制度的特色,其立法目的在于通过规定书记官在司法审判程序中的独立权限,确保程序公正。立法将书记官作为一个单独的序列规定了独立的权限,然而,日本法院书记官在审判程序中的地位,却并没有因立法规定的独立权限而有所提高,因为书记官在行使这一权限时,其实也是在拿他费尽千辛万苦得到的工作作赌注。从书记官的地位来说,他应是处于法官与诉讼当事人之间的第三者,但在审判实践中,法院书记官始终听命于法官,根本无法摆正自己的法律位置③,法院书记官的地位还是具有很强的依附性和从属性。日本法院书记官的职责虽然是辅助法官处理审判程序性事务,但并非等同于法官助理的职能,书记官不能以自己的名义代表法院行使职权,也没有辅助法官职务的义务,不能像调查官那样做法官的辅助官。与此相对应,法官也不能行使书记官的职权,法官和书记官都只能在自己的职责范围内活动。

对于书记官、法院速记官、助理速记官的任免及工作地点的安排,日本的相关法律没有作出特别规定。日本最高法院目前是根据《关于法官以外工作人员的任免规则》在操作管理。在日本,法院书记官职业是作为一个单独的职务序列设置的,是一种终身职业,与法官职业之间没有通道,书记官不向法官序列晋升,只可能被轮换到法官职业以外的其他岗位工作。法院书记官在司法行政上属于法院,由法院对书记官职务序列人员进行统一管理。日本法院书记官是国家公务员法上的特别职员,与德国、法国的做法相同。在书记官的单独管理序列中,书记官职位分为首席书记官、次席书记官、主任书记官和普通书记官四等。就现行的书记官来说,最高法院有大法庭首席书记官、小法庭首席书记官、庭室内首席书记官等。高等法院、地方法院和家庭法院由最高法院决定首席书记官、次席书记官,还有各级法院内部的书记官,都必须接受最高法院大法庭首席书记官的监督和指导。日本最高法院于1954年制定了《关于大法庭首席书记官等工作规则》,表明日本法院书

---

① 冷罗生:《日本现代审判制度》,中国政法大学出版社2003年版,第376—377页。
② 同上书,第377页。
③ 同上书,第288—289页。

记官的业务指导和监督权由最高法院首席书记官统一行使;这是书记官作为单独管理序列的特征在制度上的具体表现。《日本法院法官以外工作人员任免规则》,实际上相当于一部专门规定法院辅助工作人员的专门法律,其中包含书记官的管理内容,根据这一法律规定:① 在最高法院工作的书记官,全部由最高法院决定。② 担任高等法院的首席书记官、次席书记官、法院书记官的任免和工作地点的安排,由最高法院决定。在各高等法院工作的其他法院书记官的任免,由各高等法院决定。③ 担任地方法院和家庭法院首席书记官和次席书记官的法院书记官的任免由最高法院决定,担任地方法院和家庭法院主任书记官和庭室内勤的书记官由各高级法院任免,其他的书记官由地方法院和家庭法院决定。④ 简易法院的主任书记官和庭室内勤的书记官的任免及工作地点,由高级法院决定,简易法院其他书记官的任免及工作地点,由地方法院决定。① 日本法院书记官的管理是一个自上而下的单独序列的管理模式,上级法院的任免权和工作地点安排决定权的行使,在一定程度上保证了业务指导和监督的可能性与现实性。

　　日本法院的书记官除了负责案件的记录、制作和保管文书等工作之外,还有义务协助法官对法令和判例进行调查。各级法院除以法官构成的审判机关外,还有由法院书记官构成的机关,以处理审判附带事务为其权限。为使法官能够摆脱烦琐的程序性事务而专心致力于案件的庭审和裁判,为保证诉讼程序的确定性、透明性、公开性和公正性,机关内部的书记官需要完成与法官行使审判权相关联的程序性事务,包括制作调查记录、书写及保管诉讼记录及其他法律规定的事务,"例如,诉讼笔录是否允许律师或其他诉讼代理人阅览、誊抄本、抄本的交付、诉讼上有关事项的证明书的交付、有执行力正本的给付、诉讼文书的送达事务、诉讼费用的计算、财产账簿的查封等,都是法院内部事务书记官的一部分工作"。② 法院书记官所从事的程序性事务工作,也属于审判事务的性质,与法官一样受到除斥、忌避等相关回避制度的约束。法院书记官以附属审判机关的行动为原则,在审判工作中,审判机关是法院书记官的管理机关。书记官的除斥、回避问题由法官决定,书记官在审判程序中必须遵守和服从法官的命令。

　　此外,日本各级法院还设置了法院速记官和助理速记官两种职位,法院速记官分为主任速记官、速记管理官和普通速记官三等,法院速记官主要负责开庭审理案件的速记工作以及与速记有关的工作事项。法院普通速记官由各级法院自行任免,地方法院的主任速记官以及速记管理官由其上级高等法院任免,简易法院的主任速记官及速记管理官由其上级高等法院任免。助理速记官是法院速记官的助手,由各级法院自行任免。根据日本《法官以外法院工作人员的相关规则》的规定,

---

① 冷罗生:《日本现代审判制度》,中国政法大学出版社 2003 年版,第 287—288 页。
② 同上书,第 286 页。

助理速记官在有特殊授权的情况下,可以速记官的身份履行其职责。法院速记官类似我国法院系统目前招录的速录员。在日本,法院速记官的地位与书记官的地位极为类似,作为法官的程序性辅助人员,速记官和助理速记官必须服从法官的指挥,在法官的指挥下从事审判程序的事务性工作。日本法院速记官和助理速记官在职业技能上的要求大体上与德国、法国类似,要求具有相应的法律知识;具有相应的文字功底和文字处理与速记能力。首席书记官、次席书记官、主任书记官和主任速记官、速记管理官还必须具备本职业职责范围内的业务指导和管理的职业能力。日本最高法院专门设置了对书记官和速记官进行职业技能培训教育的法院书记官进修所。

第六节 其他国家法院书记员职业制度与职业技能要求

澳大利亚法院的内部管理分成两大体系,一类是法官职业序列,专门负责案件的审理,由职业法官和法官助理构成;另一类是行政事务序列,专门负责法院的行政事务,由注册官和其他工作人员构成。澳大利亚法院体系之中没有书记员职业的设置,书记员职务由各州专门设立"书记局"履行,"书记局"类似我国的事业性质单位,专门负责各州基层法院、地区法院、高级法院的庭审记录工作和其他政府机构的相关记录工作。澳大利亚法院的庭审基本上以录音记录为主,一般是在休庭1小时内,由书记局的打字员通过录音传译系统将庭审过程的记录打印出来,无偿提供给法庭一份,诉讼当事人如果需要记录,则需要支付费用。

瑞典和挪威两国法院将案件审理前的排期开庭和传唤通知当事人的工作从审判工作中分离出来,作为司法行政工作的一部分交由法院秘书部门负责,法官、法官助理、书记员均不负责这两项庭前准备工作。"在北欧国家,法院里被称为'书记员'的人,就是专职的法庭记录员,一般是一对一地从属于某个法官。"[①]

在原苏联和东欧各国法院,均设置有书记员制度,有的还根据工作内容和性质分别设置了法院书记员和审判庭书记员,分别辅助院长和审判员行使国家审判机关的职权。

在泰国的法院体系中,分设三个管理序列,第一个序列是法官组织,负责管理所有的法官,泰国法院没有业务审判庭的设置,院长只是对法官进行行政管理,法官相对独立,法官接受案件自己审理裁判。第二个序列是行政事务组织,包括人员

---

① 康均心:《法院改革研究》,中国政法大学出版社2004年版,第376页。

管理、财物管理和行政事务管理。第三个序列是书记官序列。泰国法院的书记官分为四类：一是审判前的书记官系列，负责立案、送达等程序性事务；二是审判中的书记官系列，负责卷宗的整理等工作；三是审判后的书记官系列，负责审判后的执行和归档等工作；四是法庭前的书记官系列，专门负责法庭记录工作。泰国法院书记官的分类是根据审判前、审判中、审判后和庭审四个阶段不同的职业技能要求划分的，具有一定的科学性。泰国法院所有的书记员均由书记官长负责管理，书记官长的地位仅次于法院院长，在泰国法院相当于第二号人物。

第七节　我国台湾地区法院书记员职业制度与职业技能要求[①]

我国台湾地区法院与大陆法系国家的书记员制度相类似，也将书记员称为"书记官"。"最高法院"设置有专门的管理机构"书记厅"，其中设有书记官长1人，负责协助院长处理行政事务；书记官负责记录文书、研究考核、总务资料及诉讼辅导等事务，并且视业务需要分科办事。高等法院和地方法院均设置专门的"书记处"，同样也设置有书记官长和书记官，职责范围与"最高法院"基本相同。法院书记官的任用资格包括两种：学习（试用）书记官和实任书记官；根据所任职务的内容分为审判事务书记官和检察事务书记官；根据等级分为简任书记官、标任书记官和委任书记官三种；根据职称地位分为书记官长、主任书记官和书记官。根据"法院组织法"的相关规定，书记官的职责范围包括负责掌理记录、文书、总务、资料、研究考核及其他事务。各级法院及分院的书记官长、书记官服从长官的命令执行职务，书记官在法院开庭执行职务时服从审判长的命令，随从法官执行职务时服从法官的命令。书记官在办理庭审记录或其他文件变更时，如认为记录或变更不正当时，有权附记自己的意见，这一点与日本《法院法》第60条第（5）项的规定基本相同，由此可见，书记官在审判程序中有一定的独立地位。"法院组织法"还明确规定，书记官在法庭执行职务时，与法官一样要穿着制服。该法还规定，书记官对权限内的事务应当互相协助。"司法人员人事条例"专门规定了委任书记官、标任书记官、标任书记官长的录用和任职资格。"法院组织法"规定了书记官任用的员额要求。从台湾地区法院对书记官录用任职的标准来看，其对书记官的职业技能要求也较高，根据不同级别的需要而设定了较为严格的录用任职标准。

[①]　参见周宜锋：《法院组织法精选》，（台北）连山图书出版事业有限公司1999年版，第56—186页。

第八节 域外书记员职业制度与职业技能的简要比较分析

纵观美、英、德、法、日等世界各国不同法系国家法院以及我国台湾地区法院的书记员制度和职业技能要求,可以得出这样一个结论:尽管各个国家或地区书记员的制度设置和管理模式存在差异,但对书记员职业的基本职责定位和职业技能要求大体上是基本相同的。书记员作为法官的助手,是不享有审判权的司法辅助人员,书记员在法官的指挥和指导下,辅助法官完成开庭审理和最终作出裁判之外的相关程序性、辅助性、法律性的审判程序事务;对书记员既有一定的法律知识背景的要求,也有较高的文字整理记录的技能性和智识性要求;同时,对书记员基本实行单独序列的管理,书记员有自己独立的晋升空间,有相应的福利待遇,都不能直接向法官过渡,法官的选任有着更为严格的条件和职业技能要求。书记员职业与法官职业之间是相对封闭的两个不同的职业序列。可以说,对书记员进行单独序列的职业管理,书记员不能向法官晋升过渡,突出书记员职业的独立性,已经成为世界各国法院书记员职业制度改革的发展趋势与潮流。许多国家都将书记员职业的单独序列管理以及辅助性职业技能的强化,作为书记员制度改革的目标之一。我国的书记员职业制度改革和书记员职业技能的培训工作,应当根据我国司法审判工作的现实情况和实际需要,充分吸纳世界各国书记员职业制度与职业技能的先进经验,充分借鉴域外各国以及我国古代、近代书记员职业技能教育培训的成功做法,建立中国特色的书记员职业制度,使书记员职业制度与职业技能的发展,成为促进司法公正与效率的重要推动力量,使大批具有良好职业技能的书记员成为法官的得力助手,以大力提高司法能力和审判水平。

第七章 书记员职业制度改革的理论与实践

2003年2月召开的全国高级法院政治部主任座谈会,宣布最高人民法院的法官助理试点和书记员管理体制改革试点工作正式启动,标志着我国人民法院司法审判制度中法官助理和书记员职业制度改革的开端。经过全国各级人民法院近13年的改革实践和理论探索,法官助理和书记员职业制度改革取得阶段性成果,一种借鉴国外先进经验和符合我国国情和当代社会需要的现代审判辅助职业制度的雏形已日渐显露。本章主要介绍有典型意义的书记员职业制度改革探索的实践经验和阶段性理论研究成果。

第一节 书记员职业制度改革时代背景

最高人民法院在《人民法院第二个五年改革纲要》第34条就明确提出,要推进法院工作人员的分类管理,制定法官助理和书记员的专业化分类管理办法,这一改革构想的目的在于,将法官职业与法官助理、书记员职业区分开来,实行审判机关审判人力资源的优化配置,做到人尽其才,才尽其用。法官助理制度和书记员制度改革,实际上是整个审判体制改革乃至整个司法改革系统工程中的重要环节,与法官制度改革一样具有同等重要的价值、功能和作用。我国人民法院是依法独立行使审判权的国家审判机关,法院的中心工作是审判,而直接完成审判工作任务的就是审判员和书记员,法官助理职业是司法改革中提出来的一个介于法官和书记员之间的职业层次。构建法官助理职业制度和新型的书记员职业管理体制,是本轮司法体制改革和最高人民法院《人民法院第四个五年改革纲要》与完善司法人事管理制度的重要内容。

根据宪法规定的原则,《人民法院组织法》规定了人民法院的性质、任务、组织、职权、工作活动的基本原则和审判制度。人民法院要完成宪法和法律赋予的审判职能,必须有一支由法官、法官助理、书记员、执行员、法警、司法行政人员组成的审判工作职业团队。在这个分工明确的职业团队之中,法官助理和书记员对于人民法院全面完成审判工作任务,保证案件审判质量,提高审判工作效率,具有十分重要的辅助作用。法官职业制度与法官助理职业制度、书记员职业制度是相辅相成、互为条件、互为表里的系统集成和链接,是司法审判工作和制度的不同层面和建构。

法官助理职业制度和书记员职业制度的改革必须紧紧围绕和配合法官制度的改革共同进行,因为法官职业制度与法官助理、书记员职业制度是一个配套的制度体系的整体,每一项制度的改革都需要其他制度与之相适应。人民法院书记员制度的改革与法官助理职业制度的推行是相辅相成的,二者的改革必须紧密结合在一起才能成功。我国法院过去长期实行"一审一书"的审判运行模式,即由一名审判员主审案件,一名书记员为该审判员从事记录等辅助性工作,担任书记员是成为法官的必要经历,现任的书记员最终会成为今后的法官。"一审一书"是一种典型的"师傅带徒弟式"的审判工作运行模式,审判员是书记员的老师,通过审判实践向书记员传授法律知识与审判经验。"一审一书"中的审判员与书记员的工作职责本应是明确的,但在审判实际中,其职业技能界限又常常较为模糊,一般根据审判员与书记员的能力和技能水平不同来分配审判工作任务,如果书记员能力较弱,审判员将承担大量本属于书记员的审判辅助工作,甚至需要"自审自记";如果书记员的能力较强,一些审判员就会让书记员从事一部分审判性质的工作,有的甚至让书记员挂审判员的名字独立审判案件。至于送达之类需要两名法院人员进行的工作,则往往由审判员与书记员一同进行,这样的事务性工作,往往占用了审判员的大量时间,干扰了审判员对案件的思考与裁判。随着司法体制改革和审判权运行机制改革的不断深化,诉讼的专业性与技术性不断增强,"一审一书"的审判工作运行模式已经无法满足改革的需要,面对这种局面,最高人民法院认为,在继续深化审判方式改革的同时在全国推行书记员职业制度和法官助理职业制度改革,已势在必行。

第二节 书记员制度的改革实践

一、书记员职业推行职务单独序列的改革

1. 浙江省绍兴市中级人民法院(以下简称"绍兴中院")的书记员职业制度改革试点

自 2001 年 1 月起,绍兴中院就开始探索对书记员实行单独序列管理的改革,专门设立了书记员处负责对书记员实行单独序列管理。绍兴中院采取的是"集中

管理、驻庭使用"的新型管理模式。改革实践证明,该模式确有一定的优越性,但由于书记员工作对法官的依附性很强,集中管理以后,审、书之间的工作衔接就出现了问题。经过一年多的探索和调查研究,绍兴中院根据审判工作的特殊规律和性质,以及审书配合的需要,采取将书记员相对固定驻庭使用的办法解决集中管理所带来的弊端,在书记员处内设立了立案、刑事、民事、商事、行政、执行等专业书记员室,派驻到各审判业务庭,每个专业书记员室设书记长1人,书记员2至3人,使书记员的工作更加贴近审判业务庭的需要。在单独序列管理中,书记员处作为管理机关,发挥了重要的管理作用,例如,书记员处为强化管理先后建立了书记员日志、五分钟工作会、书记长周例会等书记员工作业务管理制度;设置了书记员工作考评表,对书记员工作实行每日检查、每季考评、半年评比的考核考评制度,通过强化管理和考评,增强了书记员的工作责任感。在书记员处和各审判业务庭的双重管理下,书记员在工作中更加注重职业技能的培养和提高,有效地促进了书记员工作质量和效率的全面提升。

经过书记员单独序列管理的改革,绍兴中院书记员辅助工作职能得到了很好的发挥。现在,该院审理的案件流转到书记员处书记员协助庭审法官做好庭前准备的时间控制在24小时内,庭审记录100%实现即时电脑化,法律文书送达有效率达99.6%,审结案件卷宗归档时间不超过两个月。绍兴中院书记员制度改革试点的经验证明,书记员单独序列管理,绝不仅仅是集中管理,而是要根据审判庭工作的需要而更好地加强审、书衔接与配合,确保书记员更好地发挥助手的辅助作用。

2. 吉林省法院系统推行书记员单独序列管理的改革试点

吉林省法院系统在全省范围内全面推行书记员单独序列管理,规定书记员非经国家司法考试不再晋升为法官,在各级法院建立书记员管理处(科),专门行使对书记员的管理职能,实行集中管理、统一培训、统一考核。吉林省的单独序列管理的特色在于,在书记员单独序列中设置了专门的书记员晋级标准,即书记员可以比照审判人员实行单独序列的职级晋升,书记员的职级待遇可以等同于非领导职务的审判人员,在职级待遇上创造晋级的空间。省高级人民法院书记员职级最高可达正处级,中级法院书记员职级最高可达副处级,基层法院书记员职级最高可达正科级。为保证书记员队伍的来源和稳定,吉林省法院系统根据工作需要,面向社会公开招录聘用制书记员,招录的条件区别于法官的录用标准,根据书记员工作的实际需要适当降低标准,公开单独招录,择优聘用,并明确要求经过书记员职业技能培训后持证上岗工作。吉林省法院系统推行的书记员单独序列管理这一改革举措,是吉林省高级人民法院在全省法院书记员管理工作会议上提出的,目前已经在吉林省三级法院系统施行。制度改革的特点包括:

(1)在全省法院统一建立了书记员管理工作机构,由专门的管理机构对书记员进行管理。

（2）对书记员进行统一的职业技能培训，要求达到基本合格。特别强调对新招录书记员的上岗前培训，要求培训合格才能上岗，统一了对书记员工作进行评价的标准。

（3）在书记员职业的单独序列中，以职级待遇的晋升为内容建立了书记员的晋升机制，使书记员在本职业岗位上有逐级晋升的发展空间，从而改变了过去只有向法官职业过渡才能晋升职级的旧体制，使高素质的人才能够安心书记员工作。

（4）专稿是启用了聘用书记员的办法，各级法院可以根据需要招录聘用制书记员，根据书记员的职业技能的实际要求降低招录标准，改变了过去统一按照招录法官的标准招录书记员的做法，真正做到人尽其才、才尽其用。

3. 上海市第一中级人民法院（以下简称"上海市一中院"）的书记员职业制度的改革试点

作为书记员制度改革试点法院，上海市一中院早在1998年就开始探索书记员管理制度改革。为克服过去旧的"审书合一，职责不分"管理模式的缺陷和不足，上海一中院将原来分散在各审判业务庭的100余名书记员"集中管理"，采取"条块结合，以块为主"的书记员管理模式，即在各审判业务庭设主任书记员，负责管理本庭书记员工作；在政治部设书记长，负责管理全院的书记员工作。经过1年时间的改革试点，发现这种集中管理的模式存在两个方面的问题：一是审判业务庭没有很好地发挥对在庭书记员的审判业务和职业技能的管理作用，对书记员辅助工作的独立性和特殊性重视不够，书记员工作效率不高；二是虽然是集中管理，但书记员工作的整体管理难以规范，过去分散管理的专业性的特点受到抑制，书记员的专业职业技能和整体工作质量反而有所下降。为此，上海市一中院在总结改革试点经验和分析存在问题的基础上，又开始试行"集中管理、分散使用"的改革举措，推行"条块结合、以条为主"的新管理模式，专门成立书记员办公室，负责对100多名书记员的统一集中管理，主要包括思想政治教育、组织制度建设、教育培训和考评考核，等等。同时，突出强化审判业务庭对书记员的业务管理职能，将书记员划分成刑事、民事、立案、审监、执行等专业小组，按照审判工作的特殊规律和特点，结合书记员岗位设置的特点和实际作用，将书记员合理分散安排到各审判业务庭的相对具体、固定的工作岗位上，真正发挥好法官助手的作用。

新的书记员管理模式有两个突出特点：

（1）特别注重双向管理的职能作用，一方面充分发挥书记员办公室统一管理、统一调度、统一培训、统一考核的"集中管理"职能；另一方面强化审判业务庭和合议庭的业务指导管理职能，使两方面的管理工作紧密结合，做到"点面结合""条块结合"，在集中管理工作上不留真空，使所有的管理内容都得以落实。

(2) 特别注重对书记员职业技能的培训和考核工作,把提高书记员的职业技能作为书记员管理的工作重点,一方面强化上岗前的职业技能培训;另一方面根据工作实际需要强化在职岗位职业技能培训,通过从职业道德规范、职业业务技能、法学知识素养、相关专业知识等多方面的培训教育,不断增强书记员的职业技能。同时,制定统一的标准对书记员进行考评、考核也是加强管理的重要环节。

上海一中院针对书记员改革试点中存在的问题,本着平稳过渡、循序渐进、逐步完善的基本原则,逐步从有利于审判工作的视角来调整书记员制度改革的方向,经过探索实践,在反复调查研究的基础之上形成"集中管理、分散使用"的新型书记员职务单独序列管理模式,不断接近、指向书记员单独序列的改革目标。这种"集中管理、分散使用"的新管理模式,强化了书记员规范化管理,较为合理地配置了人力资源,发挥了书记员在审判工作中的辅助作用。在改革试点过程中,上海一中院从培养、锻炼和考评书记员司法职业技能角度出发,专门制定了《加强书记员在审判工作中作用的规定》,从辅助、参议、撰写法律文书和签名等四个方面,进一步明确了书记员在审判工作中的辅助地位与作用,将书记员的工作从过去的依附性转变为相对独立性,从被动性转变为主动性,从机械性转变为创造性,从审判事务性转变为审判事务性与实务性相结合,从而更加有利于书记员职业技能的全面提升。

4. 天津市塘沽区人民法院的书记员职业制度改革试点

为理顺书记员与审判员在审判工作中的地位、作用和职责分工,塘沽区人民法院以书记员单独序列为目标,开始对书记员制度进行改革。首先,将"书记员"称谓改为"书记官"。这一小小的称谓变化,标志着书记员职业的独立性和职务单独序列的设定得到了理念与制度上的双重构建。"员"与"官"一字之差,却有着深刻的制度背景,凸显了职业的差异,并引导出书记员制度性质的根本变革。

这种变革体现在以下几个方面:

(1) 审书职责分明,突出了各自职业的专业特点和不同的职业技能要求。法官的职责是驾驭庭审、审理查明案件事实、正确解释和适用法律、作出公正的裁判;而书记员是法官审判工作的辅助人员,是法官办案的助手,承担着大量的与审判工作相关的程序性事务工作。二者的职责范围和职业技能要求虽然不同,但目的都是司法公正与效率,只是价值的层面不同。

(2) 强化了书记员职业的独立性,使过去审、书之间的行政关系转化成服务与辅助的新型工作关系,书记员职业的独立性得到了充分体现。塘沽区人民法院专门成立了书记员办公室,负责对全院所有的书记员和速录员进行集中管理。就行政管理而言,书记员隶属于书记员办公室,审判业务庭和法官无权干预,改变了过去审、书之间的隶属和依附关系。审判庭、合议庭和法官只负责对书记员进行审判工作的业务指导。

（3）聘用速录员补充书记员队伍的后备力量,使书记员队伍日趋稳定。聘用制速录员专门负责在法庭做庭审记录工作,经过法律专业知识学习和技能培训及实践,速录员能够保证平均每分钟的记录速度达到190—300字之间,可以完整地记录庭审的全过程。作为书记员职业的后备补充力量,聘用制速录员的作用得到了充分发挥。

二、推行书记员职业聘用制度改革

1. 最高人民法院招录聘用制书记员改革

2005年6月20日,最高人民法院向社会发布公告,公开招录20名聘用制书记员。这是我国最高审判机关在全国法院系统推广聘用制书记员改革的一个示范,是实行书记员职务单独序列改革的一项具体措施,是认真落实最高人民法院《书记员管理办法(试行)》,推进书记员制度改革的一次有益尝试。这次招录的20名聘用制书记员将全部用于充实最高人民法院组建的审判业务庭室的书记员队伍。报考资格要求法律专业大专即可,这种降低学历标准的做法,既符合书记员工作的实际需要,又有利于在更广阔的范围内挑选适合从事书记员工作的优秀人才。招录考试内容既包括法律专业知识,也包括书记员必备的职业技能,计算机中文记录录入汉字的速度必须在每分钟80字以上。聘用制书记员实行合同制管理,聘任期间享受公务员待遇。招录公告发出后,有376名符合报名条件者报名,经过严格的资格审查,最高人民法院政治部向186名招考者发放了参加笔试的准考证。从录取结果看,较多的报名数与较低的录取率,保证了招录到理想的人才从事书记员职业。这种做法反映了选任人才观念的转变。

在招录书记员问题上,法院系统历来就存在一种认识上的误区,即未从书记员职责及特点出发,一味强调要招最优秀的,结果是大材小用。一方面"委屈"了最好最优秀的人才,浪费了人才;另一方面条件太优秀的人才也不会安心长期从事书记员工作,反而常有轻视懈怠的情况发生,欠缺敬业精神与合作精神。这种人才的高消费、高浪费及人才流失的矛盾非常突出。例如,上海市人民法院在机构改革中,招收了第一批高学历的书记员,这批新招收的77名书记员来自全国23所大学法学院,其中有博士研究生7名,硕士研究生25名,试想如此高学历的人才从事只要法律大专学历即可的书记员工作,难道不是优秀人才和法学教育的浪费？这32名博士生、硕士生能够长期安心从事书记员职业吗？因此,书记员招录的观念应当是:招就要招最合适的,用就要用得最合理的,让最合适的人才从事现代书记员职业。最高人民法院这次报考条件的降低,就传导了这样的新观念。

2. 北京市法院招录聘用制书记员改革

北京市法院系统由于缺少编制，整个北京市法院系统正式在编的书记员仅有1 000余人，书记员紧缺是普遍现象，有的审判业务庭只有1名书记员；加上原有的书记员年龄偏大，大部分不具备运用计算机速录技术的职业技能，仍然使用手工记录的传统记录方法，使得先进的速录技术难以在北京市法院系统推广。针对这一现实问题，北京市法院系统在书记员制度改革试点中，探索采取聘用书记员的措施解决困难，首次就录用了106名聘用合同制书记员，经岗前培训后，分配到北京市12个法院工作。

北京市法院在录用聘用制书记员时，没有片面强调高学历，对聘用制书记员和法警的学历要求只规定在中专和高中以上，充分体现了"招就要招最合适的、用就要用最合理的"新理念。

3. 陕西省法院系统招录聘用制书记员改革

陕西省向社会公开招考录用聘用制书记员，吸引了众多的应届、往届高校毕业生。全省招录聘用制书记员的总人数为404人，而报名人数高达9 722人，由于报名条件较低，更多的合适人才都能参与竞争，竞争显得相当激烈。招录考试除了公共基础知识和法律知识之外，特别增加了庭审笔录制作和计算机汉字输入记录等职业技能考试内容，把书记员的职业技能要求作为招录的一项重要条件。

4. 四川省泸州市中级人民法院（以下简称"泸州中院"）探索招录事业编制专职书记员改革

在实行书记员单独序列改革中，泸州中院把招录聘用制书记员作为改革的重要内容之一，专门制定了《聘用制书记员的招收和管理办法》，积极争取市委对此项改革试点工作的支持，在市组织、人事部门的支持配合下，招聘了15名聘用制专职书记员。泸州中院对专职书记员采用固定岗位的单独职务序列管理，被录用书记员均享受事业编制的福利待遇，事业编制的书记员所需经费均纳入同级财政预算，确保聘用制书记员享受公务员的同等待遇。该院制定的聘用书记员管理办法包括聘用条件，招录程序，聘用合同的签订、变更、终止与解除，聘用书记员福利待遇，聘用人员的管理考核等内容。

5. 湖北省武汉市中级人民法院（以下简称"武汉中院"）探索招录聘用制书记员改革

武汉中院鉴于书记员岗位人员的欠缺，在招录速录员实验的基础上，大胆探索招录聘用制书记员的改革方法解决实际困难，并将其作为在探索实行书记员单独序列改革中的重要内容之一。武汉中院专门制定了《聘用制书记员的招收和管理办法》，积极争取武汉市委对此项改革试点工作的支持，在市财政和人事部门的支持配合下，招聘了40名聘用制书记员。武汉中院对专职书记员采用固定岗位的单独职务序列管理,被录用的书记员均享受聘用制的福利待遇,聘用制的书记员所需经费均纳入同级财政单独预算,确保聘用制书记员享受政府聘用文职人员的基本待遇。该院制定的聘用制书记员管理办法较为全面,具体包括聘用条件,招录程序,聘用制合同的签订、变更、终止与解除,聘用书记员福利待遇,聘用人员的管理考核等多项聘用制书记员管理制度和内容。

三、书记员职业的信息技术的应用及职业技能培训考核改革

1. 广州海事法院装备法庭智能数字记录系统

广州海事法院在书记员制度改革试点中,注重先进信息技术的开发应用。为充分运用现代科技手段提高庭审效率,该院已经装备了一套法庭智能数字记录系统,并正式投入使用,书记员将有望告别庭审速录。这套系统是以多媒体技术为基础的智能系统,采用国际先进的音频、视频数字处理技术,运用图文和声频将庭审现场的情况客观、真实地记录下来,并用"打点"的形式,对法院案件审理、庭审记录、存储、刻录、庭后听审等一系列工作进行管理。该系统与传统录音、录像系统最根本的区别,是其运用现代化科技手段对庭审过程中发生的情况,包括声音、图像(包括动态、静态图像)、文字等进行处理,制作可供快速检索的标签和可以发声的word文档,"原汁原味"、准确、全面、真实地记录庭审活动过程,保证庭审连续性,缩短庭审时间,避免人工记录的缺漏或偏差,避免当事人事后对笔录内容和庭审过程的争议,该系统的实时录音、录像功能,使庭审现场外的人员能够同步观看庭审进程,对参加庭审各方包括审判人员的行为形成有力的监督、约束,有利于维持法庭的公平和公正性。同时,为有效解决当事人的签名问题,该系统还专门开发了一系列辅助签名的功能,例如,当事人和诉讼参加人在庭审前要签订使用协议,庭审后要签署一个系统自动生成的庭审框架记录,这样既具有了合法性又保持了客观真实性。这套系统的开发和运用,虽然还在不断改进和完善当中,但先进的计算机信息技术在庭审中的推广运用,是时代发展的趋势。

2. 云南省昆明市中级人民法院开发"高效书记员"软件,书记员工作效率明显提高

云南省昆明市中级人民法院研究开发了一种被称为"高效书记员2002争创版文档生成器"的软件,该软件是昆明中级人民法院民庭法官在总结书记员工作规律和特点的基础上,借助现代科技手段自己开发出来的,软件充分利用法院的局域网,将书记员系列工作中除记录和卷宗装订外的内容全部纳入计算机管理,实现书记员工作的自动化,并将系统与立案庭的案件流程管理系统对接,实现资源共享及院、庭两个管理层级的一体化便捷管理,使书记员的事务性工作,特别是对填充式的文书工作变得更加快捷,有效地提高了书记员的工作效率,深受书记员的欢迎。

3. 河南省洛阳市涧西区人民法院书记员全部改用速录机

2001年初,河南省洛阳市涧西区人民法院在书记员制度改革试点中,特别强化了先进技术的推广应用和书记员职业技能的培训工作。针对新招收书记员普遍年轻、对新事物接受较快的特点,该院强化对书记员的职业技能培训,对全院书记员集中进行法律知识、硬笔记录、电脑应用、速录机应用、卷宗装订等五项必备基本技能的训练。经过一段时间的训练,该院书记员使用亚伟速录机的记录速度全部达到全程记录庭审过程的规范性要求,工作质量和效率比原来有较大幅度的提升。

4. 福建省龙岩市新罗区人民法院注重培养书记员的组织、协调能力

福建省龙岩市新罗区人民法院在书记员制度改革试点中注重培养书记员的综合职业技能,在新的书记员管理工作中推行"一周首席书记官"制度,书记员轮流担任一周的首席书记官,全权负责管理书记员管理室的内部事务;每位书记员任职一周后,都必须向全体书记员总结其任职中发现的问题,提出处理意见,并对下一任"首席书记官"的工作提出建议。推行这一制度的目的,在于培养和锻炼书记员的组织、协调能力。在推行这一制度过程中,每位书记员都根据自己对书记员管理工作的体会和认识,别出心裁地推出自己的"施政"管理方案,开展诸如"当事人满意周""记录无错周""高效送达周"等活动。这种能力锻炼的培训模式,极大地增强了书记员的责任心以及综合组织、协调能力,使他们在配合法官工作的过程中,能够更加主动、积极地发挥辅助协调作用。

5. 北京市高级人民法院建立书记员培养基地

为强化书记员上岗前的职业技能培训,北京市高级人民法院委托北京市政法干部管理学院定向培养书记员,学生毕业后由法院择优录用。法院与教学质量高、基础设施好的法律专业院校建立固定的书记员培养基地,可以确保书记员在上岗工作前就已经具备合格的职业技能,同时可以节约培训成本,使书记员人才的培养更趋经济与高效。

6. 北京市西城区人民法院单独管理考核书记员

北京市西城区人民法院在书记员改革试点中,根据书记员的工作职责和特点,制定了《书记员工作职责和考核办法》,将书记员的工作职责分为:案件登记和卷宗管理、笔录制作和法律文书校对、上诉案件移送和卷宗归档、其他工作及纪律等五个方面。根据工作职责的具体量化来明确考核办法和标准,把每项工作职责划分为具体的条款,每一条款都制定出明确的要求和扣罚标准,实行百分制,通过单独的专项考核强化对书记员工作的绩效管理,促进书记员职业技能的提高。

7. 江苏省无锡市惠山区人民法院选择多种方式,分类培训书记员

江苏省无锡市惠山区人民法院组织开展了书记员分类培训,以多种渠道、多种方式加强书记员专门知识的培训力度。分类培训模式,即指从简单到复杂,从基础

到提高,有层次、有目的地针对不同对象实施不同的专业知识培训,逐步提高被培训人员的素质与能力,以满足审判实践中对各类法律人才的不同需求。

分类培训模式的主要内容包括:

(1) 对已通过司法考试但仍从事书记员工作的人员,加强审判实践培训,为他们今后晋升助理审判员独立办案做好准备,对尚未通过司法考试但是从正规法律院校毕业出来的书记员加强法学理论应用于司法实践的方法培训,为今后推行法官助理制度做好人员准备。

(2) 对现在专门负责辅助性法律事务的书记员,加强法学基础理论和操作技能培训,使他们能高质高效地完成各项事务性工作,在审判工作中充分发挥助手作用。

(3) 在不同庭室加强不同法律专业知识培训,尤其是对新的法律法规的培训与学习,以满足不同时期不同工作岗位的需要。

8. 江苏省高级人民法院的书记员职业制度改革

近两年来,江苏省高级人民法院结合政府雇员和人事代理制度,遵循司法规律和书记员聘用制改革的现实需求,积极探索聘用制书记员职业制度改革实践。在江苏全省 12 个试点法院开展以社会化招录、专业化培训、序列化管理、职业化保障、统一化标准为路径的书记员职业制度改革,以招录雇用、教育培训、管理考核、职务序列、职业保障为机制,逐步建立起符合司法审判工作需要的书记员单独序列管理体制。经过改革试点,现在已经初步建构以《书记员管理体制改革试点实施方案》为总体架构,以《招录暂行办法》《培训暂行办法》《技术标准及等级晋升暂行办法》《职业保障指导意见》等六项配套制度为支撑,以及一个全省统一的《江苏法院聘用制书记员劳动合同书》为基本保障的管理考核规范体系。历经两年多的不懈改革探索实践,江苏省高级人民法院与江苏省人力资源和社会保障厅联合下发了《江苏省法院系统书记员岗位等级培训考核办法(试行)》《书记员岗位等级标准(江苏地区法院试行)》,初步建构起了全省法院书记员职业的全员定位、定员、定责的员额管理制度模式。这标志着书记员职业化建设和制度改革取得阶段性改革突破。

通过对全国各地各级人民法院在书记员职业制度改革与职业技能发展两方面有典型代表性改革试点情况的了解,我们可以更加真切而直观地感受到书记员职业制度和职业技能的发展和变革,从而对书记员职业制度改革方向以及审判辅助职业技能的发展有更深刻的认识和理解。

第三节　书记员职业制度设计与职业技能水平的现实困境

单就书记员制度的改革而言，在推行法官助理制度之前，并未取得大的进展。以审判业务庭或法院为单元的集中管理，仅仅是突破了过去书记员对审判员的个人依附，将"审—书—对一"的配合模式改为书记员整体调配配合审判业务庭和合议庭的对应模式，辅助与配合的工作效率提高并不大，"审—书"之间权责混淆不分的弊端并未改观。实际上，法官职业化改革建设与书记员制度改革，都处于一种举步维艰的困境，要推进法官职业化建设和书记员制度改革必须寻找新的突破口，法官助理制度因此应运而生。

一、书记员职业制度改革与强化职业技能培训的时代背景

在书记员制度改革和推行法官助理制度以前，书记员在审判工作中主要承担着辅助法官办理司法文书、管理诉讼档案、文书档案、处理办案杂务、负责审判记录等多项辅助性的事务工作。书记员在人民法院整体审判活动中发挥着十分重要的辅助性职能作用。人民法院审判工作过去一直是沿用由审判员和书记员共同配合完成的"审—书"配合模式，每一起案件的审理，都有书记员工作的深刻印记，法官的工作和书记员的工作虽然性质不同，但均服务于同一个程序，实现同一个目的。审判员的审判工作离不开书记员，离开了书记员的辅助，法官不能独立、高效地完成审判任务。"长期以来，我国各级法院一直沿用计划经济条件下所形成的书记员管理体制，书记员与法官一样，都是国家的机关干部，按照国家机关干部管理的原则，实行混同管理。"[①]

书记员的工作贯穿于整个审判流程，包括立案、庭前准备、庭审、合议、宣判、执行、送达、结案及立卷归档等审判辅助性工作。书记员是法官履行审判职务必不可少的助手，对人民法院全面完成审判工作任务，保证办案质量和提高办案效率具有十分重要的作用。书记员在各级人民法院的整体审判过程中履行法定职责，是各级人民法院法定的审判工作人员。"书记员工作是全部法院工作不可分割的部分。人民法院这一国家机器的正常运转，高质量高效率地审理案件，审判职能的充分发挥，向全社会体现人民法院合法、及时、公正地执行国家法律和政策，客观全面地反

[①] 中国(海南)法学实务研究所：《专家谈司法改革》，南海出版公司2001年版，第26页。

映审判员的全部审判活动,还有许多具体为审判工作配套服务的事务,都离不开书记员的努力工作。"[1]书记员是法定的法律职业,是人民法院不可或缺的专职司法人员,是法律职业共同体的重要组成部分。几十年来,人民法院一直是沿用"审—书"配合的模式,书记员的工作已经成为人民法院全部审判工作的重要内容之一。书记员工作本身的质量和效率也就是法院审判工作质量与效率,是评价法院审判工作的一个重要的评判标准。人民法院的司法职业技能,不仅仅只是法官的职业技能,还应当包括书记员的职业技能。"审—书"配合的模式要求具备专门职业技能和程序经验的书记员给予审判员必要的配合、辅助和协助。从整体职业技能的层面考虑,法官与书记员之间密切配合、协作的关系,决定了二者的职业技能要求有许多相通之处,甚至还有一些重合的地方,法官与书记员职业彼此工作性质与职能的相通,决定了法官与书记员的职业技能基本上是一个整体,审判实践中,二者在职能上互为取代的现象比比皆是。在过去旧的审判模式之中,这种"审—书"配合、互相融合的职业配置有一定的合理性,基本上是适应当时审判工作需要的。随着社会转型时期大量的诉讼案件涌向法院,过去旧的"审—书"配合模式,已经不能适应现代法院审判工作的实际需要,书记员制度改革伴随着审判方式改革,很早就开始在许多法院探索。伴随着法官职业化建设的发展,书记员职业制度的改革也在不断向前发展,虽然改革中出现了各种各样的表现形式,但书记员职业的法律性质,始终是决定改革发展方向的决定性因素。

二、现行书记员职业制度的弊端与职业技能的不足

当前,随着审判方式改革和司法体制改革的推进,现行书记员制度的弊端非常明显,并日益暴露出与时代变迁及社会现实需求的不适应性。目前,绝大多数法院基本还是采取传统的书记员职业管理体制,许多基层人民法院和中级人民法院的书记员职业在审判实践中逐步暴露出如下弊端:

1. 书记员职业队伍长期处于不稳定状态

传统的书记员队伍是职业法官的后备军,有着明确的晋升方向,晋升为法官是书记员最好的出路,同时也是解决书记员职级待遇唯一的办法。聘用制书记员队伍长期处于不稳定状态,也是因为既没有晋升法官的通道,也没有自身职业晋升的空间。因此,传统的书记员职业实际上只是法官职业队伍的储备过程和阶段,最终都要晋升到法官序列。这种制度设计和安排,使得大量的书记员想方设法挤进法官职业队伍,导致法官队伍日益膨胀,而整体素质和职业技能却难以提高。书记员逐级向法官晋升的制度设计,从客观上造成了书记员职业长期处于过渡性和临时

---

[1] 李国光:《怎样做好书记员工作》,人民法院出版社1992年版,第3页。

性的状况,整体的职业技能也难以提高。综合素质好、有审判实践经验、熟悉审判业务的书记员基本上都会逐渐晋升为法官,而剩下的书记员既素质低下,又不能安心书记员岗位工作,更谈不上潜心钻研书记员职业技能,致使书记员职业队伍的整体素质难以提高。国家实行统一司法考试制度后,今后更多的书记员可能一辈子都不能晋升为法官,但是传统的书记员职业制度的设计,又不能使之安心本职岗位工作。过去传统的书记员职业与法官都是比照国家公务员序列管理,书记员一经录用就属于国家公务员序列,只要不犯原则性的错误,一般是不能随意辞退的,书记员职业的出口不畅,定编定岗的国家公务员人事编制的管理体制要求,也在一定程度上制约了书记员队伍的发展,导致书记员职业队伍始终处于一种不稳定的状况。聘用制书记员由于职业化标准制度缺失,既缺乏职业归属感,也缺乏职业尊荣感;同时,职业保障和待遇也较低。因此,聘用制书记员的流动性较大,书记员队伍同样也长期处于不稳定状态。

2. "审—书"录用标准混同,导致审判人力资源浪费

书记员职业是一个技术性、辅助性的工作岗位,并不需要很高的学历和法律专业知识,一般具有法律专业大专学历的法律专业知识,并且熟练掌握计算机文字录入技能的人员就足以胜任工作需要。然而,一些法院在录用新人的时候,仍然沿用传统的招录模式,基本上是比照《法官法》关于法官职务任命标准录用的,一般均要求书记员具有法学专业本科或硕士研究生学历,有的中级法院还要求录用的书记员必须通过国家统一司法考试。新招录的书记员均不安心书记员工作,从入行开始就考虑如何转岗。事实上,让具备法官任职资格的高学历人才长期从事书记员工作,既不合理也不现实。正如有学者指出:对于"受过正规法律教育的本科或研究生等法律人才,长期的事务性工作只能培养一批熟练的操作工,这种人才的不合理利用,无疑是一种浪费"。① 如此一来,人民法院的书记员编制还是在为法官职业队伍储备人才,书记员岗位始终只是法官职业的培训基地和人才储备库,难以形成书记员职业的归属感和使命感,书记员岗位的人才消费,实际上也是一种审判人力资源的浪费。

3. 书记员完全分散管理造成工作效率低下

传统的书记员制度是采取将书记员分配到审判业务庭,跟随一个或几个固定的审判员工作的分散管理模式。分散管理模式强化了书记员与审判员的协作配合,但最大的弊端是造成忙闲不均状况。分配在案件多的审判业务庭,书记员工作任务重,而分配在案件少的审判业务庭,书记员工作任务轻;比如,基层法院民庭、刑庭的书记员就要比行政庭、审监庭的书记员工作任务重得多。即使是在同一个

---

① 毕玉谦主编:《司法审判动态与研究》(第1卷),法律出版社2001年版,第215页。

审判业务庭的书记员,也会因为自己所跟随的法官承办案件数量的不同而出现忙闲不均的现象。一部分书记员忙个不停,而另一部分书记员却处于相对闲置状态。这既是人力资源的浪费,也是书记员工作效率低下的原因之一。传统书记员管理体制下,书记员对法官的依附性较强,不同审判业务庭和不同法官所带的书记员之间的工作量难以调剂,忙闲不均的现象无法克服,书记员整体工作效率较为低下。

4. 法官与书记员比例失调,影响审判工作效率

法院的编制是按照公务员编制设定的,人员的编制也是有限的,由于书记员不断向法官晋升,造成法院内部法官与书记员的比例严重失调,许多基层法院和中级法院都出现了书记员严重不足的情况。随着市场经济的不断发展,社会对于法院的解纷功能有了更高的需求,各地的基层法院和中级法院受理案件的数量激增,表现最为明显的是民事与刑事案件数量的增长,实行立案登记制后,行政案件数量也呈现较大幅度增加,由于各类案件受理数量不断攀升与法官和书记员数量难以增加之间的矛盾较为突出。然而,有的基层法院和中级法院的法官有所增加,但书记员配置却是好多年基本不变,有的法院书记员甚至因为司法改革等原因还有逐年下降的趋势,法官与书记员数量比例明显形成相对不均衡的态势。例如,武汉中院曾经就出现了书记员严重不足的情况,各审判业务庭每个合议庭只能勉强配备1名书记员,甚至出现了4名审判员由1名书记员配合工作的窘境。许多有法官资格的书记员不得不继续留任书记员。1名书记员对合议庭开庭记录尚可应付,但合议庭各个法官分头办案需要书记员记录时,则很难应付;假如开庭时正巧碰到这名书记员生病请假,则只能到别的合议庭借书记员记录,或者由1名审判员代为记录。书记员严重不足,在一定程度上影响了审判工作效率,在日益繁重的审判工作压力下,法官往往需要利用业余时间加班结案,很多程序性的工作只能由法官自己完成,法官根本没有时间和精力研究审判实践中存在的各类问题。当前,人民法院各类新型复杂疑难案件的出现对法官职业技能和法学理论功底的较高要求,与法官审判工作繁重而无暇进行研究之间的矛盾也在加剧。伴随着受理案件数量的急剧增长,案件类型也同时向着复杂、疑难、新颖的趋势发展。例如,各类民商事案件随着大民事审判格局的构建,过去民事审判法官随身携带一本《民事办案手册》就能办理各类民商事案件的时代已经过去,裁判案件的思维方法和推理方法正向深度与广度发展,对法官的职业技能提出了更高的要求;但是,在没有专门的书记员密切配合和日益繁重的审判工作压力下,法官往往需要完成很多程序性、辅助性的审判事务工作,根本没有时间和精力研究审判实践中存在的各类问题,这说明,书记员的配备从一定意义上也会影响审判工作效率。此外,在许多的基层人民法庭,一般都只有1—2名正式编制的书记员,同时还要承担内勤工作,很难完全做到专门配合审判员完成审判工作的各种程序性、辅助

性事务。

5. 法官与书记员职责不明确,影响程序公正

传统的书记员制度大多实行"一审一书",此种配置和管理方法容易造成"审—书"之间的权责不明确、分工不细致;中间环节缺乏,使"审—书"矛盾增多、审判工作效率低下,不利于当事人利益的保护及司法体制改革的推行。同时,在基层法院,因为书记员人员配置的紧张,往往使"一人开庭""一人调查""独审独记"的程序违法现象成为普遍现象。最高人民法院《关于民事经济审判方式改革问题的若干规定》第6条规定:"合议庭成员和独任审判员开庭前不得单独接触一方当事人及其诉讼代理人。"[1]但在当前没有推行法官助理的情况下,法官只能把一些有审判权的事务性工作交由书记员完成。审判实践中,书记员扮演审判员角色的现象大量存在。"由于各级法院把具有国家干部身份的书记员和法官等同对待,混同管理,在认识上很多法院认为书记员和法官之间的职权、责任没有明确的界限。由于案件大幅增长与审判力量不足的矛盾日益突出,许多法院把书记员当做和法官一样的办案力量。在岗位责任中规定书记员的办案指标,让书记员成为案件的实际主办人。"[2]没有任命为法官的书记员在裁判文书上署法官的名而替代法官办案,实际上是一种程序违法行为,严重破坏了程序的合法性和严肃性。然而,由于书记员与法官管理上的混同,"审—书"之间的权责不明确、分工不细致造成程序违法的现象,在基层法院和基层法庭成为一种普遍现象;书记员代为办案已经成为一种经常性的见怪不怪的"正常"现象。

6. 非专业化管理模式影响书记员职业技能的形成与发展

传统的书记员制度设计最大的弊端是,忽视书记员职业的辅助性和专业性,对书记员职业实行非专业化的管理,影响了书记员职业技能的形成与发展。一方面,忽视了书记员职业的特殊性。"书记员工作的核心是记录和其他审判辅助工作,不同于法官的职能。书记员工作虽与审判工作密切联系,但二者在实质上并不存在附属或递进关系。"[3]这种特殊性就是辅助作用的发挥。在推进员额制改革的制度设计中,书记员人数明显低于法官人数的配置,表明法定的书记员职责的辅助性没有在书记员职业管理体制设计中得到应有的重视。另一方面,忽视了书记员职业的专业性。书记员职业有一定的专业性,非经长期培训与磨练不能适应工作需要,而过去"师傅带徒弟"的传统很难形成统一的专业性特质和职业技能。

---

[1] 毕玉谦主编:《中国司法审判论坛》(第1卷),法律出版社2001年版,第258页。
[2] 中国(海南)法学实务研究所:《专家谈司法改革》,南海出版公司2001年版,第28页。
[3] 康均心:《法院改革研究》,中国政法大学出版社2004年版,第373页。

第四节 书记员职业制度改革实践的理论探索

一、"书记员单独职务序列"改革目的与"集中办公和管理"的认识误区

在过去的书记员职业制度改革进程中,我国各地各级法院按照最高人民法院提出的"书记员单独职务序列"的改革构想,开展了相应的书记员制度改革试点。在改革试点的过程中,有的法院对"书记员单独职务序列"的改革目标理解片面,简单地认为就是审、书分离,把书记员集中办公,走了一些弯路。例如,某市中级人民法院2004年底至2005年在进行书记员制度改革时,认为改革就是将各审判业务庭的书记员集中由立案庭进行管理,集中办公,结果100多名书记员既不能由立案庭实现有效管理,也无法由各审判业务庭有效地分散管理,出现了两不管的"真空"状态,工作效率不仅没有提高,反而降低了许多。法官普遍感到集中办公的方式不便于审判工作的开展,书记员也有怨气。在试行近一年时间后,不得不恢复到书记员由审判业务庭分散管理的模式。

"集中办公"失败的原因,在于忽视了审判工作的特殊规律和特殊性质,割裂了法官与书记员工作的紧密联系。书记员职业因审判工作的需要而设立,对法官的依附性极强,必须在法官指导下进行各种辅助性、程序性的事务工作,书记员的工作为审判服务,为程序服务,讲究服从法官工作并与法官密切配合。而书记员"集中办公",却是对"书记员单独职务序列"改革的一种误解。集中管理书记员的做法,妨碍了法官与书记员之间的必要沟通,事实上影响了审判工作效率,与"公正与效率"的法院工作主题相背离,因而是不现实的,也是不必要的。因此,书记员集中办公和管理弊大于利,分散在各审判业务庭并实行相对集中管理的模式才是切实可行的。最高人民法院在第一个《人民法院五年改革纲要》中提出"书记员单独职务序列"的改革构想的真正目的,在于重新设置书记员职业的专门考核、晋级标准,改变书记员的福利待遇,而绝不只是简单的"集中管理"和"集中办公"。"书记员的单独职务序列"改革,就是要根据书记员的职业特点和职业技能设定专门的职业岗位,彻底改变我国法院长期以来一直沿用的书记员逐级向助理审判员再向审判员晋升过渡的法官选任模式,而不仅是形式上的分或合。书记员单列的含义有两个,一是编制单列,书记员专门从事书记员工作,就好比医院的医生与护士一样,各自有各自的专业,互相不占编制;第二个含义是职务序列单列,书记员有自己的职务序列,在书记员的岗位上也能晋升到较高的职级待遇,将书记员职业与法官职

业彻底分离,使书记员真正成为辅助法官审判案件的助手型的专门职业。

长期以来,在人们固有的传统观念中,书记员就是法官的后备军,法官是书记员的最终归宿,担任书记员到一定的年限,如果还没有被法院任命为助理审判员,总觉得是一件不光彩的事情。也就是说,书记员只是一个过渡性阶段。在这种观念支配下,大家都希望担任书记员的时间和阶段越短暂越好,很少有人有长久扎根书记员工作的想法,也很少有人将其视为终身的职业进行修炼,基本上是三五年书记员工作干下来,心就开始不安分了,总盼望着早一天提个助理审判员,当上法官。由于这一原因,书记员队伍人员不断减少需要不断招录新人,流动性不断增大,专业化程度和职业技能难以提升。而从一方面来看,有的法院由于书记员人数较少,不得不将已经取得法官任职资格的人员仍然当做书记员使用。有法官任职资格,因级别不够或因记员人数不够而"屈任"书记员的,总会有委屈感,不安心书记员本职工作,时有懈怠现象,工作效率难以提高。要达到"书记员单独职务序列"改革的目的,必须将书记员职业从法官的后备和附属中剥离出来,建立符合书记员职业特点的单独职务序列的管理体制,并建立一种吸引机制,使书记员通过勤奋敬业的努力,也能够拥有较高的社会地位和较好的福利待遇,使书记员以自己的职业为荣。

创建单独职业管理序列体制,应当从以下三个方面展开:

(1)在书记员职业中划分一定的级别,使书记员在本职业岗位上也有晋升的空间,例如,可以根据工作年限、业绩的不同来划分相应的晋升等级,并制定相应的晋升考核条件和办法,使书记员能够从低级别逐级向高级别晋升。

(2)必须将级别与工资挂钩,用适当的福利待遇留人,只有优厚的福利待遇才能吸引高水平的书记员终身从事审判辅助职业工作。现在许多名牌高校法学院的本科毕业生,报考发达地区法院和省会城市法院的书记员和速录员的现象表明,有相对较好的待遇,能够吸引并留住优秀人才。此外,高级别书记员工资高于低级别书记员,也是鼓励书记员爱岗敬业,不断努力进取的良策。

(3)从事书记员职业的人员,必须服务满一定的年限之后,才能转向法官助理或者法官的序列。

书记员职业制度改革要以"职业化分类""专业化管理"为原则,使法官与法官助理、书记员、司法警察等辅助性人员均能各尽其能、各得其所、各安其位、各乐其业,建立一个符合我国国情的法官及其辅助人员的分类管理模式,这才是最高人民法院连续四个《人民法院五年改革纲要》所持续倡导的人员分类管理模式的真正内涵。书记员职业管理体制改革是法院人员分类管理改革的重要步骤,是人民法院人事制度改革的突破口和加速器。目前各地各级法院的书记员制度改革都在朝着一个共同的方向前进,即对书记员实行聘任制和单独序列管理,逐步建立法官助理制度,将一部分法官的职权和书记员职能划入法官助理的职责范围,确定法官员额比例。书记员实行单独职务序列管理,实际上是人民法院人员分类管理改革的基础环节。如果改革成功,将会极大地推动法官员额制改革和人员分类管理的改革进程,实现司法分工的科学化、合理化,实现审判资源配置的最优化。对法官、法官助理、书记员以及其他人员进行分类管理,不仅仅是区分了职能,也区分了不同人员各自的任职条件和选任程序,以及职业技能要求,相对提高了法官的任用条件,严格了法官的选任标准和程序,推动了法官的职业化进程。书记员职务实行单独序列管理,是多年以来全国各地各级人民法院反复探索总结出来的改革思路。开展书记员单独职务序列管理的制度改革,既与书记员作为技术性、辅助性岗位的职业特点相适应,也符合国家机关干部人事制度改革关于人事工作分类管理的基本要求,有利于保障书记员职业和书记员队伍的稳定性,提高书记员队伍的专业素质和职业技能。推行"书记员职务单独序列管理"改革的一项重要内容,是对书记员比照国家公务员实行政府购买服务的政府雇员聘用制。接受聘用的书记员与法院签订聘用合同,在聘用期间除按照公务员的管理办法享受有关工资待遇,法院同时依据国家及地方相关规定为其办理失业保险、养老保险和医疗保险。聘用制书记员职责明确、编制确定,职务序列单列,不再向法官职位过渡。这一设计将使书记员职业发展成为法院内一项专门的辅助型职业,与公务员同等的待遇可以吸引一定量的人才投身其中,从而长期保持队伍的稳定与活力。另一方面,聘任制书记员年轻,知识结构新,接受新事物快,通过职业技能培训,能够顺利掌握计算机操作技术和速录技术,适应现代信息技术在庭审中全面推广运用的需要,一些先进的现代庭审记录手段将会得以更为广泛的运用和推广,庭审过程的现代化水平将会进一步得到提高。同时,这种比照国家公务员的聘用制单独序列管理体制,有利于加强对书记员的强化效能管理,解决过去"出口不畅"的问题,对于在聘用期间工作态度和职业技能不能适应法院审判工作需要的书记员,可以解聘或不续签聘用合同,从而改变目前法院书记员队伍"能进不能出""能上不能下"的状况。

二、最高人民法院推行书记员职业制度改革之评价

早在1999年10月,最高人民法院出台的《人民法院五年改革纲要》第37条就明确提出,要建立书记员单独职务序列的改革构想。在这一改革构想的指导下,有一些法院开始探索进行书记员单独职务序列管理的改革试点。最高人民法院在总结各地改革试点经验的基础上,于2003年制定了《人民法院书记员管理办法》;2003年,最高人民法院会同中组部、人事部共同商讨完善确定了《人民法院书记员管理办法(试行)》,从实际操作的层面,全面构建新的书记员职业管理制度。2002年7月,最高人民法院下发《关于加强法官队伍职业化建设的若干意见》,明确提出

实行书记员单独序列管理的改革要求,指出书记员属于审判事务性辅助人员,实行编制单列、职务序列单列,各级人民法院补充书记员实行聘用制,同时还要求实行"新人新政策、老人老办法"的方针,做好现有书记员的平稳过渡工作,确保改革的稳定和顺利进行。2003年,最高人民法院在杭州召开全国高级法院政治部主任座谈会,在此次会议上,决定正式启动书记员管理体制的改革试点工作,实行书记员单独职务序列的改革,并首先在上海等地的法院开展改革试点。这是人民法院司法改革的一项重要举措,改革的核心是对法院书记员实行单独序列管理,法院新进人员将不再走书记员晋升助理审判员再晋升审判员的老路,而是对新招录的书记员一律实行聘用制,争取实现法院人员分类管理改革的新突破。时任最高人民法院政治部主任苏泽林在部署法院思想政治和组织人事工作任务时强调:"人民法院人员分类管理的改革要在书记员改革上有新的突破。其核心是对法院所招聘的书记员实行聘用制,进行单独序列管理。各试点法院要严格招聘条件和招聘程序,严格聘用书记员编制管理,做好聘用书记员的招聘工作,认真落实聘用书记员的待遇,完善聘用合同。"全国各地许多法院根据此次会议开展了改革试点工作。之前已经开始书记员制度改革的法院,也纷纷根据最高人民法院推行的改革构想和原则,调整了原来的改革措施。为全面推行书记员制度改革工作,最高人民法院会同中组部、人事部共同发出通知,要求全国法院系统认真贯彻执行《人民法院书记员管理办法(试行)》,力求在全国法院系统全面开展此项改革。然而,一项运行了几十年的制度要全部变革并非易事,中国特有的国情、社情决定了书记员制度改革需要较长时间,它牵扯的各种利益关系十分复杂,理念与观念的转变也需要一个过程。因此,书记员制度改革并未像最高人民法院预计的那样迅速在全国法院系统展开,但改革的发展趋势是明显与不可逆的。

2005年10月26日,最高人民法院出台了《人民法院第二个五年改革纲要》,再次明确指出,要推进人民法院工作人员的分类管理,制定法官、法官助理、书记员等分类管理办法,加强法官队伍职业化建设和其他各类人员的专业化建设;要改革庭审活动记录方式,加强信息技术在法庭记录中的应用,充分发挥庭审记录在诉讼活动和管理工作中的作用;有条件的法院可以使用录音、录像或者其他技术手段记录法庭活动。此改革纲要的具体内容表明,书记员制度改革,仍然是今后一段时期内人民法院司法改革的重要内容。人民法院分类管理的改革要在书记员管理体制上有所突破,其核心是法院新招聘的书记员实行聘用制,进行单独序列管理。书记员作为法官的助手,也必将在人民法院的人事管理体制中得到正确定位,实现长久的发展。

2015年2月4日,最高人民法院出台了《人民法院第四个五年改革纲要》,明确提出健全法官助理、书记员、执行员等审判辅助人员管理制度。特别提出了探索购买社会化服务的新的制度管理模式。这一制度模式将法官助理和书记员的职业化建设又往前推进了一步,使聘任制改革的路径更宽阔。

第八章 法官助理和书记员职业司法理念

  法官助理和书记员素质与职业技能的培训与养成的前提,应当是社会主义司法理念的确立。理念是技能的灵魂,是技能的基石,是技能的内涵。没有成熟的理念就没有娴熟的技能,技能的养成没有理念的支撑,就好比没有灵魂的躯壳一样。当前,社会主义法治理念的提出,是现代司法理念体系的完善和发展,是对司法理念研究的深化和总结,是社会主义法治理论和人民司法工作的新经验、新理论、新成果。社会主义法治理念是马克思列宁主义关于国家与法的理念与中国国情和现代化建设实际相结合的产物,是中国社会主义民主与法治实践经验的总结,是中国改革开放和社会主义现代化建设的重大思想和理论成就,是建设社会主义法治国家的思想指南。① 同时,社会主义法治理念也是社会主义法治的精髓和灵魂,是立法、执法、司法、守法、法律监督等法治领域的基本指导思想。当前法官助理和书记员审判辅助职业素质教育,突出需要在五个方面加强法治理念教育:依法治国是核心,执法为民是本质要求,公平正义是基本价值追求,服务大局是重要使命,党的领导是根本保证。② 法官助理和书记员职业的素质修养和职业技能的提高,首先是社会主义司法理念的培育与养成。法官助理和书记员是在人民法院协助法官办理有关审判、执行等具体辅助性事务性工作的法定公务人员,是法官的助手,是人民法院的工作人员,这一职业与法官职业一样也是体现公正、良心的崇高职业,因此,要求从业者必须具有当代先进的社会主义司法理念。成为一名称职的法官助理和书记员,加强司法理念的修养仍然是首要的职业素质要求。加强司法理念的修养,是一个逐渐养成和积累的渐进过程,并非一朝一夕可以成就,需要有"滴水穿石"

---

  ① 参见《求是》杂志政治编辑部:《社会主义法治理念教育学习读本》,红旗出版社2006年版,第1页。
  ② 同上书,第12页。

的耐心、恒心和毅力。职业技能的培训,实际上也是各种职业素质的修养,关于职业素质,需要确立刻苦磨炼的精神,培养积极向上、拼搏进取的精神,需要养成用心感悟和不断总结的良好习惯;在工作实践中,要"见贤思齐,见不贤而内自省",自觉加强法律职业司法理念的修养,确立正确的价值观,努力成为一名符合现代社会法律职业要求的称职的法官助理和书记员。

本章主要论述我国现代法官助理和书记员职业司法理念的确立。

第一节 法官助理和书记员职业司法理念概述

司法理念的作用在于司法理念能指导司法者的行为和思维,能指导特定价值观下的司法应然模式的构建,最终目的是为了指导司法实践。司法理念是人们对司法的本质及其规则和对法的价值的解读而形成的一种观念模式。司法理念有个体性、独立性、稳定性以及职业性等基本特点。司法理念是精神性的存在,来自司法实践和制度实践,因此,现代新型的司法理念对于现代审判辅助职业制度的理性构建具有指导意义,对推行法官助理和书记员职业制度的改革也具有重要意义。

"理念"是西方思想史上非常重要而又非常古老的一个范畴。就"理念"一词的古希腊词源而论,是指见到的东西即形象。柏拉图排除这个词的感性意义,用它指称理智的对象。进而把理念看做是"离开具体事物而独立存在的精神实体",在此基础上建立起客观唯心主义的理念论。此后从亚里士多德到阿奎那,从康德到黑格尔,都对理念有不同的哲学见解,他们把理念归结为思维中对某一对象的一种理想的、精神的普遍类型,这对研究司法理念无疑具有方法论的意义。康德认为,理念是一种超越经验的概念,是理性的理念,是设定的理想。黑格尔认为,理念是一种客观的理性和精神。范愉教授则认为,理念实际上就是原理和信念,是一种价值观,一种指导思想和哲学原则。谈到"理念"可能会产生一种误解,以为是意识形态领域的东西,是形而上学的东西,而感到很空洞,认为司法理念与职业技能并没有太大的关联,其实,司法理念无时无刻不与司法实践紧密相连。司法理念对法官助理和书记员的司法职业技能来讲,就好比灵魂与身体、精神与形式、内涵与外观的关系一样。司法理念作为一种哲学思想属于一种实践理性。

理念在司法实践中的价值和意义是:首先,司法制度在设计中应该有系统成熟的理念作为基础。理论准备不足会导致立法的矛盾、混乱和缺乏可操作性,也会带来法律和制度的不稳定性;其次,司法改革是理念的变革,但必须形成相对成熟的思考和共识,没有理论指导的改革是逻辑混乱、反复无常的;再次,理念的匮乏会导致信仰的危机,从对司法的迷信到幻灭,导致司法大跃进和群众运动式的动员、口号化,不被信仰的理念是虚假的、无意义的;最后,避免寻求理念中的急功近利。

目前存在的实用主义和功利主义的论证——从一步到庭到小额诉讼,理念帮助法官谨慎理解司法实践的需要与技术进步之间的相生相容的关系,扎根现实生活,理解法律以及法律发生作用的土壤。过去我们过于注重司法理念的全球化、现代化,而忽视了本土化。一味强调移植西方成熟的法律制度和思想,而没有结合中国国情、价值观念和传统法律文化来发展适合当今中国社会现实需要的司法理念。从现代司法理念发展到社会主义法治理念,是司法理念的进步。构建司法职业的司法理念应当考虑社会现实、思想状态和历史文化传统。西方现代司法理念需要与我国的本土文化、本土资源进行交融才有生命力。当前中国司法的"两难"困境的本质原因,就是司法表层制度的西方化而深层思想观念的传统化。所谓"两难"困境,即指老百姓觉得打官司难,而法官觉得办案难的双重矛盾困境。司法理念与司法制度上还存在着不和谐的地方。苏力教授在《法治及其本土资源》一书中认为:"中国的法治之路必须注重利用中国本土的资源,注重中国法律文化的传统和实际,只有这样才可以建立与中国现代化相适应的法治。"[①]法官助理和书记员职业需要一种什么样的司法理念?当代中国审判辅助职业需要一种符合中国国情的司法理念。任何一个民族的法制或者法律秩序都是"形""魂"的统一体,形是制度、技能;魂是理念、伦理(法伦理)。法伦理是指以伦理、公德、正义等形式存在于人们心目中的行为准则,是人定法背后的伦理形式的法则或信条,是观念形式的法律,而不是文本或其他形态的法律。要认识一种法律秩序,不能不先领悟其法伦理;要建立一种新型的法律秩序,不能不致力于改造旧的法伦理而培养出一套新的法伦理。司法改革、司法体制改革、审判方式改革需要符合我国社会与国情的司法理念的支撑;对西方现代司法理念的借鉴和吸收,需要考虑现实社会的需要;审判辅助职业技能的培育和养成,需要一种新的法伦理——社会主义法治理念。

英美法系和大陆法系是以西方市民法伦理为价值取向的,从古希腊罗马到现代虽有变革,但基本上可以视为商业性、市场性的法律秩序。其法律秩序背后的法伦理是市民法伦理。西方法学名著所推崇的司法理念是基本一致和古今一贯的。人权、平等、自由、意思自治、公平交易与竞争、权力服从法律、契约自由、契约神圣、私有财产神圣等贯穿其中。例如,柏拉图的《理想国》《法律篇》,亚里士多德的《政治学》,西塞罗的《论法律》《论共和国》,孟德斯鸠的《论法的精神》,洛克的《政府论》,卢梭的《社会契约论》,约翰·密尔的《论自由》,等等,均是以市民法伦理为理

---

① 苏力:《法治及其本土资源》,中国政法大学出版社2004年版,第6页。

念支撑的。范忠信教授在其著作《中西法文化的暗合与差异》一书中认为,我国传统法律秩序背后的法伦理是亲属法伦理。中华法系的内在精神就是亲伦精神,以亲属伦理为灵魂;东方内陆农业社会的家庭伦理,以忠孝为核心的法伦理。以亲亲尊尊、孝悌忠信、三纲五常为主要内容的亲属法伦理,重视亲情,重视家庭,重视和谐,主张国家政治应像家庭生活一样有人情味,主张给人们更多的保护亲属的权利,主张责任以更多的敬、爱、亲属的义务。亲属法伦理为人类的社会生活的温情化、感情化提供了动力,为人类社会生活的和谐作出了贡献。它的四海之内皆兄弟,老吾老以及人之老,幼吾幼以及人之幼,推恩等亲情推展式的伦理主张具有永恒的意义。① 无论是中国的亲属法伦理还是西方的市民法伦理,过去都曾被推向极端,但是,真理走向极端就是荒谬,因此,需要建构自己的司法理念。社会主义司法理念的构建就是洋为中用、古为今用的创造,是对西方法治文明成果的合理借鉴,是对中国传统法律文化的传承,更是对现代司法理念的创造。社会主义司法理念兼采两种法伦理的优点和精华,中西合璧,将会重铸中华法治之魂。由于现在的法律体系整体上是以市民法伦理为价值取向建立起来的,是以彻底背离中华法系的亲属法伦理传统的态度立场建立起来的,而亲属法伦理又深深植根于人民的观念之中,因此,我们需要在现行的市民法伦理和市民性质法律体系中适当掺进一些体现亲属法伦理的制度因素,以矫其偏,以合国情,以使法治能被更广大的人民群众心悦诚服地接受。这就是为什么提出"社会主义司法理念"的深层次原因。

今天,我们在推行法治、追求法治、探索法治的进程中,需要的是社会主义司法理念。就当前的司法审判辅助职业而言,传统的、落后的司法理念还在影响着法官助理和书记员的工作效率和质量。现代司法审判工作发展很快,各种新情况、新问题层出不穷,实践中的各种困难也越来越多,面临的形势和任务越来越艰巨,要求也越来越高,这些都需要法官助理和书记员及时更新观念,以社会主义司法理念指导审判辅助性工作。陈旧的观念还在影响我们的审判辅助工作,法官助理和书记员的观念还不能适应社会发展新形势的需要。审判辅助职业需要司法理念来指导,理念是法官助理和书记员工作的重要指导依据,有什么样的理念就有什么样的工作结果。因此,法官助理和书记员职业技能的提高,需要将社会主义法治理念作为指导思想。

---

① 参见范忠信:《中西法文化的暗合与差异》,中国政法大学出版社2001年版,第201—216页。

第二节　法官助理和书记员职业
　　　　司法理念的建构与培养

　　法律是什么的问题,既是法理学研究的永恒问题,也是审判辅助职业理念的重塑与建构的主要内容。法官助理和书记员们如何认知法律、如何感悟法律,对于职业技能的培养非常重要和关键。建立司法理念,一个重要的问题是重新理解法律是什么这样一个法理学永恒的问题。

　　对于"法律是什么"这一问题的回答,每一位法官助理和书记员的答案都不会完全相同。因为不同的审判辅助职业个体在理念层面认识和认知的角度、深度、广度都是不同的。过去的教科书上习惯从政治学的角度将法律定义为:法律是上升为国家意志的统治阶级的意志,而社会学家、经济学家对法律的定义则与此并不相同。如何回答法律是什么的问题,永远没有统一固定的答案,因为理念的建构和重塑是一个不断感悟和进化的过程。因此,笔者无法给出明确具体的答案,只能在这里讲述两种认识和认知的方法。

　　首先,"瞎子摸象"的认知方法。其实在哲学认识论上,"瞎子摸象"不是讽刺笑话,而是一个认识论的哲学问题。其实,每次摸象时的发现都是一次认知上的进步,都向真实的概念和认识迈进一步。法官助理和书记员职业的司法理念建构和重塑,以及审判辅助职业技能的培养,应当提倡"瞎子摸象"的认知方法。每"摸"一次,都是一次认识和认知的进步。只有不断完善和发展认识论和方法论,我们的司法理念才能够不断建构和重塑。

　　其次,禅宗和禅学中关于认识和认知的三重境界。禅宗是中国传统文化中最高深的哲学,中国归根到底还是一个哲学社会。如果我们学会用"禅"的智慧来思考和认识司法理念问题,就能够正确认识和认知法律是什么。第一重境界是"看山是山,看水是水";第二重境界是"看山不是山,看水不是水";第三重境界是"看山还是山,看水还是水"。这是一个螺旋式上升的认识进化过程。司法理念的建构和重塑,需要掌握一种思考、学习和总结的方法,需要学会运用方法论和认识论,需要追求一种认识上的境界和达观。法官助理和书记员应当掌握这两种认识和认知的方法,才能在司法审判实践和审判辅助职业生涯中去摸索、体验、感悟、总结、思考,才能在每一天的庭审和审判辅助性事务中去具体运用,才能用公正的司法工作和娴熟的审判辅助职业技能,告诉人们法律是什么。

一、法律是公平正义,是法官的判决和法官及其助手的智慧

"公平正义,是人类共同的追求,是社会主义法治的价值追求,是构建社会主义和谐社会的重要任务。"①社会主义法治理念将公平正义确立为主要内容,就是为了真正实现法律的精神。合法原则、平等对待、及时高效、程序公正等诉讼原则,实际上都包含了公平正义理念的丰富内涵。法官助理和书记员需要从法律的目的理解法律和法律的精神,法律的目的在于公正,而不在于法律本身,当法律不能实现公正时,公正本身就是超越法律的判决依据。我们的审判辅助职业是维护司法公正的一项重要职业设置。自古以来,离开审判辅助职业,司法就有偏离公平正义的倾向,这一职业的设置既有辅助作用,也有监督职能,是公平正义的助推器和校准仪。

美国大法官格雷曾说:法官的判决就是法律,是活生生的法律。每一份判决书都是法官运用司法职业技能正确适用司法程序、正确分析推理认定事实、正确解释和适用法律所作出的裁判,是法律在社会生活中的具体运用。因此,法官的判决就是法律。作为法官的助手,应当有这样一种认知和认识的境界。只有当我们真切地感受到自己辅助法官所作出的每一份判决都是法律,只有当这种理念和价值观形成审判辅助职业人的内心确信时,我们才会对所从事的审判辅助职业产生神圣和崇敬的心灵感应,才会不断思考和修炼我们的职业技能,使自己所辅助法官作出的判决成为法律精神的体现,成为法律价值和功能的体现。

法律不是"刑"、不是"律"、不只是"铁",法律是人类的一种智慧,法官是用智慧思考法律问题的人,法官是解读人类这种智慧的人,而法官助理和书记员,是协助法官正确解读人类智慧的助手。"徒法不足以自行",法律再好也还是要靠法官和法官的助手们的审判实践实施的,离开了法律职业群体的智慧和技能,再美好的法律也只能是立法者的空想。法律的精神、法律的智慧要得以实施,需要法官及其助手的智慧和职业技能。从这一层面上看,可以说法律就是法官、法官助理、书记员的智慧和职业技能。

二、法律是一门生活的艺术,法律是真善美

法律领域作为艺术的发挥人为理性之所,不仅需要丰富的各学科知识,更要有深厚的法律知识和娴熟的司法职业技能。民国时期的法学家吴经熊博士在其论文集《法的艺术》里得出法律、司法是艺术的论断。他认为:"正义是真善美的复合

---

① 中共中央政法委:《社会主义法治理念教育读本》,长安出版社 2006 年版,第 54 页。

体,而正义是与法律、司法紧密相连的,所以法律、司法也是真善美的复合体,真是正义的基础,善是正义的材料和目标,美是正义的品质。"他有这样一段论述:"当我把法律与其他艺术作比较的时候,我并非在比喻或修辞的意义上讲话。我知觉到一方面是法,另一方面是音乐、诗歌、绘画,二者是相同的……表达手段在音乐是声音,在诗歌是词语,在绘画是颜色,在法律则是利益。不同只在于表现的材料和媒介,所有艺术的最重要方面都是一致的,那就是一种对称的、有秩序的、和谐的排列和对表现元素的有机组织。如果法律不是艺术,那它就什么也不是。"[1]美国法学家富勒认为,法律制度是一项实践艺术。波斯纳则认为,法律是一种以法律进行社会管理的艺术及受过法律训练,由法律经验的人来实践。法官助理和书记员只有把法律职业看做是一门生活的艺术,看做是创造真善美的艺术创造过程,才会在平凡的工作中时时体现真善美,传导幸福的感受和体验。

三、法律是一种实践理性和理性职业

贯穿西方法治的一根主线就是对人类理性的呼唤。西方学者把追求理性的精神称为日神精神,把追求非理性的精神称为酒神精神。西方社会大体上属于商业民族,商业民族的显著特点是整日计算投入与产出、成本与收益、效率与效益,所以最具日神精神。农业民族一般来说正如列宁所批评的那样:"因循守旧""墨守成规""抱残守缺"。而我国则总体上属于农业民族社会,农业民族的特点是缺乏理性思维,其根源在于它生活在宗法社会中,缺少理性,注重亲情和亲属伦理。亚里士多德是西方哲人中率先提出法治主张与学说的,也是最早提出"人是理性的动物"命题的。在人类法律史上,法治论就等于理性主义者,自然法思想是西方法治建设的一盏指路明灯,而自然法中最重要的内容就是理性。西方法治的主要设计师孟德斯鸠和卢梭都是理性主义的倡导者。哲学是生活实践的反映,哲学家论证的理性不过是对商品交易生活中人类能力的高度提升与总结。人在什么状态下最理性?答案是在市场上做生意时最理性。讨价还价,斤斤计较,计算成本与收益,评估商品的样式与质量。所以,理性更多地属于商业民族,而农业民族总体上理性不足。理性是商业民族的一种思维方式,是对人的本性不信任的人们所特有的一种思维方式。其主要的内容是主体平等、意思自治、权利神圣、等价有偿、诚实信用、契约自由等。我国目前已经步入市场经济,正在从农业民族向商业民族转变,因此我们的法律也应是一种实践理性。审判辅助职业是一种需要追求理性的职业,是一种以理性为主要素质要求和职业技能修养的理性职业。审判辅助职业与法官职业的个性,一样可以归纳为孤独化、魅力化、贵族化。对法官助理和书记员

---

[1] 吕世伦:《法的真善美——法美学初探》,法律出版社2004年版,第554页。

而言,拥有一个睿智、清醒和理性的大脑,远比巧舌如簧更为重要。"我思故我在",被认为是关于法律职业的至理名言。中国当代法官助理和书记员的职业特征是"审慎、严谨和理性"。法官助理和书记员的职业使命是通过理性辅助法官,协助法官正确判断和缜密推理,辅助法官对个案作出公正的裁判,进而实现社会正义。

四、法律是天理、人情和平常人的良心

"法律不外乎人情",但是,在情与法的问题上,人情历来是大于法律的。古代法律的弊端是以情代法,导致法律没有权威,统治者治国无常,人存政举,人亡政息。而现代法律的弊端则是以法代情,人情被法律淹没。人情干扰法律可能会导致司法不公正,但法律没有了人情同样也不行。现代法律确有伤害人们正常健康感情的趋势。中国现行法律多半是从西方移植和借鉴来的,西方价值观念的核心是个人主义,把个体当做法律的逻辑起点,优点是保障了个体的利益与尊严,短处是缺乏对整体和谐的关注,把本来亲密无间的人类群体拆成一个个孤立的分子。社会主义司法理念,倡导的是一个情、理、法交融的境界,讲求法律与情理的统一,这也是现代法律职业应当具备的职业技能。在中国传统民间社会的法律观念中,立法是一个总结"人情"、整理并尊崇升华"人情"的过程;司法是"人情"在争讼事件中的演练或操作过程;守法是以法律化的"人情"约束个人私欲的过程。法律必须有人情,法官及其助手也必须有人情。法官助理和书记员必须要有深刻领悟人情的技能,才能提高自身素质和职业技能。

从古到今,从形式上看,法律是愈来愈复杂了;从社会对法律的认同态度上看,法律愈来愈受重视,法律至上的信仰正在逐渐形成。然而,如果我们把法律看简单一点,法律其实就是平常人的良心!西方司法制度中最初设立陪审团的原因,就是为了帮助法官找回平常人的良心。法官做久了,难免会产生一定的职业病,只知道法律条文,而忘却了社会良心,刻板固执,不通情达理。为了克服这一缺点,西方创立了陪审团制度,让普通民众摸着心口,凭良心来判断被告的行为是否犯罪或有过错。

法律只能表述和确认社会关系,根本无法创造社会关系。法律是以社会为基础,而不是社会以法律为基础。法律必须要和平常人的良心保持一致,因为,它是靠人们的普遍认同、遵守才会发生作用。如果人们在良心上拒绝它,法律就只是一种形式而已。老子曰:"民不畏死,奈何以死惧之。"其实,长时间从事法律职业,很容易偏激和固执,同样会容易背离平常人的良心。法律需要符合社会人之常情和天理良心,才能得到社会的普遍认同和遵守。一个有良心的法官助理和书记员,其审判辅助职业技能才能达到高超的境界。

五、法律是一种信仰和价值追求

卢梭说过:"人生而自由,却无往不在枷锁之中。"这句箴言道出了人类真实的、宿命的生存境遇:人类永远不可能摆脱由种种社会关系交错形成的层层枷锁。法律就是枷锁之上的死结。从人性角度讲,法律的存在是以人性的缺陷为前提的,人的恣意、贪婪、自私等缺陷乃是与生俱来,无法通过道德说教进行改造,而只能借助法律等制度化的理性力量,最大限度地予以刚性遏制和规训。法律的缺陷是法律本身固有的和无法消除的。西方人最终选择法治的理由,恐怕不在于法律的优点胜过人的智慧,而仅仅是感觉法治比人治更可靠。历史也时常告诫世人,人的自觉自律不是恒常的。现代法治的本来含义是"法的统治"(Rule of law)。法不只是控制社会、约束公民的工具,而主要是统治国家、控制政府和政党、制约领袖人物的行为准则。所以,现代法治国家,就是信奉"法律至上"的国家。"法律至上"是宪法至上、良法至上,不仅指实体法至上,也包括程序法至上。法官坚信法律至上,为法官裁判划定了法治的维度,为司法权力的行使勾勒出正义的边界,同时为审判辅助职业的素质和职业技能奠定了理念的基础。法律是调节利益和解决纠纷的重要机制,诉诸法庭由相对中立的法官作出裁决,已经成为现代社会解决纠纷的最权威、最常规的手段,也是人类社会迄今最为和平、最为文明且最为公道的纠纷解决模式。以法律适用为要义的司法,被公认为是实现社会正义的最后一道防线。法治是一种优良的社会治理手段已是一个不争的事实,法治社会信奉"法律至上"的理念,作为法律职业者,法官助理和书记员应当牢固树立"法律至上"的信仰,确立审判辅助职业的忠诚品质。确立坚定的法律信仰要求法官助理和书记员对法的本质和作用有正确的认识,对法的精神有深刻的理解,对法治理想有积极的期待。法律信仰需要有一种信法为真的"愚钝"的执著,需要有一种笃信法律的虔诚,需要有一种坚守法律职业的持久的热爱。信仰的力量是无穷的,只要建构了坚定的法律信仰,才有可能热爱审判辅助职业,进而将热爱化作热情与智慧。只有在坚定的法律信仰指导下,法官助理和书记员才会不断追寻法律的精神,寻找立法的本意,辅助法官公正司法。法官助理和书记员的职业忠诚来源于法律信仰,来源于对法律职业尊严的深刻理解,来源于对正义事业的执著价值追求,来源于为法律职业献身的勇气和志向。

六、法律是一种文化和人文关怀精神

法律是一种文化,凝结着人们调整社会关系的智慧、知识和经验,作为上层建筑的组成部分,不能不包括文化的内容。法律文化是人类社会在漫长的历史发展过程中从事法律实践活动所创造的智慧结晶和精神财富,是社会法律现象存在与发展的文化基础。审判辅助职业素质和技能与法律文化息息相关,职业理念的建构必须有深厚的文化底蕴。社会主义法治理念实际上融入了我国传统的法律文化和西方法律文化,是中西方法律文化结合的产物。就现实情况而言,中国司法职业者实际上都是受到两种法律文化的影响,一种是中国文化思想的浸润,另一种是西方文化思想的熏染。置身于两种法律文化交织缠绕的文化背景之中,法官助理和书记员的思想、理念、素质和职业技能是一种兼收并蓄、包容中西文化的整合。两种文化的交融,既给审判辅助职业的发展提供了更为丰富的思想资源和理论基础,同时,也给审判辅助职业的发展提出了严峻的挑战,对法官助理和书记员的职业素质和能力提出了更高的要求。

人文精神是一套观念体系,也是一种崇高的理念。其要义是:一切从人的需要出发,以人为中心,把人作为观念、行为和制度的主体;人的解放与自由,人的尊严、幸福与全面发展,应当成为个人、群体、社会和政府的终极关怀;作为主体的个人和团体,应当有公平、宽容、诚信、自立、自强、自律的自觉意识和观念。人文精神以弘扬人的主体性和价值性、对人的权利的平等尊重和关怀为特征。市场经济和市民社会是人文精神的原生点,法律的真善美实际上也是人文精神的另一种表达方式。美的实质、美的真谛、美的规律和幸福的感受都是人文精神的价值形式。当今社会的全面进步离不开人文精神,建构和谐社会离不开人文精神,人文精神是现代法律价值观的深刻内涵。社会主义司法理念讲究"司法为民",实际上就是一种人文精神和人文关怀的体现。社会主义法治理念强调司法为民,实际上就是强调司法以人为本,强调"司法人性化"。在司法活动中尊重人的人格和尊严,体现对人性的尊重和关怀。正如孟德斯鸠所说,如果一个社会经常用残酷的刑罚,就会使民心也变得很残忍。老百姓对残酷的东西就视而不见,变得麻木不仁,更容易产生严重的犯罪。而在一个讲求人文关怀的社会中,很轻的刑罚就可能使人们的心灵产生很大的触动,我们之所以崇尚司法的人性化,并强调道德、品质、良知在法官助理和书记员职业生涯中的作用,是因为作为法官助理和书记员的社会责任不仅是协助法官解决具体法律问题,还要让未来人类有更公正与和谐的生活环境。

七、法律是构建和谐社会的最佳方法和幸福观

和谐社会应该是社会各阶层、各成员之间和睦相处,各尽所能,各得其所,人与自然之间协调发展,充满生机与活力的社会。包括人与人,人与自然,人的外在与内心的和谐。法治背景下的和谐社会应具有六个方面的特征,即民主法治、公平正义、诚信友爱、充满活力、安定有序、人与自然和谐相处。构建社会主义和谐社会得民心,顺民意,体现了人民群众的根本利益和共同愿望。当前,我国改革开放向更

深层次更广领域推进,社会主义市场经济体制正在建立,在这个历史发展的进程中,必然会触及各个方面的利益。新情况新问题新矛盾大量产生,这些问题有的可以通过社会调解机构解决,有的行政机关可以解决,但相当部分要通过法律手段解决,法院作为社会矛盾终局裁决者,在构建和谐社会中起着至关重要和无可替代的作用,面临的挑战和考验也越来越严峻,对法官助理和书记员的素质也提出了更高的要求。构建和谐社会最需要法律的调整,最需要司法的保证,因此,司法的和谐观更广阔、全面、理性,且关注人的内心。司法构建和谐的图景是兼顾权利、义务的公平,人与自然的平衡、个人与社会的平衡、代际公平、惩罚与教育的平衡、经济发展与内心幸福的平衡。许多人把中庸之道理解错了,认为它是没有原则地走一条中间路线,各打五十大板。陈旧的观点认为,"和谐"与法律精神是相违背的,其实这是对和谐的误解。和谐就是中庸之道,法律也是中庸之道。儒家的"中庸之道"讲求"无一事不合理才是中庸";道家的"无为",追求的是"无为而无不为";佛家的"出世",是为了"更好的入世",易学追求的"和境",是一种"太和的境界"。无论哪种流派,都蕴含着一个最基本的民主文化特征:那就是"和谐"。

中国五千年的文化实际上是一种"和合文化"。讲求宽容与友爱,讲求和谐是中国文化与其他文化相区别的最本质的特征,和谐是一种境界,也是一种精神,它已经深入到每个中国人的血脉深处。《论语》对此作了精辟的总结:"礼之用,和为贵。"和谐社会是以人为本的社会,是人权得到最大保障的社会,是人类社会美好追求的境界。和谐社会与西方法治社会的最高境界在法理上是相通的,法治是通往和谐社会的一条必经路径,法律是构建和谐的最佳方法。从法理学的视角来看,构建和谐社会,提倡科学发展观,提倡社会主义法治理念,既是对中国传统文化的新的回归,又是传统文化在融入现代法制文明时的一项创新。回归使我们找到自己的文化之根,创新又使我们的思维和职业技能焕发活力。在司法审判实践中,法官助理和书记员们将会发现烙上中国印的和谐社会的真意。古往今来,人类对法律是什么的理解和答案很多,对法律精神的追问也很多,迄今也没有标准的答案。法律应是能够给人带来权利、利益、安宁、自由、和谐、秩序、尊严、文明等幸福感的规则和制度,是人类理性价值的集中体现,是洋溢着诗意之美、和谐之美的社会规范,是人性真善美的制度表达。这是对法的本质的个人理解和诠释,抛却了恶法的不人道、反人类的特征,是对法的理想的描述。人们对法、法律、司法的解读从未停止,相关的理论始终处于变化和发展当中,对此没有独断的真理,只有永恒的对话和诠释。

世界上第一部成文法典《汉谟拉比法典》开篇明志:"我在这块土地上创立法

和公正,在这时光里,我使人们幸福。"①《十二铜表法》最后一句话,描述了法律最本质的价值:人民的幸福是最高的法律。审判辅助职业的要求是必须每时每刻对法律职业的高贵及其深刻性的问题有所认识。法官助理和书记员是专门辅助法官审理裁判案件为职业的专业人员。法官助理和书记员应当忠实于自己的司法哲学——社会主义法治理念和司法理念。对于法官助理和书记员角色的再定位就是:我们应当深刻认识人性的复杂性与人类生活的复杂性,认识到司法审判辅助职业不仅是一种职业和工作,还是一种生活方式,更是一种思维方式。从业者应当学问多于机智,尊严多于一般的欢心,谨慎超乎自信。司法审判辅助工作的结果是辅助法官以中庸之道化纠纷,灭除暴力与欺骗,共同构建社会主义和谐社会。司法审判实践实际上在悄然地改变着每一个法官助理和书记员的性格和价值观,衷心希望上述对司法理念的现代解读,能够给法官助理和书记员职业带来思想上的启示和认知方法的启发,希望有助于法官助理和书记员对社会主义法治理念的深刻领悟和理解,希望有助于加深法官助理和书记员对当代法官助理和书记员职业技能的认知和体验,从而提高自身素质和提升职业技能。

---

① 余定宇:《寻找法律的印迹》,法律出版社 2004 年版,第 13 页。

第九章　法官助理和书记员职业素质修养和技能要求

法官的职业化建设对法官职业的素质修养和职业技能要求较高,与之相匹配的是,法官助理和书记员的素质修养和职业技能同样也与法官职业化改革相适应。普通中国老百姓心中理想的法官是"包公""海瑞"式的集各种优秀品质于一身的"清官",是法律职业的"超人",他们必须做到正直无私、不畏强权、不受利诱、扶弱除奸、智能超群、无所不能。这种理想型的"清官",好比柏拉图推崇的"哲人王",是人治思想在人们心中的反映。老百姓总希望有这样一位救世主式的"清官"来实现司法公正,然而理想型的"清官",实际上是不存在的。希望法律职业者个个具备理想型法官的素质是不切实际的。法官的职责是定纷止争,在人们心目中,法官代表社会的良知和正义,因此,法官必须具备较高的专业素质和职业技能。从古代到现代,从东方到西方,著名的大法官都无一例外是具有高素质和精通法律的法律家,不仅具有广博精深的法学知识,而且还具有高超的智力、判断力、洞察力、写作和分析能力、逻辑推理能力等职业技能。在现代社会做一个合格的法官,必须具有良好的素质和职业技能,即把法律应用于裁决案件或者解决社会纠纷的能力,包括洞察力、分析判断力、逻辑思维能力、写作能力、研究总结能力等。法官的职业化建设就是要全面实现提高职业法官的素质和职业技能的目的。法官的职业化与法官的助手的职业化建设,在素质和职业技能的培养上具有相同的目标和要求。"徒善不足以为政,徒法不足以自行。"①无论多么美好的政治和法律制度,最终还是需要高素质的人来实施与推行,才能实现其制度功能和价值。"每个人皆依其自然所赋予的素质"。② 作为一种司法辅助性的职业,法官的助手的职业素质和基本的职业

---

① 《孟子·离娄篇》。
② 参见〔德〕叔本华:《人性的得失与智慧》,文良、文化编译,华文出版社2004年版,第245页。

技能要求是这一职业的至关重要的基础和根基。其实,每种职业同样也是依其从业者所秉承的素质与修养。法律职业的职业技能在本质上是法律职业者的综合素质与修养在司法权运行过程中的表现和运用。法官助理和书记员审判辅助职业是法律职业中不可或缺的部分,其司法辅助性工作贯穿整个审判工作的全过程,包括立案、庭前准备、开庭审理记录、调查取证、合评庭评议、宣判、执行、送达、结案及卷宗装订归档等辅助性工作,工作量大而且较为繁杂,既有事务性的工作,也有技术性的工作,其工作质量、效率和水平的高低,直接影响整个审判工作的公正与效率。法律是靠人来执行的,司法的权力如果经过无知和盲从的非职业者之手,再神圣纯洁的法律也会变质。法治国家要求法律职业具有强烈的职业素质和专业特征。[1]法官的助手法官助理和书记员职业化建设,关键在于提高司法辅助人员的各项综合素质的修养和加强职业技能的培训。"人的素质是历史的产物,又给历史以巨大影响。"[2]从某种意义上讲,素质修养是职业技能的核心,职业技能是从业者综合能力与素质修养的集中表现。全面法官助理和书记员职业素养和职业技能,是当前加强法官职业化建设的必由之路,必筑之基,必修之课。

第一节　素质修养概述

所谓素质,也称为素养。从广义上讲,素质是指人的品质和质量,即人的总体发展水平和潜能,是由包括生理和身体品质、心理品质、思想品质、科学文化品质、理论品质、政治品质等人的各种品质而构成的一个综合体系和结构。通常说的人的素质,实际上就是指以人的个体的先天禀赋为基础,通过环境、教育、职业磨炼和自身修养的锻造与影响,逐步培育形成和发展起来的相对稳定的身心品质。人的素质具有全面性、和谐性、整体性、综合性、结构性的特征,由多个不同的层次和侧面构成一个复合型的整体性结构。"素质是事物本来的性质,是人先天特性和后天社会实践而获得的内在本质力量"[3]按照《新华词典》词义的解释:"素质是指人的生理上的原来的特点;事物本来的性质;完成某类活动所必需的基本条件。"[4]人的素质的各个组成部分是相互依存、相互渗透、相互制约、相互促进的、共同构成一个统一协调的完整品质水平,包括先天素质和后天学习、训练而逐渐内化养成的基本品质。狭义上的素质,特指完成某类活动所必需的基本条件,即指法官助理和书记

---

[1] 参见张文显:《法理学》,法律出版社1997年版,第248页。
[2] 李国光:《怎样做好书记员工作》,人民法院出版社1992年版,第198页。
[3] 尹忠显:《司法能力研究》,人民法院出版社2006年版,第253页。
[4] 《新华词典》,商务印书馆2001年版,第938页。

员完成司法辅助性职业所必需具备的基本品质和能力。法官助理和书记员的素质是审判辅助性职业技能的核心和基础,而所谓的职业技能,就是法官助理和书记员的综合素质在职业行为上的外化表现。审判辅助职业的职业技能在本质上是法官助理和书记员的综合性素质与身心品质在司法审判运行过程中的展现与确认。法官助理和书记员的职业素质,是指法官通过教育、培训和审判辅助职业的实践而逐渐培养而内化的一系列身心基本品质和能力。其职业素质包含丰富的内容:政治素质、司法伦理与职业道德素质、身体素质、心理素质、语言素质、法学知识素质、审判业务素质,等等。法官助理和书记员的职业素质中既有与法官职业同样应当具备的品质,又有作为审判辅助职业所特有的职业素质与职业技能。法官助理和书记员的职业素质受到法律学科教育、审判辅助职业准入制度以及从业者主观努力等因素的影响。

所谓修养,也称修为。修,就是按照一定的规格和要求进行磨制、修整和提高,使之完美;养,就是涵养、培育和陶冶,进行养成、培养、充实和完善。所谓修养,是指在社会实践中进行自我教育、自我改造、自我锻炼、自我塑造的过程。刘少奇同志在《论共产党员的修养》中曾说:"一个人要求得进步,就必须下苦功夫,郑重其事地去进行自我修养"①,作为一种职业的从业者的修养,对于这一职业来讲至关重要,因为,从业者修养的高低,决定职业技能和水平的高低。我们所讨论的修养是特指职业修养,即审判辅助职业的职业修养,特指法官助理和书记员在审判辅助职业活动中进行自我教育、培训、锻造和磨砺的过程。法官助理和书记员只有不断加强职业修养,才能不断提高自身的职业道德素质和职业技能。最高人民法院于2010年颁布的《法官行为规范》(法发〔2010〕54号)第8条明确提出法官必须加强职业修养,同时提出要从以下方面加强职业修养:"坚持学习,不断提高自身素质;遵守司法礼仪,执行着装规定,言语文明,举止得体,不得浓妆艳抹,不得佩带与法官身份不相称的饰物,不得参加有损司法职业形象的活动。"这虽然是针对法官职业修养而作的具体要求,但同样也适用于法官助理和书记员的职业修养。

素质与修养是相辅相成的两个不同层面,提高素质需要不断地加强修养,而加强修养则能够有助于提高素质,二者是一个辩证统一的整体。法官助理和书记员职业虽然属于审判辅助性职业,但与法官职业息息相关,没有辅助职业的协助,法官难以完成司法审判工作,因此,法官助理和书记员与法官一样,要求有较高的职业素质和职业修养,必须不断提高自身素质和加强职业修养,才能提高职业技能,胜任本职工作。长期的司法审判实践以及审判辅助职业制度改革的经验证明,法官助理和书记员良好的素质和职业修养是其提高职业技能,做好审判辅助工作,发

---

① 《刘少奇选集》(上卷),人民出版社1985年版,第109页。

挥助手作用的内在动因和基础。良好的素质与职业修养共同构成职业技能的坚实基础。从意识形态的认知层面来看,特别是当前社会转型时期,对于一种职业来讲,各种"非正式制度"①和"潜规则"②在或明或暗地发生着作用,法官助理和书记员审判辅助职业同法官职业一样,会受到"非正式制度"和"潜规则"的影响。"……社会的价值观念分崩离析,是非标准晦昧不明","没有恒定的是非观,没有尊严感,没有自卑感,没有恪守之道,只有利己的好恶,与时沉浮,及时行乐,眼前利益,投机取巧。'为机变之巧者'多,而有耻有格,敢于执着地恒守一种价值者少。"③作为职业法官的助手,在社会转型时期如何坚守和表达自己的职业信念,如何坚守自己的职业伦理道德与操守,更重要的是需要在从业者的素质与职业修养上下工夫。正如卡多佐法官所言:"那些吞没了其他人的伟大潮流和洪流,并不会在它们的进程中偏离方向,有意绕开法官"④,当然也更不会绕开法官助理和书记员们。职业的信念与理想必须有较高的职业素质和职业修养为基础,"我们喜欢自己想象司法过程是一个冷静客观的非个人化的过程,想象法律是一种真实的存在,它分散且孤独地居住着,并通过祭司和法官们的声音说出了他们不得不说出的语词。这是一种客观真理的理想,每个法律体系都趋向这种理想"。⑤ 这种客观真理的理想,不仅是法官的理想,同样也是法官助理和书记员职业所向往的理想,司法的过程是法官与法官助理和书记员们共同演绎出的和弦乐章,其美妙在于二者的相得益彰,更在于二者的素质与修养的契合。素质与修养本身就是一种职业理念的演绎与表达。

第二节　法官助理和书记员职业素质修养

一、司法理念和政治素质修养

审判辅助职业的素质修养,首先应当是司法理念的确立。理念是技能的灵魂,是技能的基石,是技能的内涵。司法理念的作用在于其能指导司法者的行为和思维,能指导特定价值观下的司法应然模式的构建,最终目的是为了指导司法实践。审判辅助职业的素质修养和职业技能的提高,首先是司法理念的培育与养成。司法理念来自司法实践和制度实践。因此,法治思维司法理念对于现代审判辅助职

---

① 苏力:《送法下乡——中国基层司法制度研究》,中国政法大学出版社2000年版,第73页。
② 吴思:《血酬定律》,中国工人出版社2003年版,第3页。
③ 何新:《思考:我的哲学与宗教观》,时事出版社2001年版,第187页。
④ 〔美〕本杰明·卡多佐:《司法过程的性质》,苏力译,商务印书馆1998年版,第106页。
⑤ 同上注。

业制度的理性构建具有指导意义,对于推行法官助理和书记员职业制度的改革也具有重要意义。

政治素质修养包含很丰富的内容,包括司法理念、信仰与信念、司法伦理、职业道德、人格品行、纪律作风等诸多方面。它是指法官助理和书记员在政治信念、政治觉悟、政治立场、政治态度、政治品德、政治纪律等方面的自我修炼、自我培养与塑造的过程。政治素质修养是法官助理和书记员素质修养的首要内容,是法官助理和书记员提高司法职业技能,发挥司法审判辅助作用的内在动因。

二、职业道德素质修养

每一种职业都会有相应的特殊的道德要求,都要求从业者在所从事的职业活动中秉承与其特定职业相对应的行为规范。职业道德是从业者在长期的职业实践中所逐步养成的特殊的道德要求。良好的职业道德对法官与法官助理和书记员职业来讲都是十分重要的,法律职业人的司法行为都是在一定的伦理道德价值判断基础上的外化表现,司法是否公正,取决于司法伦理与职业道德的指引。法官助理和书记员职业是一种专门的司法职业,在履行审判辅助职业职责的过程中,必须遵循相应的道德原则和行为规范,即职业道德。从某种意义上讲,法官助理和书记员的职业道德既是法官职业道德的延伸,又是法官职业道德的基础。一方面,法官助理和书记员职业是法官职业的辅助,具有附属性、配套性、协助性等性质,两种职业具有很大的同一性,基本的职业道德规范与准则都是相通的,法官助理和书记员职业作为辅助法官完成审判职务行为的专业人员,其道德规范理应是法官职业道德规范的延伸。另一方面,就我国全面推行司法体制改革后的法官员额制和法官遴选机制而言,在今后很长一段时间内,职业法官选任的主要来源还是法官助理和书记员队伍,作为法官职业的预备职业队伍,其职业道德规范的要求应当是一脉相承、自始至终的,法官助理和书记员职业道德要求丝毫不应逊色于法官职业道德。

三、业务、人文和科技素质修养

"法律是一门艺术,它需要经过长期的学习和实践才能掌握,在未达到这一水平之前,任何人都不能从事案件的审判工作。"[①]法官助理和书记员虽然所从事的是司法审判的辅助性事务,但这些事务却都是法律事务,与法官职业一样需要有较高的法律专业知识素养作为底蕴,才能做好此项工作。从事法官助理和书记员职业必须具备一定的业务素质才能胜任工作需要。法官助理作为法官的助手,在协

---

① 〔美〕庞德:《普通法的精神》,法律出版社2001年版,第42页。

助法官工作时必须谙熟相关法律,特别是对程序法的内容更是要求熟练掌握。单就书记员的记录工作而言,绝不单纯只是掌握运用电脑打字和速记技能就可以胜任的,而是要求懂得相应的法律知识,才能在记录中记好记全审判活动的内容。法官助理和书记员是法官的助手,主要工作就是辅助和协助法官去完成审判任务,要求其必须具备实体法与程序法的相关业务知识。法律职业同时还是一种综合性很强的职业,案件的审理对所涉及的其他专业知识、社会常识、经历、阅历、社会经验等综合性素质的要求同样也很高,这就需要法官助理和书记员在提高业务素质的同时,还要努力提高人文社会素养和科技素质等综合素质修养。

四、语言、思维、身体及心理素质修养

司法审判中有一项基本原则是直接言词原则,法官助理和书记员所从事的法律辅助职业离不开语言,需要讲求语言素质。法官助理和书记员的智慧、良心、良知和高超的职业素养都是需要通过一定的语言来表达的,司法的过程实际上是一个法律语言应用的过程。法官助理和书记员职业与法官职业一样也是一项对于思维素质要求很高的智力型职业。法官助理和书记员虽然从事的是辅助性司法审判工作,但同样也需要较高的思维素质要求,缺乏应有的思考素质和能力,也是难以做好这项工作的。对思考能力和思维素质的训练应当成为法官助理和书记员职业的一项重要内容。身体素质和心理素质均属于法官助理和书记员职业从业者的基本素质内涵之列。没有健康的身体素质和心理素质,其他的素质或技能再好也是枉然。对于一项职业来讲,身体素质和心理素质是一切素质的基础和前提。

第三节 法官助理和书记员职业技能要求

一、立案登记接待咨询和立案审查工作中的辅助职业技能

实行立案登记制度改革之后,立案工作是法院的"窗口",立案咨询接待工作是审判工作的开始,当事人来法院诉讼与法院审判人员的初次接触,就是接待工作的开始,良好的接待技能和技巧是做好立案工作,甚至是做好后续审判工作的前提。立案登记环节中对涉及纠纷和诉讼的相关法律实体和程序方面问题的法律咨询,是立案登记工作的重要职业技能。立案接待虽然只是一项事务性的工作,但与案件的顺利审理密切相关,与法院和法官的外在形象及沟通协调密切相关,在立案和审判工作中发挥着重要的作用。由于立案庭负责各类民商事、行政、刑事等一、二审案件、执行申请以及各类申诉和申请再审案件的立案受理登记和形式审查工

作,立案技能是做好立案工作的关键,事关审判工作的全过程。立案登记和形式审查是立案环节中的重要程序,主要包括负责立案登记必备基本条件的审查、负责审查管辖的确定及管辖权争议管辖的确定、负责诉前保全和证据保全、负责诉讼费及申请执行费预收进行诉前调解等职责内容。具体包括:

(1) 各类案件的立案咨询接待工作技能;
(2) 民商事案件立案登记形式审查阶段的辅助工作技能;
(3) 行政案件立案登记形式审查中的辅助工作技能;
(4) 刑事案件立案登记形式审查中的辅助工作技能;
(5) 执行案件立案登记形式审查中的辅助工作技能;
(6) 各类申诉和申请再审案件立案登记形式审查中的辅助工作技能。

二、审前准备程序中的辅助职业技能

审前准备程序工作的审判辅助职业技能,是负责程序性事务工作的法官助理和书记员职业群体的主要职业技能之一,也是当前人民法院推行法官助理制度改革在审判辅助职业技能领域的主要内容。在美国,审前准备程序被确立为一种专门的审理程序。我国法院的司法体制改革和审判权运行机制改革目前也在着重强调审前程序的程序性改革。所谓审前程序,即指案件受理后至开庭审理之前,人民法院、诉讼当事人、当事人的代理人以及其他诉讼参与人等为开庭审理所进行的一系列程序性的诉讼活动和诉讼行为,具体包括送达诉讼材料,财产保全和先予执行,诉讼证据的提供、收集、交换和固定,整理归纳争点,主持诉前调解、和解与速裁,排期开庭等开庭审理前的准备程序操作内容。审前准备程序能够通过准备程序保障当事人的诉讼权利,保障案件的公开审理,确保人民法院严格依照诉讼程序审理案件、确保案件的质量和审判工作的高效快捷。强化开庭的准备程序工作的审判辅助职业技能,能够确保法官开庭审理的庭审功能的正确发挥。人民法院能否顺利及时完成对案件的审理裁判,与开庭审理前的准备程序工作是否做得充分周到,有极大的关系。因此,审前准备程序的辅助职业技能对人民法院的审判工作具有非常重要的理论与现实意义。

审前准备程序中的审判辅助职业技能具体包括:(1) 送达工作的辅助职业技能;(2) 协助法官办理财产保全、证据保全与先予执行等工作的辅助职业技能;(3) 庭前诉讼证据准备辅助职业技能;(4) 庭前主持和解与庭前调解的辅助职业技能;(5) 案件争议焦点整理技能;(6) 类型化案例的收集、分析、整理技能;(7) 庭审提纲拟定和基本审判思路分析技能。

三、辅助合议庭法官庭审的职业技能

庭审是职业法官审理案件最主要的方式，是诉辩双方在法律程序规制下的博弈，是双方当事人为利益之争展开的理性的正面交锋，是事实与假象、正义与非正义在法官的主持下展开的法律智慧的公平较量。庭审过程是法官与法官的助手们之间密切配合的协作过程。法官是庭审的导演和主角，法官助理和书记员是庭审的配角，但再好的导演和主角也离不开配角的配合与协作，离开了法官助理和书记员的配合辅助，单靠法官唱"独角戏"，是很难完成审判任务的。法官助理和书记员对法官审判工作的辅助应当是一种全案跟进制，即法官助理负责同该案有关的全部程序性和实体性工作，除前面章节所述的送达与保全、整理争点、整理证据、组织证据交换等审前准备之外，还应包括辅助法官进行庭审和调解、审核庭审笔录、草拟法律文书等辅助性工作内容。实行全案跟进制，法官的助手就不能游离于庭审之外，而是必须参与庭审，并辅助法官的庭审工作。直接审理原则和言词原则同样也适用于法官的助手的司法辅助性工作，法官的助手参与庭审辅助有利于对诉讼证据的直观认识和准确把握，理清证据线索，把握争执焦点，协助法官调解，辅助法官及时草拟好法律文书，促进庭审的效率与质量。

具体辅助职业技能包括：(1) 各类民商事案件的庭审辅助技能；(2) 各类行政案件的庭审辅助技能；(3) 各类刑事案件的庭审辅助技能；(4) 各类再审案件的庭审辅助技能；(5) 各类执行案件的听证、裁判等事项的审理程序辅助技能；(6) 各类庭审中对于速录员的使用和管理；(7) 当庭制作(辅助)法律文书的技能。

四、制作各类审判笔录的辅助职业技能

各类审判笔录是法官助理和书记员如实记载和全面反映审判活动过程和案件事实证据的载体，是审判文书和案卷材料不可或缺的一部分，因此，各类审判笔录的制作职业技能是审判辅助职业的主要职业技能之一。能否及时、准确、全面记录审判程序中的各个审理环节，是考察审判辅助职业技能的重要考评考核标准。制作各类审判笔录是人民法院在审判活动中经常使用的重要工作方法，是审判辅助职业的主业。法官助理和书记员职业的审判笔录记录工作是一项极为平凡、单调、枯燥但不可或缺的司法辅助性事务工作。这项单调枯燥的记录工作不仅需要长期坚持的韧劲，更需要培养娴熟的记录职业技能。

具体记录技能包括如下几个方面：(1) 各类审判笔录制作的文字书写记录；(2) 各类审判笔录制作的电子计算机文字录入记录技能；(3) 各类审判笔录的记录技巧和方法等技能；(4) 科技法庭使用管理运维技能。

五、各类审判信息收集与沟通的辅助职业技能

信息收集与沟通就是法官助理和书记员对审判工作中各种信息进行分析鉴别、去粗取精、去伪存真、整理归类,并及时记录存贮和进行信息加工整理,及时报送信息和注意审判信息的保密,及时为审判决策提供参考依据。现代审判工作的过程和性质从某种层面上理解,就是一个不断进行审判信息沟通的过程。辅助法官做好信息沟通工作,也是辅助法官做好审判工作的内容之一。在审判工作中,各类审判信息对于法官、合议庭、审判委员会的审判决策和法院的审判管理越来越重要,而法官助理和书记员处于法院与诉讼参加人联系的中间环节,并通过信息沟通发挥对审判工作的辅助作用,因此,信息收集与沟通已经成为其一项重要的职业技能。法官助理和书记员在审判辅助工作中需要培养一种强烈的信息收集和沟通的意识,从信息收集与沟通的视角做好繁杂的审判辅助事务性工作,保持审判程序中的信息及时收集和高效运转,从而提高审判工作的效率。这就要求法官助理和书记员在信息的收集与沟通辅助工作中做到敏锐、准确、及时、全面、适用。

六、司法统计和公文写作辅助技能

法官助理和书记员的审判辅助职业技能不仅是辅助法官审理案件,还包括司法统计、司法审判工作的公文写作和立卷归档等内容。这些职业技能对审判工作而言同样很重要。在法院内部把办案称为"审判业务工作",而司法统计、公文写作则称为"综合工作",综合工作相对审判工作而言非常重要,既是基础,又是延伸,更是辅助与配合,二者缺一不可。法官助理和书记员只有认真培养和掌握司法统计和公文写作技能,才能更好地适应现代社会审判工作发展对审判辅助职业技能的现实需要。

七、案卷立卷建档和归档的职业技能

案卷是审判活动全程的真实记录,真实记载着人民法院审理案件的全部过程。及时立卷归档有利于系统保存和管理诉讼文书档案,防止案卷材料毁损灭失或流散泄密,保障案件诉讼文书的安全与完整;有利于日后的检查、考评、考核、查证、参考、借鉴和利用;有利于提高诉讼档案管理工作的质量。立卷归档工作的质量实际上是审判工作质量的直接反映,同时也直接影响诉讼档案的保存和利用,具有重要的价值和功能。因此,熟练掌握立卷归档的操作技巧和方法,是保证诉讼文书立卷质量的基础。

司法统计、公文写作和立卷归档的职业技能主要包括如下几个方面的内容:

(1) 司法统计工作的技巧和方法;(2) 各类司法审判工作公文写作的技巧和方法;(3) 案卷实时扫描电子文档的建档管理技能;(4) 现代电子信息技术立卷归档工作流程和工作技巧;(5) 立卷归档对案卷的阅卷检查技巧和方法要求;(6) 诉讼档案归档的接收与鉴定程序与方法;(7) 电子诉讼档案的扫描、制作和验收入库;(8) 电子信息档案的管理等。

八、司法审判工作调查研究与司法写作的辅助职业技能

"审判并不是一种毫无拘束的司法意志行为,而是一种要把判决立基于那些被认为是审判活动的合法工具的正式和非正式渊源资料之上的有意识的努力。"①这种"有意识的努力",更多的是指法官及其助手们在司法审判实践中的调查研究和司法写作活动。所谓调查研究技能,是指法官、法官助理和书记员等法律职业者通过一定的研究途径和方法,对审判工作实践中存在的各种应用法学研究的热点、难点问题进行科学的统计、分析、调查和研究,通过归纳提炼和总结,以获得规律性的经验和知识,从而更好地指导审判工作实践。调研工作实际上应当视为审判工作的一部分,是审判工作的基础和延伸。现代法官职业化建设要求法官在完成知识化、专业化、高学历和高学位化的基础上,进一步向研究型、学者型的方向发展,要求职业法官具有一定的调查研究能力和司法写作能力。调查研究能力和司法写作能力的培养,不仅仅局限于职业法官,而且也应当包含法官助理和书记员等司法辅助人员。实践经验表明,科学的审判工作决策来源于深入的调查研究,审判工作实践中有许多难点、热点问题都需要通过调查研究来研究对策和解决方法,因此,法官助理和书记员应当注重培养调查研究和司法写作职业技能。

九、各类司法裁判文书的辅助制作职业技能

事实上,各类裁判文书的制作不仅仅是法官的工作,在某种程度上讲也是法官的助手的重要辅助工作内容之一。法官助理和书记员作为法官的助手,在辅助法官的审判工作实践中,几乎每天都要和各类裁判文书打交道,各类裁判文书的辅助制作与校对是法官的助手职业的重要工作内容之一。从司法程序功能的视角来看,各类裁判文书的制作是一个动态的程序记录的过程,裁判文书的制作不是在案件庭审之后,或合议庭评议后才开始的,而是应当贯穿于审判活动的全过程,每完结一个程序,就应当同时制作完成裁判文书的一部分内容。法官助理和书记员在

---

① 〔美〕E.博登海默:《法理学法哲学与法律方法》,邓正来译,中国政法大学出版社 2004 年版,第 586 页。

审判中所做的许多工作,都是与裁判文书制作的内容紧密联系的,裁判文书上的许多话语,实际上也都来源于法官助理和书记员的司法审判辅助工作。法官助理和书记员在审前准备程序中的送达、调查、归纳整理争点、固定证据、庭前调解等工作,以及庭审中的记录工作,都是在辅助法官制作裁判文书。在司法审判实践中,有经验的法官或书记员写作审理报告和裁判文书,是在司法审判程序运行的动态过程中完成的,一般是庭审完毕或合议庭评议完毕后,很快就可以作出司法裁判文书,有的简单案件甚至达到当庭即可完成审理报告和裁判文书。

各类裁判文书辅助制作职业技能主要包括:(1) 各类案件审理报告和裁判文书的阶段性辅助制作的职业技能;(2) 各类裁判文书辅助制作中的修饰、校对与整理职业技能等。

十、辅助合议庭法官办理各类案件和处理审判事务的辅助职业技能

如果说法官的司法技能可以用裁判艺术形容,法官助理和书记员的辅助职业技能也同样可以上升到审判辅助职业艺术的高度。合议庭法官和书记员在办理案件和处理司法审判事务的时候,需要两者的密切协调配合和默契,两者的工作是相辅相成,互为条件的。我国民国时期的法学家吴经熊在其论文集《法的艺术》里得出了法律、司法是艺术的论断,他认为,正义是真善美的复合体,而正义是与法律、司法紧密相连的,所以法律、司法也是真善美的复合体;真是正义的基础,善是正义的材料和目标,而美则是正义的品质。富勒与波斯纳也都认为:法律制度是一项"实践艺术",是一种以法律进行社会管理的艺术,即由受过法律训练有法律经验的人来实践。[①] 学者们的论断引导出一个共同的命题:法官裁判是一门实践的艺术。无论是普通法系国家还是大陆法系国家,司法职业和审判辅助职业的工作艺术与方法早已在司法实践和理论研究领域发展成为一门独立的学问。法官职业及审判辅助职业相辅相成,正确适用法律、解释法律的方法和艺术,以及合议庭法官和书记员、法官助理默契配合办理案件的经验和习惯,经过长期的积累和研究,已升华为一门独特的职业技能。正是因为有了这样的职业技能,才使法官在以法律治理国家的实践中能够以法律的精神裁判是非黑白,使世俗世界趋于秩序与和平,使人们感受到不同层面的安全和幸福。相比较而言,中国有其独特的国情,中国的法制环境也具有特殊的复杂性,在中国意欲推行依法治国,提高法官队伍的司法能力,其困难程度要远远大于西方。目前中国现代的大学法学教育体系中还没有专门开设真正意义上的法官和书记员审判辅助职业技能的课程,而中国法院的司法技能培训,也没有专门培训审判辅助职业技能的传统和专业课程。然而,当前中国

---

① 吕世伦:《法的真善美——法美学初探》,法律出版社2004年版,第553页。

的司法审判工作最迫切需要的教育和培训内容就是法官助理和书记员审判辅助职业技能,法官裁判艺术与审判辅助职业技能具有天然的紧密联系。人民法院司法权的行使主体不仅仅是合议庭法官,还有一个重要的主体,就是法官助理和书记员。合议庭法官的司法水平有赖于书记员、法官助理审判辅助职业的辅助和事务性、程序性工作的支撑,需要法官助理和书记员的默契配合以及辅助法官办案经验习惯等辅助职业技能与经验的感性辅助。法官将理性的法律科学付诸司法审判实践,用法律手段调整社会生活中的各种纷争,维护社会生活秩序,维护社会公平与正义。这个实践的过程既是一个理性的实践过程,又是一个建立在理性基础之上的超越理性的感性实践过程;既是一个有法定程序且公开透明的实现正义的过程,又是一个法官进行自由心证、道德判断、价值取舍、利益衡量的心灵感悟的过程,而这个过程也离不开法官助理和书记员审判辅助职业的精心辅助与默契配合,因此,法官助理和书记员辅助合议庭法官妥善办理各类案件和处理审判事务的审判辅助职业技能,是一门重要的辅助职业技能,法官助理和书记员司法辅助能力的提升,也就是合议庭法官审判艺术的整体提升。

第十章　法官助理和书记员职业政治素质与修养

"从研究对象上看,司法应属于政治学与法学的交叉领域。相对而言,在宏观上,涉及制度、组织、角色等结构及功能领域的属于政治学;在微观上,涉及程序和法律适用等操作及过程领域的属于法学。"① 美国著名学者帕森斯认为:"实施机构本身在严格的意义上不是法律系统的一部分,而是政治组织的一部分。就是说,实施法律是政治的功能。"② 政治与法律实际上是分不开的两个概念,"关于司法改革的理念建构,首先应是政治学的,其次才是法学的"。③ 本书讨论法官助理和书记员职业的素质与修养,同样也是一个政治学与法学交叉的领域。司法职业及其审判辅助职业是否应当要求政治素质和修养,如何理解法律辅助职业的政治素质与修养,这在学术界与司法实务界都是一个有争议的问题。过去我们在人民司法工作中过分强调了法官及其书记员的政治素质,却忽视了法律职业者的业务素质和职业技能。在过分强调的政治素质中也并非是全面的政治素质,而是一种片面性的政治素质要求。"司法机关被认为仅仅是实行无产阶级专政的工具,司法工作被认为是一种政治性、阶级性最强烈的工作。专政工具这个刀把子,必须掌握在绝对服从党的领导、忠于国家和人民、忠于社会主义事业和共产主义事业的干部手中。因此,当时对司法干部的选择非常重视政治条件和素质,主要选择政治上的先进分子担任司法干部。"④ 这种片面强调的政治素质实际上着重点在于对可靠性的把握,其实并未包含政治素质所应当具备的全面内容,对业务素质和职业技能则更是要求很低。这种片面性的政治性要求,既导致现代社会对政治素质的误解与淡漠,

---

① 程竹汝:《司法改革与政治发展》,中国社会科学出版社2001年版,第3页。
② 〔美〕帕森斯:《现代社会的结构与过程》,梁向阳译,光明日报出版社1988年版,第155页。
③ 程竹汝:《司法改革与政治发展》,中国社会科学出版社2001年版,第3页。
④ 马建华:《从法官职业化研究》,人民法院出版社2004年版,第188—189页。

又未能充分理解政治素质的深刻内涵。

第一节　政治素质与修养概述

一、概念

"政治,是一个历史范畴,是一定的阶级或社会集团为了维护其根本利益,围绕夺取政权或巩固政权所进行的一切活动。"①在法理学中,对法与国家、法与政治有如下论述:认为政治是一定阶级的政治,法是一定阶级的法,他们都是统治阶级利益和意志的体现,关系十分密切。一方面,政治制约着法,体现在政治关系、政治斗争中,统治阶级的政治任务影响着法的内容;另一方面,法又服务于政治,体现在法律强调政治关系,维护统治秩序,促进政治任务的实现。不同的历史时期,政治有不同的意义。在夺取政权的过程中,政治是"各阶级之间的斗争"②,夺取政权之后,政治是发展社会生产力,借以巩固政权。我国现阶段处于社会转型时期,目前最大的政治是构建社会主义和谐社会。

政治素质,是指一个人的政治信念与觉悟、政治立场与态度、政治纪律与作风、政治品德与人格等方面的总和。法官助理与书记员的政治素质,是指法官助理和书记官职业的人员的政治信念、政治觉悟、政治立场、政治态度、政治纪律、政治作风、政治品德、政治人格等方面的总和。其基本内容和要求包括司法伦理与职业道德、司法理念与信仰、纪律作风与人格品质、政治立场和觉悟、政治敏锐性与鉴别力,等等。

政治修养,是指政治信念、政治觉悟、政治立场、政治态度、政治品德、政治纪律等方面的自我修炼与自我培养、塑造的过程。法官助理与书记员的政治修养,是指法官助理、书记员在司法实践中的司法伦理与职业道德、司法理念与信仰、纪律作风与人格品质、政治立场与觉悟、政治敏锐性与鉴别力等方面的自我修炼、自我培养、自我塑造的过程。

二、内涵

司法是上层建筑领域的范畴,是国家机关的重要组成部分,是政治性非常强的工作,法官助理和书记员的司法辅助性工作是司法工作不可或缺的重要组成部分,需要从业者具备坚定的政治立场、崇高的职业道德、良好的纪律作风、高尚的人格

---

① 郝明金等:《怎样做好书记官工作》,人民法院出版社2006年版,第27页。
② 《列宁选集》第4卷,人民出版社1982年版,第370页。

品质、正确的政治敏锐性与鉴别力等政治素质与修养。

现阶段,对于法官助理与书记员职业的政治素质与修养的认识存在着一些误区:一是认为,业务素质和职业技能是硬指标,只要能辅助法官办好案子就可以了;政治素质是软指标,是意识形态领域的内容,可抓可不抓。二是认为,现代社会还强调政治素质与修养已经过时,已经跟不上时代和形势了。三是认为,强调政治素质与独立审判是相对立的,过分强调政治素质会影响司法的公正性。四是认为,政治素质与修养对提高职业技能没有促进作用,只是带有政治色彩的要求,只为政治服务,而于司法无益。

这些片面的认识和误解,在理论上是错误的,在实践中也是有害的。政治素质与修养其实与司法审判工作是息息相关的,实实在在反映在司法审判工作之中。强调法官助理、书记员的政治素质与修养,不仅与独立审判不相矛盾,而且是确保司法公正的重要保障。世界上没有哪一个国家的司法能够完全脱离政治的范畴,也没有哪一个国家的司法与政治是完全分开的。西方的司法制度虽然名义上禁止司法官参与政治活动,推崇司法独立,但实质上,由于司法官的出身、学校教育和其所处的社会地位等因素的影响,还是使司法官带有明显的政治倾向。法官及其助手的政治性,取决于他们的政治主张,法官及其助手们,"不能没有一定的政治主张,他们不可能是超阶级和超政治的"①,法官及其助手们的政治主张实际上就是政治素质与修养的体现。法官、法官助理和书记员能否公正司法,能否体现公平、正义、良心与良知,从根本上讲也是政治素质与修养的体现与外化。只有具备良好的政治素质的法官、法官助理和书记员,才有可能做到公正司法。

《法官法》规定的法官任职资格,其中一项就是法官要有良好的政治素质。②人民法院是中国共产党领导下的国家审判机关,是执政党通过司法渠道实现政治主张和目的的重要国家机关,是执政党通过司法途径保持与人民群众血肉联系的重要环节。人民法院的特殊政治地位和性质,决定了法官、法官助理、书记员队伍必须忠诚地解释和适用体现人民意志的法律,以此维护正常的社会秩序,维护社会的稳定、和谐与安宁。人民司法工作的中心任务就是要最大限度地实现社会的公平与正义,法官及其他工作人员最大的政治就是实现司法公正。最高人民法院 2005 年 11 月 4 日颁布的《法官行为规范(试行)》第 1 条首先就对法官的政治素质提出了明确具体的要求,要求法官坚定政治信念:"一是坚持以马克思列宁主义、毛泽东思想、邓小平理论和'三个代表'重要思想的指导;二是坚持牢固树立科学发展观,为构建社会主义和谐社会而奋斗;三是坚持党的领导,忠实执行宪法和法律;

---

① 尹忠显:《司法能力研究》,人民法院出版社 2006 年版,第 254 页。
② 毛泽东同志曾经指出:"一个人如果没有正确的政治观点,就等于没有灵魂。"参见郝明金:《怎样做好书记官工作》,人民法院出版社 2006 年版,第 27 页。

四是努力实践依法治国基本方略,促进社会主义民主政治建设;五是坚持公正司法,一心为民的工作方针。"这些内容是对法官政治素质的要求,同样也适用于法官助理和书记员。法官助理和书记员只有树立坚定的政治信念,才能有坚定的政治立场,才能确立正确的世界观和人生观,才能正确理解和执行党的路线、方针、政策,才能坚持全心全意为人民服务的宗旨,才能在纷繁复杂的环境中正确把握形势,临难不退、临危不乱,才能在审判辅助职业中真正发挥法官助手的辅助作用,为公正司法作出应有的贡献。

三、意义

政治素质与修养是法官助理和书记员素质与修养的首要内容,是法官助理和书记员提高司法职业技能,发挥辅助作用的内在动因。强调政治素质与修养的重要意义在于:

1. 讲求政治素质与修养,是法官助理与书记员职业性质的必然要求

法官助理和书记员是人民法院的司法辅助人员,是法官司法审判活动的助手,其职业性质是由人民法院的性质、地位和作用决定的。人民法院是国家的审判机关,是人民民主专政的工具之一,人民法院的任务是通过司法审判活动,惩治犯罪、制裁违法、解决纠纷,以保卫人民民主专政政权,维护社会主义社会秩序,保护社会主义国有财产、集体财产和私人所有的合法财产,保护公民、法人和其他组织的合法权益,保障构建社会主义和谐社会事业的顺利进行,因此,人民法院的性质、地位、作用,决定了法官助理、书记员的职业性质必须具备优良的政治素质。政治素质决定着审判辅助职业的从业者的立场和方向,体现"为谁掌权,为谁服务"的政治方向。不具备优良的政治素质,就无法完成宪法与法律赋予法官助理和书记员的法定职责。因此,讲求政治素质与修养,是对司法辅助性职业性质的必然要求。

2. 讲求政治素质与修养,是社会转型时期法官助理与书记员职业所面临的复杂形势的现实需要

当今处于社会转型的复杂时期,社会经济生活日趋复杂化,各种社会利益结构更加多元化,民间纠纷产生的几率在不断增大;社会纠纷的解决渠道虽然很多,但绝大多数都需要通过司法途径解决,司法解决纠纷的过程实际上也是利益的博弈与平衡过程,其间的诱惑很多,陷阱也很多。法官助理和书记员在审判过程中与当事人接触也较多,如何把握好廉政的底线和思想警戒线,需要有良好的政治素质与修养作保障。司法审判过程中,由于现代传媒与网络技术使来自社会的各种影响和压力千方百计地影响正常的司法审判工作,影响司法的公正性,因此,如何在纷繁复杂的社会环境中站稳脚跟,保持坚定的政治立场和方向,排除各种干扰、诱惑和影响,对法官助理和书记员职业来讲是一个巨大的考验。没有较高的政治素质

与修养,法官助理和书记员就无法在审判辅助职业生涯中经受住各种各样的考验。

3. 讲求政治素质与修养,是提高法官助理和书记员工作职业技能的根本保证

法官助理和书记员只有具备优良的政治素质,才能自觉地在本职工作中努力提高职业技能。政治素质的基本内容和要求是具有坚定的政治方向、高度的政治觉悟和高尚的政治品德等。坚定的政治方向集中体现在确立坚定的共产主义信念和理想;集中体现在确立社会主义法治理念和法律信仰。高度的政治觉悟集中体现在能够正确地贯彻党的路线、方针、政策;集中体现在能够正确理解法律的精神和立法的宗旨。高尚的政治品德集中表现在具有良好的职业道德与职业操守。这些政治素质与修养,是提高法官助理和书记员职业技能的前提和基础。只有具备了必要的政治素质和不断加强政治修养,法官助理和书记员才能自觉地把职业技能的提高与实现职业的理想结合起来,与党的司法为民宗旨结合起来,才能根据本职工作的需要,不断加强培训与学习以提高职业技能。职业技能是建立在一定的政治素质和修养的基础之上的,政治素质和修养在一定程度上甚至主导着职业技能的水平和方向。法官助理和书记员是法官的助手,从事的是辅助法官完成司法审判工作任务的重要事务性、程序性的工作,对职业技能的要求很高,必须具备一定的政治理论素养,树立正确的人生观和价值观,养成良好的职业道德和人品人格,才有可能在此基础上不断提高职业技能,才能在具体的司法辅助性工作中始终维护法律的公平与正义,才能在社会公众中维护法院和法官队伍公正司法的形象,才能为构建社会主义和谐社会做好司法审判辅助性工作。

第二节 法官助理和书记员职业政治素质修养

由于时代与历史条件及认识层面等的种种限制,导致以往对政治素质与修养所应当包含的具体内容的认识有所偏颇,过分强调了政治立场和政治方向,而忽略了其他一些重要的内容,以致很多同志在谈到政治素质与修养问题时,往往会产生厌烦或疲劳的情绪,这是认识上的误区所造成的。但也不可否认,认识上的另一误区,是认为法官的上司只有法律,法律至上是法官职业的最高信仰,而对政治信念、信仰和政治理论则持怀疑或抵制的态度。其实,从古至今,没有哪个时代的法院和法律职业可以脱离政治的影响而独立存在,完全意义上的司法独立是不存在的,世界上没有哪个国家的法官能够完全只凭法律办案,而完全抛弃政治、道德、伦理和人情。仔细考量古今中外的法官所裁判的案件,无一不是天理、人情和国法的交融。西方法治国家的法官判案,同样也有政治倾向,同样受到其崇尚的伦理与道德的影响,同样也有法官的情感融入其中。法律职业者的政治信念、信仰其实也是司

法职业技能的一个重要组成部分,离开了政治信念与信仰,法律职业技能的基点与方向就会偏离,就会成为无本之木、无源之水。

一、政治信念的培养

"所谓信念,是人们在一定认识的基础上,对某种思想理论、学说和理想所抱的坚定不移的观念和真诚信服与坚决执行的态度。信念是认识、情感和意志的融合和统一。"①西方有一句名言:"即使世界毁灭也得维护正义。"②就是表达的一种法官职业的信念。信念需要理性作为基础,是一种建立在理性之上的意志力。从认识论的角度讲,认识主体都是从自己已有的立场、观点、方法、科学文化知识、历史经验等的基础上反映客观存在并进行理论思维的。③ 人们的行为都是在一定的信念支配下而进行的,作为一种职业,法官助理和书记员的职业技能与职业行为当然也是需要一定的政治信念作为支撑的。信念能够改变心情和态度,能够使人产生一种理性制约下的自信与镇定,能够使人产生一种理性基础上的内心淡定与坦然。《论语》中所说"仁者不忧,智者不惑,勇者不惧",就讲的是人在坚定信念支撑下的一种超然的心态。

政治信念是人们对政治思想理论、学说和理想的认识、情感和意志的融和与统一,是政治思想素质的集中体现。""政治信念是否科学正确、能否坚定不移,对政治思想素质有着决定性影响,坚定正确的政治信念,是提高政治思想素质的核心内容和本质要求。④ 法律职业的政治思想素质集中体现在从业者的政治信念上,确立坚定的政治信念,对于规范法官助理和书记员的司法行为具有非常重要的理论与现实意义。邓小平同志在总结中国历史经验时曾经谈道:"我们过去几十年艰苦奋斗,就是靠用坚定的信念把人民团结起来,为人民自己的利益而奋斗。没有这样的信念就没有凝聚力。没有这样的信念,就没有一切。"⑤这里所讲的"信念",就是指政治信念。政治信念不仅是认识事物的基点和评判事物的标准,更是一种构建在理性认识基础之上的精神力量,法律职业者一旦具备了坚定正确的政治信念,就能够牢固树立正确的人生观和世界观,就会拥有一种强大的精神力量,就会自然产生一种内心强大的定力。坚贞不渝、百折不挠都是形容恪守政治信念的坚定程度。纵观许多法官违纪违法案件,究其思想根源,都是因为政治信念动摇。

---

① 最高人民法院政治部:《法官行为规范(试行)解读》,人民法院出版社2006年版,第37页。
② 〔德〕叔本华:《人性的得失与智慧》,文良文化编译,华文出版社2004年版,第257页。
③ 参见李国光:《怎样做好书记员工作》,人民法院出版社1992年版,第200—201页。
④ 参见最高人民法院政治部:《法官行为规范(试行)解读》,人民法院出版社2006年版,第37页。
⑤ 《邓小平文选》(第3卷),人民出版社1993年版,第190页。

二、政治理论的修养

确立坚定的政治信念,首先应当加强政治理论的修养。法官、法官助理和书记员同属人民法院的工作人员,同属法律职业,其行为模式、价值观念直接影响人民法院的司法权威和社会公信力,影响法官队伍的整体形象,影响社会公众对社会公平、正义价值的正确评价。法官助理和书记员作为人民法院法定工作人员和法律职业共同体不可或缺的一部分,只有具备较高的政治理论和专业理论素养,才能树立正确的政治理想信念。有理论才有思路,有思路才有信念,确立坚定的政治信念需要具备一定的政治理论修养。加强政治理论修养具体包括如下几个方面:

(1)加强马克思列宁主义、毛泽东思想、邓小平理论、"三个代表"重要思想、科学发展观和构建社会主义和谐社会政治理论知识以及习近平总书记系列重要讲话精神的学习与运用。马克思列宁主义、毛泽东思想、邓小平理论和"三个代表"重要思想,是被我们的革命和建设事业的社会实践反复检验和证明了的科学的政治理论和有力的思想武器,科学发展观和构建社会主义和谐社会理论,是社会转型时期对上述政治理论的探索与发展。加强政治理论的学习,关键在于学习方式的改进与更新,不能沿用过去传统的说教模式和开会学习等理论学习方法,而是要根据时代的发展变化,采取更加符合现代需要的理论学习方式。不仅要注重经典理论著作的学习,更要深刻领会所学政治理论的精神实质,努力把所学习和掌握的政治理论与司法审判实践紧密结合起来,特别是紧密结合人民法院的现实情况和审判辅助职业,切实加强政治理论的哲学修养,提高理论与实践相结合解决实际问题的能力。

(2)要确立正确的世界观、人生观和价值观。对政治理论学习的目的就在于确立正确的世界观、人生观和价值观。"世界观、人生观、价值观三者相互联系、相互影响,共同决定了人的信仰、追求和行为方式。"①政治信念说到底就是世界观、人生观、价值观三者的集中与融合后的意志表现,加强政治理论的修养,就是要通过对世界观、人生观、价值观的不断改造和重塑坚定政治信念。

(3)要加强党性修养,坚定党的宗旨信念。法官助理和书记员是党领导下的法律职业者,大多数都是党员,作为执政党的一分子,应当把加强党性修养、坚定党的宗旨信念作为加强政治理论修养的一个重要方面。充分认识加强党的领导与忠实执行宪法和法律之间的辩证关系,充分认识对党的忠诚与对宪法和法律的"忠实"是相统一的。法律职业者对宪法和法律的忠实是由其所从事的法律职业性质所决定的,普通人对宪法和法律的遵守往往只是义务性的,而法律职业人对宪法和

---

① 郝明金等:《怎样做好书记官工作》,人民法院出版社 2006 年版,第 30 页。

法律应当有崇高的信仰和坚定不移的情感,才能称之为"忠实"。党的政策与法律都同样体现着党的宗旨信念,在司法审判实践中,要有将党的新时期的路线、方针、政策具体运用到法律解释与适用以及司法辅助性事务工作之中的理论政策水平。

(4) 要树立公正司法全心全意为人民服务,以及为构建社会主义和谐社会服务的政治信念。在2005年的全国高级人民法院院长会议上,确立了今后人民法院工作以"公正司法,一心为民"为指导方针,"公正司法是人民司法工作的灵魂和生命,是人民法院始终追求并努力实现的目标。公正司法蕴涵了法律效果与社会效果的有机统一,是人民群众对人民法院工作的期望和赖以信任的基础"。[①] 党的全心全意为人民服务的宗旨,要求人民法院的审判工作必须体现人民性,司法工作者必须是为人民掌权、为人民服务、为人民执法;真正做到权为民所用、情为民所系、利为民所谋。

(5) 加强社会主义法治理念学习教育。"法治理念是人们对法律的功能、作用和法律的实施所持的内心信念和观念。""社会主义法治理念是马克思列宁主义关于国家与法的理论。中国国情和现代化建设实际相结合的产物,是中国社会主义民主与法治实践经验的总结,是中国改革开放和社会主义现代化建设的重大思想和理论成就,为当前和今后建设社会主义法治国家提供了正确的思想指南。"[②]加强社会主义法治理念的学习教育,是法官助理和书记员适应社会转型时期的需要,更好地以审判辅助职业技能服务于构建社会主义和谐社会的必然要求;是坚持人民司法工作社会主义方向,充分发挥人民法院审判职能作用和法律职业人职业技能的重要保障;是切实解决法官助理和书记员队伍中存在的突出问题,提高队伍整体素质的客观需要。社会主义法治理念是社会主义法治的精髓和灵魂,是立法、执法、司法、守法、法律监督等法治领域的基本指导思想,其内容博大精深,是法官助理和书记员队伍加强政治理论修养的重要学习教育内容。

三、政治信仰的修养

人是需要有信仰的,作为一种职业,更需要有信仰的启示与精神的引导。要做一名优秀的法律职业人,就必须要有一种执著坚定的信仰,信仰使人对法律职业产生神圣感,能够启示从业者的精神高度集中,而集中的结果是潜能的超常发挥与职业技能的全面提升。法官助理和书记员只有确立了崇高的信仰,才能在信仰的引导下提高政治素质与职业技能。

政治理想与法律信仰,在法哲学层次上是相通与相融的。法律职业者只有确

[①] 最高人民法院政治部:《法官行为规范(试行)解读》,人民法院出版社2006年版,第49页。
[②] 《求是》杂志政治编辑部:《社会主义法治理念教育学习续本》,红旗出版社2006年版,第1页。

立了崇高的政治理想,才能在此基础上确立崇高的法律信仰;只有真正认识到法律的精神和法律的价值,才能实现情感的升华和职业技能的提升,才能由对法律、司法产生的信心升华为对法律的信仰。只有有对法律至上的信仰,才有可能对法律职业的神圣性产生一种敬畏之心,才能怀着一种虔诚的心做好本职工作。强调法律信仰就是强调精神的支柱力量,法律不仅仅是一种谋生的职业,更应当是从业者毕生追求的事业,是一门生活的艺术,这种境界只有在信仰的启示下才能逐渐修养而成。

法律至上的信仰,实际上就是一种法律职业者所追求的理想,"法者应有一种对法律信念的执著。回顾法者自己走过的路程,多是平凡和程序性的,恰恰有几步我们走得最坚定。我们为自己喝彩,为自己感动,那几步背后的力量就是对法律的信仰。我们当时也许感觉不到那几步的辉煌,但细细品味,眼角会悄然渗出泪滴,是信念的力量让我们动情"。①

信仰的力量是一种精神的力量,作为法律职业人,应当树立法律至上的信仰。构建社会主义和谐社会的政治理想与法律至上的信仰在法理层面是相通的。作为法律职业人的终极追求,应当是实现社会的公平与正义,公正是法律职业人的精神指引,是法官、法官助理、书记员的灵魂所在。法律职业人应当将政治理想和法律至上的理想紧密结合起来,应当将法律所追求的公正与道德所蕴涵的公正结合起来,只有这样,才能使崇尚法治的理念在心中扎根。

"有了对法律的信仰,才会对职业的神圣性产生一种敬畏,才能怀着一种虔诚的心将工作做好。这样,法者就真正获得了法律人生的精神支柱。也就是从那时起,你的法律人生才会贯穿着永久的幸福。"②追求自己的理想和信仰,当然会是一件幸福的事情,当然会在追求的实践过程中实现精神的升华。"作为法官首先自己要信奉法律、崇尚法治,要有为法献身的志向。"③法官助理和书记员作为法官的助手,同样需要这种对法律的信仰。

---

① 张勇:《卓识——超越法律职业的 59 项卓越素质》,机械工业出版社 2005 年版,第 13 页。
② 同上注。
③ 乔宪志等:《法官素养与技能培训读本》,法律出版社 2003 年版,第 7 页。

第十一章　法官助理和书记员职业业务素质与人文科技素质修养

法律是靠人来执行的,司法的权力如果经过无知和盲从的非职业之手,再神圣纯洁的法律也会变质。法治国家要求法律职业具有强烈的职业素质和专业特征。① 对法官助理和书记员审判辅助职业而言,与职业法官一样,同样也需要较高的司法审判业务素质和人文科技素质修养。

第一节　法官助理和书记员职业业务素质修养

司法审判业务素质首先是法学知识和法律专业知识素养。法官助理和书记员虽然所从事的是司法审判辅助性事务,但这些事务却都是法律事务,与法官职业一样也需要有较高的法律专业知识素养才能做好。

一、法官助理和书记员职业业务素质的概念

法官助理和书记员的业务素质,是指法官助理和书记员在审判业务知识上的修养与造诣,以及在司法审判实践中的司法职业技能和工作艺术所达到的能力和水平。"法律是一门艺术,它需要经历长期的学习和实践才能掌握,在未达到这一水平之前,任何人都不能从事案件的审判工作。"② 也就是说,从事法律职业,必须具备一定的业务素质才能胜任。业务素质就是法官助理和书记员在审判过程中对法律的理解、掌握、领悟的能力和工作经验与艺术水平。其具体内容主要包括三个

---

① 参见张文显:《法理学》,法律出版社1997年版,第248页。
② 〔美〕庞德:《普通法的精神》,法律出版社2001年版,第42页。

方面:"一是具有精深的法学知识并精通审判业务;二是具体丰富的办案经验;三是具备高超的办案智慧。"①

二、法官助理和书记员职业业务素质的内容与修养

(一) 法学和法哲学的素质修养

作为审判辅助职业从业者,法官助理和书记员需要什么样的法学知识底蕴以及法官助理和书记员需要什么样的法学知识教育,值得我们思考。中国法学的优点是其实践性强、政治性强,紧密结合中国改革开放的社会实践;强调为社会现实服务,强调为中国的和平发展服务。法学已成显学,全国有 600 多所大学开办了法律院、系。当前法学现实存在的不足是政治色彩太浓,理论法学研究太浓,忽视应用法学研究。从学术本身来说,学术研究整体存在浮躁的倾向,缺乏学术研究的规范,具体表现是学术研究存在商品化、学术成果商品化、法学家人格商品化的倾向,法学发展开始背离发展的初衷。当今法学研究主要是崇尚欧美的风格,特别是崇尚英美,连写学术文章也是英文的风格。其"利"是带来最先进的法学和最先进、最现代的司法理念;其"弊"是缺乏对中国国情的认识,缺乏对中国本身本土资源的认识。法学教育是人文教育和信仰教育。对目前法学教育与中国国情的不相容性要有正确的认识。中国社会缺乏法治传统导致法治之路较为曲折,这是当代推行法治的现实困难。我们应当正确认识当前的现实性和艰难性,要有危机感。知识是流动的,技能是发展的。在审判辅助职业的法学教育之中,必须有司法理念和职业技能的内容。在法治发达国家的法学教育中,都设置了专门的司法理念、司法伦理、职业道德和职业技能的课程。我们的法学教育和法律职业培训,同样也需要建立司法理念和职业技能的相关课程。

法理学在西方是法学中的显学,法学教育中法理学的内容很多,而且贯穿始终。法理学和法哲学对于理念的形成非常有帮助,是司法技能的基石,理念形成的基础,法律实施、发展和生长的基础。"法理学是法学的一般理论、基础理论和方法论,对理解和掌握法律的精神、原理和价值具有十分重要的意义。"②法律真正的闪光点其实全在法理,司法审判实务工作是非常需要法理学的支撑的,唯有法理的底蕴才有实务的正确;唯有法理的修养,才有工作的艺术。因为,"具体的法律实务问题都不是孤立存在的,而是同整个法律制度和社会实践联系在一起"。③ "具体案件的解决,固然依据具体的法律、法规,需要从具体法律规定中找答案,但是,要能

---

① 尹忠显:《司法能力研究》,人民法院出版社 2006 年版,第 255 页。
② 马建华:《法官职业化研究》,人民法院出版社 2004 年版,第 190 页。
③ 同上注。

够找到正确的答案,则取决于对法律精神、法律原理、法律价值、法律解释和推理方法的深刻理解。"①法官助理和书记员辅助法官从事审判工作,其工作的内容应当且必须有法理学的支撑和引领,没有法理学知识的底蕴和修养,是难以干好法律职业的。一定的法理学知识修养是法官助理和书记员必须具备的法律业务素养。"在西方的中心哲学传统中,人的理性被视为进行一个不断获得成功的追求、要发现那躲在表象之后的、永驻的、最终的、但幸运的是可知的真理;当然,那是科学的真理,但也还有道德的、法律的和政治的真理,以及甚或是在美学中与真理对应的东西——美。"②法理学和法哲学的涵养,对法律职业者的司法职业技能培养至关重要。在审判实践中,法律方法的运用也就是法理学和法哲学理论在审判实务中的具体运用。运用法学知识在司法审判实践中创造正义之美,离不开法理学和法哲学。所以,法官助理和书记员的业务素质修养,首先应当是法理学的知识修养,只有具备了一定的法理学知识修养,才能为法官助理和书记员的司法职业技能打下良好的基础,使其业务素质有学理底蕴和思考的方向,使其职业技能建构在坚实的理性与正确的思维之上。

(二) 程序法与实体法的素质修养

法官助理作为法官的助手,在协助法官工作时必须精熟相关法律,特别是对程序法的内容更是要求熟练掌握。单就书记员的记录工作而言,绝不仅仅是掌握运用电脑打字和速记技能就可以胜任的,而是要求懂得相应的法律知识,才能在记录中记好记全审判活动的内容。

1. 程序法知识素养

法官助理和书记员承担的是审判辅助性工作,不仅涉及实体方面的事务,更多的是涉及程序方面的事务。只有熟练掌握和运用实体法和程序法等法学知识,才能保障各种程序性辅助事务的程序正当和各种记录的准确、清晰和完整,才能为法官的公正裁判提供真实可靠的第一手材料和正当的程序性事务的辅助。法官助理和书记员在处理程序性事务和庭前调解的过程中,与诉讼当事人接触频繁,有一些诉讼当事人因为不懂法,在诉讼中难以理解法院的办案程序和实体处理结果,这就需要法官助理和书记员协助配合法官做好诉讼引导工作,很多释明权的行使,都需要法官助理和书记员来完成。处于辅助地位的法官助理和书记员的适当引导、解释和宣传,有时能够起到很好的诉讼引导作用,使诉讼当事人按照程序法的规则理性地参与诉讼,并能够从法律精神的视角理解实体的判决结果。

案件审理的全过程必须严格遵循程序法的规定,在过去的司法审判中,存在着

---

① 马建华:《法官职业化研究》,人民法院出版社 2004 年版,第 190 页。
② 〔美〕理查德·A.波斯纳:《超越法律》,苏力译,中国政法大学出版社 2001 年版,第 448 页。

"重实体、轻程序"的倾向,比较注意实体法的内容,轻视程序法的学习应用。"法律程序,是人为的设计并设置的程序,是法律主体按照法律规定作出有法律效力决定的顺序、方式和手续,是一种有秩序的、能够进行法律决定活动的载体,这个载体是被人为设计好的,包括设计本身也经过了程序。"①"从西方的语汇上分析,法与正义在现代西方法治国家中是互相依赖,不可分离的。"②"这正是正义已经作为一种价值根植于法律之中的表现,而追求正义也就成为一种价值理念。"③因此,程序正义理念应当作为当代人民司法追求的价值理念。"司法公正作为正义的一种特殊形态,有着自己的某些特有的品质。正是由于有这些特有的品质,司法公正才与其他形态的各种各样的正义概念区别开来,其中,'法律之内的正义'就是司法公正最为重要的特殊品质。"④这种特殊品质在审判实践中,首先体现的就是程序公正。法官助理和书记员所从事的工作主要是程序性事务,其职业特征更能够体现司法公正的这种"特殊品质"。实现中国法治与司法的程序正义是一个漫长的过程,法官助理和书记员制度的改革与建构将是促进程序正义的一项重要的制度建构。制度改革与建构的过程,应当是法制程序化的过程。因此,对于程序法的掌握与运用,是业务素质中的重要内容,一名优秀的法官助理和书记员,应当娴熟掌握程序法的知识和运用技能。

法官助理和书记员注重程序法知识的修养,不仅是实现司法公正的要求,而且是当好法官助手的现实需要。恪守程序正义就是实现程序的安定。所谓程序安定,是指诉讼应依法定的时间先后和空间结构展开并作出终局决定,从而使诉讼保持有条不紊的稳定状态。

程序的安定性包含两个不同层面的安定,即程序规范的安定和程序运作的安定。其基本要素包括:① 程序的有序性;② 程序的不可逆性;③ 程序的时限性;④ 程序的终结性;⑤ 程序的法定性。⑤ 只有程序的安定才能实现司法的公正和法律的正义。

程序法的知识和技能培养主要包括三大诉讼法和相关司法解释的理解与适用。法官助理和书记员在审判过程中对程序正义的追求与实践是一种"看得见的正义"。⑥ 这种"看得见的正义",有赖法官助理和书记员在辅助性程序操作中对程序正义持之以恒的追求。

---

① 刘荣军:《程序保障的理论视角》,法律出版社1999年版,第131页。
② 梁治平:《法辨——中国法的过去、现在与未来》,贵州人民出版社1992年版,第59—60页。
③ 刘荣军:《程序保障的理论视角》,法律出版社1999年版,第139页。
④ 郑成良:《法律之内的正义——一个关于司法公正的法律实证主义解读》,法律出版社2002年版,第87页。
⑤ 参见陈桂明:《程序理念与程序规则》,中国法制出版社1999年版,第2—3页。
⑥ 孙笑侠:《程序的法理》,商务印书馆2005年版,第93页。

2. 实体法知识素养

法官助理和书记员除了恪守程序正义的规则之外,还必须掌握一定的实体法知识才能胜任本职工作,因为其工作是一种需要实体法知识底蕴的专业性工作。除了从业前法学本科或专科的学历教育之外,目前,各地各级法院系统招录法官助理和书记员一般都要求有法学本科以上的学历,少数民族和西部地区可以根据实际情况放宽到法学专科的学历要求。随着书记员制度的改革,对书记员招录或聘用的学历要求已经只是法学专科的要求。法官助理和书记员,不能满足于学历教育所掌握的实体法知识,因为法律知识和理念的更新很迅速,现实的职业状况更多是需要一种应用法学的实体法和程序法知识结构和运用能力。因此,法官助理和书记员不能满足于现状,而是要及时学习、随时充电。随着社会经济的发展,各种新的法律、法规,司法解释大量出现并在审判实践中具体应用,要求我们必须努力学习法律专业知识,掌握好每一个新的法律问题,掌握和熟悉法律是法官助理和书记员应具备的基本业务素质。[①] 只有了解和娴熟掌握实体法知识,才能严格按照实体法的规定完成各项审判辅助性工作事务,确保司法审判的公正性。同时,对实体法知识和法言法语的熟练掌握,是做好各种笔录的基础,审判实践中,新招录的速录员因为缺乏法律知识而难以记出记好记准的事实,说明书记员的记录工作同样需要法律知识。例如,在庭审记录时,对于当事人一些比较口语化的表达和重复的讲述,以及争吵式的辩论,要求能够依据法律关系和程序性要求进行归纳概括,在忠实于原意的前提下,真实、全面、客观地记录下来。假如没有法律知识的底蕴,就难以厘清法律关系和抓住争执的焦点,就会漏记或错记。再例如,在记录合议庭评议案件、庭务会讨论案件时,在法院各业务庭的实际操作过程中,都是运用庭务会的形式讨论决定案件,这种没有法律明确规定的案件把关形式,在实践中普遍存在。有些法院经过改革以后,以"审判长联席会议"的形式取而代之。审判委员会讨论案件、法律专家咨询委员会讨论案件时,有一些法院依托所在地大专院校较多的优势,会成立法律专家咨询委员会,聘请大专院校和研究机构的知名法学专家、学者担任法律专家咨询委员会委员,根据审判工作中复杂、疑难和各种新类型案件审理的需要,邀请咨询委员会委员就案件审理中的法律解释与适用问题进行研究并提供咨询意见,其咨询意见仅供合议庭、庭务会和审委会讨论案件时参考。合议庭成员之间、庭务会参加人员之间、审委会委员之间、咨询委员会委员之间的讨论、争论有时很激烈,所运用的法言法语以及专业性很强的法律专业术语很多,这些记录工作对书记员的法律知识提出了很高的要求,只有不断地加强法学知识的学习和训练,才能适应现代司法审判辅助职业的需要。同时,各个业务审判庭的法官助

[①] 参见周俊:《在新形势下如何做一名合格的书记员》,载《贵阳审判》2006年第1期,第53页。

理和书记员需要根据各个业务审判庭的业务要求,加强法律专业知识的学习与培训。对刑事审判庭的法官助理和书记员来讲,必须掌握刑法学的基本理论和我国刑法的体系,基本原则罪名和法律特征,刑种的区别,量刑情节的掌握,刑法相关司法解释,等等;对民事审判庭的法官助理和书记员,必须掌握与民商事审判密切相关的民商事实体法内容,具体包括:民法学的基本原理,民法的基本原则,《中华人民共和国民法通则》《中华人民共和国婚姻法》《中华人民共和国继承法》《中华人民共和国合同法》《中华人民共和国著作权法》《中华人民共和国商标法》《中华人民共和国专利法》等重要法律和有关民事、商事、知识产权等方面的单行法律、法规和大量相关司法解释,等等;此外,有涉外案件的审判庭法官助理和书记员,还必须掌握国际私法、国际经济法、相关国际惯例和条约等法学知识;对行政审判庭的法官助理和书记员来说,必须掌握行政法的概念、任务和基本原则,掌握和了解"行政法的调整对象、行政管理主体和行政行为的原则和方式、国家行政管理的法律监督和行政纠纷的处理方法等基本的理论常识"[1],必须掌握相关的行政实体法律法规,包括"经济行政法规、治安行政法规、工商行政管理法规、土地房产管理法规以及资源、科技、金融、交通运输、邮电、卫生、环保、市政、商业、税务等;同时,还应当熟悉和了解各个国家行政机关的行政管理法规和地方性法规及规章等"[2]。对于立案庭、审监庭、执行局(庭)的法官助理和书记员来讲,同样也应当根据审判业务所涉及的实体法的内容,熟练掌握相应的法学知识。

3. 司法审判实践经验的积累和修养

法官助理和书记员职业,不仅需要程序法和实体法等法律专业知识,而且需要坚持长期审判实践工作经验的积累,掌握辅助性审判工作的艺术。法律是一门专业,需要长期的学习和实践才能掌握,在经验积累还未达到一定水平之前,任何人都难以胜任法律职业。法律职业是经验型的职业,霍姆斯法官的名言"法律的生命不在于逻辑而在于经验",道出了这一职业的真谛。法官助理和书记员虽然从事的是审判辅助性事务工作,但这些工作仍然属于经验型的范畴,只有经过长期的工作经验的积累,才能形成职业技能和工作艺术,也就是成就这一职业的"技术理性"。所谓"技术理性实质上是指法律专门知识、技能,也就是通常所谓的业务素质"[3]。这种"技术理性",在很大的层面上是实践经验的积累。法学知识来源于司法实践,同时又在司法实践中成长,法律科学的成长总是与经验携手共进的,司法职业技能也是在实践中逐步提高的。法官助理和书记员的工作经验是依靠在审判实践中一点一滴不断积累培养出来的,非并一朝一夕之功。经验的积累主要包括五个方面:

---

[1] 李国光:《怎样做好书记员工作》,人民法院出版社1992年版,第216页。

[2] 同上注。

[3] 孙笑侠:《程序的法理》,商务印书馆2005年版,第172页。

（1）自身在审判实践中积累经验。法官助理和书记员只有亲身参与审判工作，才能在实践中逐步积累实践经验，自身的工作实践是积累实践经验的最主要途径。亲历亲为的经验与感悟是最难忘的，参与大量案件审理的辅助性事务，是培养建构法官助理和书记员职业经验素质的最佳方法。

（2）向老同志和法官们学习工作经验。法律职业是一门经验型主导的职业，法官和长期从事法官助理及书记员工作的老同志的工作经验，是宝贵的智力财富，其工作时间越长工作经验就越丰富，懂得向法官和有经验的老同志学习，也是积累经验的一种主要方法。学习前辈的现成经验，有利于迅速提升业务素质和职业技能。学习和借鉴的方法主要有主动请教、提问、工作中注意仔细观察和模仿、经常总结和体验等。有很多好的经验是只可意会、不可言传的，这就需要我们在工作中虚心请教、细心观察和用心去体验和感悟。

（3）通过深入基层工作锻炼积累经验。基层工作是积累经验最好的职场和平台。基层是司法实践的最前沿和最底层，在这里能够真正体验到司法与社会的磨合，真实看到法律与民俗习惯的碰撞，真切体验到人民群众对人民司法工作的态度和认同程度，感受到法律在民间的实现程度。基层积累的经验将会受用终身。

（4）通过培训积累经验。目前，对法官助理和书记员的培训分为上岗之前的培训和在职培训。无论是岗前培训还是在职培训，都把学习和运用审判实践经验作为培训的重要内容之一。把审判实践中各种好的经验加以总结和提炼，将会大大提高法官助理和书记员的业务能力。

（5）通过自我学习和总结积累经验。学习和总结也是积累实践经验的好方法。在各种应用法学的研究成果中，在各种新闻报道中，在各种报纸杂志和网站的文章、论坛中，有很多好的实践经验，需要我们倍加留心地去观察和学习，正所谓"处处留心皆经验"。此外，善于总结思考和提炼，也是积累经验的不二法门。只有经过自身的思考、感悟、提炼和总结，才能将经验转化成职业技能和工作艺术，才能将他人的经验演绎成自身良好的业务素质。

第二节　法官助理和书记员职业人文科技素质修养

法律职业同时还是一种综合性很强的职业，案件审理时还会涉及其他专业知识、社会常识，以至经历、阅历、社会经验，等等，法律工作对综合性人文社会素质的要求同样也很高，这就需要法官助理和书记员在提高业务素质的同时，还要努力加强综合素质的修养。

一、法官助理和书记员职业人文社会素质修养

"法律与其他社会现象有着密切的关系,法律关乎社会的人情世故。"①法官助理和书记员要做好审判辅助工作,必须具备一定的人文社会素养。中国早期的法律教育家孙晓楼在其著作《法律教育》中,提出了法律职业必须加强社会常识修养的观点。他认为:"所谓法律不外乎人情,人情便是社会的常识。一切法律问题,都是人事问题,都是关于人干的事的问题;所谓柴、米、油、盐、酱、醋、茶的开门七件事,所谓吸烟、吃饭、饮酒的问题,所谓住房、耕田的问题,买卖、借贷的问题,结婚、生小孩的问题,死亡分配财产的问题,骂人、打人、杀伤人的问题,偷鸡、摸鸭子的问题,大至国家大事,小至孩童争吵,都是人干的事情。从这些事情里遂发生了许多法律问题。假使我们能于社会上发生的种种问题,加以详细的研究,得到相当的经历,那么当然对于是非的批评,曲直的判断,比较的可以清楚些,周到些;将来于运用法律的时候,不至一知半解,专顾学理而不顾事实。"②法官助理和书记员在辅助法官审理案件的过程中,必须具备一定的社会常识才能当好法官的助手和参谋。法律不外乎人情世故,法律不外乎平常人的良心,法律不外乎生活的艺术,一名优秀的书记员或优秀的法官助理,不仅应当具备法律学识和实践经验的素养,还应当具备体察人情世故、洞悉社会常识的人文社会素养。

1. 风俗民情

审判工作的地方性很强,各地的风俗习惯和风土人情都不尽相同。作为法官助理和书记员,应当尽量熟悉和了解所在法院当地的民风民俗,对于风土人情和民间习惯了如指掌才能更为顺利地完成辅助性审判工作任务。在审判实践中,有些"百事通"型的书记员之所以常常在工作中取得事半功倍的效果,就是因为他们熟知风俗民情。这一点在农村基层人民法庭表现得尤为突出,熟悉并掌握风俗民情等地方性知识,已经成为基层司法职业技能中的重要内涵和素质要求。法官助理在送达、调查取证和庭前调解的过程中,书记员在记录的过程中都会遇到这些地方性知识,不了解和掌握这些风俗民情知识,就难以较好地完成辅助性工作任务。

2. 人情世故

中国社会是一个人情社会,法律是人情世故的平衡器。运用司法手段解决纠纷的过程,实际上也就是运用法律方法和司法程序平衡人情事理和利益的过程。作为法官的助手,法官助理和书记员不能不了解人情世故,只有洞悉人情世故,才能辅助法官作出正确的评判。司法工作说穿了就是做人的工作,整天都要与各种

---

① 马建华:《法官职业化研究》,人民法院出版社2004年版,第191—192页。
② 孙晓楼:《法律教育》,中国政法大学出版社1997年版,第12—13页。

各样的诉讼当事人打交道,不懂人情世故,没有一定的应对处理人情世故的能力,是做不好司法审判工作的。就调解工作来说,没有对人情世故的领悟力和判断力,没有应对处置人情世故的协调能力,就难以取得调解的成功。人情世故实际上是一种生活中的潜规则,法律的规则之治要影响现实生活中的这种潜规则,必须是在熟知潜规则的基础上,才能"知己知彼,百战不殆"。法官助理和书记员的辅助性事务,只有采用很多人性化的技巧与方法,才有可能使其职业技能达到一种职业艺术的境界。

3. 生活阅历与生活经验

法律其实是一门生活的艺术。法律职业人必须是有一定社会生活阅历和社会生活经验的人。法律来源于生活,也服务于生活。离开了社会生产与生活实践,法律与司法都没有生存的空间和存在的必要。一名优秀的法官助理或是书记员,应当具有一定的社会生活阅历和经验,才能在司法实践中更好地运用这些阅历和经验来提升职业技能和工作艺术。

4. 艺术修养

法律与文学、音乐和艺术的关系及关联问题,实质上也是一个法律职业的综合素质修养的问题。法律是什么?对这一法理学研究的永恒课题的研究与解答,美国的卡多佐法官和中国的吴经熊博士都得出了这样一个结论:法律与司法就是艺术!法律并不是纸上的条文,法律应当是活生生的文学作品,是美妙的音乐,是真善美的艺术。当我们看到古代先贤苏东坡先生写的判文时,首先想到的那是文学作品;当我们看到霍姆斯法官和丹宁勋爵所写的判决书时,同样会认为那也是文学作品。当法官的判决书"成为知识的源泉,成为乐趣的宝库,充满了值得引用的妙思,蕴涵深刻的警句和可以随时适用的检验标准时"[1],法律就成为了艺术;当然,这其中也有法官助理和书记员辅助创造的成分。因此,法官助理和书记员不仅仅要娴熟掌握法律知识,还应当通过加强艺术修养提高自身的综合素质。因为,法律与司法本身就是艺术,艺术的素质修养能够潜移默化地提升司法职业技能的风格和品质。

二、法官助理和书记员职业信息科技素质修养

"在科学技术飞速发展的当今时代,科学技术对人类法律生活的方方面面产生了广泛而深刻的辐射性影响。"[2]随着科学技术的飞速发展和信息网络时代的到

---

[1] 〔美〕本杰明·N.卡多佐:《演讲录——法律与文学》,董炯、彭冰译,中国法制出版社 2005 年版,第 121 页。

[2] 马建华:《法官职业化研究》,人民法院出版社 2004 年版,第 193 页。

来,法官助理和书记员职业的工作方式与方法与传统的职业相比,都有了非常明显的改变。法官助理和书记员必须掌握一定的科学技术知识,必须培养一定的科技素质,才能胜任本职工作。例如,在知识产权案件以及其他各种涉及科学知识化新类型案件的审理过程中,法官助理在庭前准备、收集资料信息等工作中,书记员在记录工作中都需要熟悉、了解和掌握相关的科技知识。目前,电子计算机技术、网络技术和电子信息技术已经开始广泛运用于审判工作之中,审判工作科技化的发展趋势是时代的要求。对法官助理和书记员职业来讲,熟练的计算机操作应用技能已经成为这一职业的必修课程。目前,随着全国各地各级法院三公平台建设和信息化平台建设,法院办案系统流程的计算机信息网络系统建设进程的推进,很多法院均已基本上实现了办公信息化和自动化,案件审判的流程管理都通过计算机网络进行。法官助理和书记员必须熟练掌握计算机操作技能,才能适应办公自动化和日益现代化的审判辅助职业要求。所谓办公信息化和自动化,就是把计算机技术、通讯技术、网络信息技术、系统科学和行为科学应用于办公领域中,使人们的一部分业务活动物化于各种现代电子计算机技术设备之中。"科学技术也是审判力量"的口号,说明了其对于法院审判工作的重要性。现代科学技术运用于审判工作,能够提高工作效率、提高管理水平、提高工作质量,促进审判工作的全面发展。现代科学技术,特别是电子计算机技术和网络信息技术彻底改变了法官助理和书记员传统的工作方式,大大提高了法官助理和书记员这一审判辅助性职业的科技含量。因此,加强法官助理和书记员的科技素质,已经成为其素质培养的重要内容之一。当前,法官助理和书记员应当熟练掌握计算机 Windows、Vista 操作系统、Office 系列办公软件、各种局域网、互联网的上网操作、中文输入法记录方法、亚伟速录、双文速录等记录方法等;同时,还应掌握计算机的基本原理和基本结构及简单故障的维修,掌握复印机、打印机、扫描仪、传真机等现代化办公设备的实用操作及简单故障的维修等。随着现代计算机科技和信息网络技术的飞速发展,法官助理和书记员需要不断进行科技知识的学习和培训,以不断更新自身的科技知识结构,提高科技素质,从而不断地提高职业技能,使自己的职业技能跟上时代发展的步伐。

第十二章　法官助理和书记员职业语言素质与思维素质

第一节　法官助理和书记员职业语言素质修养

一、语言素质概述

"语言是人们表达感情、沟通思想、传播信息的工具。"①"语言和法律的关系甚为密切。从发生学来说,两者可能在原始社会阶段几乎同步出现。自有成文法以后,法与语言的关系就更明朗化了。法律离不开语言及其书写符号——文字。即使是汉高祖刘邦为关中百姓定的'约法三章',也需要用文字公布于世,或者像周代的宣教者那样巡行各地进行口头通知。"②由此可见,语言与法律之间的密切关系。"国际法律语言学家协会副主席美国法学教授皮特·M.梯尔斯马认为:没有多少职业像法律那样离不开语言,法律就是言语的法律,道德和习俗也许是包含在人类的行为中,但是法律却是通过语言产生的。"③"美国著名人类学家和法律语言研究学者威廉·M.奥巴尔认为:在日常和现实的意义上说,无论是在书面上还是在口头上,法律就是语言。"④这是国际法律语言学研究者对法律与语言关系的论述。由此可以看出,法律其实就是一门法律语言学。"法官司法离不开语言,法官要靠语言来完成整个司法过程,所以,语言能力或者说语言艺术是法官的必备素质。"⑤

---

① 宋树发:《领导多维协调艺术》,中国时代经济出版社2002年版,第400页。
② 周庆生等:《语言与法律研究的新视野》,法律出版社2003年版,序言部分。
③ 廖美珍:《法庭语言技巧》,法律出版社2005年版,第1页。
④ 同上注。
⑤ 王秀红:《法官的品格与素养》,载《人民司法》2006年第5期,第22页。

司法审判中有一项基本原则是直接言词原则,这表明法律离不开语言,法官助理和书记员所从事的辅助性法律职业,同样也离不开语言,当然也要讲求语言素质。孔子曰:"志有之,言以足志,文以足言;不言,谁知其志?"法官助理和书记员的智慧、良心、良知和高超的职业素养都是需要通过一定的语言表达的,作为法律职业人,应当心怀法律信仰去修炼司法语言艺术。语言素质是实现法律所赋予的职责的金钥匙,在评价一个法官的能力时,通常会说"这个法官能说、能写、能办案","说"和"写"的能力其实都是语言素质。语言素质是法律职业人获得最佳办案效果的阶梯,是实现司法定纷止争目的的重要手段。

语言素质包括口头和书面两个方面。法官助理和书记员辅助法官审判的过程,基本上是运用语言的过程,如果没有良好的口语表达能力和文字写作能力,就难以把这项工作干好。法律职业人的思维只有用语言准确地表达出来,才能达到目的。审判实践中,语言能力强的书记员的工作效率明显高于语言能力差的书记员,证明语言素质对审判辅助职业技能非常重要。

司法审判过程中有大量的口语活动,这些口语活动都需要良好的语言素质作为基础,当人们夸奖某人"出口成章"时,其实也就是称赞其有良好的语言素质和口头表达能力。司法审判过程中的语言运用艺术,是裁判艺术的重要组成部分,是司法职业技能和司法公正性的体现。法官助理和书记员除了运用口头语言工作之外,更多的是运用书面语言来工作,例如,做笔录、草拟文书、填写各类填充式的司法文书,等等,这些文字语言都具有准确性、严谨性、简洁性、稳定性和严格的格式要求等特点,准确做好笔录和制作好司法文书,对法官助理和书记员的语言素质要求同样很高。

法律职业对于语言素质还有特殊的要求,那就是既要具备运用法言法语表述审判工作内容的语言能力,又要具备运用通俗语言解释与诠释法律精神的语言能力。语言全息理论强调将人类所能认知的所有对象都呈现为语言,即语言所能涵盖的就是人类所能够认知的整个人化世界。[①] 人们对法律的认知,同样也呈现为语言,这类语言在司法中表现为法言法语,法律职业对于娴熟运用法言法语的语言能力要求很高,同时也要求能够运用普通语言准确地解释法律精神,让普通老百姓能够理解和配合审判工作。

二、语言素质修养

加强语言素质修养的第一要务是学好基本的语文知识,因为语文知识是学好其他一切知识的基础性知识,语言素质与能力的提高,必须加强语文知识的积累和

[①] 参见刘红婴:《语言法导论》,中国法制出版社 2006 年版,第 5 页。

修养。只有对现代汉语语音、词汇、语法、修辞等知识的学习达到一定的水平,语言素质和能力才能有所提高。在学好了基本语文知识的基础上,不间断地加强语言素质修养的方法主要有如下几个方面:

1. 阅读

大量阅读,保证有一定的阅读量,对于加强语言修养非常有意义。长期坚持阅读有五大好处:一是增强语感,语感好的人,语言素质和能力明显高于一般人;二是增加词汇量,很多新词都是在大量阅读中掌握的;三是增加知识量和信息量,大量阅读能够增加运用语言表达知识和信息的能力;四是能够提高口头语言的表达能力;五是能够提高写作能力。

阅读的方法有多种,可以根据需要采用不同的阅读方法:

(1) 精读。对于法学名著和经典的法学理论文章,要反复精读,读懂读通读透,真正领悟名著名篇中通过精美而富有逻辑的语言所表达的法律思想和法律精神。精读的范围不仅仅只限于法学名著名篇,还应当包括文学、艺术、音乐、美术、社会、宗教等多学科多视角范围的名著名篇,以提升法律职业所需的语言素质和能力。精读对提高语感和语言素质非常有帮助,名著名篇基本上是作者穷其毕生精力才创作出来的佳作,称得上名著或名篇的专著和论文,绝对都是语言艺术精品,反复阅读和理解的精读过程,实际上也就是接受语言艺术精品熏陶的过程。法官助理和书记员可以根据自己所从事的具体审判工作,选择相应的名著来精读,不精读几本名著,是难以提高语言素质的品位与格调的。对于精读的内容,既要选择一些理论性强的法学名著,也要适当选择一些随笔性美文来阅读,以确保理论性与文学性的语言知识技能的交融。

(2) 泛读。大量的阅读,广泛阅读法律专业和其他专业的专著和报纸杂志上的文章,以及网站上的相关文章和评论。大量阅读除了能够掌握大量的信息之外,同样能够提高语言素质和能力。以上两种阅读方法可以根据实际需要结合起来运用,此外,还可以运用"八面阅读法"来提高语言素质。所谓"八面阅读法",就是根据实际工作的需要,对各种书籍和期刊采取按需阅读的办法,需要这本书的哪些内容就只阅读需要的那一部分,剩下的内容待需要时再阅读,每次有不同的需要就读一次,一本书这样有选择性地多读几次,基本上也就把这本书读通了。"八面阅读法"虽然是按需要来分段阅读,但分层次阅读的方法对于语言能力的培养很有帮助,每次侧重点不一样,锻炼语言素质与能力的层面就不一样。

2. 朗诵

朗诵学是一门专门研究以朗读为主的学问,法官助理和书记员的口头语言表达能力需要通过朗诵来历练。口头语言表达能力最好从学习朗诵开始,朗诵时要求"字正腔圆、语句流畅、语调、语气、重音、停连均能准确表达所读内容的主旨和文意"。① 朗诵对于语音的规范化、口语表现力和表达力有极大的促进作用,是锻炼口头语言表达能力的重要方法。通过运用普通话朗诵一些优美的文章和诗词、法学论文和随笔、裁判文书等内容,可以纠正自己普通话中吐音不清楚、表达不流畅等毛病,学会吐字归音、控制气息和停连,同时培养良好的语感和口语表达能力。

3. 辩论

法官助理和书记员在接待当事人、送达、执行等过程中都可能会碰到争论、辩论的情况,这就需要具备"能说会道"的争辩能力。开展辩论训练的方法来培养语言素质也是一种重要的方法。在辩论训练的过程中,要达到言之有理、言之有情、言之有序、言之有文的要求,学会运用语言表达争辩意见和思想的语言技巧;辩论还应当与思维训练相结合,经常开展一些辩论式的语言训练,能够把思维训练与语言艺术结合起来,使运用口头语言准确快速表达思维的能力得到极大的提高。

4. 写作

写作就是运用书面语言来表达思想,法官助理和书记员写作法律文书和其他公文,要求字斟句酌、用词准确、言简意赅、说理充分、论证严密。这对语言素质和能力是一种非常好的训练方式。通过写作训练,能够大幅度提高法官助理和书记员的语言运用能力。除了拟写法律文书、相关公文之外,还应当撰写法学学术论文、法学随笔性文章、有关法院文化的文艺类文章等多种类的作品,以提高书面语言表达能力。

第二节　法官助理和书记员职业思维素质修养

一、法官助理和书记员的思维素质概述

"思维是人类借助语言、符号、形象等方式,运用知识认识客观世界和实践主观思想的逻辑活动。法律思维则是指从事法律职业的人所具有的特殊的思维方式。"②德国著名法学家古斯塔夫·拉德布鲁赫对法律职业人的思维有如下几句名言警句:"法律职业的要求之一是,必须每时每刻同时对该职业的高贵及其深刻的问题有所认识。""对我们这些法律职业人而言,最难做到的事情是:既要对我们的职业有所信仰,但又同时在我们本质的无论哪一个极深的层次上不断地对此加以审问。""法律职业人的工作是一种理智的工作,它通过概念的条分缕析来调整混

---

① 安秀萍:《司法口才学教程》,中国政法大学出版社 2005 年版,第 151 页。
② 怀效锋:《基层人民法院法官培训教材——综合卷》,人民法院出版社 2005 年版,第 183 页。

乱模糊的人际关系。"①由此可见，法律职业是一项对于思维素质要求很高的智力型职业。法律职业人应是具有较高智慧的人，善于思考，并且具有依据法律职业特性进行思考。法律职业与其他职业的不同点，就在于要求从业者具有法律思维的素质和能力。法官助理和书记员虽然从事的是辅助性司法审判工作，但同样也需要较高的法律思维素质，没有这种素质和能力，是难以做好这项工作的。"没有智慧的人是没有资格操作法律这座社会天平的。回顾人类的历史，我们可以发现，天平倾斜的时代都是愚昧在操纵着法律。"②因此，法律职业需要具备勤于思考、善于思考素质的人才。思考能力和思维素质的训练，应当成为法律职业的一项重要内容，作为法律职业人，形成自己独立思考的习惯，养成法律思维的思考方式，是法官助理和书记员职业从业者目前亟待修养的内容。法律说到底就是一种实践的理性，而法律职业人要培养的思维素质，也就是确保回归理性的法律思维。"思维是人类借助语言、符号、形象等方式，运用知识认识客观世界和实践主观思想的逻辑活动。法律思维则是指从事法律职业的人所具有的特殊的思维方式。"③法律思维就是法律职业人的职业思维，是法律职业人在长期的司法实践中经过职业思维方式训练和经验的积累，培养出来的依据法律的逻辑推理判断和解决各种问题的理性思维能力。对普通人而言，基本上都是感性思维方式，大多数人都是依常理和习俗、习惯来思考问题，很少有纯理性的思维方式。而法律职业人却必须保持理性的思维方式，将思考的内容和模式构建在理性之上，法律职业人应当依据法律的逻辑思考问题，感性的东西越少越好，而理性的东西越多越好。法律职业的尊严在于从业者的理性和深沉，人们对法律职业人的尊崇和敬畏，就是尊崇和敬畏从业者的这种理性和深沉，就是尊崇和敬畏法律职业者的思维品质和深邃的思想。

司法是一门科学、一门专业，也是一门艺术。司法职业技能是一种在司法实践中经过专门训练和长期经验积累所形成的能力，法律思维的能力是其中的重要内容之一，所以，法律职业者的思维素质对于其职业技能来说是非常重要的潜质。思维素质的培养主要包括如下三个方面：

（1）良好的法律意识和依据法律的逻辑思考问题的思维习惯。只有形成法律思维的习惯和精神，才能保持法律职业的特性和品质。

（2）兼听则明、居中裁判意识和思维习惯，法律职业者要善于听取各种不同的意见，居中裁判不仅仅是法官的事情，法官助理和书记员在辅助法官完成居中裁判的过程中，同样也需要养成法律思维的思维习惯。

---

① 〔德〕古斯塔夫·拉德布鲁赫:《法律智慧警句集》,中国法制出版社2001年版,第129—132页。
② 张勇:《卓识——超越法律职业的59项卓越素质》,机械工业出版社2005年版,第145页。
③ 怀效锋:《基层人民法院法官培训教材——综合卷》,人民法院出版社2005年版,第183页。

（3）逻辑思维方式与法律精神相结合的思考问题的意识和习惯。法律思维是以三段论推理为基础，以法律事实和证据规则为推理判断的依据，以法律精神为宗旨，通过严谨的逻辑思维把法律与事实完整结合的思维过程。法官助理和书记员职业与法官职业是息息相关的，同样也要求进行上述三个方面的法律思维素质的训练和培养，从而促进法官助理和书记员职业群体形成与法官同质化的思维意识和习惯，这样才有助于二者之间的协调与配合。我们常常在日常审判工作中形容法官与书记员之间配合默契，这种"默契"实际上多数就是指的思维方式上的默契与理解，只有首先达成思维与思考上的默契，才能有其他工作上的相互配合和默契。

二、法官助理和书记员的法律思维素质修养

思维素质的修养主要包括如下几个方面：

1. 培养思考和独立思考的习惯

法律职业人首先应是思考者。只有思考，才会形成自己的立场和观点。思考应当作为法官助理和书记员素质培养和技能培训中的重要内容。养成思考和独立思考的习惯，是培养思维素质的前提和基础，只有勤于思考、善于思考，我们的言行才能回归理性，工作才会充满智慧的光芒；只有独立思考，才能形成自己的观点和立场，才能以睿智的思路引领工作。法官助理和书记员虽然从事的是辅助性的工作，但是法律职业的特殊性质和规律，需要从业者养成思考和独立思考的意识和习惯。法官助理的庭前准备程序工作，书记员的记录工作其实都是需要思考的工作，都需要一种理性的支撑，而理性的来源就是思考，不思考的结果往往就是愚昧和狭隘，思考的结果才是理性和智慧。

2. 养成法律思维的意识和习惯

法律思维是一种带有明显价值取向的理性思维，在法律思维中有一个核心因素就是合法性，这是法律思维与政治思维、经济思维、道德思维的根本区别。法学家吴经熊说："法律是一种估量和权衡利害的学术。"[1]"所谓'估量和权衡利害的学术'，就是解决正当性的问题——解决社会问题、维护社会秩序的规则的正当性和某种特定行为的正当性，解决'应当不应当'的问题，而不仅仅是'是不是'的问题。所以，法律的方法——评判的方法——就十分重要。"[2]而法律的方法说到底首先是法律思维的方法。"法官是'活着的法律宣示者'"[3]，也就是讲的法官职业的思

---

[1] 张骐：《法律推理与法律制度》，山东人民出版社2003年版，第3页。
[2] 同上注。
[3] 〔美〕本杰明·卡多佐：《司法过程的性质》，苏力译，商务印书馆1998年版，第7页。

想和思维。法律职业的思维与其他职业的思考方式的不同之处在于其是一种法律思维方式。司法过程的性质具有法律思维的特殊品质,是法律职业者"对抽象的法律概念、法律原则和法律规则的逻辑分析以及从规则到具体判决的形式逻辑推理。法律从根本上讲是一门难以掌握的学科,它独特的知识内涵和视角,是与其他职业和大众的观念不同的"。① 法官助理主要是围绕法官的审判开展工作,既有程序性的辅助工作,也有文书写作内容,因此,法官助理需要培养一种法律思维的意识和习惯。书记员的记录工作本身就是法律思维的文字记录,此外,卷宗的整理和归档也可视为一种法律思维的整理过程,因此,书记员职业同样也需要法律思维习惯的培养,才能适应工作的需要。

3. 培养证据思维和程序思维的意识和习惯

司法审判的过程实际上就是审查判断证据证明效力的过程,审判所要查明的事实基本上都是已经发生的事实,只能通过证据审理查明已经发生的事实,也就是对证据的"三性",即真实性、合法性、关联性进行逻辑分析和判断认定"法律事实"。记得一位有经验的基层法庭审判员在讲解如何写好裁判文书的时候,讲了这样一句话:"判决书上的每一句话都应当有相应的证据证实。"这句朴素的话讲的就是证据思维方式。"打官司就是打证据",所谓"审判"中的"审",就是指审理过程中对证据的审查判断,只有先"审"清楚了,才能在审理查明事实的基础上作出公正的"判"。法官助理所主持的庭前证据交换与质证、调查取证等,书记员在庭审记录中和其他对庭审举证、质证、认证过程中的详细记录,对合议庭、法官联席会、审委会评议讨论案件中对证据的分析与认定等,都是法官助理和书记员参与和辅助审判中必须接触证据的工作内容,法官助理和书记员的许多事务性工作都与证据审查判断息息相关,形成证据思维的意识和习惯对其职业工作内容非常重要。在审判过程中面临最大的挑战,就是如何通过证据思维来缩小"法律事实"与"客观事实"之间的差距。案件事实的审查查明离不开证据,法律职业技能在很大程度上体现在对证据的审查判断技艺之中。诉讼证据的收集、比较、鉴别、分析、推理、判断和认定,以及与适用法律的结合,都需要法律职业者对证据规则和证据审查判断技巧的熟练运用和掌握,而证据思维则是证据审查判断技巧的基础,只有在司法实践中逐步培养证据思维的意识和习惯,才能结合证据认定法律事实。丹宁勋爵在其名著《法律的正当程序》一书中对程序有这样两段论述:我所说的经法律的正当程序,系指法律为了保持日常司法工作的纯洁性而认可的各种方法:促使审判和调查公正进行,逮捕和搜查适当采用,法律援助顺利取得,以及消除不必要的延误

---

① 怀效锋:《基层人民法院法官培训教材——综合卷》,人民法院出版社 2005 年版,第 185 页。

等等。① "没有任何事情能比保持日常司法工作的纯洁性更为重要了,据此,当事人才可能保持其自身和名誉不受无端的损害。"②司法的精神包括正义的精神和理性的精神两个方面,而正义和理性都与程序有关,程序正义是正义的应有之义,程序理性也是理性的内涵之一。在法官助理改革试点的一些基层法院中,将法官助理划分为两类:程序助理和文书助理。程序助理专门负责帮助法官完成审判的程序性事务,文书助理只是负责草拟各类法律文书。书记员则是审判各种程序的记录者。由于长期以来"重实体、轻程序"的传统司法观念的影响较深,司法审判实践中忽视程序正义的现象还在一定范围内存在,进行法官助理制度和书记员制度的改革目的之一,也是为了通过制度设计达到恪守程序正义。法官助理和书记员作为程序性事务的操作者,更加需要一种程序正义的理念和思维作为支撑。正如龙宗智教授在《上帝怎样审判》一书中所讲的:"审判者必须秉持正义的精神与合理的方法。具有普通意义的宗教精神,不过是人类精神的显现,'上帝的启示',可以看做人类文明对司法审判的基本要求。……《圣经》是一部诉讼法教科书。"③

4. 培养中立性思维和被动性思维的意识和习惯

"居中裁判"是法官职业的特殊性质和要求,居中裁判需要法律职业者培养一种中立性思维的思维品质,所谓中立性思维,就是指法律职业者始终在当事人之间保持中立,具体的内容包括:法律职业者与所审判的案件及案件当事人间没有利害关系;诉讼制度和审判方式的设计,使法律职业者处于与当事人"等距离"的居中地位;法律职业者在案件审理的过程始终保持居中裁判的中立性地位。正如"距离产生美",距离产生公正,法律职业者只有与案件当事人保持一种同等的司法距离和居中裁判的中立性模式,才能给当事人以司法公正的感觉。法律职业者最忌讳的就是"先入为主"和"偏听偏信"。只有培养一种中立性思维的意识和习惯,才能保障法律职业者在审判过程中用同等的标准来审查判断各方诉讼当事人提供的证据,避免因为先入为主和偏听偏信而影响审判的公正性。"中立的司法将以最小的社会成本、最安全的方式换取最大的社会效益和社会公正,司法本身应当具有的对社会矛盾的中和、吸纳、分散、化解和平息的功能,只有在司法中立的情况下才能显现并发挥出来。"④法官助理和书记员应当把中立性思维作为一项重要的思维素质训练内容。法官助理和书记员在工作中只有保持中立性思维,才能给当事人以一种司法公正的整体性感觉,缺少了法官助理和书记员的中立性,法官的居中裁判只

---

① 参见[英]丹宁勋爵:《法律的正当程序》,李克强等译,法律出版社1999年版,前言部分第1—2页。
② 同上注。
③ 龙宗智:《上帝怎样审判》,中国法制出版社2000年版,第145—146页。
④ 怀效锋:《基层人民法院法官培训教材——综合卷》,人民法院出版社2005年版,第194页。

是一种不完整的中立。

司法被动性是由司法审判的特殊性质和规律所决定的,同时也决定了法律职业者思维的被动性思维品质。在英美法系国家,法官职业被称为一种"孤独的职业",这种"孤独"的职业特质,就是因为司法的被动性。我国的《法官职业道德准则》和《法官行为规范》均有相关被动性的规定内容,如法官不得担任任何可能影响法官中立的其他职务、法官不得随意接受媒体的采访、法官应尽量避免参加行政活动和公益活动,等等。法律职业需要培养一种被动性和消极性的思维意识和习惯。法官助理和书记员在辅助法官完成审判工作任务的过程中,应当与法官一样保持被动性和消极性的思维模式,绝不超越程序和法律的范围,使司法辅助工作的内容始终在法律的正当程序规制之内运行,以确保司法辅助工作的公正性。

5. 培养法律思维的"悟性"及直觉思维

"法律的生命不在于逻辑而在于经验。"[1]法律的科学总是与经验携手共进的;"法律,就像一个旅行者,必须准备翌日的旅程。它亟需一个成长的原则"[2]。法律的成长有赖于法律职业者的思考和智慧,有赖于悟性、直觉、经验与思考的结合。我们在谈论思维素质的时候,更多的会讲到"悟性"和"直觉"这两个与思维有关的概念,这也是一种思维素质的修养内容。法律职业既是一种需要逻辑思维的职业,也是一种需要经验积累的职业。思维素质的培养也应当包括经验的感悟和直觉的培养。在办案的过程中,有很多的职业技能只可意会不可言传,只能凭感悟才学得到的。这就需要法官助理和书记员在工作中细细地品味和认真的感悟。法律也是一门生活的艺术,"感悟生活和感悟法律本身就是一种智慧。要感悟生活和感悟法律,必须要做一个有心人,这样才能真正体味生活的美好和法律的魅力"[3]。体验和感悟实际上就是指的"悟性",就是指的思考。法律不是纸上的条文,法律应当是活生生的规则,法律的精神需要我们在司法实践中去感悟和体验,所以在强调思维素质修养时讲求对从业者"悟性"的培养。悟性讲的就是勤于思考和善于思考的一种境界。在司法审判工作中,职业技能高超的人都是悟性很高、善于思考的人。法律职业是一种经验型的职业,需要从业者在司法实践中不断地积累经验,总结经验,思考经验中体现的规律和智慧,从而更好去实现法律的精神。培养思维素质就需要努力培养自身的"悟性",在司法实践中不断体验和感悟法律的精神。"人言悟,似悟;内有感,心悟;付诸行,彻悟。"[4]作为法律职业者,不能仅仅满足于做一个

---

[1] 〔美〕本杰明·卡多佐:《司法过程的性质》,苏力译,商务印书馆1998年版,第17页。
[2] 〔美〕本杰明·卡多佐:《法律的成长——法律科学的悖论》,董炯、彭冰译,中国法制出版社2002年版,第13页。
[3] 张勇:《卓识——超越法律职业的59项卓越素质》,机械工业出版社2005年版,第152页。
[4] 同上注。

工匠式的法律职业人,而应当是做一名"悟性"很高的有一定品位和思想的法律职业人,当养成了勤于思考和善于思考的习惯,以一种知性的态度来感悟和体验所从事的职业时,我们就不仅仅只是在工作,而是在享受法律,更是在享受生活。经验丰富的法官、法官助理和书记员在工作中对于案件的审理方向和事态的发展会自然而然地产生"直觉",这种直觉其实也是一种思维的智慧。"直觉也称为直觉思维,是认知事物的一种形式。直觉虽是一种瞬间内省和直接感悟,却并非无源无水、无本之木,它建立在人的意识与无意识之上,其基础是人们的社会经验和体验。如果没有实践,没有经验、知识及认识手段的积累,没有对各种信息的反复筛选、分类与整合训练,就不会形成那种遇条件即产生直觉的'直觉认识模式'。"[1]柏拉图称直觉是"灵魂之眼",哈耶克认为,"法官所具有的那种训练有素的直觉,会使他不断得出正确的结论,尽管他很难就这些结论给出无懈可击的法律理由"。直觉思维是丰富的司法审判工作经验与长期的思维训练相结合的产物,直觉是法律职业者司法职业技能不经意的自然浮现,是思维与判断能力的一种重要表现形式。直觉思维训练有助于提高职业技能,而职业技能的提高则会促使法律职业者的直觉更加敏锐和准确。直觉是司法实践经验积累和思维判断能力训练所达到的高度境界。"直觉贯穿着逻辑,只是太快,我们感觉不到而已。"[2]直觉思维是平素思维训练和经验积累的产物,是思维的智慧之光,法官助理和书记员在思维训练中可以结合自身司法辅助性工作经验的积累开展直觉思维训练,培养我们的灵魂之眼。直觉的培养过程是一个潜移默化的长期的修养过程,当长期的经验和思维积累融合在一起时,思维的智慧其实已经呈现于日常工作之中了。

---

[1] 龙宗智:《上帝怎样审判》,中国法制出版社2000年版,第217—218页。
[2] 张勇:《卓越——超越法律职业的59项卓越素质》,机械工业出版社2005年版,第152页。

第十三章　法官助理和书记员职业身体素质与心理素质修养

身体素质和心理素质均属于法官助理和书记员职业从业者的基本素质内涵之列。没有健康的身体素质和心理素质,其他的素质或技能再好也是枉然。有一个最恰当的数字比喻:"1 000 000"之中,"1"就是指的身体和心理健康,后面的"0"是事业、金钱、爱情、荣誉,等等,"0"当然是增加越多越好,但如果因为增加"0"而失去了"1",则一切都是空谈,因为没有了"1",后面再多的"0"也没有实际意义。所以,对一项职业来讲,身体素质和心理素质是一切素质的基础和前提。

第一节　法官助理和书记员职业身体素质修养

一、保持良好身体素质的重要意义

"法学界和实务界的人士在分析法官的职业素质时,往往忽视了法官的身体素质。其实,健康的身体素质是现代法官所应具有的基本素质之一。"[1]法官助理和书记员所从事的司法审判辅助职业既需要脑力劳动,也需要体力劳动,是一项脑力劳动与体力劳动兼有的艰苦职业。法律职业者并非要具有运动员那样的身体素质,但应当保持健康的体质。在当今时代,法官助理和书记员职业从业人员的平均劳动量和劳动强度,正在随着案件数量的不断增加而增加,特别是书记员紧缺的法院,书记员的劳动量和劳动强度更大,没有健康的体魄是难以完成现代社会司法审判辅助职业的工作任务的。

全国各级法院目前招录书记员的简章都毫无例外地将身体健康作为一项必备

---

[1] 马建华:《法官职业化研究》,人民法院出版社2004年版,第188页。

条件,这表明各级法院已经开始重视从业者的身体健康条件,但招录前的身体素质不等于从事这项职业之后永远健康,而是需要在职业生涯中注重培养和锻炼,以保持良好的身体素质。

现在的法官助理和书记员的身体处于亚健康状态的很多,亚健康是一个危险的信号,提醒我们要加倍爱护和珍惜身体。法律职业者要学会用正确的方法保证自己的身体健康。不少法官助理和书记员对自己的身体健康问题缺乏应有的重视,这种漠视身体健康的错误认识一定要改正,不然将来可能会付出难以弥补的代价或造成无法挽回的损失。"身体是技能发挥的本钱,是礼仪保持的后盾。"①法律职业技能是建立在良好的身体素质之上的,只有具备良好的身体素质,司法职业技能才有发挥的可能;司法也是讲求礼仪的,法律职业人只有拥有强健的体魄才能使社会公众产生敬畏、钦佩和亲和的感觉。

二、健康身体的方法

1. 养成良好的生活和工作习惯

健康的身体首先来源于良好的生活和工作习惯,很多人身体不健康,都是因为习惯问题所造成的,所以,良好习惯的培养是健体的前提和基础。

(1)养成良好的用眼、用脑习惯。法院现代化包含法官助理和书记员工作方式和记录方式的现代化,过去的手写笔录方式已经由电脑所代替,而且这项辅助性工作多为文字性工作,工作期间,用眼用脑的频率高、时间长,这就需要从业者特别善待自己的眼睛和大脑,养成良好的用眼和用脑卫生习惯也就成为保护自己身体健康的一个非常重要的环节。法官助理和书记员的视力普遍下降,主要就是因为没养成良好的习惯,用眼不卫生、不科学所致。因此需要在工作和生活中注意科学用眼,并适当补充能够增强视力的各种营养。文字工作和其他事务性工作同样也是脑力劳动,特别是法官助理要从事协助法官草拟法律文书,收集相关信息资料等工作。这时,特别要注意科学用脑,尽量让工作节奏慢下来,学会适当放松和缓解精神压力。要学会从目前不堪重负的生活和工作中解脱出来,强迫自己的眼睛和大脑及时得到休息和保养,强迫自己适当从紧张的工作中解脱出来,学会释放精神压力,学会调节生活和工作的节奏。

(2)保证充足的睡眠和休息。充足的睡眠和休息(包括休闲娱乐),是法律职业人健康的保证。由于工作繁忙,加上学习、进修、培训、参加司法考试、参加晋级和晋职考试等诸多竞争压力,难免会造成体力透支,长期透支体力,就是在透支生命,必然导致身体免疫力下降,影响身体健康。法律职业人在繁忙的工作中应当学

---

① 张勇:《卓识——超越法律职业的59项卓越素质》,机械工业出版社2005年版,第215页。

会善待自己的生命和健康。首先是要保证有充足的睡眠,这是保持健康身体的基础,既要充分保证睡眠的时间,也要保证睡眠的质量。其次是要注意用休闲娱乐的方法调剂繁忙紧张的工作和缓解精神压力。适当运用旅游、度假、郊游、体育运动、娱乐等劳逸结合的方式调节,也是一种良好的休息方法。最后是要学会"以心养身和以情养身"的方法,所谓"以心养身",是指在工作和生活中始终保持良好的心态,养成一种宽容和平和的健康心态,正所谓心宽才能体健。所谓"以情养身",是指既要有高尚的情操,又要有浪漫的情怀,这样的情操、情怀能促进自己的身体健康。毛泽东曾说:"我们革命党人应有浪漫情怀,既要有革命的英雄主义精神,也要有革命的浪漫主义精神。"法律职业人若能将二者合二为一,学会"以情养身",心态就会变得更好,身体也会变得更加健康,职业技能也能得到超常的发挥。法律虽然是实践理性的产物,但这种实践理性其实还是一种人性的升华。在职业生涯中,"顺境中有浪漫,逆境中亦有浪漫。真正的浪漫是心态的浪漫,正是这种灵魂深处的浪漫,化解着种种愁绪,帮你渡过难关。古今多少脍炙人口的诗篇,都是逆境中浪漫情怀的展现"。① "以情养身"实际上也就是运用这种真正有魅力的内心深处心态的浪漫情怀来化解工作和生活中的种种烦恼,以其独特的情操、情怀和情调展现的人格魅力来怡心养身。法官助理和书记员的职业生涯中受气受累受压的事情会很多,这就需要学会以心养身、以情养身的方法和生活的艺术。

(3) 养成良好的饮食习惯。所谓"病从口入",不良的饮食习惯会害了我们健康的身体。从目前的现状来看,法律职业者既是一个营养相对过剩的群体,也是一个营养结构不合理、饮食时间不规律的群体,这三点对于身体健康都非常有害,需要认真对待和改善。首先是"不要过度贪图口福,要每食知节量"②,坚持"早餐吃好,中餐吃饱,晚餐吃少",坚持把握好"每餐只食七分饱"的分寸。其次是要注意饮食的时间规律,按时进餐。再次是要学习一些营养学的知识,针对自己的身体情况适当调整饮食结构,保证按照健康的标准合理进食。此外,要学会区分假冒伪劣和有毒有害的食品,注意生活中洗净蔬菜上残留的农药和化肥,少吃油煎的食品。最后是少饮或不饮酒,绝不酗酒。

2. 定期体检和不适随检

法律职业者应当学会关注自己的身体,养成定期全面体检和发现不适及时到医院检查的良好习惯。医学发展到今天,虽然已经相当发达并可治愈大多数疾病,但防患于未然的意识也必不可少。对疾病的预防和对身体素质的提高都是现代医学所极力倡导的,身体一旦有了疾病,就应当及时到医院检查治疗,防止病情扩大或加剧。"活着,健康惬意地活着,是人生最为重要的。在人的诸多权利中,健康长

---

① 张勇:《卓识——超越法律职业的59项卓越素质》,机械工业出版社2005年版,第214页。
② 同上书,第218页。

寿是最大的人权。可不少人认识不到这一点,在忽视和损毁自己的身体方面成为自己人权的最大的破坏者。法律职业人作为智慧的群体,应当成为维护健康长寿这个最大人权的楷模。"[1]定期体检能够及时发现身体存在的问题,有利于对各种疾病的早发现、早治疗。平常身体遇有不适时,应及时检查治疗,也有利于各种疾病的早发现、早治疗,防止延误病情。

3. 适当加强体育锻炼和适时休假

生命在于运动,提高法官助理和书记员职业从业者的身体素质,必须适当加强体育锻炼。体育锻炼是增强体质的最重要方法。体育锻炼既是一种健体的智慧,也是一种进取精神的体现。法官助理和书记员应当将体育锻炼作为职业生涯中必不可少的一种修养,应当将体育锻炼作为工作的一部分。"磨刀不误砍柴工",适当加强体育锻炼不仅不是浪费时间,而是节约时间,通过锻炼使身体更加强健,从而能够更高效地工作。法官助理和书记员职业所从事的均是事务性工作,工作繁杂而繁忙,因此需要良好的身体素质,这就需要从业人员在日常工作中通过持之以恒的体育锻炼来增强体质。此外,适时休假也是一种保持良好身体素质的好方法。

第二节 法官助理和书记员职业心理素质修养

一、心理素质的概念和特征

1. 概念

"心理素质是指人的情感、意志、个性等心理特征。"[2]"心理素质是以个体的生理条件和已有的知识经验为基础,将外在获得的刺激内化成稳定的、基本的、衍生的,并与人的适应行为和创造行为密切联系的心理品质。心理素质的形成源于生理、心理和外部条件。或者说,心理素质是以先天的禀赋为基础,在环境的教育、影响下形成并发展起来的稳定的心理品质。"[3]所谓"心理素质,一般是指人头脑的机能对客观事物摄影、复写和反映时所表现出的特点,亦即心理反应能力的好坏"。[4]以上关于心理素质概念的三种定义,都有一个共同的特征,就是将心理素质界定为先天与后天共同作用下形成的人的心理倾向和心理发展水平。法官助理和书记员的心理素质,是特指法官助理和书记员对其自身的职业所反映出的心理特征,是法官助理和书记员必备的特殊能力倾向。现代司法审判辅助职业,要求法官助理和

---

[1] 张勇:《卓识——超越法律职业的59项卓越素质》,机械工业出版社2005年版,第219页。
[2] 马建华:《法官职业化研究》,人民法院出版社2004年版,第194页。
[3] 郝明金等:《怎样做好书记官工作》,人民法院出版社2006年版,第57页。
[4] 薛伟宏:《检察机关办案笔录制作技巧》,中国检察出版社2005年版,第57页。

书记员必须具备良好的心理素质。法官助理和书记员的心理素质如何,会影响整个审判工作的质量和效率。在社会转型时期,各种社会利益和矛盾交织在一起,利益关系和人情因素更加错综复杂,法官助理和书记员同法官一样会在工作中受到人情、亲情、友情、权势、金钱、美色、舆论、暴力威胁等各种各样因素的干扰和纠缠,没有良好的心理素质,就难以形成顽强坚定的意志力和定力,也难以完成审判辅助工作任务。

2. 特征

心理素质是心理学研究领域的一个重要概念和研究对象,分析心理素质的特征,首先应当了解一定的心理学内容。"人的心理现象是自然界最复杂、最奇妙的一种现象,主要指人的精神世界。像人的感觉、知觉、记忆、想象、思维、情感、意志、能力、气质、性格等,这些现象统称为心理现象或心理活动。"[①]人的心理现象或心理活动就是心理学研究的重要内容。心理学将人的心理活动划分为心理过程和个性两个方面进行研究,心理过程是心理活动的动态过程,包括认知、情感和意志过程三个方面;个性是人的知、情、意等心理活动的另一方面的表现。心理素质既包括人的心理活动过程,也包括人的个性。在表述人的心理素质的时候,人们常常使用"人格""个性""心理品质"等概念,"人格"和"人性"实际上都是心理素质的具体表现形式和特征的评价。"心理品质"是对心理素质结果的评价。"人格"和"个性",是指一个人的整个精神面貌,即具有一定倾向性的心理特征的总和。"心理品质"是个人在某一时期和场合表现出的稳定的心理特征,是多种心理素质的整合,包括诸如思维品质、记忆品质、意志品质,等等。心理素质既包括特征,又包括结果,是对心理活动过程和心理活动结果的整体的高度凝结。

法官助理和书记员的心理素质包括心理过程素质和个性心理素质两个方面。心理过程的素质是个性心理素质在审判辅助工作中的具体表现。笔者主要讲述法官助理和书记员的个性心理素质特征。"个性心理特征是一个人经常、稳定表现出来的心理特点,集中反映了人的心理面貌的独特性。"[②]法官助理和书记员的个性心理特征,主要包括:能力、气质和性格三项内容。

"能力是一般人都具备的心理现象。"[③]"我国心理学教材把能力定义为:顺利完成某种活动所必备的心理特征。"[④]"心理学家们一般把能力划分为认识能力和操作能力。操作能力是指心身并用去完成实际工作的能力。能力以相关知识、技能为前提,一定的知识、技能对能力提高有明显的促进作用;反过来,能力对较好地

---

① 郝明金等:《怎样做好书记官工作》,人民法院出版社2006年版,第55页。
② 同上书,第58页。
③ 同上注。
④ 徐伟、鲁千晓:《诉讼心理学》,人民法院出版社2002年版,第248页。

掌握知识、技能并加以正确运用有直接影响。从某种意义上讲,能力又是学习知识、技能的必要条件。"① 法官助理和书记员必须具备的能力包括如下几个方面:① 观察与理解能力;② 分析与概括能力;③ 思维与思辨能力;④ 语言表达能力;⑤ 记忆能力;⑥ 再造想象和创造能力;⑦ 手、脑并用的解决实际问题的能力;⑧ 娴熟操作电脑和速录机记录审判过程的能力;⑨ 收集整理相关信息的能力;⑩ 一定的写作能力;等等。

"气质是个体比较稳定的心理活动的动力特征,人的所有心理活动和行为都受气质的影响。"②"古希腊医生希波克拉特认为,每个人身上都有血液、粘液、黄胆汁、黑胆汁4种体液,4种体液在不同人身上比例不同,会形成4种不同的气质。嗣后,古罗马医生盖伦又据此提出了胆汁质、多血质、粘液质、抑郁质4种气质类型。"③气质是性格形成的重要内容之一,我们谈论一个人的性格,多半是在讲他的气质。

现代生理学家巴甫洛夫根据神经系统的兴奋过程与抑制过程的特点,及各特征间的独特结合,把高级神经活动类型划分为4种,即活泼型、兴奋型、安静型和抑制型。④ 气质具有感受性、耐受性、反应的敏捷性、可塑性、情绪兴奋性、外倾性与内倾性等特征。在法官助理和书记员职业中,不同气质类型的从业人员所呈现的气质特征是有区别的。根据法官助理和书记员司法审判辅助职业的特点,应当将4种气质类型优化整合为一种复合型气质的类型和特征。各种不同的气质类型,其实并没有好坏优劣之分,只是因为法官助理和书记员职业的特殊性,所以要求是一种复合型的气质。

"性格决定命运",可见性格的重要性,"性格一般定义为表现人对现实态度和行为方式中比较稳定的独特的心理特征的总和"。⑤ 性格在个性特征中处于重要地位,具有核心的意义。⑥ "爱因斯坦说过,一个人在事业上的成功取决于他在性格上的伟大。"⑦人的性格有先天的基础因素,但后天的培养与历练也非常重要,因为人的性格是通过各种社会实践活动以及自己的职业实践逐步形成和发展起来的,法官助理和书记员应当客观分析自我性格的长短优劣,在工作中有意识地矫正不良的性格因素,不断锻造自己良好的性格,以更好地适应职业需要。

---

① 徐伟、鲁千晓:《诉讼心理学》,人民法院出版社2002年版,第249页。
② 史玉峤:《现代秘书学》,青岛出版社2001年版,第236页。
③ 同上注。
④ 同上书,第236—237页。
⑤ 徐伟、鲁千晓:《诉讼心理学》,人民法院出版社2002年版,第248页。
⑥ 参见郝明金等:《怎样做好书记官工作》,人民法院出版社2006年版,第59页。
⑦ 同上书,第60页。

二、心理素质的分类

根据分类方法不同,可以将法官助理和书记员的心理素质进行不同的划分。

(1) 根据自然属性和机能划分,可以将心理素质分为智力因素的心理素质和非智力因素的心理素质两类。智力因素的心理素质是个性心理载体先天所具有的原发技能,包括观察能力、记忆能力、思维能力等。非智力因素的心理素质是法官助理和书记员在审判工作实践中通过不断地学习、培养而获得的素质和能力,包括谦逊、热忱、勤奋、进取,等等。

(2) 根据作用划分,可以将心理素质划分为发动型心理素质和抑制型心理素质两类。发动型心理素质是指法官助理和书记员积极倾向的心理素质。抑制型心理素质是指法官助理和书记员消极倾向的心理状态和情绪。

(3) 按心理现象划分,可以将心理素质分为心理过程的素质和个性心理素质两类。心理过程的素质主要是指法官助理和书记员的"知、情、意"过程的好坏。个性心理素质则是指法官助理和书记员的个性倾向和个性心理特征。"实践证明,书记员应具备以下基本的心理素质:一要有良好的气质。其具体表现为,无私无畏、不骄不躁、谨慎多思、好学上进、自省自控等。二要有高尚的品德。其主要表现为:高度的责任感、坚实的求实感、鲜明的是非感、强烈的正义感、严肃的楷模感等。三要有坚强、扎实的意志能力。其主要表现为敏锐的观察力、驾驭语言文字的速记能力、准确的语言表达能力、迅速的反应能力、较强的记忆能力、严格的逻辑思维能力、自觉的自控能力、良好的注意力,等等。"[1]

三、法官助理和书记员职业良好心理素质的培养

培养良好的心理素质,主要是指在职业生涯中对法官助理和书记员的气质、性格、能力等个性心理素质进行全面的培养和历练。培养良好的心理素质,就是培养一种心胸开阔、乐观振奋的精神面貌,奋发向上的进取精神和百折不挠的顽强意志。通过在审判工作中的长期学习和实践,个体的心理素质不仅具有可塑性,而且具有相对的稳定性。古语云"滴水石穿",良好心理素质的培养,需要一个长期坚持的修炼过程,需要长期修为锻炼和坚强的意志力才能达到。这就要求法官助理和书记员,坚持在工作和生活中努力培养自己的各种能力,培养自己的气质,培养自己的性格,使自己的个性向着健康的方向发展。健康不仅仅是指身体健康,更包括心理健康,身心健康才是真正的健康。

---

[1] 薛伟宏:《检察机关办案笔录制作技巧》,中国检察出版社 2005 年版,第 58 页。

1. 加强气质修养

培养法官助理和书记员的良好气质,对心理素质培养而言非常重要,法官助理和书记员的气质是由其职业性质决定的。工作环境对从业者的气质有非常的影响力。"气质是外在的心性"①,培养气质也就是锻造心性。气质修养的途径主要包括以下几个方面:

(1) 培养自尊意识和自制能力。培养法官助理和书记员谦而不卑、不卑不亢的自尊意识最为重要,只有确立牢固的自尊意识,才能彰显人格和气质的高贵品性。在工作中既不狂妄自大,也不畏惧退缩,而是以独立的自尊品格给人以良好的印象。作为个体的人,都具有一定的主观能动性,都有不同程度的自我意识和自控能力,法官助理和书记员要认真培养发挥这种主观能动性,强化自我尊重意识和增强自我控制的自律意识,在职务行为中独立自主,既有所为,又有所不为,符合道德标准的就去做,不符合道德规范的坚决自我克制,要分析自己气质的优点和不足,并结合职业需要逐步完善,努力培养自己良好的气质。

(2) 扩大职业对气质的影响。法律职业对从业者气质的塑造力是很强的,法官助理和书记员的气质主要是在后天的社会实践中养成的,除去学历教育的过程,在职业环境的锻造是培养良好气质的主要途径。在一个固定的职业环境中天长日久,必然促使从业者的气质趋向职业诉求。法官助理和书记员应当学会在职业实践中努力培养和历练自己的良好气质,努力把自己的气质塑造成现代法律职业所需要的类型。

(3) 努力克服气质中的弱点和不足。通过正确分析自己气质中存在的弱点和不足,努力在工作和生活中有目的地去改进和完善。不要怕暴露自己的弱项和不足之处,要加强改进和克服,力争使弱项转化为强项。

2. 优化自己的性格

性格品质是法官助理和书记员的主导心理品质,是各项心理品质的核心,优化性格对于培养良好的气质至关重要。

(1) 培养坚强的意志力。司法审判辅助工作是一项十分繁琐艰苦的手脑并用的职业,必须具备百折不饶、坚韧不拔的意志力,才能克服事务性工作中的种种困难和艰辛,才能在平凡的岗位上作出不平凡的贡献。只有培养出这种顽强的意志力,拥有这种强大的内心,才会有良好的心理承受能力,才能从容应对工作中的各种压力,做到任劳任怨、兢兢业业,积极配合法官做好审判工作。坚强的意志力必然产生坚定的定力,必然有利于廉洁自律。所以,培养坚强的意志力是优化性格的第一步。

---

① 张勇:《卓越——超越法律职业的 59 项卓越素质》,机械工业出版社 2005 年版,第 117 页。

(2) 培养协作意识和团队精神。法官助理和书记员性职业强调的是协作、合作、配合的职业理念,因此,法官助理和书记员应当具备合群、协作的性格特征,司法职业讲求配合默契和团队精神,需要从业者有宽容待人、助人为乐的性格,需要一种符合团队精神要求的性格。协作配合实际上就是一种合作精神的体现,法官助理和书记员作为法官的助手,每天都在配合协助法官工作,这种配合与协助,必须在心态和情感上真正融入才能做好。除了宽容之外,法官助理和书记员还应当培养一种谦逊和奉献的性格。在团队中工作,难免遭遇论资排辈、讲资历、讲资格等情况,在这样一个环境中工作,一定要学会"处下",学会谦让、淡泊名利,培养奉献精神,培养甘当无名英雄的性格。

(3) 培养诙谐幽默的秉性。诙谐幽默实际上就是一种乐观的心态,诙谐幽默可以帮助人养成豁达开朗的性格。诙谐幽默能帮助我们看到平凡和平淡中的美好。"幽默是人类宝贵的心灵财富,是情感优裕和自由的展现。在生活和工作的诸多困惑面前,幽默能帮助你化被动为主动,变尴尬为愉悦,以轻松的微笑代替沉重的叹息。"①司法审判辅助工作内容大多是程序性和事务性的工作,工作量大、内容简单重复,而且工作中要与当事人打交道,受委屈、受气的情况常常发生,时间长了难免会产生厌烦情绪。在这种情况下,培养一种诙谐幽默的性格,非常有益于化解工作中的烦恼,也非常有益于搞好本职工作。特别是在接待当事人的过程中,运用诙谐幽默的方法,往往能够化解矛盾和对立情绪,易于建构一种和谐的气氛。

(4) 培养机敏灵活的性格。法官助理和书记员作为法官的助手,在审判工作中必然会遇到各种复杂局面和突发事件,这就需要培养一种机敏灵活的性格,做到随机应变,及时协助法官妥善解决问题和矛盾。

(5) 关注心理健康。良好的性格来源于健康的心理,法律职业者应当十分重视和关注自己的心理健康,在繁忙的工作之余经常修缮和美化自己的精神家园。学会正视现实和自我,对自己所处的工作现实和自己的优缺点要有客观和清醒的认识,即做到有自知之明。以善良的心态待人接物,以开朗、达观的心态对待一切。

3. 培养能力

能力,重在实践,是人的特别宝贵的财富,"能力是调用知识、运用智力、借助技能,能够顺利完成某种实践活动的个性心理特征"②,是重要的心理素质内容之一。

(1) 培养敏锐的观察和理解能力。司法审判辅助职业对观察和理解能力的要求是很高的,要求法官助理和书记员在审判程序中能够敏锐地观察诉讼当事人的每一个细节,并能详尽记录所参加的各项审判活动。只有具备了这种能力,所做的笔录和辅助性工作,才会反映审判工作的全部过程。

---

① 史玉峤:《现代秘书学》,青岛出版社 2001 年版,第 240 页。
② 《中国秘书岗位资格证书教程》,中国人民大学出版社 2006 年版,第 558 页。

(2) 培养手脑并用的快速记录能力。制作各类笔录是书记员的主要职责,接待、调查、质证、庭审、合议庭评议案件、审委会讨论案件都需要制作笔录,能否准确、快速、全面、系统、详略得当地做好笔录就在于培养一种手脑并用的快速记录的能力。无论是用纸和笔记录,还是操作电脑打字记录,或是用亚伟速录和记录,都需要培养这种手脑并用的快速记录能力。

(3) 培养良好的记忆能力和注意力。法官助理和书记员除了记录之外,还有收集信息和资料等多项工作,对于程序性和事务性的工作而言,记忆力相当重要,助手的作用有很多地方与秘书的作用很相似。"注意力是心理活动对一定对象的指向和集中。注意力的驱动力和兴奋点一是兴趣,二是压力。"[1]司法审判工作需要保持良好的注意力,这需要在平常工作中努力培养。

(4) 培养语言表达与思维能力。审判工作要求法官助理和书记员具备准确无误的表达思想和审判程序内容的语言表达能力,无论是立案、送达、庭审还是执行,在严肃的执法过程中,要求执法者能够用清晰明确的语言把审判程序内容明明白白地表述出来。法律职业是经验的职业,也是思辨的职业,作为法官的助手,法官助理和书记员与法官一样要培养法律思维能力,在思维方式和方向上要能够与法官相一致,才能配合法官做好审判工作。

(5) 培养适应能力与协调能力。所谓适应并非指完全消极被动的适应,而是顺应现代司法审判工作发展的规律,顺应现代法律职业的需求,积极地适应职业与环境的要求。作为法官的助手,在审判工作中担负着一定的组织协调任务,因此,协调能力也是培养良好的心理素质的必备能力。

(6) 培养直觉判断能力。直觉是指法律职业者未经充分逻辑推理而是凭借职业经验所产生的直观感觉。直觉也被称为灵魂之眼。直觉是以已经获得的知识和积累的经验为依据的,法官助理和书记员的直觉判断能力,是指法官助理和书记员在审判工作中,对诉讼当事人及其代理人的个性特点、心理状态的一种直观的识别、直接的理解和未经逻辑推理的综合判断能力。直觉判断力不仅对法官判案至关重要,对法官助理和书记员的辅助性工作同样十分重要,对做好笔录和其他辅助性事务工作都有极大的促进作用。

---

[1] 郝明金等:《怎样做好书记官工作》,人民法院出版社2006年版,第65页。

第十四章 社会性别平等意识与法官助理和书记员审判辅助职业

在我国当前很多反映现代书记员审判辅助职业的新闻宣传照片和电视网络等传播镜像中,社会公众更多看到的是女性书记员的形象,大家也许已经习以为常这种突出女性书记员的场景宣传,却没有注意审判辅助职业与社会性别平等意识的联系,更少有人去思考社会性别平等意识与书记员审判辅助职业之间的关系问题。其实,现代审判辅助职业与社会性别平等意识之间的联系相当紧密,现代社会性别平等意识的确立和推广,在很大程度上对审判辅助职业的发展起着举足轻重的促进和推动作用。

第一节 现代社会性别平等意识与审判辅助职业

自"1995年第四次世界妇女大会以来,社会性别被越来越广泛地应用于公共政策分析"。① 社会性别平等意识已经作为一种法律和公共政策广泛运用于各个不同的社会领域,社会性别平等意识概念的主要内容在于社会性别与社会制度的关系,当然也广泛地应用于司法职业和审判辅助职业等众多领域。

一、社会性别平等意识的基本含义

在传统观念和人们的心目中,普遍对男性和女性的气质特点有一个较为明显的定位和感觉,普通的或常态的思维定势和总体感觉是:男性具有阳刚和坚强的气

---

① 杜洁:《社会性别与公共政策分析——从概念到实践》,载谭琳、杜洁:《性别平等的法律与政策》,中国社会科学出版社2008年版,第25页。

质,具有责任心,具有领导支配能力和经济创造能力,具有绅士风度和大度宽容的气魄等特点;女性则具有温柔贤惠的气质,具有善解人意、容忍、牺牲自我、忍辱负重等特点。这是人们基于人体生理性别与社会历史常态的区别而获得的思维定势和总体感觉。男性和女性既有共性也有差异,差异甚至比共性大得多。生理上的差异是遗传形成的,无法改变,也是人类历史上两性之间形成不平等的物质缘由。现代社会发展到今天,人类各种职业在生理上的两性差异越来越缩小,有的甚至可以忽略不计。社会性别则最早出现于20世纪70年代初的国际妇女运动,80年代后被联合国采用,并成为90年代以来国际上分析男女平等的重要概念。所谓社会性别,是指社会文化意识形态中形成的属于男性或女性的群体气质特征和行为方式,以及基于此种划分的社会性别分工、价值评判和权力结构。它是由语言、交流、符号和教育等多种社会文化因素所构成的判断性别的社会标准,一系列关于男性和女性的行为观念和行为规范。

所谓社会性别平等意识,就是将追求平等和公正的价值理念融入社会性别概念之中的意识形态,是从社会性别的角度,为实现社会性别的公平和正义,对社会、政治、经济、文化和环境进行观察、分析的观念和方法。社会性别的核心,强调基于性别的权利结构,以凸显男女不平等的社会性别关系。它将不合理的社会性别制度浮出水面,并促请改变这些不平等的权利关系,使妇女能够和男性平等地参与和公平获益。正因为如此,几乎所有的研究和对公共政策或相关机制的社会性别分析,都无一例外地以实现性别平等和公正为目标,体现了此范畴蕴含的价值观和社会理想。[①] 我们今天推崇社会性别平等意识,就是以社会性别平等意识形态来追求平等和公正的社会价值。社会性别平等意识的理论和现实意义,在于将性别研究从生理学领域拓展到社会学领域,强调了性别的社会文化性。

二、社会性别平等意识的理论与实践意义

社会性别平等意识的理论和实践,为现代社会科学研究开启了新的研究视角和提供了新的研究方法,使现代社会问题的研究又有了更新的领域。

从公私两个维度来研究和思考书记员审判辅助职业中的性别问题可以发现,性别是这个特殊司法职业无法回避的现实问题,所有的男女两种性别的书记员、法官助理和法官之间在工作中都面临如何正确对待性别意识的问题,现代司法职业要求构建一种平等公平、共生共存、互助合作的和谐的不同性别相处模式。在现代司法职业的社会空间现实建构之中,过去将从业的女性与男性、私领域与公领域严

[①] 参见杜洁:《社会性别与公共政策分析——从概念到实践》,载谭琳、杜洁:《性别平等的法律与政策》,中国社会科学出版社2008年版,第30页。

格限定开来的二元对立做法,实际上就是对女性的一种性别歧视。要改变这种性别歧视现状,需要导入现代社会性别平等意识的理论并付诸实践。

从本书论述的审判辅助职业来讲,社会性别平等意识理论为我们分析男女两性在人民法院从事法官助理和书记员审判辅助职业的性别形态和特点,提供了一个新的理论分析方法和实践经验的指导方向。在书记员的单独职业序列中,女性的比例要大于男性比例,而书记员这一审判辅助职业序列与整个法官职业又是紧密相联系的,社会性别平等意识的理论研究和在司法实践中的推广和运用,将会极大地促进书记员审判辅助职业整体素质的提升和审判辅助职业技能的提高,促进职业群体内的和谐与发展。

三、社会平等意识在审判辅助职业中的导入

中国几千年的社会历史文化传统中的性别文化,实际上是一种男尊女卑的性别文化,诸如婚姻家庭中男性和女性权利的不对等、社会公众舆论中的男女性别不平等、劳动与工作中的性别差异,等等,这些在书记员审判辅助职业中也有或明或暗的体现。书记员辅助职业在人民法院的整体职业群体中的性别问题较为突出。

中国古代的书记员职业是没有女性参与的,都是男性的天下,只是到了现代,才有女性加入到书记员这一审判辅助职业之中,今天的人民法院书记员(包括聘用制书记员和速录员)职业群体中大多数是以女性为主。面对这样一个庞大的以女性占多数而且又是从事辅助法官工作的职业群体,职业中的性别问题应当是一个举足轻重的职业建设问题。

将社会性别分析方法导入审判辅助职业技能培训教育的想法,得益于武汉大学法学院举办的"性别与法"培训项目,以及《中国性别平等状况调查报告》《禁止就业歧视国际标准和国内实践》和《性别平等的法律与政策——国际视野与本土实践》中的调查研究成果。[①] 关于"性别与法"的培训和理论研究,如果总是停留在国外情况的介绍和传播方面,只会限于社会性别基本理念和内涵的知识性介绍和讲解,以及理论与学科的研讨,是没有现实意义的,社会性别平等意识理论,必须与中国当下的具体社会实践相结合才能实现其理论价值,因为,再好的现代先进意识和理论科学研究成果,还是要应用于社会实践才有生命力。将"性别与法"的理论引申到审判辅助职业技能培训的实践之中,就是理论与实践相结合的一个途径。

书记员审判辅助职业中现实存在的各种性别问题,已经成为不可回避的现实

---

① 参见罗英、李傲:《中国性别平等状况调查报告》,中国社会科学出版社2008年版;李薇薇、Lisa Stearns:《禁止就业歧视国际标准和国内实践》,法律出版社2006年版;谭琳、杜洁:《性别平等的法律与政策》,中国社会科学出版社2008年版。

问题,在职业的建构中导入社会性别平等意识,既是社会发展的需要,也是职业建设的需要。性别歧视在书记员职业现状中也是一种现实的存在,只是表现的方式与其他领域的性别歧视不一样而已。虽然女性已经成为审判辅助职业的主体,但由于源于原初两性的自然分工,男权文化和被男性统治的法律仍然在不断发挥各种影响。因此,对审判辅助职业中两性不平等的现状的揭示,有助于正确认识现代司法职业性别歧视的严重性,及其导入社会性别平等意识的必要性和紧迫性。

中国历史上不平等的性别歧视现象较为严重,性别歧视的形成是一个国家历史、社会、文化、法律、经济等因素综合作用的结果,性别歧视在现代审判辅助职业的很多方面和领域还普遍存在,影响了审判辅助职业的正常发展。社会性别习俗在司法审判职业中,是以制度化的形式表现并以潜意识发挥着超越法律的作用。如何在审判辅助职业中纳入社会性别平等意识?如何在司法职业制度中建构新的程序规范,以确保男女两性均能平等工作并体现出各自的价值?如何使审判辅助职业制度充分融合男女两性共同的要求?这些是摆在司法职业面前十分严肃并应研究解决的重要问题。导入社会性别平等意识的理论分析方法,有助于更好地实现司法职业内和司法过程中的两性平等,推动全社会性别平等意识的进步和发展。

将社会性别平等意识引入审判辅助职业领域,除了能使审判辅助职业制度的设计更加科学合理,还能够使法律的实施在更大限度内取得社会的认同,从而更好地贯彻法律的精神,强化司法的公平正义目标的实现,取得平等和公正的良好社会效果,推动法律的民主化进程,实现社会的和谐发展与进步。追求男女两性的平等和公正,要在研究审判辅助职业制度、制定政策、实施制度过程中加入社会性别平等意识的理论,从男女两性的角度而不是从单一男性的角度去实现法律的精神和司法的公正。

将社会性别平等意识理论引入审判辅助职业建设之中,还能够极大地促进现行审判辅助职业培训教育和职业技能培训工作。导入社会性别平等意识,有助于协调处理好书记员之间,以及书记员与法官助理、法官之间的关系,有助于提高审判辅助职业从业人员的职业技能、司法辅助工作的质量和效率。运用社会性别分析方法,还有助于人民法院科学制定审判辅助职业的各项指导政策,在法官助理和书记员的职业领域消除性别歧视,保护妇女的合法权益。

社会性别平等意识的导入,为所有的法官助理和书记员提供了法律的社会性别分析方法,为审判辅助职业技能提供了衡量法律规范公正性的尺度,提供了检验法律实施过程和实际效果的新标准。法官助理和书记员在司法过程中,如果学会运用性别分析方法检验法律的过程和实施效果,将会极大地实现法律的精神和体现司法的人文关怀,在法律抽象、刻板、非人性的框架中加入具体的、多元化的和人性化的人文关怀,甚至可以辅助法官重构法律的平等和公正。

第二节　现代审判辅助职业中的社会性别问题

在现代法官助理和书记员审判辅助职业中，目前最为突出的社会性别问题，主要是职业中的性别歧视和性骚扰问题。

一、审判辅助职业中的性别歧视问题

在现代书记员审判辅助职业中，仍然还存在着一些与现代社会性别平等意识相悖的性别歧视问题。所谓"歧视"，就是基于种族、肤色、性别、宗教、政治观点、民族血统或社会出身所作出的任何区别、排斥或优惠，结果是剥夺或损害在就业或职业上的机会或待遇上的平等。[1] "性别歧视"就是指"基于人们的生理性别或社会性别而产生的歧视与偏见。1979年联合国《消除对妇女一切形式歧视公约》将"对妇女的歧视"定义为"基于性别而作的任何区别、排除和限制，其作用和目的是要妨碍或破坏在政治、经济、社会、文化、公民或任何其他方面的人权和基本自由的承认，以及妇女不论已婚未婚在男女平等基础上享有或行使这些人权和基本自由"。[2] 这些性别歧视问题的隐含或显现，总是或多或少地影响司法公正和审判辅助职业的素质提升和技能发挥。

书记员作为审判辅助职业，在人民法院处于基础和底层的职业架构，由于中国社会传统的性别文化传导的是男尊女卑的性别文化，自然将性别歧视的观念带入书记员审判辅助职业之中，性别歧视在人民法院的首要表现，是普遍认为女性较为适合做书记员，认为文化层次稍微低一点的女性只能做书记员，许多法院招录的聘用制书记员和速录员也多以女性为主，而女性迫于就业的竞争压力，也乐于从事相对较为稳定的书记员工作。因为书记员审判辅助职业工作中的性别差异，以及书记员在人民法院处于等级化最底层的职业性别分工，加之在收入差距上的等级化，使得性别歧视成为当今书记员职业建设中的一个重要问题。

当前，由于书记员工作程序性辅助性较强，重复性工作较多，因而较为琐碎，凡是能够做法官的，都想尽办法通过司法考试做法官，这种现状的出现有两个原因：一是书记员职业制度的建构和设置，没有真正设定明确的单独职业序列和可以晋升努力的方向，待遇也处于法院内部最低的档次，过去是升任助理审判员的必经过

---

[1] 参见薛宁兰：《性别歧视：职场性别歧视现象的法律分析》，载李薇薇、Lisa Stearns：《禁止就业歧视国际标准和国内实践》，法律出版社2006年版，第303页。
[2] 同上书，第303—304页。

程,现在就是专门的辅助性职业,聘用制的书记员就更加没有上进心和努力的方向,简单讲就是没有职业的归属感和尊崇感,从业者多半是将其作为一个跳板和过渡,一旦有新的就业机会立即离开书记员岗位;二是书记员审判辅助职业就业中的性别歧视。由于前述原因,女性或男性在从事书记员审判辅助职业时,多半是迫于就业的竞争压力而暂时从事书记员工作,是一种权宜之计或无奈之举,加上从业过程中来自领导、法官、其他同事的性别歧视,以及在办理案件过程中当事人及其代理人、当事人的近亲属的性别歧视,这些性别歧视的隐形原因,使得书记员对审判辅助职业缺乏职业尊崇感和归属感。

"在大部分人的观念中,性别仍然是决定工作性质的一个重要因素。人们已经习惯地认为,艰苦的工作、责任重大的工作只能由男性来做;女性只能从事难度较小、不需要太大体力支出、具有辅助性的工作。"①这种观念,同样也或明或暗地体现在法官助理和书记员审判辅助职业之中,人们普遍认为,相对于法官职业而言,法官助理和书记员的工作是辅助性的和次要性的,就好像"女性更适合做护士,男性则不太适合"的结论一样②,人们一般认为:女性更适合做书记员,而男性则不太适合。这种观念对于女性和男性其实都是一种性别歧视,首先是对女性的性别歧视,因为,人们认为书记员是比法官低一个层次的司法职业,而书记员的辅助职业待遇和职业制度设置确实就是低于法官职业,书记员单独序列内的晋升晋职机会很少,只是一个辅助的地位而已;其次是对男性的性别歧视,如果一个男性从事书记员工作,就会被瞧不起。因此,性别歧视问题是现代书记员审判辅助职业得不到长足发展的重要原因之一。我们提出在法官助理和书记员审判辅助职业中引入社会性别平等意识,就是希望用现代社会性别平等意识理论代替传统世俗对于女性和男性生理性别的陈旧认识,运用现代社会性别平等意识理论,促进法官助理和书记员审判辅助职业中性别问题的改进,促进整个法官助理和书记员审判辅助职业的健康发展。

二、审判辅助职业中的性骚扰问题

现代社会女性越来越多地与男性一样参与各种职业以来,她们在工作中面临着很多重大问题,其中一个重要的问题就是性骚扰。现代法官助理和书记员审判辅助职业工作中的性骚扰问题,同样也是一个较为突出的问题,也是与现代社会性别平等意识相悖的较为常见的、亟待解决的现实问题。

---

① 吴正坤:《对湖北省武汉市性别歧视的调查报告》,载罗英、李傲:《中国性别平等状况调查报告》,中国社会科学出版社2008年版,第221—222页。

② 同上书,第222页。

虽然目前对"性骚扰"还没有一个明确的公认的概念予以界定,但是,根据各种不同种类性骚扰问题的共性特征,可以将性骚扰的概念表述为:"一方违背对方意愿,以满足自身性生理或性心理需要为目的,通过有性意味和性内容的语言、非语言及身体接触方式,侵犯另一方人格权的违法行为。工作中的性骚扰是性骚扰的主要表现形式,法律在界定它时,必须看到这类行为妨碍了工作的正常进行,使工作环境具有胁迫性、敌对性或进攻性。"① 也可以将性骚扰概念表述为:"性骚扰是性侵害犯罪以外,违背受害人意志,实施超出正常人际交往界限的侵犯受害人性自主权的行为。"②

书记员与法官助理审判辅助职业中的性骚扰,主要是指法官助理和书记员在执行审判辅助职业的工作中所遭遇到的任何人的性要求,或者有性挑逗的语言及行为等侵犯其人格权的违法行为,并对其工作环境造成胁迫性、敌意性或进攻性等后果。这种"性骚扰",既有来自职业内部上下级和同事之间,也有来自当事人、诉讼代理人以及当事人的近亲属等相关人员,既有男性对女性的性骚扰,也有女性对男性的性骚扰,还有相同性别之间的性骚扰。首先,从法律上讲,性骚扰行为的性质是一种从法律上可以界定为非法的行为,是侵犯法官助理和书记员人格与尊严的民事侵权行为。其次,从侵权行为的对象和内容上看,性骚扰是侵权者为了满足自己的性心理和性生理需要而对被骚扰者人格权的侵犯,包括人身身体的自由安全权、性自主权、身体和性的尊严权等内容的人格权,性骚扰就是对受法律保护的人格权的侵犯。再次,从侵权行为的表现形式上看,性骚扰的表现形式具有多样性的特点,"目前知晓的各种性骚扰方式,可概括为语言骚扰、身体骚扰和非语言骚扰三种类型"。③

法官助理和书记员审判辅助职业中的性骚扰,主要是指发生在审判辅助职业工作过程中的性骚扰,具体有如下几种表现形式:① 讲述与性有关的各种语言、故事或段子;② 实施性挑逗或对被侵权人的身体进行实质接触;③ 直接提出性要求或以过分的语言、行为暗示性要求;④ 利用写信、写纸条、手机短信微信、电子邮件和 QQ、MSN、飞信、视频等聊天方式发送或讲述与性有关的内容;⑤ 展示与性有关的文字、图画、照片、雕塑、工艺或其他物品;⑥ 播放、传送与性有关的声音、影像、视频、VCD/DVD 影片;⑦ 以限制人身自由、猥亵、威胁等方式进行性攻击,侵犯性

---

① 李薇薇、Lisa Stearns:《禁止就业歧视国际标准和国内实践》,法律出版社 2006 年版,第 313—314 页。
② 张立新:《性骚扰立法研究——兼谈对职场性骚扰受害妇女的救济》,载谭琳、杜洁:《性别平等的法律与政策》,中国社会科学出版社 2008 年版,第 433 页。
③ 李薇薇、Lisa Stearns:《禁止就业歧视国际标准和国内实践》,法律出版社 2006 年版,第 313 页。

自主权;⑧ 以工作中获取或失去相关权益作为胁迫条件进行性骚扰行为;⑨ 实施性骚扰行为造成被侵犯人精神上的恐慌、畏惧、焦虑和不安等;⑩ 实施性骚扰行为,造成被侵犯人的工作和生活无法正常进行。

与其他职业中的性骚扰一样,法官助理和书记员审判辅助职业中的性骚扰,尤其是女性法官助理和书记员的性骚扰问题,也是一个较为普遍的社会性别问题,这一现实问题的存在毋庸置疑,却较难规制和解决。其原因不仅在于立法的缺失和司法中的事实证据认定困难,全国目前已有的性骚扰案例,大多也是因为性骚扰诉讼取证难而败诉;而且还在于法官助理和书记员在人民法院的司法职业结构和权力结构中处于较低的层次。

三、审判辅助职业中性别心理平衡问题

男性和女性由于生理上的差异和传统文化观念以及综合素质等因素的影响,必然会有不同的心理特征,在法官助理和书记员审判辅助职业工作中,也必然会表现出不同的性别心理态度,这些不同性别心理态度的心理平衡问题,也是法官助理和书记员审判辅助职业中需要特别关注的重要社会性别问题之一。

一般来说,男性法官助理和书记员从业者的个性和心理承受能力要强于女性,理性的东西多一些,易于控制情绪和调整心态;而女性法官助理和书记员从业者则比较感性,比较容易在审判辅助职业工作中受到心理伤害。由于男性法官助理和书记员司法的社会活动范围一般较女性从业者宽泛,加上男性心理态度的转变速度也快于女性,易于转化和控制执行职务工作中的种种不良情绪;此外,男性的思维方式一般也较女性更有逻辑,在审判辅助职业日常工作中难以被他人左右,遇到审判辅助职业工作中的各种难题和困难较为容易克服;而女性法官助理和书记员审判辅助职业从业者由于受传统观念的束缚,社会活动范围一般较男性狭窄,在其个性特征上常具有一定程度的被动性和依附性,容易把自己的感情倾注于某人或某事物,心理态度的转化速度相对男性较慢,其思维方式也具有一定的想象性,不大善于控制自己的情绪,易受他人左右,对其职业工作中遇到的现实困难和问题常常拿不定主意。因此,法官助理和书记员审判辅助职业的技能培训,应当针对男性和女性不同的心理性格差异进行平衡训练。

这种社会性别心理平衡训练,也包括法官助理和书记员自身性别心理平衡训练,也包括司法辅助工作中对不同性别的心理差异确立正确的认知和认识,同时还包括对性别不同的当事人的心理应对技巧和心理平衡方法。不同性别的法官助理和书记员,在审判辅助职业工作中首先应当处理好自身的性别心理平衡问题。社会男性与女性的性别差异,自然导致职业工作当中的心理心态不平衡现象,这一现

象就需要引起我们的关注和重视,运用社会性别平等意识在法官助理和书记员中营造一种心理平衡的良好职业环境,并在其职业技能培训中导入性别心理平衡的心理培训内容。

法官助理和书记员司法辅助在日常工作中与诉讼当事人和代理人的接触较多,在辅助配合合议庭法官审判案件的过程中,书记员既不能因为性别心理和性格差异而偏袒或迁就一方当事人,也不能简单一致地"等量"对待双方当事人而忽略了各方性别心理差异的客观性。在司法辅助工作中,法官助理和书记员对一方心理强制另一方的现象应当积极制止,营造一个真正性别心理平等的诉讼环境和氛围。特别是在辅助合议庭法官审理婚姻家庭诉讼案件、解除同居关系案件、劳动争议案件、侵权损害赔偿案件等涉及人身财产权益的民事诉讼案件时,更加需要法官助理和书记员运用性别心理平衡艺术,协助合议庭法官营造一个社会性别心理平等和心理平衡的诉讼环境,公正地审理好案件。

第三节 现代社会性别平等意识的实际应用

当前的法官助理和书记员辅助职业中还或多或少地存在缺乏社会性别平等意识的"性别中立",存在性别意识不平等的"性别歧视"等问题,诸如上述的性别歧视、性骚扰和性别心理不平衡等,就需要我们在审判辅助职业中导入和推行社会性别平等意识,既要充分考虑社会性别平等对待又考虑对性别弱势倾斜,社会性别平等意识的应用和推广,将有利于审判辅助职业的发展。

一、确立社会性别平等的基本原则

社会性别平等意识中的"平等",是指实质意义上男女两性的性别平等。社会性别平等意识在人民法院法官助理和书记员审判辅助职业技能培训中的应用,首先需要确立社会性别平等基本原则,应当确立追求实质意义上的社会性别平等的基本原则,避免法官助理和书记员审判辅助职业中的一切形式的隐性性别歧视和实质上的性别不平等。

只有真正确立了社会性别平等的基本原则,才能重视法官助理和书记员审判辅助职业中女性的呼声和利益诉求,通过开展性别分析,特别是对法官助理和书记员审判辅助职业法律、政策和重要改革项目等进行性别平等分析,为人民法院审判辅助职业建设和改革提供科学的决策依据,通过对多元化的女性书记员辅助职业从业群体开展服务,倡导平等、互动、包容、多元的法院文化,宣传性别平等的人力资源开发战略和策略,团结动员整合凝聚力量,促进审判辅助职业的整体发展。只有真正确立社会性别平等的基本原则,才能在审判辅助职业中将社会性别平等意识作为一种主流的导向进行推广,通过法院文化传播两性平等、良性互动和无社会性别歧视的理念,推行两性平等协商的多元化方式。

二、法官助理和书记员接受社会性别平等意识培训

人民法院应当将社会性别平等意识纳入法官助理和书记员审判辅助职业培训课程之中,并作为职业技能培训和工作绩效考核的内容之一。法官助理和书记员每年应当接受不少于10个学时的社会性别平等意识培训,以及不少于10个学时的当事人社会性别平等意识矫正和应对技能的培训等。社会性别平等意识是一个普遍性的社会问题,不仅是法官助理和书记员辅助职业本身,而且还涉及人民法院的整个司法审判工作,需要在审判程序中向所有当事人及其代理人传导社会性别平等意识,才能有效实现社会性别的平等。法官助理和书记员应当发挥审判辅助职业在司法程序中推广社会性别平等意识的积极作用,通过在司法诉讼程序中积极推行和传播社会性别平等意识,并通过提供社会性别平等意识和相关法律实务知识培训,以提高全社会的性别平等意识。培训可以包括但不限于下列内容:

(1) 社会性别平等意识的基本理念;
(2) 社会性别平等意识在审判辅助职业中的推广和运用;
(3) 审判辅助职业中的性别歧视的矫正与防范;
(4) 审判辅助职业中的性别心理平衡技能;
(5) 审判辅助职业中的各种性骚扰的防范及其法律规制;
(6) 审判辅助职业工作中对当事人及其代理人社会性别平等意识的矫正和应对技能。

三、审判辅助职业中的性别歧视防范

(1) 在审判辅助职业中防范性别歧视,需要与法官助理和书记员制度的改革相结合,在制定法官助理和书记员制度改革方案以及相关政策法律的制定修改过程中,均应结合宪法和法律的基本精神和原则贯彻和体现社会性别平等意识。《中

华人民共和国宪法》(以下简称《宪法》)第 42 条规定了劳动是公民的一项宪法权利。① 基于宪法公民基本权利的规定,国家有义务为所有公民提供平等的就业机会,其中就包括人民法院根据司法审判工作之需要,为符合条件的所有男性和女性公民提供法官助理和书记员审判辅助职业的从业机会。《宪法》第 48 条规定了男女性别平等原则。② 2005 年修正的具有宪法性质的《中华人民共和国妇女权益保障法》(以下简称《妇女权益保障法》),进一步规定了男女平等原则和反对性别歧视的诸多原则和具体反对性别歧视的基本内容。③ 这些法律条文所体现的立法精神和基本原则,建构了反对性别歧视的法理基础和法律依据,法官助理和书记员制度改革必须充分体现上述原则和精神,所有法官助理和书记员制度建构和政策的制定,都应当将社会性别平等意识和反对性别歧视贯穿其中。

(2) 在各级人民法院法官助理和书记员审判辅助职业的招考、招录和聘用工作中,应当全面贯彻社会性别平等意识,所有的招考、招录和聘用政策规定中均必须体现社会性别平等意识和反对性别歧视的具体内容,防止法官助理和书记员审判辅助职业招考、招录和聘用工作中存在的性别歧视。

(3) 在法官助理和书记员审判辅助职业技能培训中,增加社会性别平等意识和防范性别歧视的相关内容,并将其固定作为审判辅助职业技能培训的重点内容,而且特别需要强化对女性法官助理和书记员审判辅助职业从业者的社会性别平等意识和防范性别歧视的技能培训。作为专项技能培训,可以参照反对性别歧视国

---

① 《宪法》第 42 条规定:"中华人民共和国公民有劳动的权利和义务。国家通过各种途径,创造劳动就业条件,加强劳动保护,改善劳动条件,并在发展生产的基础上,提高劳动报酬和福利待遇。劳动是一切有劳动能力的公民的光荣职责。国有企业和城乡集体经济组织的劳动者都应当以国家主人翁的态度对待自己的劳动。国家提倡社会主义劳动竞赛,奖励劳动模范和先进工作者。国家提倡公民从事义务劳动。国家对就业前的公民进行必要的劳动就业训练。"

② 《宪法》第 48 条规定:"中华人民共和国妇女在政治的、经济的、文化的、社会的和家庭的生活等各方面享有同男子平等的权利。国家保护妇女的权利和利益,实行男女同工同酬,培养和选拔妇女干部。"这是"公民在法律面前一律平等"宪法基本原则的具体化。《宪法》第 33 条规定:"凡具有中华人民共和国国籍的人都是中华人民共和国公民。中华人民共和国公民在法律面前一律平等。国家尊重和保障人权。任何公民享有宪法和法律规定的权利,同时必须履行宪法和法律规定的义务。"

③ 《妇女权益保障法》第 2 条规定:"妇女在政治的、经济的、文化的、社会的和家庭的生活等各方面享有同男子平等的权利。实行男女平等是国家的基本国策。国家采取必要措施,逐步完善保障妇女权益的各项制度,消除对妇女一切形式的歧视。国家保护妇女依法享有的特殊权益。禁止歧视、虐待、遗弃、残害妇女。"第 22 条规定:"国家保障妇女享有与男子平等的劳动权利和社会保障权利。"第 23 条规定:"各单位在录用职工时,除不适合妇女的工种或者岗位外,不得以性别为由拒绝录用妇女或者提高对妇女的录用标准。各单位在录用女职工时,应当依法与其签订劳动(聘用)合同或者服务协议,劳动(聘用)合同或者服务协议中不得规定限制女职工结婚、生育的内容。禁止录用未满十六周岁的女性未成年人,国家另有规定的除外。"第 27 条规定:"任何单位不得因结婚、怀孕、产假、哺乳等情形,降低女职工的工资,辞退女职工,单方解除劳动(聘用)合同或者服务协议。但是,女职工要求终止劳动(聘用)合同或者服务协议的除外。各单位在执行国家退休制度时,不得以性别为由歧视妇女。"

际标准的具体内容逐渐培训项目,逐渐完善从理念理论到政策法律,从实务技能到实务操作指引等防范性别歧视的培训事项。

(4) 在法官助理和书记员审判辅助职业制度设计建构中,设置反对性别歧视的对话协商机制和投诉申诉救济制度,以便能够及时妥当处理审判辅助职业中的性别歧视问题。

(5) 在法官助理和书记员审判辅助职业制度设计建构中,设置反对性别歧视援助制度和宣传制度,对于职场中因为性别歧视而处于弱势地位的法官助理和书记员予以援助,帮助她们应对和防范职业中的性别歧视。对反对性别歧视和防范性别歧视的成功案例则要积极宣传,通过宣传社会性别平等意识促进防范性别歧视。

四、法官助理和书记员职业中的性骚扰防范

(1) 加强法官助理和书记员职场性骚扰的防范,首要的就是强化各地各级人民法院的作风纪律教育和相关规章制度的预防机制管理责任。对法官助理和书记员在职业工作过程中遭遇到的性骚扰,无论是来自法院内部上下级和同事之间的,还是法院外部的当事人及其诉讼代理人的性骚扰,人民法院应当承担法定的组织预防责任和防止管理义务。"许多国家治理职场性骚扰的经验是'防重于治'。法律不仅禁止性骚扰,还要求雇主承担在单位内部建立预防机制的责任,如制定规章制度、对管理层和雇员进行相关培训以及建立内部非诉讼投诉机制。"① 人民法院作为法官助理和书记员的用人单位组织,有责任和义务在日常的纪律作风管理工作中建构性骚扰预防管理机制,强化审判辅助职业中的性骚扰防范。当法官助理和书记员个体在工作中遭遇到性骚扰时,单位组织就应当担当起自身的责任和义务。单位组织还应当建立较为完备的预防机制,通过建立规章制度、培训教育机制和内部投诉处理机制来创建安全、和谐、健康的工作环境,从而有效地防范性骚扰。

(2) 强化法官助理和书记员辅助职业从业者的性骚扰防范意识。鉴于职场性骚扰行为的表现形式多样,且难于取证,被性骚扰者碍于情面一般都是忍耐和忍受了事。这就需要我们在法官助理和书记员职业技能培训时增加性骚扰防范意识和方法技巧的培训。性骚扰防范意识的建构,对于性骚扰的防治有着较大的作用,其实有很多的职业场合,都存在不同程度的性骚扰,只是人们对这样的性骚扰没有意识到,有性骚扰防范意识和没有性骚扰防范意识的结果是有很大区别的,有了防范

---

① 薛宁兰:《性别歧视:职场性别歧视现象的法律分析》,载李薇薇、Lisa Stearns:《禁止就业歧视国际标准和国内实践》,法律出版社 2006 年版,第 315 页。

意识，就能提前预防性骚扰，即使碰到性骚扰，也能正确地应对和化解，或者寻求帮助和援助，而不致受到性骚扰的伤害和侵犯；而没有性骚扰的防范意识，则较为容易在遭遇性骚扰时受到刺激和伤害，应对能力和心理承受能力相对要差一些。所以，必须在法官助理和书记员职业技能培训中，增加性骚扰防范技能和意识的培训，帮助每一位法官助理和书记员建立性骚扰的防范意识。

(3) 建立健全法官助理和书记员审判辅助职业职场性骚扰的内部协商处理机制。性骚扰发生后，当事人更多是采取息事宁人或隐忍的办法消极应对，因为，性骚扰取证难的现状以及人们的传统观念，导致很难通过诉讼途径解决，目前起诉性骚扰的案件胜诉率很低，会使人们更多地考虑通过其他渠道解决实际问题。在职业工作中的性骚扰，通过诉讼途径，实际上也确实不是一个最佳的解决问题的方法，这就需要人民法院能够建构一个内部的协商处理机制解决性骚扰问题，这样既不至于闹得沸沸扬扬，又能够妥善地解决问题。在法院内部建立协商处理机制，是真正人性化解决性骚扰问题的最恰当办法，内部协商处理机制的存在，可以使遭遇性骚扰的法官助理和书记员有可靠的地方说事说理和讲述委屈，也有利于通过协商和沟通交流的形式解决性骚扰问题，防止矛盾扩大和激化，有利于职业和工作的稳定、和谐。

(4) 建立防范性骚扰的书记员审判辅助职业人力资源管理调换机制。在职业工作中，男女之间确实有时候会因为心理感情需要或生理需要而产生情感和身体的纠葛，当这种情况发生时，组织上通常的做法就是快速将纠结者调动分开，避免情感上的痛苦和纠缠。对于法官助理和书记员中的这种问题，也可以通过人民法院组织人事工作的合理调配，将因为遭遇性骚扰而烦恼的法官助理和书记员及时调换工作岗位，避免可能产生的种种矛盾而影响工作。

五、法官助理和书记员职业中的性别心理平衡

所谓"心理平衡"，是指艺术地运用升华、幽默、外化、合理化等手段妥当地调节好人们对某一事物得失的认识。人的心理如果平衡，会使人感到心平气和，精神愉悦；会让人在成功面前不骄不躁，会使人更容易取得成功。所以，作为当代审判辅助职业中的法官助理和书记员，应该学会把握性别心理平衡。

(1) 需要建构审判辅助职业从业者的性别心理疏导平衡机制。目前，人民法院普遍忽略了法官助理和书记员的性别心理平衡疏导工作，没有建构专门的性别心理平衡机制。其实，法官助理和书记员非常需要性别心理平衡疏导工作的心理咨询引导。如果人民法院建立了专门的性别心理平衡工作机制，将会极大地改善因为性别心理不平衡而带来的负面影响。

（2）针对男性和女性的性别差异开展书记员性别心理咨询工作。当前法官助理和书记员在工作中面临的压力非常大，性别心理压力也是其中一种，需要及时予以正确处理和引导。每个法官助理和书记员都需要心理咨询的自我精神调节。每个法官助理和书记员在工作中都要经受到心理上的打击与冲刺，而在承受外来冲刺时总要调整自己的心态，使自己能够更好地应对。心理上的不平衡，会导致人们用外在的东西来弥补内心的缺失。从好的方面来看，它是上进心的表示，社会的原动力，也是人的本能的需求与自尊心的需要。在人民法院从事法官助理和书记员审判辅助职业工作，必然会存在一定的性别心理平衡问题，然而，在当前的司法辅助技能培训中，常常被忽视的也是性别心理平衡培训。法官助理和书记员辅助职业审判工作技能包括性别心理的平衡问题，忽视对法官助理和书记员的心理分析和研究，将难以调动其工作积极性。因此，必须针对男性和女性的性别差异开展书记员性别心理咨询工作。

（3）强化对书记员应对当事人的性别心理平衡技能培训。法官助理和书记员在工作中应对当事人时可能会存在性别心理不平衡的问题，这就需要格外注意对法官助理和书记员做好当事人的性别心理平衡工作的专门技能培训，最大限度地保持当事人各方性别心理的平衡。不断强化法官助理和书记员应对当事人性别心理平衡的技能培训，是当前审判辅助职业技能培训亟待解决的现实问题。

第十五章　法官助理和书记员立案咨询接待工作技能

"立案是诉讼活动的开始,是诉讼活动过程的一个必经的独立阶段,没有立案这个阶段,便没有诉讼的后续全过程。只有依法定程序办理了立案,人民法院才能进行审判程序的其他阶段的工作。"①立案登记作为审判工作的初始阶段和环节,是人民法院审判工作的重要组成部分。与其他审判业务庭一样,立案庭对于其审判人员的职业技能同样有着较高的要求。"实施立案审查、把好立案关,是充分保障人民群众的诉讼权利,确保人民法院正确行使司法管辖权,切实为先进生产力和先进文化服务的重要环节;严格审判流程管理、强化审限跟踪监督,是努力实现司法公正与效率、保障社会公平正义、维护最广大人民根本利益的重要措施;处理人民来信来访、解决群众实际问题,是化解人民内部矛盾,密切人民法院与人民群众和社会各界联系的重要渠道。"②特别是实行立案登记制之后,实践中还存在着认为立案庭不是业务庭、业务性不强、职业技能要求不高等错误认识。其实,立案工作一手连着社会,一手牵着审判,既是对外的"窗口",也是对内的"关口",是严格意义上的审判业务部门,对于在这个部门工作的法官助理和书记员的审判业务素质和职业技能来说,其要求程度之高,并不逊色于其他任何审判业务庭。在当前我国司法改革的各种探索之中,立案程序的改革与审前准备程序的建构,是与法官助理制度和书记员制度改革联系最为紧密的两个环节。审判准备程序的改革与建构是与法官助理制度建构息息相关的领域和平台,二者互为条件,互为空间,相互对应,相互维系,紧密结合。目前,有的法院在改革中试行的诉讼服务中心改革模式,已经暴露出诸多弊端,例如,立案庭、诉讼服务中心与各审判庭之间出现的摩擦,造

---

① 李国光:《怎样做好书记员工作》,人民法院出版社1992年版,第22—23页。
② 陈明:《立案审判实务与创新》,人民法院出版社2004年版,第3页。

成了诉讼成本不必要的浪费;庭前准备不充分,造成庭审效率低;未设置庭前调解程序,造成开庭多而浪费诉讼资源;等等。立案登记程序制度改革应当与审前准备程序建构、法官助理制度的推行结合起来,才能取得改革的现实效果。在我国目前的改革探索中试行的立案程序和审前准备程序模式,有审判法官型、法官助理型、预审法官型三种①,为便于法官助理制度的推行,笔者认同法官助理型的立案程序和审前准备程序模式。应当适当简化立案庭的工作职能,完善庭前准备程序。立案庭主要负责程序性的立案审查和受理案件,并负责案件流程管理和信访工作,因此,应在各业务审判庭配备法官助理若干名,专门负责案件的送达和财产保全的执行,整理和固定争执焦点、调查取证和证据开示、组织召开审前会议和主持庭前调解等审前准备程序的工作事务,以及负责协助法官收集相关法律适用资料和草拟法律文书等工作。本章的侧重点在于介绍法官助理和书记员在立案登记程序中的咨询接待审判辅助职业技能的培养与训练。

第一节 立案咨询接待工作技能的构成分析与作用

学会接待和咨询,对立案庭的法官助理和书记员来讲是立案环节中必不可少的职业技能要求,这两项技能水平的高低,是反映作为法院"门面""窗口""桥梁"的立案庭工作的一面"镜子"。审判工作始于立案,而立案登记工作则始于咨询和接待。作为立案庭和基层人民法庭的法官助理和书记员,各级人民法院的立案工作一般均由立案庭负责办理。而在基层人民法院,一般由法庭的法官、法官助理和书记员直接负责办理立案审查和受理案件的工作。法官、法官助理和书记员应当熟悉咨询、接待技能,并在立案环节中积极、主动、热情地做好这两项工作,注意克服"门难进,脸难看,话难听,事难办"的衙门作风,以老百姓"看得见的公正"树立人民法院司法公正的良好形象。在法院立案庭和基层人民法庭这个"窗口",接待工作每天都有。所谓接待,即指接洽和招待,是指对来法院起诉应诉的当事人及其代理人给予相应的礼遇、礼节和引导。接待工作是立案工作中一项经常性的事务性工作,是法官助理和书记员树立人民法院和法官队伍良好形象和做好立案审查工作的重要渠道。现在许多法院都修建了宽大舒适的立案大厅或诉讼服务中心,并在大厅配备了专门的导诉人员,其实导诉人员所从事的,就是立案登记中的咨询接待。

咨询接待包括五个构成要素:

---

① 参见李浩:《民事诉讼中的审前程序研究》,载《政法论坛》2004年第4期,第3—9页。

(1) 接待对象,即指来法院起诉或咨询的当事人、代理人及其近亲属。

(2) 接待主体,即法官、法官助理、书记员、司法警察、导诉人员等。

(3) 接待对象的意图和目的,即当事人及其代理人、当事人近亲属等来法院的意图和期望达到的目的。

(4) 接待方式,即接待主体针对不同的来访当事人而采用的不同的接待方式。目前,各地法院的立案大厅、诉讼服务中心均建成了柜台式模式,有的甚至采用机器叫号的方式安排当事人到柜台办理立案手续,这种柜台式的接待模式虽然表面上显得规范和正规,实际上是拉大了当事人与法院的距离,影响了不同接待方式的灵活运用及功能作用的发挥。法院既非银行,亦非商店,"柜台"模式是不适合法院立案大厅的一种阻隔和障碍。审判工作是做人的工作,而不是出售产品。因此,这项工作其实更需要引入人性化的咨询接待方式。

(5) 接待风格和态度,即接待主体在立案接待中所秉持的风格和态度。

当事人来法院诉讼与法院审判人员的初次接触就是接待工作的开始,良好的接待技能和技巧是做好立案工作,甚至是做好后续审判工作的前提。立案接待虽然只是一项礼节性事务性的工作,但与案件的顺利审理密切相关,与法院和法官的外在形象及沟通协调密切相关,在立案和审判工作中发挥着重要作用。这一重要作用主要体现在如下几个方面:

(1) 诠释理性的作用。"法律是一种实践理性","法院是一个讲理的地方",这两个道理首先是由立案环节的接待途径传播到诉讼当事人心中的。当事人心里有了委屈才会到法院寻求司法救济,而在立案接待环节,首先体验到法律和司法的理性光芒,将是对当事人委屈心灵最好的安慰。法官助理和书记员的接待工作是整个审判工作给当事人的"第一印象",折射出的是人民法院审判工作的作风、水平和艺术。如果接待工作传导、表达、诠释的是理性,当事人将会继续沿着我们指引的理性方向去追寻司法公正。

(2) 形象代表的作用。无论案件将来由谁审理,当事人来法院首先接触的是立案法官和法官的助手们,所有审判人员的一言一行、一举一动在当事人心目中都是人民法院和法官队伍整体形象的代表和体现。因此,在立案接待工作中必须认识并发挥好形象代表的作用。

(3) 导入规则的作用。到法院"打官司",需要遵循法院的规则,即程序法所规定的规则,这就需要通过接待,引导当事人按照规则参加诉讼,规则行为意识的导入是立案接待的重要作用之一。

(4) 沟通协调的作用。立案接待工作是联系当事人与法院的桥梁,通过良好的接待工作,能够拉近与当事人的心理距离,起到思想上的沟通与协调作用。

(5) 引导诉讼的作用。通过立案接待,可以知晓当事人的诉讼意图和目的,从而更好地引导当事人进行与其意图和目的相适应的诉讼活动。

第二节 法官助理和书记员立案咨询接待工作技能培养

立案环节的咨询接待辅助工作技能主要包括如下几个方面：

1. 以平等理念和礼貌行为做好立案咨询接待辅助工作

"法律面前人人平等"，做好立案接待工作，首先需要确立平等的理念和意识。法官助理和书记员在接待当事人时，应当从尊重当事人诉权和尊重人权的角度来确立平等意识。法律职业是一个讲究平等理念的职业，这一点主要体现在程序的安定和讲究司法礼仪上，礼貌体现的是一种平等理念，法官助理和书记员的立案接待工作应当体现出一种彬彬有礼和温文尔雅的风格。礼貌实际上也是一种平等意识的智慧，对于当事人来讲，无论其职业、年龄、职务、资历、经济状况如何，他们都有独立的人格，都希望受到尊重和礼遇，尤其是在认为自己受到委屈而寻求司法救济的时候，更需要法院工作人员的礼貌和平等相待。法官助理和书记员在立案接待时的热情、诚恳和以礼相待，能够拉近二者心灵的距离，使当事人产生宾至如归和信赖的感觉。对于当事人的正当诉求，应尽量满足，即使不能满足的，也要释明原因，让当事人体谅和理解。孔子在《系辞传》中说："上交不谄，下交不渎"，讲的就是接待中的平等和礼貌。平等和礼貌将会使法官助理和书记员充满人格魅力，从而树立公正的良好职业形象。立案工作讲究平等和礼貌，一方面说明，接待人员尊重了当事人的人格尊严，保护了当事人诉权的正当行使，使当事人心情愉快；另一方面，因为接待人员和当事人心理距离的拉近，便于双方沟通协调，因为心情的适度调整，有利于做好立案工作。实际上，这种技能也是"双赢"理念的现实表现与运用。在立案接待工作中，法官助理和书记员应当始终以一种平等的理念和适宜的礼貌来对待当事人，始终保持不卑不亢、热情大方、理智得体、温文尔雅、彬彬有礼的姿态和风格，从点滴做起，从小事做起。每当你为当事人端上一杯热水时，每当你以理解和同情的口气询问当事人有什么困难和问题需要帮助时，每当你用礼貌的语气善意纠正当事人的错误时，你所表达的不仅仅是礼貌和平等，更是理性和法律的平等精神。

2. 以耐心和细致的态度做好立案咨询接待辅助工作

在立案接待工作中，法官助理和书记员不能以自己的知识水平和理解层面来要求当事人，而应当坚持以耐心细致和循循善诱的态度启发、引导当事人正确行使诉权。审判工作主要是做人的工作，而立案接待是做人的工作的第一步。做人的思想工作最需要的是耐心和细心,而耐心、细心是建立在爱心的基础上的。只有内心真正树立了对本职工作的热爱、对法律正义的钟爱、对当事人的仁爱,才会在接待工作中体现出严谨认真、耐心细致和全面周到的工作作风。立案接待涉及的面很广,需要一种谨慎和细致周到的态度,这就需要法官助理和书记员把工作做得细致入微、面面俱到,不留任何疏漏之处。在接待中耐心倾听当事人的诉求,有利于指导当事人收集诉讼证据,有利于正确理解和判断当事人的诉讼意图和目的,从而引导当事人正当、合理、合法地行使好诉权。只有做到耐心细致,才能在立案接待中发现问题,发现矛盾可能激化的苗头,及时捕捉有价值的信息,及时化解矛盾,更好地防患于未然。

3. 以理智、理性和理想做好立案咨询接待辅助工作

法院是最讲理的地方,法律职业人也应当是最讲道理的人。来法院打官司的当事人因为处于纷争之中,一般都带有较重的对立或对抗情绪,立案接待首先感受到的就是当事人这种情绪化的情感表达,其中有委屈、愤恨、无奈、悔恨、忏悔、对立、报复,等等。这就需要法官助理和书记员以法律职业人的理智、以法律的实践理性、以公正司法的理念化解当事人激动的情绪和引导当事人理性诉求。而通过高超的立案接待艺术,让当事人恢复理智,追求理性的司法救济处理结果,正是司法应当追求的效果。有经验的法官、法官助理和书记员能够在立案接待中轻而易举地化解各种矛盾和纠纷,把纷争平息在萌芽状态。这其实就是高超的立案接待工作职业技能在审判实践中的表现。

第三节 法官助理和书记员立案咨询接待工作技能

所谓立案咨询,是指法官、法官助理和书记员在立案接待过程中,针对来法院起诉的当事人所提出的相关法律事务的各种询问所作出的解释和说明,以及针对当事人的诉请所作出的诉讼方向性指导意见或建议。它是法官助理和书记员的一项重要职业技能。

一、立案咨询的特征和作用

立案咨询具有如下几方面的特征:
(1)立案咨询是法院审判人员代表法院依职责所作的法律咨询。
(2)立案咨询所涉及的法律知识和其他知识既有实体法内容,也有程序法内容,还有社会常识、政策、科技知识等内容。

(3) 立案咨询的意见和建议是法院就立案所作的法律解答，仅供当事人参考，没有法律效力。

(4) 立案咨询是免费咨询。

(5) 立案咨询是引导和指引诉讼行为的法律咨询。

在现实审判工作中，很多人其实并未认识到立案咨询的重要意义和作用，更没有想到立案咨询还可以上升到职业技能的层面。这实际上是一种认识上的误区，立案登记咨询具有很强的职业技能要求，其重要作用主要有如下几个方面：

(1) 立案咨询能够满足当事人对法律知识的需求。一般来讲，大部分当事人对所遇到的纠纷的实体法处理和程序法规定并不是十分了解，在处理和解决纠纷的途径和方法等问题上，需要正确的法律咨询与指导，当事人除了找律师或其他熟悉法律事务的人咨询以外，就是到法院的立案咨询。法院有义务有责任在立案接待过程中就当事人的诉求给予正确的咨询和答复。正确的立案咨询能够解答当事人对法律知识的疑问，能够正确引导当事人进行有价值的诉讼活动。目前，有些法院立案工作所推崇的立案大厅柜台式的立案接待和过于简单的立案咨询，实际上并不能满足人民群众对法律事务咨询的现实需要。好的立案咨询对案件的顺利审理有着非常好的引导作用，有些矛盾和纠纷实际上在立案咨询阶段就可以很好地得以解决，而不必浪费诉讼资源。现实的立案工作普遍存在着轻视立案咨询的倾向，这与人民司法工作的群众路线和司法为民的宗旨是不合拍的。当前，更多的老百姓还是需要法官、法官助理及书记员耐心细致的面对面的法律咨询与诉讼指导。

(2) 立案咨询是法律精神的体现与昭示。立案咨询是法官和法官的助手们运用其对法律精神的理解、感悟和经验，正确引导当事人合理合法地行使诉权，保护自身的合法权益的活动。立案咨询是法律职业人与当事人之间的首次思想交流与沟通，是法律精神最早在当事人心田中播撒的理性种子。好的立案咨询所昭示的法律精神会产生很强的功效和作用，在立案咨询阶段就可以化解纠纷。

(3) 立案咨询是最直观、最易见效的法制宣传。立案过程中的法律咨询是针对当事人的诉求而进行的有针对性的法律知识咨询与解答。此时，既是当事人最关注、最容易接受和理解法律、政策和司法程序的关键环节，又是通过咨询与解答宣传法制的绝好机会。法官和法官的助手们通过有针对性的解答与讲解，并结合具体案例开展法制宣传教育，能够在诉讼还没有开始前就进行辩法析理，使法治的精神和理想影响当事人的思想和行为。这种有针对性的、具有指导意义的法制宣传，是一种最有利于和谐的预防性宣传，其重要作用不可低估。

(4) 立案咨询是人民法院密切联系人民群众的桥梁和纽带，是人民司法工作走群众路线的一个重要途径和渠道。通过立案咨询，可以全面了解当前社会普遍存在的各种纠纷和矛盾所在,可以掌握现阶段人民群众亟待解决的各种现实困难和问题,立案窗口实际上就是当今社会的"晴雨表"和"体温计",透过这个窗口,党、政府和人民法院能够更好地体察民情和民众的疾苦,更好地为人民服务。因此,立案登记咨询工作是一项重要的司法职业技能,在立案登记咨询过程中,接待人员会接触到各种各样的社会矛盾和民间纠纷,涉及的法学知识和司法审判业务知识的点和面都会非常广泛,对于当事人的咨询需要及时给予答复,这就对从事立案咨询工作的法官助理和书记员的司法职业技能提出了很高的要求,促使他们不断增强立案咨询的技能和技巧。

二、立案咨询的基本原则

法官助理和书记员在协助法官进行立案登记咨询时,应当遵循如下原则:

(1) 彰显法律精神,维护社会正义的原则。立案咨询是法律实施和司法审判工作的一部分,在咨询中应当坚持彰显法律精神,维护社会正义的原则。用法律精神和社会正义来引导和教育当事人用理性的方法解决纠纷的观念和意识。

(2) 以事实为根据,以法律为准绳的原则。立案咨询应当在依据事实的基础上,实事求是、尊重事实,这是咨询的基本原则。法官助理和书记员应当在仔细询问法律事实和证据的基础上,严格依照法律规定来解答当事人的疑问。对于事实而言,由于仅仅只是在法律咨询阶段,相关证明法律事实的证据未经质证,所以当事人所描述的事实并没有证据证明,也有可能只是有利于自己的"事实",因此,在立案咨询时应当始终坚持实事求是的原则,对当事人解答时必须讲明:假如所说的事实有充足的证据证明是真实的,而且经过法庭审理后能够认定,结果会是如何,或会有什么样的法律后果,提前讲明咨询依据的事实,必须是有证据证明的法律事实。这样的解答有利于帮助当事人确立证据意识,并主动配合法院举证。

(3) 维护社会稳定,促进社会和谐的原则。无论是民事、行政,还是刑事自诉案件的立案咨询,都应当秉持和谐与稳定的理念,秉持辨法析理、定纷止争、息诉息访的工作方针。在解答和咨询中,应当从和谐与稳定的视角出发,尽量多做说服教育和解疏导工作,及时发现矛盾激化的苗头,把矛盾化解在萌芽状态;减少当事人不必要的诉累,同时也避免司法资源的浪费。立案咨询需要运用和谐的理念作为指导,整个咨询过程应当是一个追求和谐、厘清是非的解答释疑过程,是一个传导和谐司法理念的宣传过程,是一个维护社会稳定与安宁的过程。通过和谐司法理念的指导,把不必要由诉讼解决的矛盾化解在立案咨询环节,力争在诉前解决纠纷。

(4) 强化诉讼风险意识的原则。在立案咨询中,应当对当事人强化诉讼风险意识,特别是对民商事案件,应当在咨询中强调和讲明当事人应当对自己在经营活动中的风险自行承担责任,不能把风险转嫁到法院,法院是国家审判机关,非保险公司,只能保证依法公正司法,不能保证帮助当事人追回所有的经济损失。对胜诉案件的执行,也应讲明可能存在因为对方无执行能力而无法执行的法律后果,使当事人能够具备接受无法执行的事实的心理承受能力。现在各级法院涉讼信访数量居高不下,赴市赴省进京越级上访数量也居高不下,其中有部分上访的当事人是无理、反复上访,甚至缠讼缠访。这些人错误地认为,只要到法院打官司就能挽回损失,把自身应当承担的风险责任转嫁到法院,对此,应在立案咨询时就强化当事人的诉讼风险意识,并将此作为立案咨询工作的一项重要原则,这也是减少涉讼上访的一个重要方法。

(5)强化证据意识的原则。"打官司就是打证据",在立案咨询时,应当强调法院审理认定的事实是法律事实,也就是有法定诉讼证据证明的事实。要告知当事人确立正确的证据观念和意识,积极配合法院进行举证和质证,培养当事人凭证据说话的行为习惯。

(6)坚持司法为民和人民司法工作群众路线的原则。法官和助手们应当树立全心全意为人民服务的思想,把为老百姓提供高质量高水平的法律咨询服务作为司法为民的重要举措,关心群众疾苦,耐心细致地解答群众的法律疑问。以满腔热忱和友善的态度做好接待咨询工作。

三、立案咨询的技巧和方法

1. 耐心倾听、细心归纳

"耐心倾听"说起来容易,做起来难,耐心倾听是做好立案登记咨询的前提。当事人讲述的都是烦心事、窝心事和麻烦事,整天听哭声、骂声、指责声,难免会产生心烦意乱的情绪和厌烦心理。因此,学会耐心倾听,还是需要一定的修养和境界的。首先是培养耐心,"司法为民"不是一句口号,而是需要作为一种理念贯穿于立案工作之中,全心全意为人民服务的思想在立案登记咨询工作中就体现在"耐心"二字上。只有树立群众观念,真心关心群众疾苦,才能在接待咨询中恪守一份耐心,从某种意义上讲,耐心就是爱民之心的体现。来法院起诉的当事人一般都认为自己受了委屈,总有一种伸冤诉苦的情结,因此,在咨询过程中难免会过于唠叨和啰嗦,难免会说些难听的话语,等等。这就需要法官、法官助理和书记员有忍耐的心境和姿态,以诚挚的耐心感化当事人,拉近与当事人心灵的距离,使当事人对法官及其助手们产生信任感和亲切感,从而改变对立或拘束等情绪,放心大胆地讲述事实真相,讲述所受的委屈。其次是学会倾听,所谓倾听就是聚精会神地听,倾心地听,不轻易打断对方讲述地听。只有倾听才能确保听得准确,听得全面。做好立案咨询工作,只有先准确无误地听明白当事人讲述的全部诉求、事实和理由后,才能有针对性地进行解答。在耐心倾听的基础上,归纳、概括和总结出诉请的层次和条理,明确所涉及的法律关系和法律性质,确定具体的诉讼请求,依据的事实和理由。

2. 察言观色、全面了解

法官助理和书记员应当练就察言观色的能力和本领。中医诊断病症讲究"望、闻、问、切",立案咨询与其道理是相通的,也需要具有察言观色的本领,才能做好这项工作。在咨询工作中,接待人员要养成细心观察的习惯,善于稳定当事人的情绪,使其保持正常的状态;对于当事人的表情、心理、情绪变化都要能了然于心。通过揣摩当事人的心理、观察当事人表情和情绪的变化、体验当事人说话的语气,以了解当事人内心的真实意图和想法。只有具备察言观色的本领,才能听出当事人的"话中话",才能全面了解当事人的真实意图和目的。此外,对当事人的证据、诉状等相关资料应当予以全面审核,还应当全面了解和记录当事人的基本情况和联系方式,包括姓名、性别、职业、年龄、民族、文化程度、工作单位、家庭住址、手机号码、办公和住宅电话号码、通邮的详细地址和邮编。这样有利于今后案件审理的便利,提高工作效率。

3. 巧问妙答、辨法析理

立案咨询中的提问很重要,在咨询过程中的适当提问,有利于简化咨询问题的过程,并引导当事人正确讲述事实和理由。要注意提问的时机、方式和方法,而"巧问"就最能反映提问的水平和艺术,要问的"在点"、问的在理、问的机智、问的恰当、问的及时,才能称之为"巧问"。"巧问"的目的有五点:(1)可以弄清当事人诉请的目的和意图,以及事实理由。当事人的讲述可能因为细枝末节而冗长,及时"巧问"可以节省时间、减少当事人对"过程"和"枝节"问题的过多陈述,从而更简捷地帮助当事人归纳纠纷和争执的焦点问题。(2)可以更有针对性地解答好当事人的疑问,通过"巧问"可以抓住要害,使立案咨询围绕当事人所提出的诉请能否成诉予以解答,围绕主要矛盾和矛盾的主要方面来寻找解决矛盾的答案。(3)可以及时发现可能存在的隐患和矛盾激化的苗头,防患于未然。(4)可以了解当事人内心深处真实的想法和目的,能够听出"弦外之音","话中之话",从而洞悉隐情。(5)能够使当事人感觉到是在交流,他所说的已经引起了法官及其助手们的关注和关心,从而有利于进一步交流沟通和引导当事人正确行使诉权。

"巧问"的技巧包括:(1)启发互动式提问。对于当事人讲不到点子上的情况,可以适当地启发式发问,通过启发式的提问,形成立案咨询中的良性互动,从而引导当事人沿着正确的思路讲述。(2)谈心交流式提问。这种方式有利于尽快拉近心灵的距离,通过拉家常式的交谈了解其诉请和理由,建立相互的信赖。(3)探讨研究式提问。对于当事人诉请的内容是新类型纠纷,或是重大复杂的矛盾,或是群体性纠纷,或是涉及政策和伦理道德范畴的问题,在法律没有明确答案的情形下,要运用法律的基本原则和秉持立法的宗旨与当事人探讨和研究问题。探讨研究式的提问,一方面可以使当事人感觉到受到尊重;另一方面可以调动当事人的主观能动性,积极主动配合好立案咨询工作。(4)随机应变式提问。即根据当事人的心理和情绪变化,及时灵活掌握变通提问的方式,通过临场的随机应变,改变或调整语序、变化口气、转移话题等灵活变通的提问,能够起到缓和矛盾、改变氛围的作用。(5)抽丝剥茧式提问。对于当事人回避的问题,不直接就问题发问,而是采用迂回"战术",先围绕外围提出问题,然后逐步诱导当事人向着所要了解的问题靠近,使其在不经意之间讲出事实和真相,讲出本意和本质之所在,"抽丝"是为了"剥茧",这种提问方式需要与察言观色相配合。(6)委婉含蓄式提问。遇有当事人确有隐私、羞于启齿而不便直接发问的情形,应当运用委婉而含蓄的提问方式,点到为止,切莫"打破砂锅问到底"。(7)机智玄妙式提问。对于当事人有弄虚作假的情形,或有司法难以解决的矛盾,不要急于揭露,也不要急于解答解决不了的问题,而是通过机智而玄妙的"巧问""藏而不露""以不变应万变"等多变或迂回的方式,化解矛盾于无形之中。(8)复杂烦琐式提问。一般情况提问要尽量简洁,但遇有一些特殊情况则要反其道而行之,例如,对于反复缠访缠讼的当事人,过于繁琐复杂的提问会让其知难而退。总而言之,立案咨询不是当事人"问",法官和法官助理、书记员"答"的简单"问答"模式,而是一种互动式的交流和沟通,在解答中也有"巧问"的技巧和方法,只有会"巧问",才会"妙答"。如何掌握"巧问"的技巧和方法,除了上述八种技巧之外,还需要法官、法官助理和书记员在立案咨询的实践中细心揣摩、体验和感悟、总结。

　　立案咨询的"妙答"是指对当事人提出的各种问题给出具有针对性、实用性的解答。其"妙"处在于能够辨法析理,也就是优秀法官宋鱼水所追求的"辨法析理、胜败皆服"的职业技能理想境界。立案咨询的"妙答",在于运用法律精神、法律基本原则、法律方法给当事人指明解决矛盾纠纷的方向。"妙答"也有一定的技巧和方法:(1)直接肯定和否定式回答。对于可以明确解答的问题,应当明确答复,以消除当事人的其他不正当想法。(2)延缓式回答。对于拿不准的问题,可以告知当事人延缓一段时间再给予明确的答复。(3)假设式回答。对于当事人所提问题进行法律上的逻辑推理和假设,然后根据假设给出对应的法律后果,使当事人在正确认知可能产生的法律后果之后而选择正当的程序和正当的方法。(4)以列举案例来回答。立案咨询时有很多问题都有同类型的案例,以案讲法是最巧妙的回答。(5)顺应式回答。对于当事人已经有正确的认识和认知,只是还不能完全肯定的问题,可以在立案咨询时顺应当事人的真实意图予以解答,以增强其对正确认识的信心和定力。(6) 矫正式回答。对于当事人的错误认识和误解，以矫正式的回答予以修正。

立案咨询的提问与解答都应当围绕辨法析理展开，对当事人的诉求和咨询，应当运用法律推理和法律解释等方法进行，讲透法律精神和法理依据，指出矛盾诉纷的争执焦点，厘清法律关系，讲清纠纷处理的实质性问题。

第十六章　法官助理和书记员立案登记工作技能

随着立案登记制改革的深入,传统的立案审查制度有了根本性改变,立案庭负责各类民商事、行政、刑事等一、二审案件和执行申请的审查受理和立案工作,以及各类申诉和申请再审案件的立案登记工作。立案登记是人民法院审判工作的重要组成部分,是审判程序的第一关。立案庭既是重要的审判业务庭,也是法院与当事人的桥梁和纽带,是法院的"窗口"和"形象"。实行立案登记制改革后,立案登记还是存在形式审查的。立案登记主要包括立案必备基本条件的形式审查、审查管辖的确定及管辖权争议的确定、诉前保全和证据保全、诉讼费及申请执行费预收、进行诉前调解等内容。法官助理和书记员在立案环节的辅助技能对审判工作非常重要。有的法院在其设立的诉讼服务中心只安排法官助理和书记员,不安排法官。立案登记制实行之后,这是一种新的发展趋势和方向。

第一节　民商事案件立案登记技能

根据《人民法院第四个五年改革纲要》第17条的规定,改革案件受理制度,变立案审查制为立案登记制。《民事诉讼法》第123条的规定:"人民法院应当保障当事人依照法律规定享有的起诉权利。对符合本法第一百一十九条的起诉,必须受理。符合起诉条件的,应当在七日内立案,并通知当事人;不符合起诉条件的,应当在七日内作出裁定书,不予受理;原告对裁定不服的,可以提起上诉。"立案登记是根据当事人的起诉而产生的,没有当事人起诉,就没有立案登记。民商事案件的立案登记是由当事人的起诉和法院的受理这两个诉讼行为相连接而产生的。

一、民商事案件基本立案登记形式的内容

1. 主体资格的形式审查

立案登记首先应当形式审查原告是否具备法定的主体资格和条件,根据《民事诉讼法》第119条第(一)项的规定"原告是与本案有直接利害关系的公民、法人和其他组织",所谓直接利害关系是指原告本身民事权益被侵犯,或原告与他人为本身的民事权益发生争议,希望通过民事诉讼的司法救济渠道得到解决。登记时应当从形式上审查原告的主体资格,要查明其是否具有自然人、法人和其他组织资格的证据。其次,应当形式审查是否有明确的被告。《民事诉讼法》第119条第(二)项规定:"有明确的被告。"立案登记时必须形式审查是否有明确的被告,并查明被告的名称、住所、通讯方式、邮编等内容。由于原告与被告之间曾是相互熟悉的关系,审查时应尽量让原告提供被告更为详尽的背景资料,以便送达。

2. 形式审查是否具有具体的诉讼请求和事实、理由

这是《民事诉讼法》第119条明确规定的内容,立案登记应当形式审查当事人起诉的具体诉讼请求,以及依据的事实和理由。主要对各方当事人的诉状、答辩状和相关诉讼证据材料进行形式审查。在收案、立案和登记过程中,对于收到的当事人的诉状和诉讼证据材料应当列出清单并开具收据,表明立案审查的规范性和严肃性。立案登记只是对起诉材料进行形式审查。

3. 形式审查是否属于人民法院受理民事诉讼的范围和受诉人民法院管辖

民商事诉讼案件的管辖,"是指上下级人民法院之间和同级人民法院之间谁受理第一审案件的分工权限"。[①] 管辖的确定方法包括法定管辖、裁定管辖、专属管辖、协议管辖、共同管辖、合并管辖等内容。依据《民事诉讼法》的立法宗旨,民商事纠纷案件的管辖主要遵循如下原则:"一是两便原则,即便于人民群众诉讼,便于人民法院办案的原则。二是就地解决原则,即将绝大多数民事、经济纠纷案件放在基层人民法院解决,同时,也使中级以上法院能集中力量办好重大案件。集中精力加强对下级法院的工作指导和监督。三是维护主权原则。"[②]

4. 计算诉讼费用

对于决定立案受理的案件,应当根据《诉讼费用交纳办法》和各级人民法院的内部规定计算应当预缴的诉讼费用。对于计征诉讼费用,应当严格按照现行标准准确计算;对于实际支出费用也应当根据实际需要和实际情况,在测算的基础上合理预收;"对于原告提出两个以上的诉讼请求,被告提出反诉和第三人提出与本案

---

① 李国光:《怎样做好书记员工作》,人民法院出版社1992年版,第14页。
② 同上书,第21页。

有关的诉讼请求,人民法院需要合并审理的,按不同的诉讼请求分别计算预收案件受理费。"①计算预收诉讼费用应当属于立案庭法官助理和书记员熟练掌握的常识性职业技能。

5. 初步确定案由

在立案登记的技能之中,根据立案形式性审查的内容初步确定案件审理的案由,是一项重要的立案登记技能。民商事案件案由的确定,对于案件审理的方向具有指引作用,在立案环节应当对案由作出初步的确定。初步确定案由的方法是根据当事人提出的诉讼请求和答辩理由以及案件的类型,结合最高人民法院《民事案件案由规定》的界定标准进行比照,初步确定一个案由。

二、民商事案件立案登记阶段法官助理、书记员的职业技能

1. 配合协助法官做好立案登记工作

首先,认真确认起诉状形式上是否符合要求。民事诉状分为正本和副本,正本一份,副本应当根据被告方的具体人数确定份数。起诉状的内容应当按规定的格式写清楚原告、被告及第三人的基本身份情况,自然人应当注明姓名、年龄、籍贯、地址和通讯联系方式等内容;法人应当注明法定代表人、住所地、通讯联系方式、邮政编码等内容。法官助理和书记员在审查起诉状时,应当尽可能多地通过询问当事人了解原告、被告、第三人及其委托代理人的基本身份情况、住址、住所地和通讯联络方式,以便立案后送达工作的顺利开展,提高审判工作效率。在审查起诉状时,应当审查是否写明了具体的诉讼请求和所依据的事实和理由,对明显不合理和违背法律明确规定的诉讼请求,应当告知当事人予以更正。对于起诉状的原告签名及盖章,包括具状的日期都应当认真审查核对;对于书写类的诉讼状的墨迹,还应当审查是否符合档案管理规定的要求,对用圆珠笔、铅笔书写的,应当告知原告及其委托代理人及时重新书写或打印;对于起诉状所随附的诉讼证据材料,应当审查是否与诉状中所列的名称、份数相吻合,如发现有差异或份数不对,应当及时通知当事人更正或补正。对于诉状已经明确写明的法定代表人、委托代理人的身份情况及身份证明、授权委托书也应进行审查。对于经审查合格的诉状及相关诉讼证据材料,法官助理或书记员应当向当事人开具收据,收据应注明原告的姓名(或名称)、诉讼证据材料的名称和份数、经办法官助理或书记员的姓名、收到诉状和诉讼证据材料的时间等内容,收据应为一式两份,一份给原告或委托代理人,一份附卷备查。有的法院制作专门的收件印章,对于所收到的诉状和相关诉讼证据材料加盖收件章,收件章上注明收到日期、份数等内容。其次,是做好立案登记阶段的

---

① 李国光:《怎样做好书记员工作》,人民法院出版社 1992 年版,第 27 页。

调查笔录(关于调查笔录的内容和要求,将在下面章节中详细讲解)。

2. 形式审查案由是否正确

对于初步确定的案由要综合起诉状和相关诉讼材料进行全面审查,如发现案由明显有错误或不规范,应当结合相类似的案件及案由确立标准进行审核,如确实存在问题,应及时提示法官纠正错误。案由的确定实际上是审判方向的确定,这一审查内容对于案件的正确审理走向和办案思路很重要,法官助理和书记员应当特别注重培养立案审查阶段正确确定案由的职业技能。

3. 正确计算诉讼费

对于审查符合立案条件的案件,应当根据案件的具体情况,依照《诉讼费用交纳办法》规定的收费计算标准,正确计算应当收取的诉讼费金额,并及时向原告开具交纳诉讼费的通知,告知其按时预交相关诉讼费用。2006 年 12 月 8 日国务院第 159 次常务会议通过了新的《诉讼费用交纳办法》,并于 2006 年 12 月 19 日以中华人民共和国国务院令第 481 号公布。国务院《诉讼费用交纳办法》自 2007 年 4 月 1 日起施行。[①] 凡民商事案件和行政案件的诉讼费用收取均应当依据新的收费标准来计算。"对民事诉讼、行政诉讼当事人参加诉讼活动收取一定的费用,是世界各国通行的制度。我国向当事人收取诉讼费用的基本制度是通过民事诉讼法和行政诉讼法确定的。我国的诉讼收费制度一直通过最高人民法院制定规则或者作出解释加以规定。"[②]原法院的诉讼费收费制度是依据 1989 年 9 月 1 日最高人民法院颁布的《人民法院诉讼收费办法》及其补充规定来实际操作的。在实际操作中存在一定的局限性:"一是诉讼收费标准偏高,部分群众反映打不起官司;二是诉讼收费范围模糊,法官自由裁量权很大,导致一些地方出现了乱收费现象;三是司法救助范围狭窄,困难群体难以通过诉讼途径维护自身合法权益;四是对于乱收费缺少必要的救济措施,导致对违法行为查处不力。"[③]国务院出台的《诉讼费用交纳办法》遵循中央确定的司法体制改革的指导思想和原则,克服了原收费办法的局限性。新的《诉讼费用交纳办法》改由国务院负责起草制定,是由国务院法制办会同最高人民法院、国家发展和改革委员会、财政部负责承办,新的办法综合考虑了我国诉讼费用收取制度的历史沿革、经济发展水平、诉讼费用的功能等因素,既总结传承了原有诉讼费收取办法的经验做法,又借鉴了国外的先进经验,在制度创新方面作了一些探索。最显著的一个特点是,新办法将收费主体由人民法院改为国家,即诉讼当事人通过银行交费并且直接纳入国库和预算管理。人民法院仅仅只负责按照收费标准进行计算和告知当事人交费,以及根据案件审理结果判令当事人负担。

[①] 参见吕锡伟:《诉讼费用交纳办法释义》,中国法制出版社 2007 年版,第 136 页。
[②] 同上书,第 1 页。
[③] 同上书,第 2—3 页。

人民法院不再作为收费主体,使人民法院从收取诉讼费用活动中解脱出来,这样更有利于强化司法的公信度和有利于实现司法公正。人民法院在收费中要做到的就是正确计算诉讼费用,即按照《诉讼费用交纳办法》第13条至第19条的规定计算。

4. 一审民商事案件登记立案操作程序中的注意事项

(1) 收到当事人起诉状后,应形式审查其诉讼请求是否明确具体、诉状是否规范,对收受的证据材料复印件与原件逐一核对,符合登记受理条件的,予以立案。

(2) 决定受理立案的,通知当事人预交案件受理费。当事人提供案件受理费预收收据后,在7日内登记立案;登记立案应当详细填写"案件流程管理登记卡片""案件质量跟踪卡片"等统计信息资料,欠缺的材料和手续应及时告知当事人补齐。

(3) 原告起诉时需要同时向本院提交与诉讼相关的证据材料的原件或经核对后的复制件、营业执照复印件、身份证复印件,法定代表人身份证明。

(4) 委托他人代理诉讼的,应当提交授权明确的委托书。

(5) 从中华人民共和国领域外寄交或托交的授权委托书以及双方或一方当事人的身份证明,须经所在国公证机关证明,并经中华人民共和国驻该国领事馆认证或履行中华人民共和国与该所在国订立的有关条约中规定的证明手续。

(6) 提供外文诉讼材料必须附有中文译本。

(7) 提供证据应附证据目录;收受当事人提供的证据,应出具收据一式两份,由当事人签名和经办法官、法官助理和书记员签名或盖章,法院和当事人各执1份。

(8) 依法应由其他机关处理的争议,告知原告向有关机关申请解决。向当事人明示和告知诉讼须知,告知诉讼程序和可能存在的诉讼风险,并为弱势诉讼群体提供诉讼引导和司法救助;告知当事人诉讼权利和义务;告知当事人诉讼权利和义务;告知对不廉洁行为的投诉渠道与方法。

(9) 告知合议庭组成人员(包括法官助理、书记员)。

(10) 对不符合起诉条件,当事人坚持起诉的,从收受起诉状之日或起诉材料补正之日起7日内裁定不予受理。原告对裁定不服的,可以提起上诉。

5. 一审民商事案件的排期与送达

(1) 对于已受理立案的案件,立案法官助理或书记员根据审判流程管理规定,在流程管理分案程序中自动随机将案件分配给各审判庭审判团队审判员,确定开庭审理的具体时间。

(2) 排期工作在平均分配案件数和保持总体结案率的原则下,根据各审判业务庭审判团队负责人审批的书面函件,对审判人员及案件数进行合理调配。

(3) 移交审判业务庭的案件须明确开庭日期、案件主审法官和跟案书记员。

(4) 案件排期可由立案庭负责实施,也可由各审判团队自行实施。排期开庭日期非因特殊事由并经审判团队负责人审查决定,不得随意变动。

(5)案件排期的同时,应随机制作开庭审理案件所必须送达当事人的各种诉讼文书,经审批程序须加盖院印。

(6)送达范围限于一审民商事案件起诉状副本及各方当事人开庭传票、举证须知、合议庭组成人员等文书的送达。

(7)民商事案件立案后,法官助理和书记员应在5日内将起诉状副本送达给被告及第三人;在送达起诉状副本时,应当要求被告及第三人在送达回证上签名或者盖章,并注明收到日期;当事人拒绝签名或盖章的,应由负责送达的书记员在送达回证上注明原因及送达经过;被告或第三人提出书面答辩状的,书记员应当在收到答辩状之日起5日内将答辩状副本送达给原告。

(8)送达必须按新《民事诉讼法》及其司法解释规定的方式送达,一般都应采用直接送达的方式;受送达人下落确实不明须采取公告送达的,应当由书记员、法官助理提交送达过程中查明受送达人下落确实不明的送达工作情况记录,报审判长审核后,按最高人民法院关于公告送达的规定办理;公告送达可以在法院的公告栏和受送达人住所地张贴公告,也可以在报纸、信息网络等媒体上刊登公告,发出公告日期以最后张贴或者刊登的日期为准。

(9)送达工作应由书记员或法官助理2人共同完成;异地送达需要法官参与的,应报请审判长审批指派法官、法官助理或书记员共同完成送达工作。

(10)诉讼文书送达各方当事人后,书记员或法官助理应整理案件材料,经核查无遗漏事项后,通知审判业务庭办理案件移交签收手续。

6. 二审民商事案件立案登记形式审查

(1)当事人不服一审民事判决或裁定而直接向上诉审法院递交上诉状的,负责接待的法官助理和书记员应当告知其到原审法院递交上诉状和领取预交上诉费通知后,来法院办理上诉费交纳手续。

(2)上诉人凭一审法院预交上诉费通知来法院交纳上诉费时,审查其是否在通知规定的交费期限内,逾期按自动撤回上诉处理;在规定期限内交费的,还应核对通知书的内容与判决书或裁定书确定的案件受理费是否一致;双方当事人都提出上诉的,由上诉的双方当事人分别预交。

(3)法官助理和书记员应当对当事人主体资格进行审查,有权提起上诉的人,应当是一审民事判决或裁定的当事人;需要审查有无案外人提出上诉的情况、有无不承担裁判所确定的实体义务的无独立请求权第三人提起上诉的情况、有无法定代表人或委托代理人以自己的名义提起上诉的情况,对于上述这三种情况均不作上诉处理。

(4) 法官助理和书记员应当负责对上诉期限进行审查,对民商事案件判决提起上诉的法定期限为收到判决书的第二天起 15 日内;对民商事案件裁定提起上诉的法定期限为收到裁定书的第二天起 10 日内;对当事人超过法定上诉期限提起的上诉不予收案,法定上诉期限的起算以法律文书送达时回执上的送达期日为准;涉外民商事案件提出答辩状和提起上诉的法定期限为 30 日,而且这个法定的期限经法院允许还可依法申请延长;境外当事人提交的上诉状需要经过公证和认证。

(5) 法官助理和书记员应负责对移送的民商事上诉案件案卷进行审查,包括审查上诉案件移送函、上诉状副本送达被上诉人的送达回证或以其他方式合法送达的证明、一审判决或裁定的法律文书原件、上诉状原件、上诉人预交上诉费的依据等内容,审核原审法院移送的全部案卷材料是否齐全,发现有遗漏和差错,应及时告知法官,并与原审法院承办人员联系,尽快补齐或纠正。

7. 再审民商事案件的立案登记形式审查

在再审民商事案件的立案审查中,法官助理和书记员的工作基本上与二审收立案工作相同,不同之处主要在于法官助理和书记员必须审查决定再审的手续是否完备和齐全:

(1) 审查再审决定是否由本院审判委员会、上级人民法院、最高人民法院所作出;原审人民法院院长可以提起再审。除此之外,其他任何人都无权决定或提起再审。

(2) 审查提出申诉或申请再审的主体是否为已生效判决、裁定、调解书所确定的当事人或当事人的法定代理人。

(3) 审查申诉人或再审申请人认为有错误的法律文书是否已经发生法律效力。

(4) 审查民商事案件当事人申请再审是否在法律文书生效后六个月内提出。

(5) 审查生效法律文书是否有向当事人合法送达的证据。

(6) 审查当事人据以申请再审的新证据是否是原审法院庭审结束后新发现的证据。

(7) 审查生效法律文书是否在适用法律上存在诉讼时效、溯及力等方面存在明显的错误。

(8) 审查生效民商事案件的判决、裁定或调解书是否遗漏了必须参加诉讼的当事人。

(9) 审查是否存在当事人有证据证明审判人员依法应当回避而未回避的情况。

(10) 对已经本院和上级法院复查或再审过的申诉或再审案件、法律规定不得申请再审的案件,应当不予立案。

（11）对申诉人、再审申请人提出的申诉和再审申请,经合议庭审查决定受理的,应在排期送达后3日内向审监庭移送案件材料和调取原审案卷。

第二节 行政案件立案登记工作技能

一、行政案件受案范围的理解与界定

行政诉讼受案范围,是指人民法院依法受理行政诉讼案件的范围,即法律规范和司法解释规定的人民法院受理审判一定范围内行政诉讼案件的权限。如何合理界定行政诉讼的范围,是行政案件立案审查最重要的环节。"最高人民法院在1991年制定《关于贯彻〈中华人民共和国行政诉讼法〉若干问题的意见》(以下简称《若干意见》)时,考虑到当时我国行政诉讼制度发展不成熟的情况,以及各方面还不适应的背景,对行政诉讼受案范围作了一些限制性的规定。"①《若干意见》对行政诉讼受案范围所作的限制性规定,经过一定时期(近10年时间)的施行,与社会发展现实需要之间形成明显的反差,扩大行政诉讼案件的受案范围成为社会发展现实需求。为适应这一社会发展需求,2003年3月8日,最高人民法院发布的《关于执行〈中华人民共和国行政诉讼法〉若干问题的解释》在行政诉讼案件的受案范围和立案条件等方面均有所发展。然而,该解释很快就不能完全适应社会发展对行政诉讼的迫切需要。2014年11月通过的新修正的《行政诉讼法》对案件受理和不受理的范围作了列举式规定。2014年11月1日,全国人民代表大会常务委员会通过《关于修改〈中华人民共和国行政诉讼法〉的决定》,并于2015年5月1日起施行。新修订的《行政诉讼法》第2条第1款对于受案范围原则作了新的规定:"公民、法人或者其他组织认为行政机关和行政机关工作人员的行政行为侵犯其合法权益,有权依照本法向人民法院提起诉讼。"②新修订后的《行政诉讼法》第12条规定:"人民法院受理公民、法人或者其他组织提起的下列诉讼:(一)对行政拘留、暂扣或者吊销许可证和执照、责令停产停业、没收违法所得、没收非法财物、罚款、警告等行政处罚不服的;(二)对限制人身自由或者对财产的查封、扣押、冻结等行政强制措施和行政强制执行不服的;(三)申请行政许可,行政机关拒绝或者在法定期限内不予答复,或者对行政机关作出的有关行政许可的其他决定不服的;(四)对行政机关作出的关于确认土地、矿藏、水流、森林、山岭、草原、荒地、滩涂、

---

① 陈明:《立案审判实务与创新》,人民法院出版社2004年版,第364页。
② 参见全国人民代表大会常务委员会2014年11月1日通过并公布的《关于修改〈中华人民共和国行政诉讼法〉的决定》。

海域等自然资源的所有权或者使用权的决定不服的;(五)对征收、征用决定及其补偿决定不服的;(六)申请行政机关履行保护人身权、财产权等合法权益的法定职责,行政机关拒绝履行或者不予答复的;(七)认为行政机关侵犯其经营自主权或者农村土地承包经营权、农村土地经营权的;(八)认为行政机关滥用行政权力排除或者限制竞争的;(九)认为行政机关违法集资、摊派费用或者违法要求履行其他义务的;(十)认为行政机关没有依法支付抚恤金、最低生活保障待遇或者社会保险待遇的;(十一)认为行政机关不依法履行、未按照约定履行或者违法变更、解除政府特许经营协议、土地房屋征收补偿协议等协议的;(十二)认为行政机关侵犯其他人身权、财产权等合法权益的。除前款规定外,人民法院受理法律、法规规定可以提起诉讼的其他行政案件。"[1]这一条文的列举式规定拓宽了行政诉讼的受案范围,而且明确具体,易于理解和实际操作。新修订后的《行政诉讼法》第13条对不受理的四类案件也做了明确的列举式规定:"人民法院不受理公民、法人或者其他组织对下列事项提起的诉讼:(一)国防、外交等国家行为;(二)行政法规、规章或者行政机关制定、发布的具有普遍约束力的决定、命令;(三)行政机关对行政机关工作人员的奖惩、任免等决定;(四)法律规定由行政机关最终裁决的行政行为。"[2]2015年4月20日由最高人民法院审判委员会第1648次会议通过的《最高人民法院关于适用〈中华人民共和国行政诉讼法〉若干问题的解释》也详细规定了对行政诉讼受案范围的理解与适用,该司法解释已经于2015年5月1日起施行。准确理解和界定行政案件的受案范围是法官助理和书记员协助做好行政案件立案登记工作的前提条件。

(1)原告必须适格。原告应当是行政管理的相对方,即提起行政诉讼的是作为行政管理相对方的公民、法人或其他组织及利害关系人。

(2)被告必须适格。被告应当是具有国家行政职权或者法律、法规授权的组织及其工作人员。具有社会公共管理职能的组织也可以成为被告。对于被告不适格的,应当建议原告更换。

(3)原告起诉针对的是行政主体基于行政职权作出的行政行为及相应的行政不作为。原告起诉必须有具体的诉讼请求和事实根据。对行政行为的正确理解是准确理解和界定行政案件受案范围的关键。所谓行政行为,"是指具有国家行政职权的机关、组织及其工作人员与行使国家行政职权有关的,对公民、法人或其他组织的权益产生权利义务实际影响的行为以及相应不作为"。[3] 对行政行为的正确

---

[1] 参见全国人民代表大会常务委员会2014年11月1日通过并公布的《关于修改〈中华人民共和国行政诉讼法〉的决定》。
[2] 同上注。
[3] 陈明:《立案审判实务与创新》,人民法院出版社2004年版,第368页。

理解和认识,是做好行政诉讼案件立案审查工作的重要环节,对行政行为的认知和判断,就是对案由的初步确定。行政行为具有从属法律性、单方性、强制性、无偿性和服务性等特征,只有切实把握行政行为的定义和特征,才能对可诉行政行为和不可诉行政行为作出区分,从而对原告起诉的内容是否属于行政诉讼案件受案范围作出正确的判断。

二、行政诉讼案件管辖

"行政诉讼管辖,是指人民法院内部受理第一审行政案件的分工和权限,即不同地域、不同级别以及同一级人民法院受理行政案件的权限分工。"①法官助理和书记员掌握、了解关于行政诉讼管辖的规定,明确知晓不同类型、不同情况的行政诉讼案件应当归哪个地方和哪一级人民法院具体负责审理,便于协助法官及时审查行政诉讼案件是否属于本法院行政诉讼案件管辖范围;对属于本院管辖的行政诉讼案件,便于在法定期限内及时立案;对不属于本院管辖的案件便于及时告知当事人向有管辖权的人民法院起诉,这些工作有利于当事人诉讼和减少当事人诉累,同时也有利于人民法院正确、公正、高效行使审判权。

1. 级别管辖

级别管辖是指划分上下级人民法院之间审理第一审行政案件的分工和权限。

(1) 基层人民法院管辖第一审行政案件。

(2) 中级人民法院管辖下列第一审行政案件:① 对国务院各部门或者县级以上地方人民政府所作的行政行为提起诉讼的案件;② 海关处理的案件;③ 本辖区内重大、复杂的案件;④ 其他法律规定由中级人民法院管辖的案件。

(3) 高级人民法院管辖本辖区内重大、复杂的第一审行政案件。

(4) 最高人民法院管辖全国范围内重大、复杂的第一审行政案件。

2. 地域管辖

地域管辖是指同级人民法院之间审理第一审行政案件的分工和权限。地域管辖分为一般地域管辖和特殊地域管辖两种类型:

(1) 行政案件由最初作出行政行为的行政机关所在地人民法院管辖;经复议的案件,也可以由复议机关所在地人民法院管辖。

(2) 经最高人民法院批准,高级人民法院可以根据审判工作的实际情况,确定若干人民法院跨行政区域管辖行政案件。

(3) 对限制人身自由的行政强制措施不服提起的诉讼,由被告所在地或者原告所在地人民法院管辖。

---

① 方世荣:《行政法与行政诉讼法》,中国政法大学出版社1999年版,第350页。

(4) 因不动产提起的行政诉讼,由不动产所在地人民法院管辖。

(5) 两个以上人民法院都有管辖权的案件,原告可以选择其中一个法院提起诉讼。原告向两个以上有管辖权的人民法院提起诉讼的,由最先立案的人民法院管辖。

3. 裁定管辖

裁定管辖是指根据法律规定的规则,由人民法院裁定确定的第一审行政案件的管辖。① 作为法定管辖的必要补充形式,裁定管辖有助于解决人民法院在具体案件管辖上存在的各种特殊问题。司法审判实践中,有时会出现一些较为特殊的情况,使得依法定管辖规定确定的管辖法院无法行使管辖权,这就需要由裁定管辖予以补充。

(1) 移送管辖,即人民法院发现受理的案件不属于本院管辖时,应当移送有管辖权的人民法院;受移送的人民法院认为受移送的案件按照规定不属于本院管辖的,应当报请上级人民法院指定管辖,不得再自行移送;"移送是一种程序上的法律行为,产生程序上的效力"②;受移送的法院不得拒收、退回或者自行再移送,一经法院移送生效,管辖即被确定。③

(2) 指定管辖,即指由于特殊原因,有管辖权的人民法院不能行使管辖权,由上级人民法院指定管辖。人民法院对管辖权发生争议,由争议双方协商解决。协商不成的,报它们的共同上级人民法院指定管辖。

(3) 转移管辖,即根据上级人民法院同意或决定,将案件的管辖权由上级人民法院移交给下级人民法院,或者由下级人民法院移交给上级人民法院。上级人民法院有权审理下级人民法院管辖的第一审行政审件。下级人民法院对其管辖的第一审行政案件,认为需要由上级人民法院审理或者指定管辖的,可以报请上级人民法院决定。

三、行政案件立案登记中法官助理和书记员的工作

1. 行政一审案件立案登记中法官助理和书记员的工作

(1) 形式审查起诉人是否具有适格的原告主体资格。起诉人只要证明与被诉行政行为存在利害关系即属适格的原告。

(2) 形式审查被告主体资格是否适格。被告应当是被原告起诉的作出具体行政行为或不作为的行政机关,或法律、法规、规章授权的组织。

---

① 参见姜启波、孙邦清:《诉讼管辖》,人民法院出版社 2005 年版,第 108 页。
② 同上书,第 207 页。
③ 同上注。

（3）形式审查原告的诉讼请求是否清楚,是否与被诉具体行政行为相关联。

（4）形式审查被诉的具体行政行为是否有前置程序,包括复议前置程序、申请前置程序、行政确认和司法确认程序、先行处理程序等。

（5）形式审查是否属于人民法院行政诉讼案件的受案范围和受诉人民法院管辖。

（6）形式审查起诉期限和诉讼时效是否符合法律和司法解释的相关规定。原告应当在法定期限内起诉,因不可抗力或者其他特殊情况耽误法定期限的,在障碍消除后10日内可以申请延长期限。法律、法规、《行政诉讼法》及司法解释对起诉期限作了明确规定的,应当依照规定进行审查。

（7）人民法院在接到起诉状时对符合本法规定的起诉条件的,应当登记立案。对当场不能判定是否符合本法规定的起诉条件的,应当接收起诉状,出具注明收到日期的书面凭证,并在七日内决定是否立案。不符合起诉条件的,作出不予立案的裁定。裁定书应当载明不予立案的理由。原告对裁定不服的,可以提起上诉。起诉状内容欠缺或者有其他错误的,应当给予指导和释明,并一次性告知当事人需要补正的内容。不得未经指导和释明即以起诉不符合条件为由不接收起诉状。

（8）对已经受理的一审行政案件,立案、登记流程管理信息卡、排期后,在3日内通知行政审判庭办理案件移交签收手续,对上级法院指定本院管辖的一审行政案件,在3日内立案,登记流程管理信息卡、排期后,移送行政审判庭审理。

2. 行政二审案件立案登记中法官助理和书记员的辅助工作

（1）形式审查是否属于行政二审案件的受理范围。行政二审案件的受理范围是当事人对人民法院作出的一审行政判决、裁定不服,在法定上诉期限内提起上诉的案件,法官助理和书记员应协助法官审查是否属于二审受案范围。

（2）对移送行政上诉案件案卷的形式审查:① 审核上诉案件移送函;② 审查案件卷宗数与移送函记载内容是否一致;③ 审查随案卷移送的一审行政裁判文书原件和上诉状原件是否齐备;④ 审查上诉状副本送达被上诉人的送达回证;⑤ 审查被上诉人提交答辩状的,其答辩状副本是否已送达上诉人;⑥ 审查交纳上诉费的财务收据。

（3）对于案件材料经审查齐备无遗漏的,书记员办理立案、登记流程管理信息卡、排期手续后,在3日内通知行政审判庭办理签收手续。

3. 再审行政案件立案审查中法官助理和书记员的工作

按审判监督程序提起再审的行政案件,立案审查中法官助理和书记员的工作程序与民商事再审案件法官助理和书记员的工作程序基本一致。

第三节　刑事案件立案登记工作技能

一、刑事一审案件立案登记中法官助理和书记员职业技能

（1）刑事一审案件包括自诉案件和公诉案件两类，自诉案件是告诉才处理案件。办理自诉案件的立案审查，法官助理和书记员应当负责协助法官做好控告材料的接收工作。对书面控告材料应及时提交合议庭法官审查；对口头控告的，应当做好控告笔录，详细记录控告人的姓名、性别、年龄、民族、职业、住址、文化程度、与被告人的关系、控告的内容和时间等，笔录应交控告人阅读无误后签名盖章。控告人不识字的，应向其宣读笔录记载的内容，控告人认为记录无误后签名盖章。

（2）在立案审查工作中，法官助理和书记员应当协助法官做好控告材料的移送工作。控告材料，对经过审查不属于法院直接管辖的，应及时移送有管辖权的机关处理；对经审查不属于本院管辖的，应及时移送有管辖权的法院处理；对经审查不属于刑事立案范围的，应及时移送有关部门处理，并将移送情况及时告知控告人；对经审查不予立案的，法官助理和书记员应口头或书面将不予立案的决定和理由告知控告人，并记入笔录。

（3）协助法官依职权开展调查取证工作。对于法院需要依职权开展调查取证工作的，法官助理和书记员应协助法官开展工作，并按规定制作相关的调查笔录、勘验笔录。

（4）刑事公诉案件的立案审查主要是形式审查，一般属于登记立案。对于决定立案的，应当做好收案登记工作。详细填写收案登记卡、流程管理信息卡；审查起诉书的份数是否符合要求；审查主要证据目录、证人名单及主要证据复印件是否与起诉书注明的内容相一致；审查随案移送的赃证物及有关赃证物移交清单手续是否完备；审查在押犯罪嫌疑人的换押手续是否办妥，对需要变更羁押地点的犯罪嫌疑人及时办理移监关押手续。

5.整立卷宗材料，排期后移送刑事审判庭办理签收手续。

二、刑事二审案件立案审查中法官助理和书记员职业技能

（1）详细填写收案登记信息及流程管理信息。

（2）协助审查受案范围。二审主要受理当事人不服一审法院所作刑事判决、裁定提出的上诉和人民检察院提出抗诉的案件。

（3）协助审查移送刑事上（抗）诉案件案卷材料：① 必须有上诉或抗诉案件移

送函;② 必须有上诉状或抗诉书,且必须是原件;③ 必须附有一审法院判决书或裁定书原件 8 份;④ 全部案卷材料,包括案件审结报告、应当移送的材料及证据,应与案件移送函相一致;⑤ 协助审查一审法院是否已将上诉状副本送达检察机关,或将抗诉书副本送达被告人。

(4) 协助审查上(抗)诉是否超过法定期限。《刑事诉讼法》第 219 条规定,不服判决的上诉和抗诉的期限为 10 日,不服裁定的上诉和抗诉的期限为 5 日,从接到判决书、裁定书的第二日起算。如果超过法定期限,则上(抗)诉无效,二审案件不能成立。

(5) 对于被告人的近亲属或律师提出上诉的,应审查是否经被告人同意;除了未成年人犯罪案件其法定代理人提出上诉以外,凡在法定上诉期限内未经被告人同意,或被告人不同意上诉的,二审案件不能成立;上诉人提出要求请辩护律师或辩护人的,应及时告知其家属;对于需要指定辩护人的,应及时指定辩护人。

(6) 符合立案审查条件的案件,在排期后 3 日内应及时办理将案件移送刑事审判庭的移交签收手续。

三、刑事再审案件立案审查中法官助理和书记员职业技能

(1) 按照最高人民法院《关于规范人民法院再审立案的若干意见(试行)》(法发〔2002〕13 号文件)的规定,协助审查刑事申诉案件的申请期限是否符合文件规定要求。

(2) 协助及时完成调卷工作,对于申诉再审的有关案卷材料,填写调卷单及时经过审批后到相关法院档案室调卷。

(3) 协助及时送达,对刑事申诉再审案件,法官助理和书记员应将申诉书副本送达同级人民检察院,便于检察机关进行法律监督;对于抗诉案件,应将抗诉书副本及时送达被告人。

(4) 协助及时办理换押手续,仔细填写换押通知书,送交有关监管场所。

(5) 其他工作参照一、二审程序办理。

第四节 执行案件立案登记工作技能

一、协助形式审查执行案件的立案范围

执行案件立案范围包括:本院依法作出的发生法律效力的民事、行政一审判决书,民事调解书,刑事判决书中确定的罚金、没收财产附加刑,刑事附带民事诉讼判

决中的民事部分;仲裁机构的裁决,公证机关依法赋予强制执行效力的债权文书,行政机关已生效的行政决定暂缓执行案件、再审执行案件、执行回转案件、执行复议案件,等等。

二、协助形式审查执行申请的具体内容

对于权利人的申请执行书、审判业务庭移送的执行书、外地法院的委托执行函,以及随附的发生法律效力的裁判文书,应当审查裁判文书是否生效、是否具有明确的给付内容,负有执行义务一方当事人是否拒绝履行,执行标的和被执行人是否明确,申请执行的法律文书是否已经合法送达。

三、协助形式审查申请执行是否在法定期限内提出

申请执行的期间为二年。申请执行的期限,从法律文书规定履行期间的最后一日起计算,法律文书未规定履行期间的,从法律文书生效之日起计算。

四、协助形式审查申请执行人的身份情况

"申请执行人应当是生效法律文书确定的权利人或其继承人、权利承受人"[①];申请执行人应当提供相关的身份证明。公民申请的,应当出示居民身份证明;法人申请的,应当提交法人营业执照副本和法定代表人身份证明;其他组织申请的,应当提交其执照副本和主要负责人身份证明。在中华人民共和国领域内没有住所地的外国人、无国籍人、外国企业和组织委托中华人民共和国律师或其他人代理申请执行,从中华人民共和国领域外寄交或者托交的授权委托书,应当经所在国公证机关证明,并经中华人民共和国驻该国使领馆认证,或者履行中华人民共和国与该所在国订立的有关条约中规定的证明手续后,才具有效力。

五、协助形式审查申请执行委托代理人的委托授权手续

申请执行人可以委托代理人代为申请执行。委托代理的,应当向本院提交经委托人签字或者盖章的授权委托书;写明委托事项和代理人权限,委托代理人代为放弃、变更民事权利或代为进行执行和解,或代为收取执行款项的,应当有委托人的特别授权。

---

① 沈德咏:《人民法院执行实务(一)》,知识产权出版社2003年修订版,第9页。

第十七章　法官助理和书记员审前准备程序工作技能

　　设置审前准备程序是大多数国家在司法程序中的共同选择,无论是英美法系国家还是大陆法系国家的诉讼制度设计,都有较为明确的审前准备程序设置,审前准备程序是与庭审程序并重的一种具有独立价值和功能的程序阶段。我国三大诉讼程序中虽然均有相关的类似审前程序的审前准备阶段设置,但由于立法时对审前准备程序的功能认识还不够清晰,对审前准备规定得较为粗糙,因此还不能认为我国已建立了完整意义上的审前准备程序①,即我国三大诉讼中的审前准备程序还处于改革探索和不断完善的制度设计与构建阶段。党的十八届四中全会提出的司法体制改革的总体思路和最高人民法院颁布的《人民法院第四个五年改革纲要》都明确提出要进行审判权运行机制改革,而审判权运行机制改革的重点就是审前准备程序的续造与完善。早在最高人民法院颁布的《人民法院第二个五年改革纲要》中就已明确提出:"改革和完善庭前程序。明确庭前程序与庭审程序的不同功能,规范程序事项裁决、庭前调解、审前会议、证据交换、证据的技术审核等活动,明确办理庭前准备程序事务的职能机构和人员分工。"②这一改革发展方向为审前准备程序的改革指明了方向。从审前准备程序的目标、价值和功能来分析,本轮司法体制改革和《四五改革纲要》确定的司法改革方向与内容应当持续将审前准备程序的创建与法官助理制度的推行相结合,这是我国司法改革的必然选择。审前准备程序除了实现公正与效率目标,实现整理和固定争点、收集和交换证据、促进当事人和解等一般功能,以及防止先定后审、单方接触、强制调解、先入为主等特殊功能之外,还有一个重要的功能与价值在于能够借此真正推行法官助理制度。推

---

① 李浩:《民事审前准备程序:目标、功能与模式》,载《政法论坛》2004年第4期,第3页。
② 参见《中华人民共和国最高人民法院公报》2005年第12期,第9页。

行法官助理制度改革成功的现实基础就在于与审前准备程序创建的紧密结合,审前程序的改革和完善与法官助理制度的顺利推行是紧密联系在一起的,法官助理这一审判辅助职业的职业技能,最适合在审前准备程序中展现,也只有在审前准备程序中才能真正发挥法官助理职业的职业技能,才能真正实现法官助理的职业价值。在过去的审判权运行机制改革实践中,有将审前准备程序全部划归立案庭负责的做法,也有专门设立"准备法官"或"预备法官"负责审前准备程序的做法,但这两种改革的效果均不理想,特别是所谓"大立案"的改革模式造成立案环节与审判环节之间的摩擦,反而造成审判资源的不必要浪费。而诉讼服务中心改革和法官助理职业制度的建构则给审前准备程序的改革提供了一个全新的改革方向,审前准备程序也为法官助理设定了一个准确的职业定位和施展职业技能的广阔空间。本章着重分析法官助理和书记员在审前准备程序中的审判辅助职业技能的价值和功能。

第一节 审前准备程序的含义与特征

审前准备程序是指案件受理后至开庭审理之前,人民法院、诉讼当事人、当事人的代理人以及其他诉讼参与人等,为开庭审理所进行的一系列程序性的诉讼活动和诉讼行为,具体包括送达诉讼材料,财产保全和先予执行,诉讼证据的提供、收集、交换和固定,整理归纳争点,诉前调解、和解与速裁,排期开庭等程序性操作内容。最高人民法院在《人民法院法官助理管理办法》中,对法官助理的职责作出了较为明确的规定,其中主要的职责内容都是关于审前准备程序的内容。具体包括:"① 审查诉讼材料,提出诉讼争执要点,归纳、摘录证据;② 庭审前组织交换证据;③ 代表法官主持庭前调解,达成调解协议的,由法官审核确认;④ 办理承担法律义务的担任辩护人或者指定法定代理人代为诉讼事宜;⑤ 接待案件当事人、代理人、辩护人的来访和查阅案卷材料;⑥ 依法调查、收集、校对有关证据;⑦ 办理委托鉴定、评估、审计事宜;⑧ 协助法官采取诉讼保全措施;⑨ 准备与案件审理相关的参考性资料;⑩ 办理案件管理的有关事务;⑪ 根据法官的授意草拟法律文书;⑫ 完成法官交办的其他与审判业务相关的辅助性工作。① 由此可见,最高人民法院的这一征求意见稿关于法官助理职业职责范围的界定,基本上是以审前准备程序为主要内容,这无疑为法官助理职业的存在和发展提供了依据。

审前准备程序具有如下特征:

---

① 参见张传军:《我国法官助理制度之探析》,载《法律适用》2005 年第 1 期,第 73 页。

(1) 严肃与严谨。审前准备程序是为庭审作准备的,虽然是程序性的事务性工作,但要求非常严谨。法官助理在审前准备程序中,"一定要在思想上高度重视,严肃认真对待,绝不能把开庭审理前的准备工作当作可有可无,无足轻重的事情,更不能搞形式走过场。在具体的准备工作中,应该认真负责,一丝不苟,高度重视每一个细小的环节"。①

(2) 时间与效率。"审前准备程序开始于法院受理案件,终结于正式开庭审理本案的所有实体事项和程序事项。"②审前准备程序必须严格遵循程序法关于期间的规定,严格遵守法定时间和注重程序性操作效率是其明显的特征。

(3) 程序与辅助。审前准备程序主要是程序性、事务性的准备工作,一般只针对案件的部分程序事项,着眼于为庭审集中审理作好辅助性的准备工作,着眼于证据和争点的固定,而不是对此作出终结性的评判。因此,审前准备程序具有程序性和辅助性的特征。

(4) 全面与准确。审前准备程序中大量的是事务性、程序性、辅助性的工作,由于案件性质和难易程度各不相同,涉及的内容较为繁杂,因此必须认真全面地做好准备,遗漏了任何一个环节或疏忽了任何一个细节,都会影响庭审的质量和效率。

(5) 原则性与灵活性。"做任何事情都要既有原则性又有灵活性,二者相辅相成,缺一不可。"③审前准备程序秉持的是程序合法原则,即任何审前准备事务性工作都必须依法进行,这是必须坚持的原则。然而,不同的个案都会有一些特殊性,在审判实践中,有经验的法官和书记员往往能根据具体情况采取灵活变通的方法达到程序要求的目的,取得事半功倍的实际效果,这就是灵活性的运用成果。为了提高工作效率而在不违反原则的前提下采取一些机动灵活的变通方法,有利于做好审前准备工作。"审前准备程序之特有的整合诉讼公正与诉讼效率的功能使其成为世界各国共同的选择,完善的审前准备程序,也已成为理想诉讼制度的表征。"④"我国目前实行的审前准备程序模式有审判法官型、法官助理型、预审法官型三种。"⑤法官助理型模式是目前我国创建审前准备程序的最佳模式选择。

---

① 王长喜:《审判艺术》,机械工业出版社2004年版,第81页。
② 姜启波、张力:《民事审前准备》,人民法院出版社2005年版,第1页。
③ 王长喜:《审判艺术》,机械工业出版社2004年版,第83页。
④ 孙邦清:《审前准备程序若干问题研究》,载北京市第二中级人民法院编:《审判丛刊》2004年第2期,第24页。
⑤ 李浩:《民事审前准备程序:目标、功能与模式》,载《政法论坛》(中国政法大学学报)2004年第4期,第3页。

第二节　审前准备程序的价值目标与功能

在司法审判实践中,人们只关注庭审和判决结果,而忽视审前准备程序。审前准备程序在诉讼程序研究中也是一个容易被忽视的程序。究其原因,在于对审前准备程序的价值目标缺乏正确的认识和理解。其实,"审前准备程序是正式开庭审理的基础,也是能够迅速作出正确裁判的关键"。① 审前准备程序能够"在一定程度上确保当事人的诉讼权利、确保案件的公开审理、确保人民法院严格依照诉讼程序审理案件、确保案件的质量、确保审判的高效"。② "做好开庭前的准备工作,目的是为了确保开庭审理这个诉讼活动重心各项任务的实现。人民法院受理案件后,能否顺利及时完成对案件的审理,都和开庭审理前的准备工作是否做得充分周到,有极大的关系。"③对于审前准备程序的价值目标,我们应当有正确的认知和理解,才能在此基础上全面提升从事这一程序性事务工作的法官助理职业群体的职业技能。审前准备程序设置的目的在于提高诉讼效率、节约诉讼成本,我国目前诉讼效率不高的最主要原因就是审前准备程序的不完善。在过去的审判机制改革实践中,有专门设立"准备法官"或"预审法官"负责审前准备工作的做法,也有将审前准备工作全部划归立案庭负责的做法,但效果并不理想,特别是立案环节与审判环节之间的摩擦,反而造成了审判资源的不必要浪费。建立法官助理制度,首先应当在各审判业务庭配备法官助理,将审前准备程序中的送达、保全、调查取证、证据交换、排期开庭和庭前调解等工作交由法官助理负责完成,给法官助理设定了一个职业的正确定位和施展职业技能的空间。

世界上司法制度比较完善的国家,对于民事诉讼、刑事诉讼和行政诉讼的审前准备程序都非常重视,基本上都是将审前准备工作作为独立的程序予以设置的,而且这种独立程序的设置,均极大地促进了诉讼效率的提高。《民事诉讼法》第125条至133条明确规定了"审理前的准备"程序,虽然不是一种独立的程序设置,但已经向诉讼正当程序的方向发展。审前准备程序的改革与完善,应当是我国司法制度改革的一项重要内容。

从历史上看,审前准备程序是为了适应集中审理的需要而产生的。但在后来的发展中,该程序却是在案件无须进入审判环节发挥着越来越大的作用。两位美

---

① 金友成、陈福民:《民事诉讼制度改革研究》,中国法制出版社2001年版,第202页。
② 王长喜:《审判艺术》,机械工业出版社2004年版,第77—80页。
③ 李国光:《怎样做好书记员工作》,人民法院出版社1992年版,第42页。

国学者对该程序的功能作了精辟的概括:"审前程序的目的非常简单,清除无关的事项,准许当事人获得信息,并且确定是否存在适于审判的争点,所有的内容都导向于有效率的审判或在知情后作出的和解。"①"由于审前准备程序特有的整合公正与效率的功能,使其成为任何诉讼制度的必要装置,世界各国民事诉讼制度对审前准备程序不约而同的选择也证明了这一点。"②设置审前准备程序的目的在于为集中审理做好准备,同时,可以把大量的纠纷解决在审前准备程序之中,从而大幅度提高诉讼效率。

在此双重目标之下,设置审前准备程序的价值目标和现实意义在于如下几个方面:

1. 整理固定争点,为开庭审理明确方向

"法庭审理是为了解决争议而进行的,如果原告起诉的案件实际上不存在真正的争议,审理便是多余的。在一些案件中,尽管原告和被告为了论证请求和抗辩的正当性提出了多方面的事实和理由,但双方真正有争执的只是其中的一、两点。"③在开庭审理前对当事人的争执焦点进行整理和归纳,使庭审围绕当事人的争执焦点有针对性地展开,既有利于审理查明案件事实,又有利于提高庭审的质量和效率。整理固定争点,能够防止案件审理进入庭审程序后当事人任意改变争点和提出新的证据而造成诉讼的迟延。

2. 最大限度地收取证据材料,为开庭审理做好证据方面的充分准备

审前准备程序的主要内容之一就是固定证据和推行证据开示制度,强化"打官司就是打证据"的诉讼证据意识。"现代各国的司法制度均实行证据裁判主义,由当事人运用证据去说服法官,而法官则必须依据证据对有争议的案件事实作出认定。因此,开庭审理的内容是否充实,能否通过一次性的庭审作出判决,在很大程度上依赖审前程序中能否就庭审中欲提出的证据做好充分的准备。"④审前准备程序的推行,有利于通过程序性规则来培养当事人的诉讼证据意识,养成凭证据说话和讲理的诉讼习惯。设置审前准备程序就是设定证据收集的保障制度,从而发挥准备程序的保障功能,强化当事人的诉讼证据意识,使庭审中的举证、质证、辩论可以连贯展开,以确保审理过程的充实和效率。

---

① 李浩:《民事审前准备程序:目标、功能与模式》,载《政法论坛》(中国政法大学学报)2004年第4期,第4—9页。

② 孙邦清:《审前准备程序若干问题研究》,载北京市第二中级人民法院编:《审判丛刊》2004年第2期,第12—24页。

③ 李浩:《民事审前准备程序:目标、功能与模式》,载《政法论坛》(中国政法大学学报)2004年第4期,第4—9页。

④ 同上书,第5页。

3. 便于当事人平等地了解诉讼信息,防止庭审时出现诉讼突袭

在审前准备程序中促使当事人围绕案件事实方面的争点来准备和收集证据,对于无法举证的内容提供证据线索请求法院依职权调查取证。在开庭审理前组织双方当事人进行证据交换,能够使其互相了解双方准备在开庭审理时提出哪些证据支持其请求或抗辩。当事人通过充分行使诉讼知情权,能够有效防止当事人在证据上搞突袭,从而达到诉讼知情权的平等与诉讼程序的公正。

4. 促进诉讼和解和诉讼调解,减少进入庭审案件的数量

通过审前准备程序,将大量的纠纷化解在庭审之前,促进诉讼调解及当事人和解,是其重要的价值目标。通过审前准备程序使案情趋于明朗,使审理方向趋于明确,当事人能够合理地预测审判结果,从而有利于促成和解或调解。许多国家的审前准备程序在解决纠纷、促进和解、调解方面均发挥了积极的作用。例如,在美国,近年来大约有98%的民事案件在审前程序中以双方当事人和解的方式得到解决。在英国,同样有98%的民事案件没有进入审判阶段。在加拿大,大约有95%～97%的案件在审前程序中通过调解、和解方式得到解决,无须法院作出判决。德国在20世纪70年代,以斯图加特模式对民事诉讼制度进行了改革,该模式将诉讼分为书面准备程序和言辞辩论程序两个阶段,采用该模式的法院,民事案件和解率最高。这表明,恰当地运用审前准备程序,可以使大量的纠纷解决在审前阶段。这会极大提高诉讼效率,又可提升审前程序自身的重要性和价值。① 经过审前准备程序,双方均可充分了解对方的诉讼主张和理由,并知晓对方支持其主张和理由的证据有哪些。这就使当事人可以更为冷静、客观地认识、判断和合理预测可能发生的裁判结果,从而为诉讼调解和双方的和解创造良好的条件。所以,设置审前准备程序的重要价值目标还在于促进诉讼和解与诉讼调解。由于审前准备程序具有了解决纠纷的功能和作用,因而发展成为一种解决纠纷的独立程序,这一独立程序的设置,也为法官助理职业提供了发挥审判辅助职业技能的领域和空间。

5. 实现司法公正,均衡诉讼价值

"公平与否,正义与否,是典型的价值判断问题。"②"公正是人类社会所一直追求的美德和理想,也是古往今来各种法律的基本价值之一。"③公正是现代司法的核心价值,审前准备程序设置的基本目的就是为了实现司法公正,"而司法公正作为正义的一种特殊形态,在相当大的程度上也意味着司法过程中的一视同仁和平等对待。因此,人们在称道司法的公正或批评司法的不公时,总是或多或少地与一

---

① 参见李浩:《民事审前准备程序:目标、功能与模式》,载《政法论坛》(中国政法大学学报)2004年第4期,第5页。
② 郑成良:《法律之内的正义》,法律出版社2002年版,第1页。
③ 同上书,第3页。

视同仁和平等对待的原则有某种联系"。① 一视同仁和平等对待的原则更多是通过诉讼程序体现出来的,因此,"在很大程度上,司法公正是司法的程序公正"。② 设立审前准备程序的目的,是在"整个诉讼过程中公正地对待作为当事人的冲突主体,保证冲突主体有足够和充分表达自己的愿望、主张和请求的手段与行为空间"。③ 为了从根本上保证诉讼各方当事人在程序上受到一视同仁的平等对待,双方需平等准备,非经充分准备而不得进入庭审程序,防止诉讼突袭。

由法官助理负责审前准备,在立案后,做好送达与保全、证据交换固定、整理固定争点、排期开庭等准备工作,有利于法官集中审理;同时也把法官从复杂的审前准备事务性工作中解脱出来,能够集中精力研究庭审和法律适用问题。确保诉讼公正,是我国创建审前准备程序的首要价值目标。"首先应均衡公正与效率两大价值目标,协调公正与效率之间的关系,实现公正优先、兼顾效率原则,应该成为我国审前准备程序改革的主要价值取向。""其次,均衡原则的另一要求是,协调和优化当事人与法官在审前准备活动中的地位与作用"④,审前准备程序的设置有助于从职权主义向当事人主义的转向。

6. 便于集中审理,提高诉讼效率

"审前程序的目的非常简单:清除无关的事项,准许当事人获得信息,并且确定是否存在适用于审判的争点,所有的内容都导向一个有效率的审判或在知情后作出的和解。"⑤许多国家设置审前准备程序的主要目的是为了提高诉讼效率。从诉讼制度的发展来看,适度的集中审理,是诉讼制度改革与发展的方向,审前准备程序就是为了保障集中审理而设置的一个保障性的独立程序设置。整理和固定争点可以排除不必要的争议或非真正的争点,使庭审固定于明确的争点而有针对性地审理,从而节约庭审时间,提高庭审效率。此外,通过诉讼和解和诉讼调解,将大量的纠纷解决在审前准备程序阶段,减少进入庭审的案件数量,可以节省大量的司法资源,避免审判人力资源的不必要的消耗。老百姓将打官司戏称是"耗油",认为诉讼解决纠纷费时、费力、费金钱,诉讼效率不高是困扰司法的主要难题。诉讼的高效率不仅是诉讼公正和法律之内的正义等价值的要求,也是当今社会转型时期的现实需要。纠纷的迅速解决,同时可以实现减少费用,节省资源的效果,达到迅速与高效效果的同步实现。⑥"公正与效率"是人民法院工作的永恒主题,仅有公正是不够的,在公正的同时必须注重诉讼效率,"迟到的公正非公正"。注重审前准备

---

① 郑成良:《法律之内的正义》,法律出版社2002年版,第40页。
② 谢佑平:《司法公正的建构》,中国检察出版社2005年版,第253页。
③ 柴发邦:《体制改革与完善诉讼制度》,中国人民公安大学出版社1991年版,第60页。
④ 金友成、陈福民:《民事诉讼制度改革研究》,中国法制出版社2001年版,第208页。
⑤ 〔美〕史蒂文·苏本:《美国民事诉讼的真谛》,蔡彦敏、徐卉译,法律出版社2002年版,第123页。
⑥ 参见刘荣军:《程序保障的理论视角》,法律出版社1999年版,第156页。

程序,能够确保法官集中审理案件,提高庭审效率,有利于实行案件的繁简分流,有利于促进和解和调解,减少进入庭审环节的案件数量,降低解决纠纷的成本;有利于推行法官助理制度,节约司法人力资源。

7. 有利于简化裁判文书的范围,提高裁判文书的制作水平

审前准备程序由于固定了争点,使庭审的范围能够围绕已经固定的争点展开,相对应的,裁判文书的范围也可以随之简化,法院在公布裁判理由时可只针对争点展开,不仅可大大减轻法官的劳动(包括缩小二审法院审查的范围),而且可以增加判决的说服力。① 目前,法院裁判文书的说理性不强,其中一个最首要的原因就是裁判文书对于诉争事实的针对性不强,审前准备程序的设置,有利于主审法官找准审理的争执焦点和确定审理方向,同时,也有利于理顺裁判文书的写作思路,特别有利于裁判文书简化的改革。

8. 培育审判辅助职业,推行法官助理制度

推行法官助理制度改革的亮点在于与设置审前准备程序相结合。一项制度的推行需要与之相适应的载体,一种职业的创设、存在与发展,也需要与之相匹配的生存与发展空间。独立的审前准备程序设置,为法官助理职业提供了广阔的发展空间,为我国法院推行法官助理制度提供了一个最佳的载体、场域和平台。独立的审前准备程序是最能体现法官助理职业特性和职业技能的环节,也是最能培育审判辅助职业阶层的职场,法官助理职业和制度的重要意义和价值也只有通过审前准备程序才能得以实现。

---

① 参见孙邦清:《审前准备程序若干问题研究》,载北京市第二中级人民法院编:《审判丛刊》2004年第2期,第19页。

第十八章 法官助理和书记员送达与保全工作技能

第一节 送 达 技 能

一、送达概述

送达是审前准备阶段的首要程序,是审前准备程序的开始。送达是指人民法院在诉讼过程中依照法定方式,将诉讼文书及其他诉讼法律文件交付给当事人或其他诉讼参与人的一种诉讼制度。

送达作为一种诉讼程序操作行为,具有如下特征:

(1) 送达是人民法院的职权行为,当事人或其他诉讼参与人向法院递交诉讼文书不是送达,而称为提交诉讼文书。

(2) 送达必须依法定程序和方式进行,否则不产生法律效力。

(3) 送达的内容是诉讼文书和其他法律文件,包括起诉书(状)、答辩状、传票、通知、判决书、裁定书、调解书、上诉状、申诉状、执行通知书,等等。人民法院之间、人民法院与其他单位之间的公文、公函等均不属于诉讼文书,不适用送达的法定程序和方式,应当用行政公文流转的方式处理。

(4) 送达必须有相应的证据(送达回证)证明。

(5) 送达是人民法院的诉讼行为,借此可与当事人及其他诉讼参与人产生诉讼上的联系和发生法律上的效力。

送达的功能和价值在于:

(1) 受送达人行使诉讼权利的保障手段,人民法院将诉讼文书及其他诉讼法律文件交付当事人及其他诉讼参与人,使受送达人了解诉讼的相关信息内容,决定权利的行使与否及行使权利的方式,并依照法定程序参加诉讼活动,行使相应的诉讼权利,承担相应的诉讼义务,使诉讼活动正常而有秩序地进行,以保护当事人及其他诉讼参与人的合法权益。

(2) 送达是诉讼程序正义价值的重要体现,是审判透明、公开和程序公正的重要内容。一方面,送达使受送达人能够正常行使诉讼知情权,充分了解有关诉讼事项及内容;另一方面,诉讼文书依法定程序和方式送达后,会产生相应的法律后果。例如,一审民事判决书送达之后,15日内没有上诉,即视为一审判决发生法律效力。又如,一审民事案件开庭传票送达后,原告无正当理由拒不到庭参加诉讼,可裁定作自动撤诉处理;被告无正当理由拒不到庭参加诉讼,可以缺席判决。

(3) 送达是分担诉讼成本的调节器,设立送达制度的目的在于提高诉讼效率,合法送达后产生的法律后果和法律效力,能够使当事人适当地分担诉讼成本,提高诉讼效率。

送达工作的主体过去主要是法官和书记员,包括法警,特别是在基层法院和法庭,大多是由主审法官和书记员负责完成送达工作的。推行法官助理制度改革之后,送达工作改由法官助理和书记员共同完成。

用于证明送达行为的主要方式是当事人在送达回证上签字或者盖章。"送达回证,也称送达证,是人民法院用于证明诉讼文书已经送达和受送达人已经签收的书面凭证。它既是送达人进行送达行为的证明,又是受送达人接受送达的证明。"[1]送达回证是完成送达行为的格式化的凭证或诉讼文书,同时也是诉讼期间计算的证明凭证。送达回证的基本内容包括:① 送达法院的名称和签发日期;② 送达诉讼文书或诉讼法律文件的名称和份数;③ 送达签发人姓名和送达人姓名;④ 送达的处所;⑤ 受送达人姓名或名称;⑥ 送达的方式和基本情况;⑦ 送达的日期;⑧ 受送达人签名或盖章;⑨ 送达人签名或盖章;⑩ 各种备注情况的附注说明。

二、送达方式及送达时应当注意的问题

送达方式与方法是指法官助理和书记员进行送达所采用的方式和方法。具体包括:

1. 直接送达

直接送达,是指由法官助理和书记员或法警直接将必须送达的诉讼文书送交给受送达人或他的同住成年家属、代收人、诉讼代理人的送达方式。直接送达是人民法院送达的普遍方式,凡是能够直接送达的,都应当采取直接送达的方式。法官助理和书记员在直接送达时应注意如下问题:

(1) 一般不得将诉讼文书直接送达给未经受送达人委托的个人和单位代收,

---

[1] 李国光:《怎样做好书记员工作》,人民法院出版社1992年版,第154页。

因为这种做法容易造成送达时间的延误和送达文书的丢失,遇有情况变化或当事人推脱责任的情形,则无法根据送达时间准确计算诉讼期间。

(2)送达时受送达人本人不在的,可交给他的同住的成年家属签收,根据《民事诉讼法》的有关规定和最高人民法院的相关司法解释,可视为受送达人本人签收。但直接送达离婚等婚姻家庭纠纷案件的诉讼文书时,在受送达人不在的情况下,不能交给在身份上既是该方当事人的成年家属又作为一方当事人的人代收;因为这样容易发生藏匿、销毁文书的情形,影响送达工作的效率和诉讼效率。

(3)凡应分别送达给双方当事人的文书,不得由其中的一方代替另一方签收,避免因此而延误送达时间。

(4)调解书应当直接送达当事人本人,当事人拒绝签收的,应当视为因当事人反悔而调解未成立,原调解书不发生法律效力,受诉人民法院应当及时通知双方当事人,并继续对案件进行审判。

(5)受送达人有诉讼代理人的,人民法院既可以向受送达人送达,也可以向其诉讼代理人送达。

(6)受送达人指定了代收人的,可送达给代收人签收。

(7)受送达人是无行为能力人的,必须向其法定代理人或指定代理人送达。

(8)受送达人是法人或者其他组织的,可向其机构所在地或法定代表人住所地送达,并由法人的法定代表人、其他组织的负责人或者办公室、收发室、值班室等负责收件的人签收或盖章。

2. 留置送达

留置送达,是指法官助理和书记员或法警采取直接送达方式,向受送达人或者有资格接受送达的人送交需送达的诉讼文书时,因为受送达人或有资格接受送达的人拒绝签收,而依法将诉讼文书留放在受送达人住所,即视为已经送达的一种方法。法律对留置送达规定了严格的适用条件,即必须是受送达人或有资格接受送达的人拒收诉讼文书或者拒绝签名或盖章时,才能适用这种方法。法官助理和书记员在适用留置送达方法时应注意如下问题:

(1)调解书不能适用留置送达方法。

(2)留置前应当邀请有关基层组织(如社区居委会、村委会、司法所、派出所等)或受送达的当事人工作单位的代表到场证明情况,并应在送达回证上注明拒收事由、见证人姓名及工作单位和留置送达时间,由见证人和送达人共同签名或盖章。

(3)送达中往往会遇到有关见证人员因为种种顾虑而不愿意到场见证,或者是到场见证而不愿在送达回证上签名或盖章等情况,此时,送达人应当耐心做好见证人的思想工作,说服见证人员到场见证,并签名、盖章;如果确实遇到较大的阻力或困难,还可以请求当地司法所、公安派出所的工作人员予以协助。

（4）受送达人指定其诉讼代理人为代收人的,在向其诉讼代理人送达时,可以适用留置送达方法。

（5）向法人或者其他组织直接送达时,应当由法人的法定代表人,其他组织的负责人或者办公室、收发室、值班室等负责收件的人签收或者盖章,拒绝签收或盖章的,可以适用留置送达方式,但也应当邀请当地基层组织的见证人员到场见证,防止受送达人推脱送达工作所产生的法律效力和责任。

（6）由于邀请不到基层组织或者所在单位的代表到场,可以把诉讼文书留在受送达人的住所,并采用拍照、录像等方式记录送达过程,即视为送达。在现在的民事诉讼中,这种情形经常遇到,受送达人不鉴收,很多中基层法院的法官、法官助理和书记员都是采取这种送达方式,并记录附卷。

3. 委托送达

委托送达,也称为嘱托送达或转交送达,是指法官助理和书记员因为直接送达确有困难,而委托受送达人所在地或住所地的人民法院以及其他有关单位,代为将诉讼文书和法律文件送交受送达人的送达方法。委托送达须注意如下问题：

（1）委托其他法院代为送达的,委托法院应当出具委托函,并附具需要送达的诉讼文书和送达回证,在送达回证上应注明"请将此送达回证寄回"的字样,以提醒受委托法院代为送达后及时将送达回证寄回附卷归档。

（2）确定送达的日期应以受送达人在送达回证上签收的日期为准。

（3）受送达人在外省或者在本省较偏远地区的,可以委托当地人民法院代为送达。

（4）受送达人为军人的,应通过其所在部队团以上单位的政工部门代为送达。

（5）受送达人正在服刑的,应通过监所代为送达。

（6）向刑事案件被告人在外地的家属送达判决书,应通过当地公安派出所转交。

（7）受委托的人民法院和有关单位,有责任及时派员将诉讼文书和法律文件送交给受送达人签收,并及时寄回送达回证。

（8）受委托法院或其他单位负责送达的人员应当在送达回证上签名或盖章。

4. 邮寄送达

邮寄送达,是指法官助理和书记员在直接送达有困难的情况下,采用邮局寄送挂号信或者特快专递的方式,将需送达的诉讼文书和法律文件邮寄给受送达人的送达方法。办理邮寄送达时应注意如下问题：

（1）严格掌握适用邮寄送达的范围,避免图方便、图省事而将可以直接送达的诉讼文书一概通过邮寄送达。直接送达工作实际上也是人民司法坚持走群众路线的一种表现形式,有经验的法官助理和书记员往往能够在直接送达的过程中准确把握相关诉讼信息,及时发现可能激化矛盾的苗头,防患于未然。

(2) 对婚姻家庭纠纷案件诉讼文书的送达,不宜采用邮寄送达的方法,为避免文书被另一方当事人有意藏匿或销毁等不利后果的发生,还是以直接送达方式较为妥当。

(3) 采取邮寄送达方式应当以挂号信和特快专递的方式为主,并应将邮局签发的挂号收据或专递回执作为邮寄送达的凭证附卷,邮寄送达以挂号收据或专递回执上注明的收件日期为送达日期。

(4) 邮寄送达时,应详细写明受送达人的邮政编码、地址、姓名或名称,以及送达人的单位、地址和邮政编码等内容。

(5) 对于送达的诉讼文书和法律文件,应装入信封密封好或用专用密封袋予以密封,防止泄密。

(6) 对于随寄的送达回证同样应注明"请将此证寄回"的文字提示,以提醒和督促受送达人在收到文书后,及时将送达回证寄回附卷。

5. 公告送达

公告送达,是指法官助理和书记员在送达过程中查明受送达人确实下落不明,或者在采取上述送达方法均无法送达的情况下,而将必须送达的诉讼文书的主要内容予以公告,公告经过一定期限后视为已送达并产生送达法律后果的送达方法。"公告送达实际上是一种推定送达,即公告后受送达人有可能知道公告内容,也可能不知道公告的内容,但法律规定视为送达。"①公告送达应注意如下问题:

(1) 采用公告送达方式应当特别慎重,只有在已经穷尽了其他送达方式均无法送达的情况下,且经过必备的相关调查方法查明受送达人确实下落不明时,才能采取公告送达的方式。

(2) 对于公告送达的方式,应当根据案件的具体情况,有针对性地采用,原则上确保实现程序上的公正,即以推定受送达人应当能够通过公告途径知晓公告送达的内容。公告送达可以在法院的公告栏和受送达人住所地张贴公告,也可以在报纸、信息网络等媒体上刊登公告。

(3) 对送达的方式应作详细的记载笔录,具体记明采取公告送达的原因、采取何种公告送达方式及公告经过,并与公告送达原本和附件一并附卷。

6. 其他送达方式

《民事诉讼法》第 87 条规定:"经受送达人同意,人民法院可以采用传真、电子邮件等能够确认其收悉的方式送达诉讼文书,但判决书、裁定书、调解书除外。"许

---

① 姜启波、张力:《民事审前准备》,人民法院出版社 2005 年版,第 98 页。

多中基层法院都在积极探索传真、电子邮件、微信等新的送达方式,随着新媒体时代的到来,新的送达方式将会逐渐被法律和司法采用和认同。

三、登记立案审查中送达工作的法律后果

根据《民事诉讼法》第84条的规定:"送达诉讼文书必须有送达回证,由受送达人在送达回证上记明收到日期,签名或盖章。受送达人在送达回证上的签收日期为送达日期。"[1]"送达一般产生的法律后果是程序法上的后果即法院与当事人建立诉讼法律关系,而非实体法上的后果。"[2]"法院是通过程序的运行达到介入当事人实体纠纷的目的,包括调查、开庭、判决、执行等各个阶段对实体纠纷的介入。而法院介入的根据,是当事人(包括代理人)在送达回证上的签字、盖章。没有在送达回证上的签字、盖章,法院的行为就没有程序上的基础。"[3]所以立案环节中的送达工作对于程序合法性来讲非常重要,对于立案环节的送达工作程序应当特别注意在送达回证上的规范性操作,这一程序性的介入,关系到整个案件审理的程序合法性和延续性。

四、"送达难"的现实困境与解决对策

在审判实践中,特别是在民事审判实践中,"送达难"已经成为困扰各级人民法院的主要工作难题之一。法院在送达时,受送达人难找、逃避送达甚至拒收法律文书,已经成为一个司空见惯的现象,以至于很多可以直接送达的诉讼文书却不得不靠采取公告送达的方法送达。《人民法院报》公告栏的不断扩版,表明了现阶段公告送达数量呈现日益增多的趋势。"送达难"在很大程度上成为目前诉讼效率低下的主要原因。"送达难"主要体现在直接送达难上,直接送达难是人民法院送达工作目前面临的最大难题。例如,有的因为被告一方当事人地址不清而难以送达;有的因为当事人外出务工、经商、学习或旅游而难以送达;有的因为当事人居无定所而难以送达;有的因为当事人拒绝签收而难以送达;有的单位甚至连门都不让法院送达人员进;有的法人单位因为是"皮包公司"而难以送达。对于上述的种种难题,法官助理要学会相应的应对方法和技巧:

(1)"知己知彼"送达法。在送达前应当尽量通过阅卷和详细询问原告当事人等方法,全面了解和掌握受送达人的各种联系方法和渠道,包括住宅电话、手机、邮

---

[1] 2012年8月31日中华人民共和国第十一届全国人民代表大会常务委员会第二十八次会议通过的《关于修改〈中华人民共和国民事诉讼法〉的决定》。

[2] 王双喜:《审判艺术》,机械工业出版社2004年版,第76页。

[3] 同上注。

编、电子邮箱、工作单位及兼职单位、学习或培训地点、日常住所或暂住地、经营场所及常去之处或娱乐场所、亲属及密切交往朋友的住所和各种联系方式等。只有做到"知己知彼",才能通过多种渠道和途径准确及时高效地完成送达工作。

（2）"曲径通幽"送达法。例如,对直接送达遭到受送达人拒绝时,可以通过找到其工作单位领导或其近亲属做疏导工作的办法来协助送达;对在住宅和单位难以找到的受送达人,可以通过到其经常出入的休闲娱乐场所或其他社交场所送达。这种方法的关键在于不怕麻烦,当事人不可能生活在真空中,总会与社会有千丝万缕的联系,要学会变通、迂回和借势。

（3）"暗渡陈仓"送达法。很多当事人都会有一种"爱面子"的心理,因此,要讲究送达的策略、方法和艺术,例如,在送达时尽量把警车停远一些,步行去送达而避免受送达人产生反感情绪;在公共场所送达,尽量穿便服去,避免因送达人的身份而使受达人产生抵触情绪;如遇受送达人家里或单位正在操办红白喜事或庆典活动及召开会议,应当尽量"给个面子",巧妙地将当事人拉到一旁送达文书,尽量避免场面上的尴尬,防止因使其颜面扫地产生对立情绪而拒绝签收。

（4）"杀回马枪"送达法。例如,对于躲避送达的受送达人,白天不在的可以晚上再来送达;平常不在的,可以在节假日送达;当事人可以躲避一时,却难以躲避多时,有时适当运用"杀回马枪"和"声东击西"的办法也是很管用的。

（5）"借势造势"送达法。留置送达难主要在于基层组织或单位人员的配合不力,常见的情况是难得找到人,找到人也不愿配合,勉强来了也不愿签字,往往使负责送达的人员来回奔波,多费口舌,却效果不佳。应对这种难题,就需要法官助理学会勤于借势和善于造势的本领,只有学会勤于借势和善于造势的技巧和方法,才能"借力打力",巧妙地借助别人的力量完成送达工作任务。

五、送达期间的计算

诉讼中的期间,是指人民法院、诉讼参与人进行并完成各种诉讼行为所应当遵守的时间期限。狭义的期间指期限,广义的期间则包括期限和期日。期限,即指各种诉讼活动和诉讼行为从某一时间起至另一时间止的时限。期日,是指人民法院与当事人、其他诉讼参与人汇合在一起进行一定诉讼活动的日期和时间。

期间的确定,对于实现诉讼的目的和功能具有十分重要的促进作用：
（1）确定期间有利于保证各类诉讼案件及时得到处理,提高诉讼效率。
（2）确定期间有利于保护诉讼当事人的诉权和合法权益。
（3）确定期间有利于促进诉讼当事人及时依法行使诉权,便于稳定各种法律关系。
（4）确定期间有利于体现诉讼程序的公正性和严肃性,防止拖延和无休止的缠诉,有利于社会的和谐稳定。

期间的种类可以分为法定期间和人民法院指定的期间。法定期间,是指由法律明文规定的期间,包括绝对不可变期间和相对不可变期间。指定期间,是指人民法院根据案件审理时遇到的具体情况和案件审理的需要,依职权决定当事人及其他诉讼参与人进行或完成某种诉讼行为的期间。

计算期间是诉讼活动中的一项重要内容。根据法律规定,诉讼期间以公历时、日、月、年计算,期间开始的时和日,不计算在期间内。期间不包括在途时间,诉讼文书在期满前交邮的,不算过期。这是计算的原则,也即计算的标准。这里的时、日、月、年都必须是满时、满日、满月、满年。至于何种诉讼行为的期间具体以时或以日或以月或以年为标准,根据对该种行为所规定的期间计算标准确定。

第二节 财产保全、证据保全和先予执行技能

财产保全、证据保全和先予执行,是民事诉讼活动中的一项重要制度,是保障权利人进行民事诉讼的结果以及当事人的合法权益能够得以实现的一种制度保障措施。财产保全、证据保全和先予执行也是审前准备程序中的重要内容。

一、财产保全、证据保全和先予执行概述

"财产保全是指在有关的财产可能被转移、隐匿、毁灭等情形,从而可能造成对利害关系人权益的损害或可能使法院将来的判决难以执行或不能执行时,根据利害关系人或当事人的申请或人民法院的决定,而对有关财产采取的保护措施。"①"财产保全制度是民事诉讼法的重要制度之一,对于保证人民法院生效裁判的顺利执行,维护当事人的合法权益,维护人民法院判决的权威性,具有重要作用。"②财产保全包括诉前财产保全和诉讼财产保全两种,各中基层人民法院按照诉讼服务中心改革的模式将财产保全程序交由立案庭诉讼服务中心负责办理,有的法院立案庭诉讼服务中心专门成立了"保全组"或专门负责保全事务的合议庭。除诉前财产保全之外,还是将诉讼财产保全纳入审前准备程序较为妥当。先予执行是指人民法院在作出终局判决之前,为解决权利人生活或生产经营的急需,而依法裁定负有履行义务的当事人预先履行义务的诉讼制度。先予执行的范围限于三类案件:① 追索赡养费、扶养费、抚育费、抚恤金、医疗费用的案件;② 追索劳动报酬的

---

① 姜启波、张力:《民事审前准备》,人民法院出版社 2005 年版,第 123 页。
② 同上书,第 123—124 页。

案件;③ 因情况紧急需要先予执行的案件。先予执行与诉讼财产保全一样应当纳入审前准备程序较为妥当。法官助理协助法官办理或在法官的指导下办理财产保全、证据保全和先予执行等程序性事务,应当是审前准备工作中的重头戏。

二、采取保全措施和先予执行时法官助理、书记员的工作

(1) 协助审查申请人提出的财产保全、证据保全申请的内容是否符合法律规定,是否提供担保以及担保是否有效;协助审查先予执行申请是否符合法律规定的范围和条件。

(2) 协助办理有关提供担保的事务性工作。

(3) 协助准备保全和执行必备的各类法律文书。法院依法作出准予财产保全、证据保全和采取先予执行措施的裁定后,法官助理和书记员应当及时、准确地拟写印制和校对民事裁定书,经法官签发后及时送达相关当事人。同时,备齐各类可能用到的查封、扣押的法律文书、财产清单、送达回证等相关手续。

(4) 认真做好笔录。对于财产保全、证据保全和先予执行措施的全过程应详尽记录,并交参加保全和执行的在场有关人员校阅签名。

(5) 协助法官做好有关人员的思想工作。保全和执行往往直接涉及当事人最根本的利益关系,司法实践中,经常会出现当事人不理解、不配合、不协助的情况,甚至出现拒不执行、拒不协助、暴力抗法的紧急情况,这就需要法官助理和书记员积极主动协助法官做好当事人的思想疏导和法制宣传教育工作,协助法官履行好释明义务。对于突发事件及暴力抗法等情况,更应当协助法官及时妥善处理,避免激化矛盾。

(6) 协助法官做好续办变更保全手续和变更执行等工作。财产保全措施和先予执行措施的变数很大,并非一经采取就一成不变了,而是处于一种动态的变化之中。实践中经常会出现需要对原来采取的保全措施或执行措施予以变更或延续的情况。例如,冻结当事人银行存款的有效期限是半年时间,逾期没有办理继续冻结手续的,银行可以视为自行解除冻结而为当事人办理转账或取款业务;其他法院也可以冻结或扣划当事人的存款。这就需要法官助理和书记员根据案件的实际情况来及时提醒和协助法官办理续冻手续或提前解冻手续。

(7) 对于保全期限届满,提供反担保或先予执行终了的,应当协助法官及时做好保全、执行的终结工作。

第十九章　法官助理和书记员审前证据准备工作技能

通过审前准备程序,最大限度地收取诉讼证据资料,及时进行证据交换并固定证据,以确保庭审的集中审理和效率,是审前准备程序的制度保障性功能之所在。其价值在于通过证据准备程序设置,最大限度地实现诉讼的公正与效率。英美法系国家在诉讼中普遍采用的证据开示制度,成为促进其诉讼公正与效率的关键性原因。我国创建审前准备程序特别应当强调对国外证据开示制度的借鉴与运用,诉讼证据的收集、提供、交换与固定等证据准备工作技能,应当成为法官助理的主要工作技能之一。"从世界范围来看,许多证据规则都同时体现了公平与效率的精神。"①审前准备程序中的证据准备工作,实际上也就是一种对同时体现公平与效率精神的证据规则的构建。所谓证据规则,"是指确认证据范围、调整和约束证明行为的法律规范的总称,是证据法的集中体现"。② 审前准备程序中的证据收集、提供、交换和固定等准备工作,集中体现了证据法原则中的证据为本原则和公平诚信原则,是证据裁判主义和公平诚信原则在审前准备程序中的运用与展开。

法官助理和书记员在审前准备程序中的主要工作,就是对涉案诉讼证据进行收集、调查,组织证据交换,并固定证据,以保证如果案件进入庭审,使双方当事人在庭审时的"攻击"与"防御"都建立在掌握充分证据的基础之上,确保主审法官及合议庭能够查明案件事实,作出公正的判决。审理查明案件事实主要是对证据的举证、质证、认证和综合审查判断,因此,关于证据的审前准备至关重要。

---

① 何家弘、刘品新:《证据法学》,法律出版社2004年版,第61页。
② 江伟、汤维建:《证据法学》,法律出版社1999年版,第173页。

第一节　诉讼证据指导与释明权行使技能

在审前准备程序中,法官助理和书记员有一项重要的职责与任务,就是及时行使释明权对当事人进行诉讼指导。诉讼指导既包括程序法方面的指导,也包括实体法方面的指导,其中证据准备是一个既涉及程序又涉及实体的重要指导内容。当前,由于公民整体的法律知识与素养较为缺乏,公民法律意识、程序意识比较淡薄。一旦产生纠纷诉诸法律,往往只追求实质正义,认为有理就能赢,而缺乏应有的程序意识和证据意识。在审判实践中的具体表现是当事人不清楚诉讼程序,不了解庭审的功能和作用,不知道什么叫证据,不知晓如何举证、质证,不明白证据的证明效力,更不熟悉如何围绕争执焦点来收集证据、举证、质证和辩论。因此,在审前准备程序中,通过充分行使释明权,加强对当事人的诉讼指导,对提高诉讼效率显得尤为重要。根据案件的实际情况及时行使释明权,进行有针对性的诉讼指导,是法官助理在审前准备程序中要做的主要工作。

一、释明权与证据意识培养

在审判实践中,大量存在着由于当事人诉讼请求不清、举证不明和举证不能而产生的实体不公问题,以及由于当事人证据意识差而造成的诉讼迟延和庭审效率低下等问题。因此,释明权的行使,主要是诉讼证据意识的培养问题。"释明的原意是将没有被充分说明的事项变得清楚明白。释明权的概念来源于1877年德国的《民事诉讼法》第130条第1项和第2项中的规定。释明权经过了是法官权利还是法官义务的争论,1909年德国在该法中规定:法官在言词辩论中,应对事实和争执的关系与当事人讨论,命当事人对全部重要的事实作充分的陈述,并作适当的声明。"[①]由此可见,释明权是指在诉讼活动中,当事人对诉讼请求和有关事实的陈述不明确、不充分、不适当,提交的证据不足以认定事实或支持其主张,法官可以通过在审前准备程序中的提示和说明,要求当事人及时补正,以提高诉讼效率和达到最大限度的实体公正。对于现实社会而言,当事人极度缺乏证据意识的现状,凸显了法官释明权的重要性,在各地基层人民法院和农村基层人民法庭的大量一审案件审理中,没有法官和法官助理的释明就无法进行诉讼。作为法官的助手,法官助理应当对释明使命和责任有所担当,法官助理作为审前准备程序的主体,应当特别在

---

① 高伟、李安生:《关于释明权的几个问题》,载《贵阳审判》2005年第3期,第12页。

证据准备和证据意识的培养方面提高职业技能;同时,法官助理行使释明权,也是体现司法为民、人文关怀精神的一个重要表现形式。法官释明权在我国既是权利,又是义务。在审前准备程序中强调释明权的行使,既是基于释明权制度本身在实现公正与效率中的独特作用,也是我国司法审判现状和司法环境的现实需要。"法官释明权制度的价值功能,能够缓解我国从职权主义向当事人主义诉讼模式的过渡所遇到的困难,也符合我国司法改革的目标。因此,在我国当前诉讼制度中实行法官释明权制度,是非常必要的。"①

  法官释明权的行使,首先,能够在审前准备程序中预防双方诉讼能力和证据收集能力方面的不对称,防止力量对比的悬殊,使双方能在一个较为公平的层面展开诉讼的博弈。其次,可以培养当事人的程序公正意识和证据意识,通过程序公正的保障,避免当事人可能产生的怀疑和异议,使当事人感到是经过了公正的审判程序,在审判中受到了平等、公正的对待,败诉是因为自己证据不足或证据灭失所造成的,避免法院最终的裁判结果给当事人带来意外的打击,使当事人从心理上信服和接受裁判结果,从而避免和减少当事人的缠访缠诉。再次,由于我国长期奉行的是超职权主义诉讼模式,在老百姓的思想观念中,没有打官司就是打证据的意识,普遍认为证据收集和证据调查都是法院的事情,依赖和依靠人民法院调查取证和收集证据,已经成为一种诉讼习惯和思维定式,转变这一积习和观念需要时间,也需要法官助理在审前准备程序中充分行使释明权培养当事人的证据意识。现在处于诉讼模式转型和诉讼理念更新的过渡阶段,审前准备程序中通过释明权的充分行使进行必要的诉讼指导,能够在现有的条件下,最大限度地实现实体上的公正,保护当事人的合法权益,维护社会的和谐和稳定。最后,审前准备程序中行使释明权对当事人进行诉讼指导,能够提高庭审效率和诉讼效率,节约诉讼成本,减少诉累。

  审前准备程序的释明主要是围绕证据展开的,除了对诉讼请求不当的释明和对法律的释明之外,法官助理释明的主要内容都是关于举证期限、举证责任分配、证据调查申请期限、申请证据鉴定复核,等等,关于事实推定的释明也是围绕证据展开的。释明权行使的主体只能是法官及其法官助理,释明权的行使只存在于诉讼过程中,而且相对集中于审前准备程序之中。释明权的行使,主要是针对缺乏证据意识的当事人提供必要的诉讼指导,这种诉讼指导,实际上就是一种诉讼证据意识在庭审前的培养。

---

① 李伦山、丁青霞:《论法官释明权行使之必要与困惑》,载《青岛司法论坛》2006 年第 2 期,第 62 页。

二、诉讼指导的内容和方法

审前准备程序中的诉讼指导，在时间上可以与送达工作相结合进行，以提高庭前准备工作的效率。具体的指导内容包括如下几个方面：

1. 对诉讼请求和答辩的指导

法官助理通过仔细审阅诉状和答辩状以及初步提交的相关证据材料之后，针对诉请和答辩的内容了解双方当事人诉争的主要内容，初步确定争执焦点和案由，需要告知案件当事人在各个诉讼阶段的诉讼权利和义务，告知当事人相应的程序知识以及如何围绕自己的诉和辩的主张来收集证据。这个阶段的诉讼指导主要是对当事人主张事实的释明，即告知当事人如何围绕诉请和答辩的主张来收集相关证据。对于当事人主张的不明确、不清楚、不充分的事实，法官助理应予以及时释明指导，并给予当事人补充的机会。此外，由于我国目前没有建立强制答辩制度，因此，在送达过程中的释明与指导，对当事人和诉讼效率而言都是有利的。

2. 对当事人举证责任和举证期限的指导

由于证据是庭审的核心，庭审主线是围绕证据展开的，所以举证应当是审前诉讼指导的重点内容，主要包括对举证的内容、举证的期限、举证责任以及举证不能的法律后果的诉讼指导。通过诉讼指导使当事人明确知道自己在举证方面的权利、义务，以及在诉讼中应该如何去做。法官助理对具体案件的诉讼指导，应当有针对性并围绕证据意识的培养展开，特别是要从证据法的视角指导当事人依法及时举证，诉讼指导的内容应当考虑具体案件当事人的文化水平和接受能力，采取当事人可以接受的诉讼指导方法。对于举证责任的分配需要明确予以界定、释明，防止因为举证责任不明而导致举证的迟延。对于举证期限，我国证据规则只给出了下限的规定，而实践中当事人在庭前对举证期限进行约定的情形几乎是不存在的，因此对某个案件举证期限的上限，基本上是由主审法官或法官助理来确定，对于超过举证期限而造成的证据失权的法律后果，必须在审前诉讼指导中予以释明。此外，对于当事人申请延长举证期限、提交诉讼证据的期限，以及申请法院依职权调取证据的期限，都需要在诉讼指导中一并释明清楚。

书记员对于法官助理的释明和诉讼指导工作应当予以详细记录并附卷。诉讼指导的记录应当作为审前准备程序中书记员的主要职责范围予以明确，审前指导笔录也应当作为一项笔录的主要内容附卷，以便反映审前准备程序中法官释明权行使的情况。由于庭审前的准备工作是大量的和琐碎的，事务性较强，但对于证据准备诉讼指导，书记员应当作为一项重要的内容记录在卷，以固化诉讼指导的证据准备提示作用。

第二节 证据的调查收集技能

"证据的调查收集,是指当事人及其代理人、人民法院以及在特殊情形下,为了证明特定的案件事实,依照法律规定的程序、方法和手段,发现、采集和提取证据材料的活动。"[1]证据的调查收集是庭审中全面提出有效证据的前提,其目的是通过证据求证具体案件的法律事实,也即是为了证明特定的案件事实。证据的调查收集应当围绕讼争的事实来进行,法院依职权调查收集证据,必须依照法律规定的程序进行;当事人及其委托代理人调查收集证据,也必须遵守合法性原则,不能以侵犯他人合法权益或违反国家法律禁止性规定的手段调查收集证据。证据的调查收集包括如下几种方法:

1. 保存原始证据

原始证据是最直接的证据,包括与案件事实有关的原始物品或者文书,如原始书证、可以移动的物证、各种痕迹载体、未经剪辑的视听资料、网络的原始镜像等。原始证据是最有说服力和证明力的证据,能够提取原物的,最好是提取原物作为证据。

2. 制作调查笔录或询问笔录

对证人或当事人对案件事实的陈述,应当及时制作调查笔录或询问笔录,能够固定当事人或证人对案件事实的原始陈述,避免因时过境迁或遗忘而影响对案件事实的正确记忆和陈述。特别是对刑事自诉案件、损害赔偿类的民事案件等难以取证的案件,更应及时制作调查笔录、询问笔录以有利于及时调取和固定证据,便于审理查明案件事实。制作调查笔录、询问笔录必须是两人以上,并且必须共同在笔录上审核签名。

3. 调取、复制和复印证据

调取证据是法院依职权要求与案件事实有关的单位或个人提供相关的证据材料。复制是指因为原物无法或难以直接提取,而需通过一定的方法仿制原物证据的取证方法。复印是指原始书证因为已归档或其他原因无法提供原件而采取复印的方法复制原始书证的取证方法。调取证据是法院依职权的行为,必须由两人以上的工作人员共同完成,对于调取的书证最好由有关单位或个人签字盖章并注明时间;对于调取的物证、视听资料,最好由提供证据的单位或个人出具情况说明并签字盖章、注明日期,对于调取证据的行为,应当制作相应的笔录附卷备查。对于

---

[1] 姜启波、张力:《民事审前准备》,人民法院出版社2005年版,第158页。

复制的证据应当记录复制的过程,确保复制证据的合法性及证明效力。对于复印的书证,必须由出具证据的单位签字盖章,证明复印件与原始件一致。

4. 通过司法鉴定取得鉴定结论性证据

鉴定证据是指对案件中的具体的专门性问题,经法院同意并委托专门的鉴定机构经专业技术鉴别和判断后作出的结论。鉴定包括物证鉴定、法医鉴定、司法精神病鉴定、司法会计鉴定等内容。可以鉴定的对象较为宽泛,包括与案件有关的各种物证、书证、痕迹、字迹(笔迹)、人身、尸体、财务会计财目、视听资料等。鉴定结论作为证据使用,必须经过法定程序,亦即必须经由案件审理的法院同意,并由法院委托专门的鉴定机构予以鉴定。对民商事案件有关鉴定机构的选择,要征得双方当事人的同意,对意见不一致的,可以采取摇号决定的方式确定。鉴定是揭示各类证据的特性和证明各类证据真伪的一种主要方法,通过合法委托所作出的鉴定结论,属于一种独立的诉讼证据种类。在办理委托鉴定的过程中,一定要特别注意委托鉴定程序的合法性,防止因为程序的违法而导致鉴定结论证据效力的丧失。

5. 指认和辨认

很多案件均可以根据实际情况采取指认或辨认的方法收集证据,指认是指要求当事人、受害人或证人在多个人中指出与案件事实有直接关联的人。辨认是指当事人、受害人或证人在若干物品或场所中挑选出自己曾经在已经发生过的案件事实中所见闻的物品或场所。对于指认或辨认的过程,应当由书记员制作笔录附卷备查。指认或辨认笔录也属于证据形式。

6. 勘验、检查和搜查

勘验,主要是指对现场的勘验,其主体只能是司法机关。勘验是指司法机关工作人员到案发现场查验并提取相关证物或提取送检相关痕迹的取证活动。通过勘验现场,可以及时发现和提取各种物证,了解案发现场的环境和场所;勘验现场必须做好勘验笔录,现场勘验笔录本身就是调取的证据种类之一。在对民事案件进行现场勘验时,应当通知双方当事人到场,勘验结束后,应由双方当事人阅读现场勘验笔录,无异议后在勘验笔录上签名。当事人不到场参加勘验的,应当通知基层组织、所在单位的人员或当地派出所、司法所的工作人员到场见证,并在现场勘验笔录上签名。

检查也称为人身检查,主要是针对与案件有关的身体进行的专门检查活动,是指司法机关工作人员依职权对与案件有关的人的身体进行的检查活动,主要是指在与人体状况有关的具体案件中采用的收集证据的方法,如刑事自诉案件中的伤害案件,民事案件的损害赔偿案件等。检查的对象为人体活体,检查必须由两人以上共同进行,对女性身体的检查,必须由女性工作人员进行,或者由具有医师资格的医务人员进行。对人身检查的过程和结论应当制作人身检查笔录附卷,人身检查笔录也同样属于证据形式之一。

搜查,是指司法机关依职权对与案件有关的场所、居所、车辆、货物或人身所进行的强制性的搜索、检查、寻找和提取有关证据材料的专门活动。搜查是发现和提取各种证据的重要取证方法,公安机关的刑事侦查行为、国家安全机关的侦查行为、检察机关的反贪和渎职犯罪侦查行为、法院诉讼活动中的证据保全、强制执行等,都有可能运用搜查的方法发现和提取各种证据。对于搜查的过程和结果应当制作搜查笔录,搜查笔录也是一种重要的证据形式。

7. 用录音、录像、照相和拍摄网络镜像等方法制作视听资料

运用录音、录像、照相和拍摄网络镜像等方法对于与案件有关的事实或过程进行证明,也是一种重要的证据收集方法,取证的特点是运用专业的照录摄像设备将与案件事实有关的声音、影像、镜像或三者相互之间的结合连续记载到相应的声像载体上,记载其声像的视听资料也是重要的证据形式之一。此外,还有电子证据等新的诉讼证据形式也应当及时了解和掌握。

第三节 举证、证据交换与证据固定技能

举证是指为了证明自己的诉讼主张或者答辩意见,当事人及其诉讼代理人向审理本案的人民法院主张、提出或转交能够证明案件事实的各种相关证据材料的诉讼行为。证据随时提出是指当事人可以不受法律对诉讼阶段的划分与诉讼程序的分别的限制,可以在一审、二审、再审各个环节向法院提交证明有关案件事实的证据材料,而法院必须对其进行审理并考虑可能将其作为重新认定案件事实与裁判的证据。《民事诉讼法》第139条第1款规定,当事人在法庭上可以提出新的证据;第200条第(一)项规定,如果当事人有新的证据,足以推翻原判决、裁定的,人民法院应当再审。这两项规定构成了证据随时提出的法律依据。证据随时提出是以追求绝对客观真实为法理基础的,在实践中存在较多的缺陷,主要是造成庭审中的"证据突袭"和对诉讼程序的轻视,影响程序公正和程序正当性,从而导致诉讼效率的低下和诉累的增加以及司法资源的浪费。我国正在通过司法改革逐步确立举证时限制度和证据交换制度,以证据适时提出取代证据随时提出。举证时限制度和证据交换制度的确立,实际上是司法程序规则的确立。纵观古今中外的无数实例,司法领域的缺陷与不公正,很大程度上都是由于轻视程序和任意践踏程序所造成的。审前准备程序中对举证和证据交换的准备,有利于诉讼程序规则的确立,从而有利于司法公正与效率的实现。英美法系国家在诉讼中普遍利用证据开示制度,其主要内容是:在开庭审理前,当事人双方将诉讼中所有的举证证据充分进行

交换,并接受对方的询问和质疑,只有经过证据交换的证据,才能在庭审时作为证据使用。这一制度不仅杜绝了"证据突袭"的发生,而且提高了诉讼效率。庭前证据交换作为庭前准备活动的主要事项之一,在明确争点、简化庭审、增进透明度、体现诉讼民主、促进程序公正、提高审判效率等方面的作用,经审判实践证明渐渐明显,因此受到大多数国家的采用。① 我国的《民事诉讼法》修订和司法改革已将证据交换作为改革和完善庭前程序的一项重要内容,将法官助理作为主持证据交换的主体,已在许多法院的改革试点中采用。"法官助理从其职责性质来讲可归于审判人员之列,由法官助理组织证据交换,符合证据交换由审判人员进行的规定要求。法官助理主持证据交换,既能保障其对证据交换的有效组织,防止证据交换程序因组织者的欠关联性而流于形式,又能避免审判法官对案件实体内容的过早介入,形成庭前程序与庭审程序相分离机制。"②因此,审前的证据准备技能主要是指对当事人举证证据的整理和主持庭前证据交换。具体包括如下几个方面的技能:

1. 对当事人举证责任和举证期限的释明与指导

法官助理在审前准备程序中应当向当事人释明提供证据的权利和义务,并根据具体案件程序性的规定释明举证责任和举证期限。在送达受理案件通知书、应诉通知书的同时,应当一并送达举证通知书,并予以释明。举证通知书应当载明当事人举证的权利、义务、要求及法律依据;说明本案举证责任的分配原则和具体举证事项要求;可以申请人民法院依职权调查取证的情形;人民法院根据案件具体情况指定的举证期限以及逾期不提供证据的法律后果。对于当事人各自的举证责任和举证期限,应当在送达时及时释明,以便于当事人在举证期限内及时收集和提供证据。对于当事人变更诉讼请求的,应当重新指定举证责任和举证期限。

2. 主持证据交换

证据交换期日,有当事人协商确定与法院指定两种情形,法院组织证据交换的时间,应当是举证期限届满时或举证期限届满后。进行证据交换的案件,应当是存在争点和证据整理的必要性的案件,对案情简单和证据明确的案件,则不必进行证据交换。进行交换的证据限于有交换必要的证据材料。法官助理主持证据交换包括如下几种方式:

(1) 展示双方提供的书证、物证、视听资料等证据及法院依职权调查取证的证据。

(2) 询问证人获取证人证言,并由书记员记录附卷作为证据。

(3) 询问当事人,获取当事人陈述并由书记员记录附卷作为证据。

(4) 对有争议的事实或证据进行鉴定,并以鉴定结论作为证据,对现场进行勘

---

① 参见潘福仁:《民事诉讼证据交换制度论纲》,载《法治论丛》2003 年第 5 期,第 38 页。
② 同上文,第 43 页。

查、勘验,并制作勘验笔录作为证据。

3. 对非法证据的初步审查和记录

非法证据在美国被称之为"毒树之果"。毒树,指的是违法收集的刑事证据,毒树之果指的是从毒树的线索获得的证据。换句话说,凡经由非法方式取得的证据,是'毒树',由其中获取资料进而获得的证据,则为毒树的果实。① 两大法系对非法证据均制定有相应的非法证据排除规则,即"除非法律另有规定,执法机关不得采纳非法证据将其作为定案的证据"。② 法官助理在主持民事案件和刑事自诉案件的证据交换时,应当对当事人举证的相关证据的合法性进行必要的审查,书记员对非法证据的审查以及在证据交换的过程中,当事人的异议应当记录在卷,并作为庭审质证的重要内容。

4. 诉讼证据保全辅助技能

"证据保全即证据的固定和保管,是指为了防止特定证据的自然泯灭、人为的毁灭或者以后难以取得,因而在收集时、诉讼前或诉讼中,用一定的形式将证据固定下来,加以妥善保管,以便公安司法人员或律师在分析、认定案件事实时使用。"③"根据证据保全是否在诉讼中开始采取的不同,可分为诉前的证据保全与诉讼中的证据保全。"④在证据交换过程中的证据保全属于诉讼中的证据保全,其重要意义在于"防止证据灭失或减少以后取证的困难"。⑤ 对证据采取保全措施要及时、全面,并且程序合法。证据保全的主要措施和方法包括:查封、扣押、拍照、录音、录像、复制、复印、抄写、勘验、绘图、制作调查或询问笔录、提取原物或原件等。对于证据保全的过程,应当由书记员制作证据保全笔录附卷。

5. 诉讼证据固定技能

"证据固定,在狭义上也即实质意义上是指当事人及其代理人提供的证据经过形式审查,具备了可以交付开庭审理的证据材料条件,是作出裁判的证据基础,除非有例外情形不得以未经固定的证据为判决的根据。广义的证据包括证据保全。"⑥审前准备程序中的证据固定,是组织进行证据交换之后对证据进行形式审查的结果,证据固定并不是对证据的证明力所作出的判断结果,而是对证据形式作出的审查判断结果,对证据形式的固定,标志着证据交换的完成。对于经证据形式审查固定的证据,人民法院应当出具证据固定决定书与证据清单送达给当事人,以此作为庭审的证据审查内容。

---

① 参见樊崇义:《证据法学》(第三版),法律出版社2003年版,第111页。
② 同上书,第107页。
③ 同上书,第247页。
④ 姜启波、张力:《民事审前准备》,人民法院出版社2005年版,第181页。
⑤ 马原:《民事审判的理论与实务》,人民法院出版社1992年版,第139页。
⑥ 姜启波、张力:《民事审前准备》,人民法院出版社2005年版,第190页。

第四节　整理争点、审前会议、庭前和解与庭前调解技能

归纳整理案件争点、召开审前会议、促进庭前和解和主持庭前调解与审前证据准备工作,实际上是紧密联系在一起的。

一、整理争点

所谓争点整理,也称为事实整理,指在法官助理的主持下,双方当事人明确、固定争议的主要问题的诉讼活动。

审前准备程序中对案件争点的归纳与整理,是审前准备的结论性活动,也是庭审的基础。争点主要包括以下几项:① 当事人间权利享有或者义务承担的争点;② 案件事实争点;③ 证据争点;④ 法律理由争点。[①] 审前通过对诉辩主张、事实理由和证据等方面存在的争议问题进行归纳整理,能够确认诉辩双方争议的焦点所在,使庭审能够围绕真正的案件争议焦点进行集中审理,避免庭审的重复与低效率,提高庭审的质量与效率。

(一) 整理争点的意义和作用

(1) 对于当事人而言,审前准备程序中的整理争点能够帮助双方当事人正确认识案情、证据和讼争的方向,使其对争议的内容和目的有明确的认知。

(2) 对主审法官而言,审前准备程序中整理的争点能够使其及时、准确把握案件审理方向和主要案情,减少不必要的重复劳动,便于集中审理。

(3) 整理争点有助于当事人诉讼知情权的行使。通过对争点的归纳、整理,当事人能够充分知晓各种对称的诉讼信息,并根据了解的信息及时举证和提供证据线索,防止庭审时的证据突袭,为当事人提供公平的诉讼程序保障。

(4) 有助于案件审理的繁简分流。通过对诉辩主张和相关证据及事实的整理,对案件可能出现的预期裁判结果及繁简程度能够作出明确的初步判断,使大量简单或相对简单的案件在庭审前得到妥善解决,促进案件的繁简分流和纠纷解决的多元化,节约司法资源。

(5) 有助于提高庭审效率。争点的明确与固定,能够使庭审的方向明确具体,主审法官和当事人均能够围绕争点展开诉讼活动。对于当事人无争议的事实和证

---

① 参见姜启波、张力:《民事审前准备》,人民法院出版社2005年版,第192页。

据,可以直接作为定案的依据,对于有争议的事实和证据及时通过庭审质证、认证和辩论予以查明,可以提高庭审的效率。

(二) 争点整理的主要内容与方法

争点整理的目的在于归纳诉辩主张事实与理由,以及相对应的诉讼证据,使其有条理并确定,以达到集中审理,提高审理质量和效率的目的。争点整理的主要内容包括如下几个方面:① 关于当事人之间法律关系及权利义务关系的争点整理;② 关于诉(控)辩双方诉(控)辩主张的争点整理;③ 案件事实与理由的争点整理;④ 诉讼证据的争点整理;⑤ 适用法律的争点整理。争点整理并不是一个独立的阶段,而是一个动态的思考、整理和归纳的过程,贯穿整个审前准备程序。审前准备阶段的各项准备工作,实际上主要也是在围绕整理争点、固定证据展开,旨在为庭审做好充分的准备。

争点整理的主要方法有如下几种:

(1) 通过诉答文书的送达交换和审阅整理争点。案件较为简单和明确的,起诉书和答辩状基本上可以明确反映双方的争点及所依据的事实,理由和证据较为简单,或者当事人在答辩中对起诉主张、事实明确予以承认或自认,不存在事实和证据上的争议,因此,通过诉答文书的送达交换和审阅即可整理归纳争点。

(2) 在诉答文书送达交换的基础之上进一步整理归纳案件争点。由于当事人法律知识的欠缺,在起诉状和答辩状中表述的争点有可能是模糊的、非实质性的,也有可能还存在隐形的争点,此时,法官助理应当充分行使释明权,把当事人的诉争引入诉讼程序的规制之中,把当事人对争点的不明确或不规范的表述转化为法律语言,把隐形争点转化为明确的固定的争点,从而使双方当事人能够针对固定的争点来准备诉讼和收集证据,减少诉累和因法律知识欠缺而导致的不必要的人力财力浪费,同时也使庭审能够围绕固定的争点高效高质展开。

(3) 在举证和证据交换的基础上,更进一步整理和归纳争点。通过对诉辩双方当事人的举证提供的各项证据进行初步归纳整理,对证据进行形式审查,围绕诉辩主张更进一步整理双方在证据上的争点;通过主持双方进行证据交换,平等公开了解对方的证据信息并进行质辩,便于对对方的证据提出质疑,在证据交换的基础上归纳整理双方在证据上的争点,便于庭审集中审理时对证据的举证、质证和认证。

(4) 整理归纳双方当事人对适用法律的争点。当事人可能会对具体案件的法律事由和适用法律提出不同的建议和意见,对此也应当结合诉辩主张、事实理由和证据材料进行归纳整理。

争点归纳整理固定后,应当以书面形式或记入笔录的方式予以确认,当事人在庭审中不得再变更或提出新的诉讼请求和事实理由,使庭审得以围绕确定的争点展开。

二、召开审前会议

组织召开审前会议的目的在于在庭审前更进一步固定证据,整理争点,促进和解和庭前调解,促进案件繁简分流,为确实需要开庭审理的案件做好充分的准备。审前准备会议包括两个方面的内容:

(1)对外的审前准备会议,即指由法官助理和书记员组织双方当事人及其诉讼代理人对审前准备程序进行总结,更进一步归纳整理固定争点,固定证据,促进和解和调解,为庭审集中审理做好充分的准备。

(2)对内的审前准备会议,即指合议庭或独任庭法官、法官助理和书记员为了庭审的顺利进行,对确实需要进入开庭审理的案件所涉及的程序和实体方面的问题集中进行准备性的讨论和研究。

无论是对外还是对内,审前会议实际上已是审前准备程序的最后阶段,标志着审前准备程序性工作的终结。

(一)对外的审前准备会议

对于经过诉答文书送达交换或证据交换之后,争点尚不能明确,或不能促成和解、调解,而必须进入庭审才能解决的案件,法官助理可以组织并主持召开审前会议。

(1)召集双方当事人及其诉讼代理人到场进一步明确固定争点,通过双方当事人的陈述、辩论以及法官助理的释明指导,发现隐形争点并加以固定,使当事人能够围绕争点更加有针对性地准备庭审质证和辩论,防止庭审中的突袭。

(2)通过召开审前准备会议,还可以更进一步整理证据,包括对证据的合法性、关联性、客观性的初步审查,对证据形式要件的审查,对复印件与原件的核对,对有异议和疑问证据的质疑、审核、鉴定,对证人或证人证言的确认,等等。

(3)促进庭前和解或庭前调解,通过双方举证、证据交换和整理争点之后,当事人一般对诉讼可能出现的预期结果会有一个较为明确的预测或推测,很容易判断自己的证据是否充分,是否具有优势,是否能够胜诉,因此有利于促进当事人在庭前和解;法官助理也可以适时主持召开审前准备会议进行庭前调解,审前准备会议是法官助理主持调解的一个重要阶段,此时争点已经明确,证据交换后,证据优势较为明显,通过对诉讼可能出现的结果的正确预测,同样也有利于促成当事人通过利益衡量而使调解达成协议。

(二)对内的审前准备会议

对内的审前准备会议也称为"预备庭",虽然程序法没有规定召开"预备庭"的相关规定,但从审判实践经验来看,审前准备程序中对进入庭审的案件事先召开审前准备会议对于庭审非常有必要。所谓的"预备庭",是指在审前准备程序中,独任庭法官、合议庭法官、负责审前准备工作的法官助理和书记员就庭审程序和审理方向、审理重点内容等方面的问题,集体进行讨论研究的准备活动。"预备庭"是庭审前重要的准备工作之一。"通过准备会,合议庭能够就案件程序和实体上的问题进行充分研究,做到心中有数,从而确保案件的开庭审理严格执行程序法的有关规定;确保及时准确的查明案件事实,依法适用法律,作出公正的裁判;切实保护当事人的合法权益,使案件的审理收到良好的法律效果和社会效果。"[①]"预备庭"是审前准备程序中的最后一道工序,是庭审前的"备战"。"预备庭"的主要内容有如下几项:

(1) 由主持审前准备程序工作的法官助理通报庭审前的各项准备工作,包括争点整理情况、证据交换与证据固定情况、庭前调解存在的差距情况、可能适用的法律条文摘引、是否存在矛盾激化或隐患等情况。

(2) 由合议庭、独任庭法官确定是否开庭审理。

(3) 确定庭审的时间、地点及需要传唤出庭的证人。

(4) 确定庭审是否存在不公开审理的情形。

(5) 拟定庭审提纲。审判实践中,有经验的法官一般都会在开庭前根据案件开庭审理的需要拟定庭审提纲。其实,所谓的庭审提纲,就是关于庭审的方向和重点,是围绕争点审理查明案件事实及证据的审判思路。

三、庭前和解与庭前调解

设置审前准备程序的一个重要目的就是促进庭前和解与调解,使大量的纠纷化解在审前程序。

(一) 庭前和解

"和解,是指当事人在民事诉讼过程中双方自行协商,达成和解协议,解决纠纷的活动。"[②]"在我国现行法律规定中,和解是当事人行使诉讼权利的一种方式,具有结束相关诉讼程序的作用,但是其结果并没有法律上的实质拘束力。"[③]除了民事诉讼中的和解之外,刑事自诉和刑事附带民事诉讼中也存在和解,行政诉讼目前也在着力探索构建和解机制。在审前准备程序中达成的和解,称为审前准备中的和解。在我国当前的审判实践中,庭前和解主要是在审前准备程序中促成的和解,一般均是双方当事人根据证据交换和争点整理对可能出现的诉讼结果有较为明确

---

① 王双喜:《审判艺术》,机械工业出版社 2004 年版,第 85 页。
② 姜启波、张力:《民事审前准备》,人民法院出版社 2005 年版,第 203 页。
③ 同上注。

的预测,当事人经过利益衡量,双方自行协商达成和解协议,从而化解纠纷。

在审前准备程序中促成和解的方法主要如下几种:

1. 诉讼风险告知法

近几年来,全国各地各级人民法院均在探索和推行诉讼风险告知制度,这一制度的推行,有效地促进了审前准备程序中的和解。在诉讼伊始就明确告知当事人诉讼可能存在的各种风险,比如虽然有理,但没有证据可能打不赢官司,证据不足可能会承担败诉的后果,官司虽然能胜诉但不一定能执行到位,等等,把可能出现的各种不利的后果事先向当事人讲明,降低当事人对诉讼的心理预期,培养理性的诉讼观念,促使当事人理性地进行利益衡量,谨慎行使诉权,更多地通过协商、协调的方法解决纠纷,促进庭前和解,从而减少讼累,节约司法资源。诉讼风险的告知一般均采用印制的《诉讼风险提示》《民商事案件诉讼风险告知书》等,在送达时一并交给当事人及其诉讼代理人,对于当事人有疑问的,在立案环节的咨询接待过程和在审前准备程序中进行必要的释明与指导,使当事人明确了解可能存在的诉讼风险,提醒和提示当事人慎用诉权,尽可能通过协商解决纠纷。

2. 相同案例对比法

将相同或相类似的案例判决处理结果、处理原则和适用法律与具体案件相比较,提前告知当事人可能会出现的裁判结果,促使当事人以相同案例结果为对比参照物,预测可能会出现的各种不利裁判结果,从而综合考虑诉权行使的预期后果,理性地权衡利弊,更多地选择通过协商达成和解,将纠纷化解在审前程序之中。

3. 审前准备会议促成法

通过召开审前准备会议,在庭审前整理固定争点,充分交换证据,使当事人理性分析法律关系、权利义务关系和证据优势等内容,合理预测可能出现的判决结果,经过权衡利弊而促成和解。

(二)庭前调解

庭前调解,属于法院调解,是指人民法院受理案件后,在审前准备程序中由法官助理主持进行的调解。庭前调解是促使大量纠纷化解在审前准备程序的重要方法。庭前调解除了应当遵循当事人自愿原则,查明事实、分清是非原则,合法原则之外,还应当遵循调解有限原则和公开有限原则。所谓调解有限原则,是指对庭前调解的次数和调解的期限进行明确而严格的限制,避免出现"以拖促调"的现象,防止因庭前调解而造成诉讼的迟延。所谓公开有限原则,是指庭前调解由法官助理主持,只对参与庭前调解的当事人、诉讼代理人以及其他诉讼参与人公开,除当事人合意申请之外,不对社会公开的有限公开原则。

庭前调解的主要方法包括:

1. 寻找可能促成调解的契合点

审判实践中,有经验的法官形容案件的调解心理时有这么一句话:"提起来千斤重,放下去四两轻",其实,"千斤"与"四两"之间的距离就在于能否准确找到促成调解的契合点,找准了就能达到"四两拨千斤"的效果。在审前准备程序中,法官助理通过诉辩文书及其他法律文件的送达、接受当事人举证、组织当事人进行证据交换等准备工作而与当事人有所接触,从而对双方讼争的内容有较为全面的把握和了解,再通过整理争点、整理固定证据等审前准备工作,对案件有可能达成调解的条件和时机都有较为全面的了解掌握。要促成调解,就需要在审前准备程序中认真寻找可能促成调解的契合点,在找准契合点的基础上再做调解工作,更有利于庭前调解协议的达成。

2. 引导当事人进行法律思维和利益衡量

很少有当事人是经过法律思维训练的,所以诉讼当事人的思维一般都是常理思维或感性思维的思维模式,其思考诉辩主张、事实和理由的路径,均是从日常生活习惯所形成的常理或常识出发的,感性的色彩浓一些,理性的思维淡一些,这就是很多当事人不理解法律判决结果的深层次原因。法官助理在审前准备程序中,不仅要做好关于庭审的程序性、事务性的准备,同时还应当引导当事人在理念、观念上也做好庭审法律思维的准备。引导当事人理性思维,学会法律思维,理解法律程序中的博弈规则,同样也应当成为法官助理和书记员在审前准备程序中的一项重要内容。调解的成功有时其实就是一种观念的接受和思维方式的改变,法官助理在审前准备的过程中通过对法律精神的阐释,对法律理念的传播,引导当事人对讼争的内容和争点以法律思维进行思考,纠正感性的诉求和主张,树立理性的观念,对案件可能出现的判决结果进行合理的预测,权衡利弊,计算诉讼的投入和实际收益,更加理性地看待诉讼结果,从而促进庭前调解。

3. 培养当事人的程序意识和证据意识

审前准备程序的设置在我国还有两个特殊的作用,那就是培养当事人的程序意识和证据意识。诉诸法律就要遵守法律程序的规制,"重实体、轻程序"的传统,使得大多数当事人的程序意识一般都比较弱化,有的甚至完全没有程序的意识,法官助理在审前准备工作过程中,应当注重培养当事人的程序意识,引导当事人遵守运用法律手段解决纠纷的程序规则,将当事人的讼争纳入正当程序规则运行之中,使当事人真正感到受到程序公正的审理也是司法公正不可或缺的重要内容,从而遵守诉讼程序规则,尊重程序公正。程序意识的培养非常有助于促成调解,因为遵守程序的规制,实际上就是恢复理性和尊重理性的标志,法律的真谛是一种实践理性,调解正是这种实践理性在诉讼中所构建的一种和谐状态。证据意识的培养,同样也有利于促成调解,所谓"打官司就是打证据",法官助理通过审前程序中的证据意识培养,能够使当事人形成凭证据说话的意识和观念。事实上,庭前调解的成功大多来源于证据意识和证据理念的培养。当事人经过证据交换之后,对证据的优势和官司的胜算概率应当有一个较为明确的预测和判断,当事人对于确有证据证明的诉辩主张和法律事实一般都会坚持到底,而对于缺乏证据或证据缺乏优势的情况,则会理智地选择放弃,接受折中调解的处理结果。

4. 讲明法律条文规定及所蕴含的法律精神促成调解

通过审前准备程序交换固定证据、整理争点之后,大多数案件的事实基本上已较为清楚明了,法官助理在主持庭前调解时,可以根据案件的具体情况,有针对性地向双方当事人及其诉讼代理人讲明案件可适用法律条文的具体内容,特别是需要向当事人讲明法条中所蕴含的立法精神和法理要旨。通过分析案件中当事人的法律关系和权利义务关系,特别讲明具体案件中当事人的是非责任,使当事人能够真正认识到自己的诉讼主张是否符合法律的规定,是否符合法律的精神,是否应当承担相应的法律责任,从而促成当事人相互协商并自愿达成调解协议。庭前调解中讲明法条的法理,分清当事人的责任,十分有利于促成当事人之间的合意调解,从而减少进入庭审案件的数量,使大量的纠纷化解在审前准备阶段。

5. 提出合理的调解方案促成调解

由于当事人之间的诉讼主张始终是存在一定差异的,解决讼争的调解过程实际上与判决一样,都是一个利益平衡的过程,即运用司法手段平衡双方的利益诉求。针对审前准备程序中案件事实已经基本明朗,权利义务关系明确和法律责任清楚的案件,由于双方当事人之间的调解方案还存在一定的差距,此时法官助理可以适时提出有事实证据及法律依据的较为合理的调解方案供双方当事人参考,促使当事人在理性地权衡利益得失之后自愿达成调解协议。在双方当事人因利益之争相持不下的时候,法官助理的居中调解和合理化建议在很多时候都能恰到好处地起到"柳暗花明又一村"的促进作用。法官助理所提出的调解方案,一定要具有事实和法律上的客观依据,才能在事理、法理和情理上给双方当事人豁然开朗的启示,从而促成庭前调解。

第二十章 法官助理和书记员庭审辅助工作技能

庭审是整个审判工作的中心环节,"有证举在庭上、有理讲在庭上",正是通过庭审,才给了当事人程序公正的直观感受,让当事人感觉"赢得堂堂正正,输得明明白白",达到"辨法析理,胜败皆明"的效果。庭审是诉辩双方在法律程序规制下的博弈,是双方当事人为利益之争展开的正面交锋,是事实与假象、正义与非正义展开的较量。庭审的顺利进行需要法官助理和书记员的鼎力支持与默契配合。法官助理对法官的辅助应当是一种全案跟进制,即法官助理负责同该案有关的全部程序性和实体性辅助工作,除前面章节所述的送达与保全、整理争点、整理证据、组织证据交换等审前准备之外,还应包括辅助法官进行庭审和解调解、审核庭审笔录、草拟法律文书等辅助性工作内容。实行全案跟进制,法官助理就不能游离于庭审之外,而必须参与庭审,并辅助法官的庭审工作。直接审理原则和言词原则同样也适用于司法辅助性工作,法官助理参与庭审有利于对诉讼证据的直观认识和准确把握,理清证据线索,把握争执焦点,协助法官调解,辅助法官及时草拟好法律文书,促进庭审的效率与质量。除简单案件法官助理,经法官授权和指导自行主持办理之外,法官助理参与庭审全案跟进,一方面,能够协助法官组织好庭审,确保庭审的全面和完整,弥补法官的不足,并为庭审后及时草拟相关法律文书做好准备;另一方面,也能够指导和协助书记员全面做好庭审笔录,使辅助工作更加完善。本章主要论述法官助理和书记员职业的庭审的辅助职业技能和各类审判笔录的制作技能。

第一节　民商事和行政案件庭审辅助技能

1. 布置法庭

在开庭审理前,书记员或法官助理应当提前到法庭做好庭审的布置准备工作。检查核对审判人员、书记员及诉讼参与人座位前的标牌放置是否正确,照明灯光、记录用电脑及扩音、音响设备、通信屏蔽设备、空调、录音摄像设备等是否正常完好。根据具体案件参与庭审的当事人的人数,确定法庭的座位是否够用。

2. 核对身份

以民商事和行政案件为例,庭审前,书记员或法官助理应当审查核对案件中需要出庭参加诉讼的当事人或其诉讼代理人的身份情况,当事人为自然人的,应当核对身份证或户口所在地公安机关出具的临时身份证明,并检查必须出庭的原告、被告、第三人以及各自的诉讼代理人、证人、鉴定人是否到庭参加诉讼,特别注意仔细核对委托代理人或法定代理人的身份情况及委托代理手续是否齐备及有无差错,并将身份核对情况向主审法官报告。

3. 宣布法庭纪律

安排当事人及诉讼参与人入庭就座之后,应当由书记员宣布法庭纪律。法庭纪律包括诉讼当事人及其诉讼代理人应当遵守的纪律和旁听人员应当遵守的纪律两部分,对于有旁听人员旁听庭审的,应当宣布旁听庭审纪律要求。书记员宣读法庭纪律时,应当声音宏亮而清晰,确保法庭内的诉讼参与人和旁听人员都能够听得清楚,对于参加庭审人数众多,特别是旁听人员很多时,一般宣布两遍法庭纪律,确保诉讼参与人和旁听人员积极遵守法律纪律,共同维护庭审秩序,使庭审正常有序进行。

4. 请审判人员入庭

书记员宣布合议庭法官入庭时,应当宣布全体起立,在合议庭法官(刑事公诉案件包括公诉人、辩护人、鉴定人、翻译人员)入庭就座后宣布坐下,并向审判长(或独任审判员)报告当事人出庭的情况和当事人身份核实情况。

5. 记录庭审

《民事诉讼法》第147条第1款规定:"书记员应当将法庭审理的全部活动记入笔录,由审判人员和书记员签名。"根据法律规定,书记员应当负责记录庭审的全部活动过程。庭审笔录是人民法院书记员记录庭审全过程的重要诉讼文书,应记录的主要内容包括:

(1)记录审判长、合议庭成员或独任审判员在庭审的各个不同阶段,先后向当事人所宣布、告知、询问的内容,以及当事人及其诉讼代理人回答、陈述、质证、辩解、辩论的内容。

(2) 记录当庭出示物证、书证、视听资料、鉴定结论、现场勘验笔录等项证据,以及当事人对各项证据证明效力所表示的意见。

(3) 记录证人出庭作证或当庭宣读证人证言的情况及当事人对证人证言表示的意见。

(4) 记录民商事案件当庭调解的情况。

(5) 记录合议庭休庭评议的情况。

(6) 记录审判长或独任审判员当庭宣判或裁定的要点及当事人表示的内容。

记录庭审全过程的意义和作用在于,用书面形式将案件事实和证据固定下来,作为一审案件最终的处理依据;同时,也为上诉审法院提供审理依据。由于庭审笔录能够起到固定事实和证据的作用,一方面,对当事人、证人而言是一种约束,在庭审时必须对自己的言行负法律责任;另一方面,对于法官而言也是一种监督,案件事实和证据经过专门的司法辅助人员记录固定下来之后,法官应当在此基础上审查认定事实。由此可见,书记员制作的庭审笔录也是一种证据表现形式,庭审记录的水平和质量直接影响案件的公正处理,书记员在记录庭审时,必须努力做到全面、真实、准确、清楚、真实地记录庭审的全过程。法官助理参与庭审有助于书记员庭审笔录制作的准确性和全面性,也有助于法官助理对案件事实和证据的全面了解,从而有助于高质量高效率地辅助法官草拟文书。在审判实践中,法官助理参与庭审,并与书记员同时实行"双记",非常有助于提高庭审记录的质量和水平,特别是记录关键性的事实和证据在庭上的质证和辩论过程。"双记"的结果更加接近最真实的意见表述,而且可以杜绝记录不全的弊端。法官助理不一定要协助书记员记录全部的庭审过程,但对主要的关键性的事实和证据以及质证和辩论的主要观点应当予以记录,主要作用在于辅助法官办案和初步草拟文书,对于简易程序和快审速裁、小额诉讼的案件,完全可以由法官助理协助法官当庭拟写法律文书。法官助理的辅助记录与书记员的庭审笔录还可以进行核对,防止漏记、记录偏差和记录错误。对庭审记录的协助与辅助过程,实际上也是对争点和证据的再次固定过程。

6. 笔录签字

庭审笔录应当在庭审后交由当事人阅读无误后签名,经审判长或主审法官同意后,可以告知当事人和其他诉讼参与人在庭审后 5 日内来法院阅读庭审笔录。对于当事人及其委托代理人认为记录有遗漏或有差错的,可以经审核无误后由书记员予以补正,对于补正内容部分,应由书记员签名或者盖章。对当事人及其委托代理人否认确实已经在庭审时陈述过或自认过的事实及对证据的明确意见表示,并提出要求补正的,应当经审核后予以拒绝,但可以让其书面写明要求补正的理由和情况,提交法院,或对其补正要求记入笔录。当事人或其诉讼代理人拒绝阅读笔录或拒绝在庭审笔录上签名的,书记员应将实际情况记入庭审笔录。书记员应当负责监督当事人及其他诉讼参与人核签笔录。庭审笔录最后应经审判长、合议庭成员或独任审判法官及书记员共同签名。

7. 合议庭当庭评议过程的记录

合议庭当庭休庭评议的,书记员应当记录如下内容:

(1) 合议庭评议案件的时间、地点。

(2) 参加合议评议的人员姓名和职务。

(3) 案由、当事人身份情况。

(4) 合议庭成员对案件事实认定、采信证据和适用法律的评议意见、理由和依据。

(5) 合议庭评议案件的处理结果。

(6) 诉讼费的负担。

(7) 合议庭成员的不同意见或保留意见。

8. 当庭调解的记录要求

(1) 记录调解的时间、地点和主持调解的法官姓名。

(2) 记录参加调解的当事人、诉讼参与人及有关单位代表的姓名、单位及身份情况。

(3) 记明法官主持调解的全过程。

(4) 记明当事人协商的具体情况和达成调解协议的具体内容和执行方式。

(5) 调解笔录应由书记员交由双方当事人阅读无误后签名,审判员和书记员也应签名或盖章。

9. 独任庭开庭时的辅助工作

基层人民法院和基层人民法庭审理一审民商事案件,大多适用简易程序审理,简易程序是第一审程序中普通程序的简化。简易程序具有起诉方式简便,审理程序简便,传唤当事人、证人方式简便和由独任审判员一人独任审判的特点,简易程序的庭审虽然可以不受第一审普通程序开庭审理程序的限制,但庭审还是有一定的程序性要求,还是需要法官助理和书记员的辅助与配合,书记员除了参照一审民商事普通程序开庭的辅助记录工作要求之外,应当针对简易程序的特点,全面真实地记录独任庭的全部庭审过程,确保简易程序的公正。

10. 择期宣判的记录

对于没有当庭宣判而是择期另行宣判的,择期宣判过程也应当视为庭审的一部分,是庭审的延伸。对于宣判过程应当由书记员做好宣判笔录,庭审的定期宣判

过程应当视为"辨法析理"的最佳时机,在审判实践中往往对宣判不够重视,忽略了释明判决理由的最佳时机。主要体现在两个方面:

(1) 宣判的程序不规范,很少有以庭审的形式在法庭庄严宣判的;多半是把判决书(或裁定书)送达当事人之后,直接让当事人在填充式的宣判笔录和送达回证上签字,而省略了宣判的过程;

(2) 宣判记录不规范,审判员和书记员在宣判和送达过程中,实际上可能做了很多释明工作,但由于记录不规范,而在案卷中没有任何反映。例如,目前基层一审民商事案件及行政案件的宣判笔录普遍都是一张纸的填充式样式,记录也相当简单。对于这种现状,笔者建议除由审判长或独任审判员当庭宣判外,对于择期宣判的,可采用由审判长或独任审判员指派法官助理负责宣判的做法,宣判尽量采取在法庭当庭公开宣判的形式。书记员应记录如下内容:

(1) 记录案由、宣判时间、地点和旁听人员。

(2) 记录主持宣判的审判长、合议庭成员、独任审判员或法官助理及书记员的姓名。

(3) 记录到庭当事人的姓名、身份情况。

(4) 记录宣读判决书(裁定书)的编号。

(5) 记录当事人对于判决(或裁定)是否上诉表示的态度、意见和要求。

(6) 记录法官或法官助理就当事人对判决(或裁定)提出疑问或异议的解释说明情况,即记录法官或法官助理在审判后释法和辩法析理的全过程。

(7) 宣判笔录应当由当事人阅读无误后签名或盖章。法官、法官助理和书记员也应当审核签名。

11. 案件提交审判委员会讨论的记录

(1) 记录讨论时间、地点。

(2) 记录主持人、与会人员、列席人员、记录人、主审法官的姓名。

(3) 记录案由和当事人的身份情况。

(4) 记录主审法官汇报的案件事实和合议庭的评议结果。

(5) 记录审判委员会委员和列席人员在讨论中发表的意见或者保留的意见。

(6) 记录审判委员会委员的表决结果。

(7) 审判委员会讨论案件笔录一般都是采取"双记"的形式记录,即跟案书记员和审委会秘书同时记录,以确保记录的完整一致。书记员记录后,应当将记录结果与审委会秘书的记录结果进行核对,防止出现记录偏差。

(8) 审判委员会讨论案件笔录应由书记员交各审判委员会委员审阅无误后签名。

12. 结案后的辅助工作

案件审结后,还有一些程序性事务性的辅助工作需要书记员或法官助理协助完成。

(1) 及时填写收结案登记卡,办理结案手续;通过局域网进行流程管理的,应当及时在网上提交关于结案的事务,注册案件处理结果和结案日期。

(2) 审核、印制、装订裁判文书。

(3) 按审批程序规定办理用印、盖章手续。

(4) 一审案件宣判后,当事人不服提出上诉的,应当做好如下几项工作:① 审查提出上诉的日期是否超过法定期限;② 告知上诉方当事人按案件当事人的人数提交上诉状副本和按诉讼费收费标准交纳上诉受理费;③ 按归档要求将一审案卷装订成册供二审法院使用;④ 填写上诉案件移送函,并办理上诉案件的移交工作;⑤ 二审案件审结后,应填写退卷函,将二审法律文书和一审卷宗一并退回一审法院。

(5) 进行卷宗整理和装订,实行电子档案管理的,应同时提交案件的电子档案。

结案后的辅助工作主要以书记员为主,法官助理在此阶段的主要工作是协助裁判文书印制的审核、校对工作及对立卷归档工作的协助审查。

第二节 刑事案件庭审辅助技能

刑事案件包括两种,即公诉案件和自诉案件,两种刑事案件的庭审辅助工作包括如下内容:

1. 办理提押手续

公诉案件或自诉案件被采取强制措施的被告人一般均在公安机关看守所在押,在庭审前应当与法警大队或支队联系办理被告人参加庭审的提押手续,确保庭审前将被告人解押到庭,保证庭审活动的正常进行。

2. 布置法庭及核对身份

在开庭审理前,书记员应当提前到审判庭做好庭审的布置准备工作:

(1) 检查被告人是否已解押到庭并核对身份。

(2) 检查赃物或证物是否提到法庭。

(3) 核对必须出庭的诉讼参与人是否到庭,并核对身份,诉讼参与人包括公诉人、当事人、被害人、法定代理人、辩护人、证人、鉴定人、翻译人员等。

(4) 检查法庭声、光、电设备是否正常。

（5）配合法警检查相应的安全措施情况。

（6）将当事人到庭情况及身份核对情况及时向审判长或独任审判员报告。

3. 宣布法庭纪律

在查明公诉人、辩护人、当事人、证人及其他诉讼参与人是否到庭后，书记员应当当庭宣布法庭纪律，要求旁听人员遵守庭审秩序，确保庭审井然有序地进行。书记员在宣布法庭纪律时，应当有一种凛然的正义和气势，应当用宏亮、清晰、准确的语气宣布法庭纪律，必要时可以宣布两遍，务必让所有的旁听人员都能在庭审前明确了解法庭审理的纪律规定，共同遵守和维护庭审秩序，确保庭审取得良好的效果。宣布法庭纪律完毕后，请审判长、审判员入庭，并报告庭审前的准备工作已经准备就绪，可以开庭审理。

4. 庭审记录

刑事公诉案件和自诉案件对庭审记录要求较高，对有些细节的描述和相关情节的陈述要求将原话一字不漏地记录下来，所以刑事案件的庭审记录有一定的难度，要求笔录必须全面、完整、不疏漏每一个细节地记录庭审的全过程，因此，对刑事案件庭审记录的速度和质量都提出了很高的要求，书记员应当记明如下内容：

（1）记录案由、开庭时间和地点，旁听人数，合议庭组成人员和书记员姓名，公诉人的姓名和职务，辩护人或代理人的姓名和身份。

（2）记录审判长宣布案件公开或者依法不公开审理的内容。

（3）记录审判长核对被告人、其他诉讼当事人的身份情况。

（4）记录审判长告知诉讼权利义务的内容。

（5）记录审判长当庭交待回避原则及询问是否提出回避申请的内容。

（6）记录法庭调查中，一审案件公诉人或自诉人宣读起诉书或诉状的内容，二审案件审判人员宣读原审判决书或者裁定书，介绍案情及上诉和答辩的内容。

（7）记录法庭调查中，审判人员询问被告人及被告人回答和陈述的内容。

（8）记录法庭调查中，公诉人出示书证、物证和视听资料等证据以及当事人的质证意见。

（9）记录法庭调查中宣读勘验笔录及当事人质证意见。

（10）记录法庭调查中宣读鉴定结论及当事人的质证意见。

（11）记录审判长告知证人作证义务和责任，询问证人及证人的当庭证言，或者宣读未到庭证人证言的内容，以及当事人对证人证言的质证意见。

（12）记录公诉人、辩护人、代理人对当事人和证人的提问及其回答陈述的内容。

（13）记录法庭辩论中公诉人发表的公诉词、辩护人发表的辩护意见，诉讼代理人发表的诉讼代理意见，以及公诉人（自诉人）、辩护人或者诉讼代理人、当事人辩论的内容。

（14）记录刑事附带民事诉讼案件中民事部分庭上调解的内容，自诉案件的调解内容。

（15）记录当事人所作的最后陈述的内容。

（16）记录合议庭休庭评议及评议所占的时间，评议内容另行记入评议笔录。

（17）当庭宣判的，应记录审判长宣布判决（或裁定）的要点及当事人的意见表示。

（18）庭审笔录应于庭审后当即或于庭后5日内交由当事人阅读或向其宣读，当事人确认无误后，应签名（盖章）并捺手印。审判人员和书记员也应当审阅后签名或盖章。

5. 合议庭评议案件的记录

休庭合议案件时，书记员应当制作合议庭评议案件笔录，需要详细记明如下内容：

（1）记录合议庭评议的时间、地点、合议庭成员及书记员姓名。

（2）记录案由、当事人身份情况。

（3）记录案件主审法官的汇报和承办意见。

（4）记录合议庭成员对案件在认定事实、采用证据、适用法律上所发表的评议意见、理由和根据。

（5）记录评议时有争议的问题和分歧或保留意见。

（6）记录合议庭决定的最终处理结果。

（7）合议庭评议案件笔录应由合议庭成员审阅后签名，书记员及列席人员也应签名。

在审判实践中，存在着书记员记录合议庭笔录过于简单的现象，有的不记或记不全合议庭评议案件的过程，有的甚至只记一句最后形成的结论性的意见，根本看不出合议庭评议的内容和过程，上诉审或再审时无法审查原审合议庭是否依法进行了合议庭评议及评议的过程和内容。

6. 报庭务会讨论案件的记录

庭务会讨论案件制度是许多法院在日常审判工作中的习惯性操作，虽然没有明确的法律规定，但实践中这是一种最常见的讨论案件的形式，在刑事案件中尤其运用得多。对于复杂疑难及新型案件、合议庭评议意见不一致的案件、二审需改判或发回重审的案件，一般都要报请庭务会研究。庭务会主要由庭长、副庭长、审判长和少数审判业务骨干参加，有利于集思广益，更加全面地把握案件的审理方向。庭务会讨论案件，书记员应详细记录如下内容：

（1）记录讨论的时间、地点、参加人、汇报人和记录人的姓名。

（2）记录案由，主要案情及证据，承办人、合议庭对案件的处理意见。

（3）记录庭务会组成人员对案件的事实、证据及适用法律的讨论意见，准确记录讨论发言的要点、分歧意见、保留意见和最后结论。

7. 报审判委员会讨论案件的记录

在报请审判委员会讨论之前，应按照审判委员会的人数将案件审理报告先行呈交，实行局域网管理的，应在网上提交审理报告。审判委员会讨论案件的记录与民商事、行政案件的记录要求基本一致，重点是记录审委会委员所发表的各种不同意见，以及对案件中各种问题的提问、质询和异议，特别重要的是，应当记清审委会讨论决定意见的形成过程及最后决定意见。

8. 在普通程序简易审理开庭和自诉案件独任庭开庭时的辅助工作

全国人大常委会正在全国各地试点法院推行的刑事公诉案件普通程序简易审理和独任庭审理，只是简化了案件的审判组织形式，庭审中对《刑事诉讼法》规定的各项基本诉讼原则和制度应当依法进行，不能简化。书记员在庭审时的工作，除了不必制作合议庭评议案件笔录之外，其余的记录工作内容与普通程序的要求一样。

9. 庭审调解的记录

《刑事诉讼法》规定，人民法院审理自诉案件可以进行调解，在审判实践中对刑事附带民事诉讼案件的民事诉讼部分也可以进行调解。对于这两类庭审中的调解，书记员应当制作调解笔录。调解笔录是人民法院制作调解书的重要依据，而调解书又与判决书具有同等的法律效力，因此，调解笔录的制作对刑事自诉案件和刑事附带民事案件来讲十分重要，直接反映案件审理的质量和水平。调解笔录应记明如下内容：

（1）记录调解的时间、地点、主持和参与调解人的姓名、单位及职务。

（2）记录当事人双方的身份情况及调解意见。

（3）记录调解的全过程及调解结果，对于达成调解协议的，应具体记明达成协议的事项及执行方式和期限。

（4）调解笔录应由双方当事人阅读无误后签名；邀请有关单位、居委会、派出所、司法所等基层组织参与调解的，也应当签名见证；法官和书记员经审阅后签名。

10. 二审案件开庭的辅助工作

二审庭审笔录应当反映出上诉审庭审的特点，记录时对于上诉或抗诉理由以及审判长、合议庭成员、检察员、辩护人针对上诉、抗诉理由和案件的关键事实、证据所作的提问及被告人的回答应详细记录，对于双方对一审裁判的意见、辩论的焦点也应当详细记录；此外，笔录应当全面反映出庭审的整个过程。

11. 宣判笔录的记录和其他辅助工作

刑事判决的宣判应当视为庭审的一部分,宣判也包括当庭宣判和择期宣判两种。对于当庭宣判的,书记员应当制作宣判笔录,记明如下内容:

(1) 宣判的时间、地点、公诉机关。
(2) 案由、被告人身份情况。
(3) 判决主文、上诉期限、上诉法院。
(4) 被告人对判决的意见以及口头提出的上诉要求和理由。
(5) 宣判笔录由书记员负责交被告人阅读无误后签名和捺手印。
(6) 当庭宣判的应当在 5 日内送达判决书。

对于择期宣判的,书记员在制作宣判笔录时的要求与当庭宣判要求的内容基本一致,除了制作宣判笔录之外,还包括如下辅助性工作:

(1) 择期宣判需在法庭进行的,应预先登记使用哪个法庭,并办理公告事宜,通知公诉人、辩护人及法定代理人出庭,与法警联系提押事宜。
(2) 需当庭释放的,应预先填写好释放证,宣判后由书记员交被告人签名、捺手印,并提前通知被告人家属或单位。
(3) 择期宣判的应在宣判后立即将判决书(裁定书)送达被告人、辩护人、公诉人及法定代理人。
(4) 宣判后,书记员应将判决书或裁定书、结案登记表一并交由还押法警送达被告人羁押的看守所。
(5) 填写刑事案件结案登记卡,办理报结案手续,实行局域网流程管理的,应在网上提交,报请结案审批;二审案件应填写退卷函,及时办理一审全部案卷的退卷移送工作。
(6) 判决生效后,应当及时填写和送达执行通知书,通知书的回执应当附卷;对于赃物、物证的处理与保存,按照相关法律规定和手续办理。

第三节 庭审记录工作技能

速录人员要求快速记录,并能够达到同声记录的水平,庭审时,速录人员的工作就是用手指追赶声音,运用计算机输入方法快速、准确、完整地记录庭审全过程。速录员的主要工作技能除了文字输入速录技术的精熟之外,还包括如下三个方面的内容:

一、庭审前了解熟悉案情全貌

对于案件当事人的姓名或名称、住址或住所地,案件所涉及的专有名词术语,案件所涉及的法律专业术语,案件所涉及的法律条款等,如果在庭审前预先有所了解和熟悉,则非常有利于记录的速度和准确性。有经验的书记员都是在庭审前熟悉和了解基本案情,这样的庭审记录效果比完全不了解案情要好得多。速录员在开庭前的准备工作主要就是熟悉和了解案情。通过阅读案卷材料了解当事人的身份情况;了解双方的诉辩主张和法官助理整理的案件争点;了解全案的证据材料;了解案件事实的基本面貌;了解审理的重点和方向;了解可能适用的相关法律条文和法律专业术语。以做到对全案心中有数,便于点线面相结合,全面记录案件庭审的全过程。

二、快速、准确、全面记录庭审全过程

速录人员应当以高度认真负责的态度快速、准确、全面地记录庭审的全过程。速录人员全面掌握计算机汉字输入技术,是快速、准确、全面记录庭审全过程的基础。除了庭前熟悉和了解案情和熟练掌握速录技术之外,根据审判实践经验,还应当熟练掌握如下庭审记录的方法和技巧:

1. 事先填记法

对于庭审开头常规性的内容,可以采取事先填写好的办法提高记录速度,避免开庭时为记录庭审开始时的程序性、常规性的内容而延误了庭审内容的记录。根据事先对案情的了解,速录员对于案件庭审开头的常规性、程序性的内容可以制作相对固定程序模式的模块,在庭审前根据具体案件当事人的不同在模块中直接填写好当事人的名称,这样可以提高庭审记录的效率。

2. 记答舍问法

在法庭调查或法庭辩论的过程中,可能会出现多问多答,记录速度跟不上的情况,此时,可以采取将提问内容暂时空着,而先直接记录回答的内容,然后在庭审记录过程中伺机补上或在庭审结束后根据回答内容补充记录提问内容。这种方法可以保证有效地记全法庭调查或法庭辩论的内容。

3. 速记补充法

在庭审中,有时的记录速度可能跟不上庭审速度,此时可以采取速记的方法先记录"点",即记录关键性的词语或内容,或先记问答话的开头及结尾,然后在记录过程的空余时间补上,或者在庭审后根据速记的"点"的内容及先记的开头、结尾来补充记全庭审内容。这需要速录人员掌握一定的速记方法,或根据庭审记录的

特点，自己设计速记庭审过程点线面的提示方法来补充记录庭审内容。

4. 记实舍虚法

庭审调查、法庭辩论和当事人最后意见陈述这三个阶段是庭审记录的重点，这三个阶段也有各自的重点，对于当事人关于案件事实认定的关键性陈述和质证意见等内容，应当尽量按照当事人的原话记录，不可漏记或错记，特别是刑事案件中关于犯罪事实的关键性陈述，应当一字不漏地记录在卷，对于答非所问、偏离审理方向和审理重点的内容或与案件无关的内容，则可以省略不记。

5. 记新舍旧法

对于庭审调查和辩论中关于案件事实、证据、适用法律建议等新内容、新情况、新观点应当尽可能详细记录，而对在起诉状（起诉书）、答辩状、代理词、法律意见书等案卷材料中已经有的内容则可以略记；对当事人在庭审时已经讲过的重复的内容也可以略记。例如，对于当事人在宣读起诉状的，就可以略记："原告宣读起诉状（略记，内容详见诉状）"。

6. 回忆补记法

在庭审中，确有记录速度跟不上庭审速度情况漏记关键性内容的情况，还有时可能会因为记关键性的内容而忽略次要内容或漏记了一些细节。这就需要速录人员学会以庭审的主线形成整体记忆，对于一时记不下来或漏记的内容暂时空出位置，待有机会或庭审后及时根据当时的记忆，并结合简单记录的关键性词语及后来庭审的辩论发言来拾遗补漏，把漏记的部分补充记录完毕。回忆补记法应当尽量及时地在庭审过程中完成，利用庭审记录中的空隙时间或其他可以略记内容的时间及时补充记录，防止时间长了丧失记忆而遗漏。此外，庭审记录具有同步同时性，一般是庭审结束后，即交由当事人阅读签名，这种及时性也要求对庭审笔录的拾遗补漏必须在庭审过程中抽空完成或在庭审后很短的时间内及时完成。而且，对于重要的时间、地点、数据、事实经过的陈述等，都必须当庭记录，不能采取回忆记录法，防止漏记和错记。

7. 总结记录法

对于庭审中当事人过于啰嗦、多次重复陈述、语无伦次、逻辑混乱或者所讲内容与庭审完全无关的内容，不要急于记录，而是要对其所讲的内容进行归纳整理，既要不失原意，又要提纲挈领，有重点有选择地记录最本质、最实质性的内容。这对于速录人员的归纳总结能力提出了较高的要求，要求记录时能够围绕审理的方向和重点，及时总结归纳重点记录，避免将庭审中重复的、无关的内容毫无选择、事无巨细地都记录下来。这样既减轻了记录工作的劳动强度，又简化了笔录的内容，也提高了记录的效率和质量。这种归纳总结的技能，来自记录的经验总结。审判实践中，有经验的书记员一般都具备这种技能，能够及时对当事人所讲的内容进行归纳总结,及时记录最有用最有价值的内容,而且又不失原意。这种技能有一个基本的原则和基础,就是不能违背原意,必须是对原意的总结和归纳,而不能是对原意的曲解和改变。

8. 双记互补记录法

庭审记录要求极强的时效性,要求同步记录,而且要求记录的全面与准确,而庭审的过程又是复杂多变的,速录员在实际的记录过程中,有时确实有跟不上、记不全的情况。特别是对重大复杂疑难案件的庭审记录,记录工作难度相对较大,记不全或记录有误差的情况更是难以避免。针对这种情况,可以采取双记相互补充的记录方法来应对。所谓"双记",是指两人同时记录,可由法官助理与速录员同时记录,也可由书记员与速录员同时记录,还可以由两名速录人员同时记录,然后,将二者的庭审记录先行对比、补充和校对,确认无误后,再交由当事人阅读签名。此外,还可采用同步录音和录像的方法补充记录的不足,确保庭审记录的准确、全面与快速。

三、庭审后及时进行庭审笔录核对工作

庭审结束后,应当及时进行庭审笔录的核对签字工作,对于当庭记录不全的,应在休庭后及时加以补充整理,确保庭审记录的完整、准确无误。庭审笔录应当及时交由当事人阅读无误后签名,若遇当事人不识字的,应当当庭进行宣读。能够在庭审后立即阅读或宣读的,尽量及时完成笔录的核对、阅读和签名,避免因拖延造成不必要的麻烦。经审判长或审判员同意后,也可以告知当事人和其他诉讼参与人在庭审后5日内来法院阅读庭审笔录。当事人和其他诉讼参与人阅读笔录后认为没有遗漏或差错的,应当在庭审笔录上签名;如果认为庭审记录有漏记或记错的,有权要求补正,速录人员应当经审核后及时予以补正,并应让要求补正的人签名或盖章;对于刑事案件庭审笔录被告人要求补正的,还应要求被告人在补正处捺手印。当事人和其他诉讼参与人拒绝阅读笔录或拒绝在庭审笔录上签名的,应将实际情况记录在笔录后面一并附卷。凡是重要的修改和补正,都应当经过审判长或主审法官的审核批准。对于庭审笔录除了交由当事人阅读签名之外,还有最重要的一个环节就是必须交由审判长、合议庭成员、主审法官审核签字;然而,这一环节在审判实践中常常都被忽略了,很多案件庭审结束后,审判人员一般都不审核签名,而是事后补签名字,或在装订整理卷宗时补签名字,很少有认真审阅并与庭审情况核对的,这是一个必须引起重视和改正的问题。速录人员对庭审的记录与庭审活动息息相关,作为审判长、合议庭成员或主审法官,应当更加关注庭审笔录的记录内容,并与速录员逐渐形成工作默契,对于庭审笔录的记录内容和重点,应当及时在庭审中提醒速录员注意;对于关键性的审查重点,应当考虑速录员的记录速

度，在必要时可以重复一遍或两遍，以便速录员准确无误地记录下来。审判人员对速录人员的庭审笔录及时审查核对，也有利于及时纠正或补正记录上的差错和遗漏，指出记录中存在的问题和不足，促进速录人员记录水平的不断提高。速录员与审判人员之间也应当形成协调配合的关系，学会跟着审判人员的思路和要求记录，避免记录偏差和失误，提高记录的技能。对于庭审笔录，速录员、书记员或参与庭审的法官助理，也应当审阅后签名或盖章，即使是经过当事人阅读无误或审判人员审核的记录内容，也难免会有疏漏或误差，也有可能会在细节上有偏差，因此，负责庭审记录的速录人员自己对笔录再次的审阅，也有利于及时发现错误或偏差，纠正细节上的错漏，确保庭审记录的准确性。

第二十一章　法官助理和书记员制作各类审判笔录工作技能

审判笔录是如实记载和全面反映审判活动过程和案件事实证据的载体,是审判文书和案卷材料不可或缺的一部分。各种审判笔录的制作技能是书记员职业的主要技能之一,能否及时、准确、全面记录审判过程中的各个环节,也是考察书记员职业技能的重要考评考核标准。制作审判笔录是人民法院在审判活动中经常运用的重要方法,是书记员的主业。本章主要讲述审判笔录的制作技巧与方法。

第一节　审判笔录概述

一、审判笔录的含义

笔录,就汉语词义层面而言,有如下三层含义:"一是用笔所作的记录;二是用笔记;三是记笔记。"[1]"审判笔录是人民法院在按照法定程序办理刑事、民事和行政诉讼案件的过程中,以文字形式记载的如实反映诉讼活动的文书。"[2]审判笔录与其他公务文书相比有一个显著的特征,就是必须依照法定程序,也就是说依照法定程序制作的笔录,是对由法定诉讼程序规制的审判活动的实录性公务文书;是"案卷材料的重要组成部分,指对诉讼活动所作的文字记载"[3];是"司法机关固定证据,保存诉讼资料以备检查诉讼活动合法性的必要手段"。[4] 随着时代的发展进步,过去完全依赖用笔在纸上记录的传统,已经被电子计算机的文字输入技术所取

---

[1] 薛伟宏:《检察机关办案笔录制作技能技巧》,中国检察出版社2005年版,第3页。
[2] 郝明金等:《怎样做好书记官工作》,人民法院出版社2006年版,第82页。
[3] 粟劲、李放:《中华实用法学大辞典》,吉林大学出版社1988年版,第1537页。
[4] 冯锐:《现代法律词典》,学苑出版社1999年版,第347页。

代。过去提到书记员职业,大家马上就会联想到拿着纸和笔坐在审判员旁、边听边记的传统职业形象;而现在提到书记员职业,大家的脑海里自然就会闪现坐在电脑旁飞快敲击计算机键盘的现代职业形象。现代电子计算机技术已经取代了古时延续至今的"刀笔",过去评价书记员职业技能的主要标准就是能够写得一手好字,字迹整齐端正、写字速度快、记录内容完整;现在的评价标准不仅要求写得一手好字,而且要求熟练掌握计算机文字输入技术,即俗话说的"录入"和"速记"技术,而且还应具备一定的法律知识、科学知识和社会常识。时代在发展,职业技能的特征也在同步发展,但用笔记录的最原初的职业技能要求,依然是书记员最基本的职业技能要求。笔者始终认为,用笔记录也即是用笔纸制作笔录的基本技能,仍然应当作为书记员职业技能培训的主要内容之一。因为,电子计算机技术在全国法院系统的普及和推广,应用还需要一个较长的过程;即使是在审判工作中普及了计算机应用技术,也并非所有的场合都可以应用。比如,在突然停电或电脑没电的状态下,在外地调查或巡回审判的过程中,在强制执行过程中,等等,在这些时候可能都只能用笔和纸记录;此外,还有很多填充式的笔录和法律文书也都需要用笔书写。因此,作为现代社会的"刀笔",仍然需要掌握"写一手好字"的职业技能。近几年来,随着录音、录像、电子设备的普及运用,在审判活动中进行全程录音、录像日渐增多,而且还有专门记录庭审的电子录音、录像和文字转换技术产生,有的人据此认为,今后的书记员职业会被这些电子设备所取代,书记员今后只是负责录音和录像的技术人员;有的认为,视听资料将会取代传统的笔录,有的人甚至认为可以取消书记员职业。电子计算机技术和电子录音、录像、音像文字转换技术虽然有其特殊的功能和作用,但不管怎样,先进和现代也无法取代法定的笔录;在审判活动中推广和运用这些先进的电子信息技术,有助于笔录的准确、全面和高效,但只能是作为制作审判笔录的辅助工具和附属辅助材料。"因为,笔录是采用文字符号及其载体——纸张形成的材料,其准确性和稳定性是无可置疑的;同时,程序法要求必须使用笔录,不能用视听资料等形式的资料来代替。"[1]最高人民法院在《人民法院第二个五年改革纲要》第22条第(5)项中明确提出:"改革庭审活动记录方式,加强信息技术在法庭记录中的应用,充分发挥庭审记录在诉讼活动和管理工作过程中的作用。有条件的法院可以使用录音、录像或者其他技术手段记录法庭活动。"[2]这表明,最高人民法院已经充分认识到现代信息技术应用在庭审笔录的重要辅助作用,强调加强现代信息技术的作用,但并不是以信息技术及视听资料取代笔录,而且对于应用范围也作了界定,即主要是庭审记录和法庭活动的范围。最高

---

[1] 郝明金等:《怎样做好书记官工作》,人民法院出版社2006年版,第83页。
[2] 最高人民法院《人民法院第二个五年改革纲要(2004—2008)》(法发〔2005〕18号),载《中华人民共和国最高人民法院公报》2005年第12期,第11页。

人民法院于 2010 年 11 月发布了《关于庭审活动录音录像的若干规定》,明确规定法院开庭审理第一审普通程序和第二审程序刑事、民事和行政案件,应当对庭审活动全程同步录音或者录像;法院应在审判法庭安装录音设备,有条件的应安装录像设备。庭审录音录像应自案件开庭时开始录制,并告知诉讼参与人,至闭庭时结束。除休庭和不宜录音录像的调解活动外,录音录像不得间断。当事人和其他诉讼参与人对法庭笔录有异议并申请补正的,书记员应当播放录音录像进行核对、补正。此外,还明确了庭审录音录像的其他功能。在庭审中,诉讼参与人或者旁听人员违反法庭纪律或者有关法律规定,破坏法庭秩序、妨碍诉讼活动顺利进行的,庭审录音录像还可以作为追究其法律责任的证据。所以,书记员笔录技能培养与培训的主要内容,在当下还应当同时包括用笔记录的技能和运用计算机汉字输入技术的文字记录技能。对于运用现代信息技术在审判活动中形成的视听资料等,应当作为书记员笔录的补充和辅助,根据最高人民法院三公平台建设和科技法庭推广应用的标准化管理要求,按照相关规定归档一并保存,并在案卷中注明来源和时间,以及对应的笔录内容,并由书记员和审判人员共同审核签名归档保存备查。由于视听资料有可能被删除、剪辑或拼接,而且存放时间过长或存放方式不妥,也容易造成视听资料内容毁损,因此,制作、设密及保存方法还有一定的技术含量,在制作、运用和归档保存的程序和方法上,也应适用最高人民法院三公平台建设和科技法庭推广应用的标准化管理要求的规定和特殊的保管方法。

二、审判笔录的性质和特点

审判笔录是以文字记录反映审判活动客观真实情况的文字记载,是法官公正裁判案件的有效证据之一,是整个审判程序的全面记载和反映,是人民法院依法行使审判权的具体体现。审判笔录既是一种记录审判活动的特殊行为和手段,也是一种客观记录审判活动的特殊文字资料和证据形式;既是法官审判职业技能的真实记载,也是书记员审判辅助职业技能的客观表现;既是通过审判活动获取证据的一种途径和方法,也是一种特殊的法定的诉讼证据材料或者证据;既是法官审理查明案件事实和心证形成过程的真实记录,也是辅助法官客观认定证据、正确认定事实的心证辅助方法。从某种意义上说,审判笔录是伴随着审判活动而产生的,审判笔录是审判活动的法定的真实写照。只要审判活动存在,审判笔录就会同时存在。审判笔录具有过程与结果的双重属性,具体有如下 10 个显著特点:

1. 制作形式的法定性

审判笔录的制作是法律规定的唯一法定形式,在目前立法没有修改之前,尚没有任何其他形式可以替代笔录。审判笔录是人民法院审判活动的如实记载和全面反映,是客观真实反映审判过程和案件事实的诉讼证据形式,是法定的审判文书和诉讼文书材料,其制作依据来源于三大诉讼法的具体规定。运用现代信息技术制作的音像视听资料,只能作为制作审判笔录的一种辅助手段,而不能视为审判笔录,因为,视听资料不具备法律规定的法定性要求。

2. 制作形式的规范性

按照法律规定,除民族自治地区可采用本民族语言文字之外,制作审判笔录只能用规范的汉语文字,也即必须使用国家通用语言文字制作笔录。《中华人民共和国国家通用语言文字法》(2000年10月31日)第9条规定:"国家机关以普通话和规范汉字为公务用语用字。法律另有规定的除外。"第2条规定:"本法所称的国家通用语言文字是普通话和规范汉字。"第3条规定:"国家推广普通话,推行规范汉字。"书记员和速录员制作审判笔录必须用规范的汉语语言文字,不能用速记,也不能用拼音文字和图形,至于录音、录像等形式,只能视为笔录的补充核对和辅助形式,因为,速记、拼音、图形、录音、录像等形式的记录,都无法让当事人、证人或其他诉讼参与人复核、签字,而且也不是法定的规范形式。审判笔录属于法院诉讼文书的一部分,因此,必须遵守最高人民法院《法院诉讼文书样式(试行)》的相关规定。所有审判笔录的制作都必须力求规范化、样式化和标准化,不能随意更改和简略。

3. 制作过程的程序性

审判笔录的制作过程,既是对审判活动过程的记录,也是一种记录结果,是过程与结果的统一,其程序是由三大诉讼法所规定的,具有显著的程序性特点,必须依照法定的程序性要求制作,而不得违反程序性规定。例如,审判实践中存在的法官独审独记和书记员代替法官审理并记录的情形,均属于违反法定程序。审判笔录的制作过程必须依法定的程序进行,这是其最本质的特点。因此,审判笔录"必须严格依照程序法的有关规定进行,对依法应予记载的事项和应予履行的法定手续,不可以掉以轻心或随意简略及变更"。[①] 例如,庭审笔录制作完成后,必须交由参与庭审的所有诉讼当事人阅读签字;同时,还必须由审判长、合议庭成员、独任审判员和书记员审阅签字,才符合法定的程序性要求。

4. 制作主体的特定性

审判笔录的制作主体主要是书记员或由法官助理临时替代。除了人民法院的法官和法官助理在特殊情况下暂时代替书记员制作笔录之外,其他人员均不得代替书记员制作审判笔录。特殊情况下由法官、法官助理代替书记员记录的,应当注明"由×××法官或法官助理代记"字样,以确保审判笔录制作主体的特定性。由书记员专门制作审判笔录,既是一种辅助性配合与协助性的工作要求,也是一种法定的监督制约形式,以此监督和制约审判法官的恣意与妄为,从而在一定程度上杜

[①] 李国光:《怎样做好书记员工作》,人民法院出版社1992年版,第96页。

绝审判法官的违法行为发生。

5. 制作目的的针对性

制作审判笔录的目的在于：一方面，笔录可以客观真实地记录审判活动的全部过程；另一方面，使笔录成为诉讼证据材料。基于审判笔录的制作目的，审判笔录的制作具有较强的针对性。审判活动的每一个环节都应有相应笔录的存在，而针对不同的审判环节的特点，相应的笔录制作内容应当有所侧重，因为审判笔录是作为案件定性裁判的重要依据的。"这就决定了审判笔录对有关案情基本事实、基本证据，对涉及证据、性质的认定的具体细节和过程情况，都须详尽记录。在重要的、关键性问题上，要逐字逐句乃至逐段记录原话。"①审判笔录的制作应当充分考虑不同审判活动的特点和目的。例如，就制作调查笔录而言，就应当侧重需要调查核实的具体内容或证据；就制作勘验笔录而言，应当侧重对勘验现场或原物各种情况的详细记录；就制作调解笔录而言，应当侧重记录调解的过程和调解合意的形成，以及调解达成的具体协议；就制作合议庭评议案件笔录而言，应当侧重记录合议庭或成员对于案件事实、证据的认定和法律适用所发表的意见，以及分歧或保留意见；等等。

6. 制作内容的客观性

审判笔录最本质、最核心的特点是必须具有客观真实性。没有客观真实性，审判笔录就没有实际意义，"就会使人民法院的裁判失去真实性，就可能影响到人民法院审判权的正确行使，影响到人民法院的声誉和形象，影响到社会稳定和社会主义经济的正常发展"。② 审判笔录是如实记录审判活动的法定形式，笔录的内容必须是客观的、真实的、实事求是的，不得凭借笔录制作者的主观愿望、肆意擅自变动、取舍；更不能弄虚作假、生编硬造。③ 因此，审判笔录必须客观真实地记载审判活动的全过程，实事求是地反映审判过程中实际发生的各种情况，切忌主观臆断、想象、推测、揣摩、编造或变造审判活动的客观内容，更应杜绝伪造虚假笔录，否则，应承担违纪违法责任。

7. 制作内容的完整性

审判笔录制作内容的完整性是其合法、有效的必要前提。"审判笔录的完整性，包括记录的内容和笔录格式的完整。记录内容是否完整，关系到能否客观、如实地反映审判活动的全部和真实情况，直接影响到该笔录的有效性和使用价值。笔录格式的完整与否，则涉及该笔录的合法性、有效性。"④"一份内容详尽而格式

---

① 李国光：《怎样做好书记员工作》，人民法院出版社 1992 年版，第 95 页。
② 郝明金等：《怎样做好书记官工作》，人民法院出版社 2006 年版，第 84 页。
③ 参见薛伟宏：《检察机关办案笔录制作技巧》，中国检察出版社 2005 年版，第 17 页。
④ 李国光：《怎样做好书记员工作》，人民法院出版社 1992 年版，第 95 页。

不全或格式不对的审判笔录,往往就会因此失去价值和依据作用。"①在审判实践中,普遍存在漏记、记录不全的问题,特别是庭审笔录大都存在记录事项不够完整的问题。例如,有的庭审笔录因为记录不完整,因而不能完整反映庭审程序,不能反映案件庭审中关键、重要的情节;有的对证据的记录只简要记录证据的页码或项目、证人的姓名,而对证据所证明的问题不作记录;有的未记录审判长对控辩(诉辩)争议焦点的总结归纳小结和对证据的当庭认证,因而体现不出审判长及合议庭的庭审水平和驾驭庭审的能力;有的没有记明相关程序性事项和参与庭审的合议庭成员,因而无法在检查中判断是否程序合法;有的不注意记录格式要求,要么没有空行空格,要么随意乱书;有的因套用固定模块而没有删除不需要的内容而使笔录中出现大段空白;有的未在尾页注明当事人是否阅读过等情况,其他页面无当事人签字而只有尾页有当事人签字;有的没有审判长、合议庭成员或独任审判员及书记员的审阅签名;等等。这些记录不完整的情况并非细节,而是会严重影响司法公正的重要问题,应当引起书记员的高度重视,不断提高记录职业技能,力求审判笔录的具体、详尽和完整。

8. 制作内容的公开性

审判笔录制作内容具有公开性,是审判公开原则的法定原则要求。"除合议庭评议、审判委员会讨论和内部工作记录等笔录外,凡作为认定的证据和反映庭审过程的,都须向当事人和有关人员公开宣读或让其阅读,以便其履行签字手续。"②"审判笔录的公开性特点,决定了必须讲究笔录的质量,该记的都要记下来,不遗漏重要内容和关键话语,并且做到详细得当,不失原意,表达确切,字迹清楚,如实无误。"③"实践中,记录时如不能记下原话,可以请问话、答话人再复述一遍,也可以在问答结束后由答话人亲笔写下原话,或在阅读、签字前补正。"④公开性,对审前笔录的制作技能提出了很高的要求,书记员只有不断培养高超的笔录制作技能,才能适应社会现实的需要。目前社会公众非常关注裁判文书的质量,而作为裁判文书重要环节的审判笔录,就必须经得起社会公众的公开检验和推敲。这是值得从书记员的职业技能培养视角认真反思的现实问题。

9. 制作时间的即时性

"笔录具有'即现即记,即记即成'的特点。"⑤审判笔录一般是在办案过程中即时制作的,具有很强的时效性和同步性要求。虽然有些程序性问话和交待权利义

---

① 李国光:《怎样做好书记员工作》,人民法院出版社1992年版,第95页。
② 同上书,第96页。
③ 同上注。
④ 郝明金等:《怎样做好书记官工作》,人民法院出版社2006年版,第84页。
⑤ 薛伟宏:《检察机关办案笔录制作技巧》,中国检察出版社2005年版,第17页。

务事项可以预先填写准备好,但记录的主要内容都是复杂多变而无法预计的,必须随答随记,"而容不得事后加工、修改、润饰、变动;更不允许笔录者字斟句酌、反复推敲。擅自修改、伪造、变造笔录,还应承担相应的纪律、法律责任,甚至刑事责任"。① 审判笔录与审判活动具有同步性,法官或法官助理的审判活动结束,书记员的记录就应当同时完成,而且必须依法将即时制作完成的审判笔录让当事人阅读无误后签字。"审判笔录不可能有起草修改的过程,也没有重抄或整理的时间。这就要求笔录制作者具有又快又好地记录的本领,基本功一定要过硬,以适应快速记录的要求。"②

10. 制作结果的长效性

审判笔录既是对审判过程的全面记载和如实记录,也是最终形成的固定的诉讼证据材料和案卷材料,具有长期保存性。在审判过程中,书记员制作的审判笔录,对法官正确认定事实证据和适用法律作出裁判定性处理结果,具有重要的证据价值。结案后,审判笔录作为立卷归档长久保存的历史档案材料的一部分,应当经得起历史的检验。而且,一审案件的审判笔录还是二审、再审、案件质量检查和评查的重要审查依据。"经得起历史的检验"这一终极目标,对书记员的笔录制作技能提出了较为全面的要求,书记员应当以此作为职业技能终身追求的目标,对历史负责,对法律负责,对良知负责。

三、审判笔录的分类

按照诉讼案件的类型分类,审判笔录可以分为民事案件审判笔录、行政案件审判笔录、刑事案件审判笔录、执行案件审判笔录。

按照参与审判活动人员的类别分类,审判笔录可以分为对内审判笔录和对外审判笔录。对内审判笔录,指合议庭评议案件笔录、审判委员会讨论案件笔录、庭务会讨论案件笔录等只有法院内部审判人员和书记员参加的审判笔录。对外审判笔录,指有当事人或其他诉讼参与人参加的审判笔录,比如庭审笔录、调解笔录、调查笔录、勘验笔录等。

按照审判笔录的适用范围分类,审判笔录可以分为各类案件通用的审判笔录、部分案件适用的审判笔录和特定案件适用的审判笔录。各类案件通用的笔录,即指各类案件审判过程均可适用的笔录形式,如:调查笔录、勘验笔录、庭审笔录、合议庭评议案件笔录、审判委员会讨论案件笔录、宣判笔录,等等。部分案件适用的审判笔录,主要是指只适用于部分类型案件的笔录形式,如适用于民商事案件、行

---

① 薛伟宏:《检察机关办案笔录制作技巧》,中国检察出版社 2005 年版,第 17 页。
② 李国光:《怎样做好书记员工作》,人民法院出版社 1992 年版,第 96 页。

政赔偿案件、刑事自诉案件的调解笔录,适用于刑事案件和各种执行案件的搜查笔录,适用于强制执行案件的执行笔录和查封、扣押财产笔录,等等;适用于特定案件的审判笔录,如刑事案件的送达起诉书副本笔录等。

除了上述分类中所涉及的笔录类型之外,随着审判活动的开展,还有一些新类型的笔录,例如,有的法院成立了法律专家咨询委员会,法律专家对于案件的法律咨询活动,书记员也应当制作笔录,可称为法律专家咨询笔录;再如,接待当事人来信来访所制作的笔录,可称为信访笔录。

第二节 审判笔录的制作要求

制作审判笔录的根本目的在于全面、准确、客观、真实地反映审判活动的过程,其制作要求是形式规范、手续合法、内容翔实、文字准确。

1. 形式规范

制作审判笔录应当根据不同案件的程序、种类和适用对象来选择适当的笔录样式,严格遵循制作笔录的规范性要求制作。"笔录在程序和格式上必须规范化。由于各个阶段、程序不同,对象不同,内容不同,在各种笔录的制作上就有不同的程式规范的要求。主要要做到'三分清':一是分清程序;二是分清种类;三是分清笔录对象的身份。"[1]此外,制作审判笔录的用纸的规格和质量应当符合诉讼案卷归档的要求;如用笔手写记录则应该使用能够长期保存不褪色的钢笔或宝珠笔等书写工具书写,而不能用圆珠笔、铅笔等容易变色、褪色的书写工具做记录;格式必须符合审判笔录的规范性格式要求,不得自行变造或"创造"新的格式。总之,在形式要件上一定要规范。

2. 手续合法

手续合法包括三个方面的内容:"一是制作的主体必须合法;二是制作的依据必须合法;三是制作的程序必须合法。"[2]首先,审判笔录法定的制作主体是书记员,除特殊情况法官、法官助理可以代行书记员职权代为制作审判笔录之外,其他人员均不得作为审判笔录的制作主体。其次,必须是依法定授权和法定程序制作审判笔录,审判笔录的制作必须既符合程序法,又符合实体法;必须以法律为准绳,严格依法记录。再次,制作审判笔录应当符合法定的制作程序,不仅要求"即现即记,即记即成",而且要求制作审判笔录的手续"应当符合最高人民法院《法院诉讼

---

[1] 李国光:《怎样做好书记员工作》,人民法院出版社1992年版,第98—99页。
[2] 薛伟宏:《检察机关办案笔录制作技巧》,中国检察出版社2005年版,第76页。

文书样式》和法律程序的规定,如凡是笔录都有签名或盖章的法定要求,对这些法定的手续和规程,书记员在制作笔录时不得随意变更或疏忽遗漏"。①

3. 内容翔实

前文中关于审判笔录性质与特点中提到的客观性和完整性,是制作笔录最重要的原则性要求。客观真实和全面完整地记录审判活动的内容,是审判笔录的灵魂所在。对此,书记员应当以高度的责任心和使命感认真对待。对需要记下原话的内容,应当尽量记录原话和反映原意;对于审判活动的程序性阶段和具体内容应当详细记录,对审判活动中出现的新情况或意外情况,以及突发事件更应当详细记录,切不可疏忽漏记;对于审判过程中诉讼当事人比较关键性的行为语言,如强烈的情绪反应、明显的表情变化、重要的手势和动作等,应当如实地予以记录,以便于综合分析和审查判断案情。"我国古代'五声听讼'的审判技艺就是司法官对察言观色方法的运用。早在西周时期,我国的司法官员就懂得运用'五声听讼'的五听观察法来把握当事人的心理状态。"②现代书记员在记录时,也应当具备察言观色的本领,对于审判活动中当事人比较重要的行为语言,应当能够"明察秋毫、洞悉全局、了然于胸、跃然于笔录"之中,确保审判笔录内容的完整和全面,便于合议庭法庭和审判委员会委员能够更加全面地综合分析认定案件事实与证据。内容翔实,也并非要求制作审判笔录时将审判活动中的所有内容,事无巨细地都记录下来,对当事人反复陈述相同的内容或所述与案件审判无关的内容,则应当简化或略记;对当事人或诉讼参与人的陈述或辩论缺乏逻辑、冗长拖沓的,应当按照其表达的原意或中心思想进行总结归纳进行记录,而不需要将没有价值和意义的内容全部记录下来。

4. 文字准确

笔录的质量和水平除了内容之外,主要指的是文字功夫。文字准确包括如下几个方面的要求:

(1) 在保证速度,完整记载的同时,手写笔录的字迹要清晰可读,不能光为图快而字迹潦草,无法辨认。③ 运用计算机录入记录的,应当注意审校有无错别字,防止因输入时可能出现的错字、漏字而改变原意。

(2) 应当使用中文简体的规范汉字输入法记录或手写记录,杜绝繁体字、异体字或同音异义字词,对于方言、土语、黑话、暗语、网络流行语言等都应当用标准普通话汉字注明。

(3) 文理通顺,语言规范。"制作笔录时应注意语句的完整性,避免断句和前

---

① 郝明金等:《怎样做好书记官工作》,人民法院出版社 2006 年版,第 87—88 页。
② 杨凯:《裁判的艺术——法官职业的境界与追求》,法律出版社 2005 年版,第 90 页。
③ 参见李国光:《怎样做好书记员工作》,人民法院出版社 1992 年版,第 99 页。

言不搭后语现象的发生,要注意正确使用标点符号,在问答式笔录中应注意分别记好问答内容,不要把问答混淆或合并,做到问答分明,上下分行,有条不紊。"①记录工作也是一门科学,要做到记录的文字准确和文理通畅,需要书记员平时注重提高汉语言文字阅读与写作的能力和素养,做到识字广泛,运用字、词、句准确规范得体,符合法律语言的语体特征,保持叙述角度的一致,注意语序的逻辑结构和标点符号的正确使用。

第三节 审判笔录制作的文字书写与计算机录入技能

书记员的审判记录工作是一项极为平凡、单调且枯燥的辅助性工作。这项单调枯燥的工作不仅需要一种长期坚持的韧劲,而且也需要培养相应的职业技能。具体包括如下几个方面:

一、笔记技能

笔记虽然是最基础最原始的记录方法,但现代电子信息记录技术仍然不能完全取代笔记的记录方法,这一技能在审判实践中仍然具有现实价值和作用。因此,笔记的技能仍是书记员应当熟悉掌握的主要记录技能。

首先,笔记技能要求"写得一手好字",字迹工整、清晰、容易辨认。一般常见的书写字体多为楷书或行楷,草书字体较难辨认,故不宜在笔录中采用。一手好字的技能须长期坚持练习才能获得,书记员在工作之余应当养成坚持描摹和临摹字帖的好习惯,练习的字体也应当以易于辨认的楷书或行楷为主。"一手好字"应当作为书记员记录技能的基本功来培养和训练。

其次,笔记技能要求用笔书写的速度快速、敏捷。实践中,笔记速度快的书记员每分钟可以记录60—80字,基本上可以用笔记的方法同步记录庭审内容,这种能力也是长期训练和在实践中锻炼而培养出来的。训练快速笔记的方法很多,如,可以通过同步记录中央电视台新闻联播节目的内容练习记录速度;还可以通过听广播、看电视记录剧情对话内容的方法练习记录情景内容的速度;也可以通过听广播、看电视或开会听领导发言同步归纳要点和提纲的记录方法练习总结归纳记录能力。"写得一手好字"再加上写字的快速,才具备了笔记的基本功。

---

① 郝明金等:《怎样做好书记官工作》,人民法院出版社2006年版,第88页。

再次,要把"写一手好字"与快速写字结合起来,保证记录达到清晰易认与准确完整完美地结合。这就要求书记员平时加强练习写字的"好"与"快"。在字迹清晰易认的前提下,达到每分钟记录60—80字以上,就基本上可以胜任一般性的审判记录工作了。

二、计算机输入记录技能

现代电子计算机和信息技术的发展,正在促进用现代的计算机逐渐取代传统的"刀笔"。古时刀笔皆为书写工具,所以刀笔合称。① 手写记录的方式逐渐减少,因此,计算机输入的记录方法将会是现代书记员制作审判笔录的主要方法。"人类社会无所不在的电子计算机正在成为人类必不可少的帮手,改变着我们的生活方式,伴随着我们进入社会发展的新纪元。"②电子计算机输入技术也正在改变着审判记录的传统方式,使传统的"刀笔"技艺逐步改变为敲击计算机键盘"录入"的现代电子信息记录艺术。目前,使用计算机进行审判笔录的制作,已经成为人民法院书记员的一项必备职业技能。

1. 计算机汉字输入法

目前在许多法院招录书记员和速录员的招考标准中,都将录入速度作为重点考试内容,例如,湖北省武汉市中级人民法院在招考聘任制书记员时,将测试考生用普通计算机录入速度作为主要考试标准,包括定时看文章录入,即"看打技能";听录音录入,即"听打技能"两个部分。

"随着汉字操作系统的不断发展,汉字输入法的种类越来越多,按其编码不同可以分为3类:一是音码,即利用汉字的读音特性编码,如全拼与双拼等;二是形码,即利用汉字的字形特征进行编码,如五笔字型输入法等;三是音形结合码,指既利用汉字的语音特征,又利用字形特征进行编码,如自然码、智能 ABC 输入法等。"③具体地说,常用的输入法有五笔字型输入法、全拼输入法、智能 ABC 输入法、自然码输入法、紫光拼音输入法、微软拼音输入法、国际区位输入法、智能狂拼输入法、郑码输入法、二笔输入法、拼音加加输入法、搜狗拼音输入法、亚伟速录输入法、双文速录输入法等。

"五笔字型输入法是一种形码输入法,因其具有普及范围广、不受方言限制、重码少、录入速度快等优点,已被用户普遍使用。"④五笔字型汉字输入法,在目前的审判笔录制作中是应用得最为广泛的一种输入方法,大部分的书记员和速录员都

---

① 参见梁治平:《法意与人情》,中国法制出版社2004年版,第264页。
② 乔天庆、陶笑眉:《计算机与世界时代的春意和哲学新意》,武汉出版社2002年版,第3页。
③ 《计算机综合应用培训教程》,人民邮电出版社2002年版,第27页。
④ 同上注。

是采用五笔字型输入法,因为五笔字型输入法与其他汉字输入法相比,经过一定时间指法练习和实际操作之后,其输入汉字的速度是最快的,"无论多么复杂的汉字和词组,最多只要击四个键,即可输入,经指法盲打训练,每分钟能录入100—120个字,甚至更多,每个字平均码长2.6键,用130个字根(123个基本字根,5个单笔画)组字或词,重码少,基本不用选字,字词兼容,字词间无须切换,键位分区,布局经过精心设计和反复实践修改,规律性较强"。① 因此,五笔字型汉字输入法是学习中文输入法的首选。值得重点推荐的是重庆市北培区区人民法院办公室副主任高健结合基层法院庭审记录的实际需要发明了"五笔双打输入法",目前经过培训的书记员和速录员均可以达到每分钟输入120—160字左右,这种"五笔双打输入法"在该区法院和重庆市一中院的书记员队伍中得到了较为广泛的普及应用。

全拼输入法、微软拼音输入法、紫光拼音输入法、智能ABC输入法、搜狗拼音输入法、QQ拼音输入法等都属于拼音输入法的范畴。智能ABC输入法虽然是一种音形结合码的输入法,但也还是以拼音为主。拼音输入法主要是利用汉字的拼音字母作为汉字代码来输入汉字,由于重码高,在录入过程中需要进行重码提示行的选择,难以实现盲打,因此,其输入速度相对较慢,但速度慢是相对的,与熟练程度有关,有的书记员和速录员运用拼音输入法,丝毫不逊色于五笔字型输入法的速度。而且拼音汉字输入法正在不断改进,特别是微软拼音输入法和搜狗拼音输入法等新的拼音输入法都有非常优良的输入性能和词组记忆功能,其输入速度基本上也能够达到每分钟120—160字的水平,甚至更高。目前,双文拼音速录输入法的优势比亚伟速录更强,这种输入法不需要外置速录机,只需要普遍键盘即可,并且输入的速度更快,优秀的培训学员可达到每分钟300字的水平。

汉字输入速度,即"录入"速度的提高,应当从以下几方面加强训练:

(1) 熟练掌握指法,无论是五笔字型输入法还是拼音输入法,都需要熟练掌握和运用指法。正确的指法操作可以充分发挥每一个手指功能,能够同时利用10个手指来协同进行汉字输入,从而达到快速输入汉字、提高录入速度的目的。当10个手指能够在计算机键盘上运指如飞时,审判记录速度就达到了快速、准确、全面记录的专业水平。

(2) 牢记字根和拼音代码,只有牢记计算机键盘上的每个键位分布的字根或拼音码,才能运指如飞敲击键盘快速输入。

(3) 熟练掌握输入技巧,五笔字型和拼音输入法在输入过程中均有一些技巧,这就需要书记员积极探索和熟练掌握。所谓熟能生巧,技巧的熟练掌握实际上需要书记员坚持不懈的练习才能做到。

---

① 郝明金等:《怎样做好书记官工作》,人民法院出版社2006年版,第306页。

2. 亚伟速录法

上述的五笔字型输入法和多种拼音输入法，经过不断的改进和创新，录入速度也有很大提高，但在实时、快速的"看打录入""听打录入""盲打录入"和动态速录等方面，还是存在一定差距的。我国速记专家唐亚伟先生发明的亚伟中文速录机，则在很大程度上促进了实时快速听打记录技术的飞跃发展。

亚伟中文速录机是一种实用的高速录入汉语设备，配有拟人化智能译码系统，采用多键并击的击键方式和左右镜像对称的专用键盘设计，用多个手指将组成编码的多个键同时按下，单手一次击键即可完成一个汉字的输入；双手一次击键即可录入两个汉字。一般经过1周左右的基本指法操作培训即可学会，经过3个月至半年左右的实践操作，汉字的输入速度可以达到每分钟180—220字以上，速度快的可达每分钟400字以上，完全赶上或超过了正常人讲话的语速。由于亚伟速录技术是利用标准的汉语拼音编码，规范准确，简单易学，只要能够听懂普通话即可掌握速录技术，学习难度较低，全部55个声韵码经过短期学习培训即可熟练掌握。亚伟速记技术能够完整而全面地同步记录语言，真正实现了汉字录入速度与语言的同步，实现了速记计算机化，是在庭审记录中真正取代了"笔和纸"的手写记录方法。亚伟速录技术还有同步录音的功能——亚伟速录语音伴侣，这种技术实行数字化同步录音、实时播放、语音文字自动对应、单屏双窗口实时编辑等功能，不仅能够将语音流、时间流、文字流完全无缝对接，而且精度落实到毫秒级，准确定位在任意单个汉字上，能够通过屏幕文字准确找到录音点以便修改、增删，同时存在单屏双界面上由两人或多个同时操作进行实时编辑，而且在增、删、改编辑时不影响语音流、时间流、文字流的流程关系，保证实时听打录入的准确性和时效性。

熟练掌握亚伟速录技术的方法，在学完全部声码、韵码、音节码、汉字特点码、标点符号码之后，通过一段时间的听打或看打录入速度练习，逐渐达到精熟，进而形成准确、熟练的快速录入技巧。在录入训练的过程中，不仅需要持之以恒的精神，也需要掌握一定的技巧和方法。以亚伟速录法的练习为例，训练过程中要熟记各种简码，六七个字的词组只需要敲两下键盘就出来了；对前鼻音、后鼻音、翘舌音、平舌音容易混淆的常用字，可以一一列出来背熟，对经常误打的字、词，通过反复练习予以纠正，培养不用思考手就会自然敲击键盘的盲打技能。

3. 双文速录法

寇森老师发明了使用标准键盘的双文速录软件。该软件采取了语言学和拼音文字学的缩写原理，将词和词组、短语、句子用读音首字母缩略，使得字、词混合输入只有1.29键，实现了每分钟200字以上的速录速度，成为速录师职业能力培训的主流软件。

双文速录原理简单，方法科学，易学易用。它是在汉语拼音方案的基础上将汉语拼音方案进行了优化,非常用单字、单词以双拼附加字母声调的方式输入;常用单字、二字高频词以及3个字以上的词组、术语、成语、短语和句子,均采取输入读音首字母用缩略键上屏的方式录入。

第四节 各类审判笔录制作的技巧与方法

美国联邦最高法院大法官霍姆斯曾说:"法律的生命一直并非逻辑,法律的生命一直是经验。"①美国大法官格雷在他的《法律的性质和渊源》一书中提出:"法律就是法官所宣布的东西。"②法官司法经验和法官所宣布的法律,其实都是通过书记员的诚实记录转化而来的,没有书记员的记录,司法的经验和法律的精神难以在世间流传。可见,书记员的记录不仅是对案件的审判有重要辅助作用,对法律的成长和流传也非常重要,书记员不仅是在记录审判活动,而且还是在记录法律的成长和发展。从这个意义上讲,审判笔录不仅仅是诉讼文书,还是法律精神的载体和实录;不仅仅是审判活动的记述,而且将会成为历史的见证。因此,书记员的审判记录职业技能也是一门重要的审判辅助职业艺术,是书记员的"看家"本领。实践中制作审判笔录的方法和技巧很多,本节只探讨和讲述制作笔录常见的规律性的方法和技巧。

一、热爱和用心是所有技能的根本

做好各项审判活动的笔录,离不开"用心"二字,用心是所有审判笔录制作方法与技巧的根本。用心是为了提高认识和增强责任感。只有在思想上真正认识到书记员记录工作的重要性和审判辅助职业的崇高,才有助于正确认识制作审判笔录的社会和历史价值,才能提高司法辅助工作的使命感和责任感。审判笔录是在审判活动中形成的,是对审判活动的真实记录,是反映司法过程的最直接、最重要的诉讼证据材料,是审判活动不可或缺的重要环节。只有思想认识上升到这样的境界和高度,才能用心做好这项平凡而普通的工作。书记员和速录员的记录工作平凡、单调而枯燥,真正做好这项工作必须培养一种用心的职业态度和习惯。只有真正用心去做一件事情,才有可能真正做好做成一件事情。用心,有助于消除工作中的麻痹大意,有利于帮助克服工作中的畏难和消极情绪,有利于增强工作中的信

---

① 〔美〕本杰明·卡多佐:《司法过程的性质》,苏力译,商务印书馆1998年版,第17页。原引自 The Common Law,第1页。
② 〔美〕本杰明·卡多佐:《司法过程的性质》,苏力译,商务印书馆1998年版,第78页。原引自 Gray, Nature and Sources of Zaw,第602节。

心、智慧和勇气,有助于提高工作中的技巧和效率。记录工作很辛苦,庭审往往一个接一个,书记员和速录员常常累得手疼眼酸,腰肌颈椎疲劳不堪,所以需要具有高度的责任心、有热爱这项工作和吃苦耐劳的精神。

二、预先熟悉案情是做好记录的前提

预先阅读案卷材料,了解和熟悉案情,是做好各项审判笔录的前提条件。无论是做庭审笔录,还是调查笔录、勘验笔录、合议庭评议笔录、审判委员会讨论案件笔录等,是否事先熟悉了解案情其效果有非常明显的区别。预先的熟悉和了解案情是全面、准确、快速和细致地做好各种笔录的基础。辅助准备工作包括如下五个方面:

(1) 通过阅读案卷材料,熟悉了解案件的具体内容和重点内容,了解争点和相关证据材料,了解诉讼参与人的基本情况。其中,对案情复杂、牵涉人数较多的应作记录摘要;对案件涉及的科学技术名词、术语、数字、方言土语、人名、地名、不常见的事物名称以及不认识的汉字、外文名称及缩写、当代流行的网络语言等内容应先弄清楚,这样在做各种记录工作时才会胸有成竹、得心应手,从而避免因此而造成的记不全、记不了或漏记的情况发生。

(2) 预先熟悉了解案情对可能会适用的法律条款及内容,最好是预先摘录摘抄下来,在做笔录记不下时,可先记下条款序号,留下空格再补充记全,这既便于保证记录内容的完整性,也便于及时转换思路记录连续发生的审判活动,避免记录中的"卡壳"现象发生。

(3) 预先熟悉具体案件所涉及的相关法律知识、科学知识和社会常识。法律具有很强的专业性特征,司法审判活动是利用法律专业技术解决各种纠纷,这就是为什么要求从事审判辅助职业的书记员也要具备一定的法律知识的原因。要将案件审理活动如实记录下来,除了掌握一般的常识性的法律专业知识之外,还必须结合具体案件预先熟悉了解可能会涉及的专业性的法律知识及相关政策、法规。此外,对具体案件可能会涉及的自然科学和社会科学知识、社会知识和社会常识,也应当预先熟悉和了解。这样在记录时就会游刃有余。

(4) 预先熟悉诉讼参加人的特点,对其口音、方言、语速、表达能力等内容都应做到心中有数,记录时才能从容应对。

(5) 预先熟悉案件的争点和相关证据,对诉辩双方的主张、事实理由和所提交的相关证据应事先熟悉掌握,这样才能在记录中准确把握方向,特别是对与争点相对应的证据,应当先熟悉内容及证明力,有经验的书记员都是将证据排序列出目录和序号,记录时若记不上时可先记录序号,待记录中有空闲时间或记录完毕后立即补充记全。

三、熟悉了解审判人员的风格,形成配合默契

对审判人员的风格应当熟悉了解,这是形成工作中的协调一致和配合默契的关键。对于复杂、疑难和重大案件,记录之前应与审判人员交换案件审理的思路和审理方向,熟悉掌握审判人员的审判风格和提问的重点,结合案情了解每一次发问的目的所在,这样才有助于抓住审判活动的重点,有针对性地记录。此外,还应当在记录过程中与审判人员形成相互配合的良性互动关系,可以与审判人员商量好,在记录重要或关键审判活动内容时,可以通过暗示的方法让审判员重复发问或提问,或者重复一遍当事人的陈述,或者要求当事人重述一遍,便于记录原话和保持完整记录原意内容。记录工作的技巧和方法,就是一种审—书密切配合、默契配合的状态。这种记录工作中的默契,来源于书记员预先已对审判人员审判风格的熟悉了解与适应,来源于事先的商量和事中的默契。

四、不断提高语言文字水平的修养

记录工作的技巧与方法需要以一定的语言文字能力为基础。因为记录工作也是一门科学,要求记录必须在忠实原意的基础之上,言简意赅,文理通顺,文义准确。书记员需要有分辨案情重点和提炼、归纳、概括、总结的技能,这些都需要书记员不断加强语言文字水平的修养,做到识字广泛,运用字、词、句准确、规范、严谨,符合法律语言的语体特征,保证记录语言的逻辑,注重语序记录的顺序,恰当使用标点符号来断句。加强语言文字水平的修养,实际上就是在潜移默化地提高记录的技能和技巧,所谓"书读百遍,其意自现""熟读唐诗三百首,不会作诗亦会吟",讲的就是加强语言文字修养水平能够潜移默化提高职业技能的功能性作用。提高制作审判笔录的制作水平,应当在日常工作中注重加强语言文字水平的修养,为记录水平的提高夯实基础。

五、锻炼听、写、归纳的综合协调能力

前面讲到电子计算机汉字输入技术,最难的就是"听打技能"和"看打技能",即耳听手打和眼看手打的技能。做好审判记录工作,首先是锻炼听力,听清楚的前提条件是注意力高度集中,不得分神,全神贯注地听是很关键的技能。"听"的主要要求是听清楚、听明白、听懂、听全;"写"的要求除了用笔手写之外,主要是运用电子计算机或中文速录机边听边录入的技能。用计算机记录是今后发展的趋势,也是现代记录的最主要方法,"听打输入"的训练应当作为记录的主要方法。听打输入要求听和录入较为完美的结合。此外,还应将归纳提炼的思考能力与"听打技

能"相结合,才能提高记录质量水平。只要是记录工作开始,书记员就应当以最快的速度投入到审判活动之中,记录是手、耳、脑三者高度协调一致的艰苦劳动,要求耳朵听一句话,脑中归纳记忆一句话,手指同时敲打键盘输入(或手写)一句话,三者必须协调一致。在整个记录过程中,时刻保持耳朵听到的每一句话都是最新的一句,保证能及时在脑海里归纳总结和记忆,并能及时手写或用计算机输入记录下来,避免漏记。在平常的练习和实践中着重锻炼听、写与归纳的协调配合技能,是提高记录水平的主要方法。

六、灵活采用相应的技巧与方法提高速度

对案卷材料中有书面材料的,可以适当简化和略记,避免重复劳动。例如,庭审记录中,对当事人或委托代理人宣读诉状、答辩状、上诉状的,如果没有变更和增加内容,可以只记录:"当事人宣读诉状(略记,详见诉状)"。诉讼请求有变更或增加的,着重记录变更或增加的内容。对辩论过程应当围绕争执焦点来记录,对辩论观点完全是代理词上内容的,也可以略记。对记录中能够合并记的内容尽量合并记录,例如,对审判人员核对当事人身份情况,不必逐一单项记录,而是可以综合表述合并记录。在运用计算机记录过程中,可针对庭审笔录、调查笔录等常用笔录中的大体相同的部分,制作固定的庭审笔录或调查笔录的模块,存储在计算机中。这种预先填写好的制作模块能够大幅度节省记录的时间。记录中可用"?"代替庭审过程中的审判人员的提问,如果是原告提问,可用"原?"表示;用":"代替庭审过程中当事人的回答,如果是原告回答可用"原:",如果是被告回答可用"被:",如果有多个被告可用"一被:""二被:"表示,如此类推,尽量简洁,可以节省时间。遇到生字、难字时可以留下空格或音注及同音字注等记号,待有空闲或休庭后再补记。

七、现代记录与传统手工记录方法相结合

计算机记录有其长处,比如快速、便捷,但也有其不足之处,比如,突然停电或计算机出现故障时就无法操作;手工记录也有手工记录的长处,书记员在记录过程中,应当学会把计算机记录与手工记录的长处相结合,灵活运用两种记录方法相互配合、相互协助,提高记录速度和质量。运用计算机记录时准备好相应的笔和纸,在计算机记录过程中突然停电或发生计算机技术故障时,可以立即用手工记录的方法替代。在计算机记录过程中,为防止中途停电或技术故障导致输入的文字内容丢失,书记员应当养成在记录过程中,利用空隙时间随时点击保存键保存已记录内容等良好记录习惯。此外,现代信息技术和电子产业的迅速发展,使录音、摄像电子设备都已经成为普及型的工具,在记录中可以将录音或摄像方法与记录工作

相结合,对于实在记录不全的,可以根据录音、录像资料现场重放立即补充记录。

八、围绕主线突出重点、详略得当进行记录

　　审判中的记录工作是审判活动的真实记录与反映,因此,必须体现审判的意图和审理方向。书记员记录的思路要围绕法官审案的主张和方向进行,要紧紧围绕法官需要审理查明的事实和证据开展记录工作,学会抓住记录的重点和关键;同时又要体现如实记录的原则性要求。在记录过程中要求能够突出审判活动的重点内容,准确提炼出当事人话语中最重要、最关键和最有用的部分予以记录。审判记录不是全程录音、录像,因此不可能事无巨细全部原话记录,而是应当围绕审判工作的目的来记录有意义有价值的内容,这就需要记录中学会详略得当,详细记录有用的,简略不需要记录的内容。此外,在审判活动中难免会遇到一些突发事件或预先设想不到的情况,应该沉着镇定,从容应对,这也就是书记员良好的心理素质和业务素质的本能表现。应对审判活动中的突发事件和处理矛盾激化情况,需要书记员与法官的默契配合,不管遇到什么突发事件,首先应当保持清醒的头脑,真正做到临危不乱,注意及时保存计算机记录的内容或手写记录的内容,注意保管好案卷材料和证据材料,及时配合法官处理突发事件,然后在事后及时补充记录。

　　审判笔录记录的价值首先在于其证据价值和证明效力,因此,审判笔录制作完成后,应当认真校对,对于需要交给诉讼当事人及其诉讼代理人签字的,应当及时由书记员负责交由当事人阅读无误后签名或者盖章。对当事人拒绝阅读或阅读后拒绝签字的,应当在审判笔录中记录当时的实际情况。最后不能遗忘最重要的核对程序,就是所有的审判笔录都必须由审判人员和书记员经过仔细审阅后签字。

第二十二章　法官助理和书记员综合调研工作技能

法官助理和书记员的辅助职业技能除了与审判案件直接联系的内容之外，还包括司法信息、调研和司法写作等辅助职业技能，这些审判辅助职业技能对于审判工作而言同样很重要。在法院内部，把办案称之为"审判业务工作"，而信息、调研和司法写作都被称为"综合工作"。相对于审判业务工作而言，总是认为综合工作并非那么重要，只要把案子办好就行了。其实，这是一种认识上的误区和观念上的偏见。信息、调研和写作技能对于审判工作而言，既是基础，又是延伸，更是辅助与配合。综合工作与审判业务工作缺一不可，同等重要。法官助理和书记员应当认真培养信息、调研和司法写作技能，才能适应审判工作的需要。本章主要介绍审判信息收集与沟通、审判工作调查研究和司法写作等审判辅助职业技能。

第一节　审判信息收集与沟通技能

一、信息沟通的功能与作用

"信息是客观世界中各种事物运动特征的最新反映，它存在于自然界和人类社会的一切领域，直接或间接地表征着事物之间的联系，并经过传递，再现客观事物的状态。"[1]在古代汉语中，"沟通是开沟而使两水相连的意思。《左传·哀公九年》之'沟通江淮'即为此意。在现代汉语中，沟通的词义已引申为意见、思想、情况等

---

[1]　史玉峤：《现代秘书学》，青岛出版社2001年版，第47页。

的交流"。① 现代审判工作的过程和性质从某种层面上理解就是一个不断进行审判信息沟通的过程。辅助法官做好信息沟通工作,也就是辅助做好审判工作。

法官助理和书记员参与审判活动的全过程,与当事人和社会接触频繁,有机会掌握第一手案件的信息材料,能够及时捕捉到最新的各种审判工作信息,这是辅助审判工作和开展法制宣传的前提条件。《人民法院组织法》将法制宣传确定为法官的法定职责,法官助理和书记员也就同时具有辅助法官进行法制宣传的职责和要求。法制宣传可以扩大案件审理中法律精神的传播,提高人们的法律意识。"法律意识是人们基于法律知识而升华的,对法律这一客观现象的最高形式的反映,是人们对法的信仰和崇敬感,可以表现为一种信念、传统和习惯,也可以表现为系统的理论。它强调的是对'法治精神'的理解和领悟。"②法制宣传应当以传播"法治精神"为主线展开,法官助理和书记员的信息沟通技能对法制宣传工作非常重要;对审判工作而言,也非常重要,起着不可或缺的辅助审判决策的功能和作用。当今社会是一个高度信息化的社会,由于信息技术的飞速发展,人类居住的地球已经变成"地球村"。在审判工作中,信息工作对于法官、合议庭、审判委员会的审判决策和法院的审判管理已成为越来越重要的环节,法官助理和书记员处于法院与诉讼参加人联系的中间环节,通过信息沟通,发挥着对审判工作的辅助作用,已经成为一项重要的职业技能。

审判辅助工作中的信息沟通是法官助理和书记员在辅助工作中获取、加工、传递、记录、运用信息的一系列活动。做好审判辅助工作中的信息沟通工作,是法官助理和书记员辅助法官完成审判工作任务的基础,也是提高司法审判辅助工作效率的重要途径和方法。审判信息沟通的功能和作用在于:

首先,辅助法官作出正确的审判决策的基础。审判工作的核心就是根据信息依法定程序作出正确的审判决策,独任审判员、合议庭和法院最高审判组织审判委员会的所有审判决策,都是建构在各种审判信息分析判断之上的。作出审判决策的过程就是一个信息处理的过程。审判决策前,要收集掌握审判活动中的各种信息。比如,以民事案件为例,从原被告的诉状和答辩状之中获取双方主体资格的信息,诉讼争执焦点的信息;从双方的举证中和组织证据交换中获取证据证明效力的信息;等等。根据这些审判信息,可以归纳整理争点和固定诉讼证据,从而确定庭审审理的重点、审理方向和审判思路。审判决策中,法官可以根据法官助理和书记员提供记录的审判信息,形成心证和判决处理意见。审判决策作出后,还可以通过各种信息反馈来评判审判处理结果的正确性、合理性及法律效果和社会效果。由此可见,审判信息的沟通是审判决策的基础。法官助理和书记员处于辅助法官和

---

① 史玉峤:《现代秘书学》,青岛出版社 2001 年版,第 47 页。
② 刘瑞川:《人民法庭审判实务与办案技巧》,人民法院出版社 2002 年版,第 755 页。

联系当事人的连贯内外的特殊地位,应当发挥好沟通信息的辅助作用。

其次,辅助法官确定审判思路和审理方向的依据。审判过程是一个动态的发展过程,审判信息也是处于动态的变化发展之中。可能最先获取的是错误的信息,而通过审前准备程序的整理争点和固定证据之后,用正确的信息取代了错误的信息。法官助理和书记员按照法定的程序及时收集获取的各种新信息,是法官形成心证的依据,是合议庭评议案件的依据,也是审判委员会讨论案件的依据。

再次,辅助法官提高审判工作效率的重要方法。法官助理和书记员所从事的大量的辅助性事务工作就是信息沟通。比如,辅助法官草拟阶段性审理报告和裁判文书是对审判信息进行加工;送达是进行审判信息的传递;组织进行庭前证据交换是进行证据信息的获取与传递;制作庭审笔录和立卷归档是进行信息的存贮;接待当事人时的咨询与释明工作是进行审判信息的交流与沟通;等等。

法官助理和书记员需要培养一种强烈的信息沟通意识,从信息沟通的视角做好繁杂的事务性辅助工作,保持审判程序中的信息通畅和高效运转,从而提高审判工作的效率。

二、司法审判信息沟通的要求

司法审判信息沟通的主要要求包括敏锐、准确、及时、全面、适用五个方面。

1. 敏锐

法官助理和书记员对于信息沟通应当培养一种敏锐的职业特性,能够从法律职业人特有的敏感去做好信息沟通工作。这种敏锐的职业特质,就好比新闻工作者能够迅速地发现有价值的新闻线索一样,需要经过长期的培养和训练。法官助理和书记员对于信息社会和信息时代特征应当有深刻的认知,应当深刻认识到自身所承担的审判信息沟通的职责和要求,在日常工作中注重培养善于沟通信息的职业习惯和对信息的敏锐性特质。养成视野开阔、信息灵通、反应敏捷、处处留心、随机捕捉、及时记录、善于存贮等职业技能和习惯。

2. 准确

准确就是必须坚持实事求是,讲求以事实为根据。审判工作信息来不得虚假,力戒主观臆测,强调真实性、客观性,只有真实、客观、准确的信息才能用做审判决策的依据。虚假的信息应当坚决排除,以免误导审判决策的正确性。这就需要法官助理和书记员在工作中注重培养严谨和认真的工作作风,培养求真务实的职业操守,以实事求是作为信息沟通的原则。此外,还应当注重培养分析判断和鉴别信息真伪的能力。

3. 及时

信息的时效性决定了信息沟通必须及时,时过境迁的信息是没有价值的。在审判工作中,延误了信息的时效性很可能导致严重的后果。因此,审判信息沟通要求对各种信息反应快、处理快、报送快,确保各项真实、准确的审判信息能够在最快的时间内及时传递到审判决策者的手中。

4. 全面

信息应当充分、具体,才能说明问题,反映事物的本质和全貌。提供的审判信息不能是有偏见的、有倾向性的,而应当是能够收集到的所存在的正反两个方面的信息。此外,信息沟通的形式和方法也应当全面,需要有一定的灵活性,例如,在送达和通知过程中,直接送达、电话、手机、邮寄通知等传统方法均无法沟通信息时,变通采用发送电子邮件或发送短信的方式,有时也能达到沟通信息的效果。

5. 适用

审判信息要适合审判工作的实际需要,信息沟通要围绕审判思路和审理方向展开,也就是需要讲求适用性和可用性。对于信息要进行筛选和鉴别,防止无用信息对审判工作的干扰,杜绝审判人力资源的浪费。

三、收集审判相关信息的职业技能

收集信息就是法官助理和书记员对审判工作中各种信息进行分析鉴别、去粗取精、去伪存真、整理归类,并及时记录存贮,为审判决策提供参考依据。

1. 拓宽收集信息的渠道

收集信息不能囿于传统的固定渠道,而应当拓宽信息来源,培养全方位收集信息的能力。

(1) 文书渠道。诉讼文书是收集审判信息的传统渠道,主要的诉讼信息都是通过文书的形式传递的,反复审查阅读案卷中的各种文书材料,是信息的收集渠道之一。

(2) 咨询接待和送达渠道。在咨询接待过程中可以获取在文书材料中反映不出来的大量的有用信息,对于咨询接待和送达的信息收集应当及时记录予以存贮和固定。

(3) 信访、上访渠道。在现实工作中,审判人员普遍对于当事人的信访和上访有一种反感情绪,而忽视了可以从中获取相应的信息的功能作用。有时转换思维模式,从反向来理解各种信息,听一听负面评价和反面意见,常常可以从中发现有价值的审判信息。

(4) 传媒渠道。通过网络、电视、广播、报纸、杂志、书籍等各类传媒可以获取相关的审判信息。

(5) 内部信息渠道。目前,法院系统内部一般都建构了完备的内部信息报送系统,审判工作中的各类工作信息在内部局域网或相关法院网站上,以及内部信息、简报资料上都可以及时查询到相关的信息或发现类似的案例。

（6）会议渠道。各种审判工作会议实际上也是一种广泛交流信息的渠道，从各种会议上，有时也能够收集到非常有用的审判工作信息。

（7）调研渠道。通过开展审判工作调研活动，不仅可以获取大量的第一手材料，而且可以通过各种调研方法挖掘出更多的、深层次的有价值信息。此外，应用法学学术研究成果中蕴藏着大量的有价值信息，也是一个重要的信息来源和渠道。

（8）查阅历史资料和档案渠道。通过查阅历史资料和相关档案资料，可以获取重要的有价值信息，及时为审判决策提供相关的信息依据。

（9）动态审判过程渠道。审判工作是一个动态的程序性过程，在审判程序进展的每一个环节，都有可能从诉讼参加人的言行举止中及时获取有价值的信息。

（10）人际交往与道听途说渠道。人生活在社会之中，肯定会有一定的社会人际交往，在人际交往的过程中，会进行大量的信息沟通与交流，从中就能收集到一些有价值的最新信息。在交往中有时还可能通过道听途说获取一些信息，但这类信息需要核实。

2. 及时进行信息加工整理

对于收集获取到的大量审判工作信息，法官助理和书记员应当及时进行筛选、加工整理。

（1）筛选原始信息。对于收集的各类原始信息，应当及时进行鉴别和选择，对原始信息的真伪，是否具有违法性，以及有无收集存贮价值作出正确的取舍判断。

（2）进行加工整理和存贮。对于经过筛选后认为有价值的信息，应当进行加工整理和存贮。加工整理的方法是及时进行分类、排序、分析研究、记录、编写和存贮。

3. 信息报送与保密

对信息进行筛选、加工整理和存贮的目的，在于及时报送有价值的审判信息，辅助审判决策。信息报送就是对有价值的审判信息的及时利用，信息报送有法定的要求和严格的审批程序。报送的对象主要包括：对法官的报送、对合议庭的报送、对审判委员会的报送、对上级法院的报送、对党委人大政协机关的报送、对传媒的报送，等等。报送的方法主要有：笔录、录音、录像、电话、传真、电子邮件、口头汇报、会议通报、信息简报等。

审判信息还涉及保密的问题，审判信息中可能有涉及国家机密、商业秘密和个人隐私等需要保密的内容，关于保守审判秘密有严格的审判纪律约束。法官助理和书记员在辅助法官审判的过程中可能知晓很多信息，比如，合议庭评议案件时的各种信息，审判委员会讨论案件时的各种信息，等等。这就需要培养严守审判秘密的信息保密意识。

第二节　审判工作调查研究与司法写作技能

调查研究与司法写作技能是辅助法官作出正确审判决策的前提和基础,是法官助理和书记员辅助法官顺利完成审判工作任务的一项必备职业技能。现代法官职业化建设要求法官在完成知识化、专业化的基础上,进一步向研究型、学者型的方向发展,要求法官具有一定的调查研究能力和写作能力。所谓调查研究技能,是指法官、法官助理和书记员等法律职业者通过一定的研究途径和方法,对审判工作中存在的各种热点和难点问题进行科学的统计、分析、调查和研究,通过归纳提炼和总结以获得规律性的经验和智识,从而更好地指导审判实践。调研工作应当视为审判工作的一部分,是审判工作的基础和延伸。"没有调查研究就没有发言权。"[1]实践经验表明科学的决策来源于深入的调查研究,"调查研究作为植根于辩证唯物主义和历史唯物主义世界观的认识方法,是我们认识世界改造世界的基础"。[2] 审判工作中有许多难点和热点问题都需要开展调查研究找到对策和解决方法,法官助理和书记员应当注重培养调查研究的技能,这是做好法官助理和书记员工作的基本要求。

一、培养审判工作调查研究和司法写作能力的理论现实意义

培养调查研究能力是与法官及其助手们所从事的审判工作息息相关的。培养这种技能的最佳方法之一就是学会调查研究,学会开展应用法学学术研究。"讲理"的方法有两种:一是口头讲理。这要求培养能言善辩的口语表达能力;二是在裁判文书中讲理。这就要求培养调查研究的能力和写作能力。法院是最讲理的地方,而法官和助手们是最讲理的人。怎样才能体现出"最讲理"?归根结底还是一种调查研究和学术研究能力的综合体现与展示。法学院所学的法律知识仅仅只能作为"讲理"的起点,"讲理"的理性认识、"讲理"的技术与方法都需要在审判实践中培养和锻炼,需要在应用法学学术研究中培养和磨炼。法官的智慧和司法经验,是一种群体性的集体智识,其中也包含法官的助手——法官助理和书记员的智慧和经验。这些实践经验的总结,这些司法智慧的提炼,都需要通过广泛开展调查研究来进行。开展调查研究能够在法院系统内形成一种勤于学习、勤于思考、善于总结经验的良好风气,能够将单个法官、法官助理和书记员好的司法经验和司法智慧

---

[1] 《毛泽东选集》第1卷,人民出版社1982年版,第109页。
[2] 李俊伟:《怎样当好科长》,中国人事出版社2003年版,第175页。

在整个审判队伍中传播和分享。"正如英国作家萧伯纳所讲:倘若你有一个苹果,我也有一个苹果,我们彼此交换,你我仍各有一个苹果;倘若你有一种思想,我也有一种思想,我们彼此交流,你我将各有两种思想。"①开展调查研究能够使个体法官的经验和思想演化成法律职业人的集体智慧和思想,能够全面提高法官、法官助理和书记员的职业素养和职业技能。

二、开展审判工作调查研究与司法写作能力的基本途径和方法

有学者将调查研究的基本渠道或者途径归纳为两种:"其一,直接调研,也即在确定了调查研究的对象、范围或者目的以后,由法官自己通过大量的、分门别类的阅读、分析、归纳本庭已结案件的卷宗及相关材料,从中总结出规律性的东西。"②"其二,间接调研,也即指通过查阅本庭以外的各种资料(包括网上资料、下级法院已结案件的有关资料、同级法院已结案件的有关资料以及《最高人民法院公报》和《法律年鉴》上的有关资料和数据),在此基础上,分析、归纳出自己的结论或者倾向性意见的调研方法。"③

审判工作中的调查研究方法包括如下几种:

1. 进行司法统计分析的调研方法

"司法统计是法院调查研究工作的重要组成部分,最高人民法院于2000年1月3日发布的《关于加强人民法院调查研究工作的规定》,要求各级人民法院必须加强统计分析工作,逐步实现司法统计数据的收集、综合、查阅、使用、管理的现代化。"④司法统计调查分析的研究方法,目前在我国还没有受到相应的重视。即使有应用,也仅仅是统计数据的简单列举和分析。司法辅助人员应当具备一定的司法统计知识,司法统计调查分析是运用统计学原理和方法收集相关审判工作数据资料,通过对司法审判工作的数据资料进行深入的对比分析研究,从中总结审判工作中的各种特定情况、原因、规律和发展趋势。如果将司法统计方法再与其他应用法学研究方法相结合,进行定量分析和定性分析,还将取得更好的效果。司法统计包括:大量观察法、分组法、综合指标法、归纳推断法等基本统计研究方法。我国司法统计制度大致包括司法统计调查方法、司法统计报表制度、司法统计指标解释等几方面的内容。法院系统的调查项目主要有:法院系统人事信息制度、年度全国法院系统财务决算统计制度、人民法院纪检监察统计制度、司法统计报表。现代社会已步入数据、云计算的信息时代,司法统计的调研方法将会更多向大数据分析的方

---

① 史玉骄:《现代秘书学》,青岛出版社2001年版,第48页。
② 赵钢:《如何写好审判实务题材的调研文章》,载《武汉审判》2003年第4期,第4页。
③ 同上注。
④ 刘瑞川:《人民法庭审判实务与办案技巧》,人民法院出版社2002年版,第67页。

向发展,对司法统计的各种数据进行全样本的实证分析和深度分析将是今后的主要调研形式。

2. 进行典型调研与重点调研的调研方法

典型调研方法也称之为"解剖麻雀",指选择审判工作中有代表性的典型案例或有共性的问题进行调研,总结其中的一般性的规律,用于指导审判工作实践。重点调研,是指选择在审判工作中的重要问题进行调查研究,总结出其中的一般性的规律用以指导审判实践。典型调研,是指选择一类事物的代表进行调研,研究得出的结论是同一类事物的本质和规律。重点调研,是研究审判工作中某一组事物矛盾中的主要矛盾,或矛盾双方的主导方面,得出的调研结论是事物重点部分的本质和规律。典型调研的关键是选择调研的典型要准确,重点调研的关键是准确恰当地选择调研重点。

3. 开展抽样调查和问卷调查的调研方法

"抽样调查是指在需要调查的客观事物总体中,按照一定的方法抽取部分对象作为代表进行调查,并用调查结果推论全体被研究对象状况的一种科学的调查方法。"[1]"问卷调查是指调查者通过统一设计的问卷,向被调查者了解情况,征询意见的一种资料收集方法。"[2]

4. 召开座谈会和经验总结会的调研方法

召开座谈会是在审判工作调研方法中经常运用的调研方法,即通过组织各地各级法院有审判实践经验的法官开会,对专题进行座谈的调研方法。这种调研方法的关键是组织好参加调研会议的人员,一定是要在审判实践中确有感悟和研究的法官、法官助理和书记员,一定要有所准备,才能保证座谈会的效果。此外,座谈会调研主要是审判实践经验的交流,必须做好座谈会的记录和资料收集工作。此外,还可以通过召开经验总结会的调研方法来总结经验,对于各级法院提供的特定的审判工作经验总结材料进行汇总、总结和分析,并通过召开经验交流会的方法开展调研。

5. 召开现场会的调研方法

对于成功的经验进行总结,最好是有直观感受,这就会运用召开现场会调研的方法。所谓现场会,是指到审判工作的现场组织召开调研会,总结研究动态经验,在现场会交流经验,能够通过直观的感受起到沟通交流的作用。

6. 召开学术研讨会的调研方法

对于某一类具有应用法学学术研究的问题,可以提炼出需要调研的主题,然后组织相应作者群撰写学术研究论文,并筹备组织召开学术研讨会的调研方法进行

---

[1] 李俊伟:《怎样当好科长》,中国人事出版社2003年版,第179页。
[2] 同上书,第182页。

研究。学术研讨会调研方法的关键是选择好调研的主题,并做好学术研究成果的及时转化推广工作。

7. 确定重点调研课题进行专题调研的调研方法

对于有重大调研价值和意义的重点调研内容,可以采取设定重点调研课题,成立专题调研小组进行专门调研的方法进行调研。开展课题调研主要是涉及课题经费的筹集问题,以及调研人员的选择确定问题。目前法院调研实践中的主要问题要么是难以筹集课题调研经费,以及课题挂名者太多。

8. 案例分析和案例汇编的调研方法

案例是活的法律,通过对某一类案例的总结分析,可以得出规律性的调研结论。全国各地各级法院都在广泛开展案例调研。开展案例分析研究和案例汇编将成为一种主要的实证调研方法。目前,最高人民法院案例指导制度正在逐步推进,今后对案例的分析与调研,将会成为一种主流调研方法。最高人民法院开通的中国法院裁判文书网,为案例研究分析的调研方法开辟了更加广阔的研究领域和空间。

第三节 司法写作职业技能

一、司法写作职业技能的含义和内容

司法写作技能,是指法官助理和书记员运用文字表达法律思想和法律思维的审判辅助职业技能,是训练法律思维能力和审判职业技能的最主要最基础的方法和途径。法律职业就是一种运用职业技能,将普遍化、抽象化的法律条文转化成具有生命与活力的活生生的法律的职业,这种转化的过程,需要很强的逻辑思维和文字表达能力,而这种能力归根结底还是"写"的能力。"能写"才是好的法官助理和书记员。法律职业所需要具备的四种基本职业技能,即驾驭庭审的能力、调解的能力、法律适用的能力、裁判文书制作的能力,都是建立在写作能力之上的。裁判文书的写作质量取决于司法写作能力的培养,法官助理和书记员在参与审判工作、调研和学术研讨的过程中学习撰写调研报告、司法统计分析报告、各类公文和应用法学学术论文等,对司法写作能力的提高大有裨益。司法统计分析调研报告的写作,就是根据司法统计研究问题的需要运用各种统计分析方法,将反映法院审判工作情况的数据资料和具体情况结合起来,进行数据分析研究,揭示其内在联系的规律性,获得科学的结论。撰写司法统计调研报告应当学会运用统计学中的动态数列、抽样调查、司法统计预测、司法统计相关分析、回归分析、参数估计等研究分析方法,辅助分析司法审判工作存在的各种问题。司法统计分析调研报告的写作,是进

行应用法学研究和开展审判工作调查研究最常用的重要方法,经常练习写作,对提高辅助司法写作技能具有非常重要的意义。

此外,公文写作也是司法写作的重要内容之一。公文是司法审判工作中各类司法公务文件的简称。人民法院的公文,是指人民法院按照法定公文的特定体式,经过一定处理程序制成的书面文字材料。它是贯彻党的方针、政策和执行国家法律,指导和商洽工作,请示问题,报告情况,交流经验的重要工具。公文的种类包括:命令、议案、报告、决定、规定、公告、通告、通知、通报、批复、请示、函、会议纪要等。各类公文的写作应当符合《人民法院公文处理办法》的具体内容和格式要求,具体包括:观点明确、条理清楚、文字简练、用词规范、格式规范、印制工整、标点准确。各地各级法院持续开展学术研讨的目的就是通过学术讨论会的形式提高法官及其助手们的写作能力,继而提高司法职业技能。调研和写作真正的目在在于对司法职业技能的全面提升。调研报告和应用法学学术论文的价值在于创新,是法官助理和书记员培养法律职业技能的一种良好的训练方法。法官助理和书记员等审判辅助职业者作为法律的捍卫者和实践者,其辅助司法审判的过程同样也是一种创造性的劳动,对审判辅助职业的实践经验总结和以司法的认知与探索,本身就充分体现了审判辅助职业深厚的法学理论素养和人格魅力,体现了法官助理的智慧、创意与哲思,因此,司法写作可以定义为一种"创作艺术"。在审判实践中,法官助理和书记员每一篇有真知灼见的调研报告和学术论文都是法律职业人思想精华和法律智慧的结晶。法官助理和书记员在写作调研报告和学术论文时,如果能够有这样的品位和认识,就达到了司法写作的最高思想境界,写作就不是一件苦差事,而是一种乐趣和享受了。

二、司法写作技能的理论与实践基础

培养高超的司法写作技能,首先需要建构司法写作的理论与实践基础。具体包括如下几个方面:

(1) 树立明确的目标。我们的目标不仅仅是写出一篇好的调研报告和学术论文,而是通过调研和学术研讨提高司法写作能力。达到这个目标需要培养一种长期的爱好,需要培养一种执著追求应用法学学术研究的境界。古语云:"志当存高远",所谓:"取法乎上,得乎中;取法乎中,得乎下;取法乎下,得乎零。"目标要尽可能定高一些,要有更高的追求。这不是好高骛远,而是一种理想和心态的培养,培养用向往的心态看努力的过程,用平和的心态看努力的结果的良好心态。

(2) 确立一种信念和建立一种信心。不要因为是从事辅助职业而消极和懈怠,而要建立一种超然的自信,才能用这种信念和精神力量支撑我们去写好调研报告和学术调研文章。

（3）燃烧一种激情。只有热爱才会产生激情。因此，需要培养对司法的热爱和对写作的热爱，只有真正去爱好，才可能写出美妙的华章。只有当你觉得写作是一件快乐的事情，才能写出好文章。

（4）培养一种悟性。悟性对学习和写作是非常重要的。悟性是一种理解能力，是一种灵性的修为。写作实际上是一种理性思维的过程，是一种思想心境与灵魂历练的过程。当法官助理和书记员培养了这种悟性，就会做到将司法过程中一个个很小的问题阐发成一个很大的理论问题，才能有阐释法律的精神。

（5）培养一种精神。人是要有一点精神的，要有信仰的。审判辅助职业同样也需要一种精神和信仰。人的富有应当是两种富有，即物质和精神富有的结合。作为法官助理和书记员，应当有什么样的精神境界和追求，这个问题需要我们长期思考。

（6）培养专注审判实践的习惯。写作的内容来源于司法实践，司法调研与写作就是用文字表达对实践的体验、感悟与思考，因此，写作能力的培养就是实践能力的培养，应当培养理论与实践相结合的思维和写作习惯。

三、审判调研论文的选题方法与技巧

(一) 选题的重要性

从调研写作者的视角来看，选好一个恰当的、最适合自己的、感兴趣、拿手的选题，调研和写作都会得心应手。从读者的视角来看：一个好的选题，能够吸引他们的眼球，使读者有兴趣和欲望继续看下去，调研报告和论文才会有读者。

(二) 审判工作调研选题的原则

1. 必须坚持理论与实践相结合的原则

理论与实践相结合是调研报告和应用法学学术论文写作的最基本的要求。理论来源于实践，理论又是实践的先导，没有实践为基础的理论是空洞的理论；没有正确理论指导的实践，是盲目的实践。写作调研报告和应用法学学术论文，必须坚持理论与实践相结合的原则，有价值的选题，应当是当前人民法院审判工作、司法改革以及国家法制建设中的重大理论问题和实践问题，应当是司法审判实践中新型、复杂、疑难和特殊的法律问题。脱离了审判实践选题便毫无价值。法院的调研和学术研讨不是纯学术理论研究，而是关于实践的应用型的学术研究，因此选题必须要坚持理论与实践紧密结合的原则。

2. 必须坚持理论创新原则

创新是理论研究的灵魂。写作调研报告和学术论文一定要有观念和理论上的创新，一定要有自己原创的观点和思考。因此，创新也是选题的基本原则。理论创新是繁荣法学研究的强大动力和不竭源泉,要通过理论创新带动体制创新。法院调研的理论创新主要侧重于应用法学方面,也就是要在宪法和现行法律的框架内,注重研究适用法律实践过程中出现的各种新情况和新问题,这是由法官职业的本质特征所决定的。法官、法官助理、书记员写作调研报告和学术论文的目的,应着眼于解决实际问题,善于发现问题,要有独到的见解。

3. 必须坚持政治性原则

首先,论文的撰写应当是在当今政体和国体的范畴内。其次,应当是在宪法和现行法律的框架内。再次,应当强调党的执政方针和指导思想。最后,应当符合中国的现实情况和历史文化传统。

4. 必须坚持学术性原则

调研报告和学术研讨归根结底是一种应用法学学术研究活动,不论是应用或者实证,都是通过实证调查研究和应用法学学术研究的形式进行的,学术研究有学术研究的品位和要求,应当遵循学术研究的方法、步骤和规律,通过学术性要求形成浓郁的学术研究氛围。

5. 必须坚持思想性原则

写学术论文的终极目标就是用书面语言表达思想,就是用文字阐述对现实问题的思维和思考。因此,有价值的选题应当能够体现法律职业人真正的思考,体现从法学原理和法律精神上的思考,即使是应用型的调研报告,也要充分体现观念上、理论上的思考。

(三)审判工作调研课题的选题方法

1. 确定调研报告和学术论文选题的领域和范围

调研报告是解决实际问题的方法,因此,选题只能限定在某一审判实务领域的一个"点",而不能是"面",一篇调研报告只能论证一个"点"的问题,不可能把"面"的问题论述完整。在选题时尽量选小,最好是针对某一问题的某一点来选题。具体有如下方法:

(1)选"点"不选"面"(选小不选大)。一定要有一种以小见大、见微知著的选题本领。选题不能过于宽泛,只能在适当的领域内选择。

(2)选"真"不选"假"。选题必须是真问题,即立论的命题必须是现实中存在的问题,而不是空穴来风,只有真问题才能以实践为根据,以理论为指导来论证和分析。假问题是无法论证清楚的。选题要关注三个层面——立法层面、解释层面、具体实践操作层面,并将这三个层面有机结合起来。

(3)选"新"不选"旧"。新就是创新,虽然法律职业人的学术创新是一种有限的创新,但仍然要体现出实践者的新意和创意。"有限"是指法官助理、书记员的创新研究必须在现行法律制度的框架内,不得超越,必须在现行法律的基本原则内,不得超越。创新要求要有原创的观念,针对现行的理论、立法和实践三个层面来创新,要有新的视角、新的观点、新的理念。可以是填补空白之作,可以是开天辟地的独创,也可以是旧题新作。对选题要善于挖掘其蕴涵的深层次的东西,能够透过现象看本质,能够概括、归纳出背后的、深层次的、规律性的理论。

(4)选"实"不选"虚"。法官助理和书记员的调研报告和应用法学学术论文应当以"写实"为主,不能偏离"实证"这个基本点;应当以解决审判实践中需要解决的实际问题为主,应当是应用型、实践型的研究,研究的目的是要提出解决问题的方法;一定要注重理论与实践的紧密结合,选题一定要紧贴审判实践的需要。

(5)选"熟"不选"生"。法官助理和书记员的写作能力水平,写作可用的时间、资料和自己所精通的领域都是确定选题时应当充分考虑的因素。在选题时,一是要根据自己的写作能力选择难度适度的调研课题,尽量选自己熟悉的领域里的选题,不熟不写,只有熟悉的领域才可能写出文采和新意。所以,一定要选自己熟悉和拿手的领域开展调研,调研报告和论文选题要与自身的写作能力相匹配,要突出自身的优势和审判实践经验。只有自己有真知灼见和审判实践经验的课题,调研和写作起来才会得心应手。

(6)选"高"不选"低"。此处讲的高、低是指思想性上的高低。学术论文实际上就是一种思想的文字表达,因此,在选题时要尽量选择立意高远、有一定针对性和前瞻性的题目,要注重选题思想性的品位和境界,只有这样才能写出立意高远,思想深刻的好论文。

(7)反复提炼选题。对于选题的提炼,要贯穿调研报告和论文写作修改的全过程。根据形势和客观实际的变化和发展,反复提炼和锤炼论文的选题,在论文的标题设立和内容安排方面都要精雕细琢。

(8)注重选题的关联性。选题的关联度如何也是选题的关键因素:① 注意调研选题与学术讨论会主题的关联度;② 注意调研选题与主学科方向的关联度;③ 注意调研选题与其他相关学科的关联度;④ 注意调研选题的文化底蕴;⑤ 注意调研选题的历史背景;⑥ 注意调研选题的现代语境。

2. 确定调研课题的论点

调研课题选题确定之后,首要任务就是要确定论文的标题和论点,即文章观点和立意。论点是调研报告和论文的题眼,是调研报告和论文写作的起点。整篇调研报告和论文都要围绕论点来展开。因为这是调研报告和论文写作的切入点。题眼可以在调研报告或论文的开篇点出,也可以在调研报告或论文的最后论证结论中说明。只有通过反复的提炼和推敲,才能提出非常明确的论点。

四、相关司法写作资料的收集、整理、阅读、提炼和运用

确定了调研报告的选题和论点之后,就要根据选题的内容和论点的内容来收集资料以拓宽知识面。拓宽知识面需要大量占有资料和阅读。只有大量占有资料,才能扩大知识面,才能在全面了解的基础上有所突破和创新。

(一) 收集资料的渠道

(1) 网络:中国学术期刊网、相关专业网站(包括法院网站);
(2) 主流刊物和报纸;
(3) 法院内部的刊物(实证性和实用性很强);
(4) 国内外相关专著和教材;
(5) 司法统计数据;
(6) 审判实践经验介绍、工作方案、讲话稿、会议纪要材料;
(7) 国外、境外的相关资料;
(8) 调查研究收集的相关资料;
(9) 审判实践的经验和习惯;
(10) 中国法院裁判文书网和法院内部的案例和实例。

(二) 整理和阅读资料

收集、整理和阅读资料的过程就是一个积累的过程。写作调研报告和学术论文,首先要有积累,既要有理论知识的积累,也要有实践知识的积累。鲁迅先生曾说过:"文章应该怎样做,我说不出来,因为自己的作文,是由于多看和练习,此外并无心得或方法的。"①这段话告诉我们,"多看"是一条领略别人创作甘苦,汲取思想和艺术营养的有效途径。在做创作准备时要多读名著和当前的重要作品,这样,在创作时"说不清在什么地方,可能熏染到某种气息,如同茶叶熏出了一点茉莉的花香。这的确是深有体会的经验之谈"。② 因为他人的作品,是他人根据彼时彼地生活的独特感受写出来的,我们虽不能依赖简单的模仿,替代自己的创作,但读多了、看多了,自然而然也会受到启发和熏染,有助于写作技能的提高。调研报告和学术论文的写作准备也是同样的道理,一定要有大量的阅读量才行。大量阅读要养成一种习惯,只有平时长期注重积累才能真正做到厚积薄发,写作时才能文思泉涌,信手拈来。调研报告和学术论文的写作与文学创作一样,也需要厚积薄发,也需要平时的积累。

---

① 路德庆:《写作艺术示例》,华东师范大学出版社 1983 年版,第 1 页。
② 同上注。

对于收集的资料要进行分类整理,并反复阅读。通过反复的阅读将大量的信息变成自己的储存信息,并从中提炼出成型的观点。对资料的收集和阅读的过程,实际上也是一个思考提炼主题和构思的过程,就笔者自己的经验而言,很多灵感和好的想法都是在反复阅读的过程中产生的,阅读要养成动笔的好习惯,边看边写,特别是要及时把阅读过程中产生的思想火花记录下来,因为很多的灵感都是稍纵即逝的。此外,在收集资料的过程中,要学会运用现代网络信息技术,及时掌握最前沿的研究成果。根据收集整理和阅读资料,也可以及时更换过时的命题和观点,及时提炼出更好更新的选题和立论。对于浩如烟海的各种专著,可以运用快速阅读法,最快地获取有用的信息;对于大量的期刊,可以采取快速检索摘要、关键词的方法;对于信息量极大的报纸,可以运用标题阅读法;对于实证内容,则可以结合实践经验和感悟来提炼。总之,在动笔写作之前,一定要把现在已有的调研成果和学术研究成果及实践经验总结材料查询一遍,阅读一遍。只有站在巨人的肩膀上才会看得更远。阅读的资料要将其与主题相关的观点、理念以及实际操作层面的内容与选题相结合进行提炼,提炼的过程就是一个打腹稿的过程,往往在阅读中就能产生调研报告和文章的初步结构和论证体系。

五、确定审判工作调研报告或学术论文的写作提纲和论证方法

通过大量阅读提炼论点、论据、论证方向,围绕确立的论点和收集、整理、归纳、提炼的论据,可以先行确定一个调研报告和学术论文写作的提纲,然后确定采用何种论证方法。

写作提纲的作用很重要,论文不同于散文,它有一定的逻辑结构要求,特别是逻辑性要求很高,因此一定要从逻辑的视角在写作提纲中将论证的角度、论证的深度和广度、论证的方法和材料体现出来,写作提纲和论证的方法也是可以随论文写作的发展而不断修改的。好的调研报告和学术论文的结构和布局谋篇的方法,以及好的论证方法,我们可以学习借鉴,但一定不要机械地模仿,照搬照抄。应当用自己的双眼看世界,用自己的头脑想问题,用自己的文风写作调研报告和学术论文。提纲也就是调研报告和学术论文的基本结构的初步设想和安排,没有十分确定的规范和模式,全在作者自己把握。可以先提出论点涉及的问题,然后运用论据来论证论点涉及的问题,最后得出结论,证明调研报告论点的正确性和可行性;也可以先给出结论,再分析论证,最后再列举论据;还可以先列举论据材料,然后提出问题,再进行论证,最后得出结论。无论哪种论证方法,都要确定论证的语境,即在什么层面上论证论点。述事的背景要交代清楚,调研报告和论文的背景要清楚明了。提纲的确定也可以与阅读和写作相结合来反复提炼、反复锤炼,论证方法也是一样,可以根据实际情况,灵活运用和变通。

六、撰写审判工作调研报告和应用法学学术论文初稿

对于初稿的写作最好是一气呵成,以确保调研报告和论文的整体性和完整性。在写作中要特别注意调研报告和论文写作的文风,切忌写成讲话稿、公文总结、经验介绍等公文,也不能写成抒情散文或随笔。在行文的风格上,一定要符合调研报告和学术论文的规范要求,坚持理论联系实际,学术观点明确,论据充分,材料翔实,论证过程严谨、逻辑性强的平实文风。"法律的生命在经验,而不是逻辑",然而,调研报告和学术论文的生命却完全在于逻辑。要力争形成平实的文风,一定要有严密的逻辑分析和严谨的论证。论证过程就是说理的过程,是一个理性思维的过程,是一个有文字记载的法律思维的过程,也是一个运用法律方法解决现实问题的过程,是法律职业者的思维与方法的文字训练过程,理性思维的过程,要从思考的角度把复杂问题简单化、通俗化。在写作中应当注重调研报告和学术论文的实证性。需要强调体现法律职业人的理性思维和应用法学学术研究的实证研究方法的特点。应当养成在日常工作和写作过程中注重积累实证资料的习惯,这是最宝贵的最珍贵的资料,自己辅助法官审理的案例最有心得,学会制作调查分析和统计数据报表,注重从数据中总结有规律性的东西。在审判实践中经常会碰到的问题与立法的初衷和预期是不一样的,这就需要从实证的视角展开论证和分析。调研报告和应用法学学术论文写作中,实证研究仍然是弱项,亟待加强培养实证的研究方法。

在写作时应当注重调研报告写作的目的性,不能跑题。写一篇调研报告和论文的终极目标是为了解决实践中的问题。因此,写作调研报告和论文要向这一终极目标展开,不能偏离目标,不要为写而写,而是为解决问题而写。

此外,在写作中应当注重学术研究的规范,以及创新和创意在调研报告和学术论文中的贯穿,写作的过程就是新意与创意的拓展过程,注意围绕创新来论证和展开论述,要有破有立,有突破,突破前人的观念、理论,确立自己的新观点和新理论建构。注释表达一定要规范,特别注意知识产权问题,引注一定要规范,注明出处,同时一定要遵循学术研究的规范,语言表述一定要言简意赅,法言法语,切忌冗长繁杂,要有一定的法律语言学的知识和技巧,用最简洁的语言表达自己的观点。此外,还要注重认真校对,减少文字错误。

七、写作审判工作调研报告和学术论文的修改方法

"好的文章是改出来的。"这是调研报告和学术论文写作的经验之谈。反复修改也是写作的一部分,修改是写作的延伸,修改也是一种创作。修改主要包括如下

几个方面:

(1)"修头面",即对调研报告和学术论文选题和立论的修改。调研报告和学术论文初稿写成后,首先要进行修改的就是对选题、标题和立论(命题、题眼)的修改。应当结合主题和目标,审查调研课题的选题和立论是否偏离了主题,是否已论证清楚,是否已把道理说透,论据是否翔实充分,是否能证明清楚,题文是否相对应,立论与论证过程是否相对应,等等。对于发现的问题,要对比选题、立论和题眼进行双向修改:一方面,锤炼选题和标题;另一方面,完善调研报告和学术论文,审查选题的理论与现实意义是否实现。双向修改应当围绕主题、标题、立论进行。

(2)"修骨架",即对调研报告和学术论文逻辑结构的修改。可以结合提纲和确定的论证方法,考量文章的逻辑结构和布局谋篇是否合理,逻辑论证是否严谨,首尾是否照应,全文是否对称,结论安排是否符合学术论文的规范要求,论证的方法是否最适合本文。要围绕写作提纲和论证方法来修改调研报告和学术论文的逻辑结构。

(3)"修灵魂",即对调研报告和学术论文思想性的修改。可以结合调研报告和学术论文的立论命题和原创的观点进行修改。首先,看调研报告和学术论文的观点是否新颖,是否独辟蹊径,有独到之处。其次,看调研报告和学术论文的理念是否更新,观念是否符合现代社会主义法治理念和现代文化观念,是否符合传统文化观念和法学研究的前沿观念。再次,看调研报告和学术论文的理论建构是否创新,是否能构建起自己的理论新体系,是否能在理论上自圆其说,提出的理论和论证是否超越了原来的理论体系。最后,看论证的方法和过程是否体现了自己的思想,调研报告和学术论文中思想的闪光点在哪里。

(4)"修外表",即对调研报告和学术论文的风格和文风进行修改。首先,看调研报告和学术论文的文风是否完全抄袭照搬了前人的东西,是否有自己的文风和独特风格,有无自己的特色和特点,语言是否简洁、明了、精炼,是否符合法律专业。其次,看调研报告和学术论文的规范是否符合学术研究的规范性要求,有无知识产权争议,引注是否规范,格式是否符合要求,校对是否认真,有无错漏之处等。最后,看调研报告和学术论文的文采,虽是调研报告和学术论文,但毕竟是文章,还是要有一些文采,这是法官助理和书记员才情的体现。

(5)"修思维",即对调研报告和学术论文的论证过程进行修改,看论证是否严谨,逻辑是否严密,关联性是否恰当。看调研报告和学术论文的论述过程是否符合法律思维。

(6)"修内涵",即对调研报告和学术论文的论据进行修改,写作的过程有可能会有遗漏,所谓"智者千虑,必有一失,愚者千虑,必有一得"。对于好的论据和最有证明效力的论据不要忽略。只有做到有血有肉,资料翔实,才能论证充分。

此外,应当注重他人所提的修改意见并通过比较来修改,"他山之石可以攻玉",要善于听取不同的声音和意见,"三人行必有我师",博采众长,才能出类拔萃。多听取不同的意见,有益于调研报告和学术论文的更加完善。将调研报告和学术论文与核心期刊相比,与同类文章相比,与参赛论文相比,与法律硕博论文相比。有比较才有鉴别,与相类似的文章进行比较,可以找出差距。

法律的发展和生长,需要法学家的学术研究,更需要法官、法官助理和书记员等法律职业群体的学术研究。司法写作技能的训练是法官助理和书记员在司法过程中真正做到"入乎其内""超乎其外"的最好的职业技能训练途径和方法。引用我国台湾学者熊秉元教授评价美国法官波斯纳时曾说过的一段话来比喻司法写作的最高境界与追求:"可以追求成为引领法学风骚的司法长城,成为在尖端学术领域里耕耘不辍的园丁,成为整个社会得以分享其智慧结晶的鸿儒,成为指路的明灯!"这种写作的最高境界,是创作的境界,是艺术的境界,也是我们共同向往和追求的境界。当法官助理和书记员们满怀梦想、愉悦地写作,其实就是在培养法律职业人美好、高尚的品性。用快乐的心境写作各种应用法学调研报告、应用法学学术论文、案件审理报告和法律文书,其实就是用激情和智慧在创新法学和创造司法经验的司法艺术。司法写作不仅能培养法官助理和书记员的审判辅助职业技能,还能激发思想、愉悦灵魂、提升智慧,司法写作还将引领法官助理和书记员审判辅助职业之旅精神上的奋斗和追求。

第二十三章　法官助理和书记员辅助制作各类裁判文书工作技能

作为合议庭法官的辅助人员,法官助理和书记员在司法审判实践中几乎每天都要和裁判文书打交道,裁判文书的辅助制作与校对是法官助理和书记员的一项重要工作内容,因此,法官助理和书记员必须具备制作各类裁判文书的司法辅助技能。"裁判文书是人民法院就当事人争议的裁判过程、争议的事实和法律问题进行诉辩的诉讼过程,以及对裁判依据的法律论证过程和法律适用过程的真实记录,裁判文书具有法律的约束力和强制性,是展示人民法院司法公正的载体。裁判文书是连接法院和社会公众的纽带。"[1]"制作裁判文书是人民法院审判工作的重要组成部分,也是法官履行国家审判职责的一项经常性工作。"[2]事实上,裁判文书的制作不仅仅是法官的工作,在某种程度上讲也是法官助理和书记员的重要辅助工作内容之一。从司法程序功能的视角来看,裁判文书的制作是一个动态的程序记录过程,法官助理和书记员在审判中所做的许多工作,都是与裁判文书制作相关的。法官助理和书记员在审前准备程序中的送达、调查、归纳整理争点、固定证据、庭前调解等工作,以及庭审中的记录工作,都是在辅助法官制作裁判文书。裁判文书的制作不是在案件庭审之后,或合议庭评议后才开始的,而是应当贯穿于审判活动的全过程,每完结一个程序就应当同时制作完成裁判文书的一部分内容。例如,民事案件审理中,完成立案和审前送达程序性辅助工作之后,就可以写出审理报告中"当事人和其他诉讼参加人的基本情况";完成归纳整理案件争点和组织证据交换程序性工作之后,就可以写出审理报告中"当事人的诉讼请求、争议的事实及其理由";完成庭审记录和参与相关调查审核程序性工作之后,就可以写出审理报告中

---

[1] 刘瑞川:《人民法庭审判实务与办案技巧》,人民法院出版社2002年版,第627页。
[2] 乔宪志等:《法官素养与能力培训读本》,法律出版社2003年版,第137页。

"事实和证据的分析与认定"。在审判实践中我们发现,有经验的法官或书记员写审理报告和裁判文书,是在司法审判程序运行的动态过程中完成的。一般是庭审完毕或合议庭评议完毕后,很快就可以写出审理报告和裁判文书了,有的简单案件甚至当庭即可完成审理报告和裁判文书。结合这种动态的阶段性的写作方法,可以将法官助理和书记员裁判文书辅助制作与校对总结归纳为不同的辅助阶段。本章主要介绍各类裁判文书的辅助制作职业技能。

第一节 案件审理报告动态制作的技巧和方法

审理报告是裁判文书的"前身",是写作裁判文书的基础。在审判实践中,人们的思想观念在一定层面存在两个误区:一是认为案件审理报告应当是在案件基本审结后才开始写作,然后在此基础上经合议庭评议或审委会讨论决定后再写作判决书(或裁定书);二是认为裁判文书的制作完全是法官应当干的活,是法官的职责。审理报告的写作完全可以根据审判活动的进程分阶段完成,同理,裁判文书的部分内容初稿也可以分阶段完成。法官助理除了负责审前准备程序之外,还有一个重要的任务就是辅助法官制作裁判文书。裁判文书应当是法官与法官的助手们合作的产品。实践中有两个极端:要么完全依赖法官助理或书记员代写文书,有的法院甚至还专门将法官助理分为程序助理和文书助理,文书助理就是专门负责协助写作文书的;要么完全不要法官助理或书记员辅助制作文书,而由法官自己撰写法律文书。完全依赖法官助理和书记员代替法官制作文书,肯定是不对的,而完全不要法官助理和书记员的辅助,也是不切实际的。法官助理完全可以在审判过程中阶段性地辅助法官制作审理报告和裁判文书的部分审理报告和内容。

一、案件的由来和当事人的基本情况

在立案审查和完成审前准备程序中的送达事务性工作之后,对于案件的由来、当事人和其他诉讼参加人的基本情况应当基本查清,除了审理经过未完全完成暂时不能注明之外,可以写出审理报告中的第一部分"案件的由来"和第二部分"当事人和其他诉讼参加人的基本情况"的主要内容。与此相对应的就是判决书的首部的主要内容。这部分的写作内容既是审前准备程序中的法官助理和书记员进行诉答与送达程序的审查和判断,也是对法官助理和书记员完成上述事务性辅助审判工作的如实记载,是对审前准备程序的阶段性的总结。这一阶段的事务性的辅助审判工作完成了,审理报告和裁判文书中的相对应部分就应当同步制作出来。

这就印证了审判实践中有经验的法官常说的一句话:"判决书上的每一句话都应当有相应的证据或程序性工作来印证。"通过审查立案审查登记表以及送达后诉状与答辩状的主要内容,对于初步确定的案由、排定的案号、当事人及其他诉讼参加人的基本身份情况及委托代理情况、合议庭组成人员及主审法官的确定等事项,基本上都能够查清,也就能够制作出判决书首部的基本内容。

1. 标题中的法院名称

一般均与院印相一致,涉外案件应冠以"中华人民共和国"字样。

2. 案号①

最高人民法院于2015年5月13日发布了新的案件案号配套标准,自2016年1月1日起施行。案号一般由收案年度、法院代字、案件类型代字、案件编号组成。

3. 当事人的身份情况

《法院诉讼文书样式(试行)》对身份情况的载明有固定的格式要求,同时也是查明当事人身份情况的具体审查要求。身份情况其实也就是对当事人主体资格的审查结果。写清当事人身份事项的目的在于明确和固定主体资格,避免主体资格上的错误和主体不适格的情况发生。

民商事案件和行政案件的当事人是自然人的,应写明姓名、性别、出生年月日、民族、职业或工作单位和职务、住址(包括户籍登记住址、经常居住地地址)、身份证号码。当事人是法人的,应写明法人单位的全称、所在地址、法定代表人或负责人的姓名及职务。对于不具备法人资格的单位、组织或个人合伙,应写明单位或组织名称的全称及所在地址,代表人或负责人的姓名、性别、职务和身份证号码。对于民事案件中及刑事自诉案件中提出反诉的,应当注明当事人在诉讼中的反诉地位。

刑事案件关于被告人的身份情况,"应写明姓名、性别、出生年月日、民族、出生地、文化程度、职业或者工作单位和职务、住址和因本案所受强制措施的情况与现羁押处所"。②"被告人如有与案情有关的别名、化名或者绰号的,应在其姓名后面用括号加以注明;特别对犯罪时不满18周岁的未成年被告人的出生年月日必须写清;对被告人的住址,应写住所所在地或经常居住地;被告人曾经受过刑事处罚、劳动教养处分或又在限制人身自由期间逃跑,可能构成累犯或者有法定、酌定从重、从轻处罚情节的,应写明其事由和时间;同案被告人为两人以上的,按判决结果确定的主、从关系的顺序或判处刑罚的轻重列项书写。"③此外,被告人的身份证号码也应当写明。每个人的身份证号码均不相同,这是固定当事人身份的最重要的证

---

① 参见《最高人民法院关于印发〈关于人民法院案件案号的若干规定〉及配套标准的通知》
② 乔宪志等:《法官素养与能力培训读本》,法律出版社2003年版,第163页。
③ 同上注。

据之一。

4. 代理人的身份情况

民事案件、行政案件当事人有法定代理人或指定代理人的,应当写明代理人的姓名、性别、年龄、民族、职业或工作单位及职务、住址、身份证号码。如果法定或指定代理人与当事人之间有近亲属关系,还应在姓名后括注其与当事人的关系;如果指定代理人系律师或法律工作者,应写明姓名、律师事务所或法律服务机构名称及职务。有委托代理人的,应当写明姓名、性别、年龄、民族、职业或工作单位及职务、住址、身份证号码。如果委托代理人系当事人的近亲属,应在其姓名后括注其与当事人的关系。如委托代理人是律师或法律工作者,应当写明姓名、律师事务所或法律服务机构的名称及职务。

"刑事案件有辩护人的,按《法院刑事诉讼文书样式》规定,辩护人是律师的,只写姓名、工作单位和职务。辩护人是被告人的监护人、亲友的,还应写明其与被告人的关系。辩护人是人民团体或者被告人所在单位推荐的,只写姓名、工作单位和职务。"①

对当事人及其诉讼参与人的身份情况也就是主体资格的审查,应当与审理报告和裁判文书相对应的部分的写作相结合,包括追加第三人参加诉讼的内容,都应在审前准备程序中同步制作完成,这样既有利于全面审理查明事实、提高文书制作的质量和水平,又有利于提高诉讼效率,使法官能够把主要的精力用在审理报告和裁判文书的核心环节,即证据认定和论理部分。"一些裁判文书在表述当事人的基本情况时,如从内容上粗看没有任何问题,但往往或多或少地遗漏样式规定的基本要素,故应严格依照样式要求补充完整。"②能够严格按照样式的规范要求写明当事人及其他诉讼参加人的身份情况,证明对诉讼主体资格的审查达到了基本的规范性标准要求,当然也是对法官助理和书记员的审前准备工作的一种文本式的记载和肯定。审理报告和裁判文书部分内容的阶段性同步辅助制作可以让法官只是审查即可,而不必过多地将精力耗费在事务性、程序性的繁杂事务中,而可集中精力考虑法律解释与适用问题。

5. 当事人及其他诉讼参加人排列的顺序

在裁判文书中,当事人及其他诉讼参加人各项的排列表述顺序也有固定的要求:

(1) 有主动与被动关系的,主动的表述在前,被动的在后。如原告、上诉人在前,被告、被上诉人在后,无独立请求权的第三人更后。

(2) 有主体与依存关系的,诉讼主体表述在前,依存于诉讼主体的表述在后。

---

① 乔宪志等:《法官素养与能力培训读本》,法律出版社 2003 年版,第 163 页。
② 同上注。

如当事人在前,其代理人或辩护人在后。

(3)有主从犯罪关系的,主犯表述在前,从犯表述在后,胁从犯更后。①

二、当事人的诉讼请求、争议的事实及其理由

法官助理在审前准备程序中整理争点,组织进行证据交换并固定证据的审前准备工作,实际上就是与审理报告中的这部分内容完全相对应的。以民事一审判决书为例,也就是"原告诉称""被告辩称"和"第三人述称"的内容。当事人的诉讼请求以及争议的事实和理由部分的内容,虽然主要是通过原告、被告和第三人的陈述表述的,但不能照抄照搬起诉状和答辩状的内容,而必须根据法官助理对案件争执焦点的归纳整理进行必要的总结归纳和提炼;要求集中反映当事人的真实意思表示,明确纠纷的焦点,使之能够与文书后部分的审查查明的事实、论理和裁判结果形成严密的逻辑体系,前后呼应,相互印证。审理报告中的内容,可以写得详细具体一些,但裁判文书中的叙述应当更加简练。审理报告中的内容可由法官助理完成,而裁判文书中的这部分内容可由法官在审理报告内容的基础上更进一步进行精简和提炼后写作。"裁判文书的写作是一个非常周密严谨的法律思维、法律论证过程和法律适用过程。"②法官助理对案件争点的整理,实际上也是一个周密严谨的法律思维和法律论证过程,需要法官助理具备准确的分析判断和归纳总结提炼的职业技能,而这种职业技能的培养,如果跟裁判文书的写作相结合,则更有利于其职业技能的提高和规范。争点的整理水平只有从裁判文书的制作上才能真正体现出来。"司法权本质上就是一种判断权。"③从司法的过程视角来定义,"司法是将所有的个人与团体置于平等对待的地位,并仅依照透明、公正的规则与理性作出妥当与否之判断的行为"。④ 对争点的整理,实际上也就是对当事人之间法律关系的审查判断。"司法审判的过程,实际上就是针对案件审理过程中的真与假、是与非、曲与直等问题,根据特定的证据(或事实)以及既定的法律和法理,通过一定的程序进行认识,并作出判断的过程。"⑤对案件争点的整理,实际上是法官助理对当事人之间法律关系产生、变更及其内容的理性的分析、判断过程,这一过程也是审判思路的形成过程,其分析、判断的技能水平对案件的审理方向和裁判文书的写作,起着至关重要的作用,是立案后整个后续审判活动过程的出发点和方向标。因此,能够高度概括和提纲挈领地归纳总结并撰写出原告、被告及第三人的诉辩称意

---

① 参见乔宪志等:《法官素养与能力培训读本》,法律出版社2003年版,第163页。
② 刘瑞川:《人民法庭审判实务与办案技巧》,人民法院出版社2002年版,第62页。
③ 同上注。
④ 胡夏冰:《司法权:性质与构成的分析》,人民法院出版社2003年版,第197—198页。
⑤ 刘瑞川:《人民法庭审判实务与办案技巧》,人民法院出版社2002年版,第629页。

见及述称意见,是法官助理整理固定争点技能水平的体现。通过审理报告和裁判文书,此部分内容的写作也是对整理固定争点准备工作的文字固定记载及质量的评阅。此外,在审理报告之中还应当对双方当事人就事实理由所列举的证据的所有证据项目进行分析式的列举,便于法官下一步对证据进行审判判断的需要。此部分写作应当形成对当事人诉辩主张、事实理由及举证的初步审判判断的结果。

三、对案件事实和证据的分析与认定

法官助理在审前准备程序中组织进行整理争点和证据交换的工作,其实就是本部分内容的前提和基础,如果法官助理参与庭审,则可以辅助法官更加全面地写好本部分的内容。本部分内容与裁判文书相对应的就是"经审理查明"部分的内容。具体辅助写作的要求包括如下三个方面:

(1) 应当写明当事人之间的法律关系,法律关系产生、变更的时间、地点,以及法律关系的具体内容。

(2) 应当写明当事人之间法律关系产生纠纷的原因、经过、现实情况及后果。法院经审理查明的事实,应当是经过法庭审理查明的事实。叙述的方法一般应按照案件发生的时间顺序,客观、全面、真实地反映整个案件情况,同时要根据争点抓住纠纷的重点和关键内容,详述主要的纠纷产生原因和情节以及因果关系。"事实分为案件事实和证据事实两部分,是判决、裁定的前提和基础,是裁判理由和裁判结果的根据。"[1] "裁判文书对叙写事实的总要求是:以法律事实为依据叙述事实。"[2] "法院确认的案件事实,是在双方当事人举证、质证的基础上,通过法院的认证活动获得的事实。"[3]

(3) 应当列举写明据以认定案件事实的证据。列举的方式包括统一列举式、逐一列举式和内容证明式等多种列举方式。[4] "证据的写法多种多样,要因案而异。如案件简单或者当事人没有异议的,可以集中表述;案件复杂或当事人双方有异议、分歧较多的,应选用分别逐一列举式,并进行分析、认证;案情特别复杂的,以先概括叙述简要案情再分别列举有争议的事实证据为妥。"[5] 叙述事实和证据时应当注意保守国家机密、商业秘密和当事人的个人隐私,注意保护当事人及其他诉讼参加人、证人的声誉和安全。此外,刑事案件的事实证据写作,还应当防止在无意中披露犯罪方法和技巧而产生负面影响。

---

[1] 乔宪志等:《法官素养与能力培训读本》,法律出版社 2003 年版,第 167 页。
[2] 同上注。
[3] 刘瑞川:《人民法庭审判实务与办案技巧》,人民法院出版社 2002 年版,第 633 页。
[4] 参见乔宪志等:《法官素养与能力培训读本》,法律出版社 2003 年版,第 171 页。
[5] 同上注。

事实和证据部分内容的写作,因为涉及审前准备程序中的证据交换和证据固定内容,法官助理在辅助法官写作此部分内容的过程,也是学习法官对证据进行审查判断相结合、学习写作对证据的分析论证和评价、体会和感悟法官心证形成的过程,参与辅助制作可以逐渐熟悉三大诉讼证据规则的运用和证据审查判断的技巧与方法。此部分的写作实际上是对审前证据交换与证据固定技能的延伸性学习和拓展性的训练,由此可以从深层次提升庭审准备工作的职业技能,更好地辅助法官做好审前准备工作;同时,也能为法官写作裁判文书提供初始性和原创性的辅助,还可以从旁观者和辅助者的视角协助法官更加全面和直观地审查判断证据,避免证据审查判断过程中可能出现的偏见和错误,真正起到法官的助手作用。法官助理辅助制作裁判文书技能的提升,能够从一定层面辅助法官提升裁判文书的质量和效率。法官与法官助理对审判工作相互配合的合力效果,肯定胜过法官单独的力量和智慧。再从写作的经验的视角来看,好的文章是改出来的,不是写出来的,由法官助理根据审前准备程序的直观感受和审查判断的理性思考而起草的对证据审查判断的初稿,无论对法官庭审前拟定庭审提纲,还是对法官庭审后拟写事实证据的审查判断,都奠定了良好的基础。法官在法官助理撰写的初稿基础上,再根据庭审的实际情况及合议庭评议的情况来修改和写作,将更有利于提高裁判文书的制作水平和效率。

四、需要说明的问题

在案件的审前准备程序以及整个的审理过程中,可能会牵扯或涉及很多相关案件背景和社会影响的情况,比如,有的案件当事人有些特殊情况;有的案件存在深层次的社会问题;有的案件有深刻的社会背景;有的案件当事人之间存在矛盾激化的隐患;有的案件涉及整体社群或利益集团的利益;有的案件涉及社会稳定问题;有的案件涉及本辖区的民生问题;等等,这些情况都是记录和写作的内容。审理报告固定写作模式中专门列有一项"需要说明的问题"。法官助理和书记员需要培养一种善于及时捕捉和获取审判活动中各种相关信息的能力,这种能力体现在裁判文书的辅助制作中,就是对于审理报告中"需要说明的问题"部分的撰写技能水平上。

审判实践的社会复杂性告诉我们,每一起案件都是社会矛盾与纠纷的集中体现,案件的背后可能隐藏着深层次的社会问题,也可能存在这样或那样的矛盾隐患,这就需要办案法官、法官助理和书记员们具有一双"慧眼",及时发现问题和矛盾隐患,不仅仅就案办案,而是运用法律的精神真正化解矛盾和纠纷,达到"案结事了"的最佳效果。审理报告"需要说明的问题"的撰写水平,从某种程度上也反映了法官助理和书记员在案件审理的全过程中辅助法官审判的水平。是否善于发现问题,是否善于归纳和总结问题,是一种运用司法手段和技术妥善解决社会矛盾纠纷能力的具体体现。司法审判辅助职业技能的培养,包括及时发现和总结分析问题能力的培养。这一部分的写作水平就是考察法官助理和书记员在辅助过程中是否是一个有心人的标尺。本部分内容应当结合审判工作中的实际情况来撰写。具体包括如下几个方面:

(1) 列举写明案件审前准备程序中所获取的有关部门、单位和人民群众对案件的性质、是非曲直评价、处理结果和适用法律的意见、看法和建议。

(2) 列举写明案件审前准备程序中所了解的案件相关社会背景和可能存在的矛盾激化隐患问题。

(3) 列举写明案件审理过程中当事人可能存在的各种特殊情况。

(4) 列举写明与其他案件审理相关联的情况。

(5) 列举写明关于案件审理的社会舆论评价、新闻传播报道评价、网络舆论评价以及民意调查反映的相关内容。

(6) 列举写明案件所涉及的其他相关问题。

五、说理部分的辅助写作

法官助理的辅助作用在裁判文书说理部分的辅助制作中,还体现为对涉及案件可能适用相关法律的收集与整理,这也是辅助主审法官写好裁判文书论理部分的前提和基础。以民事案件为例,审理报告中最重要的一部分就是"解决纠纷的意见和理由",此部分是裁判文书的说理部分。通常认为裁判文书的论理部分应当是主审法官操心的事,与法官助理职业技能没有什么关系,实际上这是一种偏见、误解。法官助理的辅助作用在此部分内容的撰写中同样很重要。一方面,法官助理实际上是法官人才的储备力量。法官是一种实践性经验性很强的职业,成为一名合格的职业法官,需要长期审判实践经验的培养,而裁判文书的论理部分是法官职业技能的关键所在,实践中,很多法官都是在辅助写作的锻炼中成长起来的。另一方面,协助配合写作论理部分,对法官助理的职业技能也是一个全面的培训与提升,对论理部分的思考与实际操作将会更加有利于法律思维习惯的养成,更有利于综合素质和审判业务素质的提高,从而使法官助理的审前准备技能更加精湛和全面。"裁判文书的说理,不完全等同于论说文的议论,它既不需上纲拔高,也不具有鼓动性,更不宜作长篇大论。说理必须立足事实,以事说理;并着眼于法律,以法论理。说理要力求客观、公正、充分、平实。说理,上承事实,下接纷论,是裁判文书之魂。"[①]"裁判理由最能彰显法官理论功底和业务素质,裁判文书的公正性、说服力、

---

① 乔宪志等:《法官素养与能力培训读本》,法律出版社2003年版,第172页。

公信力就维系在裁判理由上。"①法官助理参与案件审理的审前准备程序,对于案件的诉辩主张和事实、理由,有直观的感受和一定程度的判断和认识,以此为基点的辅助写作工作,将有助于法官将说理部分写得更加清楚、明白和有说服力。

辅助写作的具体方法主要有如下几个方面:

(1)辅助法官"找法"。"法律条文是据以作出裁判的法律依据。一定的法律事实决定适用一定的法律,一定的处理结果决定适用一定的法律,一定的文书制作程序也决定适用一定的法律。"②法官助理辅助写作首先是辅助法官"找法"。以民事案件的审判为例,在审前准备程序中,当事人可能会对适用法律问题提出各自的意见和建议,并同时提供相应的法律依据的文本,这是一个"找法"的线索和方向;在整理案件争点时,根据案件法律关系和争执焦点,也会指向一定的法律条文,这也是"找法"的线索和方向。法官助理可以根据这两条路径先行找寻可能适用的法律及具体的法律条文。对于行政案件而言,作出被诉具体行政行为所依据的法律、法规、规章,都是作为行政诉讼证据一并提交的,这同样也为"找法"提供了线索和方向。目前,法律、法规和相关司法解释的查询条件都非常便捷,因此,法官助理先行及时、准确、全面寻找可能涉及案件处理的所有相关法律、法规、司法解释、批复等,是法官助理辅助法官写好论理部分的第一步。

(2)辅助法官"释法"。找到的相关可能适用的法律,并非就是案件处理最终真正适用的法律。法官助理还可以进一步辅助法官来解释法律。解释法律的前提是先理解法律,法律不仅仅只是法律条文,相类似的指导性案例其实也是法律精神的具体体现。这就要求法官助理辅助法官共同寻找和分析参考相关相似的典型案例。虽然我国未实行判例法制度,但典型案例的指导与指引功能,对于正确适用法律还是非常有用的,案例的参与价值应当发挥在"释法"的过程中。此外,国内外关于涉案法律适用问题的理论法学与应用法学学术研究成果,也是"释法"的重要参考依据。法官助理应当具备收集、整理相关指导性案例和法学学术研究成果的前沿问题的能力,这一技能对于法官正确解释法律将有极大的辅助作用。

(3)辅助法官"造法"。法律适用可能会遇到不同法律之间及法律条文之间有冲突或法律有漏洞的情况,也可能遇到因立法空白而没有可适用法律的情况。这就需要法官助理能够辅助法官"造法",要求法官助理具有一定的应用法学学术研究的能力。

(4)辅助法官"用法"。裁判文书写作规范对于法律条文的引用有明确的要求,法官助理在此部分的辅助作用是协助法官准确、完整、具体和有理有序地引用法律条文。"准确,就是要恰如其分地适合判决结果。完整,就是要把握以定性定

---

① 吴学谦、韩爽:《全市最差裁判文书评选活动述评》,载《鹤城审判》2006年第1期,第11页。
② 乔宪志等:《法官素养与能力培训读本》,法律出版社2003年版,第173页。

责处理的法律规定和司法解释全部引用，不得遗漏。具体，就是要引出法律条文外延最小的规定，并按照条、款、项、目的顺序引用。"①有理有序的引用，是指"凡是特别法中有明文规定的，应当援引特别法，需要再援引普通法；只有特别法没有规定的才援引普通法。凡是有具体规定的，应当援引具体规定，无需援引基本原则中的规定；如果没有具体规定，才援引基本原则中的规定"②。对于涉及程序法内容的，既要引用实体法，也要引用程序法。

辅助法官制作裁判文书对于法官助理的写作能力很有裨益，辅助的过程也就是训练写作能力的培养过程。裁判文书的写作，实际上是对所审理案件的审理思路、法律事实认定和法律解释与适用的书面表达，而实际的动态审判过程转化成文辞精美、言简意赅、逻辑严密、论理充分的优美判文，还是需要一定的思维与写作能力的。因此，在辅助法官制作裁判文书的过程中，法官助理的写作能力将会得到磨砺和提升。古代选用司法辅助人员讲究"身、言、书、判"，其中"书"，是指记录能力，"判"，即指裁判文书写作能力。古代将司法审判辅助职业称之为"刀笔吏"，就是将这一职业与写作紧紧地联结在一起，记录和写作同样也应当成为现代司法审判辅助职业的重要职业技能，并且应当比古代审判辅助职业有更进一步的职业技能拓展和职业技能新意。

第二节　裁判文书制作中的修饰、校对与整理技能

在传统观念中，书记员在审判过程中还有一项重要的辅助工作，即辅助法官对裁判文书进行修饰、校对与整理。裁判文书的修饰、校对与整理是法官助理和书记员司法辅助工作的一个重要组成部分。修饰、校对与整理等辅助制作裁判文书工作的职业技能水平，直接影响着人民法院裁判文书的制作质量和水平，同时也关系到人民法院的司法公正形象和裁判的权威与公信力。所谓修饰、校对与整理，不仅仅只是"指在文书印制过程中，以原稿核对校样，对校样中文字、标点等差错及时改正。对原稿中明显的语病或失误可向撰稿人提出，以确保文书正本（副本）不出差错"③，还包括对裁判文书的修辞、逻辑、文风、文理等诸多写作内容的辅助修改和矫正。过去书记员的裁判文书辅助制作工作主要是"校异同"，即以原稿核对校样，

---

① 乔宪志等：《法官素养与能力培训读本》，法律出版社2003年版，第173页。
② 刘瑞川：《人民法庭审判实务与办案技巧》，人民法院出版社2002年版，第637页。
③ 李国光：《怎样做好书记员工作》，人民法院出版社1992年版，第119页。

查找印制过程中的错别字和错标点。时至今日,法官助理和书记员对裁判文书的辅助制作工作内容的内涵,已经扩展为"校是非""校修辞""校逻辑""校文理"和"校风格"等全方位的辅助。所以,我们把现代法官助理和书记员的裁判文书校对工作,定义为"修饰、校对与整理"。

一、细节决定裁判文书的质量

修饰、校对与整理工作是建构在关注细节基础之上的,因此,我们首先讨论关注细节的重要性。

(一) 关注细节的重要性

"传统思维中,细节是不重要的,曾有成大事者不拘小节之说,把细节视为鸡毛蒜皮,重视细节是浪费时间。"①其实,这种旧的思想观念必须纠正,才能适应时代发展的需要,对于审判工作而言,关注细节是审判工作质量的根本保证。审判工作不仅仅要求法官要精益求精,关注每一个案件的细节,法官的助手们同样应当精益求精,关注裁判文书中的每一个细节,杜绝任何细小的差错。"海尔总裁张瑞敏说:什么是不简单?把每一件简单的事做好就是不简单;什么是不平凡?把每一件平凡的事做好就是不平凡。"②什么是细节,做好细节的事情就重要。要用心处理细节,必须立足本职。古人云:一屋不扫何以扫天下。光有远大理想是不行的,必须扎扎实实做好本职工作。要干一行,专一行,成为本职工作的行家里手。③"关于细节有一个不等式:$100-1 \neq 99$;$100-1=0$。这就是成语'功亏一篑'的最直观表述,1%的错误会导致100%的失败。"④老子在《道德经》中讲到:"图难于其易,为大于其细。天下难事,必作于易,天下大事,必作于细。是以圣人终不为大,故能成其大。"⑤裁判文书的质量决定于法官的写作能力,同时也决定于法官助理和书记员修饰、校对与整理的每一个细节之中。关注细节的每一个细小成功看似偶然,实际上孕育着成功的必然,所谓小事成就大事,细节成就完美。裁判文书是由一个字、一个词、一段说理、一段论证合成的,必须关注每一个细小的环节。虽然法官助理和书记员的大量修饰、校对与整理工作可能都是琐碎的、繁杂的、细小的事务性重复工作,但对于裁判文书的质量而言,则是至关重要的环节。

---

① 陈建生:《细节决定成败》,载《宝鸡审判》2005年第3期,第50页。
② 汪中求:《细节决定成败》,新华出版社2004年版,第118页。
③ 参见罗会宝:《关注审判工作细节,促进司法公正高效》,载《连云港审判》2005年第3期,第42页。
④ 参见汪中求:《细节决定成败》,新华出版社2004年版,第84页。
⑤ 参见《道德经》。古代哲人对细节重要性的认识十分精辟。一份洋洋洒洒数万言甚至数十万言的优美判文,实际上是经不起1%的错误打击的。

(二) 培养关注细节的职业习惯与技能

法官助理和书记员的日常工作都是与细节有关的繁杂的事务性工作,裁判文书的修饰、校对与整理更是如此,这就需要培养一种注重细节的职业习惯与技能。"如果没有良好的习惯为基础,任何理想的大厦都难以建立起来。而习惯恰恰是由日常生活中的一点一滴细微之处的不断积累所形成的。所以,中国古人说得好:勿以善小而不为,勿以恶小而为之。从更深刻的意义上讲,习惯是人生之基,而基础水平决定人的发展水平。"[1]"俄罗斯教育家乌申斯基说:良好的习惯是人在其思维习惯中所存放的道德资本,这个资本会不断增长,一个人毕生可以享受它的'利息'。坏习惯在同样的程度上就是一笔道德上未偿清的债务,这种债务能以其不断增长的利息折磨人,使他最好的创举失败,并把他引到道德破产的地步……"[2]重视细节应当成为一种职业习惯和敏感,法官助理和书记员对裁判文书的修饰、校对与整理的"绝招"和"功夫",不是一朝一夕能够成就的,必须经过长期的修炼和积累,在注重对裁判文书中每一个细节的关注中不断培养。"一心渴望伟大、追求伟大,伟大却了无踪影;甘于平淡,认真做好每个细节,伟大却不期而至。这就是细节的魅力,是水到渠成后的惊喜。"[3]好的裁判文书是修饰、校对与整理出来的,不完全是写出来的,关注细节的良好职业习惯与职业技能,是法官助理和书记员辅助法官提高裁判文书制作质量的重要环节。

细节上的小差异,实际上是职业技能上的大差异,裁判文书制作中一些不经意流露出来的细节,往往反映出法律工作者深层次的职业素养和水平。目前,司法审判辅助职业从业人员缺少一种精益求精、关注细节的理念和习惯,这也是缺乏敬业精神的表现。对于敬业者来讲,凡事无小事,事事都重要。每一个法官助理和书记员关注细节的素养提高一小步,裁判文书制作水平就会提高一大步。"做事不贪大,做人不计小",应当成为司法辅助人员的座右铭。裁判文书的修饰、核对与整理技艺,应当从细节中来,再到细节中去,经过对无数个细节的反复磨砺,才能最终辅助法官创造出精美无比的优质判文。

二、修饰、校对与整理的技巧

现代意义上的"校对",应当是对裁判文书的修辞、逻辑、文理、风格、是非、异同的全方面修饰、校对与整理,是裁判文书的最后一道"关口",对法官助理和书记员的职业技能提出了较高的要求。

---

[1] 汪中求:《细节决定成败》,新华出版社2004年版,第118页。
[2] 同上注。
[3] 同上书,第116页。

(一) 校异同

校异同,主要是指审查核对原稿与文书的差异,法律文书从撰写到印制成精美的裁判文书,有一个文字的排版印制内容转换过程,在这个转换过程中,可能会出现各种各样的细小的差错;写作过程中也可能会存在错字、错标点符号、错数据等疏漏之处,这些都在所难免,但通过认真核对,完全可以杜绝这些细小的差错。再者,法律文书有严格的审查签批和用印手续,还必须确保印制出的文书与经过审批的原稿完全一致,这也是裁判文书上必须由书记员校对后加盖"本件与原件核对无异"印章的原理所在。具体"校异同"的方法有:

(1) 点校,即由法官助理或书记员一人对照原稿审核校对裁判文书印制校样的校对方法。一般是将原稿与校样平行放置进行对比,"左手点原稿字句,右手执笔点着校样,默读文字,手随之移动,逐字逐句校对"。① 既可同步点校,亦可先阅读原稿,再点校校样,还可先点校校样,再阅读原稿进行比较。点校方法可根据各人的习惯和爱好选择使用。

(2) 读校。读校需要二人配合进行,"即一人读原稿,其他人核对校样的校对方法。读原稿的人要以记录速度把原稿字、词、句和标点符号读清楚、读准确。对文中出现的空行、提行、另面、另页、着重点、数字、符号或特殊格式等都应读出或说明,对容易混淆的同音字或生僻字亦应说明"。② "看校样的人注意力则应高度集中,根据所读原稿,看校样是否一致。如果发现差错,应即以校对符号标出,提请文印人员更正。"③读校最好是交叉进行,即读校一遍后,读与校的两人进行交换,这样的效果会更好。此外,还可以将读校与点校相结合,以确保裁判文书的百分之百准确。

(3) 复校,"即指将最后一次的校样与经更正差错印出的清样相校对、复核的一种方法"。④ 在校对过程中难免会有遗漏的地方,特别是有时将错误校对出来了,但在输入电脑时可能漏掉了,也可能在改的过程中又出现了新的错误,这就需要进行复校确保杜绝差错。复校的方法可以分别采取点校或读校的方法,也可以采取二者相结合的方法。此外,裁判文书的制作有严格的规范性格式要求,复校时还应仔细核对格式要求的所有细节。

(二) 校是非

"是非"是一种通俗的说法,概括起来的意思大致就是,文书所要阐述的、案件本身的事实以及相应的法律依据。如今针对文书的校对,不能单单局限于查找文

---

① 李国光:《怎样做好书记员工作》,人民法院出版社1992年版,第121页。
② 同上书,第120页。
③ 同上注。
④ 同上书,第121页。

书中的错别字和错标点符号,还应更深层次地介入裁判文书整体的写作和内容的把握之中,法官助理和书记员在核对文书时,不能仅就校对文书而看文书,还要学会查阅卷宗,针对卷宗材料,仔细审阅核对裁判文书中的对应内容。① 如今对于裁判文书的制作质量要求越来越高,很多裁判文书是要求上网公开的,因此,过去简单的"校异同",已经不能适应时代发展的需要了,必须运用"校是非"的方法来辅助法官制作出高质量的裁判文书。"校是非"的新要求明显对法官助理和书记员的职业技能提出了更高的要求,这就需要法官助理和书记员培养勤奋学习、善于积累的良好习惯,把校对工作与审前准备程序和审判笔录等日常工作结合起来,对裁判文书进行全方位的审核。具体方法包括:

(1)与查阅案卷材料相结合来判断"是非"。在校对时发现疑点,应及时审阅案卷中的相关材料,对照案卷材料进行校对,避免裁判文书写作中可能存在的各种错误或疏漏。

(2)与查阅相关资料和法条相结合来判断"是非"。现代案件的审理工作中所涉及的各种专业知识非常繁杂,法官、法官助理和书记员都不可能是精通百业的"杂家"。比如,行政审判可能涉及的行政管理领域多达70多个,可能涉及的法规、规章有1万多种,哪一个专家教授或法官都不敢说通晓百家。再比如,知识产权案件的审判所涉及的各种专有技术和自然科学知识领域也非常广泛,法官及其助手们不可能全部熟悉和了解。裁判文书中可能会出现其他学科知识的"盲点",也可能会出现引用法律条文的错误。这就需要法官助理和书记员在遇有疑问时及时查阅相关资料和法条,确保准确无误地改正差错,消除"盲点"和误区。

(3)以多角度思考与分析相结合来判断"是非"。审判工作是社会的审判,与社会复杂性紧密相连,单一的法律思维必须与政治思维、经济思维、道德思维、文化思维、社会思维相结合才是全面的思维。裁判文书的写作应当与社情、民情、国情相结合,应当与政策和经济发展相结合,应当与国际国内形势相结合。这就要求在校对时能够从不同的视角和不同的角度来全面思考、分析和判断"是非"。

(4)与交流沟通相结合来判断"是非"。"一般我们所校对的文书,已是基本成形的版本,已经多道把关,遗留差错不是太多,但遗留的差错往往都隐藏得比较深,发现起来难度较大,处理往往又比较棘手。"②法官助理和书记员应当学会通过交流与沟通的办法来判断"是非"。"质疑也是一种交流",法官助理和书记员参与了案件的审理过程,有一定的直观感受和体验,但也有可能存在疑问,通过向审判员或其他法官助理、书记员提出质疑的方法,可以及时发现错漏之处,很好地避免失误。即使是质疑错了,查阅以后也是弄懂了不懂的问题,学到了新的知识,开阔了视野。

---

① 参见郝琳:《说说裁判文书的校对》,载《新法苑》2006年第2期,第26页。
② 同上书,第27页。

(三) 校修辞与逻辑

讲究修辞与逻辑,既是制作裁判文书的基本要求,又是评价裁判文书质量水平高低的标准。"裁判文书的写作,实际上是对一个案件的思维逻辑模式进行书面反映的过程。"[①]"抽象的思维逻辑或审判办案思路必须通过高水平的修辞与逻辑方法准确地表达出来。""法律具有原则性、抽象性的特点,它往往需要法官从法条文字背后所蕴含的立法精神和价值目的出发,从前后各条款所反映的逻辑关系着眼,演绎、推导出法律的应有之义。"[②]"制作裁判文书,首先要求法官熟知法律和法理,然后必须具有比较严密的逻辑分析能力和文字表达能力。只有这样,法官才能够把当事人的观点分析透彻,在裁判文书里做到条理清晰、逻辑严密、行文精当。"[③]就审判实践的现实情况而言,法官助理和书记员的知识结构新,写作能力强,修辞与逻辑水平高,可以很好地发挥其特长来辅助法官制作裁判文书,从修辞与逻辑两个层面校对,可以杜绝裁判文书可能存在的不足之处,确保裁判文书的高质量和高水平。

(四) 校文理与风格

文风对于裁判文书来讲也很重要,文风优美的裁判文书,读起来引人入胜,赏心悦目,能够真正起到"教化"的引导作用。优秀的裁判文书之所以能够流传后世,就是因为其文理与风格的优美和神韵。每当读到说理透彻、分析精辟、叙事精妙、论证严谨、语言洗练、情理圆通、情理法交融的精美判文时,读者都会为之动心、为之动容、为之动情。裁判文书不仅是法律精神的诠释,也是法律文化的传播。这对法官的写作能力提出了较高的要求,法官助理和书记员的辅助制作和校对,其实也可以辅助法官改进文风,使之达到文理通顺、风格优美的境界。校对中对文风也应当有所修饰与整理。具体包括如下三个方面:

(1) 尽量辅助法官制作的裁判文书达到有如行云流水、法理盎然、优美雅致、线条清晰明快、法言法语精确的水平,能够把法官的审判思路方式与方法流畅圆满地表达出来。

(2) 提倡审美艺术的运用。对裁判文书的语感要做到优美,倡导一种抑扬顿挫的语感。

(3) 提倡法律文化底蕴。裁判文书说到底也还是一种法律文化的表现,对文理与风格的修饰、整理应当以传统的法律文化和先进的西方法治文化作底蕴,有文化底蕴的判词才有生命力,才会流传久远。

---

① 刘瑞川:《人民法庭审判实务与办案技巧》,人民法院出版社2002年版,第629页。
② 乔宪志等:《法官素养与能力培训读本》,法律出版社2003年版,第139页。
③ 同上注。

第二十四章 法官助理和书记员立卷和归档工作技能

诉讼文书的立卷归档工作是一项贯穿从案件立案审查一直到案件审结整个审判程序全过程的重要司法辅助工作,是诉讼文书最终转化为国家档案的一个衔接阶段,也是档案工作的开始。法官助理和书记员还有一个重要的审判辅助工作职责,就是负责案件的立卷归档。将人民法院的审判活动中所形成的诉讼文书,按照一定的规范进行立卷归档,是司法审判辅助职业技能中的一项重要的内容,也是从立案审查环节就必须开始的司法辅助工作。人民法院规定由审判辅助职业人员负责立卷归档工作,符合国家关于立卷制度的原则性要求。整理诉讼文书和办理立卷归档,是法官助理和书记员的主要司法辅助工作内容之一。此外,现代电子信息技术引入档案管理后,给法官助理和书记员的立卷归档工作职业技能赋予了新的内涵和要求。本章主要介绍立卷归档技能以及引入电子信息档案管理后的相关职业规范。本章主要以武汉市中级人民法院现行的立卷归档办法及电子信息档案管理规定和技术要求为参照系。

第一节 人民法院立卷归档工作概述

一、立卷归档的含义

"人民法院受理的每个案件审结后,将零散的诉讼文书按照立卷原则和要求,组成案卷,装订成册,这一工作便是诉讼文书立卷。装订成册反映案件审理全貌的卷宗,便是诉讼案卷。"[1]将装订好的卷宗经检验合格后归入档案室保管就是归档。

---

[1] 李国光:《怎样做好书记员工作》,人民法院出版社1992年版,第167页。

传统的归档主要是纸质档案的归档,现代信息管理技术引入档案管理后,还要求将相关电子文本及经过扫描后的电子信息档案与纸质档案同时归档。书记员立卷归档的职业技能,也是一种重要的审判辅助职业技能,熟练掌握立卷归档的操作技巧和方法是保证诉讼文书立卷质量的基础。人民法院的各类诉讼文书,是国家重要的专业文书之一,审判工作所形成的诉讼案卷档案,是人民法院司法审判活动的真实记录。审判工作诉讼文书的立卷归档工作,是人民法院法官助理和书记员司法辅助工作的重要内容。诉讼文书的收集、整理、立卷归档工作,由负责跟案的法官助理或书记员负责完成,由主审法官、审判长和庭长负责检查卷宗质量,并监督司法辅助人员立卷归档的工作质量和效率。立卷归档工作的质量,实际上是审判工作质量的直接反映,同时也直接影响诉讼档案的保存和利用,具有重要的价值和功能。案卷是审判活动全程的真实记录,真实记载着人民法院审理案件的全部过程,及时立卷归档,有利于系统保存和管理诉讼文书档案,防止案卷材料毁损灭失或流散泄密,保护案件诉讼文书的安全与完整;有利于日后的检查、考评、考核、查证、参考、借鉴和利用;有利于提高诉讼档案管理工作的质量。

二、立卷归档工作的主体

按照过去长期的习惯做法,人民法院的立卷归档工作一直是由跟案书记员负责办理,这是因为书记员自始至终参加案件审理的全过程,担负诉讼文书的收集和保管工作,熟悉诉讼文书材料的来龙去脉,了解诉讼文书材料的形成过程,由书记员负责立卷归档工作,能够保证立卷归档工作的质量和效率。"1956年国务院《关于加强国家档案工作的决定》明确规定,文书立卷属于文书处理部门的任务。"[1]传统司法审判程序中一直沿用由跟案书记员负责立卷归档工作的做法,这一制度符合我国立卷制度的要求。然而,随着审判方式改革和司法体制改革的深化,特别是随着书记员制度改革和法官助理制度的推行,现代司法审判工作对于立卷归档的主体已经提出了新的要求。现代立卷归档工作的主体应当是法官、法官助理和书记员。过去的做法往往忽略了法官对主审案件立卷归档工作的审查职责,其实,立卷归档不仅仅是书记员的事,而应当由法官、法官助理和书记员共同负责完成。特别是推行法官助理制度之后,法官助理参与案件的审前准备工作及相关法律文书的起草工作,法官助理对案件的熟悉和了解,更加有利于协助法官做好立卷归档工作。

---

[1] 李国光:《怎样做好书记员工作》,人民法院出版社1992年版,第167页。

三、立卷归档工作的价值和功能

审判工作中的立卷归档,虽然是案件审结后的一项辅助性事务工作,但对于审判工作的整体而言非常重要,立卷归档是案件审判诉讼文书转化为法定案件档案资料的一个重要衔接阶段,同时,也是审判档案管理工作的开始。案件立卷归档的质量和水平,不仅是审判工作质量和水平的直接反映,而且直接影响审判档案的保存和利用,是关乎历史记载和后人通过阅卷了解审判活动的一项审判辅助工作。其价值和功能可以归纳为四个方面:

(1) 及时立卷归档是对审判工作的及时总结,有利于各种对案件质量的评比和检查,有利于上诉审和再审对原审案件的程序、证据和适用法律的审查判断。

(2) 审判工作中的诉讼文书属于国家档案材料,通过立卷归档,有利于检查、考证、查阅和利用。人民法院的案件档案是审判活动真实记录的汇总,"反映人民法院审理案件的全过程,是法院发挥审判职能,正确适用国家法律、法令、方针、政策的体现。案件审结后,诉讼文书仍具有查证、参考的重要价值,经过立卷便于日后查找利用"。[1]

(3) 通过立卷归档工作,可以保护诉讼档案的完整和安全,便于档案的保存和管理。立卷归档就是对审判工作的各种诉讼文书进行系统的整理,有利于日后的查找和利用。特别是对一些必须长期保存和永久保存的案卷材料,及时立卷归档,可以防止案卷的毁损灭失和流散泄密,确保诉讼文书档案的完整和安全。

(4) 及时立卷归档,可以保持诉讼文书档案处理工作的连续性,为诉讼档案管理工作奠定良好的基础,提高诉讼档案管理工作的质量和水平。

第二节 立卷归档工作的具体要求

一、立卷归档的范围和原则

(一) 立卷归档的范围

凡是在人民法院审判案件的程序中所形成的记录案件审理过程和内容的诉讼文书和诉讼证据材料,都属于立卷归档的范围。目前,人民法院审理案件的种类较多,因此,所形成的诉讼文书材料也多种多样。较为常见的有如下五个方面的内容:

---

[1] 李国光:《怎样做好书记员工作》,人民法院出版社1992年版,第168—169页。

(1) 凡是人民法院审理案件过程中依一定程序和定式编写填制的规范性司法文书,都应列入立卷归档的范围。立卷归档的主要内容,约有十几类 240 余种样式,大体包括:

① 各类案件各个审级的裁判文书。包括判决书、裁定书、调解书、驳回申请通知书等。② 人民法院内部报告文书。包括结案报告、案情综合报告、复核案件审查报告以及办案中就某一问题所作的调查、考察结果的汇报请示等专题报告等。③ 人民法院笔录文书。包括庭审笔录、调查询问笔录、搜查笔录、勘验笔录、合议庭评议笔录、审判委员会讨论案件记录、宣判笔录、查封扣押笔录、执行笔录等。④ 人民法院公函、通知文书。这类文书适用范围较广,用于审判案件的有出庭通知书,邀请人民陪审员执行职务函,对被逮捕人家属通知书,决定释放通知书,移送案件退回函,调卷、退卷函,送达判决书(或裁定书)函,送达上诉状副本通知书,刑事案件执行通知书,委托调查、委托宣判函,受理与不受理案件通知书,应诉通知书,受理上诉通知书,委托鉴定、委托执行函,责令提供担保书,协助执行通知书,司法建议函等。⑤ 人民法院的票证文书。包括查封证、传票、搜查证、送达证、换押票、提押票、拘传票等。⑥ 人民法院的命令、决定文书。包括逮捕决定书、查封令、执行死刑命令、停止执行死刑命令、扣押命令、解除扣押令、拘留决定书、提前解除拘留决定书、罚款决定书等。⑦ 人民法院公告、布告。包括开庭公告、无法送达的公告、宣告失踪人死亡公告、认定财产无主公告等。⑧ 人民法院的杂项类文书。主要有查封物品清单,扣押物品清单,赃物、赃款交换单,证人具结书,缴纳诉讼费通知书,收费统一收据,诉讼费用退还通知等。①

(2) 公安机关、检察机关及其他执法机关制作的执法文书。"如检察机关的公诉书、抗诉书、撤回公诉书、撤回抗诉决定书、纠正违法通知书。公安机关和其他行政执法机关制作的行政处罚决定书等涉及诉讼活动的各种文书。"②

(3) 诉讼当事人在参加诉讼过程中提供的各种材料。例如,诉状、答辩状、上诉状、申请书、申诉书,法定代表人身份证明书,授权委托书,诉讼保全申请书,证据保全申请书及各种举证材料,等等。

(4) 律师和法律工作者代理参加诉讼所提交的代理词或辩护意见等。

(5) 诉讼活动中法官和书记员共同制作的讯问笔录、询问笔录、调查笔录、勘验笔录、搜查笔录等审判笔录,以及依职权收集的书证、物证、证人证言、鉴定结论、视听资料等证据,等等。

---

① 参见李国光:《怎样做好书记员工作》,人民法院出版社 1992 年版,第 168—173 页。
② 同上书,第 171 页。

(二) 立卷归档的基本原则

"1984年1月4日,最高人民法院、国家档案局联合颁发的《人民法院诉讼文书立卷归档办法》第2条规定:"人民法院的诉讼文书,要根据刑事、民事、经济、行政等案件类别,按年度、审级、一案一号的原则,单独立卷。"[1]立卷归档应当"按照收案时已经排定的先后次序,确定案件的年度、审级、类别和编号,在案件审理完毕,将整理齐全的诉讼文书,一案一号,制作立卷。立卷的具体要求是要反映出审判工作活动的客观进程,保持文件之间的内在联系,案件审理的全貌和便于保管利用"。[2] 具体的立卷归档包括如下基本原则:

(1) 客观记录和反映案件审理的程序。即按照法定诉讼程序的先后顺序和各种诉讼文件之间的内在逻辑联系,将每个阶段形成的诉讼文书汇集装订成卷,使装订好的案卷能够客观全面反映审判活动程序的进程。

(2) 客观记录和反映案件审理的全貌。诉讼案卷是审判工作的真实记录,必须反映案件审理在事实清楚、证据确凿、适用法律正确、程序合法、手续完备等方面的全面情况和办案的质量全貌。

二、立卷归档的一般性规范要求

规范性要求,主要是对审判档案管理的保管和利用的技术性要求而言的。具体要求如下:

(1) 制作诉讼文书必须要用钢笔、宝珠笔(水性圆珠笔)等能够长久保存的书写工具书写,杜绝用油性圆珠笔和铅笔书写,防止褪色、退字。因为案卷材料要长期保存,必须要用能够长久保存的书写,工具书写才符合立卷归档的要求。

(2) 各种笔录的制作必须全面完整。审判笔录是各种审判活动的真实记载,是案件审判程序的真实反映,是一种重要的书证材料。由于审判笔录立卷归档以后具有一定的证据作用和参考利用价值,因此,制作审判笔录应当将时间、地点、案件承办法官、法官助理、记录人、参加诉讼的当事人及其代理人、审判活动的具体内容等,全面完整地记载清楚和准确,并要求参与当事人及其代理人在审判笔录上每页均签名、盖章或捺手印。此外,法官、法官助理和书记员都要审阅后签名。

(3) 各种审判工作中的文书的原稿和正本,以及相关法定手续,必须要求合法全面。裁判文书原稿的拟稿人、核稿人、签发人要求签全名,写明拟稿、核稿和签发的时间,对外的行文要求盖有法院印章和落款时间。

---

[1] 李国光:《怎样做好书记员工作》,人民法院出版社1992年版,第172页。

[2] 同上注。

(4) 对摘抄的材料,"要在摘抄件上注明摘抄的出处,摘抄的时间和摘抄人姓名,并要求被摘抄单位盖公章证明。只有这样才能保证证明材料的真实性、可靠性"。①

三、引入现代电子信息档案管理技术对立卷归档工作的新要求

随着电子信息技术在审判工作中的广泛推广与应用,立卷归档工作也纳入电子信息化管理的范畴。根据国家档案局和最高人民法院有关归档工作的文件精神,各地各级人民法院根据开展电子信息档案管理的实际需要,纷纷制定了相关"立卷归档电子信息管理规定""诉讼档案信息化归档工作流程""电子档案管理规定"等电子信息技术立卷归档的新规定。电子信息诉讼卷宗归档新技术对书记员的立卷归档工作技能提出了新的要求,书记员除了掌握过去传统的立卷归档职业技能以外,还必须熟练掌握和运用现代电子信息技术立卷归档的职业技能,这是时代发展的需要。

(一) 现代电子信息技术立卷归档的新要求

随着国家电子政务的推进和人民法院信息化建设的发展,对各类诉讼档案将通过扫描进行数字化处理,建立诉讼档案数据库,这是法院信息化建设的一项重大举措。现代电子信息技术引入档案管理,使档案工作纳入电子信息化管理的范畴,对法院书记员的立卷归档工作提出了全新的工作技能要求,要求书记员在立卷归档以及对上级法院报送案卷材料时,不仅要按照原传统归档的规定报送纸质的卷宗材料,而且要同时报送相关电子文本的卷宗材料。

具体的要求包括:

(1) 各类诉讼案件,分别形成电子诉讼档案和纸质诉讼档案,审结后一律以电子和纸质两种载体归档。

(2) 电子诉讼卷宗、纸质诉讼卷宗应在结案后 3 个月内移送归档,结案时间系局域网按流程管理规定记录案件报结的时间,归档时间即档案管理部门签收电子与纸质卷宗的时间。

(3) 电子文本的文件材料格式一般为 WORD 文档格式,证据材料为图片格式,影音证据为影音文件格式,对上级法院报送的案件,电子文本一般要求采用光盘报送。

(4) 向上级法院请示案件的案卷材料要求进行电子化处理后,报送电子文本光盘。包括请示报告及其附件、其他相关材料。请示报告格式为 WORD 文档,其他相关材料为图片格式。各类上诉案件要求报送的电子文本包括各类报告、文书、

---

① 李国光:《怎样做好书记员工作》,人民法院出版社 1992 年版,第 172 页。

当事人信息及证据材料等,其中大量证据材料需扫描生成图片格式。

(二) 现代电子信息技术立卷归档的程序与要求

(1) 案件主审法官接收案卷后,必须按规定应用"法院信息系统"管理软件在网上进行相应的事务处理,形成规范的电子诉讼卷宗。特别是实行了实时扫描信息化建设的法院,必须按照节点要求进行案件卷宗的实时扫描和审判流程管理及时上传保存。实现办案流程中的电子卷宗的动态可视化。

(2) 电子诉讼卷宗应包括:立案时形成的电子文档,审理阶段形成的庭审笔录、裁判文书、合议笔录、审理报告等(按正副卷分类)电子文档材料。待档案数字化处理方案确立后,最终达到电子卷宗与纸质卷宗完全一致。

(3) 诉讼档案归档必须严格按照相关诉讼档案立卷归档规定执行,电子诉讼卷宗的所有文档应与相应的纸质诉讼卷宗的所有文档排列顺序完全相同。

(4) 法官、法官助理、书记员、速录员应对电子诉讼卷宗、纸质诉讼卷宗的齐全、完整、真实负责,每一卷宗备考表必须有立卷人、检查人签字、盖章。主审法官在抓好案件审理工作的同时,应负责电子和纸质诉讼档案的立卷检查,加强对所承办案件审结后的电子立卷归档工作的管理和监督。

(5) 法官助理、书记员首先将电子诉讼卷宗向档案管理部门在局域网上提请归档事务,再将纸质诉讼卷宗附上移送归档清单,移送档案管理部门签收。未提交电子诉讼卷宗或电子卷宗未达到规范要求的,档案室可以拒绝接收纸质诉讼卷宗。

(6) 档案管理部门每月应在法院局域网上进行一次催归,对超期归档的案件承办人定期予以通报,杜绝超期归档。

第三节 立卷归档的程序和方法

一、立卷归档工作的程序和方法

1. 在案件审理的过程中,要及时做好各种案卷材料的立卷和收集诉讼文书材料归卷等各项工作

首先是立卷工作,即指诉讼案件立案后,由跟案辅助承办此案的法官助理和书记员收集有关本案的各种诉讼文书材料,根据刑事(含减刑假释)、民商事、行政、国家赔偿等案件类型,按年度、审级、一案一号的原则单独立卷。"由于审理案件是一个复杂的过程,诉讼文书来源广泛,种类多,形式各异,制成文书的时间不同,书记员收案后,就要经常留心收集审判进程各阶段形成的文书,做到收集及时,手续完备。办案的过程就是收集诉讼文书和形成档案的过程,收集归卷过程与办案过程

是同步进行的。"①审判实践中,每个法官往往是同时交叉办理几个案件,跟案法官助理和书记员手中保管的案卷常常是数件、十数件乃至数十件,各种诉讼文书纷至沓来,非常繁杂。因此,在审判工作中,就应当注意及时做好案卷材料的收集和立卷归档工作,法官、法官助理和书记员平时要注意将每个案件的卷宗分别摆放,做好收集案卷材料的准备工作,对于每个案件的诉讼文书,要按照审判程序形成的自然时间顺序,分别归集摆放在案卷里面,做到收集及时、齐全、排放有序,便于案件审结后的立卷归档。

2. 立卷归档时要认真检查与整理案卷内的诉讼文书内容。在案件审结后,在正式进行立卷归档时,还要再进行仔细的检查和整理,主要检查案卷中的诉讼文书是否收集齐全;已有的文书中法律手续是否完备,并及时补正;检查法律文书是否有拆散缺页的情况。对于案卷内有内容重复的诉讼文书一般只留存 1 份,但对有相关领导批示的重复文件仍应保留附卷。案卷装订页数过多的,可以另立分卷。对于裁判文书原件,应当至少保留 3 份以上附在案卷内,便于将来检查和利用。

3. 按照立卷归档目录整理和排列标准排列卷内诉讼文书顺序。按照最高人民法院、国家档案局 1984 年 1 月 4 日颁发的《人民法院诉讼文书立卷归档办法》第 8 条规定:"诉讼文书材料的排列顺序,总的要求是,按照诉讼程序的客观进程形成文书的时间自然顺序进行排列。"②排列卷内诉讼文书顺序时的核心要点是必须按照审判程序进行。排列整理案卷内诉讼文书的方法主要包括三种:① 按照审判程序的客观进程形成文书的时间自然顺序进行排列。② 在不违背最高人民法院规定的排列顺序总的要求下,部分文书可按专门问题集中排列。③ 在最高人民法院规定的总要求下,对审判活动中在某个审理阶段集中处理重大复杂问题的部分文书,可按文书之间的内在联系进行排列。③ "以上三种方法独立采用的较少,多数情况下是交叉采用,特别是民事、经济案件的案卷整理,书记员要根据卷内诉讼文书的实际情况,灵活运用。"④

二、各类案卷诉讼文书排列目录

(一) 刑事一审案件正卷目录

(1) 立案审查,审判流程管理信息表,证据目录;
(2) 起诉书(自诉状)正本及附件;

---

① 李国光:《怎样做好书记员工作》,人民法院出版社 1992 年版,第 175 页。
② 同上注。
③ 同上书,第 176 页。
④ 同上书,第 177 页。

(3) 不予受理决定书；

(4) 送达起诉书笔录；

(5) 附带民事诉讼诉状及相关证据；

(6) 起诉书送达回证；

(7) 聘请翻译人员、诉讼代理人、指定、委托辩护人材料；

(8) 自行逮捕决定书、逮捕证、收监执行决定书及对家属通知书；

(9) 搜查证、搜查勘验笔录及扣押物品清单；

(10) 查封令及解除令、查封物品清单；

(11) 取保候审、监视居住、保外就医决定及保证书；

(12) 退回补充侦查函及补充侦查材料；

(13) 撤诉书；

(14) 律师要求取证申请及证据材料；

(15) 调查笔录或调查取证材料；

(16) 赃、证物鉴定结论；

(17) 讯问笔录；

(18) 被告人坦白交代、揭发问题登记表及查证材料；

(19) 延长审限案件呈批表、批复；

(20) 检察院建议延期审理函、恢复审理函；

(21) 开庭前的通知、传票、提押票、换押票、拘传票；

(22) 开庭及宣判公告；

(23) 开庭审判笔录（公诉词、辩护词、证人证言及庭审后的补充材料）；

(24) 判决书、裁定书正本（刑事附带民事部分的调解书、协议书、裁定书正本）；

(25) 暂予监外执行决定书；

(26) 宣判笔录（委托宣判函及宣判笔录）；

(27) 判决书、裁定书送达回证；

(28) 司法建议书；

(29) 抗诉书、上诉书；

(30) 复核或抗诉、上诉案件移送函；

(31) 上级人民法院退卷函；

(32) 上级人民法院判决书、裁定书；

(33) 执行通知书存根和回执（释放证回执）；

(34) 附带民事诉讼预收及退款凭据；

(35) 赃物、证物移送清单及处理手续材料；

(36) 备考表；
(37) 证物袋；
(38) 卷底。

(二) 刑事二审案件正卷目录

(1) 立案审查、审判流程管理信息表；
(2) 上(抗)诉案件移送书；
(3) 原审法院判决书、裁定书；
(4) 上诉书(抗诉书)及附件；
(5) 答辩状及附件；
(6) 聘请、指定、委托辩护人材料；
(7) 取保候审、保外就医决定及保证书；
(8) 调查笔录(调查取证材料)；
(9) 撤诉书；
(10) 讯问笔录；
(11) 公诉人、辩护人出庭通知书；
(12) 开庭公告；
(13) 传票、提押票；
(14) 开庭审判笔录；
(15) 公诉词、辩护词、陈述词；
(16) 庭审后的补充调查材料；
(17) 司法鉴定材料；
(18) 被告人坦白交代、揭发问题登记表及查证材料；
(19) 延长审限材料；
(20) 判决书、裁定书正本；
(21) 刑事附带民事部分调解书、协议书、裁定书；
(22) 宣判笔录、委托宣判函；
(23) 判决书、裁定书送达回证；
(24) 执行通知书存根和回执；
(25) 退卷函；
(26) 备考表；
(27) 证物袋；
(28) 卷底。

(三) 行政一审案件正卷目录

(1) 案件立案审查情况表；

(2) 起诉书、口诉笔录及附件（行政处罚及处理材料）；
(3) 受理案件通知书；
(4) 缴纳诉讼费通知及预收收据；
(5) 应诉通知书及送达回证；
(6) 答辩状及附件；
(7) 答辩状副本送达回证；
(8) 法定代表人及诉讼代理人的身份证明及授权委托书；
(9) 询问、调查笔录及调查取证材料；
(10) 开庭通知、传票、公告；
(11) 停止行政机关具体行政行为继续执行的法律文书；
(12) 开庭审判笔录；
(13) 代理词、辩护词；
(14) 撤诉书；
(15) 判决书、裁定书正本；
(16) 宣判笔录；
(17) 送达回证；
(18) 诉讼费收据；
(19) 上诉或复核案件移送书；
(20) 上级法院退卷函；
(21) 上级法院的判决书、裁定书或批复；
(22) 证物处理手续；
(23) 备考表；
(24) 证物袋；
(25) 卷底。

（四）行政二审案件正卷目录

(1) 案件立案审查情况表；
(2) 原审法院案件复核或上诉移送书；
(3) 原审法院判决书、裁定书；
(4) 上诉状或申请复核书；
(5) 缴纳诉讼费通知及预收收据；
(6) 上诉状副本或申请复核送达回证；
(7) 答辩状；
(8) 答辩状送达回证；
(9) 法定代表人、代理人身份证明及授权委托书；

（10）询问、调查笔录及取证材料；

（11）鉴定委托书及鉴定报告；

（12）开庭通知书、传票、公告；

（13）开庭审判笔录；

（14）代理词、辩护词；

（15）撤诉书；

（16）判决书、裁定书、复核批复正本；

（17）宣判笔录；

（18）送达回证；

（19）诉讼费收据；

（20）退卷函存根；

（21）司法建议书；

（22）备考表；

（23）证物袋；

（24）卷底。

（五）民（商）事一审案件正卷目录

（1）案件立案审查情况表；

（2）起诉书及附件；

（3）法律文书送达地址确认书；

（4）缴纳诉讼费通知及预收收据或缓、减免手续；

（5）答辩状及附件；

（6）原、被告诉讼代理人、法定代表人、第三人身份证明及营业执照、授权委托书、律师函、鉴定委托书及法定代表人身份证明；

（7）原、被告举证材料；

（8）诉讼保全或先行给付申请及本院裁定；

（9）诉讼保全或先行给付的执行记录；

（10）询问、调查笔录及调查取证材料；

（11）调解笔录及调解材料；

（12）撤诉申请及相关材料；

（13）开庭通知、公告、传票及送达回证；

（14）庭审笔录；

（15）代理词；

（16）判决书、调解书、裁定书正本；

（17）宣判笔录、委托宣判函；

(18) 送达回证;
(19) 诉讼费退款通知及收据;
(20) 上诉移送函;
(21) 上级法院退卷函;
(22) 上级法院判决书、调解书、裁定书;
(23) 证物处理手续材料;
(24) 司法建议书;
(25) 备考表;
(26) 证物袋;
(27) 卷底。

(六) 民(商)事二审案件正卷目录

(1) 案件立案审查情况表;
(2) 上诉案件移送函;
(3) 原审法院判决书、裁定书;
(4) 上诉状及附件;
(5) 缴纳诉讼费通知及预收收据或缓、减免手续;
(6) 法律文书送达地址确认书;
(7) 答辩状及附件;
(8) 诉讼代理人和法定代表人的身份证明及授权委托书、营业执照;
(9) 上诉人、被上诉人举证材料;
(10) 询问、调查笔录或调查取证材料;
(11) 调解笔录及调解材料;
(12) 撤诉书;
(13) 开庭通知、传票、公告;
(14) 庭审笔录;
(15) 代理词;
(16) 判决书、调解书、裁定书正本;
(17) 宣判笔录、委托宣判函;
(18) 送达回证;
(19) 诉讼费退款通知及收据;
(20) 司法建议书;
(21) 退卷函存根;
(22) 证物处理手续;
(23) 备考表;

第二十四章　法官助理和书记员立卷和归档工作技能　339

　　（24）证物袋；
　　（25）卷底。

（七）再审、申诉案件正卷目录

　　（1）案件立案审查情况表；
　　（2）申诉书；
　　（3）原审法院判决书、裁定书；
　　（4）提审、询问当事人笔录；
　　（5）提押票、传票；
　　（6）调查笔录或调查取证材料；
　　（7）判决书、裁定书、批复正本；
　　（8）宣判笔录；
　　（9）送达回证；
　　（10）退卷函存根；
　　（11）备考表；
　　（12）证物袋；
　　（13）卷底。

（八）各类案件副卷目录

　　（1）案件审结报告；
　　（2）承办人与有关部门内部交换意见的材料或笔录；
　　（3）有关本案的内部请示及批复；
　　（4）合议庭评议笔录；
　　（5）审判庭研究、汇报案件记录；
　　（6）审判委员会讨论记录；
　　（7）案情综合报告原、正本；
　　（8）判决书、裁定书原本；
　　（9）审判监督表或发回重审意见书；
　　（10）其他不宜对外公开的材料；
　　（11）备考表；
　　（12）卷底。

（九）国家赔偿案件正卷目录

　　（1）立案审批表；
　　（2）赔偿申请书；
　　（3）赔偿义务机关意见、复议机关意见；

（4）赔偿义务机关法定代表人、代理人身份证明及授权委托书；

　　（5）询问、调查笔录及证据材料；

　　（6）鉴定委托书及鉴定报告；

　　（7）申请人撤诉申请；

　　（8）执行通知执行情况；

　　（9）决定书正本；

　　（10）送达回证；

　　（11）卷底。

（十）国家赔偿案件副卷目录

　　（1）阅卷笔录；

　　（2）案件承办人的审查报告；

　　（3）承办人与有关部门内部交换意见材料或笔录；

　　（4）有关本案内部请示及批复；

　　（5）办公室评议案件记录；

　　（6）赔偿委员会讨论记录；

　　（7）案情综合报告原、正本；

　　（8）其他不宜公开的材料；

　　（9）备考表；

　　（10）卷底。

（十一）执行案件正卷目录

　　（1）立案审批表；

　　（2）申请执行书；

　　（3）执行依据；

　　（4）受理案件通知书、举证通知书及送达回执；

　　（5）执行通知书、财产申报通知书及送达回执；

　　（6）申请执行人、被执行人身份证明、工商登记资料、法定代表人身份证明及授权委托书、律师事务所函；

　　（7）申请执行人、被执行人举证材料；案外人举证材料；

　　（8）询问笔录、调查笔录、听证笔录、执行笔录及人民法院取证材料；

　　（9）采取解除、撤销强制执行措施（包括查询、查封、冻结、扣划、扣押、评估、拍卖、变卖、搜查、拘传、罚款、拘留）等文书材料；

　　（10）追加、变更执行主体裁定书正本；

　　（11）强制执行裁定书正本；

（12）执行和解协议；

（13）执行和解协议履行情况的证明材料；

（14）以物抵债裁定书及相关材料；

（15）中止执行、终结执行、不予执行裁定及执行凭证；

（16）执行款物收取、交付凭证及有关审批材料；

（17）延长执行期限的审批表；

（18）结案报告、结案审批表；

（19）送达回证；

（20）案件受理费及实际支出费收据；

（21）备考表；

（22）证物袋；

（23）卷底。

（十二）执行复议案件正卷目录

（1）立案审批表；

（2）复议申请书；

（3）原决定书；

（4）复议申请人身份证明、法定代表人身份证明及授权委托书、律师事务所函；

（5）复议申请人提供的证据材料；

（6）听证笔录、调查笔录；

（7）复议决定书；

（8）结案报告、结案审批表；

（9）送达回证；

（10）备考表；

（11）证物袋；

（12）卷底。

（十三）执行监督案件正卷目录

（1）立案审批表；

（2）执行监督申请表；

（3）原执行裁定书；

（4）当事人身份证明或法定代表人身份证明及授权委托书、律师事务所函；

（5）当事人提供的证据材料；

（6）听证笔录、调查笔录；

(7) 督办函;

(8) 执行法院书面报告;

(9) 监督结果或有关裁定书;

(10) 结案报告、结案审批表;

(11) 送达回证;

(12) 备考表;

(13) 证物袋;

(14) 卷底。

(十四) 执行请示案件正卷目录

(1) 立案审批表;

(2) 请示报告及相关证据材料;

(3) 承办人审查报告;

(4) 合议庭评议案件笔录;

(5) 执行局(庭)研究案件笔录及会议纪要;

(6) 本院审判委员会评议案件笔录及会议纪要;

(7) 向上级法院的请示或报告;

(8) 批复意见;

(9) 结案报告、结案审批表;

(10) 备考表;

(11) 证物袋;

(12) 卷底。

(十五) 执行协调案件正卷目录

(1) 立案审批表;

(2) 请求协调报告及相关证据材料;

(3) 协调函;

(4) 被协调法院的报告及相关证据材料;

(5) 协调会议记录;

(6) 承办人审查报告;

(7) 合议庭评议案件笔录;

(8) 执行局(庭)研究案件记录及合议纪要;

(9) 审判委员会研究案件记录及会议纪要;

(10) 协调意见书;

(11) 结案报告、结案审批表;

(12) 备考表；
(13) 证物袋；
(14) 卷底。

第四节　电子信息技术立卷归档的程序与方法

一、案卷档案的立卷与编目

（1）诉讼文书立卷归档工作由书记员负责收集、整理立卷，主审法官或主审法官指定的法官助理负责检查卷宗质量，并监督书记员按期归档。承办法官收案后，书记员即应开始收集有关本案的各种诉讼材料，着手立卷工作。在案件办结以后，认真检查全案的文书材料是否齐全，若发现法律文书不完备的，应及时补齐或补救，按归档顺序排列整理。

（2）诉讼文书应根据刑事、民（商）事、行政、执行、赔偿等案件类别，按年度、审级、一案一号的原则，单独立卷。一个案件从收案到结案所形成的法律文书、公文，都使用收案时编定的案号。

（3）入卷的诉讼文书材料，一般只保存1份（有领导人批示的除外），判决书、裁定书、调解书可保留3份，夹入卷内备用。

（4）各类诉讼文书必须用标准A4办公纸，并用毛笔或钢笔（用墨汁或碳素、蓝黑墨水）书写、签发。

（5）卷内目录应按诉讼文书材料排列顺序逐件填写，总的要求是按照诉讼程序的客观进程形成文书时间的自然顺序，兼顾文件之间的有机联系进行排列。

（6）诉讼文书应按照利于保密、方便利用的原则，分别立为正卷和副卷。延长审限审批表必须置于正卷。需保密的工作记录及电话记录，当事人提供涉及个人隐私信息资料（包括存折、股票账号）等可放副卷。

二、诉讼档案的整理与归档

（1）案件审结后，书记员要对诉讼文书材料进行全面检查，材料不完整的要补齐，破损或褪色的要修补、复制。纸张过大的材料要修剪折叠。加边、加衬、折叠均以A4办公纸为准。对字迹难以辨认的材料，应附上抄件。外文及少数民族文字材料应附上汉语译文。需要附着保存的信封，要打开展平加贴衬纸，邮票不得取掉，卷内各种票证等材料一律顺序平贴，禁止重叠粘贴。文书材料上的金属物必须剔除。

（2）每卷卷宗厚度不超过 15 毫米。材料过多的,应按顺序分册装袋。每册案卷都应重新编写页号。当事人提供装订成册的材料(包括火漆材料、审计材料、鉴定书等)必须编页,放置于大证物袋内,证物袋注明案号、案由、当事人、证物内容、页数。

（3）在案卷的封面后和文件前放置卷内目录纸,编写卷内文件目录,以便于查阅。卷内目录的项目包括序号、文件名称、页次、备注。

（4）案卷内诉讼文书经过系统整理和排列之后,应用阿拉伯数字逐页编写顺序页码,固定排列的案卷文件顺序。正面的书写在右上角,背面的书写在左上角。卷宗封面、卷内目录、备考表、证物袋、卷底不编号。

（5）填写备考表。每卷案卷应放备考表,放在案卷诉讼材料的最后卷底的前面,以便案件承办法官或档案管理人员随时注明有关事项。

（6）填写案卷封面。① 案卷的封面、归档号数、统计类别一般由档案管理人员填写,封面的法院名称(全称)、案件的年度、审级、案号、案由、当事人等项目,由负责立卷归档的书记员负责填写。

具体包括:① 收案日期填写受理案件的日期。② 结案日期填写裁判文书的日期。③ 审理结果填写裁判文书的主文内容。刑事一审要写上刑种、刑期或"宣告无罪"等;刑事二审要写上维持原判、发回重审、改判等。民事、经济案件,一审要写上判决、调解、撤诉等,二审要写上判决、调解、裁定、维持、发回重审等。行政一审要写上判决、调解、裁定、撤诉等,二审要写上维持、发回重审、改判、部分改判、调解、撤诉、注销等。④ 归档日期填写案卷送至档案室的日期。⑤ 案卷的保管期限应根据《关于人民法院诉讼档案保管期限的规定》,对案卷提出永久、长期、短期保管期限的意见。⑥ 对分立副卷,要在卷面右上方,盖上"副卷"印章,以示与正卷的区别。封面及封底使用统一的软牛皮纸打印,卷内目录要按规范的卷宗排列顺序打印。

（7）整理后的卷宗不须装订,书记员将卷宗材料装入塑料档案袋向档案室办理移交归档手续,一般情况下一个塑料档案袋只装一份档案。书记员归档时,先在网上提交档案,电子卷宗的归档按各地各级法院的具体档案管理规定执行。

（8）上诉和死刑复核案件的卷宗,一律先交档案室进行电子化处理、装订卷宗并刻录光盘,承办书记员再向上级法院报送。

---

① 参见李国光:《怎样做好书记员工作》,人民法院出版社 1992 年版,第 173—180 页。

第五节 诉讼案卷归档的程序和步骤

法官、法官助理和书记员在完成立卷归档工作后,应及时将案卷移交档案室,这就是归档。为了提高诉讼文书立卷归档质量,书记员在立卷归档前,应经承办该案的法官或法官指定的法官助理检查案卷,再交法院档案室验收。

一、法官、法官助理和书记员对案卷的阅卷检查

(1) 检查卷面案号、原被告与裁判文书是否一致,全案诉讼材料是否收集齐全,无关的材料是否在整理时剔除。

(2) 检查所有案卷材料制作手续是否完备,如各种审判笔录是否清晰无错漏,审判笔录制作的时间、地点、当事人姓名是否已填写清楚;当事人、法官和书记员是否签名。

(3) 检查法律文书原本与正本是否核对无异。

(4) 检查诉讼文书排列是否正确,页数编号是否无误。

(5) 检查对案卷提出保管期限的意见是否符合《人民法院诉讼档案保管期限的规定》。

法官或经法官授权的法官助理检查阅卷后,认为案卷整理归档符合立卷归档的规定要求的,应当在纸质卷宗最后签署已经审阅合格的意见。

二、诉讼档案归档的接收与鉴定

(1) 档案接收人员按归档人提交的案卷及卷内目录,逐一核对清点。打印"案件归档移交表"(一式两份),在移交表上签名后,1份交书记员,1份备查,并记录时间。

(2) 档案接收人员在验卷中,应当检查卷面目录填写是否正确无误,字迹是否清楚、工整;卷内文件排列、编号是否正确无误。对存在不按规范组卷、建立目录等问题的卷宗不予接收,退回重新整理归档。

(3) 案件结案生效后的3个月内,应向档案室归档。卷宗验收合格后,双方办理交接手续,由档案接收人员在卷宗封面上盖"归档"验收章。

(4) 对于归档的声像档案,应在光盘上注明当事人的姓名、案由、年度、审级、类别、案号、承办单位、录制人、录制时间、录制内容,并按形成顺序,逐盘登记造册

归档。①

（5）归档的证物，凡是能够附卷保存的，应装入纸质卷宗，不方便装入纸质卷宗的，应放入专用证物袋附卷。同时在证物袋上写明名称、数量、特征、来源。"不便附卷保存的，应当分别包装，注明所属案件的年度、审级、类别、案号、当事人姓名，案由以及证物名称、数量、特征等，随同本案卷宗归档。易腐、易爆、易燃、有毒的证物，因不适于保存，可拍照附卷。"②

（6）有赃、证物执行工作或民事执行工作，案件承办人能在短时间执行的，执行完毕形成的材料，附入卷内归档。需要移送执行的，可另立执行卷，执行完毕后，并入原卷归档保存。③

（7）已归档的审判卷宗，不得从卷内抽取材料。需要增添文书材料时，必须征得档案人员同意，按立卷要求去做，并在案卷备考表内注明拆卷时间，增添文件名称和拆卷人姓名。如未附备考表的，可在卷内目录备注栏内注明。④

（8）档案接收人员应将接收后的档案归档日期、归档人、保管期限、案卷册数、正、副卷页数、验卷人等信息输入电脑，编写档号，然后填写诉讼案卷电子扫描移交登记表，送扫描加工生产线进行电子化处理。

三、诉讼档案的扫描与入库

（1）案卷电子化包括案卷全文扫描和建立目录索引，使诉讼档案实现全文管理。

（2）负责扫描处理的工作人员无论是立案登记时的即时扫描，还是办案过程中的实时节点扫描法官助理和书记员，应仔细接收每一件档案材料，分门别类清册登记，安全存放档案卷宗，休息时间必须将档案材料放回档案柜。

（3）扫描工作中必须仔细检查材料与封面是否一致，扫描的电子档案必须清晰、端正、录入完整，如发现材料有问题，应及时做好相关记录，并督促改正，同时建立完好的电子档案备份文件。

（4）建立索引人员必须仔细、准确地输入每一项电子档案信息，目录结构必须按原始材料输入完整，如发现错误应及时反馈，及时改正。

（5）扫描工作完成后，应在卷内目录上盖"卷宗已电子化"章。并在卷底装订结扣处粘贴封志，由装订人员加盖骑缝章，向档案库房管理员办理移交登记手续。

（6）档案库房管理员对已进行电子化处理并装订好的档案，进行电子卷宗和

---

① 参见李国光：《怎样做好书记员工作》，人民法院出版社1992年版，第184页。
② 同上注。
③ 同上注。
④ 同上注。

纸质卷宗的查验核对,确认无误后方可入库上架。

四、电子信息案卷档案的管理

人民法院的案件卷宗和诉讼档案关系到审判工作流程的正常进行和审判秘密的安全保管,加强对案件卷宗和诉讼档案的管理,是人民法院的一项重要工作。档案管理历来存在着已结案件长期不归档、诉讼档案的借(调)阅审批程序把关不严、借(调)用诉讼档案不能如期归还、案卷遗失等现象。因此,加强电子信息档案的归档和借阅管理非常重要,具体应当从如下几个方面加强管理:

(1) 各类案件从立案审查开始,由立案庭法官和书记员负责将诉讼材料按照诉讼档案信息化归档工作流程管理的规定,有序地装入案卷专用档案袋内,确保一案一袋,移交有关业务庭;再由业务庭分配给具体承办法官。

(2) 对正在审理中的案件卷宗材料应明确由承办法官妥善保管。不准携带卷宗材料回家;与案件审理无关的人员不准查阅卷宗材料;外出办案时,不准携带卷宗材料进公共及娱乐场所。

(3) 工作调动的法官在离开原部门之前,应办理案件卷宗材料移交手续。凡符合归档条件的卷宗应整理归档;对因上诉暂不能归档的案卷,应与专人交接,二审结案退卷后及时整理归档。

(4) 案件审结后,要认真检查全案的文书材料是否齐全,并督促跟案法官助理、书记员,将诉讼材料按归档顺序排列整理。严格执行3个月内必须向档案室提交电子文档及纸质卷宗的档案管理规定。

(5) 严格诉讼档案借(调)阅工作,改变由立案庭调卷,业务庭用卷、还卷的程序,按照谁借用谁归还的流程进行管理。业务庭查阅、借(调)阅本部门业务范围内的档案,必须经过庭长审查批准后,方可持调卷单到档案室办理手续。如需借阅本部门业务范围以外的档案,需经庭长、主管院长签字批准。借调干部、实习生不得经手借卷。

(6) 对已经归档并已经完成数字化处理的诉讼档案,可以直接通过内部局域网实施网上借阅电子卷宗,档案室原则上不再借(调)出纸质卷宗。借阅人通过申请取得诉讼档案电子卷宗的阅档权限,仅限本人使用。对于电子卷宗,严禁打印、复制电子影像。

(7) 借(调)阅的诉讼档案必须在3个月以内归还,如需要继续使用的,应当办理续借手续。对到期不还的,档案部门应及时催归。因故离开本院的人员应到档案室办理卷宗清退手续。

(8) 对于已结案件在3个月内未归档和借(调)阅档案超过3个月未归还且未办理续借手续的,法院办公室档案管理部门应当及时提示和催促其及时归档或归还档案。

附　　录

1. 最高人民法院关于全面深化人民法院改革的意见——人民法院第四个五年改革纲要(2014—2018) / 349
2. 中华人民共和国人民法院组织法 / 360
3. 最高人民法院关于完善人民法院司法责任制的若干意见 / 365
4. 最高人民法院关于印发《关于人民法院案件案号的若干规定》及配套标准的通知 / 373
5. 最高院关于在部分地方人民法院开展法官助理试点工作的意见 / 376
6. 法官行为规范 / 380
7. 人民法院书记员管理办法(试行) / 393
8. 2015年下半年江苏法院招聘聘用制书记员公告 / 396
9. 2015年武汉市中级人民法院招录28名聘用制书记员公告 / 398
10. 2016年上半年徐州法院公开招聘69名聘用制书记员公告 / 399
11. 2016年徐州铁路运输法院公开招聘4名聘用制书记员公告 / 401
12. 江苏省书记员管理体制改革试点实施方案(试行) / 403
13. 江苏省法院聘用制书记员招录暂行办法 / 408
14. 江苏省法院聘用制书记员劳动合同书 / 411
15. 江苏省法院聘用制书记员专业化培训暂行办法 / 419
16. 江苏省法院聘用制书记员工作规范(试行) / 421
17. 江苏省法院聘用制书记员考核管理暂行办法 / 425
18. 江苏省法院聘用制书记员技术标准及等级晋升暂行办法 / 428
19. 江苏省法院系统书记员岗位等级培训考核办法(试行) / 431
20. 书记员岗位等级标准(江苏地区法院试行) / 433
21. 江苏省法院关于聘用制书记员职业保障的指导意见(试行) / 443

1. 最高人民法院关于全面深化人民法院改革的意见
——人民法院第四个五年改革纲要(2014—2018)

法发〔2015〕3 号

党的十八大从发展社会主义民主政治、加快建设社会主义法治国家的高度,作出了进一步深化司法体制改革的重要战略部署。党的十八届三中全会通过的《中共中央关于全面深化改革若干重大问题的决定》,确定了推进法治中国建设、深化司法体制改革的主要任务。党的十八届四中全会通过的《中共中央关于全面推进依法治国若干重大问题的决定》,将建设中国特色社会主义法治体系、建设社会主义法治国家作为全面推进依法治国的总目标,从科学立法、严格执法、公正司法、全民守法等方面提出了一系列重大改革举措。人民法院司法改革正面临前所未有的重大历史机遇。为贯彻党的十八大和十八届三中、四中全会精神,进一步深化人民法院各项改革,现制定《关于全面深化人民法院改革的意见》,并将之作为《人民法院第四个五年改革纲要(2014—2018)》贯彻实施。

一、全面深化人民法院改革的总体思路

全面深化人民法院改革的总体思路是:紧紧围绕让人民群众在每一个司法案件中感受到公平正义的目标,始终坚持司法为民、公正司法工作主线,着力解决影响司法公正、制约司法能力的深层次问题,确保人民法院依法独立公正行使审判权,不断提高司法公信力,促进国家治理体系和治理能力现代化,到2018年初步建成具有中国特色的社会主义审判权力运行体系,使之成为中国特色社会主义法治体系的重要组成部分,为实现"两个一百年"奋斗目标、实现中华民族伟大复兴的中国梦提供强有力的司法保障。

二、全面深化人民法院改革的基本原则

全面深化人民法院改革应当遵循以下基本原则:

——坚持党的领导,确保正确政治方向。人民法院深化司法改革,应当始终坚持党的领导,充分发挥党总揽全局、协调各方的领导核心作用,真正实现党的领导、人民当家作主、依法治国的有机统一,确保司法改革始终坚持正确的政治方向。

——尊重司法规律,体现司法权力属性。人民法院深化司法改革,应当严格遵循审判权作为判断权和裁量权的权力运行规律,彰显审判权的中央事权属性,突出审判在诉讼制度中的中心地位,使改革成果能够充分体现审判权的独立性、中立性、程序性和终局性特征。

——依法推动改革,确保改革稳妥有序。人民法院深化司法改革,应当坚持以宪法法律为依据,立足中国国情,依法有序推进,实现重大改革于法有据,推动将符合司法规律和公正司法要求的改革举措及时上升为法律。

——坚持整体推进,强调重点领域突破。人民法院深化司法改革,应当着力解决影响司法公正、制约司法能力的深层次问题,破解体制性、机制性、保障性障碍,同时要分清主次、突出重点,以问题为导向,确保改革整体推进。

——加强顶层设计,鼓励地方探索实践。人民法院深化司法改革,应当加强顶层设计,做好重大改革项目的统筹规划,注重改革措施的系统性、整体性和协同性,同时要尊重地方首创精神,鼓励下级法院在中央统一安排部署下先行先试,及时总结试点经验,推动制度创新。

三、全面深化人民法院改革的主要任务

(一)建立与行政区划适当分离的司法管辖制度

建立中国特色社会主义审判权力运行体系,必须从维护国家法制统一、体现司法公正的要求出发,探索建立确保人民法院依法独立公正行使审判权的司法管辖制度。到2017年底,初步形成科学合理、衔接有序、确保公正的司法管辖制度。

1. 设立最高人民法院巡回法庭。最高人民法院设立巡回法庭,审理跨行政区划的重大民商事、行政等案件,确保国家法律统一正确实施。调整跨行政区划重大民商事、行政案件的级别管辖制度,实现与最高人民法院案件管辖范围的有序衔接。

2. 探索设立跨行政区划的法院。以科学、精简、高效和有利于实现司法公正为原则,探索设立跨行政区划法院,构建普通类型案件在行政区划法院受理、特殊类型案件在跨行政区划法院受理的诉讼格局。将铁路运输法院改造为跨行政区划法院,主要审理跨行政区划案件、重大行政案件、环境资源保护、企业破产、食品药品安全等易受地方因素影响的案件、跨行政区划人民检察院提起公诉的案件和原铁路运输法院受理的刑事、民事案件。

3. 推动设立知识产权法院。根据知识产权案件的特点和审判需要,建立和完善符合知识产权案件审判规律的专门程序、管辖制度和审理规则。

4. 改革行政案件管辖制度。通过提级管辖和指定管辖,逐步实现易受地方因素影响的行政案件由中级以上人民法院管辖。规范行政案件申请再审的条件和程序。

5. 改革海事案件管辖制度。进一步理顺海事审判体制。科学确定海事法院管辖范围,建立更加符合海事案件审判规律的工作机制。

6. 改革环境资源案件管辖制度。推动环境资源审判机构建设。进一步完善环境资源类案件的管辖制度。

7. 健全公益诉讼管辖制度。探索建立与检察机关提起的公益诉讼相衔接的案件管辖制度。

8. 继续推动法院管理体制改革。将林业法院、农垦法院统一纳入国家司法管理体系,理顺案件管辖机制,改革部门、企业管理法院的体制。

9. 改革军事司法体制机制。完善统一领导的军事审判制度,维护国防利益,保障军人合法权益,依法打击违法犯罪。

(二) 建立以审判为中心的诉讼制度

建立中国特色社会主义审判权力运行体系,必须尊重司法规律,确保庭审在保护诉权、认定证据、查明事实、公正裁判中发挥决定性作用,实现诉讼证据质证在法庭、案件事实查明在法庭、诉辩意见发表在法庭、裁判理由形成在法庭。到 2016 年底,推动建立以审判为中心的诉讼制度,促使侦查、审查起诉活动始终围绕审判程序进行。

10. 全面贯彻证据裁判原则。强化庭审中心意识,落实直接言词原则,严格落实证人、鉴定人出庭制度,发挥庭审对侦查、起诉程序的制约和引导作用。坚决贯彻疑罪从无原则,严格实行非法证据排除规则,进一步明确非法证据的范围和排除程序。

11. 强化人权司法保障机制。彰显现代司法文明,禁止让刑事在押被告人或上诉人穿着识别服、马甲、囚服等具有监管机构标识的服装出庭受审。强化诉讼过程中当事人和其他诉讼参与人的知情权、陈述权、辩护辩论权、申请权、申诉权的制度保障。完善律师执业权利保障机制,强化控辩对等诉讼理念,禁止对律师进行歧视性安检,为律师依法履职提供便利。依法保障律师履行辩护代理职责,落实律师在庭审中发问、质证、辩论等诉讼权利。完善对限制人身自由司法措施和侦查手段的司法监督,加强对刑讯逼供和非法取证的源头预防,健全冤假错案的有效防范、及时纠正机制。

12. 健全轻微刑事案件快速办理机制。在立法机关的授权和监督下,有序推进刑事案件速裁程序改革。

13. 完善刑事诉讼中认罪认罚从宽制度。明确被告人自愿认罪、自愿接受处罚、积极退赃退赔案件的诉讼程序、处罚标准和处理方式,构建被告人认罪案件和不认罪案件的分流机制,优化配置司法资源。

14. 完善民事诉讼证明规则。强化民事诉讼证明中当事人的主导地位,依法确定当事人证明责任。明确人民法院依职权调查收集证据的条件、范围和程序。严格落实证人、鉴定人出庭制度。发挥庭审质证、认证在认定案件事实中的核心作用。严格高度盖然性原则的适用标准,进一步明确法官行使自由裁量权的条件和范围。一切证据必须经过庭审质证后才能作为裁判的依据,当事人双方争议较大的重要证据都必须在裁判文书中阐明采纳与否的理由。

15. 建立庭审全程录音录像机制。加强科技法庭建设,推动庭审全程同步录音录像。建立庭审录音录像的管理、使用、储存制度。规范以图文、视频等方式直播庭审的范围和程序。

16. 规范处理涉案财物的司法程序。明确人民法院处理涉案财物的标准、范围和程序。进一步规范在刑事、民事和行政诉讼中查封、扣押、冻结和处理涉案财物的司法程序。推动建立涉案财物集中管理信息平台,完善涉案财物信息公开机制。

(三)优化人民法院内部职权配置

建立中国特色社会主义审判权力运行体系,必须优化人民法院内部职权配置,健全立案、审判、执行、审判监督各环节之间的相互制约和相互衔接机制,充分发挥一审、二审和再审的不同职能,确保审级独立。到2016年底,形成定位科学、职能明确、运行有效的法院职权配置模式。

17. 改革案件受理制度。变立案审查制为立案登记制,对人民法院依法应该受理的案件,做到有案必立、有诉必理,保障当事人诉权。加大立案信息的网上公开力度。推动完善诉讼收费制度。

18. 完善分案制度。在加强专业化合议庭建设基础上,实行随机分案为主、指定分案为辅的案件分配制度。建立分案情况内部公示制度。对于变更审判组织或承办法官的,应当说明理由并公示。

19. 完善审级制度。进一步改革民商事案件级别管辖制度,科学确定基层人民法院的案件管辖范围,逐步改变主要以诉讼标的额确定案件级别管辖的做法。完善提级管辖制度,明确一审案件管辖权从下级法院向上级法院转移的条件、范围和程序。推动实现一审重在解决事实认定和法律适用,二审重在解决事实和法律争议、实现二审终审,再审重在依法纠错、维护裁判权威。

20. 强化审级监督。严格规范上级法院发回重审和指令再审的条件和次数,完善发回重审和指令再审文书的公开释明机制和案件信息反馈机制。人民法院办理二审、提审、申请再审及申诉案件,应当在裁判文书中指出一审或原审存在的问题,并阐明裁判理由。人民法院办理已经立案受理的申诉案件,应当向当事人出具法定形式的结案文书;符合公开条件的,一律在中国裁判文书网公布。

21. 完善案件质量评估体系。建立科学合理的案件质量评估体系。废止违反司法规律的考评指标和措施,取消任何形式的排名排序做法。强化法定期限内立案和正常审限内结案,建立长期未结案通报机制,坚决停止人为控制收结案的错误做法。依托审判流程公开、裁判文书公开和执行信息公开三大平台,发挥案件质量评估体系对人民法院公正司法的服务、研判和导向作用。

22. 深化司法统计改革。以"大数据、大格局、大服务"理念为指导,改革司法统计管理体制,打造分类科学、信息全面的司法统计标准体系,逐步构建符合审判实际和司法规律的实证分析模型,建立全国法院裁判文书库和全国法院司法信息大数据中心。

23. 完善法律统一适用机制。完善最高人民法院的审判指导方式,加强司法解释等审判指导方式的规范性、及时性、针对性和有效性。改革和完善指导性案例的筛选、评估和发布机制。健全完善确保人民法院统一适用法律的工作机制。

24. 深化执行体制改革。推动实行审判权和执行权相分离的体制改革试点。建立失信被执行人信用监督、威慑和惩戒法律制度。加大司法拍卖方式改革力度,重点推行网络司法拍卖模式。完善财产刑执行制度,推动将财产刑执行纳入统一的刑罚执行体制。

25. 推动完善司法救助制度。明确司法救助的条件、标准和范围,规范司法救助的受理、审查和决定程序,严格资金的管理使用。推动国家司法救助立法,切实发挥司法救助在帮扶群众、化解矛盾中的积极作用。

26. 深化司法领域区际国际合作。推动完善司法协助体制,扩大区际、国际司法协助覆盖面。推动制定刑事司法协助法。

(四) 健全审判权力运行机制

建立中国特色社会主义审判权力运行体系,必须严格遵循司法规律,完善以审判权为核心、以审判监督权和审判管理权为保障的审判权力运行机制,落实审判责任制,做到让审理者裁判,由裁判者负责。到 2015 年底,健全完善权责明晰、权责统一、监督有序、配套齐全的审判权力运行机制。

27. 健全主审法官、合议庭办案机制。选拔政治素质好、办案能力强、专业水平高、司法经验丰富的审判人员担任主审法官。独任制审判以主审法官为中心,配备必要数量的审判辅助人员。合议制审判由主审法官担任审判长。合议庭成员都是主审法官的,原则上由承办案件的主审法官担任审判长。完善院、庭长、审判委员会委员担任审判长参加合议庭审理案件的工作机制。改革完善合议庭工作机制,明确合议庭作为审判组织的职能范围,完善合议庭成员在交叉阅卷、庭审、合议等环节中的共同参与和制约监督机制。改革裁判文书签发机制。

28. 完善主审法官、合议庭办案责任制。按照权责利相统一的原则,明确主审法官、合议庭及其成员的办案责任与免责条件,实现评价机制、问责机制、惩戒机制、退出机制与保障机制的有效衔接。主审法官作为审判长参与合议时,与其他合议庭成员权力平等,但负有主持庭审活动、控制审判流程、组织案件合议、避免程序瑕疵等岗位责任。科学界定合议庭成员的责任,既要确保其独立发表意见,也要明确其个人意见、履职行为在案件处理结果中的责任。

29. 健全院、庭长审判管理机制。明确院、庭长与其职务相适应的审判管理职责。规范案件审理程序变更、审限变更的审查报批制度。健全诉讼卷宗分类归档、网上办案、审判流程管控、裁判文书上网工作的内部督导机制。

30. 健全院、庭长审判监督机制。明确院、庭长与其职务相适应的审判监督职责,健全内部制约监督机制。完善主审法官会议、专业法官会议机制。规范院、庭长对重大、疑难、复杂案件的监督机制,建立院、庭长在监督活动中形成的全部文书入卷存档制度。依托现代信息化手段,建立主审法官、合议庭行使审判权与院、庭长行使监督权的全程留痕、相互监督、相互制约机制,确保监督不缺位、监督不越位、监督必留痕、失职必担责。

31. 健全审判管理制度。发挥审判管理在提升审判质效、规范司法行为、严格诉讼程序、统一裁判尺度等方面的保障、促进和服务作用,强化审判流程节点管控,进一步改善案件质量评估工作。

32. 改革审判委员会工作机制。合理定位审判委员会职能,强化审判委员会总结审判经验、讨论决定审判工作重大事项的宏观指导职能。建立审判委员会讨论事项的先行过滤机制,规范审判委员会讨论案件的范围。除法律规定的情形和涉及国家外交、安全和社会稳定的重大复杂案件外,审判委员会主要讨论案件的法律适用问题。完善审判委员会议事规则,建立审判委员会会议材料、会议记录的签名确认制度。建立审判委员会决议事项的督办、回复和公示制度。建立审判委员会委员履职考评和内部公示机制。

33. 推动人民陪审员制度改革。落实人民陪审员"倍增计划",拓宽人民陪审员选任渠道和范围,保障人民群众参与司法,确保基层群众所占比例不低于新增人民陪审员三分之二。进一步规范人民陪审员的选任条件,改革选任方式,完善退出机制。明确人民陪审员参审案件职权,完善随机抽取机制。改革陪审方式,逐步实行人民陪审员不再审理法律适用问题,只参与审理事实认定问题。加强人民陪审员依法履职的经费保障。建立人民陪审员动态管理机制。

34. 推动裁判文书说理改革。根据不同审级和案件类型,实现裁判文书的繁简分流。加强对当事人争议较大、法律关系复杂、社会关注度较高的一审案件,以及所有的二审案件、再审案件、审判委员会讨论决定案件裁判文书的说理性。对事实清楚、权利义务关系明确、当事人争议不大的一审民商事案件和事实清楚、证据确实充分、被告人认罪的一审轻微刑事案件,使用简化的裁判文书,通过填充要素、简化格式、提高裁判效率。重视律师辩护代理意见,对于律师依法提出的辩护代理意见未予采纳的,应当在裁判文书中说明理由。完善裁判文书说理的刚性约束机制和激励机制,建立裁判文书说理的评价体系,将裁判文书的说理水平作为法官业绩评价和晋级、选升的重要因素。

35. 完善司法廉政监督机制。改进和加强司法巡查、审务督察和廉政监察员工作。建立上级纪委和上级法院为主、下级法院协同配合的违纪案件查处机制,实现纪检监察程序与法官惩戒程序的有序衔接。建立法院内部人员过问案件的记录制度和责任追究制度。依法规范法院人员与当事人、律师、特殊关系人、中介组织的接触、交往行为。

36. 改革涉诉信访制度。完善诉访分离工作机制,明确诉访分离的标准、范围和程序。健全涉诉信访终结机制,依法规范涉诉信访秩序。建立就地接访督导机制,创新网络办理信访机制。推动建立申诉案件律师代理制度。探索建立社会第三方参与机制,增强涉诉信访矛盾多元化解合力。

(五)构建开放、动态、透明、便民的阳光司法机制

建立中国特色社会主义审判权力运行体系,必须依托现代信息技术,构建开放、动态、透明、便民的阳光司法机制,增进公众对司法的了解、信赖和监督。到2015年底,形成体系完备、信息齐全、使用便捷的人民法院审判流程公开、裁判文书公开和执行信息公开三大平台,建立覆盖全面、系统科学、便民利民的司法为民机制。

37. 完善庭审公开制度。建立庭审公告和旁听席位信息的公示与预约制度。对于依法应当公开审理,且受社会关注的案件,人民法院应当在已有条件范围内,优先安排与申请旁听者数量相适应的法庭开庭。有条件的审判法庭应当设立媒体旁听席,优先满足新闻媒体的旁听需要。

38. 完善审判流程公开平台。推动全国法院政务网站建设。建立全国法院统一的诉讼公告网上办理平台和诉讼公告网站。继续加强中国审判流程信息公开网网站建设,完善审判信息数据及时汇总和即时更新机制。加快建设诉讼档案电子化工程。推动实现全国法院在同一平台公开审判流程信息,方便当事人自案件受理之日起,在线获取审判流程节点信息。

39. 完善裁判文书公开平台。加强中国裁判文书网网站建设,完善其查询检索、信息聚合功能,方便公众有效获取、查阅、复制裁判文书。严格按照"以公开为原则,不公开为例外"的要求,实现四级人民法院依法应当公开的生效裁判文书统一在中国裁判文书网公布。

40. 完善执行信息公开平台。整合各类执行信息,推动实现全国法院在同一平台统一公开执行信息,方便当事人在线了解执行工作进展。加强失信被执行人名单信息公布力度,充分发挥其信用惩戒作用,促使被执行人自动履行生效法律文书。完善被执行人信息公开系统建设,方便公众了解执行工作,主动接受社会

监督。

41. 完善减刑、假释、暂予监外执行公开制度。完善减刑、假释、暂予监外执行的适用条件和案件办理程序,确保相关案件公开、公正处理。会同刑罚执行机关、检察机关推动网上协同办案平台建设,对执法办案和考核奖惩中的重要事项、重点环节,实行网上录入、信息共享、全程留痕,从制度和技术上确保监督到位。建立减刑、假释、暂予监外执行信息网,实现三类案件的立案公示、庭审公告、文书公布统一在网上公开。

42. 建立司法公开督导制度。强化公众对司法公开工作的监督,健全对违反司法公开规定行为的投诉机制和救济渠道。充分发挥司法公开三大平台的监督功能,使公众通过平台提出的意见和建议成为人民法院审判管理、审判监督和改进工作的重要参考依据。

43. 完善诉讼服务中心制度。加强诉讼服务中心规范化建设,完善诉讼服务大厅、网上诉讼服务平台、12368司法服务热线。建立网上预约立案、送达、公告、申诉等工作机制。推动远程调解、信访等视频应用,进一步拓展司法为民的广度和深度。

44. 完善人民法庭制度。优化人民法庭的区域布局和人员比例。积极推进以中心法庭为主、社区法庭和巡回审判点为辅的法庭布局形式。根据辖区实际情况,完善人民法庭便民立案机制。优化人民法庭人员构成。有序推进人民法庭之间、人民法庭和基层人民法院其他庭室之间的人员交流。

45. 推动送达制度改革。推动建立当事人确认送达地址并承担相应法律后果的约束机制,探索推广信息化条件下的电子送达方式,提高送达效率。

46. 健全多元化纠纷解决机制。继续推进调解、仲裁、行政裁决、行政复议等纠纷解决机制与诉讼的有机衔接、相互协调,引导当事人选择适当的纠纷解决方式。推动在征地拆迁、环境保护、劳动保障、医疗卫生、交通事故、物业管理、保险纠纷等领域加强行业性、专业性纠纷解决组织建设,推动仲裁制度和行政裁决制度的完善。建立人民调解、行政调解、行业调解、商事调解、司法调解联动工作体系。推动多元化纠纷解决机制立法进程,构建系统、科学的多元化纠纷解决体系。

47. 推动实行普法责任制。强化法院普法意识,充分发挥庭审公开、文书说理、案例发布的普法功能,推动人民法院行使审判职能与履行普法责任的高度统一。

(六) 推进法院人员的正规化、专业化、职业化建设

建立中国特色社会主义审判权力运行体系,必须坚持以审判为中心、以法官为重心,全面推进法院人员的正规化、专业化、职业化建设,努力提升职业素养和专业水平。到2017年底,初步建立分类科学、分工明确、结构合理和符合司法职业特点

的法院人员管理制度。

48. 推动法院人员分类管理制度改革。建立符合职业特点的法官单独职务序列。健全法官助理、书记员、执行员等审判辅助人员管理制度。科学确定法官与审判辅助人员的数量比例,建立审判辅助人员的正常增补机制,切实减轻法官事务性工作负担。拓宽审判辅助人员的来源渠道,探索以购买社会化服务的方式,优化审判辅助人员结构。探索推动司法警察管理体制改革。完善司法行政人员管理制度。

49. 建立法官员额制度。根据法院辖区经济社会发展状况、人口数量(含暂住人口)、案件数量、案件类型等基础数据,结合法院审级职能、法官工作量、审判辅助人员配置、办案保障条件等因素,科学确定四级法院的法官员额。根据案件数量、人员结构的变化情况,完善法官员额的动态调节机制。科学设置法官员额制改革过渡方案,综合考虑审判业绩、业务能力、理论水平和法律工作经历等因素,确保优秀法官留在审判一线。

50. 改革法官选任制度。针对不同层级的法院,设置不同的法官任职条件。在国家和省一级分别设立由法官代表和社会有关人员参与的法官遴选委员会,制定公开、公平、公正的选任程序,确保品行端正、经验丰富、专业水平较高的优秀法律人才成为法官人选,实现法官遴选机制与法定任免机制的有效衔接。健全初任法官由高级人民法院统一招录,一律在基层人民法院任职机制。配合法律职业人员统一职前培训制度改革,健全预备法官训练制度。适当提高初任法官的任职年龄。建立上级法院法官原则上从下一级法院遴选产生的工作机制。完善将优秀律师、法律学者,以及在立法、检察、执法等部门任职的专业法律人才选任为法官的制度。健全法院和法学院校、法学研究机构人员双向交流机制,实施高校和法院人员互聘计划。

51. 完善法官业绩评价体系。建立科学合理、客观公正、符合规律的法官业绩评价机制,完善评价标准,将评价结果作为法官等级晋升、择优遴选的重要依据。建立不适任法官的退出机制,完善相关配套措施。

52. 完善法官在职培训机制。严格以实际需求为导向,坚持分类、分级、全员培训,着力提升法官的庭审驾驭能力、法律适用能力和裁判文书写作能力。改进法官教育培训的计划生成、组织调训、跟踪管理和质量评估机制,健全教学师资库、案例库、精品课件库。加强法官培训机构和现场教学基地建设。建立中国法官教育培训网,依托信息化手段,大力推广网络教学,实现精品教学课件由法院人员免费在线共享。大力加强基层人民法院法官和少数民族双语法官的培训工作。

53. 完善法官工资制度。落实法官法规定,研究建立与法官单独职务序列配套的工资制度。

（七）确保人民法院依法独立公正行使审判权

建立中国特色社会主义审判权力运行体系，必须坚持在党的领导下，推动完善确保人民法院依法独立公正行使审判权的各项制度，优化司法环境，树立司法权威，强化职业保障，提高司法公信力。到2018年底，推动形成信赖司法、尊重司法、支持司法的制度环境和社会氛围。

54. 推动省级以下法院人员统一管理改革。配合中央有关部门，推动建立省级以下地方法院人员编制统一管理制度。推动建立省级以下地方法院法官统一由省级提名、管理并按法定程序任免的机制。

55. 建立防止干预司法活动的工作机制。配合中央有关部门，推动建立领导干部干预审判执行活动、插手具体案件处理的记录、通报和责任追究制度。按照案件全程留痕要求，明确审判组织的记录义务和责任，对于领导干部干预司法活动、插手具体案件的批示、函文、记录等信息，建立依法提取、介质存储、专库录入、入卷存查机制，相关信息均应当存入案件正卷，供当事人及其代理人查询。

56. 健全法官履行法定职责保护机制。合理确定法官、审判辅助人员的工作职责、工作流程和工作标准。明确不同主体、不同类型过错的甄别标准和免责事由，确保法官依法履职行为不受追究。非因法定事由，未经法定程序，不得将法官调离、辞退或者作出免职、降级等处分。完善法官申诉控告制度，建立法官合法权益因依法履职受到侵害的救济机制，健全不实举报澄清机制。在国家和省一级分别设立由法官代表和社会有关人员参与的法官惩戒委员会，制定公开、公正的法官惩戒程序，既确保法官的违纪违法行为及时得到应有惩戒，又保障其辩解、举证、申请复议和申诉的权利。

57. 完善司法权威保障机制。推动完善拒不执行判决、裁定、藐视法庭权威等犯罪行为的追诉机制。推动相关法律修改，依法惩治当庭损毁证据材料、庭审记录、法律文书和法庭设施等严重藐视法庭权威的行为，以及在法庭之外威胁、侮辱、跟踪、骚扰法院人员或其近亲属等违法犯罪行为。

58. 强化诉讼诚信保障机制。建立诉讼诚信记录和惩戒制度。依法惩治虚假诉讼、恶意诉讼、无理缠诉行为，将上述三类行为信息纳入社会征信系统。探索建立虚假诉讼、恶意诉讼受害人损害赔偿之诉。

59. 优化行政审判外部环境。健全行政机关负责人依法出庭应诉制度，引导、规范行政机关参加诉讼活动。规范司法建议的制作和发送，促进依法行政水平提升。

60. 完善法官宣誓制度。完善法官宣誓制度，经各级人大及其常委会选举或任命的法官，正式就职时应当公开向宪法宣誓。

61. 完善司法荣誉制度。明确授予法官、审判辅助人员不同类别荣誉的标准、条件和程序,提升法院人员的司法职业尊荣感和归属感。

62. 理顺法院司法行政事务管理关系。科学设置人民法院的司法行政事务管理机构,规范和统一管理职责,探索实行法院司法行政事务管理权和审判权的相对分离。改进上下级法院司法行政事务管理机制,明确上级法院司法行政事务管理部门对下级法院司法行政事务的监管职能。

63. 推动人民法院财物管理体制改革。配合中央有关部门,推动省级以下地方法院经费统一管理机制改革。完善人民法院预算保障体系、国库收付体系和财务管理体系,推动人民法院经费管理与保障的长效机制建设。严格"收支两条线"管理,地方各级人民法院收取的诉讼费、罚金、没收的财物,以及追缴的赃款赃物等,统一上缴省级国库。加强"两庭"等场所建设。建立人民法院装备标准体系。

64. 推动人民法院内设机构改革。按照科学、精简、高效的工作要求,推进扁平化管理,逐步建立以服务审判工作为重心的法院内设机构设置模式。

65. 推动人民法院信息化建设。加快"天平工程"建设,着力整合现有资源,推动以服务法院工作和公众需求的各类信息化应用。最高人民法院和高级人民法院主要业务信息化覆盖率达到100%,中级人民法院和基层人民法院分别达到95%和85%以上。

四、全面深化人民法院改革的工作要求

全面深化人民法院改革,任务艰巨、责任重大、时间紧迫。各级人民法院要认真贯彻中央决策部署,加强组织领导,完善工作机制,有重点、有步骤、有秩序地抓好落实和推动工作,确保改革措施取得实际效果,改革成果惠及全体人民。

最高人民法院司法改革领导小组是人民法院司法改革的议事、协调和指导机构,不定期召开小组会议,研究确定改革要点、审议改革方案、听取进度汇报、讨论决定重大问题。

最高人民法院建立情况通报、督导检查、评估总结制度,及时掌握改革动态,加强督促指导,纠正错误做法,总结成功经验,做到每项改革任务都有布置、有督促、有检查,确保各项任务不折不扣完成。

各高级人民法院应当成立司法改革领导小组,监督指导、统筹协调辖区内法院的司法改革工作。各级人民法院要建立健全司法改革事务报批备案和请示报告制度,及时总结改革经验、报告工作进展、反映问题困难。各高级人民法院拟就部分改革项目开展试点的,试点方案须报最高人民法院审批同意,重大改革试点方案须经最高人民法院报中央审批同意方可实施。

2. 中华人民共和国人民法院组织法

第一章 总 则

第一条 中华人民共和国人民法院是国家的审判机关。

第二条 中华人民共和国的审判权由下列人民法院行使：

（一）地方各级人民法院；

（二）军事法院等专门人民法院；

（三）最高人民法院。

地方各级人民法院分为：基层人民法院、中级人民法院、高级人民法院。

第三条 人民法院的任务是审判刑事案件和民事案件，并且通过审判活动，惩办一切犯罪分子，解决民事纠纷，以保卫无产阶级专政制度，维护社会主义法制和社会秩序，保护社会主义的全民所有的财产、劳动群众集体所有的财产，保护公民私人所有的合法财产，保护公民的人身权利、民主权利和其他权利，保障国家的社会主义革命和社会主义建设事业的顺利进行。

人民法院用它的全部活动教育公民忠于社会主义祖国，自觉地遵守宪法和法律。

第四条 人民法院依照法律规定独立行使审判权，不受行政机关、社会团体和个人的干涉。

第五条 人民法院审判案件，对于一切公民，不分民族、种族、性别、职业、社会出身、宗教信仰、教育程度、财产状况、居住期限，在适用法律上一律平等，不允许有任何特权。

第六条 各民族公民都有用本民族语言文字进行诉讼的权利。人民法院对于不通晓当地通用的语言文字的当事人，应当为他们翻译。在少数民族聚居或者多民族杂居的地区，人民法院应当用当地通用的语言进行审讯，用当地通用的文字发布判决书、布告和其他文件。

第七条 人民法院审理案件，除涉及国家机密、个人隐私和未成年人犯罪案件外，一律公开进行。

第八条 被告人有权获得辩护。被告人除自己进行辩护外，有权委托律师为他辩护，可以由人民团体或者被告人所在单位推荐的或者经人民法院许可的公民为他辩护，可以由被告人的近亲属、监护人为他辩护。人民法院认为必要的时候，可以指定辩护人为他辩护。

第九条 人民法院审判案件,实行合议制。

人民法院审判第一审案件,由审判员组成合议庭或者由审判员和人民陪审员组成合议庭进行;简单的民事案件、轻微的刑事案件和法律另有规定的案件,可以由审判员一人独任审判。

人民法院审判上诉和抗诉的案件,由审判员组成合议庭进行。

合议庭由院长或者庭长指定审判员一人担任审判长。院长或者庭长参加审判案件的时候,自己担任审判长。

第十条 各级人民法院设立审判委员会,实行民主集中制。审判委员会的任务是总结审判经验,讨论重大的或者疑难的案件和其他有关审判工作的问题。

地方各级人民法院审判委员会委员,由院长提请本级人民代表大会常务委员会任免;最高人民法院审判委员会委员,由最高人民法院院长提请全国人民代表大会常务委员会任免。

各级人民法院审判委员会会议由院长主持,本级人民检察院检察长可以列席。

第十一条 人民法院审判案件,实行两审终审制。

地方各级人民法院第一审案件的判决和裁定,当事人可以按照法律规定的程序向上一级人民法院上诉,人民检察院可以按照法律规定的程序向上一级人民法院抗诉。

地方各级人民法院第一审案件的判决和裁定,如果在上诉期限内当事人不上诉、人民检察院不抗诉,就是发生法律效力的判决和裁定。

中级人民法院、高级人民法院和最高人民法院审判的第二审案件的判决和裁定,最高人民法院审判的第一审案件的判决和裁定,都是终审的判决和裁定,也就是发生法律效力的判决和裁定。

第十二条 死刑除依法由最高人民法院判决的以外,应当报请最高人民法院核准。

第十三条 各级人民法院院长对本院已经发生法律效力的判决和裁定,如果发现在认定事实上或者在适用法律上确有错误,必须提交审判委员会处理。

最高人民法院对各级人民法院已经发生法律效力的判决和裁定,上级人民法院对下级人民法院已经发生法律效力的判决和裁定,如果发现确有错误,有权提审或者指令下级人民法院再审。

最高人民检察院对各级人民法院已经发生法律效力的判决和裁定,上级人民检察院对下级人民法院已经发生法律效力的判决和裁定,如果发现确有错误,有权按照审判监督程序提出抗诉。

各级人民法院对于当事人提出的对已经发生法律效力的判决和裁定的申诉,应当认真负责处理。

第十四条　人民法院对于人民检察院起诉的案件认为主要事实不清、证据不足,或者有违法情况时,可以退回人民检察院补充侦查,或者通知人民检察院纠正。

第十五条　当事人如果认为审判人员对本案有利害关系或者其他关系不能公平审判,有权请求审判人员回避。审判人员是否应当回避,由本院院长决定。

审判人员如果认为自己对本案有利害关系或者其他关系,需要回避时,应当报告本院院长决定。

第十六条　最高人民法院对全国人民代表大会和全国人民代表大会常务委员会负责并报告工作。地方各级人民法院对本级人民代表大会及其常务委员会负责并报告工作。

下级人民法院的审判工作受上级人民法院监督。

第二章　人民法院的组织和职权

第十七条　基层人民法院包括:
(一)县人民法院和市人民法院;
(二)自治县人民法院;
(三)市辖区人民法院。

第十八条　基层人民法院由院长一人,副院长和审判员若干人组成。

基层人民法院可以设刑事审判庭、民事审判庭和经济审判庭,庭设庭长、副庭长。

第十九条　基层人民法院根据地区、人口和案件情况可以设立若干人民法庭。人民法庭是基层人民法院的组成部分,它的判决和裁定就是基层人民法院的判决和裁定。

第二十条　基层人民法院审判刑事和民事的第一审案件,但是法律、法令另有规定的案件除外。

基层人民法院对它所受理的刑事和民事案件,认为案情重大应当由上级人民法院审判的时候,可以请求移送上级人民法院审判。

第二十一条　基层人民法院除审判案件外,并且办理下列事项:
(一)处理不需要开庭审判的民事纠纷和轻微的刑事案件;
(二)指导人民调解委员会的工作。

第二十二条　中级人民法院包括:
(一)在省、自治区内按地区设立的中级人民法院;
(二)在直辖市内设立的中级人民法院;
(三)省、自治区辖市的中级人民法院;
(四)自治州中级人民法院。

第二十三条 中级人民法院由院长一人,副院长、庭长、副庭长和审判员若干人组成。

中级人民法院设刑事审判庭、民事审判庭、经济审判庭,根据需要可以设其他审判庭。

第二十四条 中级人民法院审判下列案件:

(一) 法律、法令规定由它管辖的第一审案件;

(二) 基层人民法院移送审判的第一审案件;

(三) 对基层人民法院判决和裁定的上诉案件和抗诉案件;

(四) 人民检察院按照审判监督程序提出的抗诉案件。

中级人民法院对它所受理的刑事和民事案件,认为案情重大应当由上级人民法院审判的时候,可以请求移送上级人民法院审判。

第二十五条 高级人民法院包括:

(一) 省高级人民法院;

(二) 自治区高级人民法院;

(三) 直辖市高级人民法院。

第二十六条 高级人民法院由院长一人,副院长、庭长、副庭长和审判员若干人组成。

高级人民法院设刑事审判庭、民事审判庭、经济审判庭,根据需要可以设其他审判庭。

第二十七条 高级人民法院审判下列案件:

(一) 法律、法令规定由它管辖的第一审案件;

(二) 下级人民法院移送审判的第一审案件;

(三) 对下级人民法院判决和裁定的上诉案件和抗诉案件;

(四) 人民检察院按照审判监督程序提出的抗诉案件。

第二十八条 专门人民法院的组织和职权由全国人民代表大会常务委员会另行规定。

第二十九条 最高人民法院是国家最高审判机关。

最高人民法院监督地方各级人民法院和专门人民法院的审判工作。

第三十条 最高人民法院由院长一人,副院长、庭长、副庭长和审判员若干人组成。

最高人民法院设刑事审判庭、民事审判庭、经济审判庭和其他需要设的审判庭。

第三十一条 最高人民法院审判下列案件:

(一) 法律、法令规定由它管辖的和它认为应当由自己审判的第一审案件;

（二）对高级人民法院、专门人民法院判决和裁定的上诉案件和抗诉案件；

（三）最高人民检察院按照审判监督程序提出的抗诉案件。

第三十二条 最高人民法院对于在审判过程中如何具体应用法律、法令的问题，进行解释。

第三章 人民法院的审判人员和其他人员

第三十三条 有选举权和被选举权的年满二十三岁的公民，可以被选举为人民法院院长，或者被任命为副院长、庭长、副庭长、审判员和助理审判员，但是被剥夺过政治权利的人除外。

人民法院的审判人员必须具有法律专业知识。

第三十四条 地方各级人民法院院长由地方各级人民代表大会选举，副院长、庭长、副庭长和审判员由地方各级人民代表大会常务委员会任免。

在省、自治区内按地区设立的和在直辖市内设立的中级人民法院院长、副院长、庭长、副庭长和审判员，由省、自治区、直辖市的人民代表大会常务委员会任免。

在民族自治地方设立的地方各级人民法院的院长，由民族自治地方各级人民代表大会选举，副院长、庭长、副庭长和审判员由民族自治地方各级人民代表大会常务委员会任免。

最高人民法院院长由全国人民代表大会选举，副院长、庭长、副庭长、审判员由全国人民代表大会常务委员会任免。

第三十五条 各级人民法院院长任期与本级人民代表大会每届任期相同。

各级人民代表大会有权罢免由它选出的人民法院院长。在地方两次人民代表大会之间，如果本级人民代表大会常务委员会认为人民法院院长需要撤换，须报请上级人民法院报经上级人民代表大会常务委员会批准。

第三十六条 各级人民法院按照需要可以设助理审判员，由本级人民法院任免。

助理审判员协助审判员进行工作。助理审判员，由本院院长提出，经审判委员会通过，可以临时代行审判员职务。

第三十七条 有选举权和被选举权的年满二十三岁的公民，可以被选举为人民陪审员，但是被剥夺过政治权利的人除外。

人民陪审员在人民法院执行职务期间，是他所参加的审判庭的组成人员，同审判员有同等权利。

第三十八条 人民陪审员在执行职务期间，由原工作单位照付工资；没有工资收入的，由人民法院给以适当的补助。

第三十九条 各级人民法院设书记员，担任审判庭的记录工作并办理有关审判的其他事项。

第四十条　地方各级人民法院设执行员,办理民事案件判决和裁定的执行事项,办理刑事案件判决和裁定中关于财产部分的执行事项。

地方各级人民法院设法医。

各级人民法院设司法警察若干人。

3. 最高人民法院关于完善人民法院司法责任制的若干意见

为贯彻中央关于深化司法体制改革的总体部署,优化审判资源配置,明确审判组织权限,完善人民法院的司法责任制,建立健全符合司法规律的审判权力运行机制,增强法官审理案件的亲历性,确保法官依法独立公正履行审判职责,根据有关法律和人民法院工作实际,制定本意见。

一、目标原则

1. 完善人民法院的司法责任制,必须以严格的审判责任制为核心,以科学的审判权力运行机制为前提,以明晰的审判组织权限和审判人员职责为基础,以有效的审判管理和监督制度为保障,让审理者裁判、由裁判者负责,确保人民法院依法独立公正行使审判权。

2. 推进审判责任制改革,人民法院应当坚持以下基本原则:

(1) 坚持党的领导,坚持走中国特色社会主义法治道路;

(2) 依照宪法和法律独立行使审判权;

(3) 遵循司法权运行规律,体现审判权的判断权和裁决权属性,突出法官办案主体地位;

(4) 以审判权为核心,以审判监督权和审判管理权为保障;

(5) 权责明晰、权责统一、监督有序、制约有效;

(6) 主观过错与客观行为相结合,责任与保障相结合。

3. 法官依法履行审判职责受法律保护。法官有权对案件事实认定和法律适用独立发表意见。非因法定事由,非经法定程序,法官依法履职行为不受追究。

二、改革审判权力运行机制

(一) 独任制与合议庭运行机制

4. 基层、中级人民法院可以组建由一名法官与法官助理、书记员以及其他必要的辅助人员组成的审判团队,依法独任审理适用简易程序的案件和法律规定的其他案件。

人民法院可以按照受理案件的类别,通过随机产生的方式,组建由法官或者法官与人民陪审员组成的合议庭,审理适用普通程序和依法由合议庭审理的简易程序的案件。案件数量较多的基层人民法院,可以组建相对固定的审判团队,实行扁平化的管理模式。

人民法院应当结合职能定位和审级情况,为法官合理配置一定数量的法官助理、书记员和其他审判辅助人员。

5. 在加强审判专业化建设基础上,实行随机分案为主、指定分案为辅的案件分配制度。按照审判领域类别,随机确定案件的承办法官。因特殊情况需要对随机分案结果进行调整的,应当将调整理由及结果在法院工作平台上公示。

6. 独任法官审理案件形成的裁判文书,由独任法官直接签署。合议庭审理案件形成的裁判文书,由承办法官、合议庭其他成员、审判长依次签署;审判长作为承办法官的,由审判长最后签署。审判组织的法官依次签署完毕后,裁判文书即可印发。除审判委员会讨论决定的案件以外,院长、副院长、庭长对其未直接参加审判案件的裁判文书不再进行审核签发。

合议庭评议和表决规则,适用人民法院组织法、诉讼法以及《最高人民法院关于人民法院合议庭工作的若干规定》《最高人民法院关于进一步加强合议庭职责的若干规定》。

7. 进入法官员额的院长、副院长、审判委员会专职委员、庭长、副庭长应当办理案件。院长、副院长、审判委员会专职委员每年办案数量应当参照全院法官人均办案数量,根据其承担的审判管理监督事务和行政事务工作量合理确定。庭长每年办案数量参照本庭法官人均办案数量确定。对于重大、疑难、复杂的案件,可以直接由院长、副院长、审判委员会委员组成合议庭进行审理。

按照审判权与行政管理权相分离的原则,试点法院可以探索实行人事、经费、政务等行政事务集中管理制度,必要时可以指定一名副院长专门协助院长管理行政事务。

8. 人民法院可以分别建立由民事、刑事、行政等审判领域法官组成的专业法官会议,为合议庭正确理解和适用法律提供咨询意见。合议庭认为所审理的案件因重大、疑难、复杂而存在法律适用标准不统一的,可以将法律适用问题提交专业法官会议研究讨论。专业法官会议的讨论意见供合议庭复议时参考,采纳与否由合议庭决定,讨论记录应当入卷备查。

建立审判业务法律研讨机制,通过类案参考、案例评析等方式统一裁判尺度。

(二)审判委员会运行机制

9. 明确审判委员会统一本院裁判标准的职能,依法合理确定审判委员会讨论案件的范围。审判委员会只讨论涉及国家外交、安全和社会稳定的重大复杂案件,以及重大、疑难、复杂案件的法律适用问题。强化审判委员会总结审判经验、讨论决定审判工作重大事项的宏观指导职能。

10. 合议庭认为案件需要提交审判委员会讨论决定的,应当提出并列明需要审判委员会讨论决定的法律适用问题,并归纳不同的意见和理由。

合议庭提交审判委员会讨论案件的条件和程序,适用人民法院组织法、诉讼法以及《最高人民法院关于人民法院合议庭工作的若干规定》《最高人民法院关于改革和完善人民法院审判委员会制度的实施意见》。

11. 案件需要提交审判委员会讨论决定的,审判委员会委员应当事先审阅合议庭提请讨论的材料,了解合议庭对法律适用问题的不同意见和理由,根据需要调阅庭审音频视频或者查阅案卷。

审判委员会委员讨论案件时应当充分发表意见,按照法官等级由低到高确定表决顺序,主持人最后表决。审判委员会评议实行全程留痕,录音、录像,作出会议记录。审判委员会的决定,合议庭应当执行。所有参加讨论和表决的委员应当在审判委员会会议记录上签名。

建立审判委员会委员履职考评和内部公示机制。建立审判委员会决议事项的督办、回复和公示制度。

(三)审判管理和监督

12. 建立符合司法规律的案件质量评估体系和评价机制。审判管理和审判监督机构应当定期分析审判质量运行态势,通过常规抽查、重点评查、专项评查等方式对案件质量进行专业评价。

13. 各级人民法院应当成立法官考评委员会,建立法官业绩评价体系和业绩档案。业绩档案应当以法官个人日常履职情况、办案数量、审判质量、司法技能、廉洁自律、外部评价等为主要内容。法官业绩评价应当作为法官任职、评先评优和晋职晋级的重要依据。

14. 各级人民法院应当依托信息技术,构建开放动态透明便民的阳光司法机制,建立健全审判流程公开、裁判文书公开和执行信息公开三大平台,广泛接受社会监督。探索建立法院以外的第三方评价机制,强化对审判权力运行机制的法律监督、社会监督和舆论监督。

三、明确司法人员职责和权限

(一)独任庭和合议庭司法人员职责

15. 法官独任审理案件时,应当履行以下审判职责:

(1)主持或者指导法官助理做好庭前会议、庭前调解、证据交换等庭前准备工作及其他审判辅助工作;

（2）主持案件开庭、调解，依法作出裁判，制作裁判文书或者指导法官助理起草裁判文书，并直接签发裁判文书；

（3）依法决定案件审理中的程序性事项；

（4）依法行使其他审判权力。

16. 合议庭审理案件时，承办法官应当履行以下审判职责：

（1）主持或者指导法官助理做好庭前会议、庭前调解、证据交换等庭前准备工作及其他审判辅助工作；

（2）就当事人提出的管辖权异议及保全、司法鉴定、非法证据排除申请等提请合议庭评议；

（3）对当事人提交的证据进行全面审核，提出审查意见；

（4）拟定庭审提纲，制作阅卷笔录；

（5）自己担任审判长时，主持、指挥庭审活动；不担任审判长时，协助审判长开展庭审活动；

（6）参与案件评议，并先行提出处理意见；

（7）根据合议庭评议意见制作裁判文书或者指导法官助理起草裁判文书；

（8）依法行使其他审判权力。

17. 合议庭审理案件时，合议庭其他法官应当认真履行审判职责，共同参与阅卷、庭审、评议等审判活动，独立发表意见，复核并在裁判文书上签名。

18. 合议庭审理案件时，审判长除承担由合议庭成员共同承担的审判职责外，还应当履行以下审判职责：

（1）确定案件审理方案、庭审提纲、协调合议庭成员庭审分工以及指导做好其他必要的庭审准备工作；

（2）主持、指挥庭审活动；

（3）主持合议庭评议；

（4）依照有关规定和程序将合议庭处理意见分歧较大的案件提交专业法官会议讨论，或者按程序建议将案件提交审判委员会讨论决定；

（5）依法行使其他审判权力。

审判长自己承办案件时，应当同时履行承办法官的职责。

19. 法官助理在法官的指导下履行以下职责：

（1）审查诉讼材料，协助法官组织庭前证据交换；

（2）协助法官组织庭前调解，草拟调解文书；

（3）受法官委托或者协助法官依法办理财产保全和证据保全措施等；

（4）受法官指派，办理委托鉴定、评估等工作；

（5）根据法官的要求，准备与案件审理相关的参考资料，研究案件涉及的相关法律问题；

（6）在法官的指导下草拟裁判文书；

（7）完成法官交办的其他审判辅助性工作。

20. 书记员在法官的指导下，按照有关规定履行以下职责：

（1）负责庭前准备的事务性工作；

（2）检查开庭时诉讼参与人的出庭情况，宣布法庭纪律；

（3）负责案件审理中的记录工作；

（4）整理、装订、归档案卷材料；

（5）完成法官交办的其他事务性工作。

（二）院长庭长管理监督职责

21. 院长除依照法律规定履行相关审判职责外，还应当从宏观上指导法院各项审判工作，组织研究相关重大问题和制定相关管理制度，综合负责审判管理工作，主持审判委员会讨论审判工作中的重大事项，依法主持法官考评委员会对法官进行评鉴，以及履行其他必要的审判管理和监督职责。

副院长、审判委员会专职委员受院长委托，可以依照前款规定履行部分审判管理和监督职责。

22. 庭长除依照法律规定履行相关审判职责外，还应当从宏观上指导本庭审判工作，研究制定各合议庭和审判团队之间、内部成员之间的职责分工，负责随机分案后因特殊情况需要调整分案的事宜，定期对本庭审判质量情况进行监督，以及履行其他必要的审判管理和监督职责。

23. 院长、副院长、庭长的审判管理和监督活动应当严格控制在职责和权限的范围内，并在工作平台上公开进行。院长、副院长、庭长除参加审判委员会、专业法官会议外不得对其没有参加审理的案件发表倾向性意见。

24. 对于有下列情形之一的案件，院长、副院长、庭长有权要求独任法官或者合议庭报告案件进展和评议结果：

（1）涉及群体性纠纷，可能影响社会稳定的；

（2）疑难、复杂且在社会上有重大影响的；

（3）与本院或者上级法院的类案判决可能发生冲突的；

（4）有关单位或者个人反映法官有违法审判行为的。

院长、副院长、庭长对上述案件的审理过程或者评议结果有异议的，不得直接改变合议庭的意见，但可以决定将案件提交专业法官会议、审判委员会进行讨论。院长、副院长、庭长针对上述案件监督建议的时间、内容、处理结果等应当在案卷和办公平台上全程留痕。

四、审判责任的认定和追究

(一) 审判责任范围

25. 法官应当对其履行审判职责的行为承担责任,在职责范围内对办案质量终身负责。

法官在审判工作中,故意违反法律法规的,或者因重大过失导致裁判错误并造成严重后果的,依法应当承担违法审判责任。

法官有违反职业道德准则和纪律规定,接受案件当事人及相关人员的请客送礼、与律师进行不正当交往等违纪违法行为,依照法律及有关纪律规定另行处理。

26. 有下列情形之一的,应当依纪依法追究相关人员的违法审判责任:

(1) 审理案件时有贪污受贿、徇私舞弊、枉法裁判行为的;

(2) 违反规定私自办案或者制造虚假案件的;

(3) 涂改、隐匿、伪造、偷换和故意损毁证据材料的,或者因重大过失丢失、损毁证据材料并造成严重后果的;

(4) 向合议庭、审判委员会汇报案情时隐瞒主要证据、重要情节和故意提供虚假材料的,或者因重大过失遗漏主要证据、重要情节导致裁判错误并造成严重后果的;

(5) 制作诉讼文书时,故意违背合议庭评议结果、审判委员会决定的,或者因重大过失导致裁判文书主文错误并造成严重后果的;

(6) 违反法律规定,对不符合减刑、假释条件的罪犯裁定减刑、假释的,或者因重大过失对不符合减刑、假释条件的罪犯裁定减刑、假释并造成严重后果的;

(7) 其他故意违背法定程序、证据规则和法律明确规定违法审判的,或者因重大过失导致裁判结果错误并造成严重后果的。

27. 负有监督管理职责的人员等因故意或者重大过失,怠于行使或者不当行使审判监督权和审判管理权导致裁判错误并造成严重后果的,依照有关规定应当承担监督管理责任。追究其监督管理责任的,依照干部管理有关规定和程序办理。

28. 因下列情形之一,导致案件按照审判监督程序提起再审后被改判的,不得作为错案进行责任追究:

(1) 对法律、法规、规章、司法解释具体条文的理解和认识不一致,在专业认知范围内能够予以合理说明的;

(2) 对案件基本事实的判断存在争议或者疑问,根据证据规则能够予以合理说明的;

(3) 当事人放弃或者部分放弃权利主张的;

(4) 因当事人过错或者客观原因致使案件事实认定发生变化的;

(5) 因出现新证据而改变裁判的;

（6）法律修订或者政策调整的；

（7）裁判所依据的其他法律文书被撤销或者变更的；

（8）其他依法履行审判职责不应当承担责任的情形。

（二）审判责任承担

29. 独任制审理的案件，由独任法官对案件的事实认定和法律适用承担全部责任。

30. 合议庭审理的案件，合议庭成员对案件的事实认定和法律适用共同承担责任。

进行违法审判责任追究时，根据合议庭成员是否存在违法审判行为、情节、合议庭成员发表意见的情况和过错程度合理确定各自责任。

31. 审判委员会讨论案件时，合议庭对其汇报的事实负责，审判委员会委员对其本人发表的意见及最终表决负责。

案件经审判委员会讨论的，构成违法审判责任追究情形时，根据审判委员会委员是否故意曲解法律发表意见的情况，合理确定委员责任。审判委员会改变合议庭意见导致裁判错误的，由持多数意见的委员共同承担责任，合议庭不承担责任。审判委员会维持合议庭意见导致裁判错误的，由合议庭和持多数意见的委员共同承担责任。

合议庭汇报案件时，故意隐瞒主要证据或者重要情节，或者故意提供虚假情况，导致审判委员会作出错误决定的，由合议庭成员承担责任，审判委员会委员根据具体情况承担部分责任或者不承担责任。

审判委员会讨论案件违反民主集中制原则，导致审判委员会决定错误的，主持人应当承担主要责任。

32. 审判辅助人员根据职责权限和分工承担与其职责相对应的责任。法官负有审核把关职责的，法官也应当承担相应责任。

33. 法官受领导干部干预导致裁判错误的，且法官不记录或者不如实记录，应当排除干预而没有排除的，承担违法审判责任。

（三）违法审判责任追究程序

34. 需要追究违法审判责任的，一般由院长、审判监督部门或者审判管理部门提出初步意见，由院长委托审判监督部门审查或者提请审判委员会进行讨论，经审查初步认定有关人员具有本意见所列违法审判责任追究情形的，人民法院监察部门应当启动违法审判责任追究程序。

各级人民法院应当依法自觉接受人大、政协、媒体和社会监督，依法受理对法官违法审判行为的举报、投诉，并认真进行调查核实。

35. 人民法院监察部门应当对法官是否存在违法审判行为进行调查,并采取必要、合理的保护措施。在调查过程中,当事法官享有知情、辩解和举证的权利,监察部门应当对当事法官的意见、辩解和举证如实记录,并在调查报告中对是否采纳作出说明。

36. 人民法院监察部门经调查后,认为应当追究法官违法审判责任的,应当报请院长决定,并报送省(区、市)法官惩戒委员会审议。

高级人民法院监察部门应当派员向法官惩戒委员会通报当事法官的违法审判事实及拟处理建议、依据,并就其违法审判行为和主观过错进行举证。当事法官有权进行陈述、举证、辩解、申请复议和申诉。

法官惩戒委员会根据查明的事实和法律规定作出无责、免责或者给予惩戒处分的建议。

法官惩戒委员会工作章程和惩戒程序另行制定。

37. 对应当追究违法审判责任的相关责任人,根据其应负责任依照《中华人民共和国法官法》等有关规定处理:

（1）应当给予停职、延期晋升、退出法官员额或者免职、责令辞职、辞退等处理的,由组织人事部门按照干部管理权限和程序依法办理;

（2）应当给予纪律处分的,由纪检监察部门依照有关规定和程序依法办理;

（3）涉嫌犯罪的,由纪检监察部门将违法线索移送有关司法机关依法处理。

免除法官职务,必须按法定程序由人民代表大会罢免或者提请人大常委会作出决定。

五、加强法官的履职保障

38. 在案件审理的各个阶段,除非确有证据证明法官存在贪污受贿、徇私舞弊、枉法裁判等严重违法审判行为外,法官依法履职的行为不得暂停或者终止。

39. 法官依法审判不受行政机关、社会团体和个人的干涉。任何组织和个人违法干预司法活动、过问和插手具体案件处理的,应当依照规定予以记录、通报和追究责任。

领导干部干预司法活动、插手具体案件和司法机关内部人员过问案件的,分别按照《领导干部干预司法活动、插手具体案件处理的记录、通报和责任追究规定》和《司法机关内部人员过问案件的记录和责任追究规定》及其实施办法处理。

40. 法官因依法履职遭受不实举报、诬告陷害,致使名誉受到损害的,或者经法官惩戒委员会等组织认定不应追究法律和纪律责任的,人民法院监察部门、新闻宣传部门应当在适当范围以适当形式及时澄清事实,消除不良影响,维护法官良好声誉。

41. 人民法院或者相关部门对法官作出错误处理的,应当赔礼道歉、恢复职务和名誉、消除影响,对造成经济损失的依法给予赔偿。

42. 法官因接受调查暂缓等级晋升的,后经有关部门认定不构成违法审判责任,或者法官惩戒委员会作出无责或者免责建议的,其等级晋升时间从暂缓之日起连续计算。

43. 依法及时惩治当庭损毁证据材料、庭审记录、法律文书和法庭设施等妨碍诉讼活动或者严重藐视法庭权威的行为。依法保护法官及其近亲属的人身和财产安全,依法及时惩治在法庭内外恐吓、威胁、侮辱、跟踪、骚扰、伤害法官及其近亲属等违法犯罪行为。

侵犯法官人格尊严,或者泄露依法不能公开的法官及其亲属隐私,干扰法官依法履职的,依法追究有关人员责任。

44. 加大对妨碍法官依法行使审判权、诬告陷害法官、藐视法庭权威、严重扰乱审判秩序等违法犯罪行为的惩罚力度,研究完善配套制度,推动相关法律的修改完善。

六、附则

45. 本意见所称法官是指经法官遴选委员会遴选后进入法官员额的法官。

46. 本意见关于审判责任的认定和追究适用于人民法院的法官、副庭长、庭长、审判委员会专职委员、副院长和院长。执行员、法官助理、书记员、司法警察等审判辅助人员的责任认定和追究参照执行。

技术调查官等其他审判辅助人员的职责另行规定。

人民陪审员制度改革试点地区法院人民陪审案件中的审判责任根据《人民陪审员制度改革试点方案》另行规定。

47. 本意见由最高人民法院负责解释。

48. 本意见适用于中央确定的司法体制改革试点法院和最高人民法院确定的审判权力运行机制改革试点法院。

最高人民法院
2015年9月21日

4. 最高人民法院关于印发《关于人民法院案件案号的若干规定》及配套标准的通知

为统一规范人民法院案件案号的编制、使用与管理,根据有关法律、行政法规、司法解释及最高人民法院规范性文件规定,结合工作实际,制定本规定。

一、一般规定

第一条 本规定所称的案号是指用于区分各级法院办理案件的类型和次序的简要标识,由中文汉字、阿拉伯数字及括号组成。

第二条 案号的基本要素为收案年度、法院代字、类型代字、案件编号。

收案年度是收案的公历自然年,用阿拉伯数字表示。

法院代字是案件承办法院的简化标识,用中文汉字、阿拉伯数字表示。

类型代字是案件类型的简称,用中文汉字表示。

案件编号是收案的次序号,用阿拉伯数字表示。

第三条 案号各基本要素的编排规格为:"("+收案年度+")"+法院代字+类型代字+案件编号+"号"。

每个案件编定的案号均应具有唯一性。

二、法院代字

第四条 最高人民法院的法院代字为"最高法"。

各省、自治区、直辖市高级人民法院的法院代字与其所在省、自治区、直辖市行政区划简称一致,但第三款规定情形除外。

内蒙古自治区高级人民法院、中国人民解放军军事法院、新疆维吾尔自治区高级人民法院生产建设兵团分院的法院代字分别为"内""军""兵"。

第五条 中级、基层法院的法院代字,分别由所属高院的法院代字与其数字代码组合而成。

中级、基层法院的数字代码,分别由两位、四位阿拉伯数字表示,并按下列规则确定:

(一)各省、自治区按地级市、地区、自治州、盟等地级行政区划设置的中级法院和按县、自治县、县级市、旗、自治旗、市辖区、林区、特区等县级行政区划设置的基层法院,数字代码分别与其相应行政区划代码(即三层六位层次码)的中间两位、后四位数字一致;

(二)直辖市、中国人民解放军军事法院、新疆维吾尔自治区高级人民法院生产建设兵团分院所辖的中级法院,数字代码均按01—20确定;

(三)省、自治区、直辖市高级人民法院所辖的铁路、海事、知识产权、油田、林业、农垦专门中级法院,各省、自治区高级人民法院所辖的跨行政区划中级法院以及为省(自治区)直辖县级行政区划人民法院对应设立的中级法院,数字代码分别按71、72、73、74、75—80、81—85、87—95以及96—99确定;

(四)中国人民解放军军事法院和新疆维吾尔自治区高级人民法院生产建设兵团分院所辖的基层法院,以及在同一高院辖区内铁路、油田、林业、农垦专门中级

法院所辖的铁路、油田、林业、农垦基层法院,数字代码的前两位与其中院数字代码一致,后两位均按01—40确定;

(五)地级市未设县级行政区划单位时,该市中级法院所辖基层法院的数字代码,前两位与该中院数字代码一致,后两位按71—80确定;

(六)在同一高院辖区内无铁路专门中院的铁路基层法院,其数字代码前两位为86,后两位按01—20确定;

(七)非林业、农垦专门中院所辖的林业、农垦基层法院及为非行政区划建制的开发区、新区、园区、库区、矿区等特别设立的基层法院,数字代码的前两位与其所属中院数字代码一致,后两位在91—99范围内确定。

前款第(二)项至第(七)项所列中级、基层法院,分别同属一个高院、中院的,综合设立先后、建制等因素编制数字代码顺序。

第六条 确定中级、基层法院的所属各省、自治区、直辖市高院,以人、财、物统一管理为标准。

本规定第五条第二款第(七)项所列基层法院的所属中院是指在同一高院辖区内主要承担该基层法院案件二审职权的中级法院。

三、类型代字

第七条 确定案件的类型代字,应结合案件所涉事项的法律关系性质与适用程序的特点。

类型代字应简练、贴切反映该类型案件的核心特征,用3个以内中文汉字表示。

每一类型案件的类型代字均应具有唯一性。

第八条 案件合并审理或并用多个程序办理时,以必须先决的事项及所适用程序作为确定类型代字的依据。

四、案件编号

第九条 不同法院承办或同一法院承办不同类型代字的案件,其编号均应单独编制。

第十条 同一类型代字的案件编号,按照案件在同一收案年度内的收案顺序,以顺位自然数编排,但第二款规定情形除外。

刑事复核案件的编号以8位自然数为固定长度,由承办法院随机确定,且不得依序编制。

五、案号管理

第十一条 案号的基本要素、规格及编制规则,由最高人民法院统一制定。

第十二条 各省、自治区、直辖市高级人民法院、中国人民解放军军事法院、新疆维吾尔自治区高级人民法院生产建设兵团分院及其所辖中级、基层法院的法院代字,由最高人民法院定期统一发布。

第十三条 行政区划发生变更但对应的中级、基层法院未作相应调整前,法院代字按原行政区划代码编制。

中级、基层法院因其原适用的第五条第二款所列规则情形发生变化的,法院代字按变化后情形应适用的编码规则编制。

第十四条 案件类型的具体划分及其代字,由最高人民法院另行制定标准。

第十五条 法律、行政法规的制定、修改、废止致使案件类型发生变化的,最高人民法院应及时调整案件类型及其代字标准。

最高人民法院制定、修改、废止司法解释或规范性文件将导致案件类型发生变化的,应同步调整案件类型及其代字标准。

第十六条 具体案件的案号编制,由各级法院的立案或承担相应职责的部门负责。

六、附则

第十七条 本规定自 2016 年 1 月 1 日起施行。

最高人民法院以前涉及案号的其他规定与本规定不一致的,以本规定为准。

本规定施行前已经编制案号但尚未办结的案件,其案号不因本规定的施行而变更。

5. 最高院关于在部分地方人民法院开展法官助理试点工作的意见

为建设一支职业化法官队伍,实现人民法院审判人员的分类管理,保证法官依法独立、公正地行使审判权,提高审判效率,最高人民法院经征得中组部同意后决定,在部分地方人民法院开展法官助理试点工作。现就有关问题提出如下意见:

一、法官助理试点工作的主要内容

最高人民法院确定试点法院。试点法院设法官助理。明确法官、法官助理、书记员三者之间的职能划分和在审判活动中的相互关系。在审判工作中,试行"法官—法官助理—书记员"的审判人员组合模式。

二、法官助理试点工作的基本原则

(一)遵循审判规律,审判工作与审判辅助工作适当分离的原则;

（二）分类管理的原则；

（三）确保案件审判质量和效率的原则；

（四）统筹兼顾、稳步推进的原则；

（五）老人老办法、新人新政策的原则。

三、法官、法官助理的配备

试点法院应当以保证依法公正、高效地完成审判工作为前提,以案件数和审判工作量的发展变化为基本因素,并综合考虑本院的法官素质、机构设置、法院辖区的面积、经济发展水平、人口等情况确定所需的法官员额。

试点法院应当根据公开、平等、竞争的原则,通过考试、考核相结合的方式,选任法官和法官助理。

法官、法官助理和书记员的配备比例以及管理模式,可以根据试点法院的实际情况提出方案,按照干部管理权限,征得干部主管部门和上一级人民法院同意后确定。

四、法官、法官助理、书记员的职责

（一）法官是依法行使国家审判权的审判人员。法官助理是协助法官从事审判业务的辅助人员。书记员是审判工作的事务性辅助人员。法官助理、书记员在法官指导下工作。

（二）法官的主要职责是:核实案件证据,认定案件事实,提出或者决定适用法律的意见。具体工作为:审核诉讼材料;开庭审判(包括诉讼中的调解);合议庭合议;制作裁判文书。

（三）法官助理在法官指导下履行下列职责:1.审查诉讼材料,提出诉讼争执要点,归纳、摘录证据;2.确定举证期限,组织庭前证据交换;3.代表法官主持庭前调解,达成调解协议的,须经法官审核确认;4.办理指定辩护人或者指定法定代理人的有关事宜;5.接待、安排案件当事人、诉讼代理人、辩护人的来访和阅卷等事宜;6.依法调查、收集、核对有关证据;7.办理委托鉴定、评估、审计等事宜;8.协助法官采取诉讼保全措施;9.准备与案件审理相关的参考资料;10.按照法官要求,草拟法律文书;11.办理排定开庭日期等案件管理的有关事务;12.完成法官交办的其他与审判业务相关的辅助性工作。

（四）书记员在法官指导下,按照《人民法院书记员管理办法(试行)》的规定履行职责。

五、担任法官助理的条件

（一）遵守宪法和法律,严守审判纪律,清正廉洁,恪守职业道德；

（二）高等院校法律专业本科毕业或者高等院校非法律专业本科毕业具有法

律专业知识。适用本项规定确有困难的地方，经高级人民法院审核确定，可以适当放宽学历条件；

（三）年满二十周岁，身体健康；

（四）有较强的语言表达能力和文字综合能力；

（五）通过国家公务员录用考试，符合国家公务员录用条件。有条件的试点法院新招法官助理一般应当通过国家司法考试。法院工作人员中符合本条第（一）、（二）、（三）、（四）项条件的，可以根据需要任命为法官助理；现任审判员和助理审判员，根据工作需要，可以行使法官助理的职能。

六、法官助理的管理

（一）法官助理由本院院长任免。

（二）试点法院应当参照《国家公务员暂行条例》的有关规定，对法官助理实行单独序列管理。

（三）试点法院法官助理按照以下职级配备：1.高级人民法院法官助理的职级最高配备为正处级；2.中级人民法院法官助理的职级最高配备为副处级；3.基层人民法院法官助理的职级最高配备为正科级。直辖市、副省级市的中级人民法院和基层人民法院的法官助理职级配备，可以略高于上述第二项、第三项的规定。试点法院任命法官助理以及确定职级，应当在规定的编制、职数限额内进行。

（四）对法官助理应当制定量化的考核标准。对法官助理的考核在全面听取意见的同时，要充分听取法官的意见。

（五）法官助理履行职责时，参照诉讼法的规定实行回避。法官助理的任职回避比照法官执行。

（六）法官助理违反法律、法规、审判纪律的，参照《最高人民法院关于人民法院审判人员违法审判责任追究办法（试行）》、《最高人民法院关于人民法院审判纪律处分办法（试行）》和其他有关规定，追究相应责任。

七、试点工作要求

（一）试点工作应当严格遵守法律的有关规定和诉讼程序，按照最高人民法院制定的《人民法院五年改革纲要》和本意见的有关规定，在最高人民法院的统一部署、统一组织下进行。

（二）试点法院在试点工作中既要保证各项改革措施的实施，又要保证审判工作的质量与效率，积极稳妥、逐步深入地开展试点工作，切不可操之过急，影响审判人员工作的积极性和审判任务的完成。同时，要做好深入细致的思想政治工作，使法官和其他工作人员深刻理解试点工作对司法体制改革和推进法官队伍职业化建设的重要意义，确保试点工作中队伍不乱，人心不散，审判工作不受影响。

（三）试点工作要在地方党委的领导下、人大等单位的支持下进行。试点法院要将试点方案、试点工作进行情况和存在的问题及时向党委和人大汇报，争取支持和帮助。

八、其他

"老人老办法"是指试点法院试行法官助理制度后现任审判员、助理审判员在行使法官助理职能时法律职务不变，待遇不变。"新人新政策"是指试点法院不再任命助理审判员。如果法官员额出现空缺，可以经过法定程序，从现有符合法官（审判员）条件的人员中择优选任。

附：试点法院名单

二〇〇四年九月二十七日

试点法院名单

高级人民法院
海南省高级人民法院
中级人民法院
深圳市中级人民法院
长春市中级人民法院
昆明市中级人民法院
东营市中级人民法院
泸州市中级人民法院
常州市中级人民法院
广州海事法院
基层人民法院
北京市海淀区人民法院
北京市房山区人民法院
上海市黄浦区人民法院
重庆市沙坪坝区人民法院
遵义市红花岗区人民法院
浏阳市人民法院
西安市碑林区人民法院
常州市钟楼区人民法院
徐州市云龙区人民法院

6. 法官行为规范

为大力弘扬"公正、廉洁、为民"的司法核心价值观,规范法官基本行为,树立良好的司法职业形象,根据《中华人民共和国法官法》和《中华人民共和国公务员法》等法律,制定本规范。

一、一般规定

第一条 忠诚坚定。坚持党的事业至上、人民利益至上、宪法法律至上,在思想上和行动上与党中央保持一致,不得有违背党和国家基本政策以及社会主义司法制度的言行。

第二条 公正司法。坚持以事实为根据、以法律为准绳,平等对待各方当事人,确保实体公正、程序公正和形象公正,努力实现办案法律效果和社会效果的有机统一,不得滥用职权、枉法裁判。

第三条 高效办案。树立效率意识,科学合理安排工作,在法定期限内及时履行职责,努力提高办案效率,不得无故拖延、贻误工作、浪费司法资源。

第四条 清正廉洁。遵守各项廉政规定,不得利用法官职务和身份谋取不正当利益,不得为当事人介绍代理人、辩护人以及中介机构,不得为律师、其他人员介绍案源或者给予其他不当协助。

第五条 一心为民。落实司法为民的各项规定和要求,做到听民声、察民情、知民意,坚持能动司法,树立服务意识,做好诉讼指导、风险提示、法律释明等便民服务,避免"冷硬横推"等不良作风。

第六条 严守纪律。遵守各项纪律规定,不得泄露在审判工作中获取的国家秘密、商业秘密、个人隐私等,不得过问、干预和影响他人正在审理的案件,不得随意发表有损生效裁判严肃性和权威性的言论。

第七条 敬业奉献。热爱人民司法事业,增强职业使命感和荣誉感,加强业务学习,提高司法能力,恪尽职守,任劳任怨,无私奉献,不得麻痹懈怠、玩忽职守。

第八条 加强修养。坚持学习,不断提高自身素质;遵守司法礼仪,执行着装规定,言语文明,举止得体,不得浓妆艳抹,不得佩带与法官身份不相称的饰物,不得参加有损司法职业形象的活动。

二、立案

第九条 基本要求

(一)保障当事人依法行使诉权,特别关注妇女、儿童、老年人、残疾人等群体

的诉讼需求;

（二）便利人民群众诉讼,减少当事人诉累;

（三）确保立案质量,提高立案效率。

第十条 当事人来法院起诉

（一）加强诉讼引导,提供诉讼指导材料;

（二）符合起诉条件的,在法定时间内及时立案;

（三）不符合起诉条件的,不予受理并告知理由,当事人坚持起诉的,裁定不予受理;

（四）已经立案的,不得强迫当事人撤诉;

（五）当事人自愿放弃起诉的,除法律另有规定外,应当准许。

第十一条 当事人口头起诉

（一）告知应当递交书面诉状;

（二）当事人不能书写诉状且委托他人代写有困难的,要求其明确诉讼请求、如实提供案件情况和联络方式,记入笔录并向其宣读,确认无误后交其签名或者捺印。

第十二条 当事人要求上门立案或者远程立案

（一）当事人因肢体残疾行动不便或者身患重病卧床不起等原因,确实无法到法院起诉且没有能力委托代理人的,可以根据实际情况上门接收起诉材料;

（二）当事人所在地离受案法院距离远且案件事实清楚、法律关系明确、争议不大的,可以通过网络或者邮寄的方式接收起诉材料;

（三）对不符合上述条件的当事人,应当告知其到法院起诉。

第十三条 当事人到人民法庭起诉

人民法庭有权受理的,应当接受起诉材料,不得要求当事人到所在基层人民法院立案庭起诉。

第十四条 案件不属于法院主管或者本院管辖

（一）告知当事人不属于法院主管或者本院没有管辖权的理由;

（二）根据案件实际情况,指明主管机关或者有管辖权的法院;

（三）当事人坚持起诉的,裁定不予受理,不得违反管辖规定受理案件。

第十五条 依法应当公诉的案件提起自诉

（一）应当在接受后移送主管机关处理,并且通知当事人;

（二）情况紧急的,应当先采取紧急措施,然后移送主管机关并告知当事人。

第十六条 诉状内容和形式不符合规定

（一）告知按照有关规定进行更正,做到一次讲清要求;

（二）不得因法定起诉要件以外的瑕疵拒绝立案。

第十七条 起诉材料中证据不足

原则上不能以支持诉讼请求的证据不充分为由拒绝立案。

第十八条 遇到疑难复杂情况,不能当场决定是否立案

(一) 收下材料并出具收据,告知等待审查结果;

(二) 及时审查并在法定期限内将结果通知当事人。

第十九条 发现涉及群体的、矛盾易激化的纠纷

及时向领导汇报并和有关部门联系,积极做好疏导工作,防止矛盾激化。

第二十条 当事人在立案后询问证据是否有效、能否胜诉等实体问题

(一) 不得向其提供倾向性意见;

(二) 告知此类问题只有经过审理才能确定,要相信法院会公正裁判。

第二十一条 当事人在立案后询问案件处理流程或时间

告知案件处理流程和法定期限,不得以与立案工作无关为由拒绝回答。

第二十二条 当事人预交诉讼费

(一) 严格按规定确定数额,不得额外收取或者随意降低;

(二) 需要到指定银行交费的,及时告知账号及地点;

(三) 确需人民法庭自行收取的,应当按规定出具收据。

第二十三条 当事人未及时交纳诉讼费

(一) 符合司法救助条件的,告知可以申请缓交或者减免诉讼费;

(二) 不符合司法救助条件的,可以书面形式通知其在规定期限内交费,并告知无正当理由逾期不交诉讼费的,将按撤诉处理。

第二十四条 当事人申请诉前财产保全、证据保全等措施

(一) 严格审查申请的条件和理由,及时依法作出裁定;

(二) 裁定采取保全等措施的,及时依法执行;不符合申请条件的,耐心解释原因;

(三) 不得滥用诉前财产保全、证据保全等措施。

第二十五条 当事人自行委托或者申请法院委托司法鉴定

(一) 当事人协商一致自行委托的,应当认真审查鉴定情况,对程序合法、结论公正的鉴定意见应当采信;对不符合要求的鉴定意见可以要求重新鉴定,并说明理由;

(二) 当事人申请法院委托的,应当及时做出是否准许的决定,并答复当事人;准许进行司法鉴定的,应当按照规定委托鉴定机构及时进行鉴定。

三、庭审

第二十六条 基本要求

(一) 规范庭审言行,树立良好形象;

(二) 增强庭审驾驭能力,确保审判质量;
(三) 严格遵循庭审程序,平等保护当事人诉讼权利;
(四) 维护庭审秩序,保障审判活动顺利进行。

第二十七条 开庭前的准备
(一) 在法定期限内及时通知诉讼各方开庭时间和地点;
(二) 公开审理的,应当在法定期限内及时公告;
(三) 当事人申请不公开审理的,应当及时审查,符合法定条件的,应当准许;不符合法定条件的,应当公开审理并解释理由;
(四) 需要进行庭前证据交换的,应当及时提醒,并主动告知举证时限;
(五) 当事人申请法院调取证据的,如确属当事人无法收集的证据,应当及时调查收集,不得拖延;证据调取不到的,应当主动告知原因;如属于当事人可以自行收集的证据,应当告知其自行收集;
(六) 自觉遵守关于回避的法律规定和相关制度,对当事人提出的申请回避请求不予同意的,应当向当事人说明理由;
(七) 审理当事人情绪激烈、矛盾容易激化的案件,应当在庭前做好工作预案,防止发生恶性事件。

第二十八条 原定开庭时间需要更改
(一) 不得无故更改开庭时间;
(二) 因特殊情况确需延期的,应当立即通知当事人及其他诉讼参加人;
(三) 无法通知的,应当安排人员在原定庭审时间和地点向当事人及其他诉讼参加人解释。

第二十九条 出庭时注意事项
(一) 准时出庭,不迟到,不早退,不缺席;
(二) 在进入法庭前必须更换好法官服或者法袍,并保持整洁和庄重,严禁着便装出庭;合议庭成员出庭的着装应当保持统一;
(三) 设立法官通道的,应当走法官通道;
(四) 一般在当事人、代理人、辩护人、公诉人等入庭后进入法庭,但前述人员迟到、拒不到庭的除外;
(五) 不得与诉讼各方随意打招呼,不得与一方有特别亲密的言行;
(六) 严禁酒后出庭。

第三十条 庭审中的言行
(一) 坐姿端正,杜绝各种不雅动作;
(二) 集中精力,专注庭审,不做与庭审活动无关的事;
(三) 不得在审判席上吸烟、闲聊或者打瞌睡,不得接打电话,不得随意离开审

判席;

(四)平等对待与庭审活动有关的人员,不与诉讼中的任何一方有亲近的表示;

(五)礼貌示意当事人及其他诉讼参加人发言;

(六)不得使用带有倾向性的语言进行提问,不得与当事人及其他诉讼参加人争吵;

(七)严格按照规定使用法槌,敲击法槌的轻重应当以旁听区能够听见为宜。

第三十一条　对诉讼各方陈述、辩论时间的分配与控制

(一)根据案情和审理需要,公平、合理地分配诉讼各方在庭审中的陈述及辩论时间;

(二)不得随意打断当事人、代理人、辩护人等的陈述;

(三)当事人、代理人、辩护人发表意见重复或与案件无关的,要适当提醒制止,不得以生硬言辞进行指责。

第三十二条　当事人使用方言或者少数民族语言

(一)诉讼一方只能讲方言的,应当准许;他方表示不通晓的,可以由懂方言的人用普通话进行复述,复述应当准确无误;

(二)使用少数民族语言陈述,他方表示不通晓的,应当为其配备翻译。

第三十三条　当事人情绪激动,在法庭上喊冤或者鸣不平

(一)重申当事人必须遵守法庭纪律,法庭将会依法给其陈述时间;

(二)当事人不听劝阻的,应当及时制止;

(三)制止无效的,依照有关规定作出适当处置。

第三十四条　诉讼各方发生争执或者进行人身攻击

(一)及时制止,并对各方进行批评教育,不得偏袒一方;

(二)告诫各方必须围绕案件依序陈述;

(三)对不听劝阻的,依照有关规定作出适当处置。

第三十五条　当事人在庭审笔录上签字

(一)应当告知当事人庭审笔录的法律效力,将庭审笔录交其阅读;无阅读能力的,应当向其宣读,确认无误后再签字、捺印;

(二)当事人指出记录有遗漏或者差错的,经核实后要当场补正并要求当事人在补正处签字、捺印;无遗漏或者差错不应当补正的,应当将其申请记录在案;

(三)未经当事人阅读核对,不得要求其签字、捺印;

(四)当事人放弃阅读核对的,应当要求其签字、捺印;当事人不阅读又不签字、捺印的,应当将情况记录在案。

第三十六条 宣判时注意事项

（一）宣告判决，一律公开进行；

（二）宣判时，合议庭成员或者独任法官应当起立，宣读裁判文书声音要洪亮、清晰、准确无误；

（三）当庭宣判的，应当宣告裁判事项，简要说明裁判理由并告知裁判文书送达的法定期限；

（四）定期宣判的，应当在宣判后立即送达裁判文书；

（五）宣判后，对诉讼各方不能赞赏或者指责，对诉讼各方提出的质疑，应当耐心做好解释工作。

第三十七条 案件不能在审限内结案

（一）需要延长审限的，按照规定履行审批手续；

（二）应当在审限届满或者转换程序前的合理时间内，及时将不能审结的原因告知当事人及其他诉讼参加人。

第三十八条 人民检察院提起抗诉

（一）依法立案并按照有关规定进行审理；

（二）应当为检察人员和辩护人、诉讼代理人查阅案卷、复印卷宗材料等提供必要的条件和方便。

四、诉讼调解

第三十九条 基本要求

（一）树立调解理念，增强调解意识，坚持"调解优先、调判结合"，充分发挥调解在解决纠纷中的作用；

（二）切实遵循合法、自愿原则，防止不当调解、片面追求调解率；

（三）讲究方式方法，提高调解能力，努力实现案结事了。

第四十条 在调解过程中与当事人接触

（一）应当征询各方当事人的调解意愿；

（二）根据案件的具体情况，可以分别与各方当事人做调解工作；

（三）在与一方当事人接触时，应当保持公平，避免他方当事人对法官的中立性产生合理怀疑。

第四十一条 只有当事人的代理人参加调解

（一）认真审查代理人是否有特别授权，有特别授权的，可以由其直接参加调解；

（二）未经特别授权的，可以参与调解，达成调解协议的，应当由当事人签字或者盖章，也可以由当事人补办特别授权追认手续，必要时，可以要求当事人亲自参加调解。

第四十二条 一方当事人表示不愿意调解

（一）有调解可能的，应当采用多种方式，积极引导调解；

（二）当事人坚持不愿调解的，不得强迫调解。

第四十三条 调解协议损害他人利益

（一）告知参与调解的当事人应当对涉及到他人权利、义务的约定进行修正；

（二）发现调解协议有损他人利益的，不得确认该调解协议内容的效力。

第四十四条 调解过程中当事人要求对责任问题表态

应当根据案件事实、法律规定以及调解的实际需要进行表态，注意方式方法，努力促成当事人达成调解协议。

第四十五条 当事人对调解方案有分歧

（一）继续做好协调工作，尽量缩小当事人之间的分歧，以便当事人重新选择，争取调解结案；

（二）分歧较大且确实难以调解的，应当及时依法裁判。

五、文书制作

第四十六条 基本要求

（一）严格遵守格式和规范，提高裁判文书制作能力，确保裁判文书质量，维护裁判文书的严肃性和权威性；

（二）普通程序案件的裁判文书应当内容全面、说理透彻、逻辑严密、用语规范、文字精炼；

（三）简易程序案件的裁判文书应当简练、准确、规范；

（四）组成合议庭审理的案件的裁判文书要反映多数人的意见。

第四十七条 裁判文书质量责任的承担

（一）案件承办法官或者独任法官对裁判文书质量负主要责任，其他合议庭成员对裁判文书负有次要责任；

（二）对裁判文书负责审核、签发的法官，应当做到严格审查、认真把关。

第四十八条 对审判程序及审判全过程的叙述

（一）准确叙述当事人的名称、案由、立案时间、开庭审理时间、诉讼参加人到庭等情况；

（二）简易程序转为普通程序的，应当写明转换程序的时间和理由；

（三）追加、变更当事人的，应当写明追加、变更的时间、理由等情况；

（四）应当如实叙述审理管辖异议、委托司法鉴定、评估、审计、延期审理等环节的流程等一些重要事项。

第四十九条 对诉讼各方诉状、答辩状的归纳

（一）简要、准确归纳诉讼各方的诉、辩主张；

（二）应当公平、合理分配篇幅。

第五十条 对当事人质证过程和争议焦点的叙述

（一）简述开庭前证据交换和庭审质证阶段各方当事人质证过程；

（二）准确概括各方当事人争议的焦点；

（三）案件事实、法律关系较复杂的，应当在准确归纳争议焦点的基础上分段、分节叙述。

第五十一条 普通程序案件的裁判文书对事实认定部分的叙述

（一）表述客观，逻辑严密，用词准确，避免使用明显的褒贬词汇；

（二）准确分析说明各方当事人提交证据采信与否的理由以及被采信的证据能够证明的事实；

（三）对证明责任、证据的证明力以及证明标准等问题应当进行合理解释。

第五十二条 对普通程序案件定性及审理结果的分析论证

（一）应当进行准确、客观、简练的说理，对答辩意见、辩护意见、代理意见等是否采纳要阐述理由；

（二）审理刑事案件，应当根据法律、司法解释的有关规定并结合案件具体事实做出有罪或者无罪的判决，确定有罪的，对法定、酌定的从重、从轻、减轻、免除处罚情节等进行分析认定；

（三）审理民事案件，应当根据法律、法规、司法解释的有关规定，结合个案具体情况，理清案件法律关系，对当事人之间的权利义务关系、责任承担及责任大小等进行详细的归纳评判；

（四）审理行政案件，应当根据法律、法规、司法解释的有关规定，结合案件事实，就行政机关及其工作人员所作的具体行政行为是否合法，原告的合法权益是否被侵害，与被诉具体行政行为之间是否存在因果关系等进行分析论证。

第五十三条 法律条文的引用

（一）在裁判理由部分应当引用法律条款原文，必须引用到法律的条、款、项；

（二）说理中涉及多个争议问题的，应当一论一引；

（三）在判决主文理由部分最终援引法律依据时，只引用法律条款序号。

第五十四条 裁判文书宣告或者送达后发现文字差错

（一）对一般文字差错或者病句，应当及时向当事人说明情况并收回裁判文书，以校对章补正或者重新制作裁判文书；

（二）对重要文字差错或者病句，能立即收回的，当场及时收回并重新制作；无法立即收回的，应当制作裁定予以补正。

六、执行

第五十五条 基本要求

（一）依法及时有效执行，确保生效法律文书的严肃性和权威性，维护当事人的合法权益；

（二）坚持文明执行，严格依法采取执行措施，坚决避免不作为和乱作为；

（三）讲求方式方法，注重执行的法律效果和社会效果。

第五十六条 被执行人以特别授权为由要求执行人员找其代理人协商执行事宜

（一）应当从有利于执行考虑，决定是否与被执行人的代理人联系；

（二）确有必要与被执行人本人联系的，应当告知被执行人有义务配合法院执行工作，不得推托。

第五十七条 申请执行人来电或者来访查询案件执行情况

（一）认真做好记录，及时说明执行进展情况；

（二）申请执行人要求查阅有关案卷材料的，应当准许，但法律规定应予保密的除外。

第五十八条 有关当事人要求退还材料原件

应当在核对当事人提交的副本后将原件退还，并由该当事人签字或者盖章后归档备查。

第五十九条 被执行财产的查找

（一）申请执行人向法院提供被执行财产线索的，应当及时进行调查，依法采取相应的执行措施，并将有关情况告知申请执行人；

（二）应当积极依职权查找被执行人财产，并及时依法采取相应执行措施。

第六十条 执行当事人请求和解

（一）及时将和解请求向对方当事人转达，并以适当方式客观说明执行的难度和风险，促成执行当事人达成和解；

（二）当事人拒绝和解的，应当继续依法执行；

（三）申请执行人和被执行人达成和解的，应当制作书面和解协议并归档，或者将口头达成的和解协议内容记入笔录，并由双方当事人签字或者盖章。

第六十一条 执行中的暂缓、中止、终结

（一）严格依照法定条件和程序采取暂缓、中止、终结执行措施；

（二）告知申请执行人暂缓、中止、终结执行所依据的事实和相关法律规定，并耐心做好解释工作；

（三）告知申请执行人暂缓、中止执行后恢复执行的条件和程序；

（四）暂缓、中止、终结执行确有错误的，应当及时依法纠正。

第六十二条 被执行人对受委托法院执行管辖提出异议

（一）审查案件是否符合委托执行条件，不符合条件的，及时向领导汇报，采取适当方式纠正；

（二）符合委托执行条件的，告知被执行人受委托法院受理执行的依据并依法执行。

第六十三条 案外人对执行提出异议

（一）要求案外人提供有关异议的证据材料，并及时进行审查；

（二）根据具体情况，可以对执行财产采取限制性措施，暂不处分；

（三）异议成立的，采取适当方式纠正；异议不成立的，依法予以驳回。

第六十四条 对被执行人财产采取查封、扣押、冻结、拍卖、变卖等措施

（一）严格依照规定办理手续，不得超标的、超金额查封、扣押、冻结被执行人财产；

（二）对采取措施的财产要认真制作清单，记录好种类、数量，并由当事人签字或者盖章予以确认；

（三）严格按照拍卖、变卖的有关规定，依法委托评估、拍卖机构，不得损害当事人合法利益。

第六十五条 执行款的收取

（一）执行款应当直接划入执行款专用账户；

（二）被执行人即时交付现金或者票据的，应当会同被执行人将现金或者票据交法院财务部门，并及时向被执行人出具收据；

（三）异地执行、搜查扣押、小额标的执行或者因情况紧急确需执行人员直接代收现金或者票据的，应当即时向交款人出具收据，并及时移交法院财务部门；

（四）严禁违规向申请执行人和被执行人收取费用。

第六十六条 执行款的划付

（一）应当在规定期限内办理执行费用和执行款的结算手续，并及时通知申请执行人办理取款手续；

（二）需要延期划付的，应当在期限届满前书面说明原因，并报有关领导审查批准；

（三）申请执行人委托或者指定他人代为收款的，应当审查其委托手续是否齐全、有效，并要求收款人出具合法有效的收款凭证。

第六十七条 被执行人以生效法律文书在实体或者程序上存在错误而不履行

（一）生效法律文书确有错误的，告知当事人可以依法按照审判监督程序申请再审或者申请有关法院补正，并及时向领导报告；

（二）生效法律文书没有错误的，要及时做好解释工作并继续执行。

第六十八条　有关部门和人员不协助执行
（一）应当告知其相关法律规定，做好说服教育工作；
（二）仍拒不协助的，依法采取有关强制措施。

七、涉诉信访处理

第六十九条　基本要求
（一）高度重视并认真做好涉诉信访工作，切实保护信访人合法权益；
（二）及时处理信访事项，努力做到来访有接待、来信有着落、申诉有回复；
（三）依法文明接待，维护人民法院良好形象。

第七十条　对来信的处理
（一）及时审阅并按规定登记，不得私自扣押或者拖延不办；
（二）需要回复和退回有关材料的，应当及时回复、退回；
（三）需要向有关部门和下级法院转办的，应当及时转办。

第七十一条　对来访的接待
（一）及时接待，耐心听取来访人的意见并做好记录；
（二）能当场解答的，应当立即给予答复，不能当场解答的，收取材料并告知按约定期限等待处理结果。

第七十二条　来访人系老弱病残孕者
（一）优先接待；
（二）来访人申请救助的，可以根据情况帮助联系社会救助站；
（三）在接待时来访人出现意外情况的，应当立即采取适当救护措施。

第七十三条　集体来访
（一）向领导报告，及时安排接待并联系有关部门共同处理；
（二）视情况告知选派1至5名代表说明来访目的和理由；
（三）稳定来访人情绪，并做好劝导工作。

第七十四条　信访事项不属于法院职权范围
告知法院无权处理并解释原因，根据信访事项内容指明有权处理机关。

第七十五条　信访事项涉及国家秘密、商业秘密或者个人隐私
（一）妥善保管涉及秘密和个人隐私的材料；
（二）自觉遵守有关规定，不披露、不使用在信访工作中获得的国家秘密、商业秘密或者个人隐私。

第七十六条　信访人反映辖区法院裁判不公、执行不力、审判作风等问题
（一）认真记录信访人所反映的情况；
（二）对法院裁判不服的，告知其可以依法上诉、申诉或者申请再审；
（三）反映其他问题的，及时将材料转交法院有关部门处理。

第七十七条 信访人反复来信来访催促办理结果
(一) 告知规定的办理期限,劝其耐心等待处理结果;
(二) 情况紧急的,及时告知承办人或者承办部门;
(三) 超过办理期限的,应当告知超期的理由。

第七十八条 信访人对处理结果不满,要求重新处理
(一) 处理确实不当的,及时报告领导,按规定进行纠正;
(二) 处理结果正确的,应当做好相关解释工作,详细说明处理程序和依据。

第七十九条 来访人表示不解决问题就要滞留法院或者采取其他极端方式
(一) 及时进行规劝和教育,避免使用不当言行刺激来访人;
(二) 立即向领导报告,积极采取适当措施,防止意外发生。

八、业外活动

第八十条 基本要求
(一) 遵守社会公德,遵纪守法;
(二) 加强修养,严格自律;
(三) 约束业外言行,杜绝与法官形象不相称的、可能影响公正履行职责的不良嗜好和行为,自觉维护法官形象。

第八十一条 受邀请参加座谈、研讨活动
(一) 对与案件有利害关系的机关、企事业单位、律师事务所、中介机构等的邀请应当谢绝;
(二) 对与案件无利害关系的党、政、军机关、学术团体、群众组织的邀请,经向单位请示获准后方可参加。

第八十二条 受邀请参加各类社团组织或者联谊活动
(一) 确需参加在各级民政部门登记注册的社团组织的,及时报告并由所在法院按照法官管理权限审批;
(二) 不参加营利性社团组织;
(三) 不接受有违清正廉洁要求的吃请、礼品和礼金。

第八十三条 从事写作、授课等活动
(一) 在不影响审判工作的前提下,可以利用业余时间从事写作、授课等活动;
(二) 在写作、授课过程中,应当避免对具体案件和有关当事人进行评论,不披露或者使用在工作中获得的国家秘密、商业秘密、个人隐私及其他非公开信息;
(三) 对于参加司法职务外活动获得的合法报酬,应当依法纳税。

第八十四条 接受新闻媒体与法院工作有关的采访
(一) 接受新闻媒体采访必须经组织安排或者批准;
(二) 在接受采访时,不发表有损司法公正的言论,不对正在审理中的案件和

有关当事人进行评论,不披露在工作中获得的国家秘密、商业秘密、个人隐私及其他非公开信息。

第八十五条 本人或者亲友与他人发生矛盾

(一)保持冷静、克制,通过正当、合法途径解决;

(二)不得利用法官身份寻求特殊照顾,不得妨碍有关部门对问题的解决。

第八十六条 本人及家庭成员遇到纠纷需通过诉讼方式解决

(一)对本人的案件或者以直系亲属代理人身份参加的案件,应当依照有关法律规定,平等地参与诉讼;

(二)在诉讼过程中不以法官身份获取特殊照顾,不利用职权收集所需证据;

(三)对非直系亲属的其他家庭成员的诉讼案件,一般应当让其自行委托诉讼代理人,法官本人不宜作为诉讼代理人参与诉讼。

第八十七条 出入社交场所注意事项

(一)参加社交活动要自觉维护法官形象;

(二)严禁乘警车、穿制服出入营业性娱乐场所。

第八十八条 家人或朋友约请参与封建迷信活动

(一)不得参加邪教组织或者参与封建迷信活动;

(二)向家人和朋友宣传科学,引导他们相信科学、反对封建迷信;

(三)对利用封建迷信活动违法犯罪的,应当立即向有关组织和公安部门反映。

第八十九条 因私出国(境)探亲、旅游

(一)如实向组织申报所去的国家、地区及返回的时间,经组织同意后方可出行;

(二)准时返回工作岗位;

(三)遵守当地法律,尊重当地民风民俗和宗教习惯;

(四)注意个人形象,维护国家尊严。

九、监督和惩戒

第九十条 各级人民法院要严格要求并督促本院法官遵守本规范,具体由各级法院的政治部门和纪检监察部门负责。

第九十一条 上级人民法院指导、监督下级人民法院对本规范的贯彻执行,最高人民法院指导和监督地方各级人民法院对本规范的贯彻执行。

第九十二条 地方各级人民法院应当结合本院实际,研究制定具体的实施细则或实施办法,切实加强本规范的培训与考核。

第九十三条 各级人民法院广大法官要自觉遵守和执行本规范,对违反本规范的人员,情节较轻且没有危害后果的,进行诫勉谈话和批评教育;构成违纪的,根

据人民法院有关纪律处分的规定进行处理;构成违法的,根据法律规定严肃处理。

十、附则

第九十四条 人民陪审员以及人民法院其他工作人员参照本规范执行,法官退休后应当参照本规范有关要求约束言行。

第九十五条 本规范由最高人民法院负责解释。

第九十六条 本规范自发布之日起施行,最高人民法院 2005 年 11 月 4 日发布的《法官行为规范(试行)》同时废止。

7. 人民法院书记员管理办法(试行)

为了建立一支专业化的人民法院书记员队伍,实现对书记员的科学管理,根据《中华人民共和国人民法院组织法》和《中华人民共和国法官法》等有关法律,制定本办法。

第一条 书记员是审判工作的事务性辅助人员,在法官指导下工作。

书记员实行单独序列管理。

第二条 书记员履行以下职责:

(一)办理庭前准备过程中的事务性工作;

(二)检查开庭时诉讼参与人的出庭情况,宣布法庭纪律;

(三)担任案件审理过程中的记录工作;

(四)整理、装订、归档案卷材料;

(五)完成法官交办的其他事务性工作。

第三条 担任书记员必须具备下列条件:

(一)具有中华人民共和国国籍;

(二)拥护中华人民共和国宪法;

(三)身体健康,年满 18 周岁;

(四)有良好的政治业务素质,具备从事书记员工作的专业技能;

(五)具有大学专科以上文化程度。

适用本条第五项规定的学历条件确有困难的地方,经高级人民法院审核同意,在一定期限内,可以将担任书记员的学历条件放宽为高中、中专。

第四条 下列人员不得担任书记员:

(一)曾因犯罪受过刑事处罚的;

(二)曾被开除公职的;

（三）涉嫌违法违纪正在接受审查，尚未作出结论的。

第五条 本办法下发后人民法院新招收的书记员，实行聘任制和合同管理。

书记员的聘任制和合同管理，是指人民法院与受聘人依照法律与本办法订立聘任合同，在合同有效期内，人民法院与受聘人双方履行合同规定，聘任合同解除或者终止后，双方即解除聘任关系，受聘人不再具有国家工作人员身份，不再履行书记员职责。

第六条 除法律、法规和聘任合同另有规定外，人民法院书记员的权利义务及教育培训、考核奖惩、辞职辞退、申诉控告、职务升降等，参照执行国家公务员的有关规定。人民法院聘任制书记员的工资、保险和福利制度由国家另行规定。

在国家有关规定出台之前，人民法院聘任制书记员的基本工资可按国家公务员的规定执行，其他工资和福利等待遇，可暂由各地根据本地区实际情况进行处理。待国家有关规定出台后，人民法院聘任制书记员的工资、保险和福利待遇改按国家统一规定执行。

第七条 人民法院在国家核定的编制内依据书记员员额比例确定书记员专用编制。法院录用或调任其他工作人员，不得以任何理由挤占书记员专用编制。

书记员的员额比例由最高人民法院另行规定。

第八条 人民法院新招收书记员应当按照公开、平等、竞争的原则，通过考试、考核，择优聘任。

最高人民法院和地方各级人民法院聘任书记员的考试工作分别由中央和省级考录工作主管部门负责。

第九条 人民法院聘任书记员应当签订聘任合同。

聘任合同的期限一般为三至五年，期满可以续聘。书记员在同一单位连续工作满十年，且距离法定退休年龄不足十年，双方同意续延聘任合同的，如果书记员提出订立无固定期限的聘任合同，人民法院应当与其订立无固定期限的聘任合同。

新聘任书记员试用期限为一年。

聘任合同文本，由最高人民法院制定。

第十条 聘任制书记员有下列情形之一的，人民法院应当解除聘任合同：

（一）严重违反公务员管理有关规定或者人民法院规章制度的；

（二）严重失职，营私舞弊，对公正司法造成重大损害的；

（三）被依法追究刑事责任的；

（四）在试用期内不能胜任工作的；

（五）法律、法规规定的其他应当解除聘任关系的情形。

第十一条 聘任制书记员有下列情形之一的,人民法院可以解除聘任合同,但是应当提前三十日以书面形式通知本人:

(一)患病或者非因公负伤,医疗期满后,不能从事书记员工作的;
(二)年度考核被确定为不称职等次,通过培训后仍不能胜任工作的;
(三)国家机构变动、调整,需要裁减人员的;
(四)未经单位批准参加各类脱产学习、培训,经单位要求仍不能正常工作的;
(五)其他法律法规规定或合同约定的情形。

第十二条 聘任制书记员有下列情形之一的,人民法院不得依据本办法第十一条解除聘任合同:

(一)女性书记员在孕期、产期、哺乳期内的;
(二)因公负伤,治疗终结后被确认丧失或部分丧失劳动能力的;
(三)法律、法规规定的其他情形。

第十三条 聘任制书记员对人民法院解除聘任关系有异议的,可以向当地人事主管部门提起仲裁。

第十四条 聘任制书记员可以辞去被聘职务或提出解除聘任合同,但是应当提前三十日以书面形式通知所在人民法院。

第十五条 人民法院书记员可以按规定正常晋升职级。各级人民法院书记员的最高职级配备为:

最高人民法院书记员的职级最高配备为正处级。
高级人民法院书记员的职级最高配备为副处级。
中级人民法院书记员的职级最高配备为正科级。
基层人民法院书记员的职级最高配备为副科级。

直辖市、副省级城市的中级人民法院和基层人民法院部分书记员的职级配备可以略高于本条第四、五款的规定。

第十六条 书记员职务职数在其所在人民法院的非领导职务职数中解决。

第十七条 本办法中除专门适用于聘任制书记员的条款外,其他条款既适用于聘任制书记员,也适用于本办法实施前人民法院在国家核定编制内正式录用的书记员。

第十八条 解放军军事法院书记员的管理办法另行规定。

第十九条 本办法由最高人民法院负责解释。

第二十条 本办法自下发之日起执行。

8. 2015 年下半年江苏法院招聘聘用制书记员公告

因审判工作需要,江苏 69 家法院决定面向社会公开招聘聘用制书记员。现将有关事项公告如下:

一、招聘职位及管理方式

1. 计划招聘聘用制书记员 525 人,具体职位及人数见附件 1。
2. 所招聘的职位为聘用制书记员,所录用人员由招录法院按照《中华人民共和国劳动法》规定,实行合同制管理。

二、招聘对象及条件

1. 具有中华人民共和国国籍;
2. 拥护中华人民共和国宪法,遵纪守法;
3. 具有国民教育大学专科以上学历;
4. 具备招录法院要求的计算机速录技能(见附件);
5. 具有正常履行职责的身体条件;
6. 满足招录法院的年龄要求(见附件);
7. 目前未在江苏各级法院从事合同制书记员工作。

三、不得报考聘用制书记员的情形

1. 曾因犯罪受过刑事处罚的;
2. 曾被开除公职的;
3. 涉嫌违法违纪正在接受审查,尚未作出结论的;
4. 因其他原因不适合在人民法院工作的。

四、薪酬待遇

1. 聘用制书记员工资实行基本工资、绩效工资、岗位津贴和工龄工资相结合的计薪方法。基本工资不低于人力资源和社会保障部门公布的当地最低工资收入标准的 1.2 倍;绩效工资以考核为依据,实行考核浮动制,考核合格的不低于基本工资的 50%,考核为良好的不低于基本工资的 55%,考核为优秀的不低于基本工资的 60%;岗位津贴根据法院工作年限及计算机速录技能水平确定书记员等级,按照初级、中级、高级,分别享受不低于 200 元/月、400 元/月、600 元/月的津贴。具体标准由各招录法院在上述范围内确定。

2. 聘用制书记员在合同期内享有劳动法规定的婚丧假、产假、带薪休假以及社会保险等权利。

3. 经录用后,第一次签订劳动合同的期限为 3 年,其中试用期 6 个月。合同期满后,可以续签劳动合同。

五、报名

1. 报名方式:登录网上报名系统(报名网址:http://campus.chinahr.com/2015/pages/jssgy2015),按照报名系统要求填写个人信息和提交电子图片,持有计算机速录技能等级证书的,应一并提交。每名应聘人员只能报考一家法院。

2. 报名时间:2015 年 6 月 25 日 10 时至 2015 年 7 月 15 日 17 时。

3. 资格审查:各招录法院于 2015 年 7 月 16 日至 7 月 21 日对报名人员进行报名条件资格审查和技能资格审查(具体时间详见各招录法院网站通知),应聘人员应根据招录法院的通知参加计算机速录技能听打测试(需要专业速录工具的请自备),报名时提供的计算机速录技能等级证书能够证明符合招录法院所需招录技能的,不需要参加本次测试。

六、考试

1. 考试时间拟定于 2015 年 7 月底,地点在江苏省南京市,考试的具体安排详见江苏法院网(www.jsfy.gov.cn)通知。

2. 考试分为专业理论考试、书记员技能考试和面试,分别占总分的 20%、50%、30%。

3. 专业理论考试主要考察考生的法律常识和文字表达能力,不指定参考用书;书记员技能考试为计算机文字速录考试,速录方式不限(需要专业速录工具的请自备),速录考试的形式为听打,播放三段录音,每段时长均为 10 分钟,语速分别为 120 字/分钟、160 字/分钟、180 字/分钟,根据记录速度和准确率评分。

4. 笔试和计算机速录技能考试结束后,根据考试成绩确定参加面试人员,并由各招录法院组织面试。

5. 面试需携带身份证、学历证书、速录技能等级证书等,时间、地点详见各招录法院网站通知;面试前,各招录法院需要对拟参加面试人员进行资格复审,资格复审不合格的,取消面试资格。

七、体检和考察

1. 根据考试汇总成绩按从高分到低分的次序确定参加体检的人员,由各招录法院通知参加体检,体检不合格者不予录用;

2. 对体检合格人员,由各招录法院进行考察。

八、公示与录用

1. 各招录法院根据考试、面试、体检、考察确定拟录用人员名单后,在各招录法院网站上进行公示;

2. 公示期届满,对有严重问题并查有实据的,招录法院不予录用;对没有问题或所反映的问题不影响录用的,由各招录法院与被录用人员签订劳动合同。

江苏省高级人民法院政治部 2015 年 6 月 18 日

9. 2015 年武汉市中级人民法院招录 28 名聘用制书记员公告

根据审判工作需要,按照《人民法院书记员管理办法》有关规定,结合武汉市中级人民法院审判工作实际情况,拟招录一批聘用制书记员充实到审判业务庭工作。现将有关事宜公告如下:

一、招录名额

招录聘用制书记员 28 名,实行合同管理。

二、招考人员应具备下列条件

1. 具有良好的政治素质和思想道德品质;
2. 热爱法院书记员岗位工作,遵纪守法,无不良记录;
3. 高等院校法学专业本科、学士以上学历学位;
4. 身体健康,年龄在 26 周岁以下(1989 年 10 月 1 日以后出生);
5. 具备履行书记员职责的计算机应用能力;
6. 男生身高 1.68 米以上,女生身高 1.58 米以上;
7. 在本市有居住住房。

三、招考人员范围

具有本科以上学历的高等院校法学专业应届及往届毕业生。

四、招考程序

1. 发布招考公告。
2. 报名与资格审查。11 月 9 日—13 日,在市法院政治部人事处报名,按照报考条件,现场进行资格审查。报名人员须携带以下资料及复印件:① 居民身份证;

②学历学位或学校就业推荐表;③本市住所证明;④2张1寸登记照片。

3. 计算机录入技能考试。
4. 面试。根据计算机录入技能考试成绩,按1∶1.5的比例进入面试。
5. 确定入围考察人选名单。按照考生综合成绩从高分到低分确定入围考察人选名单(计算机录入技能成绩占70%,面试成绩占30%)。
6. 组织考察政审。
7. 组织体检。
8. 办理聘用手续。聘用书记员经过岗前培训后,分配到相关审判团队从事书记员工作,试用期三个月,经考核合格后,与受聘人员签订聘用合同。

招考办公室设在武汉市中级人民法院政治部人事处。

武汉市中级人民法院政治部
2015 年 11 月 6 日

10. 2016 年上半年徐州法院公开招聘 69 名聘用制书记员公告

因审判工作需要,徐州 9 家法院决定面向社会公开招聘聘用制书记员。现将有关事项公告如下:

一、招聘职位及管理方式

1. 计划招聘聘用制书记员 69 人,具体职位及人数见附件。
2. 所招聘的职位为聘用制书记员,所录用人员由招录法院按照《中华人民共和国劳动法》规定,实行合同制管理。

二、招聘对象及条件

1. 具有中华人民共和国国籍;
2. 拥护中华人民共和国宪法,遵纪守法;
3. 具有国民教育大学专科以上学历;
4. 具备招录法院要求的计算机速录技能(见附件);
5. 具有正常履行职责的身体条件;
6. 满足招录法院的年龄要求(见附件)。

三、不得报考聘用制书记员的情形

1. 曾因犯罪受过刑事处罚的;

2. 曾被开除公职的;
3. 涉嫌违法违纪正在接受审查,尚未作出结论的;
4. 因其他原因不适合在人民法院工作的。

四、薪酬待遇

1. 聘用制书记员工资实行基本工资、绩效工资、岗位津贴和工龄工资相结合的计薪方法。基本工资不低于人力资源和社会保障部门公布的当地最低工资收入标准的1.2倍;绩效工资以考核为依据,实行考核浮动制,考核合格的不低于基本工资50%,考核为良好的不低于基本工资的60%,考核为优秀的不低于基本工资的65%;岗位津贴根据法院工作年限及计算机速录技能水平确定书记员等级,按照初级、中级,分别享受不低于200元/月、500元/月的津贴。具体标准由各招录法院在上述范围内确定。

2. 聘用制书记员在合同期内享有劳动法规定的婚丧假、产假、带薪休假以及社会保险等权利。

3. 经录用后,第一次签订劳动合同的期限为3年,其中试用期6个月。合同期满后,可以续签劳动合同。

五、报名

1. 报名方式:登录网上报名系统(报名网址:www.jsfyzp.com),按照报名系统要求填写个人信息和提交电子图片,持有计算机速录技能等级证书的,应一并提交。每名应聘人员只能报考一家法院。

2. 报名时间:2016年1月26日8时至2016年2月15日18时。

3. 资格审查:各招录法院于2016年2月16日至2月25日对报名人员进行报名条件资格审查和技能资格审查(具体时间详见各招录法院网站通知),应聘人员应根据招录法院的通知参加计算机速录技能听打测试(需要专业速录工具的请自备),报名时提供的计算机速录技能等级证书能够证明符合招录法院所需招录技能的,视为技能资格审查通过。

六、考试

1. 考试时间拟定于2016年2月底3月初,地点在江苏省南京市,考试的具体安排详见江苏法院网(www.jsfy.gov.cn)通知。

2. 考试分为专业理论考试、书记员技能考试和面试,分别占总分的20%、50%、30%。

3. 专业理论考试主要考察应聘人员的法律常识和文字表达能力,不指定参考用书;考试采用闭卷方式,实行百分制,成绩达60分及以上者为合格。

书记员技能考试为计算机文字速录考试,速录方式不限(需要专业速录工具的请自备),速录考试的形式为听打,播放二段录音,每段时长均为 10 分钟,语速分别为 120 字/分钟、150 字/分钟,根据记录速度和准确率评分。

4. 笔试和计算机速录技能考试结束后,根据考试成绩确定参加面试人员,并由各招录法院组织面试。

5. 面试需携带身份证、学历证书、速录技能等级证书等,时间、地点详见各招录法院网站通知;面试前,各招录法院需要对拟参加面试人员进行资格复审,资格复审不合格的,取消面试资格。

七、体检和考察

1. 根据考试汇总成绩按从高分到低分的次序确定参加体检的人员,由各招录法院通知参加体检,体检不合格者不予录用;

2. 对体检合格人员,由各招录法院进行考察。

八、公示与录用

1. 各招录法院根据考试、面试、体检、考察确定拟录用人员名单后,在各招录法院网站上进行公示;

2. 公示期届满,对有严重问题并查有实据的,招录法院不予录用;

对没有问题或所反映的问题不影响录用的,由各招录法院与被录用人员签订劳动合同。

11. 2016 年徐州铁路运输法院公开招聘 4 名聘用制书记员公告

因审判工作需要,徐州铁路运输法院决定面向社会公开招聘聘用制书记员。现将有关事项公告如下:

一、招聘职位及管理方式

1. 计划招聘聘用制书记员 4 人。

2. 所招聘的职位为聘用制书记员,所录用人员由招录法院按照《中华人民共和国劳动法》规定,实行合同制管理。

二、招聘对象及条件

1. 具有中华人民共和国国籍;

2. 拥护中华人民共和国宪法,遵纪守法;

3. 具有国民教育大学专科以上学历;

4. 具备招录法院要求的计算机速录技能(见附件);

5. 具有正常履行职责的身体条件;

6. 满足招录法院的年龄要求(见附件)。

三、不得报考聘用制书记员的情形

1. 曾因犯罪受过刑事处罚的;

2. 曾被开除公职的;

3. 涉嫌违法违纪正在接受审查,尚未作出结论的;

4. 因其他原因不适合在人民法院工作的。

四、薪酬待遇

1. 聘用制书记员工资实行基本工资、绩效工资、岗位津贴和工龄工资相结合的计薪方法。基本工资不低于人力资源和社会保障部门公布的当地最低工资收入标准的1.2倍;绩效工资以考核为依据,实行考核浮动制,考核合格的不低于基本工资的50%,考核为良好的不低于基本工资的60%,考核为优秀的不低于基本工资的65%;岗位津贴根据法院工作年限及计算机速录技能水平确定书记员等级,按照初级、中级,分别享受不低于200元/月、500元/月的津贴。具体标准由各招录法院在上述范围内确定。

2. 聘用制书记员在合同期内享有劳动法规定的婚丧假、产假、带薪休假以及社会保险等权利。

3. 经录用后,第一次签订劳动合同的期限为3年,其中试用期6个月。合同期满后,可以续签劳动合同。

五、报名

1. 报名方式:登录网上报名系统(报名网址:www.jsfyzp.com),按照报名系统要求填写个人信息和提交电子图片,持有计算机速录技能等级证书的,应一并提交。每名应聘人员只能报考一家法院。

2. 报名时间:2016年1月26日8时至2016年2月15日18时。

3. 资格审查:各招录法院于2016年2月16日至2月25日对报名人员进行报名条件资格审查和技能资格审查(具体时间详见各招录法院网站通知),应聘人员应根据招录法院的通知参加计算机速录技能听打测试(需要专业速录工具的请自备),报名时提供的计算机速录技能等级证书能够证明符合招录法院所需招录技能的,视为技能资格审查通过。

六、考试

1. 考试时间拟定于2016年2月底3月初,地点在江苏省南京市,考试的具体安排详见江苏法院网(www.jsfy.gov.cn)通知。

2. 考试分为专业理论考试、书记员技能考试和面试,分别占总分的 20%、50%、30%。

3. 专业理论考试主要考察应聘人员的法律常识和文字表达能力,不指定参考用书;考试采用闭卷方式,实行百分制,成绩达 60 分及以上者为合格。

书记员技能考试为计算机文字速录考试,速录方式不限(需要专业速录工具的请自备),速录考试的形式为听打,播放二段录音,每段时长均为 10 分钟,语速分别为 120 字/分钟、150 字/分钟,根据记录速度和准确率评分。

4. 笔试和计算机速录技能考试结束后,根据考试成绩确定参加面试人员,并由各招录法院组织面试。

5. 面试需携带身份证、学历证书、速录技能等级证书等,时间、地点详见各招录法院网站通知;面试前,各招录法院需要对拟参加面试人员进行资格复审,资格复审不合格的,取消面试资格。

七、体检和考察

1. 根据考试汇总成绩按从高分到低分的次序确定参加体检的人员,由各招录法院通知参加体检,体检不合格者不予录用;

2. 对体检合格人员,由各招录法院进行考察。

八、公示与录用

1. 各招录法院根据考试、面试、体检、考察确定拟录用人员名单后,在各招录法院网站上进行公示;

2. 公示期届满,对有严重问题并查有实据的,招录法院不予录用;

对没有问题或所反映的问题不影响录用的,由各招录法院与被录用人员签订劳动合同。

12. 江苏省书记员管理体制改革试点实施方案(试行)

为进一步加强全省法院书记员队伍建设,探索建立符合法院人员分类管理改革方向、适应审判工作需要的书记员管理制度,根据《中华人民共和国人民法院组织法》、《中华人民共和国法官法》和《人民法院书记员管理办法(试行)》(法发[2003]18 号)等有关法律和文件规定,结合全省法院工作实际,现就书记员管理体制改革试点工作制定如下实施方案:

一、书记员管理体制改革的必要性

书记员队伍是人民法院的重要组成部分,是推动司法审判工作开展的重要力量。书记员工作水平直接关系着司法审判工作的质量和效率,直接关系着司法公信力和人民法院的司法形象。长期以来,我省法院书记员队伍建设未能得到足够的重视,书记员招录、培养、使用和管理的制度化、规范化水平不高,普遍存在着书记员队伍不稳定、人员结构复杂、水平参差不齐、专业化程度不高等问题,严重影响和制约了司法审判工作的开展。深化书记员管理体制改革,建立科学的书记员管理工作机制,对于进一步提升人民法院审判管理和内勤管理水平,建立一支具有高度专业化、职业化和稳定性的书记员队伍,推动人民法院工作人员分类管理制度改革都具有十分重要的意义。

二、改革试点工作的总体思路和主要内容

书记员管理体制改革试点工作的总体思路是:以提升全省法院书记员队伍的专业化、职业化水平为目标,按照"市场化运作,专业化管理"的总体工作思路,逐步建立完善书记员招录聘用、教育培训、管理考核、职务序列、职业保障等管理制度,努力建立一支人员相对稳定、职业素养较高、充满生机活力的书记员队伍。

书记员管理体制改革试点工作的主要内容:

(一) 招录方式

1. 根据书记员缺额情况,按照一定的条件,面向社会公开招录一定数量的学员,经书记员专业技能培训合格后,录用为聘用制书记员。

2. 各地法院根据书记员缺额情况,向省法院政治部报送招录计划。省法院政治部根据全省法院书记员招录需求,制定全省法院书记员培训学员招录计划,确定具体招录人数、时间和条件。

3. 书记员培训学员招录工作,由省法院会同招录法院和有关单位集中进行。也可以根据实际情况由各招录法院会同有关单位,按照省法院的招录计划分别进行。

4. 学员招录对象应当具备国民教育大学专科(不限于法律专业)以上学历,招录学员的生源范围原则上以省内为主。必要时,江苏法官培训学院将与相关大专院校开展合作,在专科学制最后一年的在校生中招录学员。

5. 招录结束后,招录法院应当将学员名册报送省法院政治部审核后,交江苏法官培训学院组织培训。

(二) 教育培训

6. 省法院政治部和江苏法官培训学院根据书记员培训学员招录计划,制定书

记员培训方案。

7. 江苏法官培训学院联合有关院校,对学员进行书记员专业技能培训。学习期满,经考核合格者颁发相关资格证书。

8. 根据书记员岗位的职业特点,确定培训课程和培训内容,主要包括综合素质、法律知识和职业操作技能,如诉讼程序制度、书记员工作流程、职业道德、审判纪律、速录技能、文书送达、卷宗归档、司法礼仪、内勤管理等。明确培训标准,严格培训要求,帮助学员全面系统掌握书记员工作必须具备的基本知识和技能。

9. 书记员专业技能培训学制一年,其中,半年课堂教学,半年岗位实习。培训期间,学员须缴纳一定的费用。学员实习期间,招录法院为学员办理意外伤害保险,并应当按照不得低于当地最低工资标准向学员支付实习报酬。

10. 学员培训期间的学习管理,由江苏法官培训学院和合作培训院校共同负责。

(三) 聘用方式

11. 培训结束后,根据学员学习成绩和表现,在充分尊重学员和用人单位意愿的情况下,按照自愿平等的原则,由学员和招录法院签订书面劳动合同,明确双方权利义务关系。

12. 聘用制书记员试用期满,经考核合格者,由用人法院颁发聘用通知书,聘用为书记员,依法履行书记员职责。

13. 省法院制定统一规范的劳动合同文本,供用人法院和聘用制书记员签订劳动合同时使用。同时,加强对劳动合同签订、履行情况的监督管理,切实维护合同双方合法权益。

(四) 管理考核

14. 省法院和各中院设立专门的书记员管理机构专门负责聘用制书记员管理工作。基层法院可根据需要设立书记员管理机构,不设专门机构的也要明确相应的部门并设专人承担聘用制书记员管理职责。

15. 按照"部门综合管理、条线使用管理"的双重管理方式,书记员管理机构或相关部门负责聘用制书记员的劳动人事关系、考核评价、教育培训、等级晋升等综合事务管理。审判业务部门负责聘用制书记员业务工作及政治学习、工作考勤等日常工作管理。

16. 建立聘用制书记员管理制度,制定聘用制书记员管理办法、技术标准等管理制度,明确聘用制书记员在民事、刑事、行政、执行等审判工作岗位、不同审判环节的工作职责和工作要求。

17. 建立与聘用制书记员工作绩效挂钩的考核机制,明确聘用制书记员考核评价等级、考核标准和考核方式。坚持日常考核与年度综合考核相结合,根据聘用制书记员完成工作情况进行考核,并据此确定相应绩效工资。根据聘用制书记员所在部门的业绩考核,结合本人完成工作的数量和质量,以及服务年限等,由书记员管理机构作出全面客观的评价,作为聘用制书记员年度考核和等级晋升的参考。

(五)职务序列

18. 聘用制书记员作为法院直接雇用的审判辅助人员,实行单独序列管理。

19. 聘用制书记员职务等级分为初级书记员、中级书记员、高级书记员3级,每级依次分为三等、二等和一等3个档次。各审判业务部门可根据需要,商请书记员管理机构同意后,设一名书记长,负责本庭(局)聘用制书记员管理工作。

20. 聘用制书记员在试用期内为见习书记员,试用期满,经考核合格,按照聘用制书记员职务序列规定核定相应等级,并颁发资格证书。

21. 聘用制书记员采取逐级晋升办法。根据书记员服务年限、业务能力、工作表现等晋升相应等级。书记员等级晋升需通过等级晋升考试。

22. 聘用制书记员等级晋升考试、等级确定、证书制作颁发等由省法院统一组织实施。

(六)职业保障

23. 推行基本工资加绩效工资相结合的计薪办法,参照有关企业单位同等人员收入水平,确定不同等级聘用制书记员的基本薪资标准。根据岗位目标考核情况,核定岗位绩效工资。鼓励多劳多得。建立聘用制书记员薪资正常增长机制。

24. 按照《劳动法》及《劳动合同法》等法律法规的规定,为聘用制书记员依法办理养老、医疗、失业、生育、工伤保险和公积金,并提供聘用制书记员履行职责所必需的物质保障。

25. 建立聘用制书记员在岗培训制度,根据审判工作需要,有计划、有步骤地对聘用制书记员进行岗位技能培训,不断提高书记员队伍的专业化水平。

26. 工作期间,聘用制书记员享受与正式干警相同的工作和福利待遇,如配发制服、带薪休假、出差补贴、用餐补助等。

三、试点工作的组织实施

1. 根据各地申报,省法院研究确定部分中、基层法院作为改革试点法院(具体名单附后)。各试点法院原则上不得再以其他任何方式招录编制外书记员。

2. 今年,江苏法官培训学院和试点法院将联合在江苏司法警官高等职业学校2013届应届毕业生中择优招录部分学员,由江苏法官培训学院和江苏司法警官高等职业学校联合进行三个月的书记员专业技能培训,并在试点法院进行六个月的实习。经培训、实习合格后,由试点法院与学员签订聘用合同。

3. 省法院研究制定聘用制书记员管理办法、聘用制书记员的工作规范和技术标准、等级晋升管理规定等配套改革文件;协调财政、人社部门研究制定关于聘用制书记员经费保障、技术等级等相关事宜。试点法院根据有关文件精神,结合工作实际制定相应实施细则。试点期间,聘用制书记员工资标准不作统一规定,各地法院应结合地区实际,明确最低保障标准,报省法院政治部备案。

4. 试点法院现有编制外书记员,合同未到期的,仍按照原合同执行;合同到期的,由所在法院进行审查考核,能力素质符合书记员岗位要求的,纳入改革后的聘用制书记员管理序列进行管理。

5. 试点期间,由江苏法官培训学院联合相关院校,对试点法院现有编制外书记员分期分批进行集中培训,培训合格的颁发相应资格证书。

6. 非试点法院也可结合工作实际,按照本试点实施方案,开展书记员管理体制改革工作。省法院根据改革试点工作进展情况适时扩大试点法院范围,并在条件成熟时全面推行改革试点工作。

四、试点工作的要求

(一)加强组织领导。省法院成立书记员改革试点工作领导小组,在省法院党组的统一领导下,由省法院院领导牵头,组织人事处、法官管理处、教育处、研究室、审管办、司改办、民一庭、司法行政装备处、法官培训学院负责同志共同参与,负责改革试点工作的组织实施。各试点法院也要成立相应的工作领导小组,明确责任部门,具体负责改革试点工作组织实施。

(二)狠抓措施落实。书记员管理体制改革试点工作政策性强、涉及面广,要高度重视、精心谋划、稳步推进。要认真做好试点法院聘用制书记员补员计划编制工作,研究制定书记员招录培训方案,扎实组织开展教育培训工作。要明确书记员工作职责,及时研究制定书记员队伍管理、绩效考核、职业保障等配套管理制度。各审判业务部门要高度重视书记员改革试点工作,加强协调联动,配合做好书记员的业务指导和日常管理工作。要做好深入细致的思想工作,确保试点过程中审判工作不受影响,保证全省法院书记员队伍的稳定和相关工作的持续有效开展。

(三)积极争取支持。要在地方党委的领导和政府的支持下推进书记员改革试点工作,各试点法院要及时将试点方案、试点工作推进。情况向地方党委汇报,争取支持和帮助。要积极协调有关部门增设书记员管理机构,主动与人社部门协商制定书记员技术等级相关规范,加强与财政部门的沟通协调,落实法院书记员经费保障的具体措施。

(四)认真总结经验。加强改革试点工作的跟踪调研,了解试点工作开展情况,研究解决试点过程中遇到的困难和问题。各试点法院要及时向省法院反馈试点工作运行情况和存在问题。认真总结试点工作经验,并适时在全省法院推广。建立健全完善书记员队伍长效管理制度。

（五）抓好督促检查。各试点法院要按照工作方案，认真落实书记员管理体制改革的各项工作要求。进一步加强书记员职业保障，落实平等待遇，增强书记员职业尊荣感和归属感。省法院将适时对各试点法院落实推进情况进行督促检查。

13. 江苏省法院聘用制书记员招录暂行办法

第一章 总　　则

第一条 为规范人民法院书记员招录活动，提高人民法院招录书记员队伍的整体素质，建立一支专业化、职业化、相对稳定的书记员队伍，根据《人民法院书记员管理办法（试行）》、江苏省高级人民法院《书记员管理体制改革试点实施方案》等规定，结合全省法院工作实际，制定本办法。

第二条 本办法适用于全省法院在编制外招录聘用制书记员。

第三条 聘用制书记员招录工作坚持公开、平等、竞争、择优的原则，按照考试与考察相结合的方法进行。

第四条 聘用制书记员的招录应当按照以下程序进行：
（一）申报招录计划；
（二）发布招考公告；
（三）报名与资格审查；
（四）考试与面试；
（五）体检；
（六）考察；
（七）公示与录用。

第五条 聘用制书记员的招录工作一般由省法院组织，实行省法院统一组织与各招录法院自主招录、分工负责相结合的工作方式。省法院制定招录计划、审核招录条件与招录标准、统一招录程序，各招录法院负责组织报名、资格审查、面试、体检和考察等具体工作。

第二章 招录类型

第六条 聘用制书记员招录采取向社会公开招录与校园定向招录相结合的招录方式。

第七条 向社会公开招录的方式招录聘用制书记员是指招录法院在省法院的统一组织下，公开发布招录计划、招录条件，面向社会公开招录聘用制书记员。

第八条 校园定向招录方式是指省法院根据招录法院的定向需求,制定招录计划,与适宜的高校开展合作培训。在相关合作院校的配合下,由省法院组织招录法院在该校专科或本科学制最后一年在校生中统一招录聘用制书记员培训学员,委托省法官培训学院和相关合作院校共同组织培训。经培训合格后,与招录法院签订劳动合同,录用为聘用制书记员。

第三章 招录条件

第九条 参加以校园定向招录方式招录聘用制书记员应具备以下条件:
(一)具有中华人民共和国国籍;
(二)拥护中华人民共和国宪法,遵纪守法;
(三)具有正常履行职责的身体条件;
(四)在校期间成绩优良;
(五)符合招录法院的其他条件。

第十条 报名参加向社会公开招录聘用制书记员应具备下列条件:
(一)具有中华人民共和国国籍;
(二)拥护中华人民共和国宪法,遵纪守法;
(三)具有大专以上学历;
(四)年满18周岁;
(五)具有正常履行职责的身体条件;
(六)符合招录法院的其他条件。

第十一条 下列人员不得担任聘用制书记员:
(一)曾因犯罪受过刑事处罚的;
(二)曾被开除公职的;
(三)涉嫌违法违纪正在接受审查,尚未做出结论的;
(四)因其他原因不适合在人民法院工作的。

第四章 招录计划与招录公告

第十二条 各中级法院、各基层法院根据本院的实际情况和工作需要,提出拟招录聘用制书记员的方式与人数,于每年的一月底或六月底之前由各中级法院政治部汇总后报送省法院政治部,省法院政治部综合考虑培训安排等情况统一制定招录计划,确定招录方式和招录时间。

第十三条 在确定招录方式与招录时间后,各招录法院根据各自招录计划及相关规定,由各中级法院政治部统一制定招录简章,明确拟招录的人数、条件、报名时间等相关事项,报省法院政治部。

第十四条 采取向社会公开招录方式招录聘用制书记员应在当地媒体、人才网站以及招录法院网站、江苏法院网公开发布招录信息。采取校园定向招录方式招录聘用制书记员,将由省法院根据招录计划,组织招录法院到合作办学的院校组织专场招录咨询会,就招录政策、招录需求和录用待遇等问题,当场解答学生及其亲属的咨询。

第五章 组织报名和资格审查

第十五条 各招录法院政工部门负责组织公开报名并对报名人员进行资格审查。

第十六条 具备报名资格的考生应按照招录简章的要求缴纳报名考试费用,并提交身份证、学历证书等供招录法院审查。

参加校园定向招录方式招录聘用制书记员的考生不需要提供学历证书。

第六章 考试与面试

第十七条 考生须参加考试和面试,考试成绩占总分的70%,面试成绩占总分的30%。

第十八条 考试分为法律专业知识考试和书记员技能考试,由省法院统一组织;法律专业知识考试由省法院统一命题,考查考生的法律基础知识,占总分的20%;

书记员技能考试分为计算机文字速录考试及手写速写考试,计算机文字速录考试根据录入的总字数、准确率评分,占总分的40%;手写速写考试根据书写速度和文字组织能力评分,占总分的60%;

法律专业知识考试、计算机文字速录考试及手写速写考试成绩及试卷由省法院组织评阅,评阅后将汇总后的考试成绩反馈至招录法院。

第十九条 各招录法院根据汇总后的考试成绩排名按照一定比例确定进入面试的人员名单;面试由各招录法院按照省法院的安排自行组织,面试题目及得分标准可参照人社部门的相关规定,面试得分应当场向考生公布。

第二十条 各招录法院将考试成绩及面试得分汇总后张榜公布,并按得分从高到低进行排名,确定入围体检和考察的考生名单。

第七章 体检和考察

第二十一条 体检和考察由各招录法院自行组织,体检参照招录公务员体检标准执行,体检不合格者不予录用。

第二十二条 体检结束后,招录法院按照有关规定对体检合格人员进行考察。

考察内容包括被考察对象的政治思想、道德品质、能力素质、学习及工作表现、遵纪守法、廉洁自律及是否需要回避等方面的情况,并核实被考察对象是否符合聘用制书记员的招录条件。

第二十三条 因体检、考察不合格出现缺额时,由各招录法院按照考试面试成绩,根据从高到低的顺序递补。

第八章 公示与录用

第二十四条 各招录法院应根据体检和考察情况确定拟录用人员名单,并将拟录用人员名单、汇总后的考试面试成绩以及拟录用人员的材料,层报省法院政治部审核备案。

第二十五条 拟录用人员名单确定后,应当在当地媒体或招录法院网站及江苏法院网上进行公示,公示期为七天,公示内容包括招录法院名称、拟录用人员姓名、准考证号、考试成绩、面试成绩和监督电话等。

第二十六条 公示期届满,对有严重问题并查有实据的,招录法院不予录用;对没有问题或所反映的问题不影响录用的,由各招录法院与被录用人员办理录用手续,采取校园定向招录方式的,招录法院与被录用人员签订委托培养协议,采取向社会公开招录方式的,招录法院与被录用人员签订劳动合同,试用期为6个月。

第二十七条 各招录法院确定录用人员后,应将录用人员名单层报省法院政治部备案。

第九章 附 则

第二十八条 本办法由省法院政治部负责解释。

第二十九条 本办法自下发之日起施行。

(示范文本)　　　　　　　　　　　　　　编号:＿＿＿＿＿＿

14. 江苏法院聘用制书记员劳动合同书

甲方:＿＿＿＿＿＿＿＿＿＿＿＿＿＿＿＿

乙方：_____
签订日期： 年 月 日

江苏省高级人民法院监制

甲方：_____
法定代表人：_____ 职务_____
委托代理人：_____ 职务_____
地址：_____
乙方：_____ 性别____ 出生年月_____
居民身份证号码：_____
或者其他有效证件名称：_____ 证件号码：_____
家庭住址：_____ 邮政编码：_____
联系地址：_____ 邮政编码：_____
户口所在地：_____省(市)_____区(县)_____街道
(乡镇)联系方式：_____(固定电话)_____(移动电话)_____

根据《中华人民共和国劳动法》、《中华人民共和国劳动合同法》和有关法律、法规，甲乙双方经平等自愿、协商一致签订本合同，共同遵守本合同所列条款。

一、聘用期限

第一条 甲乙双方约定按下列_____种方式确定本合同期限。

A. 固定期限劳动合同：本合同期限为 3 年，于__年__月__日生效，至__年__月__日终止。

本合同期限届满，劳动合同即终止。经甲乙双方协商一致，可以续订。

B. 无固定期限劳动合同：本合同于__年__月__日生效，至解除或终止劳动合同条件出现时止。

第二条 若乙方开始工作时间与约定时间不一致的，甲、乙双方自乙方实际到岗之日建立劳动关系。

第三条 双方约定试用期 6 个月，自__年__月__日起，至__年__月__日止。试用期间，由甲方组织乙方进行岗前培训及岗位实习。试用期满，乙方经考核合格，由甲方颁发聘用通知书，聘用为书记员，依法履行书记员职责。

二、工作内容和权利义务

第四条 乙方根据甲方的工作安排从事书记员工作。签订本合同时，乙方的工作岗位为：

甲方可根据本单位工作需要或乙方的工作能力、业绩等，合理调整乙方的工作岗位。

甲方安排乙方所从事的工作内容及要求,应当符合国家法律法规规定的劳动基准和甲方依法制定并已公示的规章制度。乙方应当按照甲方安排的工作内容和要求履行劳动义务。

第五条 乙方任职期间不得在其他单位工作或从事经营活动。

第六条 乙方受聘期间享有以下权利:

(一)履行书记员职责所应当具有的职权和工作条件;

(二)获得合同约定的劳动报酬,享受合同约定的社会保险、福利待遇;

(三)非正当理由,不得被免职或者处罚;

(四)参加政治理论和相关业务知识的培训

(五)其他依法应当享有的权利。

第七条 乙方受聘期间必须履行以下义务:

(一)严格遵守宪法、法律、法规、审判纪律和单位的各项规章制度;

(二)忠于职守、勤奋工作,尽职尽责,服从管理;

(三)公正廉洁,恪守职业道德;

(四)努力学习,提高政治觉悟和业务水平;

(五)严格保守国家秘密和审判工作秘密。

(六)其他依法应当履行的义务。

三、工作时间和休息休假

第八条 乙方在甲方工作期间执行标准工时制度。乙方每日工作时间不超过8小时,平均每周不超过40小时。

甲方因工作需要安排乙方延长工作时间或节假日加班加点的,乙方应服从甲方统一安排;甲方按规定支付加班加点的报酬,以保证乙方合法权益。

乙方加班须经过甲方事先审批,否则不视为加班。

第九条 甲方在下列节日安排职工休假:元旦、春节、国际劳动节、端午节、中秋节、国庆节,法律法规规定的其他节假日及婚假、丧假、产假等。具体办法按照《劳动合同法》的有关规定和甲方单位的规章制度执行。

乙方病假、事假等请、销假按甲方的规章制度办理。

第十条 甲方依法为乙方安排带薪年休假,具体休假时间双方协商决定。

四、劳动报酬

第十一条 甲方对乙方实行基本工资、绩效工资、岗位津贴和工龄工资相结合的工资分配办法,乙方的基本工资标准为每月__元;绩效工资、岗位津贴和工龄工资根据乙方的工作业绩、职位和工作年限等按照甲方工资分配制度考核确定。

乙方在试用期的工资标准每月为__元。

甲方可以根据内部规章制度、对乙方考核结果，以及乙方的工作年限、岗位变化等情况，合理调整乙方的工资水平。

第十二条　甲方工资发放日期一般为次月__日前。如遇休息日或法定节假日，则提前至休息日或节假日前的最后一个工作日发放。

第十三条　乙方可享有的其他收入，如奖金、津贴和福利费用等按国家规定和甲方有关规定执行。

第十四条　乙方有义务按照国家规定缴纳个人所得税，由甲方按照国家的规定代扣代缴。

五、社会保险及其他福利待遇

第十五条　甲、乙双方按法律、法规规定办理乙方养老、失业、医疗、工伤、生育各项社会保险，社会保险费个人缴纳部分，甲方可从乙方工资中代扣代缴。双方解除、终止本聘用合同后，甲乙双方应互相配合，办理好乙方的各种社会保险转移手续。

第十六条　甲乙双方应依据国务院《住房公积金管理条例》等有关规定缴存住房公积金，其中乙方应缴存的住房公积金由甲方代扣代缴。

第十七条　乙方患病或非因工负伤时，其医疗期、病假工资、疾病救助和医疗待遇按照国家现行有关规定及甲方有关规定执行。

第十八条　乙方因工负伤，其工伤保险待遇按国家和甲方所在地政府的有关规定执行。

第十九条　乙方在孕期、产期、哺乳期等各项待遇，按国家和甲方所在地政府的有关规定执行。

六、劳动保护

第二十条　甲方按照国家有关劳动保护规定，提供符合国家卫生标准的工作环境。

七、规章制度和劳动纪律

第二十一条　甲方应当依法建立和完善规章制度，保障劳动者享有劳动权利、履行劳动义务。乙方应遵守甲方的各项规章制度，自觉服从甲方的管理。

第二十二条　甲方依法制定的各项规章制度可通过公告栏、书面文本、电子邮件、本单位网站等方式向乙方公示或告知。

第二十三条　乙方受聘期间必须遵守以下劳动纪律：

（一）国家工作人员根据法律、法规、规章应当遵守的各项劳动纪律；

（二）人民法院工作人员根据法律、法规、规章应当遵守的各项劳动纪律；

（三）甲方单位所规定的各项规章制度和劳动纪律；

（四）本合同所规定的各项劳动纪律。

第二十四条　甲方对乙方违反本合同所列劳动纪律和规章制度的行为有权进行处理，处理的方式包括警告、记过、降级、解除劳动合同等。

八、聘用合同的变更、解除、终止和续订

第二十五条　甲、乙双方变更、解除、终止和续订劳动合同应当依照《中华人民共和国劳动合同法》等国家和地方的相关规定执行。

第二十六条　乙方在试用期内辞职，应提前3日通知甲方；乙方在试用期满后辞职，应提前30日以书面形式通知甲方。

第二十七条　乙方有下列情形之一的，甲方可以解除聘用合同且不需支付经济补偿：

在试用期间被证明不符合录用条件的；

（一）连续旷工或全年累计旷工3日以上的；

（二）全年迟到、早退累计10次以上的；

（三）工作中态度粗暴、不尊重当事人、因自身原因导致庭审无法进行或者因其他作风问题被投诉经查证属实达3次以上的；

（四）工作拖沓、效率低下，严重拖延案件审理进度，情节严重的；

（五）因责任心不强导致工作出现差错、疏漏，造成卷宗遗失、证据材料遗失等严重后果的；

（六）有私下会见当事人或其代理人，擅自过问承办法官和其他法官正在审理的案件等违反廉政和审判纪律行为的；

（七）严重失职，营私舞弊的；

（八）泄露国家和审判工作秘密的；

（九）实施打架、斗殴、扰乱工作秩序、寻衅滋事、盗窃、欺诈、侮辱、诽谤、酗酒、吸毒、赌博、嫖娼、故意损坏或侵占甲方财物等严重违法、违纪或违反社会公共道德的行为的；

（十）被处以警告、记过或降级处分后，再次实施违反劳动纪律或单位规章制度行为的；

（十一）因严重违反单位规章制度导致年度考核为不合格的；

（十二）乙方同时与其他用人单位建立劳动关系或从事经营活动的；

（十三）参加非法组织的；

（十四）被依法追究刑事责任的；

（十五）实施其他违反法律、法规、职业规范或者社会公共道德的行为，情节严重的。

第二十八条 乙方有下列情形之一的,属于本合同第二十七条第(一)项规定的"在试用期间被证明不符合录用条件":

(一)岗前培训结业考试不及格、且经补考仍不及格的;

(二)实习鉴定不合格的;

(三)不具备与履行书记员工作职责相适应的综合素养或专业技能的;

(四)提供虚假学历证明、工作经历证明,或未如实提供甲方要求的与建立劳动关系有直接关联的其他信息的;

(五)其他不符合录用条件的情形。

第二十九条 乙方有下列情形之一的,甲方可以解除聘用合同,但应当提前30日以书面形式通知乙方或向乙方支付代通知金,并按照相关规定支付经济补偿金或医疗补助:

(一)患病或者非因公负伤,医疗期满后,不能从事原工作,也不能从事由甲方另行安排的适当工作的;

(二)因机构调整、撤销,需裁减人员的;

(三)未经甲方批准参加各类脱产学习、培训,经本单位要求仍不能正常工作的;

(四)因工作质量、工作效率达不到考核标准,导致年度考核不合格,经过培训或者调整工作岗位,第二年仍然年度考核不合格的;

(五)不能胜任工作,经过培训或者调整工作岗位,仍然不能胜任工作的;

(六)家属或近亲属在甲方担任领导或从事审判工作,符合书记员回避条件的;

(七)其他因劳动合同订立时所依据的客观情况发生重大变化,致使劳动合同无法履行,经甲、乙双方协商,不能就变更劳动合同内容达成协议的。

第三十条 本合同期满,甲、乙双方同意延续劳动关系的,应在合同期满前30日内重新订立劳动合同。

第三十一条 本合同解除或者终止时,甲方应当为乙方出具解除或者终止劳动合同的证明,并在十五日内为乙方办理档案和社会保险关系转移手续。

乙方应当按照双方约定,办理工作交接。甲方依法应当支付经济补偿的,在办结工作交接时支付乙方。

第三十二条 乙方在劳动合同解除或终止后,仍须严格保守审判秘密和国家秘密。

九、双方约定的其他内容

第三十三条 甲乙双方约定本合同增加以下内容:

(一)由甲方出资对乙方进行专业技术培训,并要求乙方履行服务期的,甲乙双方应当签订《培训协议书》,明确双方权利义务。乙方违反培训协议中关于服务期约定的,应按照协议约定和法律规定赔偿甲方支付的培训费用。

_____

十、劳动争议处理及其他

第三十四条 双方因履行本合同发生争议,当事人可以向甲方所在地劳动争议调解组织申请调解;调解不成的,可以向甲方所在地的劳动争议仲裁委员会申请仲裁。

当事人一方也可以直接向甲方所在地的劳动争议仲裁委员会申请仲裁。

第三十五条 本合同的附件如下_____

附件与本合同具有同等效力。

第三十六条 本合同未尽事宜按国家或地方有关政策规定办理。在合同期内,如本合同条款与国家、地方新规定相抵触的,按新规定执行。

第三十七条 双方确认本合同第二条所载明的甲方地址和乙方联系地址为双方送达相关书面文件的有效地址。如若变更,必须及时书面通知对方。否则,按上述地址送达的文件视为有效送达。

第三十八条 本合同一式三份,甲乙双方各执一份,报省法院政治部备案一份。

甲方(公章) 　　　　　　　　　　　　　　乙方(签字或盖章)

法定代表人(主要负责人)或委托代理人
(签字或盖章)

签订日期: 　年　月　日

劳动合同续订书

甲乙双方经平等协商,同意续订劳动合同。续订劳动合同期限类型为期限合同,续订合同生效日期____年__月__日,至____年__月__日终止。甲乙双方之间的权利义务继续按照双方于____年__月__日签订的《劳动合同》(合同编号:

_____）中的约定执行。

　　甲方（公章）　　　　　　　　　　　　乙方（签字或盖章）

　　法定代表人（主要负责人）或委托代理人
　　（签字或盖章）

　　　　　　　　　　　　　　　　　　　　　　年　月　日

劳动合同变更书

　　经甲乙双方平等协商一致，对双方于____年__月__日签订的《劳动合同》（合同书编号：_____）做以下变更：

　　以上变更自____年__月__日生效。

　　甲方（公章）　　　　　　　　　　　　乙方（签字或盖章）

　　法定代表人（主要负责人）

　　或委托代理人（签字或盖章）
　　　　　　　　　　　　　　　　　　　　　　年　月　日

使 用 说 明

　　一、本合同书可作为用人单位与职工签订、续订和变更劳动合同时使用。

　　二、用作单位与职工使用本合同书签订劳动合同，凡需要双方协商约定的内容，协商一致后填写在相应的空格内。

　　签订劳动合同，甲方应加盖公章；法定代表人或主要负责人应本人签字或盖章。

　　三、经当事人双方协商需要增加的条款，在本合同书中第三十三条中写明。

　　四、本合同应使用钢笔或签字笔填写，字迹清楚，文字简练、准确，不得涂改。

　　五、本合同一式三份，甲乙双方各执一份，报省法院政治部备案一份，交乙方的不得由甲方代为保管。

15. 江苏省法院聘用制书记员专业化培训暂行办法

第一章 总 则

第一条 为了全面提升全省法院书记员队伍专业化水平,更好地适应法院审判工作需要,根据《人民法院书记员管理办法(试行)》、江苏省高级人民法院《书记员管理体制改革试点实施方案》的规定,结合聘用制书记员专业化培训工作实际,制定本规定。

第二条 省法院政治部负责制定聘用制书记员培训计划,省法官培训学院根据计划落实聘用制书记员培训方案,制定全省法院聘用制书记员教学大纲,确定培训内容,设置培训课程。

第三条 各中级法院政治部接受省法院政治部、省法官培训学院的委托按照全省法院聘用制书记员教学大纲的要求,组织辖区内两级法院聘用制书记员进行专业化培训。

计算机速录专业技能培训可由聘用制书记员所在法院具体组织。

第四条 聘用制书记员培训的履历、成绩和鉴定是劳动合同签订、续订以及定级晋升的重要依据。

第二章 培训分类

第五条 聘用制书记员专业化培训分为岗前培训和定岗培训。

第六条 岗前培训是指对新招录聘用制书记员上岗前的专业化培训。

面向社会招录的聘用制书记员,需要经过一定时间的集中培训,且在招录法院进行不少于3个月时间的岗位实习。

第七条 校园定向招录的学员,已在合作院校就读期间接受过书记员专业培训,并通过省法院政治部、省法官培训学院和招录法院联合进行的验收考试的,无须另行安排专业化集中培训,但在校期间须在招录法院进行不少于3个月的实习。

第八条 定岗培训是指在职聘用制书记员,为适应书记员工作规范和技术标准要求而接受的专业化培训。在职聘用制书记员无需另行安排实习。

第三章 培训内容及形式

第九条 综合素养培训包括书记员政治素质、审判纪律与行为规范、司法礼仪、书记员职业尊荣感、心理调适等方面的培训。

第十条　专业知识培训包括法律基础知识、刑事、民事、行政诉讼程序以及书记员在各个流程中的工作内容。

第十一条　职业技能培训包括计算机速录专技能、笔录手写训练、卷宗装订、司法内勤管理等内容。

第十二条　为突出培训的实践性和操作性特点，在教学方式上应注重将课程讲授、学员讨论、模拟演练、现场教学相结合，侧重于书记员职业能力的训练。

第十三条　培训形式以集中培训方式为主，也可采取视频远程教学、岗位实训、技能竞赛等灵活多样的培训手段和方法。

第四章　培训考核

第十四条　省法院政治部、省法官培训学院按照书记员工作规范和技术标准要求制定全省统一的聘用制书记员培训考核标准。

第十五条　岗前培训考核包括培训阶段平时表现、专业笔试、速录技能达标测试、实习鉴定。

定岗培训考核包括培训阶段平时表现、专业笔试、速录技能达标测试。

第十六条　专业笔试、速录技能达标测试由省法院政治部、省法官培训学院统一组织。

对培训阶段平时表现的考核由培训单位负责。

岗前培训的实习鉴定由各招录法院负责。

第五章　培训管理

第十七条　聘用制书记员所在法院政治部（处）应按照管理权限建立书记员的培训档案，聘用制书记员培训的履历、成绩和鉴定应存入本人档案。

第十八条　采用校园定向招录方式的，培训期间的管理由合作院校和培训单位共同负责。实习期间的管理由各招录法院和合作院校、培训单位共同负责。

第十九条　对培训考核合格的聘用制书记员，由省法院政治部颁发《培训合格证》。未取得《培训合格证》的，不能从事书记员工作。

第二十条　校园定向招录的学员，经培训不合格的，不能签订劳动合同。面向社会招录的聘用制书记员，经培训不合格的，可以解除劳动合同。

第六章　附　　则

第二十一条　本规定由省法院政治部、省法官培训学院负责解释。

第二十二条　本规定自下发之日起施行。

16. 江苏省法院聘用制书记员工作规范(试行)

为进一步加强和规范聘用制书记员工作,提高案件审判质量和效率,根据刑事、民事、行政诉讼法及相关司法解释、《人民法院书记员管理办法(试行)》、江苏省高级人民法院《书记员管理体制改革试点实施方案》等规定,结合全省法院工作实际,制定本规范。

第一章 总 则

第一条 聘用制书记员是人民法院从事审判辅助工作的人员,是审判队伍的重要组成部分。聘用制书记员应当在法官指导下,依照法律规定开展工作。

第二条 聘用制书记员应当履行以下职责:
(一) 协助法官做好庭前准备工作;
(二) 配合法官进行调查取证;
(三) 做好案件审理过程中的记录工作;
(四) 协助法官校对、送达法律文书和诉讼材料;
(五) 协助法官办理案件审限变更、结案、卷宗移送等工作;
(六) 整理、装订、归档卷宗;
(七) 完成法官交办的其他事项。
聘用制书记员应当加强与法官的配合和协调,积极、主动地开展工作,不断积累工作经验。

第三条 聘用制书记员有下列职业要求:
(一) 遵守宪法、法律及法规的规定,严格执行法院的规章制度和工作纪律;
(二) 忠于职守,爱岗敬业,服从命令,勤奋工作;
(三) 公正廉洁,恪守职业道德;
(四) 保守国家秘密和审判工作秘密;
(五) 遵守司法礼仪,言谈、举止得体,精神饱满,声音清晰,着装规范;
(六) 加强学习,不断提高自身政治觉悟和业务水平。

第二章 庭前准备工作

第四条 聘用制书记员应当在收案后,协助法官在法定规定的时限内向当事人及其他诉讼参与人送达受理通知书、应诉通知书、起诉状副本、合议庭组成人员通知书等法律文书和诉讼材料;开庭时间确定的,可一并向当事人及其他诉讼参与人送达传票或通知。

送达法律文书,必须使用送达回证,由受送达人在送达回证上签名或盖章,并写明签收日期。

第五条 开庭审理的案件,聘用制书记员应当提前做好以下工作:

(一)公开开庭的案件,应当在开庭三日前进行公告;

(二)开庭三日前应当核对开庭传票及其他法律文书的送达情况,不能确定有效送达的,应当及时告知主审法官;

(三)开庭前应主动熟悉案情,了解案件的当事人、主要事实、争议焦点,以及一些特定的人名、地名、数字及专业术语。

(四)开庭审理前的其他工作。

适用简易程序审理的案件,可以按照法律的规定对相关程序予以简化。

第六条 聘用制书记员应当在开庭前提前进入法庭,并做好以下工作:

(一)布置法庭或者审判场所;

(二)检查电脑、打印机等设备,开启庭审录音录像;

(三)查对当事人及其他诉讼参与人到庭情况;

(四)宣布法庭纪律;

(五)请合议庭成员或者独任审判员入庭,向审判长或者独任审判员报告开庭审理的准备情况。

第三章 笔录制作与裁判文书校对、送达工作

第七条 笔录制作的总体要求是:客观全面,格式规范,字迹工整,文理通顺,段落分明,标点准确,无错别漏字或语法错误。

制作笔录、法律文书应当使用规范统一的文本,签名一律使用黑色或者蓝黑色钢笔或者黑色签字笔。

第八条 笔录除了必须具备时间、地点等基本要素外,还应当根据各类笔录的特定要求,分别具备以下要素:

(一)庭审笔录应当详细记录下列情况:

1. 案由、开庭次数、案件当事人情况、其他诉讼参与人及其身份情况;

2. 告知当事人诉讼权利义务、合议庭组成人员及书记员姓名、申请回避权利的情况;

3. 是否公开审理及不公开审理的理由;

4. 审判长或者独任审判员核对当事人及法定代理人、法定代表人的情况;

5. 当事人申请回避、撤诉、和解、放弃诉讼请求以及自认等重大事项;

6. 当事人要求重新调查、鉴定或者勘验,要求提供新证据,通知新的证人到庭等请求以及法官是否准许及准许的内容;

7. 法官、公诉人、辩护人、代理人对当事人、证人、鉴定人、勘验人的询(讯)问及其回答的内容;

8. 案件的争议焦点以及法官对事实和证据的认定;

9. 当事人是否同意调解的表示、法庭调解的内容、达成调解协议的内容;

10. 当庭宣布判决或者裁定的要点及当事人对结果表示的内容;

11. 法官进行法律释明的情况;

12. 当事人、诉讼参与人、旁听人员因违反法庭纪律被训诫或采取强制措施的情况。

聘用制书记员在开庭时,应当集中注意力,专注庭审过程,不得做与庭审无关的事情,注意庭审形象。

(二)合议庭评议笔录应当记明评议的次数,合议庭成员对案件事实的认定、证据采信和适用法律各自发表的意见、理由和依据,合议庭评议的结果,合议庭成员对评议结果的意见或保留的意见。

审委会讨论笔录应当记明参加人员、委员各自发表的意见、主持人归纳的结论性意见、形成的决议。

列席人员的发言应当记录。

(三)调解笔录应当客观反映调解过程和各方的调解意见,法官对当事人分别调解时,重点记录当事人对调解方案的表态。

(四)调查笔录应当写明被调查人的姓名、工作单位、职务。被调查人未作回答或用肢体语言表示的,应当据实记载。

(五)谈话笔录应当记录当事人的来访目的、具体要求、法官进行法律释明及息诉工作的情况。

(六)查封、扣押笔录应当写明被查封、扣押财产的所有人名称、被邀到场人姓名、工作单位、职务,所查封、扣押的财产名称、特征、成色、数量等,并记明保管人或保管单位。查封、扣押财产清单是该笔录的附件,清单一式两份,一份交被查封、扣押财产所有人或其同住成年家属,另一份随查封、扣押财产笔录存卷。

(七)勘验笔录应当记明勘验的过程和结果,由勘验人、当事人和见证人签名或盖章。

(八)宣判笔录应当记明裁判文书名称、案号、宣判内容、对当事人的告知事项、法律释明的情况、当事人对裁判结果的意见等。

(九)现场交换意见笔录是上下级法院之间,或者法院与其他机关之间交换意见、协调工作时的文字记录。现场交换意见笔录应当记录协调意见、协调过程以及最终的协调方案。

第九条 聘用制书记员制作笔录，应当交当事人及其他诉讼参与人、有关在场人员校对，确认无误后由其签名、捺印或者盖章。拒绝签名、捺印或者盖章的，应当记明情况，由法官和聘用制书记员一起签名附卷。

第十条 当事人或者有关人员有正当理由认为笔录有遗漏或差错，申请补正的，应当在错误处修正，并由申请人在修正处签名、捺印或者盖章。申请补正的内容涉及改变当事人原有意思表示的，聘用制书记员应当及时向主审法官报告，由主审法官审核决定。

第十一条 笔录经当事人和有关人员签名、捺印或者盖章后，聘用制书记员应当清点笔录页数并进行整理，交法官审阅和签名。

笔录经当事人、有关人员和法官签名、捺印或者盖章后，不得再做任何涂改。

第十二条 聘用制书记员应当配合法官按照裁判文书制作有关技术要求的规定，共同对裁判文书进行校对。

裁判文书签发并经法官修改后，聘用制书记员应当配合法官对修改稿与签发稿是否一致进行校对，校对无误后送印。

裁判文书文印后，应当逐份检查是否有缺页、漏印，确认无误后加盖"本件与原本核对无异"章。

第十三条 校对裁判文书时，应重点注意校对以下事项：

（一）裁判文书名称、案号；

（二）当事人或诉讼代理人姓名、工作单位、职务应当与法庭查明的身份、法定代表人身份证明、授权委托书相一致，法人或其他组织名称应当与其公章上的名称相一致；

（三）审理经过部分的案由、原审案号、当事人及委托代理人到庭情况是否准确；

（四）查明事实部分的关键数字、计量单位以及"原告"、"被告"、"本院"等称谓是否准确，当事人简称是否前后一致；

（五）主文部分是否准确无误；

（六）审理过程中法官或书记员是否发生变更。

第十四条 宣判后，聘用制书记员应当协助法官在法定期限内将裁判文书送达当事人、公诉机关、诉讼代理人、辩护人等。

刑事案件有特别要求的，应当依照法律规定完成相关工作。

第四章 案件结案后的工作

第十五条 案件审结后，聘用制书记员应当按照诉讼文书立卷归档工作的相关要求及时立卷、归档。

第十六条　整理、装订卷宗要做到材料齐全,顺序规范,目录清楚,卷面整洁,装订牢固。

第十七条　案件卷宗应当分装正、副卷,严禁将正、副卷内容混装。

第十八条　在归档前,聘用制书记员应当将卷宗交主审法官检查并签名,不得自己代签。

第十九条　一审结案后,上诉、抗诉符合法定条件的,在法定期限内将上诉状(抗诉书)副本送达对方当事人、人民检察院;通知民事、行政案件上诉人缴纳上诉费;填写、报送上(抗)诉案件函,将上诉状(抗诉书)、答辩状连同全部案卷、证据等报送二审人民法院。

第二十条　需要办理退卷的,聘用制书记员应当填写退卷函,连同裁判文书、原审卷宗等发送原审法院。原审法院自行取回卷宗的,应当由接收人在退卷函附卷联上签名。

第二十一条　需要办理诉讼费退费的,聘用制书记员应当协助法官依据诉讼费用退费及结算清缴管理的相关规定,办理退费手续,并将退费票据归卷。

第五章　附　　则

第二十二条　各级法院可根据本规范,结合工作实际制定实施细则。

第二十三条　本规范自下发之日起施行。

17. 江苏省法院聘用制书记员考核管理暂行办法

第一章　总　　则

第一条　为全面、客观、公正地评价聘用制书记员工作,实现对书记员的科学有序管理,激励和提升聘用制书记员工作能力和水平,根据《人民法院书记员管理办法(试行)》、江苏省高级人民法院《书记员管理体制改革试点实施方案(试行)》及《江苏省法院聘用制书记员工作规范(试行)》、《江苏法院聘用制书记员技术标准及等级晋升暂行办法》等有关规定,结合全省法院工作实际,制定本办法。

第二条　聘用制书记员考核管理坚持公开、公平、公正的原则,坚持总体评价与量化评价相结合,日常考核与年度综合考核相结合,职业道德评价与职业能力评价相结合,纳入各级法院考核管理体系。

第三条　聘用制书记员考核管理实行综合管理和使用管理的双重考核管理模式,由书记员管理部门和各审判业务部门、审管办、纪检监察室共同组织实施。

第二章 考核内容及标准

第四条 聘用制书记员考核方式为季度考核和年度考核。季度考核内容主要包括工作质量、工作效率、工作作风和廉洁自律等四个部分。聘用制书记员业务技能考核每年度进行一次。季度考核和业务技能考核作为年度考核的依据。

第五条 季度考核主要包括工作质量、工作效率、工作作风和廉洁自律等四个方面的内容,以每项得分按照相应权重折算后的总分作为书记员季度考核得分。

第六条 工作质量,权重40%主要考核聘用制书记员庭审准备、案件记录、文书校对和卷宗归档等工作情况。包括:

1. 案件记录的速度;
2. 法律文书校对及送达;
3. 案件管理信息录入;
4. 卷宗归档率及归档质量;
5. 庭审准备工作等。

第七条 工作效率,权重40%。主要考核聘用制书记员的工作量,包括聘用制书记员跟案数量、记录数量等。在综合全院及各部门书记员工作数量的基础上进行折算作为工作效率考核结果。

第八条 立案庭、执行局、赔偿办等部门书记员工作考核,由各部门按照一定标准进行折算作为书记员工作质量和工作效率季度考核得分。

第九条 聘用制书记员按照部门安排完成内勤、调研、信息、宣传等其他工作任务的,由各部门根据实际情况折算该书记员工作质量和工作效率考核得分。

第十条 工作作风,权重10%重点考核聘用制书记员政治思想作风、司法作风和工作状态。

第十一条 廉洁自律,权重10%重点考核聘用制书记员廉洁履职及职业操守等情况。

第十二条 聘用制书记员具有下列情形之一的,应在季度考核中给予相应的加分:

1. 聘用制书记员参加省、市书记员业务技能竞赛获奖的;
2. 被省法院、中级法院或基层法院通报表扬一次的;
3. 具有其他应当加分情形的。

第十三条 聘用制书记员具有下列情形之一的,应在季度考核中给予相应的减分:

1. 聘用制书记员工作态度粗暴、不尊重当事人、因自身原因导致庭审无法进行或者因其他作风问题被投诉经查证属实的;

2. 无故不参加政治学习、业务学习培训的;
3. 无故迟到、早退的;
4. 具有其他应当扣分情形的。

第十四条 业务技能主要考核书记员手写、听打速度及准确率,整理装订卷宗等工作。

第十五条 聘用制书记员年度考核为综合考核,以季度考核和业务技能考核为基础,折算出年度考核结果。

第十六条 季度考核和年度考核分为优秀、良好、合格和不合格四个等次,其中,优秀等次不超过参加考核人数的20%。

第十七条 年度考核周期内,聘用制书记员两次季度考核为良好及以下的,年度考核不得评为优秀等次。

第十八条 聘用制书记员具有《江苏省法院聘用制书记员劳动合同书》第二十七条规定的情形的,季度考核、年度考核直接评定为不合格。

第三章 考核程序

第十九条 各级法院书记员管理部门负责考核管理工作的组织协调等具体工作。聘用制书记员所在部门、审判管理部门、纪检监察室等有关部门按照本办法规定,积极配合做好聘用制书记员考核管理,客观公正地评价书记员工作表现。

第二十条 书记员管理部门应根据本办法规定,制定具体的考核评分标准,经公示后作为考核评分的依据。

第二十一条 审判管理部门负责书记员工作质量考核,每季度随机抽取被考核书记员一定数量的跟案卷宗,并组织进行评查。评查结果作为聘用制书记员工作质量考核的依据。

第二十二条 聘用制书记员使用部门对书记员工作情况进行综合测评,作为评价书记员工作情况的依据。

第二十三条 纪检组监察室对聘用制书记员投诉举报、违纪违法情况进行考评并提出考评意见。

第二十四条 各考核责任部门应当按照本办法规定对聘用制书记员工作情况进行核实、汇总,并进行客观评价,于本季度最后一个月的二十五日之前将评分结果提交书记员管理部门。书记员管理部门根据各部门提出的考评意见,综合折算出考核结果及等次。

第二十五条 季度考核以上一季度最后一个月的二十一日至本季度最后一个月的二十日为一个季度考核周期。年度考核以上一年度十二月二十一日至本年度十二月二十日为一个考核周期。

第二十六条　本年度最后一个季度考核结束后,书记员管理部门根据一年内各季度考核结果进行折算,同时根据书记员本人年度表现情况进行综合评价,提出考评意见,作为聘用制书记员年度考核结果。

第二十七条　聘用制书记员季度、年度考核结果以一定的方式在本院内部进行公示。

第四章　考核结果

第二十八条　书记员管理部门建立聘用制书记员业绩档案,季度和年度考核结果计入书记员业绩档案。

第二十九条　季度考核结果作为聘用制书记员季度绩效工资发放的依据。年度考核结果作为聘用制书记员等级晋升、期满续聘和解除劳动合同的依据。

第三十条　聘用制书记员年度考核为不合格的,根据《江苏省法院聘用制书记员劳动合同书》的相关约定,进行培训、调整工作岗位或者解除劳动合同。

第五章　附　　则

第三十一条　各中级、基层法院可根据本办法规定,结合工作实际,制定具体的考核办法。

第三十二条　本办法由省法院政治部负责解释。

第三十三条　本办法自下发之日施行。

18. 江苏省法院聘用制书记员技术标准及等级晋升暂行办法

第一章　总　　则

第一条　为鼓励聘用制书记员爱岗敬业、勤勉工作,不断提高工作能力和工作水平,建立一支高度专业化、职业化、相对稳定的书记员队伍,保障审判工作有序高效的进行,依据《人民法院书记员管理办法(试行)》、江苏省高级人民法院《书记员管理体制改革试点实施方案(试行)》等规定,结合全省法院工作实际,制定本办法。

第二条　各级法院应当根据工作实际、书记员队伍状况,科学合理地确定聘用制书记员的岗位数量及不同等级聘用制书记员所占的比例,对聘用制书记员岗位实行动态管理,确保聘用制书记员岗位设置能够适应工作需求。

第三条　聘用制书记员等级晋升以德才表现、技能水平、工作实绩和服务年限为依据,按照"综合管理,使用管理"相结合的管理方式,由各级法院根据国家、江苏省及本办法的有关规定,依据专业化管理的要求,按照公开、公平、公正的原则进行评定。

聘用制书记员的等级与聘用制书记员的工资待遇挂钩。

第四条 聘用制书记员的定级与等级晋升工作由各级法院书记员管理部门负责。

第二章 聘用制书记员的等级及技术标准

第五条 聘用制书记员实行分级管理,分为三级九等;

根据低到高的顺序,分为:初级书记员、中级书记员、高级书记员;

初级书记员分为:三等初级书记员、二等初级书记员、一等初级书记员。

中级书记员分为:三等中级书记员、二等中级书记员、一等中级书记员;

高级书记员分为:三等高级书记员、二等高级书记员、一等高级书记员。

第六条 聘用制书记员等级根据工作年限、工作表现及业务技能确定,各级法院要合理确定聘用制书记员队伍中不同等级书记员的结构比例,其中高级书记员所占比例不超过10%;

各级法院可以根据需要在审判业务部门设置书记长,协助做好该部门的聘用制书记员管理工作,由聘用制书记员担任书记长,其应具备一等初级书记员以上等级资质。

第七条 聘用制书记员需要达到一定的技术标准,其中:

初级书记员:能够在法官指导下完成书记员工作,速录技能不得低于听打120字/分钟,准确率95%;

中级书记员:能够独立完成书记员工作,速录技能不得低于160字/分钟,准确率95%;

高级书记员:足以胜任书记员各项工作,速录技能不得低于200字/分钟,准确率95%;

第八条 聘用制书记员需要满足工作年限要求,其中:中级书记员应具备不低于5年的从事书记员工作的经历,高级书记员应具备不低于10年的从事书记员工作的经历。

各级法院新录用的聘用制书记员的工作年限自参加法院工作时起算。

第三章 聘用制书记员的定级与晋升

第九条 对聘用制书记员进行定级应通过考核,考核分为综合考察与技术等级考试;综合考察由用人法院组织,技术等级考试由省法院组织实施;通过技术等级考试的,由省法院统一颁发相应等级的书记员资格证书。

第十条　各级法院新招录的聘用制书记员在试用期内为见习书记员，试用期满，岗前培训考核合格，定为三等初级书记员，颁发培训合格证书暨初级书记员等级证书。

第十一条　各级法院现有的编制外书记员，经定岗培训，取得培训合格证书后，可以根据考核情况、工作年限确定相应等级：

从事书记员工作不满5年的，在初级书记员等级内确定等级；

从事书记员工作满5年不满10年，达到中级书记员技术标准的，可以在中级书记员等级内确定等级，未达到中级书记员技术标准的，确定为一等初级书记员；

从事书记员工作满10年，达到高级书记员技术标准的，可以在高级书记员等级内确定等级，未达到高级书记员技术标准但达到中级书记员技术标准的，确定为一等中级书记员，未达到中级书记员技术标准的，确定为一等初级书记员；

第十二条　各级法院现有的编制外书记员已经获得计算机文字录入工种等级证书或速录技能职业资格证书，不存在《江苏法院聘用制书记员招录暂行办法》第十一条规定的情形的，参照本办法确定相应等级。

第十三条　聘用制书记员晋升级别应通过晋级考试取得相应等级的书记员资格证书，晋级考试由省法院组织实施；

聘用制书记员在同一级别内，年度考核均为合格以上等次的，每满两年可以晋升一个等级。

第十四条　任初级书记员满5年，年度考核均为合格以上等次的，可以申请参加中级书记员晋级考试，通过考试的，颁发中级书记员资格证书。

第十五条　任中级书记员满5年，年度考核均为合格以上等次的，可以申请参加高级书记员晋级考试，通过考试的，颁发高级书记员资格证书。

第十六条　各级法院将拟晋升等级的聘用制书记员材料层报省法院审核，省法院每年组织一次聘用制书记员技术等级考试。

第十七条　聘用制书记员可以破格晋级，破格条件另行规定。

第十八条　各级法院可以根据各自工作需要，确定不同等级聘用制书记员的技术标准，但该技术标准不得低于本办法第七条所规定的技术标准。

第四章　附　　则

第十九条　各级法院可以根据本办法制定实施细则。

第二十条　本办法由省法院政治部负责解释。

第二十一条　本办法自下发之日起施行。

19. 江苏省法院系统书记员岗位等级培训考核办法(试行)

一、总则

第一条 为鼓励书记员爱岗敬业、勤勉工作,不断提高业务能力和工作水平,建设一支高度专业化、职业化、相对稳定的书记员队伍,更好地服务和保障审判工作优质高效地进行,依据中央司法体制改革领导小组批准的《江苏省司法体制改革试点方案》、中共中央组织部、国家人事部、最高人民法院《人民法院书记员管理办法(试行)》、中共江苏省委办公厅、江苏省人民政府办公厅《江苏省事业单位岗位设置管理实施意见》、江苏省人力资源和社会保障厅《江苏省机关、事业单位工人技术等级升级考核的实施意见》等规定,结合法院工作实际,制定本办法。

第二条 全省各级法院应当根据确定的书记员队伍结构比例、最高岗位等级,规范有序地设置书记员岗位,科学合理地确定所需书记员岗位数量,对书记员岗位实行动态管理,确保书记员岗位设置适应工作需要。

第三条 书记员岗位等级评定、晋升,以德才表现、技能水平、工作实绩和服务年限为依据,根据江苏省的有关规定及本办法的规定,依据专业化管理的要求,按照公开、公平、公正的原则进行评定。

第四条 全省法院系统所有在岗书记员均应当依照本办法的规定参加岗位等级培训考核。岗位等级培训考核的结果作为确定书记员专业水平和评定岗位等级的依据。

二、岗位等级设置与条件

第五条 书记员实行分级管理,岗位等级按由低到高顺序设置三个等级:初级书记员、中级书记员、高级书记员。

高级书记员工作满一定年限,工作表现优异的,可以申报特级书记员。

第六条 在同一岗位等级内,根据由低到高的顺序,分设三个等次,分别为:

初级三等书记员、初级二等书记员、初级一等书记员;

中级三等书记员、中级二等书记员、中级一等书记员;

高级三等书记员、高级二等书记员、高级一等书记员;

特级书记员不设等次。

第七条 特级书记员及高级书记员占书记员岗位总量的比例原则上不超过25%,其中特级书记员岗位占书记员岗位总量的比例原则上不超过5%。

第八条 书记员岗位等级评定与晋升应当通过统一组织的培训考核;符合岗位等级申报条件的书记员,在通过统一组织的培训考核后,予以评定或晋升岗位等级。

在同一岗位等级内,取得相应等次满两年,每年年度考核均为合格以上的书记员正常晋升一个等次。

第九条 评定初级书记员岗位等级应具备以下条件之一:

(一) 经过本职业初级书记员正规培训达规定标准学时数,并取得结业证书;

(二) 连续从事本职业工作一年以上,经所在法院考核合格;

(三) 取得高等以上职业学校国民教育序列书记官专业大专及以上毕业证书。

第十条 晋升中级书记员岗位等级应具备以下条件:

取得初级书记员岗位等级证书后,连续从事本职业工作5年以上,近三年年度考核结果为合格以上等次,按规定参加相应继续教育培训且考核合格,经过中级书记员正规培训达规定标准学时数,并取得结业证书。

第十一条 晋升高级书记员岗位等级应具备以下条件:

取得中级书记员岗位等级证书后,连续从事本职业工作5年以上,近三年年度考核结果为合格以上等次,按规定参加相应继续教育培训且考核合格,经过高级书记员正规培训达规定标准学时数,并取得结业证书。

第十二条 书记员岗位等级应当逐级晋升。

在书记员岗位作出贡献的书记员,具备下列基本条件之一的,可放宽本等级工作年限2年,同时具备多项条件的,不累计:

(一) 在人力资源和社会保障部门组织或参与的省、部级技能竞赛中取得前10名、市级技能竞赛中取得前6名;

(二) 获得市级以上劳动模范称号并保持荣誉。

三、培训与考核

第十三条 书记员岗位等级培训与考核由省高级人民法院与省人力资源和社会保障厅共同组织。

第十四条 新招录的书记员应当参加岗前培训暨初级书记员岗位等级培训,培训由省高级人民法院组织。

第十五条 全省各级法院书记员的晋级培训由省高级人民法院组织或省高级人民法院委托各市中级人民法院组织,省人力资源和社会保障厅或各市人力资源和社会保障部门配合。

第十六条 初级书记员岗位等级考核、书记员岗位等级晋级考核、特级书记员考核评审,由省人力资源和社会保障厅牵头组织,省高级人民法院配合。

第十七条　培训考核的具体内容,依据《江苏法院书记员岗位等级标准》(附件一)的规定。

第十八条　申报参加书记员岗位等级培训考核的书记员,须在思想政治表现和工作业绩两项考核合格的基础上,由所在法院书记员管理部门统一申报参加书记员技术业务水平培训考核。

第十九条　申报人员应填写《江苏省法院系统书记员岗位等级考核审批表》(附件二)一式二份。申报晋升书记员岗位等级人员另需提供近三年年度考核情况、原书记员岗位等级证书、毕业证书、继续教育证书复印件各一份,符合放宽条件的附相关证明材料,由所在法院和各市中级人民法院对其申报资格严格审查,并在复印件上加盖公章,注明原件已核。符合申报资格的对象,统一由省高级人民法院报省人力资源和社会保障厅。

第二十条　初级书记员岗位等级培训考核每年组织一至两次,书记员岗位等级晋级培训考核每年组织一次,具体时间安排另行通知。

四、颁发证书

第二十一条　《江苏法院书记员岗位等级证书》由省人力资源和社会保障厅统一印制。

第二十二条　思想政治表现、工作业绩和技术业务水平三项考试考核成绩全部合格的人员,由省人力资源和社会保障厅核发《江苏法院书记员岗位等级证书》。

第二十三条　证书遗失需补办时,须向省人力资源和社会保障厅提交书面申请,并携带原书记员岗位等级考核审批表及当地主要报纸刊登的证书遗失声明作废启事。省人力资源和社会保障厅审核后出具证明。

五、附则

第二十四条　本办法由江苏省高级人民法院、江苏省人力资源和社会保障厅负责解释。

第二十五条　本办法自下发之日起施行。

20. 书记员岗位等级标准(江苏地区法院试行)

1. 职业概括

1.1　职业名称

人民法院书记员

1.2 职业定义

专门从事人民法院案件审理过程中的记录,案件卷宗的整理、装订、归档及法官交办的其他审判辅助工作的事务性辅助人员。

1.3 职业等级

本职业共设三个等级,分别为:初级书记员、中级书记员、高级书记员。

1.4 职业环境

室内为主,常温。

1.5 职业能力特征

掌握法律基本知识、相关诉讼程序和审判业务知识,具备一定的沟通协调能力,在审判工作中能准确地进行听辨、快速地进行文字记录,全面、客观反映案件的审理过程和处理结果。

1.6 基本文化程度

国民教育大专学历。

1.7 培训要求

1.7.1 培训期限

全日制职业学校教育,根据其培养目标和教学计划确定。晋级培训期限:初级书记员不少于360标准学时;中级书记员不少于360标准学时;高级书记员不少于240标准学时。

1.7.2 培训教师

培训初级书记员的教师应具有法官资格或本职业中级书记员职业资格证书2年以上,或者具有高级书记员职业资格证书或相关专业中级及以上专业技术职务任职资格;培训中级书记员的教师应具有法官资格或本职业高级书记员职业资格证书,或者具有相关专业中级及以上专业技术职务任职资格;培训高级书记员的教师应具有法官资格,并具有不少于5年的审判工作经历,或者具有本职业高级书记员职业资格证书2年以上或相关专业中级及以上专业技术职务任职资格。

1.7.3 培训场地设备

具有满足教学需要的标准教室和具有视频音频播放及速录设备的多媒体教室。

1.8 鉴定要求

1.8.1 适用对象

从事或准备从事本职业的人员。

1.8.2　申报条件

——初级书记员(具备以下条件之一者)

经过本职业初级书记员正规培训达规定标准学时数,并取得结业证书。

连续从事本职业工作1年以上,经所在法院考核合格。

取得高等以上职业学校国民教育序列书记官专业大专及以上毕业证书。

——中级书记员

取得初级书记员职业资格证书后,连续从事本职业工作5年以上,经过中级书记员正规培训达规定标准学时数,并取得结业证书。

——高级书记员

取得中级书记员职业资格证书后,连续从事本职业工作5年以上,经过高级书记员正规培训达规定标准学时数,并取得结业证书。

1.8.3　鉴定方式

分为理论知识考试和技能操作考核。理论知识考试采用闭卷笔试方式,技能操作考核采用现场实际操作方式。理论知识考试实行百分制,成绩达60分及以上者为合格,技能操作考核实行达标制,经考核达标者为合格。

1.8.4　考评人员与考生配比

理论知识考试考评人员与考生配比为1∶30,每个标准教室不少于2名考评人员;技能操作考核考评人员与考生配比为1∶10,且不少于2名考评员。

1.8.5　鉴定时间

理论知识考试时间为90分钟;技能操作考核时间为90分钟。

1.8.6　鉴定场所设备

理论知识考试在标准教室进行;技能操作考核在具有视频音频播放及速录设备的计算机教室、具有视频音频录放、同步显示设备并安装有审判管理系统的模拟法庭进行。

2. 基本要求

2.1　职业道德、职业纪律及行为规范

2.1.1　职业道德

(1) 遵守宪法和法律,不徇私枉法;

(2) 遵守司法礼仪,依法尊重并保障诉讼参与人的诉讼权利;

(3) 维护国家利益、公共利益,维护自然人、法人和其他组织的合法权益;

(5) 廉洁自律,遵守办案纪律;

(6) 忠于职守,自觉配合法官工作,服从法院管理;保守国家秘密和审判工作秘密。

2.1.2 职业纪律及行为规范
(1) 遵守人民法院工作人员相关纪律规定；
(2) 着装文明规范；
(3) 语言文明规范；
(4) 行为文明规范；
(5) 仪容仪表文明规范。

2.2 基础知识

2.2.1 语言文字基本知识
(1) 语音基本知识；
(2) 普通话发音知识；
(3) 规范汉字使用的知识；
(4) 词汇的规范化知识；
(5) 标点符号的使用知识；
(6) 语法、修辞及逻辑相关知识。

2.2.2 相关设备基础知识
(1) 计算机基本操作知识；
(2) 计算机文字处理软件基本知识；
(3) 多媒体影音设备使用及调试基本知识；
(4) 法院信息化系统运用知识。

2.2.3 法律基础知识
(1) 法律常识；
(2) 审判执行程序中的诉讼法律知识；
(3) 刑法、民商法、行政法的基本知识。

2.2.4 审判辅助工作相关知识
(1) 各类案件诉讼流程；
(2) 各类笔录制作规范；
(3) 诉讼文书送达规范；
(4) 裁判文书技术规范；
(5) 诉讼材料的接收、流转和保管；
(6) 卷宗整理、装订与归档；
(7) 诉讼案件信息的网上录入、存储；
(8) 电子卷宗的生成与传输；
(9) 相关公文知识；
(10) 其他审判辅助工作知识。

3. 岗位职责

3.1 书记员的岗位职责

书记员在法官安排下履行下列工作职责：

（1）办理排期开庭等庭前准备过程中的事务性工作；

（2）接待、安排案件当事人、诉讼代理人、辩护人和其他相关人员的来访和阅卷等事宜；

（3）办理委托鉴定、评估、审计等事项中的事务性工作；

（4）庭前准备阶段核实诉讼参与人的自然情况；

（5）开庭时检查诉讼参与人的出庭情况，宣布法庭纪律；

（6）负责案件审理过程中的记录工作；

（7）同步扫描诉讼材料，形成电子材料；

（8）校对、装订、送达法律文书；

（9）办理结案手续，整理、装订、归档案件卷宗材料；

（10）办理上诉移送手续；

（11）完成法官交办的其他事务性工作。

4. 工作要求

本标准对书记员的技能要求依次递进，高级别涵盖低级别的要求。

初级书记员

职业功能	工作内容	技能要求	相关知识
审判辅助事务	法律文书送达	1. 能够制作、填写案件受理通知书、应诉通知书、传票、提押票等； 2. 能够使用直接送达、邮寄送达、留置送达、委托送达、转交送达、电子送达方式送达法律文书。	1. 法律文书的格式规范； 2. 诉讼法中关于期间与送达的相关内容。
	庭前准备与开庭	1. 能够办理诉讼保全、诉讼费收取等手续； 2. 能够办理指派辩护手续； 3. 能够检查法庭各类设备能否正常使用及法庭布置是否规范； 4. 能够检查并核对诉讼参加人文书送达及到庭情况，准确宣读法庭纪律； 5. 能够安排庭审过程中的证据交换、证人及具有专门知识的人出庭。	1. 录音录像及文字录入设备的基本操作方法； 2. 诉讼法中关于诉讼保全、审判组织、回避、诉讼参加人等相关内容； 3. 人民法院法庭规则。

(续表)

职业功能	工作内容	技能要求	相关知识
审判辅助事务	审判流程事务	1. 能够对照原稿完成裁判文书的校对，发现文书中的文字、数字错误。 2. 能够办理审判组织的变更、案件审限变更、换押、提押、案件的移转及法律文书打印等事务。	1. 常见错别字辨析； 2. 语法及标点符号基础知识； 3. 诉讼法及审判辅助工作实务相关知识。
	结案手续办理	1. 能够办理生效刑事案件的交付执行； 2. 能够办理案件登记报结、裁判文书上网及退缴诉讼费手续等。	1. 刑事案件结案流程知识； 2. 民商事、行政案件结案流程知识。
	案件卷宗管理	1. 能够办理卷宗接收和移送； 2. 能够按照规范要求整理、装订编目在22项以内的卷宗； 3. 能够完成电子卷宗的生成与传输。	1. 卷宗管理规范知识； 2. 卷宗档案管理的相关规定； 3. 电子卷宗管理相关知识。
案件记录工作	庭审记录	1. 能够准确识别普通话的语音信息； 2. 能够使用文字录入设备以听打不低于120字/分钟的速度、不低于95%的准确率进行记录； 3. 所记录的内容能够反映原意无重大遗漏，格式符合规范要求； 4. 能够使用打印设备生成纸质笔录； 5. 能够组织当事人和其他诉讼参加人核对并签署笔录。	1. 汉语拼音基础知识； 2. 语法基础知识； 3. 常用法律术语； 4. 口语信息的提炼知识； 5. 标点符号的基本知识； 6. 庭审笔录规范要求； 7. 打印设备的操作知识。
	其他记录	1. 能够使用文字录入设备与手写方式完成送达、谈话、调查与合议笔录的记录； 2. 笔录格式规范，手写字迹清晰可辨； 3. 所记录的内容能够反映原意，文字通顺。	1. 基本笔录的种类和样式； 2. 常用法律术语； 3. 口语信息的提炼知识； 4. 标点符号的基本知识。

（续表）

职业功能	工作内容	技能要求	相关知识
综合事务	办公信息系统操作	1. 能够使用审判管理系统处理案件排期开庭、案件转移、审限变更等程序性事项； 2. 能够使用信息系统阅看信息公文、发送信息。	办公信息系统、审判管理系统的基本操作知识。

中级书记员

职业功能	工作内容	技能要求	相关知识
审判辅助事务	法律文书送达	1. 能够办理公告送达及涉外送达等特殊送达事务； 2. 能够妥善处理送达过程中的特殊情况。	1. 常用法律文书的格式规范； 2. 诉讼法中关于送达的相关内容； 3. 涉外送达的有关规定。
审判辅助事务	庭前准备及开庭	能够妥善做好参与庭审人数较多、不公开开庭审理、旁听人数较多等复杂情形的庭前准备工作；	1. 录音录像及文字录入设备的设置及操作方法； 2. 诉讼法及司法解释中关于诉讼参与人参与庭审、不公开开庭审理案件等相关内容； 3. 法院法庭规则。
审判辅助事务	审判流程事务	1. 能够在裁判文书校对中发现格式错误、一般性语法及法条引用错误； 2. 能够根据指派妥善接待当事人并应对意外或突发情况； 3. 能够办理证据保全、限制出境、委托鉴定； 4. 能够协助做好调查、勘验工作。	1. 常见错别字辨析； 2. 常用语法知识； 3. 标点符号知识。 4. 裁判文书的格式规范； 5. 关于证据保全、限制出境、委托鉴定、调查、勘验等工作的相关规定； 6. 处理应对意外或突发情况的工作要领。
审判辅助事务	案件卷宗管理	能够按照规范要求整理、装订编目大于22项的各类卷宗。	1. 卷宗整理的规范知识； 2. 诉讼法中关于归档的相关内容。

（续表）

职业功能	工作内容	技能要求	相关知识
案件记录工作	庭审记录	1. 能够准确掌握相关法律专业术语； 2. 能够以听打不低于150字/分钟的速度、不低于95%的准确率进行记录； 3. 能够对庭审过程中的语音信息进行归纳总结、准确记录； 4. 记录的内容完整、语句通顺，符合格式规范要求。	1. 拼音知识； 2. 语法知识； 3. 法律术语； 4. 信息的提炼知识； 5. 符号的知识； 6. 笔录规范要求； 7. 设备的调试知识。
	其他记录	1. 使用文字录入设备或手写方式完成各类笔录的制作； 2. 记录的内容详略得当。	1. 种类和样式的相关知识； 2. 法律术语； 3. 信息的提炼知识。
综合事务	办公信息系统操作	能够使用公文系统，阅看、收发公文。	办公信息系统、审判管理系统的操作知识。
	示范指导	能够对见习书记员、初级书记员完成基本的书记员工作进行示范指导。	书记员基本工作要领。

高级书记员

职业功能	工作内容	技能要求	相关知识
审判辅助事务	庭前准备与开庭	能够做好各类大型公开庭审、庭审直播案件审理的庭前各项准备工作。	公开庭审、庭审直播的准备工作要领、各类设备的调试准备知识。
案件记录工作	庭审笔录	1. 能够以听打不低于180字/分钟的速度、不低于95%的准确率进行记录； 2. 能够胜任各类大型公开庭审、庭审直播等记录工作； 3. 所记录的内容全面完整、条理清晰、格式规范、标点符号使用准确。	1. 常用专业词汇及缩写知识； 2. 法律术语和相关专业术语知识； 3. 观察、采集、准确表述各种非语言信息的知识。

(续表)

职业功能	工作内容	技能要求	相关知识
培训与指导	教学培训	1. 能够制定培训计划； 2. 能够编写培训讲义； 3. 能够讲授本专业实务知识； 4. 能够对初级书记员、中级书记员的业务技能进行评判。	1. 培训计划的制定方法； 2. 培训讲义的编写方法； 3. 庭审记录的教学方法； 4. 书记员工作的培训技巧； 5. 关于书记员工作评价方面的知识。
		1. 能够指导初级书记员的实际操作,能对中级书记员进行示范指导； 2. 能进行庭审记录的演示； 3. 能够带领并指导初级书记员、中级书记员完成不同内容的书记员工作。	

5. 比 重 表

5.1 理论知识

项目		初级书记员（%）	中级书记员（%）	高级书记员（%）
基本要求	职业道德	10	10	10
	基础知识	20	15	5
相关知识	审判辅助事务	15	15	10
	案件记录工作	50	45	40
	综合事务	5	10	15
	培训与指导	—	5	20
合计		100	100	100

5.2 技能操作

项目		初级书记员（%）	中级书记员（%）	高级书记员（%）
技能要求	审判辅助事务	20	15	5
	案件记录工作	70	70	65
	综合事务	10	10	15
	培训与指导	—	5	15
合计		100	100	100

附件　江苏省法院系统书记员岗位等级考核审批表

姓名		性别		出生年月		免冠照片
工作单位						
参加法院工作时间	年　月	从事书记员工作时间	年　月	文化程度		
身份证号码			手机号码			
申报考核等级						
原持证情况	岗位等级	发证单位		证书号码	发证日期	
符合放宽申报条件						
工作简历						
所在法院考核情况	思想政治表现		工作业绩			
所在法院推荐意见	年　月　日(章)	中级法院审核意见		年　月　日(章)		
培训考核情况	理论		操作			
				年　月　日(章)		
省法院意见	年　月　日(章)	省人社部门意见		年　月　日(章)		
发证日期			发证号码			
备注	自我小结材料报所在法院书记员管理部门					

21. 江苏省法院关于聘用制书记员职业保障的指导意见(试行)

第一条 为了推动书记员队伍的职业化建设,建立完善符合聘用制书记员岗位特点的职业保障制度,切实维护聘用制书记员合法权益,依据《中华人民共和国劳动法》《中华人民共和国劳动合同法》《人民法院书记员管理办法(试行)》及江苏省高级人民法院《书记员管理体制改革试点实施方案》等规定,结合全省法院工作实际,制订本指导意见。

第二条 全省各级法院在编制外聘用的,取得省法院颁发的培训合格证书或书记员资格证书的聘用制书记员适用本指导意见。

第三条 本指导意见所称聘用制书记员职业保障,指聘用制书记员的劳动合同保障、工资报酬保障、社会保险保障、福利待遇保障、职业教育保障、履职物质保障等。

第四条 聘用制书记员劳动合同应保持相对稳定性,无法律法规规定或合同约定解除合同情形的,劳动合同期满,聘用制书记员同意续签劳动合同的,用人法院应当续签劳动合同。

劳动合同期限为三年以上,首次签订合同期限含试用期;固定期限合同期满后,用人法院应当按照《中华人民共和国劳动合同法》的规定,与聘用制书记员签订无固定期限劳动合同。

工作年限自劳动合同生效之日起计算,续聘书记员的工作年限连续计算,试用期计入工作年限。

第五条 聘用制书记员工资实行基本工资、绩效工资、岗位津贴和工龄工资相结合的计薪方法。基本工资不低于人力资源和社会保障部门公布的当地最低工资收入标准的1.2倍。绩效工资以考核为依据,实行考核浮动制,考核为合格的不低于基本工资的50%,考核为良好的不低于基本工资的55%,考核为优秀的不低于基本工资的60%。岗位津贴由各地法院结合当地工资收入标准确定,但要体现出初级、中级、高级三级及每级三等的差距,初级书记员不低于200元/月,中级书记员不低于400元/月,高级书记员不低于600元/月。工龄工资为10元/月。

各地法院要积极争取将聘用制书记员工资纳入当地财政预算。

第六条 聘用制书记员在聘用期内依法享有"五险一金"的社会保险待遇。养老保险、失业保险、医疗保险、工伤保险、生育保险的费用由人民法院和享受保险的聘用制书记员分别按比例负担。保险的费基、费率依照有关法律法规规定执行。

各地法院结合聘用制书记员工资标准,按照国家有关规定和当地政策办理住房公积金。

第七条 聘用制书记员在聘用期内享有合同约定的福利待遇。

工作期间,聘用制书记员享有带薪休假、出差补助、用餐补助、健康体检权利。同时,根据劳动法规规定享有婚假、丧假、产假、护理假等。

第八条 聘用制书记员在聘用期内享有参加培训的权利。

各级法院每年初应当制定书记员岗位技术培训计划,不断提升书记员的专业技能和综合素养,以适应审判工作的发展需求。

第九条 人民法院应当为聘用制书记员履行职责提供必需的物质保障。

各级法院应当为聘用制书记员配发工作所需的制服,提供办公场所,并配置办公所需的桌椅和自动化设备。

第十条 国家法律、行政法规及政策对聘用制书记员职业保障有统一规定的,依照有关规定执行。

第十一条 本指导意见由省法院政治部负责解释。

第十二条 本指导意见自下发之日起施行。

主要参考文献

一、中文专著

1. 《孟子·离娄篇》。
2. 《列宁选集》,人民出版社1982年版。
3. 《毛泽东选集》,人民出版社1982年版。
4. 《刘少奇选集》,人民出版社1985年版。
5. 《邓小平文选》,人民出版社1993年版。
6. 《董必武文集》,法律出版社2001年版。
7. 董必武:《政治法律文选》,法律出版社1986年版。
8. 张文显:《法理学》,法律出版社1997年版。
9. 张文显:《法哲学范畴研究(修订版)》,中国政法大学出版社2001年版。
10. 李龙:《法理学》,武汉大学出版社1996年版。
11. 李龙:《良法论》,武汉大学出版社2001年版。
12. 李龙:《李龙文集》,武汉大学出版社2011年版。
13. 李龙:《中国特色社会主义法治理论体系纲要》,武汉大学出版社2012年版。
14. 苏力:《法治及本土资源》,中国政法大学出版社1996年版。
15. 苏力:《送法下乡——中国基层司法制度研究》,中国政法大学出版社2000年版。
16. 公丕祥:《当代中国的法律与革命》,法律出版社1999年版。
17. 贺卫方:《司法理念与制度》,中国政法大学出版社1998年版。
18. 贺卫方:《运送正义的方式》,上海三联书店2002年版。
19. 贺卫方:《逍遥法外》,中信出版社2013年版。
20. 郑成良:《法律之内的正义——一个关于司法公正的法律实证主义解读》,法律出版社2002年版。
21. 郑成良:《现代法理学》,吉林大学出版社1999年版。
22. 章武生:《司法现代化与民事诉讼制度的构建》,法律出版社1999年版。
23. 陈瑞华:《刑事审判原理论》,北京大学出版社1997年版。
24. 沈宗灵:《现代西方法理学》,北京大学出版社1992年版。

25. 沈宗灵:《法理学(第二版)》,高等教育出版社 2004 年版。
25. 张中秋:《比较视野中的法律文化》,法律出版社 2003 年版。
26. 梁治平:《寻求自然秩序中的和谐》,中国政治大学出版社 1997 年版。
27. 梁治平:《法辨——中国法的过去、现在与未来》,贵州人民出版社 1992 年版。
28. 梁治平:《法意与人情》,中国法制出版社 2004 年版。
29. 顾培东:《社会冲突与诉讼机制》,四川人民出版社 1991 年版。
30. 顾培东:《体制改革与完善诉讼制度》,中国人民大学出版社 1991 年版。
31. 张骐:《法律推理与法律制度》,山东人民出版社 2003 年版。
32. 龙宗智:《上帝怎样审判》,中国法制出版社 2000 年版。
33. 卓泽渊:《法治泛论》,法律出版社 1998 版。
34. 王存河:《治道变革与法精神转型》,法律出版社 2005 年版。
35. 刘馨珺:《明镜高悬——南宋县衙的狱讼》,北京大学出版社 2007 年版。
36. 郭成伟:《中华法系精神》,中国政法大学出版社 2001 年版。
37. 柳福华:《法官职业化的运作与展望》,人民法院出版社 2005 年版。
38. 赵小锁:《中国法官制度构架——法官职业化建设若干问题》,人民法院出版社 2003 年版。
39. 蔡泽民:《法官职业化建设的探索与实践》,人民法院出版社 2004 年版。
40. 何家弘、胡锦光:《法律人才与司法改革——中日法学家的对话》,中国检察出版社 2003 年版。
41. 毕玉谦:《司法审判动态与研究(第 1 卷第 1 辑)》,法律出版社 2001 年版。
42. 毕玉谦:《司法审判动态与研究(第 2 卷第 2 辑)》,法律出版社 2004 年版。
43. 李国光:《怎样做好书记员工作》,人民法院出版社 1992 年版。
44. 康均心:《法院改革研究》,中国政法大学出版社 2004 年版。
45. 郭成伟:《中华法系精神》,中国政法大学出版社 2001 年版。
46. 王盼、程政举:《审判独立与司法公正》,中国人民公安大学出版社 2002 年版。
47. 方立新:《西方五国司法通论》,人民法院出版社 2000 年版。
48. 冷罗生:《日本现代审判制度》,中国政法大学出版社 2003 年版。
49. 方孔:《实在法原理——第一法哲学沉思录》,商务印书馆 2007 年版。
50. 陈陟云等:《法院人员分类管理改革研究》,法律出版社 2014 年版。
51. 何新:《思考:我的哲学与宗教观》,时事出版社 2001 年版。
52. 程竹汝:《司法改革与政治发展》,中国社会科学出版社 2001 年版。
53. 马建华:《从法官职业化研究》,人民法院出版社 2004 年版。
54. 郝明金:《怎样做好书记官工作》,人民法院出版社 2006 年版。
55. 马怀德:《法律的实施与保障》,北京大学出版社 2007 年版。
56. 陈桂明:《诉讼公正与程序保障》,中国法制出版社 1996 年版。
57. 乔宪志:《法官素养与技能培训读本》,法律出版社 2003 年版。
58. 刘荣军:《程序保障的理论视角》,法律出版社 1999 年版。
59. 张晋藩:《中国法律传统与近代转型》,法律出版社 2005 年版。

60. 孙笑侠:《程序的法理》,商务印书馆 2005 年版。
61. 孙笑侠等:《返回法的形而下》,法律出版社 2003 年版。
62. 孙晓楼:《法律教育》,中国政法大学出版社 1997 年版。
63. 邓正来:《哈耶克法律哲学的研究》,法律出版社 2002 年版。
64. 周庆生:《语言与法律研究的新视野》,法律出版社 2003 年版。
65. 廖美珍:《法庭语言技巧》,法律出版社 2005 年版。
66. 苗金春:《语境与工具——解读实用主义法学的进路》,山东人民出版社 2004 年版。
67. 刘红婴:《语言法导论》,中国法制出版社 2006 年版。
68. 安秀萍:《司法口才学教程》,中国政法大学出版社 2005 年版。
69. 怀效锋:《基层人民法院法官培训教材——综合卷》,人民法院出版社 2005 年版。
70. 吕忠梅:《美国法官与书记员手册》,法律出版社 2005 年版。
71. 徐伟、鲁千晓:《诉讼心理学》,人民法院出版社 2002 年版。
72. 孙国明:《法官助理》,人民法院出版社 2007 年版。
73. 薛伟宏:《检察机关办案笔录制作技巧》,中国检察出版社 2005 年版。
74. 徐亚文:《程序正义论》,山东人民出版社 2004 年版。
75. 徐亚文、廖奕、占红沣:《西方法理学新论》,武汉大学出版社 2010 年 10 月版。
76. 汪习根:《法治社会的基本人权——发展权法律制度研究》,中国人民公安大学出版社 2002 年版。
77. 汪习根:《司法权论》,武汉大学出版社 2006 年版。
78. 汪习根:《发展、人权与法治研究——"法治中国"的文化证立》,武汉大学出版社 2012 年版。
79. 胡夏冰:《司法权:性质与构成的分析》,人民法院出版社。
80. 胡夏冰、冯仁强:《司法公正与司法改革研究综述》,清华大学出版社 2001 年第 1 版。
81. 周道鸾:《司法改革与司法实务探究》,人民法院出版社 2006 年版。
82. 李修源:《司法公正理念及其现代化》,人民法院出版社 2002 年第 1 版。
83. 李强:《自由主义》,中国社会科学出版社 1998 年版。
84. 黄文艺:《中国法律发展研究》,吉林大学出版社 2000 年版。
85. 胡玉鸿:《法学方法论导论》,山东人民出版社 2002 年版。
86. 左卫民、周长军:《变迁与改革:法院制度现代化研究》,法律出版社 2000 年版。
87. 杨一平:《司法正义论》,法律出版社 1998 年版。
88. 龚祥瑞:《西方国家司法制度》,北京大学出版社 1993 年版。
89. 江山:《中国法理念》,山东人民出版社 2000 年版。
90. 江山:《互助与自足——法与经济的历史逻辑通论(修订本)》,中国政法大学出版社 2002 年版。
91. 张骐:《法律推理与法律制度》,山东人民出版社 2003 年版。
92. 王沪宁:《革命后社会的政治发展》,载《王沪宁文集》,上海人民出版社 2004 年版。

93. 张卫平:《琐话司法》,清华大学出版社 2005 年版。
94. 高一飞:《司法改革的中国模式》,法律出版社 2011 年版。
95. 蔡虹:《转型期中国民事纠纷解决初论》,北京大学出版社 2008 年版。
96. 强世功:《法制与治理——国家转型中的法律》,中国政法大学出版社 2003 年版。
97. 刘作翔:《思想的碎片——刘作翔法学言论选》,中国法制出版社 2012 年版。
98. 舒国滢:《在法律的边缘》,中国法制出版社 2000 年版。
99. 沈国琴:《中国传统司法的现代转型》,中国政法大学出版社 2007 年版。
100. 喻中:《乡土中国的司法图景》,中国法制出版社 2007 年版。
101. 喻中:《在法律思想的密林里》,陕西人民出版社 2012 年版。
102. 冯象:《政法笔记》,江苏人民出版社 2004 年版。
103. 冯象:《政法笔记(增订版)——附利未记》,北京大学出版社 2012 年版。
104. 吴英姿:《法官角色与司法行为》,中国大百科全书出版社 2008 年版。
105. 瞿同祖:《中国法律与中国社会》,中华书局 2012 年版。
106. 陈桂明:《程序理念与程序规则》,中国法制出版社 1999 年版。
107. 葛洪义:《法律方法与法律思维》,法律出版社 2011 年版。
108. 陈金钊:《法律解释的哲理》,山东人民出版社 1999 年版。
109. 陈弘毅:《法治、启蒙与现代法的精神》,中国政法大学出版社 1998 年版。
110. 林来梵:《剩余的断想》,中国法制出版社 2007 年版。
111. 章武生、马贵翔、王志强、吴英姿:《司法公正的路径选择:从体制到程序》,中国法制出版社 2010 年版。
112. 张志铭:《法律思考的印迹》,中国政法大学出版社 2003 年版。
113. 许身健:《法律职业伦理》,北京大学出版社 2014 年版。
114. 王人博:《法的中国性》,广西师范大学出版社 2014 年版。
115. 范忠信:《中国法律传统的基本精神》,山东人民出版社 2001 年版。
116. 范忠信:《中西法文化的暗合与差异》,中国政法大学出版社 2001 年版。
117. 梁治平:《法意与人情》,中国法制出版社 2004 年版。
118. 周泽民:《国外法官管理制度观察》,人民法院出版社 2012 年版。
119. 陈陟云、肖启明:《回归本质——司法改革的逻辑之维与实践向度》,法律出版社 2015 年版。
120. 江伟:《中国民事审判改革研究》,中国政法大学出版社 2003 年版。
121. 张万洪:《法治、政治文明与社会发展》,北京大学出版社 2013 年版。
122. 王婧:《庞德:通过法律的社会控制》,黑龙江大学出版社 2010 年版。
123. 傅郁林:《民事司法制度的功能与结构》,北京大学出版社 2006 年版。
124. 卓泽渊:《法政治学》,法律出版社 2005 年版。
125. 蔡彦敏、洪浩:《正当程序法律分析——当代美国民事诉讼制度研究》,中国政法大学出版社 2000 年。
126. 沈德咏:《应对危机看司法》,法律出版社 2009 年版。
127. 付子堂:《法律功能论》,中国政法大学出版社 1999 年版。
128. 谢晖:《法律的意义追问——诠释学视野中的法哲学》,商务印书馆 2003 年版。

129. 叶自强:《民事诉讼制度的变革》,法律出版社 2001 年版。
130. 齐奇:《书记员工作实务技能》,人民法院出版社 2013 年版。
131. 白建军:《法律实证研究方法》,北京大学出版社 2008 年版。
132. 杨凯:《裁判的艺术——法官职业的境界与追求》,法律出版社 2005 年版。
133. 龙大轩:《道与中国法律传统》,山东人民出版社 2004 年版。
134. 齐树洁:《英国民事司法改革》,北京大学出版社 2004 年版。
135. 宋远升:《法官论》,法律出版社 2012 年版。
136. 陈甦:《法意探微》,法律出版社 2007 年版。
137. 李振宇:《边缘法学探索》,中国检察出版社 2004 年版。
138. 谭世贵、梁三利等:《法院管理模式研究》,法律出版社 2010 年版。
139. 最高人民法院司法改革小组编、韩苏琳编译:《英美德法四国司法制度概况》,人民法院出版社 2002 年版。
140. 最高人民法院课题组:《司法改革方法论的理论与实践(第二版)》,法律出版社 2014 年版。
141. 北京市人民检察院政治部:《检察书记员实务》,中国检察出版社 2006 年版。
142. 周宜锋:《法院组织法精选》,(台北)连山图书出版事业有限公司 1999 年版。
143. 甄律师:《法院组织法》,来胜文化事业有限公司 2014 年版。
144. 中华民国检察官协会:《检察官伦理规范释论》,元照出版公司 2013 年版。
145. 姜世明:《法律伦理学》,元照出版公司 2014 年版。

二、中文译著

1. 〔英〕哈特:《法律的概念》,张文显等译,中国大百科全书出版社 1996 年版。
2. 〔英〕约翰·密尔:《论自由》,程崇华译,商务印书馆 1959 年版。
3. 〔英〕丹宁勋爵:《法律的正当程序》,李克强等译,法律出版社 1999 年版。
4. 〔英〕丹宁勋爵:《法律的训诫》,杨百揆、刘庸安、丁健译,法律出版社 1999 年版。
5. 〔英〕罗素:《西方哲学史》,商务印书馆 1963 年版。
6. 〔英〕戴维·M.沃克:《牛津法律大辞典》(中文版),光明日报出版社 1988 年版。
7. 〔英〕尼尔·麦考米克:《法律推理与法律理论》,姜峰译,法律出版社 2005 年版。
8. 〔英〕齐格蒙特·鲍曼:《共同体》,欧阳景根译,江苏人民出版社 2003 年版。
9. 〔英〕约翰·奥斯汀:《法理学的范围》,刘星译,中国法制出版社 2002 年版。
10. 〔英〕尼尔·弗格森:《文明》,曾贤明、唐颖华译,中信出版社 2012 年版。
11. 〔美〕本杰明·N.卡多佐:《演讲录:法律与文学》,董炯、彭冰译,中国法制出版社 2005 年版。
12. 〔美〕本杰明·N.卡多佐:《法律的成长——法律科学的悖论》,董炯、彭冰译,中国法制出版社 2002 年版。
13. 〔美〕本杰明·N.卡多佐:《司法过程的性质》,苏力译,商务印书馆 1998 年版。
14. 〔美〕帕森斯:《现代社会的结构与过程》,梁向阳译,光明日报出版社 1988 年版。
15. 〔美〕理查德·A.波斯纳:《超越法律》,苏力译,中国政法大学出版社 2001 年版。
16. 〔美〕理查德·A.波斯纳:《法理学问题》,苏力译,中国政法大学出版社 2002 年版。

17.〔美〕理查德·A.波斯纳:《波斯纳法官司法反思录》,苏力译,北京大学出版社2014年版。
18.〔美〕理查德·A.波斯纳:《法官如何思考》,苏力译,北京大学出版社2009年版。
19.〔美〕理查德·A.波斯纳:《法律理论的前沿》,武鑫、凌斌译,中国政法大学出版社2003年版。
20.〔美〕埃尔曼:《比较法律文化》,贺卫方等译,清华大学出版社1990年版。
21.〔美〕昂格尔:《现代社会中的法律》,吴玉章等译,译林出版社2001年版。
22.〔美〕凯尔森:《法与国家的一般理论》,中国大百科全书出版社1996年出版。
23.〔美〕威廉帕·克莱默:《理念与公正》,东方出版社1996版。
24.〔美〕罗尔斯:《正义论》,何怀宏等译,中国社会科学出版社1988年版。
25.〔美〕尼科尔斯:《苏格拉底与政治共同体——〈王制〉义疏:一场古老的论证》,王双洪译,华夏出版社2007年版。
26.〔美〕本尼迪克特·安德森:《想象的共同体——民族主义的起源与散布》,吴叡人译,上海人民出版社2005年版。
27.〔美〕罗伯特·N.威尔金:《法律职业的精神》,王俊峰译,北京大学出版社2013年版。
28.〔美〕迈克尔·桑德尔:《公正:该如何做是好?》,朱慧玲译,中信出版社2012年版。
29.〔美〕庞德:《普通法的精神》,唐前宏、廖湘文、高雪原译,法律出版社2001年版。
30.〔美〕罗斯科·庞德:《法律史解释》,邓正来译,中国法制出版社2002年版。
31.〔美〕罗伯特·C.波斯特:《宪法的领域:民主、共同体与管理》,毕洪梅译,北京大学出版社2012年版。
32.〔美〕诺内特、塞尔兹尼克:《转变中的法律与社会》,张志铭译,中国政法大学出版社1994年版。
33.〔美〕E.博登海默:《法理学:法哲学与法律方法》,邓正来译,中国政法大学出版社2004年版。
34.〔德〕拉德布鲁赫:《法学导论》,米健等译,中国大百科全书出版社1997年版。
35.〔德〕黑格尔:《法哲学原理》,范扬、张企泰译,商务印书馆1961年版。
36.〔德〕茨格威特、克茨:《比较法总论》,潘汉典等译,法律出版社2004年版。
37.〔德〕考夫曼:《法律哲学》,刘幸义等译,法律出版社2004年版。
38.〔德〕弗里德里希·卡尔·冯·萨维尼:《论立法与法学的当代使命》,许章润译,中国法制出版社2001年版。
39.〔德〕斐迪南·滕尼斯:《共同体与社会》,林荣远译,商务印书馆1999年版。
40.〔德〕古斯塔夫·拉德布鲁赫:《法学》,王朴译,法律出版社2013年版。
41.〔德〕卡尔·拉伦茨:《法学方法论》,陈爱娥译,商务印书馆2003年版。
42.〔德〕康德:《法的形而上学原理——权利的科学》,沈叔平译,商务印书馆1991年版。
43.〔德〕贝勒斯:《法律的原则》,中国大百科全书出版社1996年版。
44.〔德〕鲁道夫·冯·耶林:《为权利而斗争》,胡宝海译,中国法制出版社2004年版。
45.〔德〕古斯塔夫·拉德布鲁赫:《法律智慧警句集》,中国法制出版社2001年版。

46. 〔德〕叔本华:《人性的得失与智慧》,文良、文化编译,华文出版社 2004 年版。
47. 〔法〕卢梭:《社会契约论》,李平沤译,商务印书馆 2011 年版。
48. 〔法〕勒内·迭维德:《当代主要法律体系》,上海译文出版社 1983 年版。49. 〔法〕埃米尔·涂尔干:《社会分工论》,渠东译,生活·读书·新知三联书店 2000 年版。
50. 〔法〕托克维尔:《论美国民主》,董良果译,商务印书馆 1988 年版。
51. 〔法〕伏尔泰:《巴黎高等法院史》,吴模信译,商务出版社 2015 年版。
52. 〔法〕孟德斯鸠:《论法的精神》,孙立坚、孙丕强、樊瑞庆译,陕西人民出版社 2001 年版。
53. 〔法〕古斯塔夫·勒庞:《乌合之众——大众心理研究》,冯克利译,中央编译出版社 2005 年版。
54. 〔法〕勒内·佛罗里奥:《错案》,赵淑美、张洪竹译,法律出版社 2013 年版。
55. 〔法〕奥古斯特·孔德:《论实证精神》,黄建华译,商务印书馆 1996 年版。
56. 〔法〕E. 迪尔凯姆:《社会学方法的准则》,狄玉明译,商务印书馆 1995 年版。
57. 〔法〕笛卡尔:《谈谈方法》,王太庆译,商务印书馆 2000 年版。
58. 〔日〕大木雅夫:《比较法》,范愉译,法律出版社 1999 年版。
59. 〔日〕棚濑孝雄:《纠纷的解决与审判制度》,王亚新译,中国政法大学出版社 2004 年版。
60. 〔日〕谷口安平:《程序的正义与诉讼》,中国政法大学出版社 1996 年版。
61. 〔日〕川岛武宜著:《现代化与法》,中国政治大学出版社 2004 年版。
62. 〔日〕小岛武司等著:《司法制度的历史与未来》,汪祖兴译,法律出版社 2000 年版。
63. 〔古希腊〕柏拉图:《法律篇》,张智仁、何勤华译,上海人民出版社 2001 年版。
64. 〔古希腊〕亚里士多德:《政治学》,吴寿彭译,商务印书馆 1965 年版。
65. 〔苏〕亚历山大莫洛夫:《西欧哲学史》,商务印书馆 1989 年出版。
66. 〔意〕密拉格利亚:《比较法律哲学》,朱敏章、徐百齐、吴泽炎、吴鹏飞译,中国政法大学出版社 2005 年版。
67. 〔加〕阿米塔·阿查亚:《建构安全共同体:东盟与地区秩序》,王正毅、冯怀信译,世纪出版集团上海人民出版社出版 2004 年版。
68. 〔论文集〕D. 奈尔肯、J. 菲斯特:《法律移植与法律文化》,高鸿钧等译,清华大学出版社 2006 年版。

三、期刊论文类

1. 陈光中、陈海光:《进一步改革和完善中国刑事诉讼制度的几点思考》,载《人民司法》2000 年第 4 期。
2. 祝铭山:《法官职业化与现代司法理念》,载《法官职业化建设指导与研究》2003 年第 2 辑。
3. 陈兴良:《从实体正义到程序正义的正义选择》,载《中国律师》2001 年第 8 期。
4. 陈瑞华:《通过法律实现程序正义——萨默斯"程序价值"理论评析》,载《北大法律评论》1998 年第 1 期。
5. 夏锦文、王艳晖:《追寻程序的正义——谷口安平程序正义理论探析》,载《江苏社会科学》2001 年第 2 期。

6. 徐亚文:《欧洲人权公约的程序正义条款初探》,载《法学评论》2003 年第 5 期。

7. 徐晓峰:《法治、法律解释与司法解释》,载《人大复印资料·法理学、法史学》1999 年第 12 期。

8. 王禄生:《法院人员分类管理体制与机制转型研究》,载《比较法研究》2016 年第 1 期。

9. 胡玉鸿:《论马克思主义法院观》,载《法商研究》2002 年第 5 期。

10. 田平安等:《程序正义初论》,载《现代法学》1998 年第 2 期。

11. 肖建国:《程序公正的理念及其实现》,载《法学研究》1999 年第 2 期。

12. 李娜:《浅谈如何提高书记员的业务技能》,载《法制博览》2013 年第 11 期。

13. 王晓芳:《加拿大司法职业道德基本准则》,载《法律适用》2001 年第 1 期。

14. 冯仕政:《法律社会学:法律服从与法律正义》,载《江海学刊》2003 年第 4 期。

15. 《依法治国与廉政建设研讨会纪要》中崔敏教授的发言,载《法学研究》1998 年第 4 期。

16. 周永坤:《论法律的强制性与正当性》,载《法学》1998 年第 7 期。

17. 周俊:《在新形势下如何做一名合格的书记员》,载《贵阳审判》2006 年第 1 期。

18. 刘武俊:《我国法院书记员管理制度及其变革》,载《法治论丛》2004 年 1 月第 19 卷第 1 期。

19. 杨玉兰:《法官助理制度的实践与探索》,载《人民司法》2007 年第 13 期。

20. 江振春:《美国联邦最高法院与法官助理制度》,载《南京大学学报》2010 年第 2 期。

21. 傅郁林:《法官职业化:一个社会分工的视角》,载《法官职业化建设指导与研究》2004 年第 2 辑。

22. 王健:《〈法官助理制的先行者〉专题报道之一:他们为何第一个吃了螃蟹——北京房山法院法官助理制改革始末》,载《民主与法制》2009 年第 8 期。

23. 陈新华:《对我国法官助理制度改革的思考》,载《今日南国(理论创新版)》2008 年 12 月。

24. 胡艳菊、刘宇驰、徐曼娜、张海兰、杨斯凌:《法官助理制度改革分析》,载《法制博览》2016 年第 1 期。

25. 陶然:《法官助理制度改革之新思考》,载《黑龙江史志》2009 年第 8 期。

26. 曹剑、王浪、马立国:《基层法院民事审前程序实证研究》,载《湖北函授大学学报》2007 年第 4 期。

27. 陈新华:《能否简单取消助理审判员制度之辨析》,载《攀登》2005 年第 6 期。

28. 傅郁林:《判案:让法官自己做主——对法官独立制度的期许》,载《改革与开放》2005 年第 9 期。

29. 李文广:《主审法官好帮手承上启下关键人——法官助理制度改革述评》,载《人民法院报》2015 年 12 月 21 日版。

30. 郑占军、文婷:《从书记员制度改革到法官职业化》,载《吉林省社会主义学院学报》2006 年第 2 期。

31. 赵霞:《聘任制书记员制度的改革与完善》,载《经营管理者》2013 年第 26 期。

32. 郑晓静:《书记员制度改革的反思与展望》,载《云南大学学报(法学版)》2008年第6期。

33. 华林:《我国书记员制度改革初探》,载《现代经济信息》2009年第21期。

34. 储晨韵:《法官员额制下法官助理制度研究》,载《法制博览》2015年第12期。

35. 吴永福:《法官助理制度的构建》,载《山西省政法管理干部学院学报》2015年12月。

36. 花玉军:《审判辅助人员优化配置的制度耦合》,载《人民司法》2015年第13期。

37. 赵楠:《试论法院书记员的职业化问题》,载《法制与社会》2015年第30期。

38. 高瑜:《司法改革背景下法官助理制度有关问题探析》,载《法制博览》2015年第25期。

39. 宁波市中级人民法院、余姚市人民法院联合课题组:《法官职业化建设背景下法官助理制度的重新审视与现实进路》,载《时代法学》2013年第6期。

40. 王伟坤:《法官助理制度运行模式的检讨及现实进路》,载《法制与社会》2014年第28期。

41. 李晨毅、郑成伟:《分类管理下法官助理制度的思考》,载《管理观察》2014年第31期。

42. 《如何改革和改进法院工作》,载《人民司法》1988年第1期。

43. 〔美〕埃德加·赖斯·巴勒斯:《效能专家》,李占柱、江宇应译,载《译林》1984年第2期。

44. 王金寿:《台湾司法改革二十年:迈向独立之路》,载《思与言》2008年7月第46卷第2期,第133—174页。

45. 王泰升:《台湾法学教育的发展与省思:一个法律社会史的分析》,载《台北大学法学论业》1997年2月第68期,第1—40页。

46. 龚南蕙:《不准打麻将:从律师与法官的互动规范论中国司法改革的政治逻辑》,载《中华行政学报》2005年6月第2期,第103—108页。

后　　记

　　回想自己走过的法官职业生涯,按照现在司法改革的时尚称谓是新一轮司法改革推行法官员额制改革后首批入额的法官,也是"员额内"新评定的三级高级法官,但实际上自己对于二十多年法律职业的经历而言,最难以忘怀的恰恰是刚刚步入基层法院时所走过的五年书记员审判辅助职业的人生之旅,正是在书记员平凡而琐碎的程序性和事务性的审判辅助工作实践之中,我逐渐靠近了法律、法学、法官职业之门。曾经五年书记员、三年助理审判员和十五年审判员的法律职业工作经历虽如白驹过隙般匆匆而过,但我似乎始终觉得自己仍然还是当年那青涩的书记员,那段青葱岁月真切而难以忘怀。那是人生中青春、绚丽、美好的韶华时光,是初入司法行业阳光、灿烂、悸动的梦想启程,是艰苦、激情、浪漫的法律职业成长旅途。

　　这些年职业法官的审判工作经历和司法实践过程,悄然地改变着我对法学、法律、法律职业和法律职业共同体的认知。历经了"看山是山,看水是水;看山不是山、看水不是水;看山还是山,看水还是水"的三重认知境界。其间,有扮演配角和助手的苦恼与无奈,也有对职业法官理想的憧憬和向往;有人生的困惑和迷茫,也有寂寞的欢愉和职业的尊荣;有对七情六欲压抑的痛苦,也有追寻正义维系善良的慰藉。然而,跋涉途中更多的是对司法过程的性质和司法本质规律的深刻认知和思辨,是对法官职业和审判辅助职业的真切体验和感悟……

　　在武汉大学法学院攻读法学博士学位期间,正好经历着新一轮司法体制改革,对于司法改革而言,身处司法体制二十余年,感悟多,感兴趣的问题也多,但真正要选择其中一个真问题作为博士学位论文的选题时,却几经周折,煞费苦心,最终在导师李龙教授的指导下选择了"审判辅助职业研究——以法官助理制度改革与建构为中心视角"这样一个看似平常却内涵丰富的基础性选题。确定这个选题时,恰逢司法体制改革中的法官员额制改革全面推行,法官助理和书记员等审判辅助职业在新一轮司法体制改革中的重要性日益凸显,以法官助理和书记员审判辅助职业为研究方向的博士学位论文选题应当还是第一篇,因此,更加坚定了我以此作为博士学位论文选题的决心。历时一年,我终于完成了学位论文的写作。

第一批司法改革试点中的法官员额制改革和司法人员分类管理改革全面推开后,我深感法官助理和书记员审判辅助职业制度改革与法官员额制改革一样具有同等重要性,于是继续在博士学位论文的基础之上根据司法体制改革的实际需要作了进一步的深入拓展研究,对于法官助理和书记员审判辅助职业的职业化建设、制度改革和职业技能教育培训等诸多现实热点问题进行深入思考和体系化研究。展现在大家面前的这本书就是我对法官助理和书记员审判辅助职业的进一步深化研究,研究的重点和旨趣更加偏重于法官助理和书记员审判辅助职业的职业技能教育培训。这本书也是对我曾经的法律职业理想和真实的司法改革现实的阶段性学术总结。囿于个人认知的局限,书中肯定有较多的缺憾和不足。但缺憾也是一种美,而且是现实生活的常态。所以,我以勇敢的心把自己对现代法官助理和书记员审判辅助职业研究的感悟和思考进一步整理成书呈送给大家评判,无论褒贬皆感欢喜,希望与法学界和实务界同行们的认知有共同的语境和更多的争鸣,希望有更多批评与批判的声音鞭策我继续深刻领悟和审慎思考。

衷心感谢中国人民大学法学院教授、博士生导师、教育部长江学者奖励计划特聘教授、《中国法学》总编辑、中国法学会法学期刊研究会会长、华中师范大学法学院名誉院长张新宝先生在百忙之中为本系列丛书所作的前瞻性总序言。

衷心感谢清华大学法学院教授、博士生导师、清华大学学术委员会委员、中国法学会常务理事、中国法学会学术委员会委员、中国民事诉讼法学研究会会长、中国检察学研究会副会长张卫平先生为本书所作的经典序言。两位法学大家的学术智慧激励着我在法律职业和法学研究的道路上奋勇前行。

衷心感谢最高人民法院审判委员会委员、行政审判庭贺小荣庭长对本书的精心指点和方向性指引。衷心感谢最高人民法院应用法学研究所蒋惠岭所长对本书应用研究方法和适用范围的智慧指导。衷心感谢最高人民法院政治部法官管理部陈海光部长对本书写作的热情鼓励和无私支持。感谢最高人民法院政治部刘峥处长、研究室江显和处长、司改办何帆处长对本书选题和写作的智力支持。

衷心感谢我的导师武汉大学法学院人文资深教授、博士生导师李龙先生。导师耄耋高龄还在以传道、授业、解惑的师恩福泽于较为愚钝的我和聪明伶俐的学弟学妹们,让吾辈弟子们倍感幸运和激动。在求学的过程中,恩师的教诲始终激励和鼓舞着我潜心向学。感谢武汉大学法学院副院长、博士生导师汪习根教授,武汉大学法学院博士生导师徐亚文教授、廖奕教授,武汉大学法学院张万洪、占红沣副教授,以及武汉大学法学院王树义教授、肖永平教授、冯果教授、熊伟教授、江国华教授、何其生教授、刘学在教授、杜群教授、李傲教授、项炎教授等老师们给予我的学术指导和帮助。

衷心感谢我的良师益友：原《环球法律评论》主编、中国社会科学院法学所研究员刘作翔先生，《法学评论》主编、武汉大学教授秦前红先生，北京大学法学院教授、博士生导师傅郁林女士，湖南师范大学法学院教授、博士生导师肖北庚先生，中南财经政法大学教授、博士生导师张德森先生，华中师范大学法学院李克武教授、丁文教授、刘华教授、陈业宏教授、文杰教授等对本书写作和修改给予的学术智慧支持。

衷心感谢江苏省高级人民法院研究室主任孙辙法官、环境资源审判庭庭长刘建功法官，江苏省盐城市中级人民法院副院长吴海龙法官，重庆市南岸区人民法院院长王子伟法官，上海市虹口区人民法院院长席建林法官，湖北省高级人民法院审监一庭法官黄怡博士，原武汉市江岸区人民法院法官助理贺丽萍硕士等同行们对本书写作和修改给予的审判实践智慧支持。

衷心感谢国家法官学院、湖北省高级人民法院法官进修学院、重庆市高级人民法院法官进修学院、北京市高级人民法院法官学院、河南省高级人民法院法官学院、安徽省高级人民法院法官学院、孝感市中级人民法院、黄石市中级人民法院、黄冈市中级人民法院、荆门市中级人民法院、汉江市中级人民法院、珠海市中级人民法院和武汉市中级人民法院的各级领导们连续几年来为我多次提供参与全国和各省市法院系统法官助理和书记员审判辅助职业技能培训教学的授课机会。使我能够有机会通过法官助理和书记员审判辅助职业技能的培训教学实践来检验本书研究内容的实用价值。

感谢华中师范大学法学院、武汉大学法学院、华中科技大学法学院、中南财经政法大学法学院、中国政法大学证据学院、湖北经济学院法学院、江汉大学政法学院、湖北警官学院、武汉学院法学系等高校法学院系给我提供的挂职、兼职教学的授课机会和教学平台，教学相长，书中的很多内容也都是在培训教学中逐渐得到启发、完善和提高的，感谢学员和学生们的宽容和理解、质疑与交流、热情鼓励和诚恳支持。

感谢我就职的工作单位湖北省武汉市中级人民法院王晨院长和院党组全体领导们多年来对我的关心、帮助和支持。感谢武汉中院行政庭、民四庭、办公室、研究室曾经的和现在的诸多领导及同仁们对我的关心、帮助、支持、鼓励和包容。

感谢北京大学出版社蒋浩老师对本书和本系列丛书的顺利出版给予的建设性指导与鼎力支持。感谢细心的田鹤编辑在本书编辑三审三校过程中的严格、严谨和耐心。

感谢我的博士生同学余渊、杨汉臣、丁春燕、程骞、凌彦军、刘柳、刘国利、杨百胜、宋丁博男、宋随军、李钰、邵敏、任颖、徐钝、郑华、涂罡、孙来清、范兴科、余一多、高一飞、齐鹏飞等同窗们在求学期间给予的热忱帮助和真诚关爱。

感谢华中师范大学法学院魏晶晶、刘燕、丁淑敏、黄炎、王子文等同学认真参与校对。

感谢在湖北省武汉市江夏区人民法院所辖乌龙泉人民法庭、金口人民法庭曾经五年的书记员审判辅助职业经历留给我的所有美好记忆。

感谢我做书记员时曾经辅助过的所有法官们对我的指点和帮助。感谢我在中基层法院担任法官期间，曾经与我并肩战斗过的所有的法官助理和书记员们。

感谢心怡的法律职业和学术爱好带给我的智慧和幸福！

杨　凯
2016 年 8 月 25 日